INHALT

Norwegen ErlebnisReich	4
Eine Reise durch Norwegen	13
Oslofjord-Gebiet *(Oslo, Akershus, Østfold, Vestfold)*	14
Ostnorwegen *(Buskerud, Oppland)*	25
Sørland und Telemark *(Telemark, Aust-Agder, Vest-Agder)*	33
Westnorwegen *(Rogaland, Hordaland, Sogn og Fjordane, Møre og Romsdal)*	44
Trøndelag *(Sør-Trøndelag, Nord-Trøndelag)*	64
Nordnorwegen *(Nordland, Troms, Finnmark)*	69
Unterwegs in Norwegen	79
Mit der Fähre nach Norwegen	83
Schneller bringt Sie keiner nach Norwegen *Fred. Olsen Lines*	84
Ein Schiff für alle *Larvik Line präsentiert die neue »Peter Wessel«*	86
Von kurzen und langen Wegen *Jahre Line*	88
... über das Meer im Kreuzfahrtstil *Stena Line*	90
Einmal Nordkap und zurück *Scandinavian Seaways*	92
Ab geht die Post zur Küstenfahrt *Die Hurtigrute*	94
Die Deutsch-Norwegische Freundschaftsgesellschaft (DNF)	96
Auf der Suche nach Ursprünglichkeit *In Bulandet, Inselreich vor der norwegischen Westküste* Inger Thorun Hjelmervik	99
»Mit einem Bein im Fluß geboren« *Unterwegs mit Ulrik, Flußbootschiffer auf dem Altaelv* Odd H. Andreassen	102
Ferien auf geliehenem Kiel *Mit dem Segelboot im Inselreich der Lofoten* Lars-Ludvig Røed	104
Vogelparadies Norwegen Winfried Wisniewski	106
Reise in die Vergangenheit *Museumseisenbahnen in Norwegen* Robert Spark	109
... und vermachte dem norwegischen Volk seine Sammlung *Gestiftete Kunstsammlungen in Oslo* Gunilla Blomé	112
Von Hütte zu Hütte im norwegischen Fjell Gerard Dielessen	114
»GOD MORGEN« - Hier ist Radio Vadsø *Die norwegische Medienlandschaft* Jens-Uwe Kumpch	116
Wasserkraftwerke *Ein Bericht über die guten Seiten des schlechten Wetters* Lothar Kunst	119
Norwegen auf dem Weg in die EG? Per Nordrum	122
Aspekte des norwegischen Films Jean-Christophe Herve	124
Von Aschenbrödel, welcher die silbernen Enten, die Bettdecke und die goldne Harfe des Trollen stahl *Ein norwegisches Märchen* von Asbjørnsen und Moe	126
Det var engang - Norwegische Märchen Renate Gorkow	128
Norweger sind keine Griechen Tore Skoglund	129
Rundreisen in Norwegen *11 Tourenvorschläge durch die verschiedenen Landesteile*	131
Auto-Info	158
Aktiv in Norwegen	163
Übernachtungsmöglichkeiten	193
Adressen der Reiseveranstalter	204
Fährverbindungen / Fahrpläne	212
Literatur und Karten	229
Weitere Informationen und Bestellmöglichkeiten	234
A-Z Info	236
Fremdenverkehrsämter in Norwegen und Veranstaltungskalender	244
Norwegen in Zahlen	248
Register & Impressum	250

Liebe Leserinnen und Leser,

statt Bergen von Prospekten, Fahrplänen und Karten legen wir Ihnen das 250 Seiten starke NORWEGEN-REISEHANDBUCH vor. Handlich, übersichtlich, informativ. Zum Vorbereiten, Mitnehmen und Nachlesen.
Von Seite 13 bis 78 präsentieren sich die norwegischen Bezirke, vom Oslofjord im Süden bis hinauf in die Finnmark.
Wie wollen Sie reisen? Mit dem eigenen Auto, komfortablen Fährschiffen oder in Windeseile mit dem Flugzeug? Tips und Informationen dazu folgen auf den Seiten 79 bis 95.
Neues von der Deutsch-Norwegischen Freundschaftsgesellschaft erfahren Sie auf den Seiten 96/97.
Norwegen-Experten aus sieben europäischen Ländern sind die Autoren der diesjährigen Reportagen und Artikel (Seite 99 bis 130). Sie werfen Blicke hinter die norwegische Urlaubskulisse und machen Sie mit dem Alltag Ihres Urlaubslandes vertraut.
Die Adressen und Telefonnummern der letzten hundert Seiten haben wir nicht gezählt. Dafür aber mehrfach geprüft und mit Hilfe aller regionalen Fremdenverkehrsämter erstellt. Falls Sie Reitferien in Ostnorwegen, eine Kanutour auf dem Telemarkskanal planen oder eine Segelyacht chartern wollen, finden Sie dazu Adressen in Hülle und Fülle.
Falls dennoch eine Frage unbeantwortet bleibt, dann schlagen Sie Seite 234 auf: Dort können Sie zehn verschiedene Info-Pakete bestellen, in denen Sie detailliertes Prospektmaterial vorfinden.
Viel Vergnügen bei der Lektüre des Reisehandbuches wünscht Ihnen

Die Redaktion

Sommer Sonne Schnee

Es gibt Ferienländer, da weiß man, was einen erwartet: Strandleben zusammen mit Tausenden von Gleichgesinnten. Die Wassertemperatur ist jedes Jahr gleich - angenehm lauwarm. Die Sonne scheint den ganzen Tag und geht pünktlich um neun Uhr unter. Dann beginnt das Nachtleben. Anschließend legt man sich schlafen in einem Hotel, das genauso aussieht, wie eines dieser Hochhäuser in einer der modernen Vorstädte zu Hause - bloß funktioniert die Wasserspülung nicht ganz so gut. Wenn man weiß, was man hat, kann man keine bösen Überraschungen erleben. Allerdings sehr selten auch ungewöhnlich gute.
Da ist Norwegen etwas anders: mitten im Sommer kann es im Gebirge schneien, in einigen Landesteilen geht die Sommersonne gar nicht unter und statt in der Diskothek verbringt man die Abende draußen im Freien am Grillfeuer. Die Hotels stehen manchmal mitten in der Wildnis und vom Ferienhaus aus ist es meist weit zum Nachbarn, dafür aber ganz nah zum nächsten See - denn der liegt gleich vor der Haustür. In diesem Land muß man vieles selbst entdecken, zum Beispiel die schönsten Badebuchten, die man dann aber für sich allein hat.

Norwegen
ErlebnisReich

Norwegen ist das ideale Urlaubsziel für alle, die sich nicht so schnell zufrieden geben. Die viel erleben wollen. Nicht möglichst viel von immer demselben, sondern ständig Neues: Unterschiedliches, Ungewöhnliches, Unerwartetes. »Typisch norwegisch« in dieser Hinsicht ist »Strandtorgets Vertshus«. Es steht weit nördlich des Polarkreises, in Tromsø. Statt in dicken Winterpelzen sitzen die Leute in luftiger Sommerkleidung draußen und löschen den Durst mit einem kühlen Pils. Die Sonne scheint vom strahlendblauen Himmel - und es ist zwei Uhr. Zwei Stunden nach Mitternacht, wohlgemerkt. »Typisch norwegisch« ist nicht nur eine einsame Wanderung durchs Gebirge, bei der man tagelang keine Menschenseele trifft. Norwegen, das Land der Kontraste. Entdecken Sie, welche Seite Ihnen am meisten liegt - oder ob alles zusammen erst Ihren Traumurlaub ausmacht.

Norwegen ErlebnisReich

Ungewöhnlich unterschiedlich

Norwegens Spitzensportlerin Ingrid Kristiansen

Außergewöhnlich aktiv

Norwegen hat etwas mehr als vier Millionen Einwohner. Von denen sind rund 1,7 Millionen Mitglieder in einem Sportverein. Das Land gehört nicht nur zu den führenden Wintersportnationen - Norwegens Athleten sind auch in Stadien und Sporthallen, auf Rennstrecken und in oder auf dem Wasser Spitze. Ist das ein Wunder bei den außergewöhnlichen Voraussetzungen, die Norwegens Natur und Landschaft bieten? Reine Luft. Sauberes Wasser. Weite Fjell- und Waldgebiete. Ein aktivierendes Klima. Dies alles kommt nicht nur den Spitzensportlern zugute, sondern auch Ihnen, in Ihrem Norwegenurlaub. Entdecken Sie, wie Ihr Körper außerhalb der Alltagsroutine reagiert: beim Wandern, Angeln, Paddeln, Segeln, Bergsteigen oder einem einsamen Waldlauf.

Norwegen
ErlebnisReich

Norwegen ErlebnisReich

Freundlich, facettenreich, farbig

Fragt man einen Mitteleuropäer, wie er sich Norwegen vorstellt, dann hört man Adjektive wie: kühl, karg, grau, rauh, wild, einsam ...

Alles stimmt, ist aber doch nicht die ganze Wahrheit.
Denn Norwegen ist auch: warm, fruchtbar, bunt, idyllisch, freundlich und lebendig.
Da gibt es Täler, die so trocken sind, daß sie bewässert werden müssen, während sich anderswo in Norwegen die Regenschirmfabrikanten über ideale Absatzbedingungen freuen können. Die Temperatur kann im Sommer durchaus über 30 Grad steigen. Im Hochgebirge hingegen heißt es im Juli: Ski und Rodel gut. Schon ein einziger Fjord ändert seinen Charakter vom Meer bis zu seinem letzten Arm im Landesinneren ständig. Saftig grüne Uferstreifen wechseln sich mit grauen Klippenstränden ab und nicht weit entfernt vom lebhaften Hafenort liegen einsame Fjordbuchten.

Erträumtes erleben

Norwegen ist nicht nur ein Augenschmaus. Auch der Gaumen kommt auf seine Kosten. Ganz gleich, ob Sie sich lieber an einen festlich gedeckten Tisch setzen oder Ihre Mahlzeit selber sammeln, pflücken oder angeln wollen. Norwegens große Spezialität ist Fisch - und ganz besonders Lachs: gebraten, gekocht, als Suppe, eingelegt, in Pastetenform, geräuchert, gegrillt. Norwegens Naturprodukte sind bekannt für ihre ganz besondere Qualität. Kein Wunder, daß norwegischer Zuchtlachs in der ganzen Welt begehrt ist. Probieren Sie ihn einmal dort, wo er herkommt - auch Norwegens Küche lockt zu Entdeckungen.

Norwegen ErlebnisReich

Eine Reise durch Norwegen

Nachdem wir Sie auf den vorangegangenen Seiten hoffentlich in die richtige Norwegenstimmung versetzt haben, möchten wir Ihnen nun das Land etwas systematischer vorstellen. Begleiten Sie uns auf dieser Norwegenreise, die uns vom Süden bis in den hohen Norden führt.

Um Ihnen die Orientierung zu erleichtern, haben wir Norwegen in sechs Landesteile aufgeteilt, die wiederum in mehrere Regierungsbezirke untergliedert sind. Insgesamt besteht Norwegen aus 19 solcher Bezirke (»fylke«). Vom touristischen Standpunkt aus mag es unbedeutend sein, wo nun die Grenze zwischen den einzelnen »fylker« verläuft. Trotzdem haben wir diese Einteilung gewählt, um Ihnen bei der Suche nach dem schönsten Fjord, den tiefsten Wäldern und der aufregendsten Gebirgskulisse Anhaltspunkte zu geben.

Bei der Lektüre der folgenden Seiten werden Sie feststellen, daß einige Bezirke nur kurz, andere dafür sehr ausführlich präsentiert werden. Natürlich hat jedes Gebiet sein eigenes Gesicht und hat eigentlich ein eigenes Handbuch verdient - doch nicht überall ist die »Touristische Infrastruktur«, gleich weit entwickelt. Unser Ziel ist es jedoch vor allem, das zu präsentieren, was von Ihnen nacherlebt und selbst erfahren werden kann - mit dem Auto, per Boot, zu Fuß, auf dem Pferderücken. Wir wollen Ihnen aber auch verraten wo Sie mit der Angelrute Ihr Glück versuchen können - oder wo Sie auf pures Gold stoßen können. Ob es sich nun um fast Alltägliches oder ganz Besonderes handelt, entscheidend ist, daß Sie es in Ihrem nächsten Urlaub »ausprobieren« können - und in dieser Hinsicht sind nun einmal die Möglichkeiten von Bezirk zu Bezirk verschieden.

Wir beginnen unseren Streifzug im **Oslofjordgebiet**. Hier sind 1,3 Millionen Norweger zu Hause, dreimal soviel wie in Nordnorwegen, das zehnmal so groß ist. Die Landeshauptstadt, Oslo, bildet einen eigenen Bezirk, die drei übrigen heißen Vestfold, Akershus und Østfold. Die nördlich anschließenden Bezirke Buskerud, Oppland und Hedmark bilden den Landesteil **Ostnorwegen**. Er wird durch lange Talzüge und weite Waldgebiete geprägt. Hier liegen auch die mächtigsten Gebirgsmassive Norwegens.

Sørland und **Telemark** bilden den südlichen Teil Norwegens. Die Sørlandsküste mit herrlichen Bademöglichkeiten und malerischen Hafenorten, ist für viele der Inbegriff einer typisch skandinavischen Sommerlandschaft. Nach Norden hin schließt sich ein breiter grüner Waldgürtel an, den Abschluß bildet Norwegens südlichstes Hochgebirgsgebiet (Telemark, Aust-Agder, Vest-Agder). Wenn man vom Land der Fjorde spricht, meint man vor allem **Westnorwegen** (Rogaland, Hordaland, Sogn og Fjordane, Møre og Romsdal). Hier erstrecken sich die tiefsten und längsten Fjorde, aber auch die größten Gletscher - zu deren Füßen die üppigen Obstgärten Norwegens liegen. Hauptstadt des Fjordlands ist die Hansestadt Bergen.

Trøndelag (Sør- und Nord-Trøndelag) ist das historische Herz Norwegens. Dieser Landesteil bietet sowohl karge Hochgebirgslandschaften als auch fruchtbare Ackerbaugebiete. Die Küste hier ist besonders zerklüftet. Der nördlichste Landesteil, das Land der Mitternachtssonne besteht aus den Bezirken Nordland, Troms und Finnmark. **Nordnorwegen** erstreckt sich zum größten Teil nördlich des Polarkreises - bis hin zum Nordkap, dem nördlichsten Punkt, den man in Europa mit dem Auto erreichen kann.

OSLOFJORD-GEBIET

Eine Stunde Autofahrt nördlich von Oslo liegt der Gutshof Eidsvoll. Hier trafen sich im Jahre 1814 Repräsentanten aus ganz Norwegen, um dem Land eine Verfassung zu geben. Das 175-jährige Jubiläum im Jahre 1989 fällt zusammen mit dem 200. Jahrestag der französischen Revolution - die als wichtigste Inspirationsquelle für Norwegens Grundgesetz gilt. Dieses Doppeljubiläum wird mit Ausstellungen und Konferenzen von Mai bis Juli ausgiebig gefeiert. Der 17. Mai, der Unterzeichnungstag und Norwegischer Nationaltag wird diesmal besonders festlich begangen: mit den traditionellen Kinder- und Trachtenumzügen, verschiedenen Veranstaltungen und dem Eidsvoll-Spiel, das die Ereignisse des Jahres 1814 zeigt.

■ Wir beginnen unsere Beschreibung Norwegens dort, wo auch für die meisten ausländische Touristen das Land anfängt: Auf dem Oslofjord, an Bord eines der großen Fährschiffe, die regelmäßig die Verbindung zwischen Norwegen und dem Rest der Welt herstellen. Die Passagiere kommen mit den unterschiedlichsten Erwartungen nach Norwegen. Einige kehren gerade aus dem Urlaub zurück. Sie waren vielleicht irgendwo im Süden und überlegen sich vielleicht auf dem Weg nach Hause, ob sie den nächsten Sommer nicht besser wieder in Norwegen verbringen sollen. Andere wohnen in Mitteleuropa. Sie sind die Enge, die ausufernden Stadtlandschaften aber auch den Massentourismus als Urlaubsform leid. Sie wollen einmal richtige Natur und ganz ungewohnte Landschaften erleben. Die meisten von ihnen möchten die Fjorde sehen, viele auch die Mitternachtssonne, am liebsten am Nordkap. Manche reisen offensichtlich in dem Bewußtsein, sich auf ein gefährliches Abenteuer eingelassen zu haben: auf den Autodecks der Fähren stehen einige Autos, die expeditionsmäßig ausgerüstet sind. Andere habe gleich den halben Haushalt am Haken ihrer Autos, Plüschsofa und Konservenvorrat inklusive!

Für sie alle beginnt Norwegen zunächst einmal ganz gemächlich. Anfangs breit und ausladend, später enger werdend schiebt sich der Oslofjord wie ein Keil ins Land hinein. An beiden Seiten erstrecken sich nicht eine zerklüftete, vergletscherte Gipfellandschaft, sondern sanft ansteigende, bewaldete Hügelkette. Am Fjordufer liegen lebhafte Städte manche von modernem Großstadtleben geprägt, andere eher mit provinziellem Charme. Nichts spektakuläres also, aber doch eine Landschaft, die für geruhsame Ferien wie gemacht zu sein scheint.

Auch wenn viele an Bord des Schiffes vielleicht andere Teile des Landes bereits im Visier haben und die Weiterfahrt dorthin kaum abwarten können, so sind manche vielleicht neugierig geworden auf diesen Landesteil und möchten ihn näher kennenlernen.

Es gibt mehrere gute Gründe für einen Ferienaufenthalt im Gebiet rund um den Oslofjord. Die Motive hierfür sind wahrscheinlich vielfältiger als anderswo in Norwegen. Ein norwegischer Tourist kommt vielleicht hierher, um in Oslo einmal Großstadtluft zu schnuppern, groß auszugehen, einen Nachtbummel zu machen. Ein Ausländer schätzt vermutlich mehr die freundliche Urlaubslandschaft, die auch vor der Grenze der Landeshauptstadt nicht halt macht und somit ein ganz ungewöhnliches Großstadterlebnis ermöglicht. Beide werden wahrscheinlich gleichermaßen von dem Erholungswert dieser Gegend begeistert sein. Der Badespaß beginnt bereits mitten in Oslo und setzt sich längs der Küste fort, die übrigens über 2000 Kilometer lang ist.

Für Norweger ist dies gleich das Badeparadies schlechthin und Ausländern wird hier das Vorurteil vom naßkalten Skandinavien - Sommer nachdrücklich widerlegt. Wer nicht nur am Strand liegen möchte, kann surfen, segeln und Wasserski fahren. Fast 300 Inseln und unzählige Klippen und Schären gestalten das Fahrwasser abwechslungsreich.

Auch das Hinterland hat seine Reize, grüne Wälder, zahlreiche Seen, fruchtbares Ackerland. Das Gebiet eignet sich hervorragend für Radtouren, da es von einem dichten Netz von wenig befahrenen Straßen durchzogen wird.

Wer geschichtlich interessiert ist, oder sich für Kunst begeistert, kann in diesem Landesteil einen ganzen Bildungsurlaub verbringen. Nicht nur Oslo mit seinen über 50 Museen ist da ein attraktives Reiseziel, sondern die ganze Region. Hier ist die Geschichte nicht nur in musealer Form zugänglich, sondern kann auch »live« besichtigt werden: jahrhunderte alte Festungen, mittelalterliche Kirchen, Felsenzeichnungen und Gräber aus vorchristlicher Zeit. Im

Yachthafen Hankø

Oslofjordgebiet kann man vielerorts auf den Spuren der Wikinger wandeln oder etwas über die Untersuchungen neuzeitlicher norwegischer Seefahrer und Entdecker erfahren.

Ein Abstecher an die »Wiege der norwegischen Demokratie« gehört natürlich auch ins Programm: in Eidsvoll trat 1814 die verfassunggebende Versammlung Norwegens zusammen. Die historischen Gebäude sind heute eine vielbesuchte Sehenswürdigkeit. Eidsvoll bietet übrigens noch eine weitere Touristenattraktion - zumindest hin und wieder. Die Rede ist vom »Skibladner«, dem ältesten fahrplanmäßig verkehrenden Raddampfer der Welt. Er befährt seit 1856 den Mjøsa, Norwegens größten Binnensee, und verbindet Eidsvoll mit Hamar, Gjøvik und Lillehammer. An Bord werden traditionell Lachs und Erdbeeren serviert. Man ißt also stilvoll während sich der Skibladner gemächlich über den Mjøsa schaufelt. Auch an der Küste kann man einen Bootsausflug mit einem »schwimmenden Museum« unternehmen. Das 80 Jahre alte Passagierschiff »Kysten I« sticht von Tønsberg aus in See und durchkreuzt das Schärengebiet von Vestfold. Man muß also nicht immer vier Räder in Bewegung setzen, um Norwegen zu bereisen. Weitere Bootstouren kann man in Østfold unternehmen (Küste und Haldenkanal) und natürlich auch von Oslo aus. Auch wer mit eigener Kraft übers Wasser gleiten möchte, hat hierzu im Oslofjordgebiet zahlreiche Möglichkeiten: zum Beispiel in Østfold auf den Gewässern, die durch den Haldenkanal verbunden werden. Von dort aus kann man vom Fjord bis nach Schweden paddeln …

OSLO

Gesamtfläche km²: 454
Einwohner: 452.000

Stadt: **Einwohner:**
Oslo 452.000

Entfernungen (von Oslo):
- Bergen .... 484 km
- Kristiansand .... 328 km
- Larvik .... 129 km
- Stavanger .... 584 km
- Trondheim .... 539 km
- Narvik .... 1.447 km
- Nordkap .... 2.163 km

Verkehrsflughäfen:
Oslo: Fornebu, Gardermoen

Bahnverbindungen:
Oslo ist ein Verkehrsknotenpunkt mit Bahnverbindungen in alle Landesteile. U.a.: Oslo - Kongsvinger - Stockholm, Oslo - Göteborg - Kopenhagen, Oslo - Hamar - Trondheim, Oslo - Bergen, Oslo - Stavanger

Sehenswürdigkeiten:
- Wikingerschiffe, Fram Museum, Kon-Tiki Museum, Norwegisches Volksmuseum, Norwegisches Seefahrtsmuseum, Bygdøy (Bus Nr. 33)
- Holmenkollen mit Sprungschanze und Skimuseum, Holmenkollen
- Vigelandspark und Vigelandmuseum, Frogner
- Schloß Akershus mit Festung, Widerstands- und Verteidigungsmuseum, Oslo Zentrum / Vippetangen
- Munchmuseum, Tøyen
- Henie - Onstad - Kunstzentrum, Høvikodden
- Königl. Schloß und Schloßpark
- Norwegisches Technik-Museum, Kjelsås
- Nationalgalerie
- Aussichtsturm Tryvannstårnet, Station Voksenkollen
- Abenteuerpark Tusenfryd, Vinterbro (Bus Nr. 541)
- Frognerseter, Station Frognerseter
- Aker Brygge
- Bogstad gård, Sørkedalen (Bus Nr. 41)
- Internationales Museum für Kinderkunst, Lille Frøens vei 4, Oslo 3
- Basarhallen, an der Domkirche
- Stadtmuseum, Oslo (Straßenbahn Nr. 2 bis zum Frognerplatz)
- Schloß Oscarshall, Bygdøy (Bus Nr. 30 und Fähre ab Rathausbrücke)
- Rathaus, Rathausplatz

Ausflugsmöglichkeiten:
- Minicruise; »s. Oslo vom Fjord aus«, 50 Min. Bootstour
- »Fjordcruise mit kaltem Buffet« (2-stündige Bootstour inkl. Mittagessen im Restaurant)
- »Abendcruise« (2-stündige Bootstour inkl. kaltem Buffet)
- Bustour, 3 Stunden zum Vigelandpark, Holmenkollen Sprungschanze, Wikingerschiffe, Kon-Tiki
- kombinierte Boots- und Bustour, ca. 7 Stunden inkl. Mittagessen.
- Besuch des Polarschiffes Fram, Kon Tiki, Norwegisches Volksmuseum, Wikingerschiffe, Vigelandpark und Holmenkollen
- »Oslo Fjordcruise mit Garnelenparty« (Abendfahrt), 2 Std.
- »Reise ins Schlaraffenland« (Nachmittagstour auf dem Oslofjord M/S »Pibervigen«), 1 1/2 Std.
- Schärentour im Oslofjord, 2 Std.
- Kombinierte Boots- und Bustour: »Oslo Sightseeing«, »Morgentour«, »Oslos Höhepunkte« und »Abendtour«
- Landroversafari in der Oslomarka (Halbtages- und Tagesausflüge)
- »Minicruise« (50 Min.), Tour mit M/S Pibervigen (2 1/2 Std.), rund um die Inseln im Oslofjord
- »Nachmittagstour (3 Std.), Bussightseeing Museen auf Bygdøy
- »Oslo Highlights« (3-stündige Bustour), Morgentour mit Besuch des Osloer Rathauses - Vigelandpark - Holmenkollen - Wikingerschiffe und das Kon-Tiki / Ra Museum

Mit öffentlichen Verkehrsmitteln:
- In die Umgebung Oslos: z.B. nach Ekeberg, Østensjøen, Bygdøy, Frogner mit Vigelandpark, Tøyen, Munch Museum und Tøyenbadet, St. Hanshaugen

Veranstaltungen:
- »Die See für alle«, Sjølyst 9.- 16. April
- Oslo Summer Opera, Mozart Festival, Ende Juni / Anfang Juli
- Konzert der Eurovision, Holmenkollen, Anfang Juni
- »Ta sjansen«, Holmenkollen, Mitte Juni
- Kalvøya Pop Festival, Kalvøya, Ende Juli
- Norway Cup (größtes Fußballturnier der Welt), Ekeberg, Ende Juli - Anfang Aug.
- Oslo Jazz Festival, in der ganzen Stadt, Anfang Aug.
- Mobil Bislet Games, 1. Aug.
- Oslo Festival, 9. Aug. und die folgenden drei Wochenenden

1. Norw. Volksmuseum ... A 4
2. Wikingerschiffe .... A 4
3. Fram-Museum .... B 4
   Kon-Tiki Museum ..... B 4
   Norw. Schiffahrtsmuseum B 4
4. Schloß Oscarshall ..... B 3
5. Messehallen, Sjølyst ... A 1
6. Vigeland-Museum ..... B 1
7. Oslo Stadtmuseum ..... B 1
8. Vigelandpark .... B-C 1
9. Das Kgl. Schloß ...... D 2
10. Kunstindustriemuseum . E 2
11. Nationalgalerie .... E 2
12. Norw. Parlamentsgeb. ... E 2
13. Rathaus .... D-E 3
14. Bygdøy-Fähre .... D-E 3
    Sightseeing, Kai 3 .... D-E 3
15. Festung Akershus ..... E 3/4
16. Norw. Widerstandsmuseum ... E 3
17. Historisches Museum ... E 2
18. Verteidigungsmuseum ... E 4
19. Universitätsbibliothek ... C 2
20. Aula der Universität, ... E 2
21. NSB, Nationaltheater, U-Bahn .... D-E 2
22. Ärztl. Notdienst .... E 3
23. U-Bahnstation Stortinget . E 3
24. Konzerthaus .... D 2/3
25. Telefon- und Telegrafenamt E 3
26. Deichmanske Bibliothek . F 2
27. Oslo Hauptbahnhof, Touristenbüro .... F 3
28. Aker Brygge .... D 3
29. Hauptpost, Postmuseum .... F 3
30. Nationaltheater, Bus nach Bygdøy und Fornebu (Snarøya) ...... E 2
31. Nobel-Institut .... D 2
32. Bislett Stadion .... E 1
33. Gamle Aker Kirche ... F 1
34. Damstredet .... F 2
35. St. Olav's Kirche (kath.) . F 2
36. Staatsoper .... F 2
37. Dom zu Oslo .... F 3
38. Westbahnhof .... D 3
39. Theatermuseum ...... E 3
40. Architekturmuseum .... D 1

Os!o
YOU WON'T BELIEVE IT

Weitere Informationen:
Oslo Promotion
Rådhusgt. 23
N-0158 Oslo 1, Tel.: 02-33 43 86
Telex: 71 969, Telefax: 02-33 43 89

OSLO/AKERSHUS
OSLO - DIE HAUPTSTADT

Einkaufs- und Kulturzentrum Aker Brygge

Oslo ist eine Stadt, die sich ständig verändert. An allen Ecken und Enden wird gebaut. Bis 1993 sollen allein im Zentrum über 30 Milliarden Kronen investiert werden, um die Stadt noch attraktiver zu machen. Zur Zeit entstehen eine Stadthalle (»Oslo Spektrum«), Nordeuropas größtes und höchstes Hotel, die längste überdachte Einkaufsstraße des Nordens, mehrere Parks, ein Yacht-Hafen, ein Aquarium ... Grund genug, es nicht bei einem Besuch bewenden zu lassen.

»Oslo du er helt utrolig« »Oslo - man hält es nicht für möglich« heißt der flotte Spruch, mit dem sich Norwegens Hauptstadt in aller Welt präsentiert. Was ist dran an diesem Slogan, was ist so besonders an Oslo?

Zunächst einmal: Oslo ist Norwegens Zentrum. Ein Viertel der norwegischen Bevölkerung ist hier zu Hause. Die Stadt ist der wirtschaftliche Mittelpunkt des Landes - mit einer hektischen Börse, großen Verwaltungsgebäuden, modernen Einkaufszentren. Hier pulsiert das Leben. Aber: nur fünf Minuten vom Zentrum entfernt weiden Kühe, die, nebenbei bemerkt, dem König gehören. Und nach einer halbstündigen Fahrt mit der Vorstadtbahn landet man in den tiefen Wäldern des nördlichen Stadtgebiets. Dort kann man stundenlang wandern, Beeren pflücken und Pilze sammeln.

Dieser Kontrastreichtum ist es wohl, der Oslo so besonders macht. Der Erlebnishorizont ist unglaublich weit: Stadt und Land, Fjord und Fjell sind innerhalb der Gemeindegrenzen vereint. Schon allein das Rathausviertel. In vielen Großstädten ist es eine öde Betonwüste, die nach Büroschluß zur Geisterstadt wird.

Anders in Oslo: direkt vor dem Rathaus beginnt der Fjord. Segelboote, Kreuzfahrtschiffe, Nahverkehrsfähren, Fischkutter, Motoryachten, fest verankerte Restaurantschiffe, Surfer und Sightseeingboote beleben das Wasser. Von hier aus kann man Ausflüge und Rundfahrten unternehmen. Oder einfach nur dem bunten Treiben zuschauen, wobei man vielleicht eine Tüte frischgefangener Garnelen verzehrt.

Gleich neben dem Hafen liegt Aker Brygge, das Gelände einer ehemaligen Werft, das zu einem beliebten Einkaufszentrum umgebaut wurde. Hier findet man über 60 Spezialgeschäfte, in denen man unter anderem die unglaubliche Feststellung machen kann, daß hier italienische Qualitätsschuhe billiger sind als in Rom oder Mailand. Zu Aker Brygge gehören auch Restaurants und Cafés, kleine Verkaufsstände, Gaukler, Wahrsager und diverse kulturelle Aktivitäten: Konzerte, Theatervorführungen und Shows. Niemand wundert sich hier über »Eddies kleines Bäckereitheater«; eine Bäckerei mit Konzert- und Theaterprogramm.

Oslos klassisches Shoppingviertel ist die »Karl-Johan« mit

Hafen von Oslo

Festung Akershus

ihren Seitenstraßen. Hier können Sie sich davon überzeugen, daß Straßenmusikanten und -künstler nicht länger ein Privileg des Südens sind. Freuen Sie sich mit den Osloern über das hier gebotene internationale Freiluftprogramm. Die zahlreichen Geschäfte und Boutiquen in diesem Viertel zeigen einmal mehr, daß Oslo den Anschluß an die europäische Spitze geschafft hat. Einen Besuch wert sind auch die Basarhallen hinter der Domkirche. Hier werden Kunsthandwerksprodukte und Antiquitäten verkauft. In einem kleinen, gemütlichen Café kann man neue Kräfte sammeln. Weitere Einkaufsmöglichkeiten bestehen im Gebiet von Bogstadveien/Hegdehaugsveien, Markveien und Briskeby. Viele ausländische Besucher wundern sich, daß die Preise - allen Vorurteilen zum Trotz - vor allem für Uhren und Modekleidung relativ niedrig sind. Im Juli führen die meisten Geschäfte ihren Sommerschlußverkauf durch, mit oft unglaublich günstigen Sonderangeboten.

Wer kulturelle Erlebnisse sucht, wird ebenfalls nicht enttäuscht. In Oslo gibt es über 50 interessante Museen, Ausstellungen, Baudenkmäler und andere Sehenswürdigkeiten. Allein auf der Insel **Bygdøy**, die man vom Rathaus aus per Boot oder Bus erreichen kann, gibt es mehr zu sehen, als innerhalb eines Tages zu bewältigen ist: das norwegische Seefahrtsmuseum, das Polarschiff »Fram«, die Flöße »Kon-Tiki« und »Ra« des norwegischen Forschers und Abenteurers Thor Heyerdahl, das Wikingerschiffhaus, das Norwegische Volksmuseum mit großer Freilichtabteilung und interessanten Spezialsammlungen. Und wenn Sie ihre kulturellen Bedürfnisse befriedigt haben, dann bietet Ihnen Bygdøy auch - typisch Oslo - einige der schönsten Badestrände Norwegens. 1989 erfährt Oslos Museenlandschaft eine weitere Bereicherung: ein neues Museum für Gegenwartskunst öffnet dann seine Pforten.

Doch Oslo ist nicht nur eine Stadt der Büros, Geschäfte und Museen. Gleich nach dem Besuch des weltberühmten Edvard-Munch-Museums kann man einen Abstecher in das Naturgebiet Oslomarka unternehmen. In welcher an

spielen, golfen, surfen. Und im Winter können Sie nach Herzenslust skilaufen.

Und am Abend? Erinnern Sie sich noch an die Zeit, als Oslos herausragendstes Merkmal die Tatsache war, daß es als einzige europäische Hauptstadt eine norwegischsprechende Bevölkerung hatte? Heute hat Oslo nicht nur aufgeholt sondern überholt. Natürlich freut man sich besonders darüber, daß Oslos Nachtleben in mehr Diskotheken, Cafés, Nachtclubs und Restaurants pulsiert als in der Nachbarhauptstadt Stockholm. Über 100 Lokale haben bis 2 Uhr und länger geöffnet. Man kann sogar bis 6 Uhr morgens eine anständige warme Mahlzeit erhalten. Auch die Musikszene ist aus ihrem Dornröschenschlaf erwacht. In Oslo swingt es: Jazz, Klassik, Rock, für jeden Geschmack etwas. Übrigens gibt es in Oslo auch 30 Kinos mit den aktuellen internationalen Filmen (in den Originalsprachen), acht Theater und drei Revuetheater. Für Abwechslung ist also gesorgt.

Und wenn Sie nicht unbedingt die ganze Nacht durchmachen wollen, bieten Ihnen die Hotels der Stadt komfortable Übernachtungsmöglichkeiten zu erschwinglichen Preisen. Den ganzen Sommer über und ganzjährig am Wochenende senken Oslos Business Hotels ihre Preise radikal - bei gleichbleibendem Service. Schon für 120,- DM (NOK 420,-) erhalten Sie ein modernes Doppelzimmer in einem guten Hotel (inklusive Frühstücksbuffet). Zu diesem Preis können nicht nur zwei Erwachsene, sondern zusätzlich

Die Zahl der Osloer Restaurants hat sich in den letzten Jahren mehr als verdoppelt. Selbst den Osloern fällt es schwer, dabei die Übersicht zu behalten.
Wieviele Restaurants es nun genau gibt, haben wir trotz intensiver Recherche nicht herausfinden können.
Lassen Sie sich also überraschen - und erwarten Sie nicht zu wenig. Oslos Küche ist international, auch ausgefallene Wünsche gehen hier in Erfüllung.
Ganz egal, ob Sie norwegische Hausmannskost oder exotische Spezialitäten bevorzugen, der Tisch ist gedeckt.

Nationaltheater

Safari unternehmen? In der Marka jedenfalls können Sie außerdem wandern oder auch radfahren (Vermietung). Das Touristenbüro hält einige Routenvorschlägen für Sie bereit. Damit Sie nicht ihren gesamten Proviant mitschleppen müssen, gibt es insgesamt 75 »stuer«, in denen Gebäck, Getränke und andere Erfrischungen verkauft werden. Doch keine Angst, die Wanderwege durch die Marka sind nicht asphaltiert und auch ganz bestimmt nicht mit Souvenirbuden bepflastert.

Der Urlaubsort Oslo bietet noch mehr Aktivitätsmöglichkeiten: baden im Fjord, in Binnenseen und Freibädern, angeln (nicht in Freibädern - ansonsten fast überall), Tennis

auch bis zu zwei Kinder unter 15 Jahren übernachten. Die Zimmervermittlung im Rathaus und im Hauptbahnhof wird das passende Angebot für Sie heraussuchen. Übrigens können Sie in Oslo auch in der Jugendherberge übernachten oder zelten. Wobei Sie Ihren dicken Iso-Schlafsack ruhig zu Hause lassen können. Denn Oslo ist für sein warmes Sommerwetter bekannt. Wußten Sie, daß Oslo im letzten Jahr an mehreren Tagen Europas wärmste Hauptstadt war - mit Temperaturen weit über 30 Grad? Unglaublich, aber Oslo.

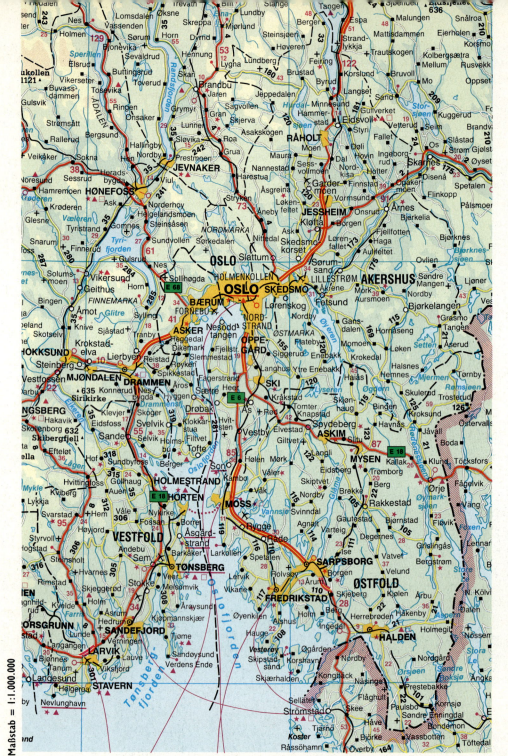

Maßstab = 1 : 1.000.000

Ausflüge mit dem Auto:
- **Rund um den Oslofjord:**
- **Am Westufer:**
  Oslo - Bærum - Asker - Slemmestad - Storsand. Fähre an's Ostufer: Drøbak - Son - Vestby - Ås - Ski - Oppegård - Oslo.
Eine Tagestour entlang der Küste, viele Kulturangebote
- **Entlang der Glomma:**
  Oslo - Lillestrøm - Fetsund - Sørumsand (Tertittenbahn) - Årnes.
- **Am Westufer:**
  Nes - Hvam - Frogner - Skedsmo - Oslo. Eine Tagestour durch die fruchtbare Landschaft Romerikes, interessante historische Sehenswürdigkeiten.
- **Eidsvoll und Hurdal:**
  Oslo - E6 - nach Eidsvoll. Von Eidsvoll Abstecher nach Hurdal. Tagestour.

Veranstaltungen:
- Abenteuerpark Tusenfryd (verschiedene Aktivitäten von Mai bis September)
- Galopprennen Øvrevoll. Rennbahn Bærum. (Mo u. Do, den ganzen Sommer über)
- Pop/Rock Festival, Kalvøya/Bærum (letztes Juniwochenende).
- Henie - Onstad - Kunstzentrum / Bærum. (Norwegens führendes Zentrum internationaler Gegenwartskunst, ganzjährig Veranstaltungsangebote)
- Gamle-Hvam-Tage (traditionelles Fest des Romerike). Gamle Hvam Museum / Årnes. ca. 20. August.
- World Cup, Skispringen, Marikollen, Rælingen (Aug.)

Weitere Informationen:
Akershus Reiselivsråd
Tullinsgt. 6, Postboks 6888
N-0130 Oslo 1, Tel.: 02 - 20 80 55
Telefax: 02 - 20 80 55, Richtnr. 376

AKERSHUS REISELIVSRÅD

AKERSHUS

Gesamtfläche km²: 4.916
Einwohner: 405.991

Ballungsgebiete: Einwohner:
In Akershus gibt es keine Städte, aber eine Reihe Ballungsgebiete.
Im Westen:
Asker/Bærum 128.347
Im Osten:
Follo 94.469
Nedre Romerike 109.888
Øvre Romerike 72.423

Entfernungen s. Oslo

Verkehrsflugplätze:
Fornebu und Gardermoen

Bahnverbindungen:
Oslo - Lillestrøm - Eidsvoll - Hamar,
Oslo - Lillestrøm - Konsvinger,
Oslo - Asker - Drammen,
Oslo - Nittedal - Hønefoss,
Oslo - Nittedal - Gjøvik,
Oslo - Ski - Sarpsborg

Sehenswürdigkeiten:
- Eidsvollgebäude, Eidsvoll
- Henie - Onstad - Kunstzentrum, Bærum
- Aurskog-Hølandsbahn »Tertitten«, Sørumsand (Sørum)
- Gamle Hvam Museum, Nes / Romerike
- Kulturzentrum Akershus / Museum, Strømmen (Skedsmo)
- Raddampfer Skibladner, Eidsvoll
- Nordre Øyeren Naturreservat
- Bærums Verk, Bærum
- Abenteuerpark Tusenfryd, Ås

AKERSHUS - OSLOS UMLAND

Eine Beschreibung Oslos wäre nicht komplett, wenn man nicht auch das Umland vorstellen würde. Nicht nur, weil dort die beiden Flughäfen der Hauptstadt liegen, sondern ganz besonders wegen der zahlreichen Sehenswürdigkeiten und Aktivitätsmöglichkeiten des Gebiets. Wir sprechen von Akershus, dem Bezirk, der Oslo umschließt. Ein merkwürdiger Bezirk: Er hat zwar eine größere Bevölkerungsdichte als jeder andere in Norwegen, aber keine einzige größere Stadt. Stattdessen findet man eine ganze Reihe kleiner Städtchen deren Bebauung von idyllischen Holzhäuser bis zu modernen Forschungs- und Industriezentren reicht. Hier kann man also in den zahlreichen guten Hotels des Bezirks in ruhiger Umgebung übernachten und von dort aus Ausflüge in die Hauptstadt unternehmen. Akershus ist ein Knotenpunkt für den Verkehr nach Norwegen mit einem dichten Straßen- und Eisenbahnnetz. Hier findet man in einem Umkreis von einer Stunde Fahrzeit rund um Oslo einen Querschnitt durch Norwegens Natur: den Oslofjord, offene freundliche Kulturlandschaften, tiefe Wälder und ein 800 Meter hohes Fjellgebiet. Dürfen wir zu einer kurzen Rundreise einladen?

Der »Skibladner« auf dem Mjøsa See

Oslos grüner Gürtel

Ehe man sich's versieht, ist man schon in Akershus. Denn Oslos Bebauung geht nahtlos in die des Nachbarbezirks über. Sticht man im Oslofjord vom Osloer Zentrum aus (z.B. mit dem Nesodden-Boot) in See, so landet man garantiert nach kurzer Zeit in Akershus. Und hier findet man im Oslofjord die schönsten Badeplätze - das ist auch garantiert. Baden kann man aber auch in den zahlreichen Seen und Teichen des Bezirks. Paddel-Enthusiasten kommen ebenfalls auf ihre Kosten. Ihnen steht ein ganzes Netz von Wasserwegen zur Verfügung. Daß man hier erfolgversprechende Angelstellen findet, brauchen wir wohl nicht extra zu erwähnen. Naturliebhaber werden sich in den ausgedehnten Waldgebieten wohlfühlen. Hier kann man Beeren pflücken, Pilze sammeln und lange Wanderungen unternehmen. Ein besonderer Höhepunkt ist das Naturreservat Nordre Øyeren am Nordende des Sees Øyeren. Hier bilden die drei Flüsse Glomma, Leira und Nitelva ein ausgedehntes Binnendelta, das ein wichtiges Brutgebiet darstellt und zudem den Zugvögeln als Rastplatz dient.

Erlebnisse abseits der Hauptstraße

Die motorisierten Zugvögel unserer Zeit finden in Akershus ebenfalls reichlich Gelegenheit, sich von den Strapazen der Reise zu erholen. Wie wäre es mit einem Besuch in einer der 30 bis 40 Kunstgalerien des Bezirks, oder in einem der zahlreichen Museen? Eine der besten Kunstsammlungen Norwegens befindet sich in Akershus: das Henie-Onstad-Kunstsenter mit Arbeiten des 20. Jahrhunderts. Hier finden Konzerte, internationale Ausstellungen, Theatervorführungen und andere künstlerische Aktivitäten statt. In diesem Teil des Bezirks, dem Gebiet von **Asker und Bærum**, bestehen besonders gute Bootsport- und Bademöglichkeiten.

Die Gegend östlich und nördlich von Oslo heißt **Romerike**. Man verläßt die dichtbesiedelte Hauptstadtregion zum Beispiel über die E 6 und befindet sich schnell in langgestreckten Landwirtschafts- und Waldgebieten. Unterwegs kommt man, sozusagen auf den Spuren der Wikinger, am Raknehaugen vorbei, Nordeuropas größter Grabhügel! Die bekannteste Sehenswürdigkeit dieses Gebiet ist wohl das »Eidsvold-Gebäude«, in dem 1814 die norwegische Verfassung ausgearbeitet wurde. 1989 wird das 175-jährige Jubiläum gefeiert. Hier ist noch alles so erhalten, wie es zu Anfang des letzten Jahrhunderts aussah. Nicht weit von Eidsvoll entfernt startet der »Skibladner« (1856), ältester Raddampfer der Welt, seine Fahrt über Norwegens größten Binnensee Mjøsa. Wer sich für alte Fahrzeuge begeistern kann, sollte es nicht versäumen, an einem Sommersonntag eine Fahrt mit der Museums-Schmalspurbahn »Tertitten« zu unternehmen (Aurskog - Høland-Bahn; Abfahrt in Sørumsand). Sie verläuft nahe der mächtigen Glomma dem größten Fluß Norwegens. Das höchste Gebirgsgebiet des Bezirks ist Hurdal, westlich von Eidsvoll. Die Berge hier erreichen Höhen von 800 Meter. Hurdalsjøen ist zu allen Jahreszeiten ein beliebtes Ausflugs- und Ferienziel.

Den südöstlichen Teil von Akershus nennt man Follo. Hier bestehen am Oslofjord gute Bademöglichkeiten. Außerdem kann man die idyllischen Hafenorte am Fjord besuchen: Drøbak mit seinem ganzjährig geöffneten »Weih-

Eidsvoll Gebäude

nachtshaus« und das malerische Son. Auch die neueste Attraktion der Hauptstadtregion liegt in Follo: Tusenfryd, Norwegens größter Vergnügungspark, eine bunte Mischung aus Jahrmarkt, Tivoli und Abenteuerspielplatz umgeben von schöner Natur.

Das war noch nicht alles

Alle, die aufmerksam durch die Landschaft fahren, wandern oder radeln, finden weitere Sehenswürdigkeiten sozusagen am Straßenrand: Grabhügel, historische Festungen, mittelalterliche Kirchen, Heimatmuseen, alte Bauernhöfe (z.B. Gamle Hvam aus dem 16. Jh., heute Museum) - und immer wieder sanfte Hügel, Wiesen und Felder. Zwar gibt es hier nicht die größten Berge, aber dafür alles andere, was Norwegen sehenswert macht.

Drøbak

Akershus hat mit seinen rund 410.000 Bürgern keine einzige Stadt. Die größten »Beinahe-Städte« sind Asker, Sandvika, Ski, Strømmen und Lillestrøm - ihnen fehlt es nicht an Einwohnern, sondern nur am offiziellen Status. Die Gemeinde Bærum mit Norwegens »Engineering Valley« hat fast soviele Einwohner wie Stavanger, viertgrößte Stadt des Landes.

Reisende finden in den Orten und längs der Verkehrswege Übernachtungsbetriebe und Gaststätten aller Kategorien. Übrigens gilt die auf der nächsten Seite vorgestellte »Oslo-Karte« auch in Teilen von Akershus. Sie können damit die öffentlichen Verkehrsmittel bis zum Henie-Onstad-Senter (dort freier Eintritt), zum Tusenfryd-Park (ermäßigter Eintritt) und z.B. bis Sandvika und Skedsmo benutzen. Außerdem gilt sie auf den Schiffen nach Nesodden und zwischen Sandvika und den Vestfjord-Inseln.

OSLO / AKERSHUS
OSLO BY CARD

Daß Oslo ganz bestimmt auch Ihnen etwas zu bieten hat, werden Sie schon bei der flüchtigen Lektüre unseres Portraits feststellen. Damit Ihr Aufenthalt in Oslo nicht nur interessant wird, sondern gleichzeitig auch Ihre Reisekasse schont, möchten wir Sie auf die Oslo-Karte hinweisen. Damit können Sie Oslos Vorzüge auf besonders preiswerte Art erleben. Mit der Oslo-Karte erhalten Sie keinen Kredit, aber vieles gratis oder mit ganz erheblichen Rabatten. So ist der Eintritt zu den Museen und Sehenswürdigkeiten der Stadt für Karteninhaber frei. Und damit Sie möglichst viele davon besuchen können, brauchen Sie für die Busse, Bahnen, Züge und Boote im Großraum Oslo nichts zu zahlen. Dieses Angebot gilt sogar über die Stadtgrenzen hinaus, so daß Sie zum Beispiel für die Fahrt zum Henie-Onstad Kunstzentrum oder zum neuen Vergnügungspark Tusenfryd die Oslo-Karte benutzen können. Tusenfryd kann man übrigens auch »by card« einen Besuch abstatten - zu günstigen Sonderpreisen. 30 % Ermäßigung erhalten Sie, wenn Sie innerhalb Norwegens mit den Zügen der norwegischen Staatsbahnen nach Oslo und von dort wieder zu Ihrem Ausgangspunkt zurück reisen. Dies gilt auch für die Rückfahrt innerhalb ganz Norwegens. Wer mit dem eigenen PKW nach Oslo fährt, kann auf allen kommunalen Parkplätzen kostenlos parken. Auch die Benutzung der städtischen Bäder ist bei Vorlage der Karte kostenlos. Zahlreiche Restaurants und Geschäfte bieten Karteninhabern Rabatte oder kleine Aufmerksamkeiten. Sonderpreise erhält man auch in den Kinos der Landeshauptstadt. Außerdem können Sie Autos (im Winter Skier) zu reduzierten Tarifen mieten. Sie erhalten 50 % Rabatt bei Stadtrundfahrten mit Bussen oder Booten. Oder wollen Sie lieber eine ermäßigte Land-Rover-Safari durch die Oslomarka unternehmen? Und zu guter Letzt: mit der Oslo-Karte wohnen Sie gut und dazu noch preiswert in den Hotels der Stadt: Sonderpreise erhalten Sie am Wochenende, zu Pfingsten, in den Sommerferien (Mitte Juni bis Mitte August) und auch über Weihnachten und Neujahr.

Die Oslo-Karte kostet bei einer Gültigkeitsdauer von:
- 24 Stunden: .... NOK 80,- (Kinder 40,-)
- 48 Stunden: .... NOK 120,- (Kinder 60,-)
- 72 Stunden: .... NOK 150,- (Kinder 75,-)

(Die Kinderpreise gelten bis zum vollendeten 15. Lebensjahr.)

Sie ist in den meisten Hotels in Oslo, auf Campingplätzen, in den Touristenbüros (Rathaus und Hauptbahnhof), im »Trafikanten« am Jernbanetorget, im Touristenbüro an der schwedisch-norwegischen Grenze (E 6, Svinesund), auf den Schiffen, die Oslo anlaufen und in 51 NSB-Reisebüros in ganz Norwegen erhältlich.
In der Bundesrepublik können Sie die Oslo-Karte bei NORTRA Marketing, Essen, erhalten (siehe S. 235).

Sie sind auf der Suche nach einer komfortablen Unterkunft mitten im Zentrum oder im ruhigen, grünen Stadtrandgebiet? Bitte schön: Hier haben wir bereits vier Hotels zur Auswahl. Von »zweckmäßig und einfach« bis »erstklassig« reicht die bunte Hotelpalette in Oslo.
Im Rundreiseteil finden Sie noch das Anker Hotell sowie im Kapitel »Übernachtungsmöglichkeiten« die Angebote der großen Hotelketten. Wer dann immer noch ratlos vor dem großen Angebot steht, dem bietet der neue Oslo Hotelbuchungsservice eine schnelle, unbürokratische Vermittlung. Tel. 02 - 50 56 30

Hotel Europa
St. Olavsgate 31
N-0166 Oslo 1
Tel. 02 - 20 99 90

Grand Hotel
Karl Johans Gate 31
N-0159 Oslo 1
Tel. 02 - 42 93 90

Saga Hotel
Eilert Sundtsgt. 39
N-0259 Oslo 2
Tel. 02 - 43 04 85

Hotel Savoy
Universitetsgt. 11
N-1640 Oslo 1
Tel. 02 - 20 26 55

Hotel Europa

Hotel Europa (St. Olavsgt. 31) ist ganzjährig eines des populärsten Hotels in Oslo. Erleben Sie das Flair des Europa - eine rundum behagliche Atmosphäre, zu der nicht zuletzt das aufmerksame Hotelpersonal beiträgt.
Hier wohnen Sie mitten im Zentrum in erstklassigen Zimmern, die alle hochmodern und mit Bad ausgestattet sind. Extra breite Betten, TV, Video, Minibar. Das »Europa« ist für sein vorzügliches Frühstück bekannt! Besonders günstige Preise im Juli und an Wochenenden (Tel. Info. unter 02-20 99 90). Der Flughafenbus hält direkt vor dem Hotel. Hotel Europa ist Mitglied der Best Western Hotels, so daß Sie Ihren Best Western Hotelscheck auch hier benutzen können. Willkommen!

Oslos führendes Hotel ist bekannt für Tradition, seinen besonderen Stil und Atmosphäre. Direkt auf der Promenadenstraße Karl Johans Gate gelegen, im Handels- und Kulturzentrum Oslos.
Im berühmten Grand Café trafen sich Ibsen und die Maler Munch und Krogh. Nach umfangreichen Modernisierungen bietet das Grand Hotel heute hochmodernen Komfort. 200 Doppelzimmer, 16 Kombiräume, neun Einzelzimmer und fünf Suiten sind alle großzügig ausgestattet. Entspannen Sie sich in der hoteleigenen Schwimmhalle, mit Sauna, Solarium und genießen Sie die luxuriösen Gesellschaftsräume und Restaurants.
Mitglied des Steigenberger Reservation Service und der Inter Nor Hotels.

SAGA HOTEL

Sie kommen mit dem Auto ins sommerliche Oslo? Hier gibt es keine Parkprobleme! Das Saga Hotel liegt zwischen Slottsparken und Vigelandsparken in ruhiger Lage (Eilert Sundtsgt. 39). In wenigen Minuten spazieren Sie durch den Slottsparken ins Zentrum. Noch schneller geht es mit der Straßenbahn. Die Einkaufsstraßen Bogstadveien und Majorstua sind nur ein paar Schritte entfernt.
Das Hotel hat 37 Zimmer, neun von ihnen sind besonders groß, damit es für keinen der Familie zu eng wird. Alle Zimmer sind mit Bad/Dusche/WC und TV ausgestattet. Die gemütliche Atmosphäre eines Familienbetriebs ist typisch für das Saga Hotel.
Wählen Sie die Nummer (02) 43 04 85 an, wenn Sie gut, preiswert und ruhig in Sommer-Oslo wohnen möchten.

Wollen Sie nur einen Katzensprung von der Karl Johan entfernt wohnen, dann ist das Savoy Hotel in der Universitetesgt. 11 genau der richtige Platz für Sie! Gegenüber liegt die Nationalgalerie. Das Savoy ist ein gemütliches Hotel mit besonderer Atmosphäre. Die Zimmer sind hell und freundlich, mit TV und Video.
Restaurant und Bar sind gleich im Haus: Das Restaurant Martini bietet gutes Essen zu günstigen Preisen und die Bar im Savoy ist ein beliebter Treffpunkt der Osloer.
Unter der Telefonnummer (02) 20 26 55 informieren wir Sie über günstige Sonderpreise während der Ferienzeit oder für ein Oslo-Wochenende. Fjordpass.

holm (Hin- und Rückfahrt)
- Bootsverbindung zwischen Halden und dem Inselreich Hvaler
- Bootsverbindung Halden - Strömstad und Fredrikstad - Strömstad

... mit dem Auto:
- Tages- oder Halbtagesausflüge zum Baden an die Küste (Oslofjord) oder an die fischreichen Gewässer des inneren Østfold
- Besuch der Anlage von Storedal (Str. 110 zwischen Skjeberg und Fredrikstad - »Oldtidsveien«). Akustisches Monument mit Botanischem Garten für Blinde. Auf einer Freilichtbühne Vorführung des Theaterstücks über Magnus den Blinden.

Veranstaltungen:
- Mossetage - Haldentage Moss / Halden, Anfang Juni
- Revue, Kabarett, Fredrikstad Juni - Aug.
- Volkstanz, Festung Fredriksten jeden Mittwoch, Juni - Aug.
- Olsok (Fest zur Erinnerung an Olav den Heiligen), Sarpsborg (Borgarsyssel Museum), 29. Juli
- »Momarkedet« (Jahrmarkt, buntes Unterhaltungsprogramm), Mysen, Ende Aug. (1 Woche)

Weitere Informationen:

Østfold Reiselivsråd
Fylkeshuset, N-1700 Sarpsborg
Telefax: 09 - 11 71 18
(nur schriftlich)

Turistinformasjonen SveNo E6
Svinesund
N-1760 Berg i Østfold
Tel.: 09 - 19 51 52
(auch telefonische Beratung)

Maßstab = 1:450.000

ØSTFOLD

Gesamtfläche: km² 4.183
Einwohner: 237.000

Städte: **Einwohner:**
Halden 26.000
Sarpsborg 12.000
Fredrikstad 27.000
Moss 25.000

Entfernungen (von Halden):
- Oslo .... 117 km
- Bergen .... 602 km
- Kristiansand S .... 300 km
- Lillehammer .... 302 km
- Voss .... 489 km
- Åndalsnes .... 566 km
- Trondheim .... 662 km

Bahnverbindungen:
Oslo - Ski - Mysen - Sarpsborg,
Oslo - Ski - Moss - Sarpsborg - Halden - Schweden

Sehenswürdigkeiten:
- Festung Fredriksten, Halden
- Gamlebyen, Fredrikstad
- Galerie F 15, Jeløy, Moss
- Felszeichnungen, »Oltidsveien«, Str. 110 zwischen Skjeberg und Fredrikstad
- Haldenvassdraget (Wasserlauf), zwischen Halden und Ørje (Kanalmuseum)

Ausflüge:
- Bootstour auf dem Haldenvassdraget mit M/S »Turisten«
- Bootstour auf der Glomma mit »Krabben« (Sarpsborg - Valdis-

ØSTFOLD

Die gesamte schärenreiche Østfoldküste ist ein Paradies für Bootssportler und Badeenthusiasten. Ein besonderes Erlebnis ist ein Ausflug auf die Schärengemeinde Hvaler mit ihren 1200 großen, kleinen und kleinsten Inseln oberhalb der schwedischen Grenze. Drei der vier Hauptinseln sind durch die Straße 108 mit dem Festland verbunden, die übrigen Inseln können per Boot erreicht werden. Innerhalb des Archipels sind mehrere Gästehäfen, Zeltplätze und Badestellen angelegt worden. Außerdem findet man hier nicht weniger als sechs Naturreservate.

■ Schon ein flüchtiger Blick auf die Norwegenkarte läßt erkennen: Østfold unterscheidet sich von den übrigen Bezirken des Landes. Man sieht viel Grün - ein Zeichen dafür, daß Østfold flacher ist als die meisten anderen Teile Norwegens. Tatsächlich liegen nur 0,2 % seiner Fläche höher als 300 Meter. Auch an blauer Farbe wird nicht gespart: zu Østfold gehören einige der schönsten Teile des Oslofjords und zahlreiche Seen und Flüsse. Hat man eine besonders detaillierte Karte, so sieht man möglicherweise auch, daß über die Hälfte von Wald bedeckt ist und über ein Fünftel aus Landwirtschaftsflächen besteht. Dick eingezeichnet ist mit Sicherheit die Grenze zum Nachbarland Schweden. Østfold ist also für die meisten ausländischen Touristen das »Einfahrtstor nach Norwegen« und für Norweger der Bezirk mit den wichtigsten Grenzübergängen in die große weite Welt ...

Die Karte zeigt auch, daß in Østfold die Ortsnamen dichter stehen als anderswo. Gleichzeitig ist das Straßennetz engmaschiger als in anderen Gebieten und offensichtlich besonders gut ausgebaut. Die Gefahr ist also groß, daß man den Bezirk allzuschnell durchfährt und dabei versäumt eine Region kennenzulernen, die ihren ganz eigenen Charakter hat. Østfold ist also nicht »Norwegen in einer Nußschale«, wie sich die meisten anderen Gebiete gerne nennen, sondern eben Østfold - unverwechselbar.

Was macht Østfold so besonders? Die Tatsache ist, daß kein Teil des Landes so lange von menschlicher Hand bearbeitet worden ist wie Østfold. Man nennt den Bezirk nicht ohne Grund: Norwegens klassische Erde. Bereits vor 10.000 Jahren ließen sich die ersten »Norweger« hier nieder. Mehrere tausend Relikte aus frühgeschichtlicher Zeit sind heute noch erhalten: Grabhügel, Felszeichnungen, Runensteine. Besonders viele liegen an der »Vorzeitstraße« (Oldtidsveien) zwischen Skjeberg und Fredrikstad. Aus dem christlichen Mittelalter stammen mehrere sehenswer-

Erholungsgebiet ist natürlich der Oslofjord. Hier finden nicht nur die Freunde des Segelsports ihr Traumrevier, sondern es kommen auch diejenigen auf ihre Kosten, die einfach nur baden wollen. Sei es nun im Fjord oder in der Sonne. Wassersport kann man auf den zahlreichen Binnengewässern betreiben. Wie wäre es zum Beispiel mit einer schönen Paddeltour auf dem Haldenkanal vom Fjord bis zur schwedischen Grenze im Osten? Bei dieser herrlichen Fahrt durch das waldreiche, leicht hügelige Binnenland Østfolds passiert man unterwegs die Brekke-Schleusen. Dort wird ein Höhenunterschied von 26,6 Metern überwunden - Nordeuropa-Rekord! Bei Ørje, nahe der schwedischen Grenze, kann man sich dann im Kanalmuseum über die Geschichte der Flößerei auf dem Haldenkanal informieren. Wer nicht selber paddeln will, kann übrigens auch bequem mit dem Boot »M/S Turisten« einen Ausflug auf dem Haldenkanal unternehmen. Mit dem Ausflugsschiff »Krabben« werden außerdem Touren auf der Glomma durchgeführt. Ein weiteres in Østfold besonders passendes Verkehrsmittel ist übrigens das Fahrrad. Die geographischen Voraussetzungen sind ideal: weites, flaches Land mit zahlreichen Nebenstraßen, sanften Hügeln und

Die Festung von Halden

Fredrikstad, »Gamlebyen«

te Steinkirchen. Und das zeitweise gespannte Verhältnis zum schwedischen Nachbarn wird durch die Festungen in Halden und Fredrikstad eindrucksvoll dokumentiert. Aus derselben Epoche stammen die prächtigen Gutshöfe des Bezirks, die hier zahlreicher anzutreffen sind als in den übrigen Landesteilen. Sie sind ein sichtbares Zeichen für die Fruchtbarkeit dieser Region, die immer noch eines der wichtigsten Landwirtschaftsgebiete Norwegens darstellt. Auch die Forstwirtschaft spielt eine große Rolle. Sie liefert den wichtigsten Rohstoff für die Industriebetriebe Østfolds: Holz. Die holzverarbeitende Industrie ist heute wie vor hundert Jahren das wirtschaftliche Rückgrat des Bezirks und dominiert auch die Wirtschaft der vier Stadtgemeinden: Halden, Sarpsborg, Fredrikstad und Moss. Dort leben knapp 100.000 »Østfoldinger«, die es verstehen, die Annehmlichkeiten des modernen Stadtlebens mit den Vorzügen einer naturschönen Umgebung zu verbinden, die vielseitige Freizeitmöglichkeiten bietet. Ein beliebtes

saftigen Wäldern. Man muß nicht Hochleistungssportler sein, um in Østfold eine unbeschwerte Entdeckungsreise auf zwei Rädern unternehmen zu können. Auch Anhänger des Golfsports kommen in Østfold zum Zuge. Immerhin stehen drei Golfbahnen zur Verfügung: in Sarpsborg (9 Löcher), Skjeberg (18) und Onsøy (18).

Wer sich für Kunst interessiert, wird ebenfalls nicht vergebens nach Østfold reisen. Auf der Insel Jeløy bei Moss liegt der Herrenhof Alby mit der Galerie F-15, die nordeuropäische Gegenwartskunst zeigt. Mit seinem schönen Park am Fjord ist der Gutshof schon für sich allein einen Besuch wert. Man muß daher nicht unbedingt »Kunstbanause« sein, wenn man hier die meiste Zeit nicht der Kunst widmet und den Genuß eines original Alby-Kringels zu einer guten Tasse Kaffee besonders zu schätzen weiß.

VESTFOLD

Gesamtfläche km²: 2.216
Einwohner: 194.755

Städte: **Einwohner:**
Holmestrand 9.084
Horten i Borre 22.278
Tønsberg 30.927
Sandefjord 35.581
Larvik 37.546

Entfernungen (ab Larvik):
- Oslo .... 129 km
- Stavanger .... 455 km
- Bergen .... 479 km
- Hamar .... 252 km
- Åndalsnes .... 578 km
- Kristiansund N ..... 717 km
- Trondheim .... 674 km

Verkehrsflugplätze:
Sandefjord: Sandefjord Lufthafen, Torp

Bahnverbindungen:
Oslo - Drammen - Holmestrand - Tønsberg - Stokke - Sandefjord - Larvik - Skien

Sehenswürdigkeiten:
- Marinemuseum, Horten
- Kongshaugene (Nationalpark), Borre
- Schloßberg mit der Festung Castrum Tunsbergis, Tønsberg
- Walfangmuseum, Sandefjord
- Larvik Stadtmuseum (Herrenhaus), Larvik
- Oldtimermuseum, Horten
- Haus Edvard Munchs, Åsgårdstrand

Ausflüge:
- »Wikinger für einen Tag« (Bustour ab Oslo durch Borre, Åsgårdstrand und Oseberg nach Tønsberg und zurück. Besuch der Løvøy Kapelle, des Borre Nationalparks, des Schloßberges in Tønsberg, Imbiß mit Wikingergebäck und Met)
- Bootstouren (Schärenkreuzfahrten u.a. mit Norwegens ältestem Dampfschiff D/S »Kysten 1« und M/S »Akerø« Tønsberg - Strömstad)

...mit dem Auto:
- Zum Ende der Welt auf Tjøme
- Nach Mølen und Stavern
- Zur Høyjord Stabkirche
- Zur Løvøykapelle / Løvøy

Veranstaltungen:
- Bootsfestival, Holmestrand, 3.- 4. Juni
- Tønsbergmesse, 12.- 20. Mai
- Skandinavischer Grand Prix auf der Trabrennbahn Jarlsberg, Tønsberg, Mitte Juni
- Schärenfestival (Musikveranstaltung) Nøtterøy, 16. - 18. Juni
- »Landsturnstevne«, Sandefjord, 24.- 29. Juni
- Sommertheater, Sandefjord (Park Hotel), 23. Juni - Ende Juli
- Sommerrevue, Tønsberg (Hotel Klubben), 23. Juni - 1. Aug.woche
- Svelviktage (Markttage), Svelvik, 5. - 6. Aug.
- Vestfoldausstellung, Larvik, Anfang Aug.
- Holzbootfestival, Tjøme, Mitte Aug.
- Markttage und Lachsfestival, Svarstad, ca. 20. Aug.
- Herrenhoftage, Larvik, Ende Aug.
- Skagerak Festival (Meeresangeln), Tjøme, Anfang Sept.
- Kunstgewerbetage, Tønsberg, Anfang Sept.

Veranstaltung 1990:
- Segelweltmeisterschaft, Fjærholmen, 1. - 14. Juli

Weitere Informationen:

Vestfold Reiselivsråd
Storgaten 55
N-3100 Tønsberg
Tel.: 033 - 10 211 / 14 819

Maßstab = 1:350.000

VESTFOLD

Der kleine Fjordort Åsgårdstrand wird gerne in liebevoller Übertreibung als »Provinz-Paris« bezeichnet. Jedenfalls war der malerische Ort schon für viele Künstler eine wichtige Inspirationsquelle. Auch der Maler Edvard Munch, Norwegens erster radikaler Neuerer unter den bildenden Künstlern, fühlte sich zu Åsgårdstrand hingezogen. Im »Lykkehuset«, das nunmehr auch touristischen Besuchern offensteht, entstanden zahlreiche seiner bedeutenden Werke. Eine Idylle ist auch Stavern, Norwegens kleinste Stadt. Sie liegt an der Mündung des Larvikfjords ins Skagerrak und trägt schon die typischen Züge der sørländischen Hafenstädte: malerische, weißgestrichene Holzhäuser, ein Hafen voller Freizeit- und Fischerboote und gutgelaunte Touristen, die alle vom Sommerfieber angesteckt worden sind ...

■ Vestfold ist der kleinste der insgesamt 19 Regierungsbezirke Norwegens. Hier sind rund 200.000 Norweger zu Hause - immerhin knapp 5 % der Gesamtbevölkerung. Dieser kleine, aber feine Bezirk am Oslofjord wird von harmonischen Landschaftsformen geprägt. Tiefe Wälder, langgestreckte grüne Hügelketten und ein freundlicher Küstenstreifen beherrschen das Bild. Es gibt hier zahlreiche Seen und Flüsse mit vielfältigen Aktivitätsmöglichkeiten. Sogar Lachse kann man angeln: im Fluß Lågen ist das Anglerglück quasi vorprogrammiert.

Auch das Klima ist weniger kontrastreich als anderswo in Norwegen. Die Temperaturen sind angenehm, was schon in der artenreichen Vegetation zum Ausdruck kommt. Hier gedeihen auch Pflanzen und Bäume, die sonst nur in südlicheren Breitengraden zu Hause sind. Ein Beispiel hierfür sind die Buchenwälder von Larvik und Stokke. Doch nicht nur den Pflanzen bekommt das milde Klima gut. An den Stränden Vestfolds fühlen sich ganz offensichtlich auch die Menschen wohl. Schließlich soll es hier Nordeuropas »stabilstes Sommerwetter« geben - womit bestimmt nicht garantierter Dauerregen gemeint ist. Die herrliche Küste läßt sich nicht nur vom Festland aus erleben. Eine Dampferfahrt mit dem Oldtimer »D/S Kysten I« eröffnet ganz neue Perspektiven. Bei fröhlicher Musik, Speise und Trank kommt bestimmt die richtige Sommerstimmung auf.

Die Städte

Seefahrt und Handel haben in Vestfold eine lange Tradition. Schon die Wikinger gingen von hier aus auf große Fahrt - zum Räubern, Handeln und Entdecken. So ganz nebenbei gründeten sie die irische Hauptstadt Dublin. Aber das ist nunmehr Geschichte genauso wie die Epoche der Handelssegler, die Blütezeit so mancher Küstenstadt. In Vestfold ist man jedoch stets mit der Zeit gegangen, so daß der Bezirk auch heute über eine moderne Flotte verfügt, zu der u.a. Bohrplattformen in der Nordsee gehören. Und immer noch treibt man Handel mit aller Welt, was in den Städten deutlich zum Ausdruck kommt. Auch die exklusiven Hotels und Restaurants des Bezirks gehören zur internationalen Spitzenklasse.

Die Stadtgeschichte von **Holmestrand** reicht bis ins 18. Jahrhundert zurück. Leider schließen viele auf der schnellen Durchreise über die E 18 nur flüchtige Bekanntschaft mit dieser Stadt und versäumen dabei einige interessante Sehenswürdigkeiten. Als Marinehafen und Handelsstadt ist **Horten** bekannt. Direkt am Hortenkanal liegt die historische Marinestation »Johans Vern« (Museum). **Tønsberg**, Hauptstadt Vestfolds, ist Norwegens älteste Stadt. Hier lohnt u.a. der Besuch des Bezirksmuseums und des Schloßberges mit den Überresten einer mittelalterlichen Festung. **Sandefjord** war bis 1968 eine wichtige Walfängerstadt. Dort verbindet sich das geschäftige Treiben einer modernen Handels- und Industriestadt mit dem Charme eines Provinzortes. An die Walfangzeit erinnert ein eigenes Museum. Eine typische »Sommerstadt« ist **Larvik**. Hier prägen in der warmen Jahreszeit die Touristen das Straßenbild. Durch die Fährverbindung mit Dänemark machen viele Urlauber in Larvik zum ersten Mal Bekanntschaft mit Norwegen - kein schlechter Start. Aus Larvik stammt Norwegens berühmtes Mineralwasser »Farris«.

Noch mehr Geschichte

Schon lange vor der Wikingerzeit war Vestfold besiedelt. Ausgrabungen beweisen, daß hier schon in der Steinzeit (vor 7000 Jahren) Menschen lebten. Die meisten historischen Funde stammen jedoch aus den Jahrhunderten, in denen Norwegen mit seinen mutigen Wikingern ein wichtiger Machtfaktor in Europa war. Nordeuropas größte Ansammlung von Königsgräbern aus jener Zeit befindet sich in Borre, im ältesten Nationalpark Norwegens. Hier sollen Angehörige des sagenumwobenen Ynglinge-Geschlechts begraben sein. Es heißt, daß diese aus Schweden eingewanderte Königsdynastie direkt von den nordischen Göttern abstammt. Jedenfalls war die Ynglinge-Königin Aase die Stammutter der norwegischen Königsdynastie. Ihr Grab befand sich vermutlich im Osebergschiff, das 1904 hier ausgegraben wurde. Die reichhaltigen Grabbeilagen haben neue Erkenntnisse über die Kultur der Wikinger gebracht. Auch das Gokstadschiff (ausgegraben 1888; ebenfalls in Oslo ausgestellt) ist in Vestfold gefun-

den worden. Wer sich näher mit den Wikingern beschäftigen möchte, kann »Wikinger für einen Tag« werden. Unter diesem Titel werden Reisen ins Wikingerland angeboten. Auf der Fahrt von Oslo nach Tønsberg kann man das Lebenselixier der Wikinger, den Met, probieren und muß sich nicht mit trockenen Fakten über die historischen Ereignisse zufrieden geben. Zur Tour in die Vergangenheit gehört auch ein Abstecher zum Schloßberg (Slottsfjellet) von Tønsberg mit der mittelalterlichen Festung »Castrum Tunsbergis«.

In Vestfold kann man nicht nur Aktivferien mit Angeln, Wandern, Baden und Surfen verbringen, sondern auch einen richtigen Bildungsurlaub. Schließlich hat Norwegen nicht nur eine vielfältige Natur, sondern eine mindestens ebenso abwechslungsreiche Geschichte.

ØSTLANDET

In der Natur leben: »Rondablikk«

»Und ewig singen die Wälder« (Og bakom synger skogene) hieß einer der norwegischen Heimatromane Trygve Guldbrandsens, der zu einem internationalen Bestseller wurde. Dort schilderte der Autor Norwegen als ein Land der weiten Wälder und der trutzigen, bodenständigen Bauern, die ihr hartes Los im Einklang mit der Natur zu meistern verstanden. An die Szenerie dieses Romans fühlt man sich ständig erinnert, wenn man durch die Waldlandschaften Ostnorwegens fährt. Natürlich hat sich seit den Tagen der Bauernsaga so manches in Norwegen verändert, aber die Wälder singen immer noch. Und wer der Phantasie ein wenig nachhelfen möchte, der findet in zahlreichen Heimatmuseen das Erbe der alten Bauernkultur für die Nachwelt bewahrt.

Die ausgedehnten Waldgebiete und die breiten Bauerntalungen sind typisch für den Landesteil Ostnorwegen, der aus den Bezirken Buskerud, Oppland und Hedmark besteht. Je weiter man nach Osten kommt, um so größer, dichter und tiefer werden die Wälder: in der Hedmark ist über die Hälfte der Gesamtfläche mit Bäumen bedeckt. Ostnorwegen ist der einzige norwegische Landesteil ohne eine eigene Küste - wenn man einmal von einem kleinen Zipfel des Oslofjords absieht. Trotzdem braucht man auf Wasseraktivitäten nicht zu verzichten, da Tausende von Bächen, Flüssen und Seen mehr als nur Ersatz bieten. Von den fünf größten Seen Norwegens liegen vier in dieser Region, den ersten Platz nimmt der 368 km² große Mjøsa ein.

In Ostnorwegen liegen auch die höchsten Berge des Landes, die bis in eine Höhe von 2.469 Meter emporragen (Galdhøpiggen). Daß man hier herrliche Gebirgswanderungen unternehmen kann, braucht wohl nicht weiter ausgeführt werden: Dovrefjell, Rondane, Femundsmarka, Hardangervidda, Jotunheimen und das »Reich Peer Gynts« westlich des Gudbrandsdals führen weit über die Grenzen Norwegens hinaus das Prädikat »wertvoll« für erlebnisreiche Fjellferien: wandern, angeln, paddeln, reiten, Sommerskilauf - Norwegen aktiv. Der Norwegische Touristenverein hat hier ein umfangreiches Wegenetz markiert und betreibt mehrere Hütten. Auch zahlreiche private Fjellhütten und Gebirgshotels stehen zur Verfügung. Wer nicht auf eigene Faust wandern will, kann an geführten Touren teilnehmen.

Ostnorwegen ist jedoch nicht nur ein Reiseziel für Wanderburschen. Hier werden auch zahlreiche kulturelle Höhepunkte geboten: Freilichtmuseen, Kunstausstellungen, mittelalterliche Kirchen, interessante Spezialmuseen (Forstwirtschafts-, Eisenbahn-, Automobil-, Industriemuseen), Spiel- und Märchenparks für die ganze Familie. Unbedingt einen Besuch wert sind die großen Volkskundemuseen in Fagernes und Lillehammer, die beide eine Ostnorwegenrundreise in Form eines Spaziergangs ermöglichen. Ihre Freilichtabteilungen zeigen zusammen über 200 Häuser und Gebäude, die oft Jahrhunderte alt sind.

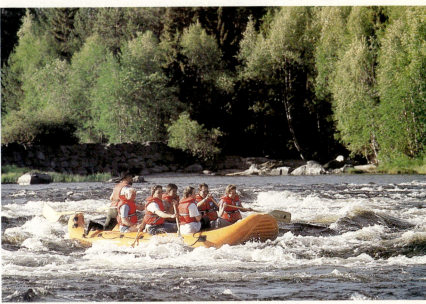

Riverrafting auf dem Trysilfluß

Außerdem sind mehrere zehntausend Ausstellungsgegenstände zu sehen, und man kann sich die traditionellen Spezialitäten der bäuerlichen Küche servieren lassen. Wenn die Augen sich schon überall satt sehen können, darf auch der Magen nicht zu kurz kommen. Und gut gestärkt kann man schließlich um so besser auf Entdeckungsreise gehen - im Museum und »live« in Ostnorwegen.

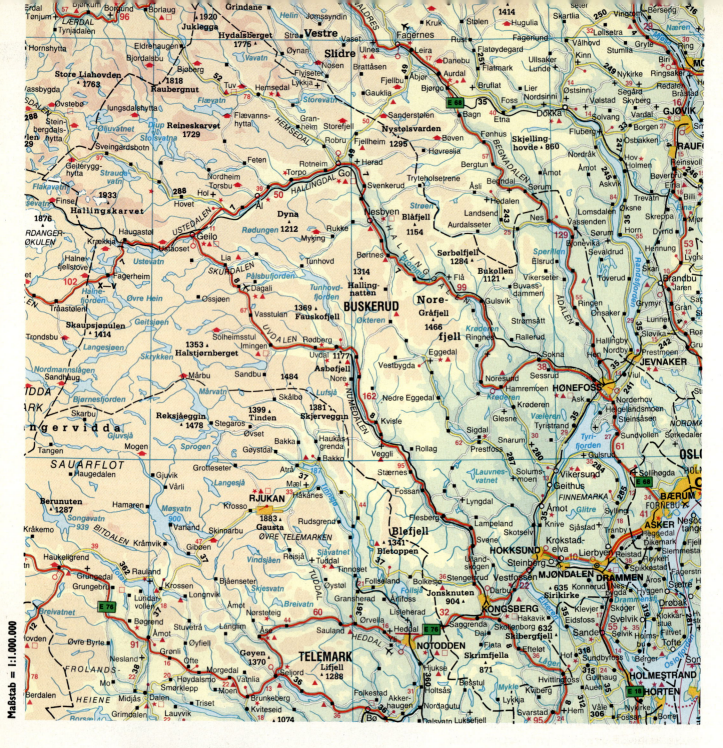

BUSKERUD

Gesamtfläche km²: 14.927
Einwohner: 221.384

Städte: Einwohner:
Drammen 52.000
Kongsberg 21.000
Hønefoss 13.000

Entfernungen (von Drammen):
- Oslo .... 40 km
- Kristiansand S .... 288 km
- Larvik .... 89 km
- Bergen .... 499 km
- Molde .... 546 km
- Åndalsnes .... 489 km
- Trondheim .... 595 km

Verkehrsflugplätze:
Flugplatz Dagali, Geilo

Bahnverbindungen:
Oslo - Drammen - Hokksund
Kongsberg - Notodden - Skien /
Stavanger, Oslo - Drammen - Larvik
- Skien - Kongsberg - Rødberg, Oslo
- Drammen - Hokksund - Hønefoss
- Gol - Geilo - Bergen

Sehenswürdigkeiten:
- Silbergruben, Kongsberg
- Spirale (Tunnel/Bragernes), Drammen
- Blaafarveverket, Åmot/Modum
- Villa Fridheim (Märchenmuseum) Krødsherad
- Kirche Norderhov, Ringerike
- Volksmuseum Hallingdal, Nesbyen
- Skinnfellgården, Hemsedal
- Kirche in Kongsberg (Norwegens größte und schönste Barockkirche aus dem 17. Jahrhundert), Kongsberg

Ausflüge:
- Spirale in Drammen (Tunnel auf einer Länge von 1,5 km)
- EKT Gebirgshof, Langedrag. (Fjordpferde, Wölfe u.a. Verkauf von selbstgemachtem Ziegenkäse)
- Besichtigung der Wasserkraftwerke Uvdal og Nove, Numedal
- »Große Rundtour« (Hardangervidda – Flåmsbahn – Nærøyfjord – Aurlandsdal. »Norwegen en miniature« mit Zug, Boot und Bus). Im Sommer täglich
- Besichtigung des Wasserkraftwerkes Gol (2 Tage/Woche geöffnet in der Sommersaison)
- Krøderbahn (Norwegens längste Museumseisenbahn, verkehrt im Sommer jeden Sonntag)

Veranstaltungen:
- Volksmusiktage, Ål, 1.-4. Juni
- Jazzfestival Kongsberg, Ende Juni
- Goltag, Gol, 22. Juli
- Holtage (Traditionelle Hochzeit mit Hardangerfiedel, Tanz, Umzüge), Hol, 6. Aug.
- Drammenmesse (Ausstellung mit buntem Unterhaltungsprogramm) Drammen, Mitte Aug.

Weitere Informationen:
Buskerud Reiselivsråd
Storgt. 4
N-3500 Hønefoss
Tel: 067-23 655
Telefax: 067-26 840

BUSKERUD

Wir möchten Ihnen nun einen Bezirk vorstellen, der vom Oslofjord bis fast an den Sognefjord reicht und auf 15.000 Quadratkilometer Fläche voller Abwechslung und Erlebnisreichtum steckt. In Buskerud findet man nicht nur schöne Badeplätze und mit Nesbyen den wärmsten Ort Norwegens (Rekord 35,6 Grad), sondern auch ein herrliches Wintersportgebiet - mitten im Sommer. Am Vargbre bei Hol (Hallingdal) können Sie Skilaufen, während sich andere unten im Tal mit surfen oder paddeln vergnügen. Womit wir bei den vielfältigen Aktivitätsmöglichkeiten des Bezirks wären. Näheres dazu erfahren Sie in nebenstehendem Randtext. Doch zunächst zu den Städten Buskeruds:

Drammen ist Norwegens fünftgrößte Stadt und gleichzeitig die Nummer eins in Buskerud. Die bekannteste Sehenswürdigkeit ist die Spirale, eine Tunnelstraße, die sich im Inneren des Berges Bragernesåsen nach oben schraubt und an einem Aussichtsrestaurant endet. In Drammen geht es also im wahrsten Sinne des Wortes rund. Bemerkenswert ist auch das Rathaus (1872) im Stadtzentrum, das 1986 den Europa Nostra-Preis für vorbildliche Restaurierung erhielt. Kunstinteressierte sollten einen Abstecher nach Hurum, dem Land zwischen den Fjorden, in der Umgebung von Drammen machen. Dort lohnt der Besuch der Holmsbu Bildergalerie mit der bedeutenden Sammlung Henrik Sørensens. In Nedre Eiker beweisen Funde aus der Frühgeschichte, daß am Drammensfjord schon vor Jahrtausenden Menschen gelebt haben.

Im Südwesten des Bezirks liegt **Kongsberg**, das dank seines ertragreichen Silberbergwerks einst Norwegens zweitgrößte Stadt war. Die 1624 entdeckte Silbermine bildete über 300 Jahre lang die Haupteinnahmequelle Kongsbergs. An diese Zeit erinnern die große Barockkirche, das Bergbaumuseum (mit neuem Skimuseum) und die Sammlungen der Königlich-Norwegischen Münzerei. Die größte Sehenswürdigkeit ist jedoch die außerhalb gelegene »Kongens Grube«. Dort können heute Touristen mit einer Grubenbahn 2,5 Kilometer tief in den Berg einfahren und 342 Meter unter der Erdoberfläche an einer eindrucksvollen Führung teilnehmen.

Nördlich von Kongsberg erstreckt sich das **Numedal**, daß bis zur Hardangervidda hinaufreicht. Auch hier gibt es »unterirdische« Sehenswürdigkeiten: die Kraftwerke Uvdal und Nore. Wer sich mehr zu Traditionellem hingezogen fühlt, kann hier gleich drei Stabkirchen besichtigen: in Nore, Uvdal und Rollag. Bemerkenswert ist auch der Hof (Bygdetun) Dåset mit 16 Gebäuden aus dem 17. und 18. Jahrhundert. Naturverbundene können im Numedalgebiet nach Herzenslust wandern und angeln. Für sie ist der Gebirgshof Langedrag das richtige Urlaubsdomizil. Dort leben neben zahlreichen Fjordpferden, Ziegen und Kaninchen auch zahme Wölfe. Eine Delikatesse ist der selbstgemachte Käse, der an Ort und Stelle verkauft wird.

Das **mittlere Buskerud** mit Krødsherad, Modum und Sigdal bietet weitere Naturerlebnisse. Allein in Sigdal (zwischen Numedal und Krøderen) gibt es 150 Seen mit Angel-, Bade- und Paddelmöglichkeiten. In Modum befindet sich die gute Stube des Bezirks, das »Blaafarveverket«. Hier wurde Kobaltfarbstoff hergestellt. Die beispielhaft restaurierte Fabrikanlage ist heute ein vielbesuchtes Kulturzentrum. Ein weiteres bemerkenswertes Gebäude steht auf der Insel Bjørøya im See Krøderen: die Villa Fridheim ist ein wahres Schloß. Ihre Sommerausstellungen sind der norwegischen Märchenwelt gewidmet. Ebenfalls in diesem Gebiet liegt die längste Touristenattraktion Buskeruds: die Krøderbahn. Diese Bahnstrecke wird von einem Verein betrieben und ermöglicht eine Zugfahrt mit Dampflok und Waggons aus der Zeit um die Jahrhundertwende.

Im Osten des Bezirks erstreckt sich das Gebiet von **Ringerike und Hole**, das von fruchtbaren Äckern bis zum baumlosen Hochgebirge alle für Ostnorwegen typischen Landschaftsformen umfaßt. Ihr Zentrum ist die Stadt Hønefoss, deren mächtiger Wasserfall einst die Grundlage für die Industrialisierung schuf. Mitten in der Stadt steht der Patrizierhof Riddergården (1730), südlich von ihr befindet sich in Norderhov eine sehenswerte Steinkirche aus dem Mittelalter. Die beste Aussicht über das Gebiet bietet »Kongens Utsikt« - ein geradezu königliches Panorama, wie es der Name schon verspricht.

Der wohl bekannteste Teil Buskeruds ist das Gebiet von **Hallingdal** und **Hemsedal**, das weitere großartige Naturerlebnisse bietet: Rentiere auf der Hardangervidda, Bären in Vassfaret, Multebeeren in den Mooren von Bergsjø, wandern von Hütte zu Hütte oder in der Umgebung zahlreicher Hochgebirgshotels. Hier können Sie auch die alte bäuerliche Kulturtradition kennenlernen. Nicht nur in Museen (u.a. Skinnfellgården / Hemsedal, Volksmuseum / Nesbyen), sondern auch in Form von zahlreichen alten Häusern und Gebäuden (z.B. Stabkirche von Torpo).

Wer sich dafür interessiert, wie es zu Großvaters Zeiten

Torpo Stabkirche und neue Kirche

auf einer Gebirgsalm ausgesehen hat, kann dies im Huso Fjellgård (zwischen Gol und Hemsedal) erfahren. Und wer dann ganz schnell einen Sprung mitten ins 20. Jahrhundert wagen will, der sollte dem Tropicana-Bad in Gol einen Besuch abstatten. Tropenatmosphäre mitten in Hallingdal - Norwegen, Land der Kontraste ...

Ein herrliches Wandergebiet ist die Hardangervidda, deren größter Teil zu Buskerud gehört. Über Rundwanderungen und Übernachtungsmöglichkeiten auf dieser einzigartigen Gebirgshochfläche informieren wir Sie an anderer Stelle ausführlich. Wandern können Sie auch zu beiden Seiten des Hallingdals und Hemsedals, sowie im Blefjell und im Norefjell.
Natürlich kann man sich auch ganz bequem von gutmütigen norwegischen Fjordpferden durchs Gebirge schaukeln lassen.
Ob im Gebirge, in den Waldgebieten oder in den Tälern - fast überall können Sie angeln. Forellen mit einem Gewicht von drei bis vier Kilo sind dabei keine Seltenheit. Sogar Lachse können Sie an Land ziehen und zwar im Åroselv, Lierelv und Drammenselv.
Wie wär's mit selbstgefangenem Fisch als Hauptmahlzeit? Und zum Nachtisch gibt es aromatische Beeren aus den Wäldern Buskeruds - Blaubeeren, Preißelbeeren und auch Pilze wachsen hier in Hülle und Fülle.

BUSKERUD
HALLINGDAL
- NATURSCHÖN UND GASTFREUNDLICH

Aktivurlaub heißt auch Wassersport ...

Geilo
Weitere Informationen:
- Geilo Turist Service
N-3580 Geilo
Tel. 067 - 86 300
- Bardøla Høyfjellshotell
Tel. 067 - 85 400
- Highland Hotel
Tel. 067 - 85 600
- Geilo Hotell
Tel. 067 - 85 511
- Holms Hotel
Tel. 067 - 85 622
- Vestlia Høyfjellshotell
Tel. 067 - 85 611
- Ustaoset Høyfjellshotell
Tel. 067 - 87 161
- Ustedalen Høyfjellshotell
Tel. 067 - 85 111

Gol
Weitere Informationen:
- Gol Turistkontor
N-3550 Gol
Tel. 067 - 74 840
- Gol Campingsenter
Tel. 067 - 74 023
- Hallingen Høyfjellshotell
Tel. 067 - 77 905
- Oset Høyfjellshotell
Tel. 067 - 77 920
- Pers Hotell
Tel. 067 - 75 400
- Sportellet
Tel. 067 - 77 948
- Storefjell Høyfjellshotell
Tel. 067 - 77 930

Hemsedal
Weitere Informationen:
- Hemsedal Turistkontor
N-3560 Hemsedal
Tel. 067 - 78 156
- Hemsedal Alpin
Tel. 067 - 79 100
- Hemsedal Feriesenter
Tel. 067 - 79 144
- Hemsedal Hotell
Tel. 067 - 79 102
- Mølla Sportell
Tel. 067 - 79 252
- Skogstad Hotell
Tel. 067 - 78 333
- Totten Apartmenthotell
Tel. 067 - 75 400

Das Hallingdal bildet den nördlichsten Teil des Regierungsbezirks Buskerud. Es liegt mitten in Süd-Norwegen und ist doch gleichzeitig das Tor - oder sollte man besser sagen: der Korridor - zu den Fjorden Westnorwegens. Das Hallingdal ist das am besten ausgebaute Feriengebiet Norwegens mit großartiger und vielfältiger Natur, guten Verkehrsverbindungen und einem breitgefächerten Aktivitätsangebot für Sommer- und Wintergäste. Hier besteht auch eine große Übernachtungskapazität in Hotels, Appartements, Ferienhäusern, Hüttendörfern und auf Campingplätzen.

Die Ferienzentren in diesem Gebiet sind Geilo (800 - 1.000 m.ü.M.), Gol (Zentrum: 300 m, Golsgebirge: 900 - 1.100 m.ü.M.) und Hemsedal (600 m.ü.M.). Zu den Urlaubsaktivitäten gehören hier vor allem Bergwandern, Reiten, Angeln und Ausflüge bis hin zu den Fjorden. Wanderungen kann man nahezu überall unternehmen, entweder »querfeldein« oder auf markierten Gebirgspfaden. Ein spezielles Wanderprogramm ist u.a. »Askeladden«, eine Wochentour, die in Geilo oder Beito beginnt und bis ins Golsfjell führt. Alle Hotels, Mahlzeiten, der Gepäcktransport und ein eigener Führer sind im Angebot eingeschlossen. In Hemsedal werden ebenfalls kürzere Tages- und Halbtagestouren mit Führer veranstaltet.

Auch Angeln kann man nahezu überall. Zahllose Flüsse und Seen bieten einen guten Forellenbestand. Besonders lohnend sind die Flüsse Hallingdalselva und Hemsil, die zu Norwegens besten Forellengewässern gehören. Die Saison dauert hier von Mai bis September. Angelerlaubniskarten werden gemeindeweise verkauft und kosten 20 - 30 Kronen (ca. 5,- bis 8,- DM) pro Tag. Sie sind in den Touristenbüros und den meisten Hotels erhältlich.

Reiten ist eine Ferien-Aktivität, die ständig beliebter wird. Es ist schon ein besonderes Erlebnis, die Natur vom Pferderücken aus zu erforschen. Mehrere Hotels des Gebietes haben eigene Reitpferde für kürzere oder längere Ausritte. In Hemsedal, Gol und Geilo gibt es außerdem Reitschulen. Auch hier werden Wochentouren veranstaltet, bei denen Hotelübernachtungen, alle Mahlzeiten, Pferde und Tourenleiter eingeschlossen sind.

Das Gebiet ist im übrigen reich an Attraktionen und Ausflugszielen und auch ein idealer Ausgangspunkt für Tagesfahrten zu den Fjorden. Sowohl den Hardangerfjord als auch den Sognefjord erreicht man in wenigen Stunden, entweder über die Straße 52 nach Lærdal, die Straße 288 nach Aurland oder die Straße 7 über die Hardangervidda nach Hardanger.

Wenn Sie weitere Informationen über Aktivitäten und Übernachtungsmöglichkeiten in diesem schönen Feriengebiet erhalten wollen, dann setzen Sie sich bitte mit den nebenstehenden Touristenbüros in Verbindung.

... und Bergwandern!

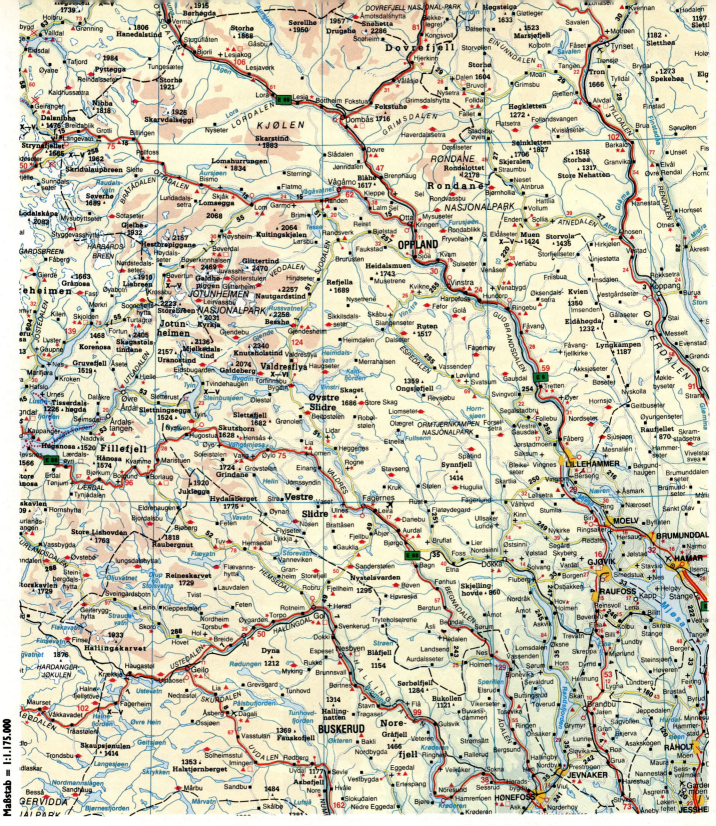

OPPLAND

Gesamtfläche km²:	25.260
Einwohner:	181.620

Städte:	Einwohner:
Lillehammer	22.000
Gjøvik	26.000

Entfernungen (von Lillehammer):
- Oslo .... 185 km
- Bergen .... 440 km
- Kristiansand S .. 513 km
- Larvik .... 314 km
- Florø .... 486 km
- Ålesund .... 388 km
- Trondheim .... 360 km

Verkehrsflugplätze:
Fagernes Flughafen, Leirin (Fagernes / Valdres)

Bahnverbindungen:
Oslo - Lillehammer - Dombås - Trondheim, Dombås - Åndalsnes, Oslo - Eina - Gjøvik

Sehenswürdigkeiten:
- Freilichtmuseum Maihaugen, Lillehammer
- Gemäldesammlung der Stadt Lillehammer, Lillehammer
- Glasbläserei, Mesna Senter/ Lillehammer
- Hadeland Glasfabrik, Jevnaker
- Valdres Volksmuseum, Fagernes
- 11 Stabkirchen bei den Orten Lillehammer, Lom, Vågå, Ringebu, Fåvang, Sør-Aurdal i Valdres Østre Slidre, Vestre Slidre, Vang
- Automobilmuseum, Lillehammer
- Hunderfossen Abenteuerpark, Hunder, (15 km nördlich von Lillehammer)
- Fossheim Mineralienzentrum, Lom
- »Skibladner« (ältester fahrplanmäßig verkehrender Raddampfer der Welt, Mjøsa-See)
- »Bitihorn« (Boot auf dem Binnensee Bygdin), 1.058 m.ü.M.

Ausflüge
- Eine Tour mit dem Raddampfer »Skibladner« auf dem Mjøsa-See
- Bootstour auf dem See Bygdin, 1058 m.ü.M.
- Bootstour auf dem Furusjøen, Rondane (852 m.ü.M.)
- Bootstour auf dem See Gjende
- Bustour von Fagernes zum Bygdin-See, Jotunheimen
- Rundtouren durch Sør-Fron und das Reich Peer Gynts

Veranstaltungen:
- »Villmannen« (Fjelltriathlon), Valdresflya / Beitostølen / Heggenes, Mitte Mai
- Hochgebirgsmarathon (über Valdresflya / Beitostølen), Anfang Juni
- Lillehammertage, Lillehammer Mitte Juni

OPPLAND

- »Postgiro Norway« (World Cup - Radrennen für Frauen), Lillehammer / Gjøvik / Beitostølen, Ende Juni
- Mittsommernachtskonzert, Borrgården / Fagernes, 23. Juni
- Mittsommerfest, Maihaugen / Lillehammer, 23. Juni
- »Olympic Day Run« (Internationaler Wettlauf), Lillehammer, 18. Juni
- Jørn Hilme-stevnet, Fagernes, Ende Juni
- »Valdresmarken«, Fagernes, Anfang Juli
- »Norwegisches Liederfestival«, Vinstra, 4.-6. Aug.
- »Peer Gynt Fest«, Vinstra, 4.-13. Aug.
- »Gjøvikmarken«, Gjøvik Mitte Sept.
- Jazzfestival, Lillehammer Mitte Sept.

Weitere Informationen:
A/L Oppland Reiseliv
Kirkegt. 74-80
N-2600 Lillehammer
Tel.: 062-55 700
Telefax: 062-59 865

Aus dem Lautsprecher hören wir Edvard Griegs »Morgenstimmung«. Wenn wir die Augen schließen, sehen wir förmlich die Sonne aufgehen. Leise tönt ein Horn aus der Ferne zu uns herüber, von den mächtigen Bergen hinab. In uns entsteht das Bild einer Landschaft von blendender Schönheit. Unten im Tal stimmt nun die Fidel ein - und dreht sich da nicht Peer Gynt im Takt des Hochzeitswalzers?

Obwohl die Zeit Peer Gynts lange vorbei ist, lebt sie weiter in der Musik Edvard Griegs und in Henrik Ibsens weltberühmtem Drama. Und in der Landschaft Opplands. Die hohen Berge und tiefen Täler haben sich seit jenen Tagen kaum verändert und auch die alte bäuerliche Siedlungskultur ist noch längst nicht in die Museen verdrängt.

Oppland ist Norwegens größtes Urlaubsgebiet. Hier befinden sich die traditionsreichen Bauerntalungen Gudbrandsdal und Valdres aber auch die Gebirgsmassive Jotunheimen, Rondane und Dovrefjell mit den höchsten Gipfeln nördlich der Alpen - darunter Galdhøpiggen (2.469 m) und Glittertind. Über die Hälfte (56,9 %!) Opplands liegt höher als 900 Meter. Hier findet man nicht weniger als vier Nationalparks und ein Naturreservat. Man kann tagelang von Hütte zu Hütte wandern oder auch nur einen kurzen Abstecher in die Wildnis unternehmen: ganz nach Lust und Laune - und Kondition. Oppland ist ein wahres Kontrastprogramm zum Alltagsleben, mit Gletscherwanderungen, Sommerskilauf, Pferdetrekking und den verschiedensten Wasseraktivitäten. Natürlich sind hier alle Naturfreunde in ihrem Element. Aber man muß nicht mit den Bergstiefeln an den Füßen geboren sein, um sich hier wohl zu fühlen.

Auch wer das bequeme »Autowandern« dem Kraxeln durch die Berge vorzieht, findet hier sein Urlaubsvergnügen. Das Straßennetz ist 5.000 Kilometer lang und reicht bis in eine Höhe von 1.840 Meter (Juvasshytta).

Der älteste Raddampfer der Welt

Gjøvik und Vestoppland

Am Westufer des größten norwegischen Binnensees liegt Gjøvik, die »weiße Stadt« am Mjøsa. Als eine der zwei Stadtgemeinden Opplands ist sie das natürliche Zentrum dieses Gebiets. In dieser Gegend wird eine Handwerkstradition besonders gepflegt: die Glasherstellung. Auch Gjøvik verdankt seine Existenz einer kleinen Glashütte, um die herum die Stadt wuchs. Noch heute gehören die Glasfabriken von Hadeland und Randsfjord in Vestoppland zu den führenden Produzenten von handgefertigten Glaswaren in Skandinavien. Die Werke sind der Öffentlichkeit ebenso zugänglich wie die übrigen Sehenswürdigkeiten des Gebiets: das kulturhistorische Museum Eiktunet und der Herrenhof Gjøvik Gård in Gjøvik, das Designzentrum Brenneriet sowie das höchstlebendige Toten Museum (Stenberg) der Gegend Toten. Kunst und Geschichte entdeckt man auch auf einer Fahrt längs der alten Königsstraße über Hadeland, wo sagenumwobene mittelalterliche Bauwerke in ihren Bann ziehen. Apropos Geschichte: Auf dem Mjøsa kann man einem ganz besonderen ver-

Galdhøpiggen

kehrshistorischen Denkmal einen Besuch abstatten. Gemeint ist das Dampfschiff »Skibladner« aus dem Jahre 1856. Der schwimmende Oldtimer wirkt noch so munter wie in seinen jungen Jahren - obwohl er der älteste fahrplanmäßig verkehrende Raddampfer der Welt ist. Landschaftlich gesehen bietet Vestoppland ein abwechslungsreiches Bild: Wälder, Ackerbaugebiete, langgezogene Hügelketten, Binnenfjorde, Flüsse und Seen und natürlich der große Mjøsa prägen diese Gegend.

Lillehammer und Gudbrandsdal

Am Eingang zum Gudbrandsdal, der traditionellen Hauptverkehrsader nach Trondheim, liegt Lillehammer. Sie ist die größte Stadt und das Verwaltungszentrum des Bezirks. Hier befinden sich neben der Distrikthochschule weitere Bildungseinrichtungen. Mit ihrer alten Holzbebauung hat Lillehammer ihren anziehenden Kleinstadtcharme bewahren können. Die Stadt gehört zu den bekanntesten Reisezielen Norwegens, nicht zuletzt wegen seiner interessanten Sehenswürdigkeiten. Demnächst wird dieser Ort sogar Weltruhm erlangen, denn dort werden 1994 die Olympischen Winterspiele stattfinden. Neben dem verkehrsgeschichtlichen Museum und der gutbestückten Kunstsammlung ist vor allem das Freilichtmuseum »Maihaugen« ein wahrer Publikumsmagnet. Den Grundstock dieses einzigartigen Museums legte schon im letzten Jahrhundert der Zahnarzt Anders Sandvig, der alte Gebäude und Gegenstände aus dem Gudbrandsdal sammelte. Hier kann man die bäuerliche norwegische Architektur- und Siedlungsgeschichte während eines Spaziergangs studieren. Man folgt der Entwicklung von der Feuerstelle bis zum Ofen und lernt einiges über die unterschiedlichen Lebensformen der verschiedenen gesellschaftlichen Schichten. Auch alte Handwerkskunst wird hier »live« geboten. Für Familien mit Kindern ist Maihaugen ein guter Tummelplatz, ebenso wie die Miniaturstadt »Lilleputthammer« bei Øyer oder »Lekeland« (»Spielland«) mit Ivo Caprinos

Märchengrotte (Hunderfossen).

Das Gudbrandsdal hat schon seit der Wikingerzeit eine zentrale Bedeutung in Norwegen. Bereits damals diente es als Hauptverkehrsweg zwischen den südlicheren Landesteilen und dem damaligen politischen und geistlichen Zentrum Trøndelag. Mit den Gebirgsmassiven Jotunheimen und Dovrefjell im Westen und Norden sowie dem Rondanegebirge hat dieses geschichtlich bedeutende Gebiet den ihm angemessenen Rahmen. Hier kommen Erlebnishungrige voll auf ihre Kosten: wie wäre es mit einem Ausflug ins Dovrefjell, entweder zu Fuß oder auf dem Pferderücken, um die seltenen Moschusrinder zu beobachten? Oder möchten Sie stattdessen eine Fotosafari in das Naturreservat Fokstumyra mit seinem reichen Vogelbestand unternehmen? Vielleicht soll es lieber eine Tour ins Rondanegebirge sein, wo schon Peer Gynt Trolle, Huldren und andere Fabelwesen traf? Wie wäre es mit einer Floßfahrt oder einer, je nach Wunsch, spritzigen oder gemütlichen Kanutour? Dies ist nur eine kleine Auswahl. Hinzu kommen zahlreiche kulturhistorische Sehenswürdigkeiten. Einige der elf Stabkirchen Opplands finden Sie in diesem Tal und allein Heidal kann 90 unter Denkmalschutz stehende Gebäude aufweisen (besonders beachtenswert: Bjølstad Gård). Zahlreiche Helden waren hier zu Hause, vielleicht haben Sie Zeit, sich in die oft geheimnisvolle Geschichte des Tals einweihen zu lassen - bestimmt wollen Sie wissen, welche Bedeutung das Kringen-Denkmal bei Otta oder der »Rittersprung« (Ridderspranget) in Sjoa hat? Lassen Sie es sich an Ort und Stelle erzählen.

Valdres

Valdres liegt direkt an der Grenze zwischen Ost- und Westnorwegen. Seine Nachbarn sind der Sognefjord und Jotunheimen. Wie im Gudbrandsdal ist auch hier die alte bäuerliche Kultur weitaus mehr als ein folkloristischer Farbtupfer in der Touristensaison. Über die E 68, die Oslo und Bergen verbindet, gelangt man direkt nach Fagernes, dem Zentrum dieser Tallandschaft. Dort befindet sich eines der größten Freilichtmuseen des Landes mit Gebäuden aus dem gesamten Valdres-Gebiet. Weitere Beispiele für die noch lebendigen Kulturtraditionen trifft man überall im Talgebiet an. In Valdres stehen auch sechs der rund 25 erhaltenen mittelalterlichen Stabkirchen Norwegens. Trotz aller Tradition hat man den Anschluß an die moderne Zeit nicht verpaßt. 1987 wurde bei Fagernes (Leirin) Norwegens erster Charterflugplatz eröffnet, von dem aus Touristen aus ganz Europa bequem in das Herz des norwegischen Gebirges gelangen können.

Wenn Sie jedoch über die E 68 anreisen, sollten Sie in Vestre Slidre unbedingt einen Abstecher zum Einangsstein unternehmen. Dieser ist Nordeuropas ältester Runenstein (3. Jh.) und wird von nicht weniger als 1.200 Grabhügeln umgeben.

Eine landschaftlich schöne Gegend ist Vassfaret. Dieses Fjell- und Waldgebiet erstreckt sich zwischen dem Hallingdal und Valdres. Es ist weitgehend unbewohnt und ein richtiges Stück »Wildmark« mit zahlreichen kleinen Waldseen und einer vielfältigen Tierwelt. Vom Leben in diesen Wäldern und von der ganz besonderen Natur handeln die ergreifenden Schilderungen des norwegischen Schriftstellers Mikkjel Fønhus. Seine Erzählungen sind in viele Sprachen übersetzt worden.

Einen besonders guten Zugang in das Gebirge Jotunheimen verschafft die Hochgebirgsstraße über die Valdresflya (1.389 m). Dort findet man wiederum abwechslungs-

In Valdres

reiche Erlebnismöglichkeiten in einer herrlichen Naturlandschaft. Auf den Gebirgsseen Bygdin und Gjende kann man eine Fjelltour per Boot unternehmen. M/B »Bitihorn« verkehrt regelmäßig auf dem 1.060 m hoch gelegenen Bygdin-See und ist somit Nordeuropas »höchstes« Linienboot.

Wie überall in Oppland wird ein umfangreiches Aktivitätenprogramm geboten. Die verschiedenen Touristenbüros informieren Sie gerne näher. Wir versprechen Ihnen nicht zuviel, wenn wir Ihnen garantieren, daß auch für Sie das Richtige dabei ist. Ihre Erwartungen können gar nicht hoch genug sein.

Gudbrandsdal und Valdres haben zahlreiche legendäre Gestalten hervorgebracht.
Weltruhm erlangte der Bauer, Jäger und Träumer Per på Hågå, der in Vinstra (Gudbrandsdal) wohnte. Er ist in den von Asbjørnsen und Moe gesammelten Volksmärchen und Ibsens Nationalepos »Peer Gynt« verewigt worden.
So wie Romulus die Sabinerinnen raubte, so entführte Sigvat Kvie aus Valdres ein hübsches Mädchen: er wagte den »Rittersprung« über eine wilde Schlucht bei Sjoa. Norwegens Lorelei heißt PillarGuri. Als 1612 Schweden gegen Dänemark Krieg führte, lockte sie schottische Söldner an, indem sie herzergreifend das Alphorn blies. Den norwegischen Bauern gelang es so, den Feind zu überwältigen, ehe er die schwedische Grenze erreichte.

OPPLAND
DAS REICH PEER GYNTS

Frischer Ziegenkäse auf der Alm

Westlich des Gudbrandsdals, zwischen Skei und Espedalen, erstreckt sich das Reich Peer Gynts. Hier zog im 18. Jahrhundert der Bauer, Jäger und Träumer Per på Hågå umher - ein echtes Original, dessen abenteuerliches Leben Henrik Ibsen zu seinem weltberühmten Bühnenstück inspirierte.

Während Per på Hågå bei seinen Wanderungen mit bescheidenen Unterkünften Vorlieb nehmen mußte, stehen dem Urlauber heutzutage bequemere Übernachtungsstätten zur Verfügung. Insgesamt verfügt das 800 bis 1.550 Meter hoch gelegene Gebiet über 2.300 Betten. Die drei Zielorte Skei, Golå/Fefor und Espedalen, die von mächtigen Hochgebirgslandschaften umgeben werden, sind durch den »Peer Gynt Vei« und den »Peer Gynt Sti« miteinander verbunden. Der »Vei« (=Straße) ermöglicht motorisierten Touristen, nähere Bekanntschaft mit dem norwegischen Fjell zu schließen. Auf dem 60 km langen »Sti« (=Pfad) kann man, wie das historische Vorbild, Peer Gynts Reich zu Fuß durchstreifen.

Ausflüge und Sehenswürdigkeiten

Schon im Zuge des »Peer Gynt Vei« kann man einige interessante Sehenswürdigkeiten kennenlernen: Aulestad (das Haus des Literaturnobelpreisträgers Bjørnstjerne Bjørnson), »Helvete« (Nordeuropas größte Gletschermühle, norw. »Jettegryter«), das Solbraaseter Fjellmuseum (wo vor 125 Jahren zum ersten Mal der beliebte Gudbrandsdalskäse hergestellt wurde) sowie »Kulturpfade« mit frühhistorischen Tierfallen und steinzeitlichen Wohnplätzen, ein altes Nickelwerk und eine Fjellkirche.

Mit dem Reich Peer Gynts als Ausgangspunkt erreicht man außerdem alle Attraktionen des Gudbrandsdals innerhalb einer Autostunde. Dabei ist ganz egal, ob es sich um die Museen von Lillehammer, das Kinderparadies »Lekeland« und die Miniaturstadt »Lilleputthammer« bei Øyer oder das herrliche Wandergebiet Dovrefjell handelt. Und natürlich kommt man auch schnell nach Vinstra, wo alljährlich Anfang August ein Peer Gynt Festival gefeiert wird.

Nicht nur wandern

Natürlich ist das Reich Peer Gynts ein ganz hervorragendes Wandergebiet. Nicht nur auf dem »Peer Gynt Sti«, sondern auch auf anderen Pfaden kann man die herrliche Gebirgslandschaft erkunden. Ein gut ausgebautes Netz von Touristenhütten und Wärmestuben sorgt dafür, daß Wanderer immer ein Dach über den Kopf finden. Wer es ganz bequem haben möchte, läßt sein schweres Gepäck per Auto transportieren und wandert auf dem »Peer Gynt Sti« von Hotel zu Hotel. Die Peer Gynt Hotels haben sich mit ihren Angeboten ganz offensichtlich den Bedürfnissen der modernen Touristen angepaßt. So ist es kein Wunder, daß auch zahlreiche andere Aktivitäten angeboten werden: Reiten, Paddeln, Surfen, Rudern, Fahrradfahren, Tennis, Schwimmen, Naturkundeunterricht, Sightseeing und vieles mehr. Natürlich kann man auch - im Geiste Peer Gynts - angeln und jagen oder einfach nur die Natur mit ihrer vielfältigen Tierwelt beobachten. Wer ohne Anstrengungen ins Gebirge gelangen will, sollte einen ganzjährig verkehrenden Sessellift benutzen.

Kurz gesagt: das Reich Peer Gynts hat wohl allen Erholungsuchenden und ganz besonders den Naturliebhabern etwas zu bieten.

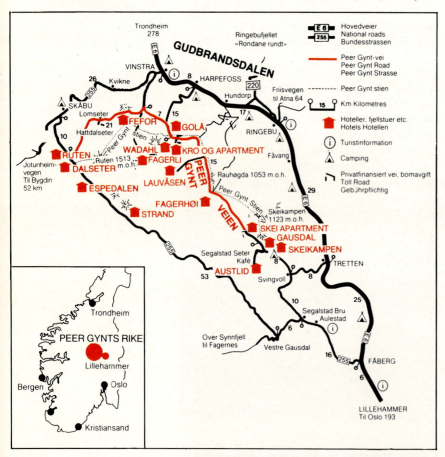

Der »Skibladner«

Information:

Peer Gynt Hotels	Vinstra Turistkontor
N-2647 Hundorp	N-2640 Vinstra
Tel: 062 -96 000	Tel: 062 - 90 166
Telex: 78 601	Telex: 78 601

Gausdal Turistkontor	Hundorp Turistkontor
N-2621 Gausdal	N-2647 Hundorp
Tel: 062 - 20 210	Tel: 062 - 96 000

Leuchtturm von Lista

SØRLAND & TELEMARK

Norwegens Süden besteht aus den Bezirken Telemark, Aust-Agder und Vest-Agder. Ein freundlicher Küstenstreifen, grüne Waldlandschaften und karges Hochgebirge teilen die Region in drei Abschnitte. Das verbindende Element sind breite Täler, die bis ins Gebirge hineinreichen.

Auf unserer Reise durch Norwegen kommen wir nun zu dem Teil des Landes, der dem Äquator am nächsten liegt. Wir befinden uns also in Norwegens Süden. Deshalb brauchen wir uns nicht zu wundern, wenn wir hier die Europastraße 18 verlassen und nach kurzer Zeit einen langgestreckten Strand erreichen, auf dem sich südländisches Badeleben entfaltet hat: Feiner, heller Sand, klares, angenehm temperiertes Wasser und als Hintergrundkulisse Segler und Surfer vor knallblauem Himmel. Und die Sonne scheint auf tiefgebräunte Urlauber, die ganz offensichtlich mit der Wahl ihres Urlaubsziels sehr zufrieden sind.

Szenenwechsel. Wir sind eine gute Stunde mit dem Auto gefahren und befinden uns nun mitten in einem ausgedehnten Waldgebiet. Jetzt sind wir nicht mehr im »Süden«, sondern »im richtigen Norwegen« - ein Katzensprung. Hier können wir einen Waldspaziergang unternehmen und Forellen angeln. Oder Blaubeeren pflücken. Wir finden auch viele Pfifferlinge. Die trocknen wir später in unserem Ferienhaus und nehmen sie mit nach Hause.

Noch zwei Stunden später. Wir haben die Wald- und Tallandschaften hinter uns gelassen und sind nun im Hochgebirge, oberhalb der Baumgrenze. Das Wasser der Seen ist noch teilweise eisbedeckt. Das weite Fjellgebiet ist völlig unbewohnt, kilometerweit geht der Blick über eine fast unberührte Wildnis. Hier kann man wandern: tagelang, wenn man will.

Das Aufeinanderfolgen von Küste, Wald und Gebirge prägt den Süden Norwegens. Ein wichtiges Landschaftselement sind auch die Talungen, die durch das Waldgebiet bis ins Fjell hineinreichen. Hier ist heute noch viel von der alten bäuerlichen Kulturtradition erhalten. Kunsthandwerk und Brauchtum stehen hoch im Kurs und verleihen diesem Landesteil einen ganz eigenen Charakter. Eine Reise in dieses Gebiet ist daher auch immer mit kulturellen Erlebnissen verbunden. Allein schon die Architektur ist bemerkenswert, wobei Holz - kein Wunder in dieser waldreichen Gegend - als Baumaterial eine herausragende Bedeutung hat. Fast nirgendwo sonst in Norwegen findet man so viele sehenswerte Holzgebäude in einem Landesteil vereint: mittelalterliche Stabkirchen und jahrhundertealte Bauernhäuser aus dicken Stämmen und Brettern, die oft

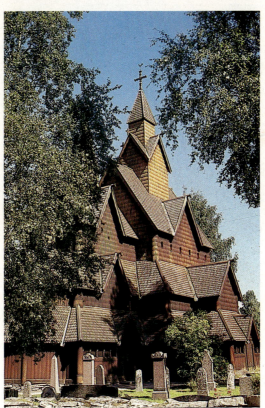

Die Stabkirche von Heddal

kunstvoll dekoriert sind. Den Kontrast dazu bilden die sommerlich hellen Holzhäuser in den »weißen Städten« an der Küste.

Der große Vorzug dieser Region ist es wohl, daß hier die unterschiedlichen Landschaftstypen und die damit verbundenen Erlebnismöglichkeiten sehr nahe beieinander liegen. So läßt sich ein »südländischer« Badeurlaub problemlos mit Ausflügen ins Hochgebirge verbinden. Und genauso kann ein Ferienhausaufenthalt in einem der Täler des Waldgebiets durch Stranderlebnisse oder Streifzüge über das menschenleere Fjell abgerundet werden.

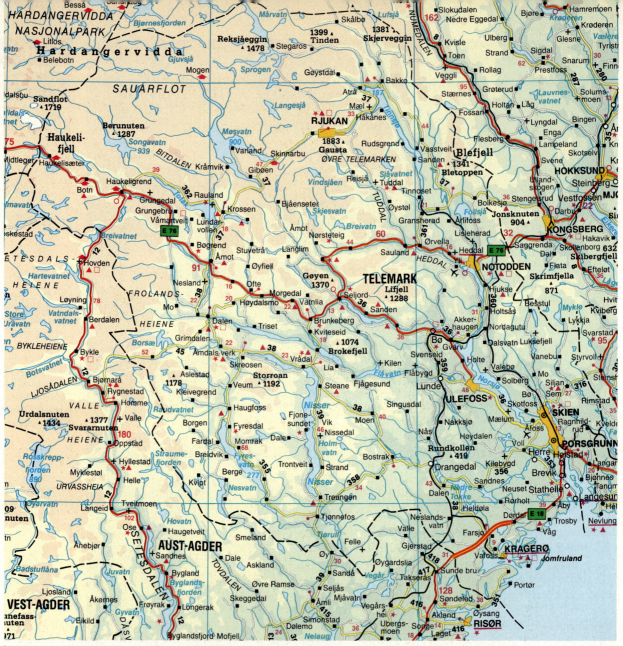

Maßstab = 1:1.000.000

TELEMARK

Gesamtfläche km²: 15.315
Einwohner: 162.595

Städte: **Einwohner:**
Kragerø 5.500
Langesund 3.000
Stathelle 3.000
Brevik 2.700
Porsgrunn 32.000
Skien 48.000
Notodden 13.000
Rjukan 5.500

Entfernungen (von Skien):
- Oslo .... 139 km
- Bergen .... 442 km
- Kristiansand S .... 191 km
- Larvik .... 34 km
- Trondheim .... 684 km
- Voss .... 356 km
- Ålesund .... 712 km

Verkehrsflugplätze:
Skien: Skien Flugplatz
Notodden: Notodden Flugplatz

Bahnverbindungen:
Stavanger - Kristiansand - Neslandsvatn - Bø - Nordagutu - Hjuksebø - Drammen - Oslo, Hjuksebø - Notodden - Tinnoset, Porsgrunn - Skien - Nordagutu - Oslo, Skien - Larvik - Oslo

Sehenswürdigkeiten:
- Telemarkkanal (von Skien nach Dalen)
- Stabkirche Heddal, E 76 bei Notodden
- Telemark Sommarland, Bø (Abenteuerpark)
- Bezirksmuseum der Telemark mit Brekkepark und Ibsens Geburtshaus, Skien
- Vemork Industriearbeitermuseum, Rjukan
- Porsgrund Porzellanfabrik Porsgrunn

Ausflüge:
- Bootstour auf dem Telemarkkanal mit den Passagierschiffen »Victoria« oder »Vilanden«
- Bootstour auf dem Telemarkkanal: Notodden - Lunde - Notodden
- Tour mit Veteranboot »Fram«: Vrådal - Vrådalosen - Treungen
- Schärenkreuzfahrt vor der Küste bei Kragerø
- Schärenkreuzfahrt vor der Küste bei Brevik

Veranstaltungen:
- Kindertag (Skandinaviens größtes Kinderfest mit buntem Programm), Porsgrunn, 27. Mai
- »Dalsmarken« (große Warenmesse, mit Unterhaltungsprogramm), Dalen, 16. - 18. Juni
- Seljordspiel (Freilichttheater / verschiedene Wettbewerbe), Seljord, Anfang Juli
- Seljordausstellungen (größte Kunstausstellung der Telemark, Verkauf, Sonderausstellungen), Seljord, 1. - 31. Juli

Weitere Informationen:
Telemark Reiser
Nedre Hjellegt. 18, Postboks 743,
N-3701 Skien, Tel.: 03 - 52 92 05
Telex: 21 426, Telefax: 03 - 52 92 70

Telemark ist ein Bezirk, dessen Namen zunächst einmal an den Winter erinnert. Schließlich stand in Telemark die »Wiege des Skisports«. Aber: auch im Sommer ist Telemark eine Reise wert. Die »Wettergötter« spielen mit und sorgen für angenehme Temperaturen, viel Sonne und wenig Niederschlag.

Mit dem Boot ins Gebirge

Telemarks sonnige Schärenküste mit ihren unzähligen warmen Felseninseln, Buchten, Fjorden und malerischen Hafenorten ist ein wahres Paradies für Wassersportler aller Art. Diese müssen sich nicht auf den Küstensaum beschränken, sondern können auch auf dem Wasserweg weit ins Landesinnere gelangen. Möglich macht dies der Telemarkkanal, die vielleicht größte, mit Sicherheit aber längste, Touristenattraktion des Bezirks. Der »Kanal« besteht trotz seines Namens fast ausschließlich aus natürlichen Wasserwegen, die mitten durch die Telemark fließen. Er führt vorbei an fruchtbaren Ackerbaugebieten, durch dichte, grüne Wälder und Seelandschaften, die von steilen Berghängen eingerahmt werden. Dieser traditionsreiche Wasserweg besteht eigentlich aus zwei Systemen. Der 1861 fertiggestellte Skien-Norsjø-Kanal verbindet den Skienfjord, und damit das Skagerak, mit dem Binnensee Norsjø. Mit Hilfe von fünf Schleusen werden 15 Meter Höhenunterschied bewältigt. Der anschließende Norsjø-Bandak-Kanal wurde 1892 eröffnet. Seine sechs Schleusen mit insgesamt 14 Schleusenkammern überwinden 57 Meter Höhendifferenz. Endpunkt ist nach 105 Kilometern der Ort Dalen. Er liegt in einer Landschaft, die ähnlich abwechslungsreich wie das Fjordgebiet in Westnorwegen ist. Der im schwierigen Gelände mit einfachen Hilfsmitteln angelegte Kanal ist eine technische Meisterleistung seiner Zeit und gleichzeitig eine harmonische Verbindung von Natur und Technik. Die aus handgemeißelten Steinblöcken erbauten Schleusenkammern sind gut erhalten. Die alten Schleusenpforten werden, wie vor hundert Jahren, von Hand aufgekurbelt. Der Telemarkkanal ist ein ideales Gewässer für Paddler und andere Bootssportler. Und wer kein eigenes Boot hat, fährt mit den Passagierschiffen »Victoria« und »Lastein«, die von Juni bis September verkehren (Fahrzeit: zehn Stunden). Seit neuestem kann man von Notodden aus mit der »M/S Telemarken« über den Norsjø bis nach Lunde gelangen. Weitere Bootsfahrten lassen sich auf den durch Schleusen miteinander verbundenen Seen Vråvatn und Nisser (»M/S Fram«) sowie entlang der Küste unternehmen. Auch hoch im Gebirge kann man in See stechen: auf dem Møsvatn und auf dem Mårvatn (Hardangervidda).

Die Städte

Telemarks Hauptstadt ist Skien (50.000 Einwohner). Hier wurde Norwegens berühmter Dramatiker Henrik Ibsen geboren. Das Haus, in dem er aufwuchs, steht Besuchern offen (Venstøp). Unbedingt einen Besuch wert ist das Bezirksmuseum für die Telemark, das zusammen mit einem alten Herrenhof im Brekkepark liegt. Eine Freilicht-

Freizeitpark Telemark Sommerland

abteilung zeigt jahrhundertealte Gebäude und Gegenstände aus verschiedenen Teilen der Telemark.
Skiens Nachbar ist Porsgrunn, eine bedeutende Industriestadt an der Küste. Mitten in der Stadt liegt die traditionsreiche Porzellanfabrik »Porsgrunds Porselænsfabrik«. Hier kann man nicht nur bei der Porzellanherstellung zuschauen und ein fabrikeigenes Museum besuchen, sondern auch günstig einkaufen. Ebenfalls an der Küste liegt Kragerø, ein beliebtes Sommerziel. Zusammen mit den Zugvögeln kommen die Sommergäste und bevölkern die über 2.000 Ferienhäuser im Schärengürtel. Der kleine Hafenort mit seinen hellgestrichenen, gepflegten Holzhäusern und idyllischen Gassen, fügt sich nahtlos in die Reihe der »weißen Städte« an der Sørlandsküste.
Das Zentrum im Osten der Telemark ist Notodden. Diese terrassenförmig am Hang oberhalb des Heddalsees gelegene Industriestadt wurde im vorigen Jahrhundert gegründet. Ihre bedeutendste Sehenswürdigkeit liegt außerhalb des Zentrums in Heddal: Norwegens größte Stabkirche (12. und 13. Jh.). Sie wurde Mitte unseres Jahrhunderts in ihren Originalzustand zurückversetzt und ist heute - nicht zuletzt wegen des kostbaren Inventars - das Prachtstück unter den norwegischen Stabkirchen.

TELEMARK

Der Bezirk Telemark erstreckt sich von der Skagerakküste bis zum Fjellplateau Hardangervidda. Auf einer Fläche von 15.322 km² findet man die unterschiedlichsten Landschaftsformen: Norwegen im Taschenformat. Das Landschaftsspektrum umfaßt eine sonnige Schärenküste, fruchtbare Ackerbaugebiete, tiefe grüne Wälder, enge Täler mit dramatisch-steilen Gebirgshängen, Flüsse, Bergseen und die gewaltige menschenleere Hochebene Hardangervidda.
2 % der Fläche werden landwirtschaftlich genutzt, 7 % sind vom Wasser bedeckt, 33 % bestehen aus Wäldern und der große Rest ist »unproduktives Gebiet« - das aber gerade für Touristen einen ganz besonderen Erholungswert hat.

TELEMARK

Schleuse des Telemarkkanals

Telemark liegt zentral im südlichen Norwegen und hat gutausgebaute Verkehrsverbindungen. Zwei Europastraßen kreuzen sich hier (E 18 und E 76). Außerdem bestehen gute Eisenbahnverbindungen mit den übrigen Teilen des Landes (Sørlandsbahn und Vestfoldbahn). Bø ist Knotenpunkt für den Bahn- und Busverkehr. Skien hat Flugverbindungen nach Oslo, Stavanger, Bergen und Trondheim.

Ganz im Norden liegt im engen Vestfjorddal die Industriestadt Rjukan. In das von steilen Felswänden gebildete Tal dringt während der Wintermonate kein Sonnenstrahl. Rjukan war einer der ersten Orte in Norwegen, der seine Entstehung der Industrialisierung verdankte. Seine Geschichte zeigt ein Museum, das im nunmehr historischen Kraftwerk Vemork untergebracht ist. Es informiert vor allem über das Leben der Arbeiter in einem der schönstgelegenen Industrieorte Europas.

Heimat des Skisports ...

Obwohl wir Ihnen hier vor allem die sommerliche Telemark vorstellen möchten, wollen wir trotzdem auf den Ort aufmerksam machen, in dem die Wiege des Skisports stand: Morgedal. Hier erfand Sondre Nordheim die Fersenbindung und eine neue Art von Skistöcken. Es ist auch die Heimat der ersten großen Skisportler, unter ihnen Olav Bjaaland, der nicht nur an Wettkämpfen, sondern auch an Amundsens Südpolexpedition teilnahm. Beiden Skipionieren sind heute eigene Museen gewidmet.

... und abwechslungsreiches Sommerland

Telemark gehört zu den Gebieten mit den höchsten Sommertemperaturen Norwegens (der Rekord liegt bei über 35 Grad). Damit nicht genug: hier besteht auch reichlich Gelegenheit, allen Sommeraktivitäten nachzugehen. So kann man nicht nur an der Schärenküste in der Sonne faulenzen, sondern genausogut surfen, Tennis spielen und segeln. Fast überall im Gebirge und in den ausgedehnten Waldgebieten bestehen gute Wandermöglichkeiten - z.B. auf der Hardangervidda im Norden des Bezirks. Außerdem kann man reiten, Wasserski fahren - und natürlich angeln. Man wird zwar kaum die legendäre Seeschlange im Seljordvatn an den Haken bekommen, dafür aber Forellen, Saiblinge, Äschen und andere schmackhafte Fische. Zu einem Sommerurlaub in der Telemark gehört auch ein Besuch im »Telemark Sommarland« bei Bø. Wem die norwegischen Serpentinenstraßen noch nicht aufregend genug sind, bekommt hier auf der längsten Wasserrutschbahn der Welt garantiert das »gewisse Gefühl« im Magen. Außerdem werden weitere Attraktionen für die ganze Familie geboten.

Und wo bleibt die Kultur?

Wer sich für die »typisch-norwegische« Volkskultur interessiert, der kann in der Telemark auf Entdeckungsreise gehen. In zahlreichen Dörfern, vor allem in der waldreichen West-Telemark, werden im Sommer Kunst- und Handwerksausstellungen durchgeführt (u.a. Seljord, Vinje, und Rauland). Auch sonst findet man immer wieder - nicht nur in den zahlreichen Museen und Sammlungen - Beispiele für die immer noch ungebrochene Kulturtradition dieses Gebiets. Dies zeigt sich in der Vielzahl der gut erhaltenen Holzhäuser, der Musikveranstaltungen und Werkstätten. Im Sommer werden besonders viele Festivals, Konzerte, Sportveranstaltungen und Volksfeste veranstaltet, bei denen Besucher (also auch Sie!) herzlich willkommen sind.

Telemarkkarte

Als erster Bezirk Norwegens hat Telemark eine flächendeckende Rabattkarte eingeführt. Zu einem Preis von NOK 50,- pro Person oder Familie erhält man Rabatte und Vergünstigungen, die ein Vielfaches wert sind. Mit anderen Worten: der Kauf der Karte ist eine Investition, die sich lohnt.

In einer eigenen Broschüre werden alle Firmen und Organisationen aufgeführt, die Karteninhabern Sonderkonditionen bieten: Museen, Ausstellungen, Kunsthandwerks- und Handarbeitsproduzenten, Freizeitparks, Ausflugsboote, Cafés, Restaurants und Übernachtungsbetriebe. Das Angebot reicht von kleinen Geschenken in verschieden Geschäften, über vergünstigte Übernachtungs- oder Eintrittspreise, bis hin zur kostenlosen Minigolf-Runde. Oder wie wäre es mit einem Kaffee auf Kosten des Hauses in einer der Gebirgshütten des Touristenvereins?

Alle Vergünstigungen sind in einem ausführlichen Rabattheft verzeichnet, das zusammen mit der Karte in Reisebüros, Touristenbüros, bei NORTRA Marketing in Essen und bei allen teilnehmenden Betrieben erhältlich ist.
(außerdem: Telemarkreiser A/L, Postboks 743 Hjellen, N-3701 Skien).

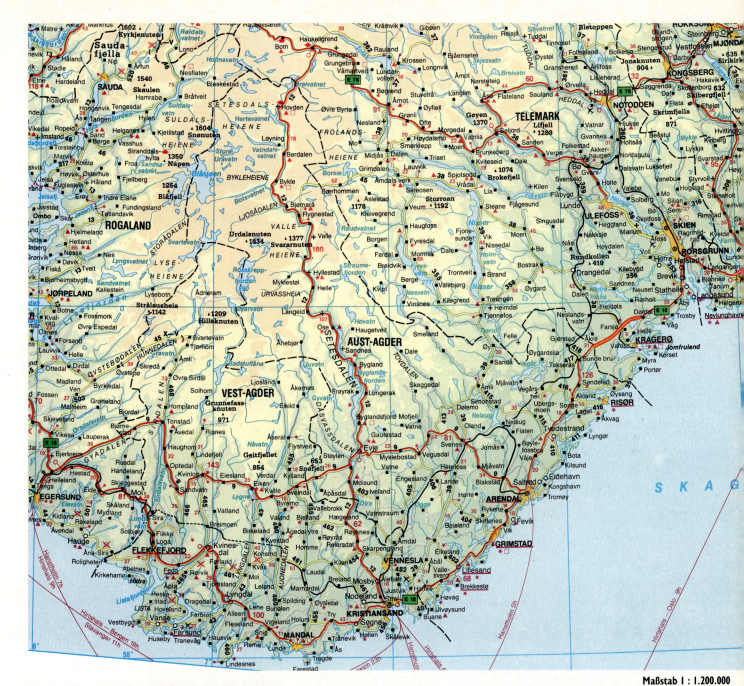

Maßstab 1 : 1.200.000

SØRLANDET

Gesamtfläche km² 16.493
Einwohner: 235.707

Städte: **Einwohner:**
Risør 6.985
Tvedestrand 5.826
Arendal 12.233
Grimstad 14.997
Lillesand 7.748
Farsund 9.553
Flekkefjord 8.820
Kristiansand S 61.782
Mandal 12.197

Entfernungen (von Arendal):
- Oslo .... 256 km
- Bergen .... 495 km
- Stavanger .... 328 km
- Hamar .... 379 km
- Skien .... 119 km
- Trondheim .... 801 km

Entfernungen (von Kristiansand S):
- Arendal .... 72 km
- Oslo .... 328 km
- Bergen .... 398 km
- Stavanger .... 256 km
- Lillehammer .... 513 km
- Odda .... 337 km

Verkehrsflugplätze:
Kristiansand: Kjevik flyplass

Bahnverbindungen:
Stavanger - Egersund - Sira - Kristiansand - Nelaug - Oslo,
Sira - Flekkefjord, Nelaug - Arendal

Sehenswürdigkeiten:
Aust-Agder:
- Holmen Gård Husflidsenter, Gjersted
- Holzhäuser auf Tyholmen Arendal
- Haus Knut Hamsuns Nørholmen / Grimstad
- Aust-Agder Museum, Arendal
- Setesdalsmuseum
- Rygnestadloftet und Tveitetunet
- Innenstadt, Risør
- Galerie Villvin, Risør
- Glashütte mit Glasbläserei und Verkauf, Tvedestrand/Lyngør
- Mittelalterliche Kirchen in Holt und Dybvåg, Tvedestrand/Lyngør
- Eisenwerk Nes, Tvedestrand
- Haus eines Kapitäns aus dem 17. Jahrhundert, Arendal
- Rathaus Arendal (Norwegens zweitgrößtes Holzgebäude)
- Merdøgaard Skjærgårdsmuseum, Arendal
- Ibsens Geburtshaus und Museum der Stadt Grimstad m. Seefahrtsabteilung, Grimstad
- Kirche in Fjære (Grab Terje Vigens), Grimstad
- Carl Knutsen-Gården (Seemannsmuseum), Lillesand
- Hovden Freiluftgelände am Harevatn, Hovden
- Fånefjellskleiva (Wandergebiet mit historischen Pfaden), Setesdal
- Agder Waldvogelhof (Waldvögel in ihrer natürlichen Umgebung), Setesdal
- Hasseldalen. Alte Seglerwerft und Bootsbau von 1841 (Sammlung von Namensschildern alter Segler aus Grimstad).

Vest-Agder:
- Vest-Agder Bezirksmuseum, Kristiansand
- Gimle Gård, Kristiansand
- Farsund Museum, Farsund
- Loshamn, Farsund
- Domkirche in Kristiansand, Festung Christianholm, Kristiansand
- Abenteuerpark Kristiansand
- Museum im Andorsengården, Mandal
- Traditonelle, weiße Holzhausbebauung, Mandal
- Lista Museum Vanse, Farsund
- Kvåsfossen (36 Meter hoher Wasserfall im Lyngenvassdraget an der Str. 43), Kvås/Lyngdal
- Kirche von Lyngdal (erbaut 1848, eine der größten Holzkirchen Norwegens), Lyngdal
- Grabhügel und Fundstätte des berühmten »Snartemo-Schwertes«, Tingvatn - Snartemo/Hægebostad
- Flekkefjord Museum, Flekkefjord
- Aussichtspunkt an der E 18 (Museum, Haus des Kunstmalers Marcelius Førland mit Ausstellung), Kvinesdal

SØRLANDET

- Wasserkraftwerk Tonstad (eines der größten Kraftwerke Nordeuropas), Sirdal
- Svartevassdamm (Sira-Kvinas größter Staudamm, Höhe: 130 m, Länge: 400 m), Sirdal

Ausflüge:

- Sightseeing / Charter / Linienboote in den Schären, Bade- und Angelmöglichkeiten, Besichtigung der Außenhäfen
- Besuch des Rysstad Naturparks im Setesdal oder des Freiluftgebiets Hove bei Arendal
- Bootstour auf dem Byglandsfjord
- Bootstouren durch die Schären, Risør
- Ausflug mit dem Linienboot »Søgne«, Tvedestrand
- Ausflug mit Boot / Bus von Arendal nach Gjeving
- Sightseeing mit dem Schiff »Pelle Pan« rund um die Insel Hisøy
- Bootstour mit M/B »Høllen«, Søgne
- Sightseeing mit dem Schiff M/S Maarten im Schärengarten vor Kristiansand

Das Rathaus von Arendal

Die Norwegische Sonnenküste lädt nicht nur zum Baden ein

- Schärenkreuzfahrt, Farsund
- Sessellift am Skizentrum Hovden (Betrieb auch im Sommer)

...mit dem Auto:

- Ausflug nach Korshamn, Norwegens südlichstes Fischerdorf, (Abzweig bei Lyngdal, Str. 43)
- Ausflug zur Insel Tromøya (größte Insel der Sørlandküste vor Arendal)
- Ausflug zu den Liststränden (kilometerlanger Sandstrand)
- »Sørlandets Trollstigen«, Str. von Øvre Sirdal nach Lysebotn
- Str. 44 von Flekkefjord, Str. 469 nach Kvellandstrand. Fähren zu den Hidra - Inseln, südlicher Punkt des Sørlandets
- Ausflug nach Bykle mit Norwegens kleinster Kirche. Freilichtmuseum Huldreheimen (Setesdal)
- Ausflug zum Museum für Alltagskunst in Hillestad und zur Kirche in Tovdal
- Rundtour zum Holmen gård (Str.

Norwegen ist ein Land mit vielen Gesichtern. Fjorde, Mitternachtssonne, schneebedeckte Berge und eine oft rauhe Küste bestimmen das Norwegen-Bild vor allem ausländischer Touristen. Lange Sandstrände, üppige Rosengärten, weiße Segel auf tiefblauem Meer, malerische Hafenstädtchen in denen sich das Sommerleben meist im Freien abspielt - das alles verbindet man eher mit südlichen Breitengraden. Viele übersehen dabei, daß auch Norwegen seinen eigenen »Süden« hat: Sørlandet, der südlichste Landesteil, mit eigener Sonnenküste. Hier kann man baden, im Meer und in der Sonne, und braucht trotzdem nicht auf eine Waldwanderung oder eine Tour ins Hochgebirge zu verzichten. Der Abstand vom Meer zum Gebirge ist kurz. Der Weg dorthin führt durch fruchtbare, bewaldete Täler, vorbei an idyllischen Seen. Man fährt eine knappe Stunde und schon ist man mitten im Waldland. Dort findet man Beeren und Pilze in rauhen Mengen und kann - mit etwas Glück - auch Elche beobachten.

Costa del Sol auf norwegisch

»Solkysten« nennt man in Norwegen den südlichen Küstenabschnitt. Er ist ohne Buchten, Fjorde und Inseln 270 Kilometer lang. Aber was wäre die Sørlandsküste ohne ihr Inselgewirr und ohne die weit ins Land reichenden, sich verzweigenden Meeresarme? Kein Wunder, daß sich die tatsächliche Küstenlänge so auf rund 2.700 Kilometer summiert. Der abwechslungsreiche Küstenstreifen ist ein wahres Paradies für Bootssportler, die hier außerdem auch den richtigen Wind in die Segel bekommen. Auf den Spuren der Handelssegler einer vergangenen Epoche wird man so manchen Hafen entdecken, dessen malerische Gebäude und Anlagen heute durch die Touristen zu neuem Leben erwacht. An der Sørlandsküste gibt es viele erstklassige Gästehäfen. Wo früher die Windjammern vor Anker gingen, machen heute Freizeitboote fest, deren bunte Flaggen verraten, daß auch immer mehr Mitteleuropäer dieses Wasser-Eldorado für sich entdecken. Die bekanntesten Außenhäfen sind Loshavn (»Lotsenhafen«) bei Farsund. Korshavn (»Kreuzhafen«) bei Lyngdal und Lillehavn (»Kleinhafen«) bei Lindesnes. Im Osten liegen Brekkestø bei Lillesand, Mærdøy bei Arendal und Lyngør bei Tvedestrand (mit dem Fischrestaurant »Den Blå Lanterne«). Diese malerischen Häfen sind nicht nur mit dem eigenen Boot zu erreichen. Zu den meisten gelangen Sie auch mit Ihrem Auto, Mærdøy und Lyngør sind durch Linienboote mit dem Festland verbunden. Wer ansonsten auf seinen fahrbahren Untersatz nur ungern verzichten kann, sollte zumindest im Sørland eine Ausnahme machen. Von Arendal geht das Lokalboot M/S Søgne auf eine dreieinhalbstündige Fahrt durch den typischen sørländischen Schärengürtel bis nach Lyngør. Größere Reisegesellschaften können die Segelschiffe »Ekstrand« und »Agder« chartern oder eine kürzere Tour mit dem Sightseeing-Boot »Pelle Pan« (2-3 mal täglich, auch Einzeltouristen) unternehmen. Ebenfalls 2-3 mal täglich sticht das Sightseeing-Boot »Maarten« von Kristiansand aus in See. Von Tvedestrand aus können Sie mit dem Kutter »Baus« zum Hochseeangeln fahren. Wer auf große Fahrt gehen möchte, kann morgens um 8 Uhr in Oslo auf der »Veslestril« anheuern, die um 14.30 Uhr in der Sørlands-Hafenstadt Arendal anlegt. Unterwegs werden u.a. Risør und Lyngør angelaufen - auch hier ergeben sich gute Kombinationsmöglichkeiten mit anderen Transportmitteln. Aktivurlauber kommen an der Sørlandsküste voll auf ihre Kosten. Daß man hier ein attraktives Bootsrevier (auch für Paddler!) vorfindet, haben wir Ihnen schon verraten. Wir wollen aber auch nicht verschweigen, daß an der Sonnenküste gute Angelmöglichkeiten bestehen. Von Farsund und Korshavn aus kann man zum Meeresangeln in See stechen - oder man versucht es mit der Angel vom Land aus. Aale fängt man bei Mandal, Flekkefjord und Arendal. Dort bieten einige Campingplätze ihren Gäste die Möglichkeit, ihren Fang selbst räuchern zu lassen.

Dem Golfstrom und den besonders zahlreichen Sonnenstunden hat es die Sørlandsküste zu verdanken, daß man sich hier nicht nur auf sondern auch im Wasser wohl fühlt. Die Wassertemperaturen erreichen Werte, die nicht nur von abgehärteten Naturburschen als angenehm betrachtet werden. Lange, saubere Sandstrände und Badeklippen lassen auch verwöhnte Sonnenanbeter von Norwegens Südküste schwärmen. Hier kann man sich auch an Ort und Stelle davon überzeugen, daß Norweger nicht immer steif und zugeknöpft sind, wie man ihnen gerne nachsagt.

Sommerleben in Sommerstädten

Auch das Leben in den Orten längs der Sørlandsküste ist mehr nach außen gewandt als in den anderen Teilen des Landes. Schon die Häuser sind eine Augenweide. Sie sind weiß gestrichen, stehen dicht beieinander und scheinen im Sommer richtig aufzublühen: Stockrosen, Erbsenblüten und Flieder wachsen dann in den Vorgärten, die mit Hingabe gepflegt werden, damit sie im kurzen, aber intensiven Sommer Sinneseindrücke vermitteln, die man auch im Winter nicht vergißt. In der warmen Jahreszeit, wenn neben den Einheimischen auch Touristen die Städte bevölkern, dehnen die Geschäftsleute ihre Ladenflächen aus und nehmen auch noch die Bürgersteige und Fußgängerstraßen in Beschlag - und übertrumpfen sich mit Sonderangeboten. Klar, daß man hier beim Einkauf unter blauem, sonnigen Himmel manch guten »Fang« machen kann.

Museen und Sammlungen

Wie schon erwähnt, besteht das Sørland aus zwei landschaftlichen Hauptelementen, Land und Wasser. Dasselbe gilt auch für die Kulturtradition. Da ist zum einen der maritime Bereich, dessen Geschichte und Entwicklung in mehreren seefahrtshistorischen Sammlungen gewürdigt wird. Gegenpol hierzu ist die bäuerliche Kultur im Binnenland, die in zahlreichen Volksmuseen vor allem im Setesdal dokumentiert wird. Beide Aspekte werden im großen Volkskundemuseum am Stadtrand von Kristiansand berücksichtigt. Dort ist auch das alte Kaufmanns- und Handwerksmilieu rekonstruiert worden.

Weitere interessante Sehenswürdigkeiten sind das Ibsenhaus in Grimstad, das an die Zeit erinnert, in der Norwegens weltberühmter Dichter und Dramatiker Henrik Ibsen hier lebte. Ebenfalls einen Besuch wert ist der Gutshof Nørholm, der einst dem Literaturnobelpreisträger Knut Hamsun gehörte.

Typisch für Sørland sind die kleinen Galerien in den Küstenstädten, das Kunsthandwerkszentrum (Husflidsenter) Holmen Gård und die bemerkenswerte Galerie auf Hillestad (Tovdal). Im Setesdal findet man zahlreiche Werkstätten, die ihre sorgfältig gearbeiteten Stücke, zum Beispiel Schmuck, meist auch an Ort und Stelle verkaufen.

Mit dem Auto durch Sørlandet

Autotouristen sollten nicht den Fehler begehen und das Sørland nur auf der gut ausgebauten E 18 durchrasen. Keinesfalls sollte man Abstecher zu den malerischen Hafenstädten versäumen, die wie Perlen an einer Schnur längs der Küste liegen.

Sehr lohnend ist auch eine Tour nach Lysebotn, das im Westen knapp außerhalb der Bezirksgrenze liegt. Man fährt dabei von Sirekrok (Øvre Sirdal) über die Gebirgsstraße Tjodanvegen. Sie steigt bis auf eine Höhe von 900 Metern an, um sich dann in 27 Serpentinen bis zum Fjord hinabzuschrauben - für jeden Autofahrer ein großartiges Erlebnis.

418), nach Vegårshei (hier Ausstellung des berühmten Vegårsheiwolfes (Str. 414 / 416 / 417) und zum Eisenwerk in Nes (Str. 415).

Veranstaltungen:
Aust-Agder:
- Nordischer Kunstmarkt Risør, Juli
- Hovdenmarsch, Hovden, 1. Juli
- Holzbootfestival Risør, 4.- 6. Aug.
- Setesdal - Wettkampf Valle, 3.- 6. Aug.
- Mineralienmesse, Evje, Sommer 1989
- Kurzfilmfestival Grimstad, 6.- 11. Juni
- Grimstadmesse, 8.- 11. Juni
- Lillesandtage, 30. Juni - 9. Juli
- Sørlandscup (Fußballturnier für Jugendliche), 8.- 13. Juli, Lillesand
- Tvedestrandsregatta (Regatta für alle Bootstypen), Tvedestrand, 8.-9. Juli
- Regatta in Tvedestrand, 5.-9. Juli. (Regatta für alle Bootstypen)

Vest-Agder:
- Kjeviktage, Kjevik, 3.- 4. Juni
- Sørlandsmarsch Kristiansand, 10.- 11. Juni
- Kapitänsfest (Handelstage), Kristiansand, Mitte Juni
- Listafestival (buntes Unterhaltungsprogramm), Farsund/Vanse, 15.-17. Juni
- Festival der Zugfähren Søgne, 17.-18. Juni
- Mandalsmesse, Mandal, ca 23. juni
- Sarons Dal (Volksfest mit Musik und Tanz), Kvinesdal, 10.- 18. Juli
- Gimlemesse (Handelsmesse), Kristiansand, 4.- 13. Aug.

Weitere Informationen:
Vest-Agder Reiselivsråd
Postboks 770
N-4601 Kristiansand
Tel: 042 - 22 600
Telefax: 042 - 26 641

Fylkeshuset i Aust-Agder
N-4800 Arendal, Tel: 041 - 25 860
Telefax: 041 - 22 326

Arendal

SØRLANDET

Anreise

Kristiansand ist mehrmals täglich durch Autofähren mit Hirtshals verbunden, außerdem gibt es wöchentlich 5 Verbindungen mit Hanstholm. Auch die Autofähre zwischen Fredrikshavn und Larvik kommt für die Anreise in Frage. Der Verkehrsflughafen für Sørland liegt bei Kristiansand (Kjevik). Von dort werden Non-Stop-Flüge nach Oslo, Bergen und Stavanger sowie nach Kopenhagen und Ålborg (Dänemark) angeboten. Wichtigste Straßenverbindung ist die E 18 (Oslo - Stavanger), die durch den ganzen Landesteil führt und Abstecher zu allen Sørlandsstädten und ins Setesdal erlaubt. Ebenfalls zwischen Oslo und Stavanger verläuft die Sørlandsbahn, mit der man Arendal, Kristiansand und Flekkefjord erreicht.

Die Sommerstädte an der Sørlandsküste sind von Osten nach Westen: Risør, Tvedestrand, Arendal, Grimstad, Lillesand, Kristiansand, Mandal, Farsund und Flekkefjord. Die ersten fünf werden wir Ihnen ein paar Seiten später noch in einem ausführlichen Städteportrait vorstellen: »Die weißen Städte am Skagerrak«.

Kristiansand ist die Haupstadt des südlichen Landesteils. Sie ist auch Norwegens wichtigster internationaler Fährhafen: hier kommt man mit den Autofähren aus Hanstholm und Hirtshals an. Bemerkenswert ist nicht nur das rechtwinklige Straßensystem der Innenstadt (»Quadraturen«), sondern auch die zahlreichen Geschäfte, Cafés und Restaurants. Mehrere Ausstellungen und Museen, stillen darüberhinaus den Hunger nach kulturellen Erlebnissen (Sørlandets Kunstnersenter, Christiansands kunstforening, Myhren Gård/Grafikk). Kristiansands ganz große Attraktion ist der Tier- und Freizeitpark außerhalb der Stadt. Hier sind auch die Kamele zu Hause, die sich in Kristiansand so wohl fühlen, daß sie Norwegen einen Platz im exklusiven Kreis der kamelexportierenden Länder eingebracht haben. Norwegens südlichste Stadt heißt Mandal, eine »Sørlandsidylle« mit alten, weißgestrichenen Holzhäusern. Der 900 Meter lange Sandstrand Sjøsanden liegt gleich außerhalb

Schärenküste

charakter. Man kommt in das Gebiet der großen Wälder, das von Flüssen und Seen durchzogen wird. Hier wird die Sonnenküste durch eine binnenländische Ferienlandschaft »komplettiert«.

Freunde des Angelsports kommen in diesem Gebiet voll auf ihre Kosten. Otra und Nidelv sind bekannt für ihre Forellen. Wer sich auf Lachse spezialisiert hat, sollte sein Glück im Mandalselv oder Audneelv versuchen. Angelscheine sind in vielen Touristenbüros erhältlich. Steigender Beliebtheit erfreuen sich auch Paddeltouren auf den Seen und Flüssen im Binnenland, zum Beispiel auf dem Audnedalselv, dem Lyngdalsvassdrag, der Otra, dem Tovdalselv oder dem Nidelv. Die meisten Campingplätze in diesem Gebiet vermieten Kanus und Kajaks.

Im Gebiet von Evje und Iveland kann man auf Mineralienjagd gehen. Dort sind schon über 100 verschiedene Mineralarten gefunden worden. Wer im Besitz einer speziellen Mineralkarte ist, hat freien Zugang zu besonders lohnenden Fundorten und kann seine Norwegensouvenirs selber suchen.

Setesdal - Norwegens Märchental

Von Evje und Iveland reicht das Setesdal weit in den gebirgigen Norden der Sørlandsregion hinein. Es endet im Gebiet von Hovden, nicht weit vom Hochplateau der Hardangervidda entfernt. Vor allem der obere Teil des Setesdal war lange Zeit von der gesellschaftlichen und kulturellen Entwicklungen im übrigen Norwegen abgeschnitten. Kein Wunder also, daß hier die bäuerliche Kulturtradition besonders gut in ihrer ursprünglichen Form bewahrt ist. Wer sich davon überzeugen will, kann dies nicht nur auf dem jährlich stattfindenen Folklorefestival »Setesdalskappleikene« tun, sondern wird ständig auf Beispiele für die kulturelle Besonderheit dieser Gegend stoßen. Auch der charakteristische Baustil des Setesdals ist weit über die Grenzen Norwegens hinaus bekannt. Das Gebirge zu beiden Seiten des Setesdals aber auch das Hochgebirgsplateau von Sirdal bieten herrliche Wandermöglichkeiten. Hier kann man nicht nur lohnende Tagestouren unternehmen, sondern auch mit dem Zelt oder von Hütte zu Hütte tagelang auf Wanderschaft gehen.

Die freundliche Natur und das milde Klima des Sørlands prägen seine Bewohner. Kein Wunder, daß sie als besonders nett und gutgelaunt gelten. Es wird auch behauptet, daß hier mehr Künstler pro Kopf der Bevölkerung leben als anderswo in Norwegen. Dies mag wohl in anderen Landesteilen bestritten werden. Wenn man jedoch zu den Künstlern auch die Lebenskünstler zählt, dann wird wohl kaum einer widersprechen.

An der norwegischen Sørlandküste treffen sich Segler aus der ganzen Welt

Übernachtungsmöglichkeiten

Die Hotels in Sørland haben durchweg einen hohen Standard. Sie sind gebaut worden, um vor allem verwöhnten Geschäftskunden und Konferenzteilnehmern einen guten Service zu bieten. Im Sommer senken sie ihre Preise radikal und werden so zu preiswerten Familienhotels. An der Küste und in den Tälern findet man auch erschwingliche Pensionen und Appartementhotels mit Selbstversorgung sowie Ferienwohnungen und Ferienhäuser. An einigen Orten kann man private Hütten mieten. Eine besonders preiswerte und familienfreundliche Ferienform bieten die erstklassigen Campingplätze in Sørland.

des Zentrums. Ein beliebtes Ausflugsziel von hier aus ist Kap Lindesnes, der südlichste Punkt des Landes. Der Wegweiser »Nordkapp 2.518 km« ist genauso wie der Leuchtturm von Lindesnes ein beliebtes Fotomotiv. In seiner Nähe befindet sich Norwegens südlichstes Restaurant: »Havfruen«.

Unbedingt einen Besuch wert ist die kleine Hafenstadt Farsund, in deren Umgebung über 10 Kilometer lange Sandstrände liegen. Hier kann man einen Ausflug zum ehemaligen Kaperhafen »Loshamn« unternehmen, der in vorbildlicher Weise erhalten ist.

Die westlichste Sørlandsstadt heißt Flekkefjord - keine andere Stadtgemeinde Norwegens hat eine so hohe Durchschnittstemperatur wie sie zu verzeichnen. Ihr Altstadtviertel »Hollenderbyen« besteht aus schmalen Gassen, mit kleinen, gepflegten Holzhäusern und malerischen Bootshäusern.

Nicht nur Meer und Küste

Im südlichen Landesteil kann sich keiner über mangelnde Abwechslung beklagen. Fährt man von der Küste 50 bis 60 Kilometer landeinwärts ändert sich der Landschafts-

SØRLANDET
DIE WEISSEN STÄDTE AN DER SKAGERAKKÜSTE

Wie weiße Perlen auf einer Schnur liegen die fünf Städte Risør, Tvedestrand, Arendal, Grimstad und Lillesand an Norwegens Südküste. Weiße, gepflegte Holzhäuser, die noch aus der großen Zeit der Handelssegler stammen, lassen diese Städte wie Perlen strahlen. Wie echte Perlen sind sie nicht glatt und leblos, sondern haben im Laufe der Zeit ihre ureigenen Nuancen erhalten.

Lillesand

Tvedestrand

Den Höhepunkt des Jahres erlebt die kleine Stadt **Risør** wohl Anfang Oktober. Dann geht hier eine ganze Armada von Holzbooten vor Anker - allerdings in ganz friedlicher Absicht, denn das »Holzbootfestival« wird gefeiert. Eine ganzjährige Attraktion ist die Ausstellung der Künstlergruppe »Villvin« (Wilder Wein) mitten in der Stadt. Risør hat übrigens einen eigenen Stadtwächter, der seine Runden durch die Holzhausviertel zieht. Er erklärt den Besuchern die Geschichte der einzelnen Gebäude und hält Informationen über die Stadt und ihre Umgebung bereit. Von ihm erfahren Sie sicher auch den besten Weg ins Fischrestaurant »Stangholmen fyr«, das auf einer kleinen Insel außerhalb der Stadt liegt und in einem alten Leuchtturm untergebracht ist (stündlicher Bootsverkehr).

Die Stadt **Tvedestrand** verdankt ihre Entstehung dem Eisenwerk »Nes Verk«. Die alten Gebäude aus dem Jahre 1738 liegen in einem großen Garten und sind unbedingt einen Besuch wert. Dies gilt auch für das Rathaus, einem altehrwürdigen Holzgebäude am Hafen (Gemäldegalerie). Wer Glasbläsern bei der Arbeit zuschauen möchte, hat dazu in der kleinen »Glasshytta« Gelegenheit. Hier werden auch selbstproduzierte Glasarbeiten verkauft. Im Schärengürtel vor der Stadt liegt der alte Schutz- und Außenhafen Lyngør. Man kann dort nicht nur im vorzüglichen »Lyngør Hotell« übernachten, sondern auch die frischzubereiteten Köstlichkeiten des Meeres im Restaurant »Den Blå Lanterne« probieren (Spezialität: Fischsuppe).

Arendal ist das Handels-und Verwaltungszentrum in diesem Teil des Sørlands (Aust-Agder). Die Hafenbucht »Pollen« ist an warmen Sommertagen der Haupttreffpunkt der Stadt. Ein geschäftiges Treiben an Land und auf den Booten läßt südländische Sommerstimmung aufkommen. Direkt am Hafen liegt das neue »Tyholmen Hotell«, in dem man in maritimer Umgebung gut wohnt und ißt. Das Viertel Tyholmen ist sehr einladend mit seinen vorbildlich restaurierten hellgestrichenen Holzhäusern (Führungen während des Sommers). Hier liegt auch das Arendaler Rathaus, eines der höchsten Holzgebäude Norwegens. Gleich außerhalb der Stadt befindet sich der Außenhafen Mærdø, der mehrmals täglich mit dem Boot von Arendal aus zu erreichen ist. Besonders sehenswert ist dort das Museum Mærdøgård - ein altes Seemannshaus aus dem 17. Jahrhundert.

Das wichtigste Kulturzentrum der Region liegt in **Grimstad**. Im neuen Kulturhaus »Hestetorget« (Pferdemarkt) werden Theatervorstellungen, Filmfestivals, Konzerte und Kunstausstellungen veranstaltet, außerdem gibt es hier ein Kino und ein Galerie-Café. Einen Besuch wert ist auch das Ibsen-Haus, ursprünglich eine Apotheke, in der einst der junge Henrik Ibsen arbeitete. Heute dient das Gebäude als Stadtmuseum, das nicht nur mit der weltgrößten Sammlung von Ibsen-Andenken aufzuwarten hat, sondern auch eine sehenswerte seefahrtsgeschichtliche Sammlung bietet. Auch der Reimanngården (Kunstgalerie) erinnert an Ibsen, der dort von 1844-50 lebte. Gleich außerhalb der Stadt liegt die alte Steinkirche von Fjære aus dem 11. Jahrhundert. Hier ist Terje Vigen begraben, bekannt aus Ibsens berühmtem Gedicht. Noch eine Lektion Literaturgeschichte? Südwestlich der Stadt (E 18) steht Nørholm, das Gut des Literatur-Nobelpreisträgers Knut Hamsun.

Die kleine Stadt **Lillesand** hat immer lebhaften Handel mit fremden Ländern betrieben. Daher ist es kein Wunder, daß ihre Häuser von englischer, schottischer und französischer Architektur beeinflußt sind. Ein besonders schönes Gebäude ist der »Karl Knudsen Gaarden«, ein Kaufmannshof im Empirestil aus dem Jahre 1827. Er beherbergt heute das Stadt- und Seefahrtsmuseum. Ein weiteres stolzes Bauwerk ist das Rathaus von Lillesand aus dem Jahre 1734. Es ist wegen seiner vorbildlichen Restaurierung 1984 mit dem begehrten Europa Nostra Preis ausgezeichnet worden.

Vom Stadthafen kann man mit einem Sightseeingboot durch einen der idyllischsten Küstenabschnitte des Sør-

Der Hafen von Risør

lands fahren (Blindleia) und einen Ausflug zum Außenhafen Brekkestø unternehmen. Dort schrieb der norwegische Schriftsteller Gabriel Scott seinen Roman »Kilden«. Eine halbe Stunde Autofahrt westlich von Lillesand (Richtung Kristiansand) liegt der Sørlandspark mit Trabrennbahn, Tierpark, Freizeitpark und Shoppingcenter.

Die fünf weißen Städte der Skagerrakküste sind - wie echte Perlen - jede für sich bemerkenswert. Ihr besonderer Reiz ergibt sich aber gerade durch die »Aneinanderreihung«. Sie ergänzen sich und vervielfachen dadurch ihren Wert, gleich einer geschmackvoll zusammengestellten Perlenkette.

Geographie

Sørlandet besteht aus den Regierungsbezirken Aust-Agder (Hauptstadt: Arendal) und Vest-Agder (Kristiansand), die beide zusammen rund 240.000 Einwohner zählen. Größte Stadt ist Kristiansand mit 63.500 Einwohnern. Der 1.149 Kilometer langen Küste sind Hunderte von Inseln vorgelagert.

Weitere Informationen:
Sørlandsinfo
Torvgate 6
N-4800 Arendal
Tel. 041 - 22 193

SØRLANDET
DAS SETESDAL - NORWEGENS MÄRCHENTAL

Beispiele für die Baukunst des Setesdals sind vielfach erhalten. Der Rygnestadloftet besteht aus Gebäuden aus den Jahren 1300 bis 1900.
Der Tveitetunet ist ein alter Lehnsmannshof mit Hauptgebäude, Gerichtshaus und Speicher (loft).
Im Byglandtun und im Fennefoss Museum befindet sich eine »Årestue« mit offener Feuerstelle und ohne Fenster. Dort wird auf Bestellung original norwegisches Essen serviert (»rømmegrøt« und »spekemat«).
Gebäude und Gegenstände aus dem südlichen Setesdal sind im Iveland und Vegusdal Museum zu sehen.
Weitere kulturhistorisch bedeutende Denkmäler der Bauernkultur werden im Rahmen eines zweijährigen Projekts restauriert.

Weitere Informationen:
Nedre Setesdal Reisetraffiklag
N-4660 Evje
Tel. 043 - 31 065
Valle og Rysstad Reiselivslag
N-4690 Valle
Tel. 043 - 37 127

Tradition wird lebendig gehalten

Für manche mag es sich wie ein Märchen anhören. Da gibt es in Norwegen ein langes Tal, das von hohen Bergen umgeben wird. Durch das Tal fließt ein Fluß, der oft ruhig dahinplätschert, manchmal reißende Stromschnellen, aber einmal auch einen 40 Kilometer langen See bildet. In diesem Gewässer tummeln sich nicht nur viele Forellen, sondern sogar eine eigene Lachsart. In dem Tal, das lange von den übrigen Teilen des Landes weitgehend abgeschnitten war, konnte sich eine eigenständige Kulturtradition entwickeln. Man zimmerte, schnitzte, malte, schmiedete, nähte und stickte so fleißig wie sonst kaum in Norwegen. Und als die anderen großen Talzüge schon längst ihre Straßenverbindung hatten, war eine Reise durch dieses Tal immer noch mit großen Mühen verbunden. Kein Wunder also, daß das Alte, Bewährte hier nicht so leicht verdrängt werden konnte. Vieles, was anderswo als Ausstellungsstück im Museum steht, ist in diesem Tal noch Bestandteil des Alltags. Alte Sagen und Erzählungen sind lebendig und das traditionelle Handwerk steht hoch im Kurs. Wir sprechen vom Setesdal, Norwegens Märchental, das heute sein Schattendasein längst aufgegeben hat und in einer Zeit der Rückbesinnung auf Traditionen eine neue Anziehungskraft ausübt. Das Setesdal ist dabei alles andere als verschlafen. Die Pflege der Volkstradition bedeutet ja nicht, daß man den Anschluß an die neue Zeit verpaßt hätte. Man versteht es vielmehr, den erholungsuchenden Stadtmenschen ein Stück Norwegen anzubieten, daß eine Reise in die Vergangenheit ermöglicht, ohne dabei auf moderne Annehmlichkeiten zu verzichten.

Wer sich für altbäuerliche Baukunst interessiert, will ja nicht unbedingt im Heuschober nächtigen. Kein Problem, das Übernachtungsangebot umfaßt alle Formen vom Campingplatz bis zum Hotel. Und man hat auch erkannt: nur vom Anschauen allein wird der Tourist nicht zufrieden.

Natur erleben im Setestal

Also hat man Kultur und Natur erfahrbar gemacht. Ein Beispiel hierfür ist das Fennefoss Museum, das aus einem alten Hof mit mehreren Gebäuden besteht. Zum Museum gehören auch eine Apotheken- und eine Schulabteilung sowie eine große Mineraliensammlung.

Alle, für die Mineralien mehr sind als nur alte Steine, kommen im Setesdal mit Sicherheit auf ihre Kosten. Das Gebiet von Evje und Iveland ist mit seinen zahlreichen Steinbrüchen ein wahres »Eldorado« für Mineraliensammler. Neben der altbekannten Angelkarte gibt es hier eine eigene Mineralienkarte, die Zugang zu den örtlichen Brüchen und Gruben verschafft. Auch Anfänger werden mit der faszinierenden Welt der Mineralien vertraut gemacht: entweder auf dem Mineralienpfad von Evje (hier findet man u.a. den blaugrünen Amazonitt) oder in verschiedenen Ausstellungen - so wird zum Beispiel 1989 das neue »Auensneset Mineralsenter« seine Pforten öffnen. Die übrige Natur kann man wahlweise in ganz »freier Wildbahn« oder aber - sozusagen zum Einstieg - »portionsweise« erleben. Im »Rysstad Naturpark« kann man sich Wanderwegen anvertrauen, die an einem reißenden Wasserfall und einer Wassermühle vorbeiführen und Elche, Dammwild, Hasen, Füchse und Vögel in ihrer natürlichen Umgebung erleben. Hier gibt es außerdem Rast- und Badeplätze. In dem Reiterzentrum »Valle Gård« werden Reitkurse angeboten und Pferde ausgeliehen. Versuchen Sie doch mal, mit einem PS Norwegen zu entdecken - rent a horse.

Obwohl die Skagerakküste mit ihren Wassersportmöglichkeiten innerhalb eines Tagesausflugs bequem zu erreichen ist, sollte man die Gewässer des Setesdals nicht unbeachtet lassen. Der Talfluß Otra ist ein erfolgversprechendes Angelgewässer. Ein besonders schöner Talabschnitt ist der zweigeteilte Byglandsfjord, ein bis zu 167 Meter tiefer Binnensee mit angenehmen Temperaturen. Ruderboote, Kanus und Surfbretter sind bei den örtlichen Campingplätzen und Übernachtungsbetrieben erhältlich.

Besondere Beachtung verdienen auch die zahlreichen Werkstätten, in denen Silberschmiede, Rosenmaler, Holzschnitzer und Textilkünstler ihr traditionelles Handwerk pflegen. Dort kann man nicht nur bei der Arbeit zuschauen, sondern auch wertvolle Reiseandenken zu günstigen Preisen kaufen. Die Setesdaltracht mit ihrer ganz charakteristischen Form- und Farbgestaltung wird nicht nur zu Folkloreveranstaltungen hervorgeholt (z.B. zum »Setesdalskappleiken« in Valle, alljährlich im August), sondern auch sonst von vielen als Festkleidung getragen.

Das Prädikat Märchental führt der Talzug nicht nur wegen seiner märchenhaft schönen Natur und der noch lebendigen Kulturtradition. Auch die Märchen- und Sagenwelt blüht in diesem Bergtal. Wenn Sie zum Beispiel in Ose das Gerichtshaus aus dem Jahre 1650 besichtigen, werden Sie den prachtvollen Reiårsfossen bemerken. Dann sollten Sie an Reiår denken, dem dieser Wasserfall seinen Namen verdankt. Reiår war zum Tode verurteilt worden und sollte seine Strafe erlassen bekommen, wenn er es schaffte, zweimal über den Wasserfall zu reiten. Es gelang ihm. Als er aber einen dritten Sprung wagte, um seine Liebste zu erlangen, fiel er ins Wasser - und das Mädchen sprang hinterher.

Weitere Märchen gefällig? Reisen Sie ins Setesdal! Das Schöne an diesem Märchental ist, daß dort Ihr Märchenurlaub ganz bestimmt in Erfüllung geht - garantiert mit happy-end.

Ganz oben im Setesdal, in 830 Meter Höhe, liegt Hovden. Der Ort ist ein Teil der Gemeinde Bykle, deren 1.551 km² großes Gebiet von nur 750 Menschen bewohnt wird. Hier ist also genug Platz, um eine noch weitgehend intakte Gebirgsnatur zu erleben. Hovden ist zwar nur ein kleiner Ort, aber trotzdem leicht zu erreichen: von Süden (Kristiansand) führt die Reichstraße 12 durch das Setesdal, von Osten nach Westen benutzt man die Straße 12 in Verbindung mit der Europastraße 76.

Hovden ist als einer der besten Wintersportorte in Südnorwegen bekannt. Aber auch im Sommer stellt der Ort ein

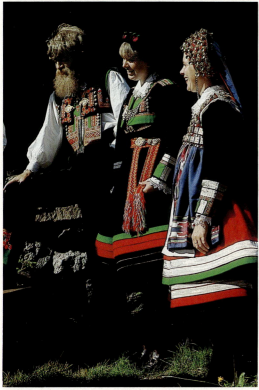

Hochzeit auf dem Lande

beliebtes Reiseziel dar, das mit einem vielfältigen Aktivitätsangebot und Übernachtungsmöglichkeiten in allen Kategorien aufwarten kann. Gute Luft und eine malerische Hochgebirgslandschaft bieten die besten Voraussetzungen für gelungene Fjellferien. Rentiere, Hasen, Schneehühner und Elche können hier in ihrer natürlichen Umgebung erlebt werden. Im kristallklaren Wasser der Flüsse und Seen sind Gebirgsforellen in ihrem Element. Wer an der nordischen Hochgebirgsflora Freude findet, oder sich für seltene Mineralien interessiert, wird hier schon während eines kurzen Spaziergangs auf seine Kosten kommen.

Hovden ist an das Wanderroutennetz des Norwegischen Touristenvereins angeschlossen, das das Setesdal mit der Hardangervidda und Westnorwegen verbindet. Dort kann man von Hütte zu Hütte wandern oder Tagestouren unternehmen. Versteht man es, mit Karte und Kompass umzugehen, läßt sich die Gebirgswelt auch abseits der markierten Pfade erkunden. Wer auf ganz bequeme Weise ins Fjell gelangen möchte, kann dreimal in der Woche den Sessellift auf den 1160 m hohen Berggipfel Nos benutzen. Möchte man zunächst einmal erste Gebirgserfahrungen sammeln, sollte man sich den Wanderungen anschließen, die von einem ortskundigen Führer geleitet werden. Man kann auch an Angeltouren teilnehmen, bei denen die am Abend zuvor ausgelegten Netze eingeholt werden - quasi mit garantiertem Fang.

Nicht nur in der Umgebung, sondern in Hovden selbst kann man die Natur aktiv erleben. Im Freiluftgebiet Hegni am See Hartevatn werden Ruderboote und Kanus ausgeliehen. Außerdem findet man hier einen Badeplatz, mehrere Rastplätze, Spiel- und Trimgeräte und Grillmöglichkeiten im Freien. Die Überreste eines Gebäudes aus dem 14. Jahrhundert erinnern daran, daß diese Gegend schon im Mittelalter besiedelt war. Das Gebiet wird von Spazierwegen erschlossen, die abends beleuchtet sind. Anregungen für weitere Aktivitäten erhält man im zentral gelegenen Servicegebäude (Touristen-Information, Guide). Dort sagt man Ihnen gerne, wo Sie zum Beispiel am besten im 12 km² großen Hartevatn angeln können (Fjellforelle) und welche Ausrüstung Sie dazu benötigen. Die fischreiche Otra, Norwegens sechstlängster Fluß, fließt von Hovden durch das Setesdal bis nach Kristiansand.

In Hovden kann man nicht nur gut wandern und angeln, sondern auch Tennis spielen. Außerdem steht nicht nur eine Minigolfanlage, sondern auch ein moderner Sportplatz zur Verfügung - der sich im Winter in Norwegens höchstgelegene Eisbahn verwandelt.

Unbedingt empfehlenswert sind Ausflüge in die Umgebung: entweder mit dem Stahlroß (Verleih) oder mit richtigen Pferden des örtlichen Reitclubs. Wer alles in kurzer Zeit sehen möchte, kann Rundflüge per Wasserflugzeug oder Helikopter unternehmen.

Eine knappe halbe Stunde Autofahrt südlich von Hovden liegt Bykle mit dem Huldreheimen Museum (schöne Aussicht) und der Morten Henriksen Sammlung - beide mit alten Gebäuden und Inventar aus dem oberen Setesdal. Beachtenswert ist auch die Kirche von Bykle (17. Jh., teilw. 13. Jh.), deren Innenraum mit Rosenmalereien verziert ist. Zwischen Hovden und Bykle liegen die Staudämme von Vatnedal. Ein Fahrweg führt von der Straße 12 hinauf zu den 60 und 120 Meter hohen Dämmen, die die Nutzung der hier reichlich vorhandenen Wasserkraft ermöglichen.

Das Übernachtungsangebot von Hovden ist außerordentlich vielfältig und reicht von einfacher Unterbringung bis zu erstklassigen Hotels. Egal ob man einen Campingurlaub verleben will, in einem zünftigen Gebirgsgasthof wohnen möchte, die Freiheit eines Hüttenurlaubs vorzieht oder sich in einem guten Hotel verwöhnen lassen möchte - der kleine Ort Hovden bietet ein großes Angebot für jeden Geldbeutel. Und wer inmitten der einsamen Gebirgslandschaft einmal groß ausgehen möchte, findet von gemütlichen Restaurants bis zu heißen Diskotheken ein abwechslungsreiches Angebot. Schließlich müssen auch eingefleischte Naturburschen ab und zu mal auf die Pauke hauen.

SØRLANDET
HOVDEN

Silberschmuck aus dem Setesdal

Hovden sorgt dafür, daß seine Gäste einen Urlaub ohne Langeweile verbringen können. Das Ende der Wintersaison wird am 1. Mai mit dem »Bikini-Weekend« gefeiert - ein Wettbewerb der flottesten Fahrzeuge auf dem Schnee und auf dem Wasser.
Zu Mittsommer (Sankt Hans) wird ein bunter Abend für die Einheimischen und ihre Gäste im Hegni Freiluftpark veranstaltet. Jedes Jahr im Juli kann man am Hovden-Marsch teilnehmen, der auf Strecken von 10, 18 und 30 km Länge durch das Hochgebirge führt. Die Teilnehmer erhalten eine Erinnerungsmedaille.

Weitere Informationen:
Hovden Marketing
Postboks 18
N-4695 Hovden
Tel. 043 - 39 630
Telex 21413

WEST-NORWEGEN

Wir befinden uns wieder an Bord eines Schiffes, diesmal auf dem Sognefjord, dem unbestrittenen König der norwegischen Fjorde. Unser Dampfer hat den Hauptfjord verlassen und ist in einen Nebenarm eingebogen. Der Fjordarm wird immer schmaler, die Ufer zu beiden Seiten werden höher und steiler. Nur an einigen Stellen schiebt sich ein flacher, grüner Uferstreifen zwischen den Fjord und die fast senkrechte Felswand. Hier ist gerade Platz für vereinzelte Höfe, die ohne Straßenanschluß- nur mit dem Boot zu erreichen sind. Vereinzelt stehen auch die Bäume, die an der steilen Bergwand kaum Halt finden. Immer wieder sieht man graue Geröllhalden, die wie Gletscherzungen zum Fjord hinabreichen. Überall schießt Wasser zu Tal. Hoch oben im Berg sieht man einen Wasserfall, der aus der Ferne zunächst wie ein dünnes Rinnsal wirkt. Wenig später fahren wir dann an der Stelle vorbei, an der sich seine Wassermassen kraftvoll in den Fjord ergießen. Unser Schiff gleitet weiter in die gewaltige Gebirgswelt hinein, die von Gletschern und Firnfeldern gekrönt wird. Die Landschaft ist so eindrucksvoll, daß selbst hartgesottene Globetrotter an Bord, die schon alles auf dieser Welt gesehen haben, und davon auch lautstark zu erzählen wissen, sprachlos werden. Wir erleben beeindruckt, wie es aussieht, wenn Meer und Hochgebirge ineinander übergehen, eine Einheit bilden.

Die fast feierliche Stimmung an Deck wird jäh unterbrochen durch eine unbeabsichtigt laut gestellte Frage: »How many meters above sea-level are we here actually?« »Wie hoch über dem Meeresspiegel sind wir hier eigentlich?« - Einige Teilnehmer der Reisegruppe beginnen ernsthaft, diese Frage zu diskutieren: 300, 500, gar 1.000 Meter? Aber dann besinnt man sich: Wir sind nicht stromaufwärts gefahren, haben uns durch keine Schleuse nach oben transportieren lassen. Unser Schiff hat immer noch Salzwasser unterm Kiel, obwohl es durch eine Gebirgslandschaft fährt. Wir sind eben in Norwegen, im Land der Fjorde - und dort gelangt man nun mal mit dem Hochseedampfer in die Berge.

Drei Dinge sind übrigens erforderlich, um eine Fjordlandschaft entstehen zu lassen: ein Gebirge, ein Flußbett und eine Eiszeit. Vor rund drei Millionen Jahren kamen diese drei Faktoren zusammmen. Das ganze Land war von einer mächtigen Eisschicht bedeckt, die an der Küste relativ dünn war, aber landeinwärts an Stärke zunahm. Dort, wo bereits Flußtäler verliefen, wurden sie durch das Eis noch mehr ausgegraben - besonders tief im Landesinneren. Als sich das Eis zurückzog, floß Meerwasser in die Vertiefungen, die man später Fjorde nannte. Sie gehen im Landesinneren bis zu 1.350 Meter in die Tiefe und sind somit fast genau so tief, wie die sie umgebenden Berge hoch sind. An der Küste, wo das Eis weniger Kraft hatte, liegt der Fjordgrund bei »nur« 170 bis 180 Meter unter dem Meeresspiegel. Dort sind also richtige Schwellen entstanden, die übrigens wichtige Fischereigewässer darstellen. Die längsten und wohl auch eindrucksvollsten Fjorde liegen im Westen der südlichen Landeshälfte. Das »Vestland« ist Norwegens Fjordland. Hier befinden sich aber auch die gewaltigsten Gebirgmassive des Landes: darunter Trollheimen, Jotunheimen, Hardangervidda und Ryfylkeheiene. Im Fjordland liegen ebenfalls die größten Gletscher Skandinaviens: der Jostedalsbre, Europas größter Festlandsgletscher, der Folgefonn, und der Hardangerjøkul. Ein Drittel des Landesteils liegt oberhalb der Baumgrenze.

Das ist die eine Seite Fjord-Norwegens: ein Land aus Eis, Fels und Wasser. Doch der Landesteil hat noch weitaus mehr zu bieten. Fruchtbare Obstplantagen, bunte Blu-

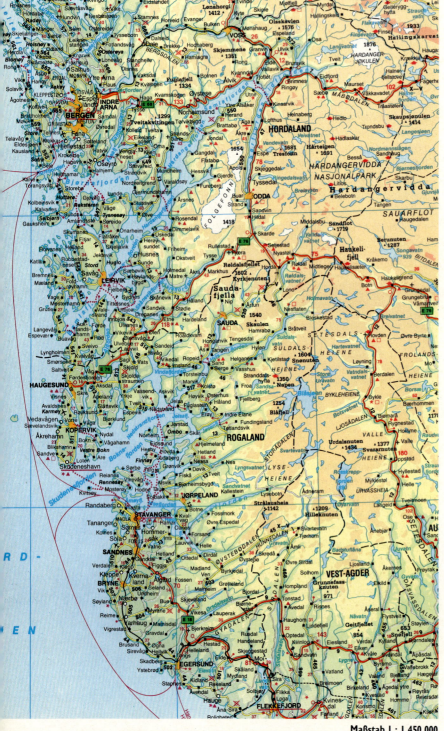

Maßstab 1 : 1.450.000

Sognefjord

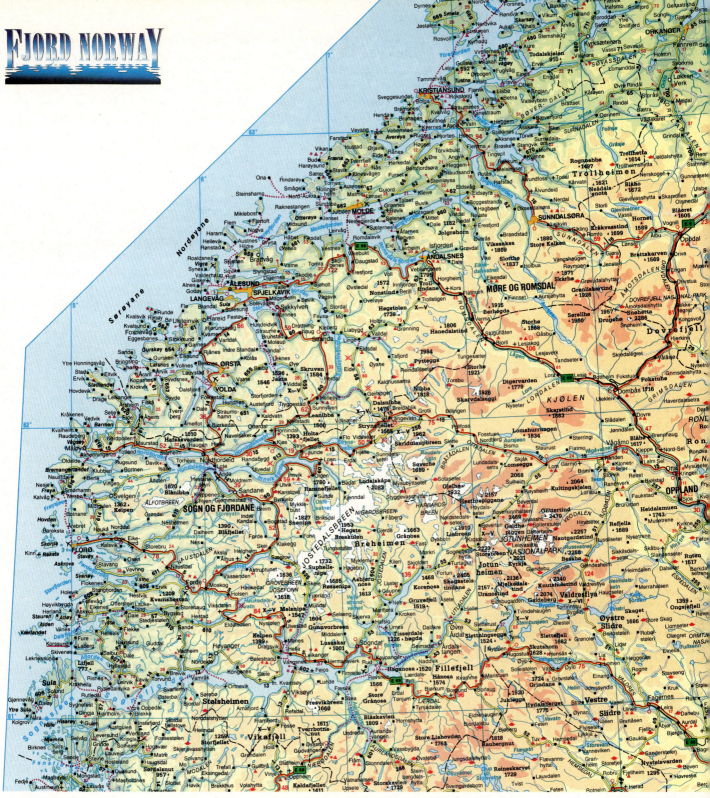

Maßstab 1 : 1.450.000

mengärten und saftige Wiesen. Kleine Fjordgemeinden, Fischereihäfen an der Küste, pulsierendes Stadtleben. Das Fjordland hat viele Gesichter und bietet einen großen Kontrastreichtum.

Geographisch betrachtet besteht Fjord-Norwegen aus den Bezirken Rogaland, Hordaland, Sogn og Fjordane und Møre og Romsdal. Auf einer Fläche von knapp 60.000 Quadratkilometern leben rund eine Million Menschen. Hauptstadt des Gebiets ist Bergen, die alte Hansestadt mit zahlreichen bedeutenden Sehenswürdigkeiten. Stavanger, im Süden des Fjordlands, ist Norwegens Ölmetropole, hat aber trotz aller Internationalität ihren Kleinstadtcharme nicht verloren. Auch in Haugesund, eine der bedeutendsten Hafenstädte des Landes, gewinnt das Öl ständig mehr an Bedeutung. Als »Jugendstilstadt« ist hingegen Ålesund bekannt, deren Stadtkern nach einem verheerenden Brand im Jahre 1904 im Architekturstil jener Zeit völlig neu aufgebaut wurde. Dort, im nördlichsten Teil des Fjordlandes, liegen auch die »Rosenstadt« Molde und Kristiansund.

Brauchen Sie noch mehr Argumente für eine Reise nach Fjord-Norwegen? Auf den folgenden Seiten werden Sie diese mit Sicherheit finden und vielleicht schon in Gedanken die Koffer packen - mit Badehose, Regenschirm, Bergschuhen und feinem Stadtanzug.

ROGALAND

Gesamtfläche km²:	9.141
Einwohner:	330.000

Städte: Einwohner:
Stavanger 96.000
Sandnes 42.000
Haugesund 27.000
Egersund 13.000

Entfernungen (ab Stavanger):
- Oslo .... 584 km
- Bergen .... 163 km
- Kristiansand S .... 256 km
- Larvik .... 455 km
- Trondheim .... 819 km

Verkehrsflugplätze:
Stavanger / Sola, Haugesund

Bahnverbindungen:
Stavanger - Kristiansand - Oslo

Sehenswürdigkeiten:
- Lysefjordstraße mit 28 Haarnadelkurven, Lysebotn
- »Prekestolen«, (Kanzel) 600 m hoher Felsen, Lysefjord
- Kongepark, Abenteuerpark an der E18, Ålgård
- Jernaldergården (Siedlung aus der Eisenzeit), Stavanger
- Wasserkraftwerke Suldal / Hjelmeland
- Strände der Landschaft Jæren
- Dom, Stavanger
- Skudeneshavn, Karmøy

Ausflugsmöglichkeiten:
- Fußweg zum Prekestolen
- Bootstour zum Lysefjord, Prekestolen, Lysebotn, Besuch des Wasserkraftwerks
- Verschiedene Rundtouren mit Auto, Fähre oder Expreßboot
- Spaziergang zum Wasserfall Månafossen
- Fahrradtouren entlang der Strände von Jæren und auf den Inseln

Veranstaltungen:
- Meeresangelfestival Karmøy, April
- Skudenestage, Skudeneshavn 1.- 3. Juni
- Nordseefestival (Meeresangeln), Haugesund, 17. Juni
- Olsoktag, Kolbeinstveit, 30. Juli
- Emigrationsfestival (Ausstellungen, Konzerte, Volkstanz, Theater) Stavanger, Juni - Aug.
- Sommerkonzerte im Kloster Utstein, Mosterøy, Juni - Aug.
- Konzerte im Foyer des Konzerthauses (tgl. 13.00 Uhr) Ausstellungen, Diaserie über Rogaland. Eintritt frei. Stavanger, Juni - Juli
- Finnviktag (Amateurtheaterwettbewerb, Kabarett etc.), Suldal, 5. Aug.
- Norwegisches Filmfestival, Haugesund, 20.-25. Aug.
- Amanda-Show (Preisverleihung in Verbindung m. Filmfestival), Haugesund, 19. Aug.
- EM Meeresangeln, Tananger 6.- 12. Aug.
- Lachsfestival am Suldalslågen Suldal, 2. Sept.

Der Bezirk Rogaland hat in der norwegischen Geschichte häufig eine bedeutende Rolle gespielt. Hier vereinigte der Wikingerkönig Harald Schönhaar (Hårfagre) 872 Norwegen zu einem Reich und aus dieser Gegend stammten die Wikinger, die einst Amerika entdeckten. Auch in unserer Zeit wird hier Geschichte gemacht: Rogalands Hauptstadt Stavanger ist Norwegens Erdölmetropole, Nabel einer neuen Industrie, die ganz Norwegen auf den Kopf gestellt hat.

Wenn Sie nun aber meinen, Rogalands Hauptstadt sei dadurch zu einem Klein-Dallas geworden, dann müssen wir Sie »enttäuschen«. Der Ölboom macht sich allenfalls dadurch bemerkbar, daß Stavanger eine besonders aufwendig restaurierte Altstadt hat und daß hier mehr Hotels, Restaurants und Cafés entstanden sind als anderswo. Stavanger hat Anschluß an die große Welt gefunden, ohne seinen Kleinstadt-Charme zu verlieren. Und die Ölfelder liegen 300 Kilometer weit entfernt in der Nordsee ...

Südlich von Stavanger erstreckt sich die Landschaft Jæren: flach und fruchtbar mit einer herrlichen Sandstrandküste. Hier liegt auch die Fahrradstadt Sandnes, der zweitgrößte Ballungsraum Rogalands mit rund 40.000 Einwohnern. Hier werden die bekannten DBS-Fahrräder produziert. In ihrer Nachbarschaft befindet sich der beliebte Vergnügungspark Kongeparken. Während der dem Meer benachbarte Teil von Jæren an dänische Küstenlandschaften erinnert, fühlt man sich in höher gelegenen Teilen in das schottische Hochland versetzt. Das flache Jæren ist ein Gebiet, das man besonders gut mit dem Fahrrad durchstreifen kann.

Wieder anders ist der Landschaftscharakter in Süd-Rogaland, das den Übergang zum Sørland bildet. Hier geht eine barsche, felsige Nordseeküste in kleine, geschützte Täler über. Richtung Norden und Osten wird die Landschaft noch kontrastreicher und geht schließlich ins Hochgebirge über. Wichtigste Stadt ist hier Egersund, die durch eine Autofähre mit Dänemark verbunden ist.

»Typisch norwegisch« präsentiert sich Ryfylke, nordöstlich von Stavanger. Hier dominieren tiefe, verzweigte Fjor-

Stranda

Die »Kanzel« (Prekestolen)

Die Altstadt von Stavanger

Stavanger ist (mit knapp 100.000 Einwohnern) Norwegens viertgrößte Stadt. Die 850jährige Stadtgeschichte ist eng mit dem Seehandel und der Fischerei verbunden. 1873 entstand hier die erste Fischkonservenfabrik, Mitte der 60er Jahre begann das Ölabenteuer. Interessante Museen berichten über die Geschichte der Stadt in Bezug auf die Seefahrt, den Fischfang und die Entwicklung der Konservenindustrie und zeigen bedeutende Kunstwerke. Sehenswert sind auch die gut restaurierte Altstadt, der mittelalterliche Dom und der Ullandshaug-Hof, eine restaurierte Hofanlage aus der Zeit der Völkerwanderung (350-500).

de mit zahlreichen Inseln, breite und manchmal auch dramatisch enge Täler, hohe Berge, Wälder, Flüsse und Wasserfälle. Am Lysefjord liegt auch eine der bekanntesten Sehenswürdigkeiten Norwegens: Die »Kanzel« (Prekestolen), die 600 Meter steil aus dem Fjord emporragt. Ihre Oberfläche ist fast eben und bietet eine großartige Aussicht über Fjord und Gebirge. Am Ende des Lysefjords führt eine neue Serpentinenstraße in 27 spannungsreichen Haarnadelkurven von 0 auf 900 Meter Höhe.

Das nördliche Rogaland ist eine wilde Küstenlandschaft, die von grünbewachsenen Hügel- und Heidegebieten umgeben wird. Die Insel Karmøy ist besonders reich an historischen Sehenswürdigkeiten: Denkmäler und Gräber aus der Wikingerzeit, die mittelalterliche Olavskirche und Norwegens erster Königsbauernhof. An ihrer Südspitze liegt Skudeneshavn, eine idyllische Kleinstadt mit malerischen Holzhäusern aus der Zeit der Windjammern. Die lebhafte Fischerei- und Hafenstadt Haugesund auf dem Festland, gegenüber von Nord-Karmøy, ist Einkaufs- und Dienstleistungszentrum für ein großes Umland. An ihrem Stadtrand befindet sich Norwegens Nationalmonument »Haraldshaugen«.

Ein so abwechslungsreicher Bezirk wie Rogaland bietet natürlich auch vielfältige Aktivitätsmöglichkeiten. Angler können hier neben den »üblichen« Fischarten auch Lachse fangen, zum Beispiel im Suldalslågen, dem längsten Lachsfluß Fjord-Norwegens. Auch die Wandermöglichkeiten sind nicht zu verachten, allein der Touristenverein von Stavanger unterhält 26 moderne Gebirgshütten, der Touristenverein von Haugesund immerhin sieben - sie alle stehen auch auswärtigen Wanderern offen. Rogaland gilt im übrigen bei Wassersportlern als Geheimtip. Von den äußeren Inseln im Meer bis zu den inneren Fjordarmen erstreckt sich eines der besten Bootssportreviere Europas. Es wird durch zahllose Inseln, Buchten und Verästelungen aufgelockert und ist somit niemals langweilig. Hier kann man auch herrliche Kanutouren unternehmen. Wer sich jedoch unter Wasser wohler fühlt, sei auf das gut organisierte Tauchsportangebot im Gebiet von Haugesund aufmerksam gemacht. Wer etwas ganz besonderes erleben will, sollte einen Ausflug auf die Insel Utsira unternehmen, die im offenen Meer vor Karmøy liegt. Dort kann man eine einzigartige Vogelfauna kennenlernen und gleichzeitig eine der abgelegensten Siedlungen Norwegens.

ROGALAND

Weitere Informationen:
Rogaland Reiselivsråd
Øvre Holmegt. 24
N-4006 Stavanger
Tel.: 04 - 53 48 34 / 52 39 35
Telefax: 04 - 56 74 63

HORDALAND

Gesamtfläche km²: 15.634
Einwohner: 402.000

Städte: **Einwohner:**
Bergen 210.000

Entfernungen (von Bergen):
- Oslo .... 484 km
- Kristiansand S .... 513 km
- Voss .... 134 km
- Gol .... 291 km
- Florø .... 240 km
- Trondheim .... 682 km
- Nordkapp .... 2.306 km

Verkehrsflugplätze:
Bergen: Flesland Flugplatz
Stord: Stord Flughafen, Sørstokken (Inlandsflüge)

Bahnverbindungen:
Bergensbahn: Bergen - Voss - Gol - Oslo

Sehenswürdigkeiten:
- Fischmarkt / Bryggen / Fløibahn, Bergen
- Mølstertunet / Hangursbahn, Voss
- Agatunet / Museum Utne / Husedalen, Ullensvang
- Wasserfall Vøringsfossen - Kraftwerk Sima / Kjeåsen, Eidfjord
- Baronie Rosendal / Folgefonna, Rosendal
- Låtefossen (Wasserfall) - Buarbreen (Gletscher), Odda
- Kirche, Amphitheater und Hafen von Moster / Bømlo
- Havråtunet, Osterøy
- Lysøen / Lysekloster, Os
- Grubenmuseum - Werft Aker Stord, Stord
- Museum, Telavåg / Sotra
- Steindalsfossen (Wasserfall), Norheimsund
- Siedlungsplätze aus der Steinzeit, Nordhordland
- Troldhaugen / Håkonshalle, Bergen

Ausflugsmöglichkeiten:
- Rundflüge mit Wasserflugzeug oder Helikopter (z.B. über den Gletscher Folgefonna). Ab Rosendal, Stord, Ullensvang
- Bootstouren auf dem Hardangerfjord
- Busrundreise ab Stord (geführt)
- Busrundreise zum Wasserfall Vøringsfossen, Eidfjord
- »Norwegen in einer Nußschale« - ab Ulvik, Voss oder Bergen mit dem Bus über Stalheim nach Gudvangen. Fähre von Gudvangen nach Flåm. Mit der Flåmsbahn nach Myrdal und zurück nach Ulvik, Voss oder Bergen. Rundtour auch umgekehrt möglich
- Hangursbahn (Voss), Sessellift bis zu einer Höhe von 660 Meter.
- Fjordsightseeing, Bergen
- Busrundtouren in die Umgebung von Bergen, u.a. nach »Troldhaugen«, Haus Edvard Griegs

■ Auf unserer Reise durch »Fjord-Norwegen« kommen wir nun nach Hordaland. Dieser Bezirk reicht von den Inselgemeinden an der Atlantikküste bis in die menschenleere Weite des Hardangervidda Nationalparks. Und dazwischen erstreckt sich eine vielfältige Landschaft, die selbst in Norwegen ihresgleichen sucht.

Im Süden liegt der verzweigte Hardangerfjord, der vom Meer bis zum Gebirge eine Länge von 179 Kilometern erreicht. Das Gebiet um seinen südwestlichen Teil herum heißt Sunnhordland. Typisch für dieses Gebiet sind die zahlreichen Inseln, Schären, Sunde und Fjordarme, die ein Paradies für Bootsportler darstellen - nicht zuletzt wegen der vielen geschützten Häfen und Buchten. Sunnhordland ist ein fruchtbares Gebiet mit einem überraschend milden Klima. Je weiter man nach Osten kommt, desto höher werden die Berge. Den imposanten Hintergrund bildet der Gletscher Folgefonni, der gleichzeitig den Übergang zum inneren Hardangergebiet darstellt.

Hardanger: das ist gleichbedeutend mit malerischen Fjordarmen, tosenden Wasserfällen, wilden Tälern, schneebedeckten Bergen und fruchtbaren Obstgärten. Über 460.000 Obstbäume wachsen hier. Durch diese kontrastreiche Landschaft ließ sich schon der norwegische Komponist Edvard Grieg inspirieren, der auf die heute noch lebendigen Kulturtraditionen des Hardangergebiets zurückgreifen konnte. Aus dieser Gegend stammt Norwegens Nationalinstrument, die Hardangerfiedel. Der höchste und der berühmteste Wasserfall ganz Norwegens liegen hier: Skykkjedalsfoss (300 m) und Vøringfoss.

Zwischen dem Hardanger- und dem Sognefjord erstreckt sich das Gebiet der Landwirtschaftsgemeinde Voss. Der reizvoll gelegene Urlaubsort ist ein idealer Ausgangspunkt für Fahrten durch das Fjordland und bietet selbst auch einige bemerkenswerte Sehenswürdigkeiten. Voss hat sich zudem zu einem kulturellen Zentrum entwickelt, in dem sich traditionelle Volkskunst mit modernen Strömungen vereinigt.

Das unbestrittene Zentrum des Bezirks, ja ganz Fjord-

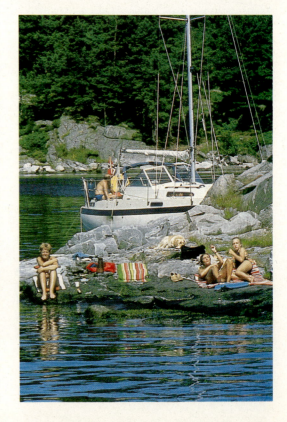

- »Bergens-Express« - einstündige Stadtrundfahrt mit einem Zug
- Busfahrten von Bergen nach Hardanger und Sunnhordland
- Bussightseeing in Voss
- Meeresangeltour mit »Fiskestrilen«, Sotra
- Schärentour an der Küste vor Stord
- Radtour auf dem »Dach Norwegens« (einwöchige Fahrradtour von Geilo nach Voss)
- Busrundfahrten in Nordhordland
- Busrundfahrten zum Osterfjord ab Voss

Veranstaltungen:
- Musikfestival Rosendal, Rosendal in Sunnhordland, 26. - 27. Mai
- »Askøystevnet« (Musik- und Gesangsfestival), Askøy, Ende Mai
- Internationale Festspiele in Bergen, Grieghalle 24. Mai - 4. Juni
- Nattjazz (Jazzfestival), Bergen 24. Mai - 4. Juni
- Baroniespiel in Rosendal, Sunnhordland, 20. - 23. Juni
- Vossatage (Markt), Voss Ende Juni
- Ausstellungen in Sunnhordland, Leirvik, Stord Mitte Juni - Ende Juli
- Baroniekonzerte, Baronie Rosendal, Juli
- Internationales Theaterfestival, Bergen, 23. Aug. - 7. Sept.

Norwegens, ist Bergen, die alte, junggebliebene Hansestadt, eine Stadt reich an Geschichte und Kultur. Sie wird auf einer eigenen Seite ausführlich beschrieben. Wer Bergen nicht besucht, hat das Fjordland nicht gesehen! Obwohl Bergen eine bedeutende Hafenstadt ist, liegt sie nicht am offenen Meer. Es lohnt sich daher durchaus, noch weiter nach Westen zu fahren, um das Inselreich an der Küste näher kennenzulernen. Durch zahlreiche neue Brücken und Straßen ist dieses Erlebnis nicht länger nur den Freizeitkapitänen vorbehalten.

Nördlich von Bergen erstreckt sich Nordhordland, das durch zahlreiche Inseln, Fjorde und Sunde gegliedert wird. Dieses Gebiet liegt immer noch etwas abseits der Hauptreisewege - hier sind also noch eigene Entdeckungen möglich. Die Landschaft ist wild und kontrastreich und bietet in ihren gebirgigen Teilen gute Wandermöglichkeiten.

Hordaland hat nicht nur dem Auge einiges zu bieten, sondern hält auch ganz besondere kulinarische Genüsse für Sie bereit. Neben fangfrischem Fisch und Garnelen sollten Sie die regionalen Spezialitäten probieren: »Vossakorv« (kräftig gewürzte Wurst aus Voss), »Spekekjøtt« (Rauchfleisch vom Lamm als Schinken oder Wurst), »Skillingsboller« (Hefeschnecken mit Zimt) und natürlich aromatische Kirschen und Äpfel aus Hardanger. Haben Sie Angst um die schlanke Linie? Kein Problem, Aktivitätsmöglichkeiten gibt es in Hülle und Fülle - wandern, angeln, paddeln, segeln, reiten, oder wie wär's mit einer Radtour am Fjordufer entlang? Das Fremdenverkehrsamt des Bezirks hat eine detaillierte Broschüre zusammengestellt, in der Sie Hunderte von Vorschlägen finden.

In Hordaland können Sie auch schöne Rundfahrten machen - entweder mit dem Auto oder mit öffentlichen Ver-

Bergen bei Nacht

kehrsmitteln. Vielfach werden Kreuzfahrten durch die Küstengewässer und die Fjorde angeboten. Man kann Rundflüge per Helikopter und Wasserflugzeug unternehmen oder eine kombinierte Rundtour mit Bus, Boot und Bahn mitmachen. Mit anderen Worten: Ihr Urlaub wird kaum ausreichen, um die zahlreichen Möglichkeiten, die Hordaland anbietet, auch nur annähernd auszunutzen.

Weitere Informationen:
Hordaland og Bergen Reiselivsråd
Slottsgt. 1
N-5003 Bergen, Tel.: 05-31 66 00
Telex: 42 934, Telefax: 05-31 52 08

HORDALAND
BERGEN

Grieg-Halle

Viele Wege führen nach Bergen. Schon die Anreise ist ein Erlebnis: an tiefblauen Fjorden entlang, über atemberaubende Serpentinenstraßen, über auch im Sommer schneebedeckte Berge, vorbei an prächtigen Wasserfällen. Die Krönung des ganzen: Bergen, das Tor zum Fjordland. Die Stadt hat außerdem direkte Fährverbindungen mit England, Dänemark, Island und den Färöern, sowie gute Flugverbindungen vom »neuen« Flugplatz Flesland mit ganz Norwegen und vielen Ländern Europas. Bergen ist zudem ein idealer Ausgangspunkt für Fahrten zu den berühmten Fjorden Westnorwegens.

Bergen Reiselivslag
Slottsgate 1
N-5000 Bergen
Tel. 05-31 38 60

■ Alle Wege führen nach Rom, so sagt man. Erstaunlicherweise landen trotzdem viele in Bergen, zunehmend viele sogar - und nicht etwa, weil sie sich verfahren haben. Nun könnten »clevere« Touristikmanager vielleicht auf die Idee kommen, Bergen als das Rom des Nordens zu bezeichnen - so wie es ja schon einige Venedigs und Paris im hohen Norden gibt. Denn: Hat die Stadt nicht etwa auch sieben Hügel und einen eigenen Dom? Und wurde nicht kürzlich wieder eine neue Pizzeria aufgemacht? Aber weiter gefragt: Hätte Bergen das denn nötig? Schließlich reist man nach Bergen, um etwas zu erleben, das es nirgendwo sonst gibt.

Bergen ist eine Hafen-, Handels- und Hansestadt, der man es anmerkt, daß für sie bis in unser Jahrhundert hinein britische und mitteleuropäische Hafenstädte in vieler Hinsicht näher lagen als die Hauptstadt Oslo. Hier ist eine bunte Mischung aus wohlgepflegten Holzhausvierteln, modernen Geschäftshäusern, großzügig angelegten Parks und mittelalterlichen Gebäuden entstanden. Einen Hauch der Hansezeit vernimmt man bei einem Bummel über die Brygge, der einstigen Niederlassung der norddeutschen Handelsleute. Hier, direkt am Hafen, stehen alte Speicher-, Lager- und Geschäftshäuser dicht an dicht. Die ältesten Gebäude der Brygge mit ihren charakteristischen Giebeln sind gleich nach dem großen Stadtbrand 1702 errichtet worden. Aber auch neuere Gebäude, zum Beispiel das SAS-Hotel, fügen sich nahtlos in das historische Stadtbild ein. Wer authentische Hansezeit-Atmosphäre erleben will, sollte dem Hanseatischen Museum im Kaufmannshof Finnegården einen Besuch abstatten. Dieses Gebäude ist ganz im Stil des 16. Jahrhunderts eingerichtet. Ebenfalls an die Hansezeit erinnern das Interieur der mittelalterlichen Marienkirche (ältestes Gebäude der Stadt) sowie die benachbarten Schötstuben (Schøtstuene). Hier trafen sich bis in die Mitte des 19. Jahrhunderts hinein vorwiegend Nachfahren der Hanse-Kaufleute, die ihre nicht mehr ganz neuen Zeitungen aus der Heimat lasen und bei einem Hansa-Bier die nächsten Geschäfte besprachen.

Apropos Geschäfte: Bergen war, von einigen konjunkturellen Schwankungen einmal abgesehen, immer eine reiche Stadt. Schließlich gelten ihre Bürger als besonders geschickt im Umgang mit Geld - und man hat wohl nicht ohne Grund Norwegens Handelshochschule hier angesiedelt. Ein beträchtlicher Teil des verdienten Geldes wird traditionsgemäß für kulturelle Einrichtungen ausgegeben. Die Stadt verfügt daher über zwei ansehnliche Kunstsammlungen (Stenersen-Sammlung und Rasmus-Meyer-Sammlung mit Schwerpunkt auf dem Werk Munchs). Auch ein großer Musiker ist eng mit der Stadt verbunden: Edvard Grieg. Sein Haus »Troldhaugen« außerhalb des Zentrums ist heute ein beliebtes Touristenziel. Die architektonisch beachtenswerte Veranstaltungshalle in der Stadtmitte trägt seinen Namen. Ein kultureller Höhepunkt sind jedes Jahr die »Internationalen Festspiele«, die im Mai/Juni stattfinden.

Troldhaugen, das Wohnhaus Edvard Griegs

»Bryggen«

Bergens heimlicher Mittelpunkt ist wohl der Fischmarkt an der Kopfseite des Hafenbeckens. Hier werden jeden Vormittag frisch gefangene und (z.T.) noch lebende Fische verkauft und natürlich die unvergleichlichen Garnelen (reker), die neben dem Hefegebäck »skillingsboller« wohl Bergens Nationalgericht sind. Weitere Touristenattraktionen können wir aus Platzgründen - und nicht etwa weil sie weniger bedeutend sind - nur in Stichworten erwähnen: das Aquarium, die Aussicht vom Stadtberg Fløyen oder vom Ulriken, die Festung Bergenhus, das Lepramuseum und das Freilichtmuseum »Gamle Bergen«. Und in diesem Zusammenhang muß natürlich auch auf die attraktiven Einkaufsmöglichkeiten hingewiesen werden. Alle Besucher der Stadt werden sich über das gute Übernachtungsangebot freuen. Die Hotelkapazität ist in den letzten Jahren um 50 % erhöht worden, eine Maßnahme, die stark gesenkte Sommerpreise zur Folge hat. Daher zahlt eine Familie mit zwei Kindern unter 15 Jahren für eine Übernachtung (mit Frühstücksbuffet) in einem sehr guten Hotel komplett nur ca. 120 Mark - das schont die Urlaubskasse. Neben 23 Hotels hat Bergen auch mehrere Campingplätze, Pensionen, eine Jugendherberge sowie private Übernachtungsmöglichkeiten. Außerdem sind zahlreiche neue Restaurants, Cafés, Kneipen, Bars, Nachtlokale und Diskotheken wie Pilze aus dem Boden geschossen. Für Abwechslung ist also gesorgt.

Der Fischmarkt an der Zachariasbrücke

Wir wollen Ihnen nun einen Bezirk vorstellen, der nicht von sich behauptet, Norwegen in Miniatur zu sein, sondern - ganz unbescheiden - kundtut, daß er aus dem Rahmen fällt. Schließlich gibt es hier den größten Gletscher Europas, den längsten und tiefsten Fjord der Welt, Europas tiefsten Binnensee, die höchsten Berge Skandinaviens, die direkt aus dem Meer emporsteigen. Steinzeichnungen aus der Steinzeit, Klosterruinen aus dem Mittelalter und die älteste, noch erhaltene Stabkirche Norwegens - ja der ganzen Welt.

Es besteht also Grund genug, Sogn og Fjordanes Qualitäten nicht unter den Scheffel zustellen. Vom Atlantik bis zum mächtigen Jotunheimen-Gebirgsmassiv, von der Gemeindegrenze Geirangers bis nach Voss erstreckt sich Norwegens westlichstes Ferienparadies. Von 1.130 Meter unter dem Meeresspiegel bis 2.405 Meter darüber bietet Sogn og Fjordane einen Kontrastreichtum, der seinesgleichen sucht.

Wikingerschiff vor Leikanger

Ein Blick zurück

Vor 9.500 Jahren begann eine Wärmeperiode, die die sogenannte präboreale Zeit einleitete. Das Eis hatte sich soweit zurückgezogen, daß es Menschen möglich wurde, sich in dem Gebiet niederzulassen, das heute Sogn og Fjordane heißt. Sie besiedelten die schmalen Streifen zwischen den Gebirgshängen und dem Fjord, die kleinen, sturmumtosten Inseln, und die engen Gebirgstäler. Hier waren sie - und hier blieben sie. Und nicht immer bedeutete das Leben hier nur Kampf gegen Sturm und Wind. Denn auch fruchtbare, freundliche Landwirtschaftsgebiete, geschützte Buchten und Fjorde, eine artenreiche Tier- und Pflanzenwelt und warme Sommertage prägen das Gebiet.

Nicht nur die Natur ist anders ...

Auf 18.634 km² wohnen in Sogn og Fjordane nicht mehr als 106.192 Einwohner, also »ganze« 5,7 Menschen pro Quadratkilometer. An dem insgesamt 21.405 Kilometer langen Straßennetz des Bezirks liegen 160 Postämter und 309 Läden, die den täglichen Bedarf decken - oftmals zählt nur eine Handvoll Menschen einer abgelegenen Siedlung zu ihren Kunden. Um in diesem dünnbesiedelten Bezirk voranzukommen, haben die Bewohner 67.800 Kraftfahrzeuge in Gebrauch. Und trotz der kurvenreichen Straßen liegt die Unfallhäufigkeit weit unter dem norwegischen Durchschnitt. Die Leute hier verhalten sich überhaupt in vieler Hinsicht anders als der Durchschnitt. Sie sind gesünder als die Bewohner »Restnorwegens«, lassen sich seltener scheiden und die Kriminalitätsrate dort ist die niedrigste im ganzen Land. Sie sind absolut zuverlässige Arbeitnehmer, die ganz selten an ihrem Arbeitsplatz fehlen, verdienen dafür aber weniger als ihre Kollegen in Oslo, Trondheim oder Hamar. Doch damit nicht genug, sie spenden auch noch mehr als alle anderen Norweger. Also, wenn überhaupt ein Norweger in den Himmel kommt, ist er bestimmt aus Sogn og Fjordane. Die meisten Menschen in diesem Bezirk leben immer noch von Landwirtschaft und Fischfang - obwohl die Industrialisierung auch zwischen Fjord und Fjell ihren Einzug gehalten hat. Große Wasserkraftreserven, gespeist vom Schmelzwasser des Jostedalsgletschers - schaffen ideale Voraussetzungen für die energieintensive Schwerindustie. Der weltbekannte Konzernbetrieb Hydro Aluminium hat drei große Fabriken in Sogn og Fjordane und läßt dem norwegischen Staat alljährlich viele Millionen Kronen an Steuergeldern zufließen. Hier wurde die Deckenverkleidung der »S/S Sovereign of the Seas« hergestellt - und die patentierten Leitplanken, die an Europas schnellen Autobahnen und Norwegens kurvenreichen Gebirgsstraßen den Verkehr sicherer machen. Leichtmetallfelgen aus Sogn og Fjordane werden an führende europäische Autofirmen geliefert: SAAB, Volvo, Mercedes und BMW.

Kaiser, Lords ... und Sie

Es waren übrigens reiche Engländer, die Sogn og Fjordane als standesgemäßes Ferienparadies für sich entdeckten. Die »Lachs-Lords« kamen seit 1870 hierher, um zu angeln. Und der legendäre William Slingsby fand in Sogn og Fjordane ein Dorado für sich und seine Bergsteiger-Freunde vor. Als das Attentat von Sarajewo den Ersten Weltkrieg auslöste, empfing der deutsche Kaiser Wilhelm die schicksalhafte Botschaft im kleinen Fjordort Balestrand - wo er seit 25 Jahren treuer Sommergast war. Aber man muß nicht Lord oder Kaiser sein, um erlebnisreiche

Briksdalsbre

und aktive Ferien in Sogn og Fjordane verleben zu können. Zugegeben: Es war schon immer ein wenig teurer, die lange Reise in diesen abgelegenen Teil Europas anzutreten. Doch auch in dieser Hinsicht haben die Zeiten sich geändert. Moderne Massenverkehrsmittel überbrücken lange Entfernungen zu erschwinglichen Preisen, allein zehn Fährlinien verkehren regelmäßig zwischen dem europäischen Kontinent sowie Großbritannien und Norwegen. Keiner der norwegischen Zielhäfen und Fährenkais liegt

FJORD NORWAY
SOGN OG FJORDANE

Gesamtfläche km²: 18.634
Einwohner: 106.192

Städte: **Einwohner:**
Florø 9.000

Entfernungen (von Førde):
- Oslo .... 482 km
- Bergen .... 171 km
- Kristiansand S .... 576 km
- Stavanger .... 320 km
- Haukeligrend .... 346 km
- Trondheim .... 320 km

Verkehrsflugplätze:
Florø: Florø Flugplatz
Førde: Førde Lufthafen, Bringelandsåsen
Sandane: Sandane Lufthafen, Anda
Sogndal: Sogndal Lufthafen, Haukåsen

Bahnverbindung:
Flåmsbahn: Flåm - Myrdal - (Bergen / Oslo)

Wichtige Sehenswürdigkeiten:
- Sognefjell, Str. 55 von Sogndal nach Lom
- Jostedalsgletscher, Sogn / Sunnfjord / Nordfjord
- Flåmsbahn, von Flåm nach Myrdal
- Fjordpferdzentrum, Nordfjordeid
- Kinnakirche, auf der Insel Kinn bei Florø
- Westkapplateau, Stadlandet, Nordfjord
- Borgund Stabkirche, Lærdal
- Urnes Stabkirche, Urnes
- Hopperstad Stabkirche, Vik
- Kaupanger Stabkirche, Kaupanger
- Sognefjord, Sogn
- Sogn Volksmuseum, Kaupanger
- Sunnfjord Volksmuseum (Ausstellung bäuerlicher Gebrauchsgegenstände aus der Zeit um 1850), Førde
- Nordfjord Volksmuseum (Freilichtmuseum mit 35 Häusern aus der Region Nordfjord), Sandane
- Astruptunet (Hof des Malers und Grafikers Nikolai Astrup, heute Museum. Austellung), Skei in Jølster
- Midttunet in Sanddalen (2 km von Astruptunet, Hofanlage mit 12 Gebäuden aus der Zeit von 1600 - 1850), Skei in Jølster
- Küstenmuseum in Sogn og Fjordane, Florø

Ausflüge:
- Zum Westkap und Kloster Selje
- Mit dem Pferdewagen zum Briksdalsgletscher, Bootstour auf dem Lovatnet
- Insel Kinn und Kinnakirche, Svanøy Hovedgard, Vingen Felszeichnungen, Angeltouren usw.
- Sognefjord-Kreuzfahrt, Flåm (2 1/2 stündige geführte Tour von Gudvangen nach Flåm)
- Die Reederei »Fylkesbaatane i Sogn og Fjordane« bietet im

FJORD NORWAY
SOGN OG FJORDANE

gesamten Bezirk verschiedene Fjordkreuzfahrten an
- Die Busgesellschaften »Nordfjord Sightseeing« und »L/L Nordfjord og Sunnmøre Billag«, Stryn bieten verschiedene Rundtouren in die Umgebung. Ausgangspunkt ist das Nordfjordgebiet
- Flüge mit Wasserflugzeug und Helikopter über den Jostedalsgletscher
- Gletscherwanderung mit Führer auf dem Jostedalsgletscher
- Mit dem Pferdewagen zum Gebirgshof Vetti Gard / Touristenstation. Wasserfall Vettisfossen
- Bootstour zur Stabkirche von Urnes und zum Wasserfall Feigumfossen
- Meeresangeltouren, Silda bei Måløy
- Die lokalen Touristenbüros bieten verschiedene Rundtouren mit Boot, Bus und Zug (Flåmsbahn) an

Veranstaltungen:
- Markt in Lærdal (Verkaufsstände, Ausstellungen, Unterhaltungsprogramm), Lærdal, Anfang Juni
- Josokmesse, Hopperstad Stabkirche Vik, 23. Juni
- Strynefjellrennen, Strynefjell, Ende Juni
- Kinnaspiel (Märchenspiel), Kinn bei Florø, Juni
- Bootfestival (Bootsausstellung / Verkauf, Unterhaltungsprogramm), Florø, Juni
- »Sommarglade Stryn« (buntes Unterhaltungsprogramm in Stryn Juni / Juli / Aug.
- Gaularspiel (Märchenspiel aus der Wikingerzeit), Osen Gard, Bygstad, Aug.
- »Augustabend« (Ball, Bootstreffen, Tanz, Unterhaltung), Hauglandszentrum, Flekke, Aug.
- Sogn Volksmuseum (Kulturtag), Kaupanger, Sept.

Weitere Informationen:
Sogn og Fjordane Reiselivsråd
Postboks 299, Parkvegen 2
N-5801 Sogndal, Tel.: 056-72 300
Telefax: 056-72 806

länger als sechs Stunden von Sogn og Fjordane entfernt. Wer Ferien vom Auto machen möchte, dem stehen im Bezirk vier Flughäfen mit Direktverbindungen nach Oslo und Bergen zur Verfügung. Sechs Expreßbuslinien verbinden alle größeren Städte Südnorwegens mit Sogn og Fjordane. Der Bezirk hat übrigens nur ganze 20 Kilometer Bahnstrecke innerhalb seiner Grenzen - aber was für welche! Wer einmal mit der Bahn von Myrdal nach Flåm (vom Hochgebirge bis an den Fjord) gefahren ist, der versteht, warum das Bahnnetz nicht länger ist. Schiffe sind nicht nur die traditionellen Transportmittel des Fjordbezirks, sondern auch die der Zukunft. Die neuen Katamaran-Expreßboote der regionalen Reederei (»Fylkesbaatane«) erreichen mit ihren Jetmotoren eine Geschwindigkeit von fast 40 Knoten. So dauert die Fahrt von Bergen bis in die inneren Fjordarme nur ganze vier Stunden. Während das komfortabel eingerichtete Boot übers Wasser gleitet, zieht eine Landschaftskulisse vorbei, die ihresgleichen sucht.

Wie es sich gehört, stammt Norwegens Nationalsymbol aus dem Fjordland: das kleine, drahtige, grau-braune Fjordpferd (norw. »Fjording«). Es ist zäh und geduldig - »ganz wie die zweibeinigen Bewohner des Bezirks« - (wie ein Kenner des Fjordbezirks von sich und seinen Mitbürgern in diesem Zusammenhang bemerkte). In Sogn og Fjordane gibt es mehrere Reitzentren, in denen man Freundschaft mit den vierbeinigen Fjordlandbewohnern schließen kann. Wer will, kann eine kurze Reittour ins Fjell unternehmen - oder gleich eine ganze Woche dort bleiben und auf Fotojagd nach den freilebenden Rentierherden gehen. Es besteht auch die Möglichkeit, einen mehrwöchigen Hüttenurlaub mit einem Reiterlager zu kombinieren. Und wer der Gutmütigkeit der Fjordpferde nicht ganz traut, kann sich - statt im Sattel zu sitzen - in eine Kutsche setzen und sich von ihnen ziehen lassen. Ein Gletscherbesuch mit der Pferdekutsche hat Tradition in Sogn og Fjordane. Ebenfalls traditionell, und immer noch beeindruckend wie vor hundert Jahren, ist eine Bootstour auf einem grünblauen, eiskalten Gletschersee, der von großartiger Landschaft umgeben wird.

Norwegische Fjordpferde werden in der ganzen Welt gezüchtet

Sonne und Sturm

Sogn og Fjordane bietet nicht nur Sonnenschein und stabile Wetterlagen - sondern weitaus mehr. Es ist schon ein unvergeßliches Erlebnis, wenn man auf Norwegens Westkap steht - und es stürmt von allen Seiten. Man spürt dann am eigenen Körper, was es heißt, gegen den Sturm anzukämpfen. Einige Windböen sind so stark, daß sie einem den Atem verschlagen. Nebelfetzen jagen vorbei und Regen prasselt in kühlen, schweren Tropfen ins Gesicht. Hin und wieder reißt die Nebel- und Wolkendecke auf und man sieht 500 Meter weiter unten das aufgewühlte graue Meer. Wenig später klart es vielleicht wieder auf, und man kann mit einem guten Fernglas weit draußen im Meer die Ölbohrplattformen erkennen, die seit 1966 für Norwegens Wohlstand sorgen. Ein bißchen übertrieben ist es allerdings, wenn den Passagieren an Bord des Bootes zur vorgelagerten Insel Gåsvær erzählt wird, daß sie mit einem starken Fernglas erkennen könnten, ob die Türen auf den Shetland-Inseln offen stehen. Tatsächlich jedoch dauert die Fahrt dorthin bei einer Geschwindigkeit von 16 Knoten nicht mehr als zehn Stunden. Und die Expreßboote von Fylkesbaatane wären in knapp fünf Stunden da.

Sognefjord

Für jeden etwas

In Sogn og Fjordane findet jeder sein individuelles Ferienparadies, ob man die Herausforderung eines Aktivurlaubs sucht oder nur ausruhen will, um neue Kräfte zu sammeln. 37 Hotels, 102 Campingplätze, 562 Ferienhäuser (mit »Rorbuer«) und 1.700 Betten in kleineren Pensionen und Jugendherbergen stehen bereit, um Gäste aus aller Welt aufzunehmen. Man kann dann selbst entscheiden, ob man in wilder Fahrt mit dem Kanu einen reißenden Fluß hinabpaddeln möchte oder lieber den Tag mit einem guten Buch auf der Veranda verbringen will. Ganz egal, ob man nun den Jostedalsbre mit einigen anderen Freiluftenthusiasten überquert oder in Museen und historischen Kirchen etwas für die Bildung tut - Sogn og Fjordane hat jedem etwas zu bieten. Ab Mitte August kann man kiloweise Pilze und Beeren pflücken oder - Weidmannsheil! - Hirsche und Schneehühner jagen. Und fast immer und überall bestehen gute Angelmöglichkeiten. Wer sich im nassen Element wohlfühlt, wird sich über zahlreiche schöne Badestellen an der Küste (z.B. Refsviksand), an geschützten Fjordbuchten und an Binnenseen freuen.

Sogn og Fjordane wird gern als »Fridomsfylke« bezeichnet, was sich als »Bezirk der Freiheit« nur sehr umständlich übersetzen läßt. Aber es ist schon etwas daran: Sogn og Fjordane ist zwar nicht Norwegens »Wilder Westen«, bietet aber ein Naturerlebnis, das an Abwechslungsreichtum seinesgleichen sucht. Und - ganz nebenbei gesagt - frische Luft und sauberes Wasser werden nicht per Liter berechnet, sondern sind ganz einfach unbezahlbar - und gratis. Wer mehr über diesen bemerkenswerten Teil Norwegens wissen möchte, der kann sich an die 20 lokalen Fremdenverkehrsvereine und die noch zahlreicheren Informationskioske wenden.

Die Leute in Sogn og Fjordane sind übrigens gerne bereit, ihre herrliche Natur mit anderen zu teilen. Die einzige Bedingung dafür ist - auch die Verantwortung für ihre Erhaltung muß geteilt werden. Und das ist wohl nicht zuviel verlangt ...

Dort, wo der Sognefjord am weitesten ins Land hineinreicht, liegt die Gemeinde Luster - ein besonders schöner Teil Norwegens. Neun Zehntel des 2.680 km² großen Gemeindegebiets werden von Gebirgen, Gletschern und Seen bedeckt. Fjord und Fjell, ewiges Eis, Wasserfälle, Täler, Flüsse und Seen, Wälder, aber auch Landwirtschaftsflächen - Luster bietet das ganze westnorwegische Landschaftsspektrum. Hier liegt das wilde Jostedal, nach dem der größte Festlandsgletscher Europas, der Jostedalsbre, benannt worden ist.

Auch kulturgeschichtlich Interessierten wird einiges geboten. In Urnes steht Norwegens älteste Stabkirche (um 1130; auf der UNESCO-Liste der besonders bedeutenden Kulturdenkmäler aufgenommen). Eine mittelalterliche Steinkirche im gotischen Stil befindet sich in Dale. Sehenswert ist ebenfalls die alte Kirche von Gaupne (Gaupne gamle kirke, 1647) mit schönen Wandmalereien. Ein Denkmal erinnert an den bekannten österreichischen Philosophen Ludwig Wittgenstein, der in Luster einige seiner wichtigsten Werke verfaßte. Daß in Luster die besten Voraussetzungen für einen Aktivurlaub bestehen, braucht wohl nicht besonders hervorgehoben werden. »Fjord und Fjell aktiv erleben« heißt hier: Angeln (Hafslovatn, Jostedalselv, Mørkridselv, Fortunselv, Åsetvatn o.a.), Wandern (mehrere markierte Wanderwege mit unterschiedlichem Schwierigkeitsgrad), Bergsteigen (Turtagrø Hotell) aber auch Surfen, Baden und Fahrradfahren. Auf keinen Fall sollte man sich eine Gletscherwanderung auf dem Jostedalsbre entgehen lassen. Neben den fünf bis sechs Stunden langen Wanderungen auf dem Gletscherarm Nigardsbre werden auch längere Tagestouren auf das Gletscherplateau und bis zur höchsten Kuppe (1.957 m) angeboten. Ein besonderes Erlebnis sind Helikopterflüge über Fjord und Gletscher - hier erhalten Sie Landschaftseindrücke, die Sie nie vergessen werden.

Gletscherwanderung auf dem Nigardsbre

SOGN OG FJORDANE
LUSTER

Kontraste

Auf Nystølen (Veitastrond) kann man erleben, wie eine traditionelle Ziegenalm bewirtschaftet wird. Man darf beim Melken der Ziegen und der Käseherstellung zuschauen. - Ab 1990 wird das Kraftwerk Jostedal für Besucher zugänglich sein. Es ist einen Kilometer tief in den Berg hinein gebaut und nutzt eine Fallhöhe von 1.200 Metern.

Luster Reiselivslag
N-5820 Gaupne
tel. 056 - 81 211

In der Gemeinde Årdal liegen die Orte Øvre Årdal und Årdalstangen - jeder an einem Ende des Sees Årdalsvatnet. Der erste hat das Hochgebirge Jotunheimen als nächsten Nachbarn, im zweiten beginnt der Sognefjord gleich neben der Hauptstraße.

Årdal ist auf der einen Seite ein hochentwickeltes Gemeinwesen, dessen Basis die Großindustrie ist. Andererseits stehen hier aber auch ansehnliche Bauernhöfe mit alten romantischen Gebäuden und Bootsschuppen am Fjord. Dank des milden, niederschlagsarmen Klimas stellen Forstwirtschaft, Rentierzucht und Fischfang wichtige Erwerbsquellen dar. Die Hälfte der 6.315 Einwohner Årdals leben jedoch von der Schwerindustrie, die wiederum ihre Existenz den natürlichen Gegebenheiten verdankt: preiswerte Wasserkraft in großen Mengen heißt das Schlüsselwort.

Touristen hat Årdal viel zu bieten. Niemand sollte einen Ausflug zum »Vetti Gard og Turiststasjon« versäumen, am besten wie in alten Tagen mit dem Pferdewagen. Von Vetti Gard geht man 30 Minuten zu Fuß zum Vettisfossen, mit 275 Meter freiem Fall der höchste Wasserfall Nordeuropas. Dies ist ein Naturerlebnis ganz im Sinne des Franzosen Jean Jacques Rousseau, der einmal schrieb: »Ich wünsche mir Gebirgsbäche, dunkle Waldtiefen, Berge, unpassierbare Pfade hinauf und hinab und schreckliche Abgründe zu meiner Seite«. Årdal ist die Endstation des Expressbootes aus Bergen. Die Valdresexpress-Busse stellen die Verbindung zwischen Årdal und Oslo her. Mit dem Auto gelangt man übers Gebirge zur Reichstraße 55 (Sognefjellstraße) sowie zur E 68 (bei Tyin) und per Autofähre ist Årdalstangen 7 mal am Tag mit den Verkehrsknotenpunkten am Sognefjord verbunden.

Ganz unten am Fjord liegt das »Klingenberg Fjordhotel«, ein topmodernes, kürzlich umgebautes Hotel. Seine 54 Zimmer bieten alles, was man für einen komfortablen Aufenthalt braucht: Bad, Telefon, Fernsehapparat, Minibar usw. Vom großen Garten (mit Gartenrestaurant) hat man das aktive Treiben im Ort im Blick. Während man gepflegt ißt oder trinkt, kann man dem Ein- und Auslaufen der Boote zuschauen, oder aber mit Einheimischen die neuesten Lokalnachrichten diskutieren.

Im Hotel selbst gibt es eine elegante Pianobar, und ein kleines, gepflegtes Restaurant. Während im Winter emsige Kurs- und Konferenzteilnehmer die Szene beherrschen, steht im Sommer der Tourist im Mittelpunkt. Ausflüge und

Klingenberg Fjordhotel

Aktivitäten ermöglichen Naturerlebnisse, die man nie wieder vergißt - und bald wiederholen möchte.
In Årdal kann man in jedem der beiden Ortsteile Campingurlaub (auch in Campinghütten) verbringen. Die beiden Plätze sind gute Ausgangspunkte für Aktivferien in Jotunheimen und am Sognefjord. Und das Klingenberg Fjordhotel ist in jedem Fall ein Treffpunkt, sowohl für die Einheimischen als auch für ihre Besucher.

ÅRDAL - EIN ERLEBNIS FÜR SICH

Klingenberg Fjordhotel
N-5875 Årdalstangen
Tel. 056 - 61 122
Fax. 056 - 61 653
Halbpension für Einzelreisende
NOK 440,-
Einzelzimmerzuschlag NOK 80,-
Ermäßigung ab zweitägigem Aufenthalt

Årdal Reiselivslag
Postfach 18
N-5875 Årdalstangen
Tel. 056 - 61 639
Fax. 056 - 61 653

FJORD NORWAY
SOGN OG FJORDANE
AURLAND - FLÅM - GUDVANGEN

Aurland Reiselivslag
N-5745 Aurland
Tel. 056 - 33 313

Aurlandsfjord

Eine dramatische Landschaft mit schroffen Felsen und schneebedeckten Gipfeln, engen Tälern, fruchtbaren Wiesen und Obstgärten - und Fjorde, die tief ins Gebirge hineinreichen: Wir befinden uns in Aurland. Diese Gemeinde liegt an zwei inneren Armen des Sognefjords. Auf einer Fläche von 1.475 km² leben nur 1.890 Menschen, die immer noch überwiegend von der Landwirtschaft, zunehmend aber auch vom Fremdenverkehr leben. Die neue Zeit hat in Form eines großen Wasserkraftwerks Einzug gehalten. Es liegt gut versteckt im Felsen und genügt den strengsten Umweltschutzgesetzen. Im Sommer können Touristen an Ort und Stelle miterleben, wie hier Norwegens »weiße Kohle« in Strom verwandelt wird. Eine weitere Sehenswürdigkeit ist die kleinste Kirche Skandinaviens in Undredal (1147), die immernoch benutzt wird.

In Aurland macht das Reisen Spaß. Eine Autotour durchs Gebirge von Aurlandsvangen nach Lærdal (Paßhöhe 1.300 Meter) oder eine Fahrt durch das Aurlandsdal Richtung Hallingdal sind Erlebnisse, die man kaum jemals vergißt. Unterwegs kommt man an Almen vorbei, auf denen echter Ziegenkäse hergestellt wird. Selbst die Eisenbahn wird hier zur Bergbahn: zwischen Myrdal und Flåm überwindet sie auf 20 Kilometer Strecke einen Höhenunterschied von 865 Metern. Unten am Fjord-Bahnhof kann man dann die Fahrt auf dem Wasser fortsetzen. Eine Bootstour nach Gudvangen durch den engen Nærøyfjord (ebenfalls Teil der Gemeinde) gehört zu den Höhepunkten einer Norwegenreise.

Übernachtungsmöglichkeiten stehen ausreichend zur Verfügung: ob Hotel, Pension, Motel, Gebirgshütte oder Campingplatz - in Aurland, Flåm und Gudvangen müssen Sie nicht im Freien schlafen.

Übrigens: nur eine Dreiviertelstunde fahren Sie von Aurland mit dem Auto ins Gebirge, und ein herrliches Sommerskigebiet liegt vor Ihnen.

SOGNDAL / LÆRDAL

Sogndal Reiselivslag
Postboks 222
N-5801 Sogndal
Tel. 056 - 71 161

Lærdal og Borgund Reiselivslag
N-5890 Lærdal
Tel. 056 - 66 509

An den inneren Seitenarmen des Sognefjords liegen die beiden Fjordgemeinden Sogndal und Lærdal. Das Städtchen **Sogndal** (6.000 Einw.) ist der Mittelpunkt dieser Region mit Handels-, Dienstleistungs- und Bildungseinrichtungen. Von hier ist es nicht weit zu den Höhepunkten des Fjordlands: Gletscher, Wasserfälle, Berge und Hochebenen, bekannte Museen und Stabkirchen. Das Übernachtungsangebot ist vielfältig, und auch auf ein »swingendes« Nachtleben braucht nicht verzichtet zu werden. Zu allen Jahreszeiten bestehen gute Aktivitätsmöglichkeiten.

Auf der Südseite des Fjords liegt die Nachbargemeinde **Lærdal**. Ihre Bewohner betreiben im Tal des Lachsflusses Lærdalselva Landwirtschaft, Obstanbau und Viehzucht. Spezialitäten aus Lærdal sind echter Ziegenkäse, und die berühmten Lærdalsschuhe. Lærdals kultureller Stolz ist die Borgund Stabkirche (um 1150). Im Gemeindezentrum Lærdalsøyri stehen guterhaltene alte Holzhäuser. Hier kann man sowohl in stilvollen Fjordhotels als auch auf schön gelegenen Campingplätzen erholsame Ferien verbringen.

FØRDE

Willkommen zu Erlebnisferien mitten im Fjordland

Das Sunnfjord Hotell
in Stichworten:
330 Betten, 160 Zimmer
5 Restaurants
Schwimmbad drinnen und draußen
Trimmraum, Saunen,
Sonnenstudio
Tennisbahn, Minigolf
großer Garten mit Sonnenstühlen
Kinderspielplatz
Spielzimmer
Kinderbetreuung
Tanz 6 Tage in der Woche
50 m zum Busbahnhof
8 km zum Flughafen

Sunnfjord Hotell
Postboks 158
N-6801 Førde
Tel. 057 - 21 622

Am inneren Ende des Førdefjords, in der Landschaft Sunnfjord, liegt der Ort Førde - rund 70 km von Florø und der Küste, 150 km von Bergen und 170 km von Ålesund entfernt.

Mitten in Fjordnorwegen, bietet die Umgebung von Førde das ganze Naturspektrum: hohe Berge, Gletscher, Fjorde, tiefe Täler, Forellenseen und Lachsflüsse. Kurz und gut: ein Paradies für Angler und andere Naturliebhaber. Førde ist mit seinen 8.000 Einwohnern das Zentrum des Regierungsbezirks, sowohl geografisch als auch verkehrsmäßig. Hier gibt es keine Großindustrie, dafür aber ein gut ausgebautes Serviceangebot. Das »Stadtdorf« Førde bietet gute Einkaufsmöglichkeiten - und für Norwegen ungewohnt lange Öffnungszeiten. Hier liegt auch das Sunnfjord Hotell, das einen guten Ausgangspunkt für Unternehmungen in diesem Teil des Fjordlands bildet.

Drei der bekanntesten Lachsflüsse findet man in Sunnfjord: Nausta, Gaula und Jølstra. Innerhalb einer Stunde Fahrzeit erreicht man darüberhinaus über 600 ausgezeichnete Forellenseen und -flüsse. Das Sunnfjord Hotell

Anfängerkurs für Fliegenangeln

hat sich seit 20 Jahren auf Sportangelferien spezialisiert - mit Lachsangeln als Hauptaktivität. Das Hotel verfügt über große Teile der Flüsse Nausta und Gaula und hat im Laufe der Jahre ein Angebot entwickelt, das sowohl Anfänger als auch Routiniers zufrieden stellt. Geboten werden: Fliegenangelschule, Angelinstrukteur, Ausrüstungsverleih, Tiefkühlboxen zum Aufbewahren des Fangs, Hilfe bei der Zubereitung und Verarbeitung des Fisches (z.B. Räuchern), Trockenraum für nasse Kleider und Schuhe bzw. Stiefel, Bibliothek mit Fachliteratur usw.

Damit es nicht zum Familienstreit kommt, werden auch zahlreiche Aktivitäten für alle diejenigen durchgeführt, die andere Interessen haben: Ausflüge zum Gletscher, Spaziertouren, Fahrten mit dem Fischerboot auf dem Førdefjord mit Landgang und Picknick im Grünen, Museumsbesuche, Volkstanz und Musik, Fahrradfahrten (Verleih), Kinderveranstaltungen mit einer Betreuerin - und vieles mehr. Übrigens: das Preisniveau ist familienfreundlich, sowohl was den Hotelaufenthalt als auch die Angelrechte angeht.

SOGN OG FJORDANE
YTRE SOGN - YTRE SUNNFJORD

■ Das Gebiet, das wir Ihnen hier vorstellen möchten, besteht aus den Gemeinden Askvoll, Solund, Gulen, Fjaler, Hyllestad, Gaular, Naustdal, Jølster, Bremanger und Flora.

Die gesamte Gemeinde **Solund** und der westliche Teil von **Gulen** und **Askvoll** (Værlandet/Bulandet) bestehen aus hunderten von Inseln. Hier finden Bootssportler ihr Ferienparadies, das sie nur mit wenigen anderen teilen müssen. Doch auch wer nicht auf eigenem Kiel anreist, kann das Meer hautnah erleben: Straßen, Brücken, Fähren oder Passagierboote machen selbst die äußersten Inseln leicht erreichbar.

Anders der Landschaftseindruck in den Landgemeinden **Hyllestad**, **Fjaler** und im Osten von Gulen und Fjaler: hier prägen bewaldete Bergkuppen und Hügel, fruchtbare, landwirtschaftlich genutzte Täler, fischreiche Flüsse und Seen aber auch Heide und Moorflächen und weit ins Land reichende Fjorde (Dalsfjord) das Bild. Noch weiter im Osten des Gebiets (Stedjestol) kann man bis in den Mai hinein Skilaufen - für Abwechslung ist also gesorgt.

Das Gebiet von **Gaular** erstreckt sich nördlich des Sognefjords und reicht vom Jostedalsgletscher bis zum fruchtbaren Osen im Innern des Dalsfjords. Obwohl die Täler hier schon früh besiedelt wurden, ist die Natur noch weitgehend unberührt. Der Gaula-Wasserweg ist ein Erlebnis für sich, mit vielen Binnenseen und zahllosen Wasserfällen, in denen die Lachse nur auf Sie zu warten scheinen.

Die wichtigsten Straßen hier sind die Reichsstraßen 5, 14, 57 und 610. Einige von ihnen führen nach Norden Richtung Førde und Naustdal - dort befindet man sich dann mitten in Sogn og Fjordane. Der Fluß Nausta ist hier schon seit alter Zeit einer der fischreichsten Flüsse des Landes.

Naustdal ist das kleine Zentrum der Gemeinde mit allen notwendigen Einrichtungen. Hier braucht man kein Touristenbüro, um sich über die Erlebnismöglichkeiten zu informieren: fragen Sie einfach die Einheimischen, die gerne Auskunft geben. So kann man beim Einkaufen oder Geldwechseln nützliche Tips für aktive Ferien in der Umgebung erhalten.

Wenn Sie östlich Richtung Nordfjord fahren, kommen Sie nach **Jølster**. Hier finden Sie moderne Erwerbszweige und Landwirtschaft Seite an Seite. Besonders sehenswert ist der Hof Midttunet am Südufer des Sees Jølstravatn, der in seiner ursprünglichen Form erhalten ist und bis 1968 bewirtschaftet wurde. Seine zwölf Gebäude stammen aus der Zeit zwischen Anfang des 17. Jahrhunderts und 1850. Ein weiterer besuchenswerter Hof ist Astrupstunet - eine Kombination aus Museum und Kunstgalerie, die dem bekannten Bildkünstler Nicolai Astrup gewidmet ist. Von Stardalen kann man über's Fjell nach Olden und Loen wandern oder eine Gletschertour unternehmen.

In westlicher Richtung hingegen liegen **Flora** und **Bremanger**. Hier schmeckt die Luft nach salzigem Meer und eine schöne Küstenlandschaft prägt das Bild. Das Festland in Bremanger besteht aus Industrie- und Landwirtschaftsgebieten - die Insel Bremangerlandet ist ein ganz neues Feriengebiet. In den Orten Kalvåg, Grotle, Ryland und Oldeide findet man Rorbuer, Hütten und eine Pension. Es bestehen gute Fährverbindungen mit Måløy im Norden und Florø im Süden. Es ist also nur ein kurzer Weg zu größeren Einkaufszentren und Rundreiserouten in einem Gebiet, in dem es noch viel zu entdecken gibt.

Der südliche Küstenbereich des Bezirks - im Gebiet von Sognefjord und Frøysjøen - ist das richtige Reiseziel für alle, die geruhsame, streßfreie Ferien verleben wollen. Sauberes Wasser, klare Luft und eine intakte Natur kennzeichnen dieses Gebiet abseits der Hauptverkehrswege. Offenes Meer und Hochgebirge liegen nur eine halbe Stunde Autofahrt voneinander entfernt. Dementsprechend vielfältig ist das Aktivitätsangebot: vom Hochseeangeln bis zum Gebirgswandern ist alles möglich. Übernachtungsmöglichkeiten bestehen in Ferienhütten und -wohnungen, Pensionen, Hotels und auf Campingplätzen.

■ An der Küste liegt auch die einzige Stadtgemeinde des Bezirks Sogn og Fjordane: Flora. Sie besteht aus dem Stadtgebiet von Florø und einigen ehemals selbständigen Landgemeinden. Die Landschaft ist so vielfältig, daß sie für ein ganzes Reiseland ausreichen würde. Hier stellt sich nicht die Frage, ob man den Urlaub lieber im Gebirge oder an der See verbringen möchte - Flora bietet beides. Innerhalb der Stadtgrenzen findet man vom inselreichen Küstensaum bis zum schneebedeckten Hochgebirge alles, was Norwegen so attraktiv macht. Und dazwischen liegen ausgedehnte Waldgebiete, tiefe Fjorde, idyllische Seen und fruchtbare Täler. Daß hier einem Aktivurlaub keinerlei Grenzen gesetzt sind, braucht wohl nicht eigens erwähnt zu werden. Meeresangeln, Bootsurlaub und die Schatzjagd in versunkenen Schiffwracks sind beliebte Aktivitäten in den Buchten und Sunden rund um Florø. Man kann auch Boote chartern, mit denen man zu interessanten Fundstellen gelangen kann.

Flora ist ein wichtiger Verkehrsknotenpunkt. Hier legen u.a. die Passagier- und Lastschiffe auf dem Weg von Bergen zum Nordfjord an, außerdem macht die Hurtigrute Station. Auch der Katamaran-Expreß von Bergen nach Selje fährt Florø zweimal täglich an. Zahlreiche lokale Bootsverbindungen erschließen die Küste mit ihren tausend Inseln, so daß gute Ausflugsmöglichkeiten bestehen, auch wenn man kein eigenes Boot mitbringt.

Die Stadt Florø hat übrigens auch einen eigenen Flughafen mitten in der Stadt mit Verbindungen u.a. nach Bergen und Oslo.

Die bedeutendsten Sehenswürdigkeiten sind das zentrale Küstenmuseum für Sogn og Fjordane, die romanische Kinn-Kirche (12.Jh.) auf der Insel Kinn westlich von Florø,

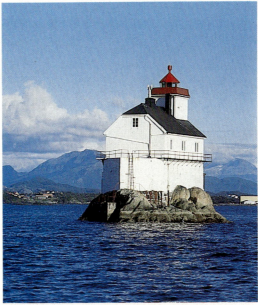

Der Leuchtturm von Florø

der Herrenhof Svanøy auf der gleichnamigen Insel, die die »Perle des Sunnfjords« genannt wird und die Felszeichnungen in Ausevik (mehrere hundert Tierfiguren und Jagdsymbole) aus der Stein- und Bronzezeit.

FLORA

Tausend Atlantikinseln und ein eigenes Gletschergebiet

Flora (10.000 Einw.) ist Norwegens westlichste Stadtgemeinde und die einzige Stadt des Bezirks Sogn og Fjordane.

Das Wirtschaftsleben umfaßt vor allem Schiffsbauindustrie, mechanische Werkstätten, Handel und Fischveredelung. Flora ist führend in Produktion und Export von Lachs, Makrele und Hering. Die Stadt dient auch als Versorgungsbasis für die Ölbohrinseln in der Nordsee zwischen dem 61. und 63. Breitengrad.

Weitere Informationen
Flora Næringsråd
Postboks 219
N - 6901 Florø
Tel. 057 - 43 166

FJORD NORWAY
SOGN OG FJORDANE
NORDFJORD

Ihr Ferienziel im Westen - von dem Sie nie genug bekommen

Das Nordfjordgebiet ist ein abwechslungsreiches Ferienziel - nach ein paar Wochen Urlaub zwischen Gletscher und Meer geht es Ihnen sicher wie den meisten anderen: Sie wollen hierhin zurückkehren. Wenn nicht nächstes Jahr, so spätestens in zwei Jahren. Wenn Sie unterwegs praktische Ratschläge benötigen: In allen Orten des Nordfjordgebiets findet man Hinweistafeln und Informationskioske.

Vågsøy Reiselivslag
Kapt. Linge Hotel
N - 6700 Måløy
Tel. 057 - 51 800

Hornindal Reiselivslag
N - 6790 Hornindal
Tel. 057 - 79 4 07

Eid Reiselivslag
Postboks 92
N - 6770 Nordfjordeid
Tel. 057 - 61 375

Selje Reiselivslag
N - 6740 Selje
Tel. 057 - 56 200

Gloppen Reiselivslag
Postboks 223
N - 6860 Sandane
Tel. 057 - 66 100

Stryn Reiselivslag
Postboks 18
N - 6881 Sandane
Tel. 057 - 71 533

■ Vom offenen Meer am Westkap reicht der Nordfjord 100 Kilometer weit ins Land hinein. Er ist zwar nur halb so lang wie der Sognefjord, kann sich aber in puncto Erlebnisreichtum ohne weiteres mit ihm messen.

An seinem Ostende erstreckt sich die Gemeinde Stryn. Ihr Zentrum ist der Ort **Stryn** mit 2.000 Einwohnern. Hier spielt der Fremdenverkehr eine zunehmend große Rolle, immer noch ist jedoch die Landwirtschaft der wichtigste Erwerbszweig. Im Dorf **Loen** steht eines der größten und besten Hotels Norwegens, das nun sein 105-jähriges Bestehen feiern kann. Es ist ein guter Ausgangspunkt für Ausflüge nach Lodalen und Kjenndalen. Auf dem Lovatn kann man eine Bootsfahrt unternehmen und das Ramnefjell sehen, das 1905 und 1936 zwei Lawinenkatastrophen verursacht hat. Vom benachbarten **Olden** gelangt man zum Gletscher Briksdalsbre, der schon seit über hundert Jahren ein beliebtes Reiseziel ist. Hier besteht die Möglichkeit, wie in den Kindertagen des Tourismus einen Gletscherbesuch per (Fjord-) Pferdekutsche zu unternehmen. Einige Kilometer weiter westlich, auf der Südseite des Fjords, liegt **Innvik**. Ein Abstecher ins Innvikdal ist hier der Geheimtip. Es gibt zwar keine organisierten Übernachtungs- und Transportmöglichkeiten - aber gerade das macht das wilde Tal so reizvoll. Nicht weit entfernt steht in **Utvik** ein Gasthaus, das seit über 250 Jahren betrieben wird. Bis zur Fertigstellung der Straße zwischen Breim und Faleide um den Fjord herum, war dies die wichtigste Raststation der Strecke.

Südlich des Utvikfjells liegt das Landwirtschaftsgebiet von **Byrkjelo**. Hier findet man ein in dieser Form einzigartiges Ferienangebot: Gloppen Eventyret. Man kann paddeln, surfen und angeln, Reit- und Fjordsafaris, Mountainbike-Fahrten, Gletscherwanderungen und Bergtouren unternehmen - alles unter orts- und fachkundiger Anleitung. Auch Großstadtfamilien können hier echte norwegi-

Kanuwandern - Spaß für die ganze Familie

sche Natur erleben. Ganz gleich ob nur für ein paar Tage oder einige Wochen. **Sandane** ist das Zentrum dieses Gebiets und bietet Übernachtungsmöglichkeiten in allen Kategorien. In der ganzen Gemeinde Gloppen gibt es darüber hinaus zahlreiche Ferienhäuser.

Am Fjordufer des Fjords findet man in **Nordfjordeid** Nordeuropas größtes Pferdezentrum. Schon früher fanden hier bedeutende Pferdemärkte und -ausstellungen statt, außerdem befand sich hier ein Exerzierplatz. Hier hat man sich auf die Zucht der berühmten Fjordpferde spezialisiert und ein Fjordpferdzentrum sorgt dafür, daß diese gesellige und bedächtige Pferderasse nicht ausstirbt. Gleich beim Pferdezentrum kann man in Hotels übernachten oder Ferienhäuser mieten. - Dies ist ganz bestimmt der richtige Urlaubsort für Familien mit »pferdeverrückten« Kindern. Nordfjordeid hat ebenfalls ein eigenes gutes Hotel mit erstklassiger Küche, frischrenovierten, gut ausgestatteten Zimmern und einer bekannt freundlichen und familiären Atmosphäre. Auch zwei Campingplätze mit Ferienhäusern und Hütten sowie ein Gebirgsgasthof stehen hier zur Verfügung. Kaum 10 Minuten entfernt liegt Nordeuropas tiefster Binnensee (514 m). Doch keine Angst: die dort zahlreich vorkommenden Forellen halten sich eher nahe der Oberfläche auf.

Noch ein Stück weiter westlich erreicht man die Küste. Hier ist das meiste anders als im inneren Fjordgebiet: das Klima, der Baustil, die Gerichte, die Erwerbszweige, ja der ganze Tagesrhythmus. Selbst die Luft riecht ganz anders: salzig und erfrischend.

Die Gemeinden hier heißen **Vågsøy** und **Selje**. Seit alters her und auch heute noch haben in diesem Gebiet Fischfang und Fischverarbeitung große wirtschaftliche Bedeutung, oft kombiniert mit Nebenerwerbslandwirtschaft und Handwerk. Entlang dieser Küste verläuft der Schifffahrtsweg zwischen Bergen und Trondheim - Norwegens »Reichsstraße 1«. Besonders das Fahrwasser um die Halbinsel Stadlandet herum ist immer noch berüchtigt. Viele Schiffe gerieten hier in Seenot und die kleinen Orte in Selje und Vågsøy dienten oft genug als Nothäfen. Hier ist auch der Sage nach die irische Prinzessin Sunniva auf der Flucht vor einem heidnischen Freier gestrandet. Sie wurde zur Märtyrerin und später zur Schutzpatronin für ganz Westnorwegen. Benediktinermönche errichteten im 11. Jahrhundert ein Kloster, dessen teilweise restaurierte Ruinen heute noch einen Eindruck vom Leben der Mönche vermitteln. Die wohl beste Aussicht über das offene Meer hat man aus rund 500 Meter Höhe vom **Westkaphaus**, dem westlichsten Punkt des norwegischen Festlands.

Wer das Meer nicht nur von oben betrachten will, sollte von **Silda** mit dem Fischerboot M/K Havlys II in See stechen. Auf der Fahrt kann man echte Fischereiatmosphäre hautnah erleben. Wenn auf der Rückfahrt in der Kombüse Krabben gekocht werden, dann erreicht die Stimmung ihren Höhepunkt. In diesem Gebiet wohnt man - stilgerecht - im Rorbu oder im Ferienhaus. Das Touristenbüro und Wassersportzentrum in Selje steht allen Anglern, Tauchern und Surfern mit Rat und Tat oder der eventuell notwendigen Mietausrüstung zur Seite.

Das Hotel in **Selje** verfügt sogar über einen eigenen Badestrand, der nahtlos in den Hotelgarten übergeht. Wenn das Wetter einmal die Aktivitäten im Freien behindert, kann man sich problemlos innerhalb des Gebäudes betätigen: Schwimmbad, Trimmraum, Solarium, Massagebank und Whirlpool stehen den Gästen zur Verfügung. Die Küche bietet vor allem Meeresspezialitäten, die hier fangfrisch serviert werden. Auch für alle, die lieber im Rorbu oder Ferienhaus wohnen und natürlich für die Einheimischen, ist das Hotel ein beliebter Treffpunkt. In Selje kann man im übrigen mit den Fischern aufs Meer hinausfahren - oder das Meeresangeln (auf Wunsch mit Einweisung) selbst versuchen.

Das Handels- und Verwaltungszentrum des äußeren Nordfjordgebiets ist **Måløy**. Hier befindet sich ein kürzlich umgebautes Hotel mit großen, komfortablen Zimmern und einer Küche, die besonders die traditionellen Gerichte der Küste pflegt. Die Tanzbar ist bis in die späte Nacht geöffnet - dort findet man ohne Probleme Anschluß an die einheimische Bevölkerung. Übrigens liegt auch Refsviksanden hier, der kürzlich zum schönsten Badestrand Norwegens gekürt wurde.

SOGN OG FJORDANE

STRYN SOMMERSKIZENTRUM

■ Der Gletscher Tystigen glitzert in gleißender Sonne. Schnee knirscht unter den Brettern. Leicht bekleidete Skienthusiasten jagen in rasanter Fahrt zu Tal. Ort des Geschehens: Das Strynefjell in Sogn og Fjordane - mitten im Hochsommer.

Westnorwegen hat nämlich mehr zu bieten als »nur« angeln, baden, surfen und wandern. Hier können Sie morgens Wasserski und nachmittags Alpinski fahren.

In Tystigen an der alten Reichsstraße 258 liegt das Stryn Sommerskisenter mit einem so großen und abwechlungsreichen Angebot, daß ein Aufenthalt von einer Woche kaum reicht, um alles mitzumachen. Ein Sessellift bringt Sie hier bequem 975 Meter weit nach oben. Dort können Sie auf den »Gletscherlift« umsteigen, mit dem Sie weitere 775 Meter zurücklegen - bis hinauf aufs Gletscherplateau. Hier - auf Norwegens Dach - stehen Ihnen 30 Kilometer präparierter Loipen zur Verfügung. Dort kann man nicht nur Skilaufen, sondern auch einen atemberaubenden Blick aufs Gebirge und auf den Fjord und über Täler und Flüsse genießen. Alpinisten stehen acht verschiedene Routen ins Tal zur Auswahl. Die längste bietet auf 2 Kilometern eine Fallhöhe von 518 Meter, die kürzeste ist 880 Meter lang mit 260 Meter Höhenunterschied.

Wird es im Schnee zu kalt, ist die Wärmestube (»Varmestova«) der richtige Ort, um neue Kräfte zu sammeln. Hier können Sie Ihre Sachen trocknen, während Sie sich mit einer Tasse warmen Kakao oder anderen Erfrischungen aufwärmen.

Auch an die Kleinen ist gedacht: Ihnen steht ein eigenes Betätigungsfeld (Snøland) zur Verfügung. Wer sich auf den schmalen Brettern noch nicht sicher genug fühlt, dem wird die Skischule mit Rat und Tat helfen. Dort erhalten auch Könner den letzten Schliff oder können neue Stilarten lernen: Freestyle, Monoski oder Telemark. Hier oben hat der norwegische Skikönig Stein Eriksen in seiner großen Zeit Trainingstreffen für aktive Alpinisten abgehalten. Und auch heute finden nordische und alpine Skimannschaften den Weg zum »Stryn Sommarskisenter«.

Man muß übrigens nicht die gesamte Skiausrüstung nach Stryn mitnehmen - hier kann man alles ausleihen, was man benötigt, sei es für einen Tag oder eine Woche, für sich alleine oder die ganze Familie. Übrigens: Der Skilift hat eine Kapazität von 1.000 Personen pro Stunde - Schlange stehen braucht man also nicht. Die nächste Übernachtungsmöglichkeit liegt sieben Kilometer unterhalb des Skizentrums. Innerhalb einer Stunde Autofahrt findet man weitere 3000 Gästebetten. Das Angebot reicht dabei von einem der besten und größten Hotels Norwegens bis zu preiswerten Campingplätzen und Jugendherbergen.

Also: ob Anfänger oder Profi, das »Stryn Sommarskisenter« bietet unvergeßliche »weiße« Erlebnisse mitten in der grünen Jahreszeit.

STRYNEFJELLET SOMMARSKI A.S

Stryn Sommarski
N-6880 Stryn
Tel. 057 - 71995

- Cafeteria mit sanitären Einrichtungen und Wärmestube
- gute Parkmöglichkeiten
- Skigebiet für Profis
- »Snøland« (Schneeerlebnisse für Kinder)
- Skischule
- 975 m Sessellift
- 775 m Schlepplift
- 520 m Höhenunterschied
- 8 Alpinpisten
- 30 km Langlaufloipen
- geöffnet ab 1. Juni

Sport und Entspannung im Strynefjell

■ Die vielfach verzweigten Fjordarme Westnorwegens trennen zwar viele Gemeinden voneinander, bilden aber oft auch die besten Verkehrswege. Häufig geht es schneller über das Wasser zu reisen, als das Auto zu benutzen. Gute Schiffsverbindungen spielen hier eine große Rolle. In diesem Bezirk ist die Verkehrsgesellschaft »Fylkesbaatane i Sogn og Fjordane« für den Transport von Passagieren und Gütern auf dem Wasserweg zuständig.

Zu ihrer Flotte gehören moderne Expressboote, die Bergen, »die Hauptstadt des Fjordlands«, mit zahlreichen Orten in Sogn, Sunnfjord und Nordfjord verbinden. Die Reederei beabsichtigt nun bereits den dritten Luxuskatamaran anzuschaffen, um auf allen Schnellbootstrecken einen gleich hohen Standard zu bieten. Im Sommer soll das fast 40 Knoten schnelle Schiff zwischen Bergen und Flåm eingesetzt werden und eine neue interessante Tagesrundreise ermöglichen: »Sognefjorden und Flåmsdalen«. Außerdem sind 25 Autofähren und kombinerte Schiffe (»Fjordboote«) im Einsatz, die sowohl Güter als auch Autos und Passagiere befördern.

»Fylkesbaatane« ist in den Fahrwassern zu Hause, die von Kreuzfahrtschiffen aus aller Welt angesteuert werden. Ihnen wird die Möglichkeiten geboten, im Rahmen Ihrer Norwegen - Rundreise eine Mini-Kreuzfahrt mit den Linienschiffen der Reederei zu unternehmen. Selbst einige Autofährstrecken erlauben das Erlebnis einer kleinen Kreuzfahrt: so zum Beispiel die Verbindung zwischen Flåm, Gudvangen, Revsnes und Årdalstangen oder die Strecke zwischen Hella und Fjærland, die einige der schönsten Fjordarme Norwegens erschließen.

Für Autotouristen hat Fylkesbaatane ein gutes Angebot: SAie erhalten zwischen 40 und 85 % Rabatt auf die Fahrzeugtarife, wenn sie die Fjordboote zwischen Bergen und dem Nordfjordgebiet benutzen. Auf den Fjord- und Expreßbooten gibt es auch Rabatte für Interrailer und Studenten - schließlich sollen alle die Gelegenheit erhalten eine Fjordlandschaft kennenzulernen, die an Vielfalt und Kontrastreichtum kaum zu überbieten ist.

FYLKESBAATANE

FYLKESBAATANE I SOGN OG FJORDANE

Fylkesbaatane Reiseservice
Strandkaiterminalen
Postboks 1878
N-5024 Bergen
Tel. 05 - 32 40 15
Telefax 05 - 31 05 76
Telex 05 - 42 674

Auf den Strecken zwischen Gudvangen - Aurland / Kaupanger, Revsnes - Årdalstangen sowie Kaupanger - Årdalstangen empfiehlt es sich, Autoplätze im voraus zu reservieren. Auf den anderen Verbindungen ist eine Vorbestellung nicht möglich und auch nicht nötig.

Telefon, Konferenzraum, Ruhestühle - komfortabel bringt Sie das Expressboot »Fjordprins« ans Ziel.

FJORD NORWAY
MØRE OG ROMSDAL

Gesamtfläche km²: 15.104
Einwohnerzahl: 237.489

Städte: **Einwohner:**
Ålesund 35.000
Molde 21.000
Kristiansund N 18.000

Entfernungen (von Ålesund):
- Oslo .... 573 km
- Bergen .... 401 km
- Kristiansand S .... 901 km
- Kristiansund .... 134 km
- Trondheim .... 428 km
- Nordkapp .... 2.052 km

Verkehrsflugplätze:
Kristiansund: Kvernberget Flugplatz
Molde: Årø Flugplatz
Ørsta/Volda: Hovden Flugplatz
Ålesund: Vigra Flugplatz

Bahnverbindungen:
Åndalsnes - Dombås - (Oslo - Trondheim)

Sehenswürdigkeiten:
- Romsdalsmuseum / Fischereimuseum, Molde
- Ålesund Museum, Ålesund
- »Mellemverftet« (Veteranbootswerft), Kristiansund
- Trollstigen, Åndalsnes
- Runde (Vogelfelsen), Herøy
- Grip (Inselgemeinde, 14 km vom Festland entfernt), Kristiansund
- Borgund Museum, Ålesund
- Rødven Stabkirche, Åndalsnes
- Svinvik Arboretum, Surnadal

Ausflüge:
- jede Woche Bootstour mit S/Y »Charming Ruth« von Ulsteinvik zur Vogelinsel Runde
- Angeltour mit S/Y »Lea Kristina« ab Fosnavåg
- Angeltour mit S/Y »Charming Ruth« von Ulsteinvik zu den reichen Fischbänken vor der Küste
- Von Ålesund zur Vogelinsel Runde mehrmals wöchentlich, auch Charter möglich
- Von Ålesund nach Geiranger mit einem tgl. verkehrenden Schnellboot
- Von Kristiansund nach Grip tgl. mit Taxi / Ausflugsboot
- Von Molde zum Fischereimuseum Hjertøya mit Schnellboot mehrmals tgl.

Veranstaltungen:
- Trollstigrennen (Alpinski), Åndalsnes, 21. - 23. Juni
- Atlantikfestival (Angelwettbewerb), Eide, Mitte Juni
- Rindalstage (Kulturwoche), Rindal, Mitte Juni
- Romsdalsmarsch (Geländemarsch), Rauma, Ende Juni
- Internationales Jazz Festival Molde, 17. - 22. Juli
- Aurefestival (Kulturveranstaltun-

■ »Das phantastischste Gebirge Norwegens, die interessanteste Küste Europas, die schönsten Fjorde der Welt«. Fragt man jemanden in Møre og Romsdal, wo das alles zu finden sei, erhält man die Antwort: »Bei uns natürlich!«. In diesem Bezirk im Norden Westnorwegens zeigt die Natur, wie abwechslungsreich und faszinierend sie sein kann. Hier liegen die »Alpen« direkt am Meer, das wiederum mit seinen Fjordarmen weit ins Land hineinreicht. Im Meer liegen Vogelfelsen, auf denen man hunderttausende kreischende Vögel beobachten kann. Später, im schneebedeckten Fjell, läßt sich die einsame Stille genießen. Møre og Romsdal besteht aus 6.000 Inseln und größeren Schären, gleichzeitig liegt aber ein Viertel des Gebiets höher als 800 Meter. Und dazwischen findet man alle Landschaftsformen, die Ferien in Norwegen zu einem Erlebnis machen.

Mit dem Auto von der Küste ins Fjell

Ein Straßennetz von 6.000 Kilometer Länge, das durch über 50 Fährstrecken und hunderte von Brücken und Tunneln zusammengehalten wird, erschließt den ganzen Bezirk. Mit dem Auto gelangt man zu den Fischerdörfern draußen im Atlantik (z.B. Veidholmen) genauso leicht wie auf hohe Gipfel (z.B. Dalsnibba, 1.500 Meter). Viele Straßen führen nicht nur zu interessanten Sehenswürdigkeiten, sondern sind selbst welche. Die »Nummer eins« unter Norwegens Serpentinenstraßen ist wohl der Trollstigen, der einen herrlichen Ausblick bietet. Auf eine solche Aus-

Isterdalen

Blick auf Geiranger

sicht muß allerdings verzichtet werden, wenn man bei Ålesund Europas längste »unterseeische« Straße befährt: sie verläuft bis zu 140 m tief unter dem Meeresspiegel. Weitere bemerkenswerte Straßenverbindungen sind die Adlerstraße am Geirangerfjord, die Straße zur Vogelinsel Runde und die Atlantikstraße zwischen Eide und Averøy.

Küsten-Kultur

An der Küste liegen die drei Städte des Bezirks. Die »Fischereihauptstadt« Ålesund ist allein schon wegen ihrer Jugendstil-Architektur eine Reise wert. Molde, die Stadt der Rosen, beeindruckt durch ihre Lage am Romsdalsfjord mit den Romsdalsalpen im Hintergrund. Das farbenfrohe moderne Kristiansund liegt hingegen schon am Rande des Atlantiks. Alle drei bieten sie zahlreiche Museen und sonstige Sehenswürdigkeiten. In Molde findet alljährlich ein internationales Jazzfestival statt, Kristiansund ist wegen seiner Opernfestspiele bekannt. Auch kleinere Orte an der Küste bieten große Erlebnisse: zum Beispiel die Inselgemeinde Bjørnsund und das Fischerdorf Veidholmen (Smøla). Oder wie wäre es mit einem Ausflug zur mitten im oft rauhen Atlantik gelegenen Insel Grip, auf der die alte Holzhausbebauung den Winterstürmen trotzt. Überall im Bezirk - auch im Binnenland - kann man Heimatmuseen und historische Bauwerke besichtigen.

Fjorde

Møre og Romsdal wird von acht großen Fjorden durchschnitten. Die unbestrittene »Nummer eins« ist dabei der Geirangerfjord - ein Touristenmagnet ohnegleichen. Aber auch die anderen Fjorde können sich sehen lassen: in einigen spiegeln sich steile Berge, häufig mit schneebedeckten Gipfeln. Wasserfälle stürzen in freiem Fall in die Tiefe. Andere sind weniger dramatisch: fruchtbar-grün, idyllisch mit Rastplätzen direkt am Wasser. Und auf den meisten Fjorden verkehren Fähren, die herrliche Fjordrundfahrten ermöglichen.

Und immer wieder: das Fjell

Im Møre og Romsdal leben nicht nur 240.000 Menschen, hier sind auch die Trolle zu Hause: in Trollheimen, dem wilden, von Schluchten und Spalten gegliederten Gebirge. Hier greifen Fjord und Fjell ineinander über und bilden eine aufsehenerregende Einheit. Weitere bekannte Gebirge (mit Wandermöglichkeiten) sind die Romsdalsfjellene und die Sunnmørsalpen. Die spektakulärste Gebirgsformation

ist jedoch »Trollveggen«, die Trollwand, eine 1.000 Meter hohe, senkrechte Felswand, die zu den anspruchsvollsten »Kletterobjekten« Europas gehört.

Aktivferien

Wer den Fjord- und Fjellbezirk nicht nur durch die Windschutzscheibe erleben will, der findet ebenfalls viele Möglichkeiten: klettern an der Trollwand und tauchen im Meer, mit kristallklarem Wasser, reicher Flora und Fauna und abenteuerlichen Schiffwracks. Oder wie wäre es mit Paddeltouren durch die Fjorde, auf den Binnenseen oder auch entlang der geschützten Küstenpartien? Bootssportler finden an der langen, gegliederten Küste zahlreiche Gästehäfen und andere Service-Einrichtungen. Møre og Romsdal ist ein Geheimtip für Surfer: Profis finden hier die lang gesuchte Herausforderung und Anfänger können ganz vorsichtig die ersten Erfahrungen sammeln. Auch

Trolltindane bei Åndalsnes

Insel Grip

dem, der sich im Gebirge noch nicht so gut zurechtfindet, steht man mit Rat und Tat zur Seite: z.B. im Fjellsportzentrum bei Åndalsnes, wo Anfängerkurse für Bergsteiger und Bergwanderer angeboten werden. Und die Angler? Fast hätten wir vergessen zu erwähnen, was eigentlich selbstverständlich ist: Angeln kann man im Meer, in den Fjorden und im Gebirge - und natürlich auch in den berühmten Lachsflüssen dieses Gebiets. Haben wir noch mehr vergessen? Vielleicht ein paar Worte zum Wetter: eine so abwechslungsreiche Landschaft hat auch das entsprechende Klima. Deshalb gehört die Regenjacke genauso ins Gepäck wie die Badehose. Und feste Schuhe für Ausflüge ins Gebirge sowieso.
Møre und Romsdal ist eben nicht wie Mallorca und Rhodos - erfreulicherweise.

gen / Angelwettbewerb), Aure, Ende Juli
- Olsoklauf, Sunndal, Ende Juli
- Sunndalsmarsch und Kapt. Drejers Erinnerungslauf, Sunndal, Ende Aug.
- »Romsdalsmartna'n«, Åndalsnes, Mitte Sept.

Weitere Informationen:
Møre og Romsdal Reiselivsråd
Postboks 467
N-6501 Kristiansund
Tel.: 073 - 73 977
Telefax: 073 - 70 070

Der Bezirk Møre og Romsdal setzt sich aus den Landschaften Sunnmøre, Nordmøre und Romsdal zusammen. Rund 240.000 Menschen leben hier auf einer Fläche von 15.104 km². 11,4 % des Gebiets besteht aus Inseln, die Küstenlinie hat eine Länge von 6.000 Kilometern. Fast die Hälfte des Bezirks liegt höher als 600 Meter, die höchsten Gipfel erreichen im Südosten 1.800 bis 1.900 Meter.

Romsdalen

FJORD NORWAY
MØRE OG ROMSDAL
ÅLESUND

Blick auf Ålesund vom Stadtberg Aksla

Der ehemalige deutsche Kaiser Wilhelm II. (1888-1918), der sich in manchen anderen Teilen Europas nicht unbedingt größter Sympathien erfreute, scheint in Ålesund einen guten Namen zu haben. Hier ist sogar eine eigene Straße - und nicht einmal eine der unwichtigsten - nach ihm benannt. Das Rätsel löst sich bei einem Besuch des Stadtmuseums. Dort erfährt man, daß Wilhelm, ein erklärter Nordland-Fan (der sich glücklicherweise mit touristischen Expeditionen auf seiner Yacht Hohenzollern zufrieden gab) der Stadt nach dem Großbrand 1904 großzügig Hilfe leistete. Er schickte spontan vier vollbeladene Schiffe auf den Weg nach Ålesund. Diese effektiv durchgeführte Aktion machte offensichtlich größeren Eindruck als die übrigen internationalen Hilfsmaßnahmen, so daß sie Kaiser Wilhelm zu einer eigenen Straße verhalf.

Ålesund Reiselivslag
Rådhuset
N-6025 Ålesund
Tel. 071 - 21 202

■ Wenn Sie sich nach der Lektüre dieser Seite zu einer Reise nach Ålesund entscheiden sollten, dann empfehlen wir Ihnen, Ihren Besuch auf dem Stadtberg Aksla zu beginnen. Sollten Sie gut zu Fuß sein, dann können Sie ihn durch den Stadtpark über 418 Treppenstufen erklimmen. Bequemer geht es allerdings mit dem Auto. Wie auch immer, spätestens die berühmte Aussicht über die Stadt am Meer wird Ihnen den Atem verschlagen. Vom Aksla blicken Sie über das auf mehrere Inseln verteilte Stadtgebiet bis hin zum offenen Meer und zu den schneebedeckten Sunnmøre-Alpen.

Auffällig ist die einheitliche, harmonische Gestaltung des alten Stadtkerns zu beiden Seiten des Brosunds. Die Ursache hierfür ist ein verheerender Brand im Jahre 1904, dem fast die gesamte erst 1848 gegründete Fischereistadt zum Opfer fiel - das Jahr Null in der Stadtgeschichte. Nach der Brandkatastrophe wurde Ålesund im Stil der neuen Zeit (und in Rekordzeit!) wieder aufgebaut. Die führende Architekturrichtung zu Beginn unseres Jahrhunderts war der Jugendstil, der durch die meist im Ausland ausgebildeten norwegischen Architekten eine eigene Ålesunder Variante erhielt. An vielen Details erkennt man auch die Beeinflussung durch die norwegische Nationalromantik. Das neue Ålesund wurde jedenfalls eine Stadt aus einem Guß und präsentiert sich heute als einzigartiges städtebauliches Denkmal seiner Epoche. Ein sehr lebendiges Denkmal allerdings: Ålesund ist mit seinen 35.000 Einwohnern das wichtigste Handels- und Dienstleistungszentrum im Gebiet von Sunnmøre. Ein Einkaufsbummel durch die Geschäfte der Altstadt (z.B. »Skansen« im Bereich der Kongensgate und in »Kipervika«), ist daher nicht nur wegen des architektonischen Rahmens ein besonderes Urlaubsvergnügen. Um den alten Stadtkern herum sind inzwischen neue Wohnviertel mit modernen Einkaufszentren entstanden. Touristen werden sich in Ålesund also nicht über Langeweile beklagen müssen. Weitere Attraktionen sind das Aquarium mit Meerestieren aus der Nordsee in ihrer natürlichen Umgebung, die Ålesunder Kirche mit ihren herrlichen Fresken, das Stadtmuseum (Stadtgeschichte, Seefahrt, Fischfang) und das außerhalb des Zentrums gelegene Sunnmøre Museum mit über 50 alten Häusern, einer umfangreichen Sammlung von Gebrauchsgegenständen und einer großen Fischereiabteilung. Beim Museum befindet sich die mittelalterliche Kirche von Borgund (um 1150; schöne Holzschnitzereien), und der durch Ausgrabungen teilweise freigelegte ebenfalls mittelalterliche Handelsplatz Borgund mit eigenem Museum.

Ålesund ist eine Stadt mit einem bemerkenswerten Hotel- und Restaurantangebot. So haben zum Beispiel die Hotels Baronen, Havly, Parken, Rica und Scandinaviè einen hohen Standard und bieten trotzdem während der Sommersaison vorteilhafte Sommertarife.

Die Stadt eignet sich ausgezeichnet für Ausflüge innerhalb von Møre og Romsdal. Mit Auto und Fähre dauert zum Beispiel die Fahrt zur bekannten Vogelinsel Runde und zum berühmten Geirangerfjord nur ein paar Stunden. Seit neuestem kann man übrigens die Ålesund vorgelagerten Inseln auf dem Landweg erreichen: zwei zusammen fast acht Kilometer lange Tunnel, die bis zu 140 Meter unterhalb des Meeresspiegels verlaufen, machen dies möglich. Die Steinmassen der weltlängsten Unterseetunnel hat man dazu verwendet, die Rollbahn des Flugplatzes zu verlängern. In diesem Teil Norwegens läßt man sich eben etwas einfallen - auch für Sie!

Jugendstilhäuser

Der Ausgangspunkt der »Golden Route« ist Åndalsnes, Hauptort der Gemeinde **Rauma**. Zu ihr gehört nicht nur das Romsdal, sondern auch ein schönes Fjordgebiet mit vielen Aktivitätsmöglichkeiten. Hier vermittelt das Touristenbüro interessante Reisen, Ausflüge und Angeltouren. Bei Åndalsnes befindet sich auch ein Zentrum für Bergaktivitäten im Romsdal (Fjellsportsenter). Dort werden für die meisten Bergsportarten Kurse durchgeführt.

Trollstigen bei Åndalsnes

Kurz hinter Åndalsnes beginnt der berühmte Trollstigen. Er hat eine Steigung von 12 % und windet sich in elf Serpentinen bis in eine Höhe von 850 Meter. Auf der anderen Seite der Paßhöhe liegt die Fjordgemeinde **Norddal**. Unbedingt empfehlenswert ist ein Abstecher am Tafjord entlang bis zum Ort Tafjord (neues Freiluftbad), dessen Fjellgebiet Wanderern und Anglern herrliche Möglichkeiten bietet. Hier sollte man einen Spaziergang zum idyllisch gelegenen Berghof Muldal unternehmen (kleines Café; Wasserfall Muldalsfossen).

Mit der Fähre geht es über den Fjord nach Eidsdal (Abstecher zur Ziegenalm Herdalsetra in 500 m Höhe; original Alm-Essen, herrliche Natur).

Über die Adlerstraße (11 Serpentinen) gelangt man zum bekannten Touristenort **Geiranger**, am gleichnamigen Fjord. Hier kann man die Fahrt über die Geirangerstraße nach Grotli fortsetzen, die 1989 ihr 100-jähriges Jubiläum feiert. Eine Gedenktafel wird vom Kronprinzen höchstpersönlich enthüllt. Von der Geirangerstraße zweigt eine Nebenstraße zur 1.500 m hohen Dalsnibba ab, die eine atemberaubende Aussicht bietet. Die »Nibbestraße« mit ihren 13 Serpentinen ist vor 50 Jahren dem Verkehr übergeben worden.

Von Geiranger kann man mit der Autofähre über den Geirangerfjord nach Hellesylt übersetzen - eine Fahrt, die zu den Höhepunkten einer Norwegenreise gehört. Von Hellesylt gelangt man weiter nach Stranda, dem Hauptort der Gemeinde. Hier findet man ein neues Alpinskizentrum (23,5 km präparierte Pisten), in dem 1990 ein World-Cup-Rennen stattfinden wird. Die Gemeinden an der Golden Route haben Ihnen also zu allen Jahreszeiten etwas zu bieten.

MØRE OG ROMSDAL
GOLDEN ROUTE
The Golden Route

»Golden Route«, die Straßenverbindung zwischen Åndalsnes und dem Geirangerfjord, gehört zu den großen Sehenswürdigkeiten Norwegens. Denn diese rund 90 Kilometer lange Strecke ist eine atemberaubende Aneinanderreihung landschaftlicher Höhepunkte. Eine nähere Beschreibung der »Goldenen Route«, die durch das Gebiet der Gemeinden Rauma, Norddal und Stranda führt, finden Sie im Rundreiseteil dieses Buches (»Jähe Gipfel, klare Fjorde«). Weitere Informationen:

Åndalsnes og Romsdal Reiselivslag
Postboks 133
N-6301 Åndalsnes
Tel. 072 - 21 622

Geiranger og Stranda Reiselivslag
N-6200 Stranda
Tel. 071 - 60 044

Norddal Reiselivslag
N-6210 Valldal
Tel. 071 - 57 570

Kristiansund ist die Bezirkshauptstadt von Nordmøre. Diese moderne, farbenfrohe Hafenstadt liegt dem Meer zugewandt, auf drei Inseln. Fischfang und Fischverarbeitung waren lange Zeit die Haupterwerbsquellen. In letzter Zeit spielen auch Zulieferungs- und Versorgungsdienste für die expandierende Ölindustrie eine große Rolle.

Mitten in der Stadt steht der Aussichtsturm Varden, der einen weiten Blick über Stadt und Meer (mit der Insel Grip) bietet. Einen Besuch wert ist auch das Bezirksmuseum für die Landschaft Nordmøre mit u.a. einer Freilicht- und einer Fischereiabteilung, einer Böttcherwerkstatt und einer Schiffswerft. Interessant ist auch der Besuch der 1964 erbauten Stadtkirche.

Wer in Kristiansund ist, sollte keinesfalls einen Ausflug mit dem Linienboot zur Insel Grip versäumen. Die Inselgruppe mit 82 Holmen und Schären liegt 14 Kilometer nördlich von Kristiansund und ist nur mit dem Boot zu erreichen. Um eine mittelalterliche Stabkirche gruppieren sich die Häuser der ehemals kleinsten selbstständigen Gemeinde Norwegens. Auf knapp einem halben Quadratkilometer lebten früher über 400 Menschen - seit 1974 ist Grip jedoch nur noch im Sommer bewohnt. Außer einem Inselausflug können Sie auf Anfrage auch vom Touristenbüro organisierte Meeresangeltouren und Schärenrundfahrten unternehmen.

Sunndal liegt im Innern des Sunndalsfjords, dem am weitesten ins Land reichenden Fjord in Nordmøre. Tiefe Täler, weite Hochgebirgsebenen und das türkisblaue Wasser des Fjords prägen die Landschaft. Der Talzug Sunndal bildet die Grenze zwischen den Gebirgsmassiven Snøhetta und Trollheimen. Aktivitätsmöglichkeiten sind hier vor

Kristiansund

Sunndalsøra

allem Wandern, Bergsteigen (Innerdalen), Angeln und die Entdeckung der interessanten Flora und Fauna.

Bereits vor hundert Jahren kamen britische Adlige hierhin, um Lachse zu angeln - ein Sport, der heute für jedermann erschwinglich ist. Landschaftliche Höhepunkte sind die Schlucht Åmotan, der Mardalsfoss (Nordeuropas höchster Wasserfall) sowie die Gebirgstäler Litledal und Innerdal mit großartiger Fjell-Kulisse.

KRISTIANSUND SUNNDAL

Die Abenteuerstraße

Von der E6 (Oppdal) führt die Reichsstraße 16 bis zur Küste. Man kommt dabei durchs Gebirge und durch enge und wilde Täler am Lachsfluß Driva entlang nach Sunndalsøra. Hier treffen Fjell und Fjord aufeinander. Die Abenteuerstraße verläuft dann durch eine sehenswerte Fjordlandschaft bis zum offenen Meer. Dort liegt Kristiansund - eine kontrastreiche Stadt mit ihren vorgelagerten Schären, üppigen Parkanlagen und einem bunten, städtischen Leben. Per Schiff gelangt man durch eine beeindruckende Insel- und Schärenwelt bis zum Archipel von Grip - weit draußen vor der Küste.

Kristiansund Reiselivslag
Postboks 401
N-6501 Kristiansund N
Tel. 073 - 77 211

Sunndal Reiselivslag
Postboks 62
N-6601 Sunndalsøra
Tel. 073 - 92 552

Verkaufsgenossenschaft
Norwegischer Lachs
Olav Tryggvasonsgt. 39/41
Postboks 851
N-7001 Trondheim
Tel. 07 - 51 33 22
Telefax 07 - 51 49 79

»Fiskeoppdrett« -
Die neue Erwerbsquelle im Fjordland

Während einer Reise durch das Fjordland werden sich viele die Frage stellen: »Wovon leben die Leute hier eigentlich?«. Man hört immer wieder von der Wichtigkeit der noch jungen Erdölindustrie, von der wirtschaftlichen Bedeutung des Fremdenverkehrs und von großen Wasserkraftwerken, die wiederum die Voraussetzung für eine beachtliche elektrometallische Industrie schaffen. Und mit eigenen Augen sieht man, wie wichtig auch heute noch die Landwirtschaft ist. Genauso wie man dort zunehmend auf moderne Produktionsmethoden setzt, so hat auch der zweite primäre Wirtschaftszweig, die Fischerei, eine interessante Entwicklung durchgemacht. Die Ereignisse dort sind so »revolutionär«, daß man von der Entstehung einer neuen Industrie sprechen kann. Schon im Mittelalter waren norwegische Fischprodukte wichtige Exportartikel. Über die Hansestadt Bergen, die nicht ohne Grund einen Dorschkopf in ihrem Wappen führt, wurde Klippfisch nach ganz Europa verschifft. Der Fischfang war also damals schon ein bedeutender Erwerbszweig für die Bewohner der Westküste. Viele Küstenstädte sind vor allem im 19. Jahrhundert mit den reichen Heringsfängen großgeworden: zum Beispiel Haugesund, Ålesund, aber auch Stavanger. Lachse und Forellen aus den norwegischen Fjorden und wässern, durch den Golfstrom ganzjährig günstigen Wassertemperaturen - sowie der geschützten Lage der weit ins Land reichenden Fjorde die Hauptverantwortung für den Gedeih des Zuchtfisches trägt. Inzwischen haben die rund 750 Zuchtanlagen eine Produktionskapazität von 100.000 bis 110.000 Tonnen Fisch. Aus der Fischzuchtbranche ist im Laufe von zwei Jahrzehnten eine Industrie mit Milliardenumsätzen geworden. Der wichtigste Ab-

Fischfarm

satzmarkt ist Frankreich, das 1987 allein 11.424 t abgenommen hat - die Franzosen sind eben Feinschmecker. Auf den weiteren Plätzen folgen die USA, Dänemark, Bundesrepublik Deutschland und Schweden. Zwei Drittel des Zuchtlachses, der in der ganzen Welt konsumiert wird, kommt aus Norwegen. Und der Boom hält unvermindert an. Für 1990 rechnet die Verkaufsorganisation der norwegischen Lachszüchter mit einer Verdoppelung des Umsatzes im Vergleich zu 1987. Exportiert werden jedoch nicht nur Fischprodukte, sondern auch Know-how. Überall in der Welt schätzt man das norwegische Wissen auf diesem Gebiet. Auch die Welternährungsorganisation FAO greift auf die Erfahrung der Norweger zurück, denn die moderne Aquakultur ist in der Lage, bedeutende Nahrungsmittelreserven zu erschließen. Während zur Zeit der Lachs in Norwegen einen Anteil von mehr als 90 % an der Aquakultur-Produktion hat, will man nun auch andere Fischsorten wie Dorsch, Heilbutt, Steinbutt und Seewolf »domestizieren«. Der erste Zuchtdorsch ist bereits ausgeliefert worden.

So ändern sich die Zeiten. Während früher die norwegischen Fischer in kleinen Booten unter Einsatz ihres Lebens dem oft stürmischen Meer den Fisch abtrotzten, wird er heutzutage unter weniger dramatischen Umständen »produziert«. Der Fischfang ist dabei genauso ungefährlich wie das Betreiben eines modernen Bauernhofes. Und das Beherrschen moderner Computertechnologie ist wichtiger als die richtige Handhabung von Fischernetzen. Rund 4.000 Norweger arbeiten mittlerweile in Fischzuchtanlagen und mindestens genauso viele in Zuliefer-, Verarbeitungs- und Verkaufsbetrieben.

Norwegen mit seiner enorm langen und fjordreichen Küste ist geradezu prädestiniert dazu, seine führende Position in dem stark expandierenden internationalen Aquakultur-Markt auch in Zukunft zu behalten.

Arbeitsplatz: Lachszuchtanlage

Flüssen sind seit Generationen ebenfalls begehrte Speisefische und eine wichtige Einnahmequelle für die dortige Bevölkerung. Auf diese guten Traditionen konnte man bauen, als man in den 60er Jahren dieses Jahrhunderts damit begann, den Fisch quasi zum Haustier zu machen. Mit Regenbogenforellen hatte man bereits anderswo in der Fischzucht erste Erfolge gesammelt, gänzlich neu hingegen waren die norwegischen Experimente mit atlantischem Lachs, dem »Salmo salar«. 1971 wurden die ersten 98 Tonnen Zuchtlachs produziert, ein neuer Industriezweig war entstanden.

Zu dem im Laufe der Jahrhunderte erworbenen Knowhow der Norweger kommen erstklassige natürliche Voraussetzungen. Die Ausgangslage für eine kräftige Entwicklung des Aquakultursektors könnte gar nicht besser sein. Aber auch die modernste Technologie allein garantiert noch keinen Zuchterfolg. Vielmehr ist es das Verdienst von »Mutter Natur«, die mit sauberen Küstenge-

Begehrt seit Jahrhunderten: Norwegischer Lachs

Schon seit Menschengedenken sind Lachs und Forelle in Norwegen äußerst begehrte Fische. Der Lachs ist die älteste im Land bekannte Fischart, der atlantische Lachs (Salmo Salar) sogar die älteste aller Lachsarten.

Der Salmo Salar fühlt sich sowohl in Salz- als auch in Süßwasser zu Hause. Er kann sich extremen Umweltveränderungen anpassen, die für die meisten anderen Fischarten tödlich wären. Natürliche Lachsvorkommen gibt es auf beiden Seiten des Nordatlantiks - in Europa von Portugal im Süden bis zum sowjetischen Fluß Petsjora im Nordosten.

Nach der Laichzeit und einer Wachstumsperiode von zwei bis drei Jahren verläßt der Salmo Salar die 400 bis 500 norwegischen Lachsflüsse und wandert ins Meer. Einige Jahre später kehrt er in seinen Ursprungsfluß zurück, um den Nachwuchs zu sichern. Es hat sich als schwierig erwiesen, für die Lachswanderung eine wissenschaftliche Erklärung zu finden. Sie beginnt zeitig im Frühjahr und ab Mai/Juni

wird die Lachsangelsaison eröffnet, die in der Regel bis August dauert.

Früher war die Lachsfischerei für die Bauern, die an den Flüssen lebten, eine wichtige Nebenerwerbsquelle. Es kursieren viele Geschichten von langen, hellen und aufregenden Sommernächten, an denen - sehr zur Freude der norwegischen und ausländischen Fischer - abenteuerliche Lachsfänge getätigt wurden. Die norwegischen Lachsflüsse sind übrigens vor nur 170 Jahren von englischen Sportanglern »entdeckt« worden.

Es gibt aber auch viele Geschichten darüber, daß die Landarbeiter, die auf den Höfen entlang der Lachsflüsse beschäftigt waren, diesen Fisch einfach satt hatten. Bis in unser Jahrhundert hinein hatten viele von ihnen in ihrem Arbeitsvertrag eine Zusatzklausel über die Anzahl der zumutbaren Lachsmahlzeiten: nicht mehr als drei pro Woche!

Aufregende Angelerlebnisse und die Begegnung mit unberührter Natur führten die ersten Lachsfischer an die norwegischen Flüsse. Heute ist das Lachsangeln ein Hobby bzw. eine oft nicht ganz billige Freizeitbeschäftigung. Für Flußeigner hat die Vermietung von Angelrechten eine gewisse wirtschaftliche Bedeutung erlangt: Deutsche, Dänen, Franzosen und Engländer sind dabei die wichtigsten Interessenten.

Auch an der Küste betrieb man das Lachsangeln als Nebenerwerb. Die norwegischen Küstenfischer konnten sich jedoch nicht - wie ihre Kollegen am Stillen Ozean - ausschließlich auf diese Fischart konzentrieren. Dennoch war das Lachsangeln immer ein wichtiges Saisongeschäft, wobei allerdings die Fangquoten beschränkt und viel diskutiert wurden. Heute hat das Fischen nach wildem Lachs keinerlei wirtschaftliche Bedeutung mehr.

Trotzdem sind es weder die beschränkten Fangquoten noch der Mangel an Wildlachs, die zur Lachszucht, Norwegens neuer Wachstumsbranche, geführt haben. Schuld ist vielmehr der Hering. Sowohl Pioniere als auch Skeptiker der Lachszucht waren nämlich oft Heringsfischer, die das Aussterben einer Fischart nach der anderen beobachteten und deshalb gezwungen waren, mit ihren Kuttern immer weiter auf das Meer hinauszufahren. Ihr Wunsch war es, wieder über ein sicheres Einkommen zu verfügen, ohne dafür ihre Familien so lange Zeit verlassen zu müssen. So entstanden im Laufe der letzten Jahrzehnte hunderte von Fischfarmen.

Norwegischer Lachs ist heute ein weltweit nachgefragter Exportartikel. Zum einen sind es natürlich die idealen Umweltbedingungen, die den Zuchtlachs zu einem erstklassigen Produkt machen. Aber auch die kontinuierliche Optimierung des genetischen Materials sorgt für ständige Qualitätsverbesserungen. Es stammt zum Teil aus dem Laich der besten Wildlachse. Die Könige der wilden Flüsse Norwegens sind somit die Stammväter des Zuchtfisches.

TRØNDELAG

Die Olavs-Spiele in Stiklestad

Nehmen wir einmal an, Sie kommen Ende Juli nach Stiklestad/Trøndelag. Eigentlich wollten Sie angeln, möglicherweise im Verdalselva. Schon auf der Europastraße 6 fällt Ihnen auf, daß der Verkehr dichter ist als sonst in Norwegen. Nehmen wir außerdem an, Sie sind ein wenig neugierig - naja zumindest wißbegierig. Sie denken sich, daß auch morgen noch genug Fische darauf warten, von Ihnen geangelt zu werden. Stimmt ja auch. Daher folgen Sie dem Strom. Und landen in einem großen Freilichttheater. Bald beginnt die Vorstellung, und 300 Schauspieler, Tänzer, kostümierte Reiter, Chor-und Orchestermitglieder drehen das Rad der Zeit zurück - um fast 1000 Jahre. Sie befinden sich plötzlich im Jahre 1030 und erleben, wie König Olav, Norwegens Christenkönig seinen Feinden begegnet, geschlagen wird und mit dem Leben büßt. Zusammen mit mehreren tausend anderen Zuschauern werden Sie Zeuge eines historischen Ereignisses, Geschichte hautnah, vor einer Kulisse, die von der Natur gestaltet wurde. Die Olavspiele von Stiklestad sind das wohl spektakulärste aber längst nicht das einzige Beispiel dafür, daß in Trøndelag die Geschichte lebendig geblieben ist. Dieser Landesteil, der geografisch in Herzen Skandinaviens liegt, war jahrhundertelang auch das geistige, geistliche und politische Zentrum des Landes. Trøndelag ist daher nicht nur ein Gebiet mit einer großartigen Naturlandschaft, sondern bietet auch bemerkenswerte kulturelle Erlebnisse. Ein Beispiel hierfür ist der mächtige Dom in Trondheim; der Nidarosdom, 50 Meter breit, 102 Meter lang und mit einer

Der Nidaros Dom in Trondheim

prachtvollen, reichverzierten Hauptfassade versehen. Er ist der Überlieferung nach über dem Grab desselben Olav errichtet worden, dessen schicksalhaftes Ende wir in Stiklestad miterleben konnten. Olav wurde später heiliggesprochen und gilt heute noch im protestantischen Norwegen als Nationalheiliger. Der Nidarosdom zählt zu den bedeutendsten Touristenattraktionen Norwegens. Eine Sehenswürdigkeit, die garantiert in den meisten Reiseführern nicht verzeichnet ist, befindet sich auf der Insel Hitra. Hier liegt »Dolmens by« eine Miniaturstadt mit mehreren hundert detailliert nachgebildeten typisch norwegischen Holzhäusern, Booten und Hafenanlagen. Alles das ist in jahrelanger Arbeit von einem Ehepaar »erbastelt« worden, das übrigens Jahr für Jahr, zumindest den beweglichen Teil seines Besitzes »evakuiert«, bevor die Winterstürme einsetzen.

Aber kehren wir zum Ausgangspunkt unserer Betrachtung zurück, zum Angeln. Trøndelag hat vor allem bei Lachsanglern einen guten Namen. Nicht nur die Verdalselv bei Stiklestad, sondern auch der Stjørdalselv, die Ogna, der Namsen, die Gaula, Orkla, ja sogar der Trondheimer Lachsfluß Nidelva. Und dies sind nur einige Namen aus einer längeren Liste. Auch wer sich mit weniger »edlen« Fischen begnügt, kommt auf seine Kosten. Insgesamt gibt es im Landesteil Trøndelag nämlich etwa 20.000 Seen, Teiche, Flüsse und Bäche mit einem lohnenden Fischbestand. Das größte und fischreichste Gewässer ist jedoch das Meer. Hier muß man schon die Angel verkehrt herum ins Wasser halten, um ohne Beute zu bleiben. Ein ganz besonderes Erlebnis ist es, mit einem Boot aufs Meer hinauszufahren und dort wie ein richtiger Fischer Petri Heil zu suchen. Trøndelag hat eine Küstenlinie von immerhin 9000 Kilometern und 2000 Inseln - an mangelnden Gelegenheiten wird Ihr Angelglück nicht scheitern.

Gerade das Küstengebiet von Trøndelag ist eine Landschaft, die wir Ihnen besonders ans Herz legen möchten. Sie liegt abseits der Hauptverkehrswege und damit natürlich auch fern von allen Erscheinungen des Massentourismus. Ein Urlaub zum Beispiel auf den Inseln Hitra und Frøya (Sør-Trøndelag) oder im Inselarchipel von Vikna (Nord-Trøndelag) ist ein wahres Erlebnis für Naturliebhaber. Um in diese Gebiete zu gelangen, muß man allerdings die Europastraße 6 verlassen, auf der viele Touristen Trøndelag allzu schnell durchfahren. Zahlreiche Nebenstraßen führen bis in die entlegensten Fischerdörfer und auch in die gewaltigen Hochgebirgsgebiete, die ebenfalls die Region prägen. Höhepunkte sind die Fjellandschaften Trollheimen und Sylene oder das seenreiche Gebirge Nord-Trøndelags.

Eine Besonderheit der Landschaft Trøndelag sollte hier nicht unterschlagen werden: ihre Einwohner, die »Trønder«. Sie gelten als spontan, wenn man ihnen Zeit läßt, zeichnen sich durch einen charakteristischen Dialekt aus, sowie durch einen ganz besonderen Humor. Dessen Nuancen bleiben leider den meisten ausländischen Besuchern verborgen, da er nicht immer leicht zu übersetzen ist - selbst nicht ins Norwegische. Wir haben jedoch ein Beispiel für Sie ausgesucht, daß wohl international verständlich ist: »Ist es wahr, daß Ihr Trønder immer eine Frage mit einer Frage beantwortet?« - »Wer hat das gesagt?«.

In diesem Sinne: Wie wäre es in diesem Jahr mit einen Urlaub in Trøndelag? Ja, warum nicht?

TRØNDELAG

Gesamtfläche km²: 41.294
Einwohner: 374.002

Städte:	Einwohner:
Trondheim	135.000
Røros	5.450
Steinkjer	20.386
Levanger	16.674
Namsos	12.795

Sehenswürdigkeiten:

- Musikhistorisches Museum, Ringve / Trondheim
- Bergstadt Røros, Røros-Museum und Olavsgrube, (der Ort steht auf der UNESCO-Liste), Røros
- Altes Zechengebiet bei Løkken
- Thamshavnbahn (Museumsbahn), Meldal
- Felszeichnungen in Hegra, Bardal / Steinkjer undi Bølarein/Steinkjer
- Stiklestad, Verdal
- Schloss Steinviksholm, Stjørdal
- Woxengs Sammlungen, Vikna
- Namsskogan (Abenteuerpark), Namsskogan

Ausflüge:

- Ausflüge zu den Inseln der Küste Mittelnorwegens (ab Trondheim)
- Busrundfahrt mit Guide (Trondheim und Umgebung)
- Hafenrundfahrt (ab Ravnkloa, 2 Std.)
- Bootstour nach Munkholmen
- Angeltour/Fjordkreuzfahrt
- Sommerfest auf Munkholmen mit Minikreuzfahrt
- Rundfahrt mit Veteranstraßenbahn (Trondheim und Umgebung)
- Halbtagestour nach Austråttborgen mit dem Schnellboot
- Ausflug zum Miniaturdorf Dolmen bei Kjerringvåg (Bus, Fähre, Schnellboot)
- Sommernachtsfest auf M/S Yrjar (nachmittags ab Trondheim, Rückkehr am nächsten Morgen)
- Mit dem Boot ein Wochenende nach Halten
- Nur sonntags: Bootstour ab Trondheim nach: Brekstad - Fillan - Inntian - Sistranda. Rückfahrt über Knarrlagssund

Entfernungen (von Trondheim):
- Oslo .... 539 km
- Bergen .... 682 km
- Bodø .... 738 km
- Kristiansand S ..... 873 km
- Tromsø .... 1.169 km
- Nordkap .... 1.169 km
- Kristiansand .... 995 km
- Trondheim .... 122 km
- Tromsø .... 1.047 km
- Nordkapp .... 1.502 km

Entfernungen (von Steinkjer):
- Oslo .... 661 km
- Bergen .... 804 km

Verkehrsflugplätze:
Røros: Røros Flugplatz
Ørland: Ørland Flugplatz
Trondheim: Trondheim Lufthafen, Værnes
Namsos: Namsos Lufthafen
Rørvik: Rørvik Lufthafen

Bahnverbindungen:
Trondheim - Bodø, Trondheim - Östersund - Stockholm,
Trondheim - Dombås - Oslo,
Trondheim - Røros - Oslo.
Nordlandsbanen: Bodø - Grong - Steinkjer - Hell - Trondheim,
Trondheim - Hell - Östersund - Stockholm

TRØNDELAG

Viele Gebiete Norwegens erheben für sich den Anspruch, alle Vorzüge der norwegischen Naturlandschaft innerhalb ihrer Grenzen zu vereinigen. Nicht immer trifft dies in so großem Maße zu wie in Trøndelag. Der Landesteil bildet den Übergang zwischen dem Norden und dem Süden Norwegens - in geographischer und auch in landschaftlicher Hinsicht. Hier in »Mittelnorwegen« findet man daher fruchtbare Ackerbaudistrikte, Hochgebirge mit alpinem Charakter, einsame Waldlandschaften, Talzüge mit ungebändigten, fischreichen Flüssen, eine zerklüftete Fjordküste mit Tausenden von Inseln und Schären. Die Sommernächte sind nordisch-hell, zur Mittsommerzeit wird es überhaupt nicht dunkel.

Das 41.300 km² große Gebiet zwischen der schwedischen Grenze und dem Meer besteht aus den Bezirken Sør- und Nord-Trøndelag. Sie erstrecken sich rings um den breiten Trondheimsfjord. Dieser drittgrößte norwegische Fjord reicht immerhin 126 Kilometer weit ins Land hinein. Er bietet gute Wassersport- und Angelmöglichkeiten. An seinen Ufern erstrecken sich - wie auch im Namdal - fruchtbare Landwirtschaftsgebiete. Auf der selben nördlichen Breite wie Island und Grönland, gedeihen hier Obst, Gemüse und Getreide. Eine besondere Spezialität sind die besonders saftigen und aromatischen Erdbeeren. Am Trondheimsfjord liegt auch die Hauptstadt Mittelnorwegens: Trondheim, die nicht nur wegen ihres prachtvollen Doms einen Besuch wert ist - aber darauf werden wir später zurückkommen.

Skogn und Trondheimsfjord

Trøndelag liegt zwar noch einige hundert Kilometer südlich des Polarkreises, trotzdem wird es hier im Sommer kaum dunkel. Es ist daher kein Wunder, daß in Trondheim alljährlich auf einer der nördlichsten Golfbahnen der Welt der »Midnight-Cup« ausgetragen wird. Was für die Golfer gilt, erfreut auch alle anderen Aktiven: bis weit in die Sommernacht hinein ist es taghell. So hat man einfach viel mehr vom Urlaub - schlafen kann man auch zu Hause.

Kein Anglerlatein

Was für den kulturell interessierten Touristen der Trondheimer Dom darstellt, sind für Angelfreunde die Flüsse Trøndelags. Die Hälfte der zehn »ertragreichsten« Lachsflüsse Norwegens liegen in dieser Region: Orkla, Gaula, Namsen, Stjørdalselva und Verdalselva. Sie lassen Anglerherzen höher schlagen. Lachsangeln ist hier übrigens ein preiswertes Vergnügen: eine Tageskarte für einen der besten Abschnitte der Gaula oder des Verdalselvs (ein Durchschnittslachs wiegt hier 10 kg) kostet zum Beispiel nur etwa 30 DM.

Völlig umsonst angelt man im Meer - und ganz bestimmt nicht vergebens. Wichtige Urlaubsgebiete für Meeresangler sind die Inselgruppen Jøa, Otterøy und Vikna, die zerklüfteten Küstenabschnitte von Nærøy, Flatanger und Fosen, sowie die Inselgemeinden Leka, Frøya und Hitra. Da man in Trøndelag vernünftigerweise davon ausgeht, daß nicht unbedingt jeder Tourist sein eigenes Boot mitbringt, kann man dort einen schwimmenden Untersatz mieten: vom kleinen Kahn bis zum seetüchtigen Fischerboot mit eigenem Kapitän. Genauso unterschiedliche Formate wie die Boote haben übrigens auch die Fische, die manchmal nur darauf zu warten scheinen, bei Ihnen anbeißen zu dürfen. Der größte Fisch, der hier an die Angel ging, war ein Grönlandshai mit dem stolzen Gewicht von 775 Kilo - dies ist kein Anglerlatein, sondern offizieller Weltrekord, der 1987 im Trondheimsfjord aufgestellt wurde. Zahlreiche weitere Aktivitätsmöglichkeiten sind mit dem Wasser verbunden. So kann man zum Beispiel an mehreren Stellen tauchen, surfen und natürlich auch baden.

Vom Meer ins Gebirge

In Trøndelag erfordert das meist nur eine kurze Fahrt. Die bekanntesten Fjellgebiete sind Trollheimen und Sylene, deren Gipfel eine Höhe von rund 1700 Metern erreichen. Beide Gebirgsgebiete sind durch ein gut markiertes Wegenetz erschlossen, das Wanderungen von Hütte zu Hütte erlaubt. Es werden auch drei- bis siebentägige organisierte Wanderungen angeboten. In Sylene hat man Anschluß an das schwedische Hütten- und Wegenetz. Vier Gebiete - Femundsmarka, Dovrefjell, Gressåmoen und Børgefjell - stehen als Nationalparks unter besonderem Naturschutz.

Veranstaltungen:
- Verdalsmartna'n, Verdal, Mitte Juni
- Styggedalsspiel (Verdal Museum) Verdal, Mitte Juni
- Sommerausstellung (Glas, Keraik und Grafik im Pottemakergården), Grong, 18. Juni - 8. Aug.
- Country-Campfestival (Havfru badet), Verdal, 30. Juni - 2. Juli
- Mittsommerfest, Oppdal, Ende Juni
- Åsfjordstage, Lachsfestival, Åsfjord, Ende Juni
- Rørosvuku - »Bergmannstage« (großes Kulturfestival mit buntem Programm, Seminare usw.), Røros, 1.-9. Juli
- Herlaugstage (buntes Programm), Leka, Mitte Juli
- Historisches Festspiel, Leka, Mitte Juli
- Meeresangelfestival, Roan, Mitte Juli
- Olavstage (div. Kulturveranst.), Trondheim, Ende Juli
- Norwegisches Revuefestival, Høylandet, Mitte Juli
- Historisches Theater (Vorführung des Olav-Spiels im Freilichttheater), Stiklestad, 27., 29. und 30. Juli
- Olsok-Gottesdienst, Stiklestad / Verdal, 29. Juli
- Levangertage, Levanger, 30.-31. Juli
- Levanger-Martna'n, Levanger, 3.-6. Aug.
- Ørastage (Volkspark), Verdal 6.-7. Aug.
- Steinkjer Martnaden 1989 Steinkjer, 10.-13. Aug.
- Ortsfest in Stiklestad Verdal, 13. Aug.
- Sagamarsch (Sul-Stiklestad), Verdal, 27. Aug.
- Partisanenmarsch, Ørland, Ende Aug.
- Norwegisches Musikfestival (1 Woche, norwegische Klassik in Stjørdal, Verdal, Levanger, Steinkjer und Namsos), Ende Juli

Weitere Informationen:

Sør-Trøndelag Reiselivsråd
St. Olavsgt. 2
N-7012 Trondheim
Tel: 07-52 15 31
Telefax: 07-52 04 30

Nord-Trøndelag Reiselivsråd
Selfint, Seilmakergt. 3
N-7700 Steinkjer
Tel: 077-63 233
Telefax: 077-64 210

Wer statt auf zwei Beinen lieber vierbeinig durch das Gebirge ziehen will, findet ebenfalls in Sylene (Ausgangspunkt Meråker und Tydal), in Trollheimen (Oppdal und Fannrem) oder im Namdal (Høylandet) gute Möglichkeiten. Dort werden Reiterferien mit unterschiedlicher Länge und unterschiedlichen Schwierigkeitsgraden angeboten. Auch ungeübte Urlauber können sich unbesorgt den erfahrenen und guttrainierten Pferden anvertrauen und sich von ihnen sicher durch das Gebirge schaukeln lassen. Etwas mulmig wird manchen vielleicht bei einer Riverrafting-Tour auf der Driva. Eine solche Wildwasser-Floßfahrt ist zwar ein aufregendes, aber dennoch gänzlich ungefährliches Erlebnis für die ganze Familie.

Geschichte und Kultur

Trøndelag ermöglicht jedoch nicht nur großartige Naturerlebnisse, sondern auch kulturell und historisch interessierten Touristen wird einiges geboten. Hauptattraktion in dieser Hinsicht ist natürlich Trondheim, die Hauptstadt Mittelnorwegens. Mit 135.000 Einwohnern ist sie für norwegische Verhältnisse eine richtige Großstadt. Ihr bedeutendstes Bauwerk ist der Nidarosdom, der über dem Grab Olav des Heiligen errichtet worden ist. Die ältesten Gebäudeteile stammen aus dem 13. Jahrhundert. Eine besondere Sehenswürdigkeit sind hier die norwegischen Kronjuwelen, die in der Kirche ausgestellt werden. Weitere historische Bauwerke sind der Erzbischofshof (Erkebispegården) aus dem Jahre 1160. Lohnend ist auch eine Wanderung durch die Altstadt mit ihren guterhaltenen malerischen Holzhäusern aus dem 18. und 19. Jahrhundert. Am Stadtrand liegt der Gutshof Ringve mit Norwegens einzigem musikgeschichtlichen Museum, dessen historische Instrumente während einer interessanten Führung vorgespielt werden. Letzte Errungenschaft Trondheims in Sachen Museen ist

Die norwegischen Kronjuwelen, die im Nidarosdom aufbewahrt werden, können im Sommer besichtigt werden.

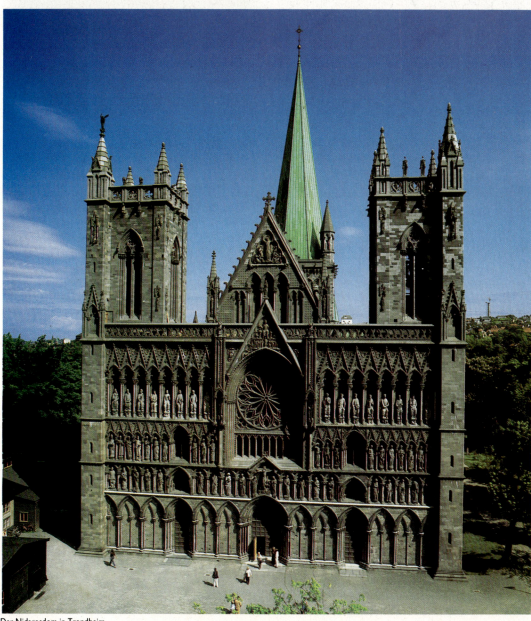

Der Nidarosdom in Trondheim

TRØNDELAG

Der Namsen, Norwegens sechstlängster Fluß, ist ein besonders beliebtes Fischgewässer, das vor allem bei Lachsanglern hoch im Kurs steht. Chancen auf einen guten Fang bestehen in der Nähe von Grong und Overhalla. Auch die Nebenflüsse Bjøra und Sanddøla lassen Anglerherzen höher schlagen.

Røros

Das »Spiel vom Heiligen Olav« ist nicht das einzige historische Theaterspiel, das in Trøndelag unter freiem Himmel aufgeführt wird. Weniger groß angelegt aber nicht minder interessant, ist das »König Herlaug-Spiel«, (Spelet om Kong Herlaug), das Mitte Juli auf der Sagainsel Leka miterlebt werden kann. Auch hier wird ein historischer Stoff in entsprechender Umgebung dargeboten. Selbst wenn man kein Norwegisch versteht, ist das ein beeindruckendes Erlebnis.

das Skimuseum, das über die Geschichte des Skilaufens informiert.

Moderne Städte

Trotz aller Historie: Trondheim ist auch eine moderne, junge Stadt. Unter ihren Bewohnern befinden sich nicht weniger als 12.000 Studenten. Die Stadt ist zukunftsorientiert wie wenig andere in Skandinavien und hat sich in den letzten Jahren zu einem Technologiezentrum entwickelt. Übrigens: Trondheim ist eine Stadt, in der man gut ausgehen kann. Restaurants, Cafés und Diskotheken verteilen sich über das ganze Stadtgebiet. Außerhalb der Stadt liegt Norwegens »herausragendstes« Restaurant: im Telekommunikationsturm Tyholt kann man in 80 Meter Höhe nicht nur hervorragend essen, sondern auch die großartige Aussicht genießen. Während der Mahlzeit dreht sich das Restaurant um die eigene Achse - eigentlich der ideale Ort für eilige Touristen. Man ißt gepflegt und bekommt gleichzeitig noch die Stadt und die waldreiche Umgebung vorgeführt.

Ebenfalls am Trondheimsfjord, jedoch an seinem Nordende, liegt die zweitgrößte Stadt Trøndelags: Steinkjer. Mit ihren über 1.500 Quadratkilometern Fläche ist sie Norwegens fünftgrößte Stadtgemeinde. Folglich bieten sich hier sehr gute Freizeit- und Erholungsmöglichkeiten. Steinkjer ist Hauptstadt des nördlichen Teils von Trøndelag. Weitere wichtige Orte und Handelszentren in diesem Bezirk sind Stjørdal, Levanger, Verdal, Namsos und Rørvik. Sie alle bieten gute Einkaufsmöglichkeiten - sowohl in kleinen Geschäften als auch in modernen Kaufhäusern. Die meisten Bewohner der Region leben in kleineren Orten oder ganz außerhalb geschlossener Ortschaften, jedoch überwiegend im flachen, fruchtbaren Trondheimsfjordgebiet (»Indre-Trøndelag«), Norwegens Kornkammer. Diese Region hat ein jahrtausende alte Geschichte und hier wurde auch Geschichte gemacht. Zum Beispiel in Stiklestad: Dort fiel 1030 der spätere Nationalheilige Olav bei der entscheidenden Schlacht der christlichen Heerscharen gegen das heidnische Kleinkönigtum. Auf der schönen Freilichtbühne von Stiklestad wird alljährlich im Juli das »Spiel vom heiligen Olav« (»Spelet om Heilag Olav«) aufgeführt, eine dramatische Darstellung der historischen Ereignisse - mit über 300 Akteuren.

Lebendiges Museum Røros

Eine nicht weniger beeindruckende Rekonstruktion von Vergangenem wird ganz im Süden Trøndelags geboten. Außerhalb des Bergbauortes Røros ist die stillgelegte Olavsgrube für Touristen wiedereröffnet worden. Tief unter Tage wird dort mit Hilfe von geschickt eingesetzten Licht- und Toneffekten der meist harte Arbeitsalltag der Bergleute demonstriert. Überhaupt ist ganz Røros ein - quicklebendiges - Museum. Zusammen u.a. mit den ägyptischen Pyramiden und dem Versailler Schloß wird die alte Bergarbeiterstadt auf der UNESCO-Liste der bedeutendsten Denkmäler der Welt geführt (»World Heritage List«). Røros liegt mitten im Gebirge in 600 Meter Höhe und verdankt seine Existenz den einst reichen Kupfervorkommen. Die kleinen Holzhäuser der Bergleute direkt hinter den Halden und die zum Teil Jahrhunderte alten Anlagen des Bergwerks sind fast vollständig erhalten.

Noch ein weiterer Ort im Süden des Bezirks sollte nicht unerwähnt bleiben: Oppdal, das ebenfalls im Gebirge liegt. Dieser wichtige Wintersportort ist auch im Sommer ein bedeutendes Aktivitätszentrum (Tennis, Kanu, Reiten) und Ausgangspunkt für Unternehmungen (Wandern, Bergsteigen) in den Gebirgsgebieten Trollheimen und Dovrefjell. Auch die Orte Meråker und Grong im nördlichen Teil Trøndelags sind gute Standorte für aktive Ferien in einer naturschönen Landschaft.

Trøndelag entdecken

Übrigens: in Trøndelag lohnt es sich ganz besonders, die Europastraße 6 und die anderen Hauptstraßen zu verlassen, um auf Nebenwegen dieses Gebiet zu erkunden. Ein Geheimtip ist hier das Küstengebiet, das völlig neue Norwegenerfahrungen ermöglicht. Man sollte hier auch einmal das Auto stehen lassen und eine Fahrt mit einem Linienschiff unternehmen, zum Beispiel von Trondheim aus hinaus nach Hitra und Frøya oder durch das Fjord- und Inselgewirr von Nord-Trøndelag zwischen Trondheim und Namsos sowie zwischen Namsos und Rørvik. Oder vielleicht wollen Sie lieber auf Safari gehen? Auch das ist in Trøndelag kein Problem: mit Oppdal als Ausgangspunkt werden Exkursionen zum Dovrefjell veranstaltet. Dort geht man auf Fotojagd nach den hier freilebenden Moschus-Rindern, ein Erlebnis das man Ihnen kaum anderswo bieten kann. In Trøndelag können Sie so manches unternehmen, das woanders nicht möglich wäre - überzeugen Sie sich an Ort und Stelle.

NORD-NORWEGEN

Stellen Sie sich vor: in Norwegen gibt es einen Parkplatz, der jedes Jahr für zehntausend Autofahrer der Endpunkt einer drei- bis viertausend Kilometer langen Fahrt ist. Und stellen Sie sich vor: dieser Platz wird jedes Jahr von weitaus mehr Ausländern als Norwegern angesteuert. Oder sagen wir besser: vor allem ausländische Touristenautos werden von ihm geradezu magnetisch angezogen. Es handelt sich nicht um den magnetischen Nordpol, aber allzuweit entfernt davon liegt man nicht. Vom Touristen-

Mitternachtssonne über dem Nordkap

magneten Nordkap ist die Rede, dem nördlichsten Punkt der er-fahrbaren Welt - 3.600 Kilometer nördlich von Düsseldorf, aber auch über 2.100 Kilometer von Oslo entfernt.

Am Nordkap treffen wir drei junge Italiener aus Mailand, die mit ihrem Alfa seit fast zwei Wochen in Richtung Norden gefahren sind, aber auch das Rentnerehepaar aus der Nachbarstadt auf ihrer zehnten Nordkaptour. Man spricht englisch, deutsch, natürlich holländisch - und hin und wieder auch norwegisch. »In Norwegen gedeiht nördlich des Polarkreises Getreide, blühen Rosen und reifen köstliche, aromatische Erdbeeren... Sommertage mit Temperaturen von über 25 Grad im Schatten sind keine Seltenheit«, heißt es im Katalog des Fremdenverkehrsamtes. Ein schwacher Trost angesichts der Schauerböen auf dem Nordkap. Doch keiner der Weitangereisten ist unzufrieden, klagt über das Wetter. Dies nicht nur, weil das Nordkap durch eine imponierende Baumaßnahme quasi wetterfest gemacht worden ist, sondern weil man ganz einfach nicht zum Sonnenbaden in den hohen Norden fährt. Und außerdem: vor vier Tagen beim Passieren des Polarkreises war der Himmel so blau wie auf einer kolorierten Postkarte und vorgestern in Tromsø, da konnte man das Nachtleben in vollen Zügen genießen.

Ein Zug durch die Gemeinde. Nach Mitternacht, bei vollem Tageslicht, die Mitternachtssonne. Vielleicht schneit es ja bald unterwegs im Gebirge, ein Wunder wäre es nicht.

Genauso kontrastreich wie das Wetter ist die Landschaft im Norden Norwegens: arktische, fast vegetationslose Einöden lösen sich mit fruchtbaren Ackerbaugebieten ab, dichte Nadelwälder gehen in spärliche Birkenwälder über, grüne besiedelte Talzüge erstrecken sich in der Nachbarschaft von schroffen, unzugänglichen Berggipfeln - die Alpen ragen hier direkt aus dem Meer empor. Tausende von Inseln, Fjorde und zerklüftete Steilküsten bilden einen beeindruckenden Gegensatz zu den bewaldeten, sumpfigen und menschenleeren Wildnisgebieten im Binnenland. Sie werden heute durch ein großmaschiges Netz von meist wenig befahrenen Straßen erschlossen, das Lappland-Erlebnisse für jedermann ermöglicht. Wer sich allerdings zu Fuß - nur mit Rucksack, Zelt und Karte - durchschlagen möchte, kann tagelang wandern, ohne auf andere Menschen zu stoßen.

Man kann keinen Bericht über Nordnorwegen schreiben ohne die Samen (Lappen) zu erwähnen. Sie sind die Ureinwohner des skandinavischen Nordens, noch immer ist die Bezeichnung Lappland weltweit gebräuchlich. Die Samen sind heutzutage in den norwegischen Alltag integriert. Nur wenige ziehen noch mit ihren Rentierherden über die weite Landschaft, weitaus mehr arbeiten als Bankbeamter, Arzt, Lehrer oder in sonstigen Berufen. Anders ist vor allem ihre Sprache, die in eigenen Radioprogrammen bis in die südlichen Teile Norwegens dringt. Doch vielerorts setzt die samische Kulturtradition auch heute noch besondere Akzente. Dies geschieht nicht nur in Gestalt von alten Kultstätten und musealen Sammlungen, sondern auch im täglichen Leben, auch wenn die meisten Touristen samische Traditionen vor allem als farbenfrohe und »exotische« Kunsthandwerksprodukte wahrnehmen. Die samische Vergangenheit Norwegens manifestiert sich auch auf Ortsschildern und Landkarten. Liest man Namen wie »Unolle Máze, Jiesjavre oder Rætkajokoivve« ist man nicht in ein anderes Land geraten, sondern befindet sich mitten im Land der Samen.

Auch wenn sich im Laufe der Jahrhunderte in Nordnorwegen vieles geändert hat, so ist dieser Landesteil immer noch durch seine Weite und Einsamkeit geprägt. Daß diese beiden oft strapazierten Begriffe hier den Kern der Wahr-

Kanutour auf dem Bjørnvatn, Finnmark

heit treffen, sagt ein Blick in das Geographiebuch. Auf einer Fläche so groß wie die halbe Bundesrepublik leben in ganz Nordnorwegen weniger Menschen als in Nürnberg. Sie wohnen jedoch längst nicht mehr so isoliert wie früher. Über ein 17.000 Kilometer langes Straßennetz - durch Fähren, Brücken und Tunnel miteinander verknüpft - erreicht man die abgelegensten Fischerdörfer und die einsamsten Wildnisgebiete. Wo keine Straße mehr hinführt, verkehren an der zerklüfteten Küste zahlreiche Boote und Schiffe. Am bekanntesten sind wohl die Schnelldampfer der berühmten Hurtigrute, die im nördlichen Landesteil nicht weniger als 26 Häfen anlaufen. Auch die Luftwege sind gut ausgebaut: fast 30 Flugplätze werden täglich im Linienverkehr angeflogen.

Trotz der guten Verkehrsverbindungen machen Sie es nicht wie der Tourist aus Hamburg, der am Nordkap stolz von seiner fast - non -stop - Fahrt erzählt: Mitteleuropa - Nordkap in drei Tagen. Was meinen Sie, was dem links und rechts der Straße entgangen ist.

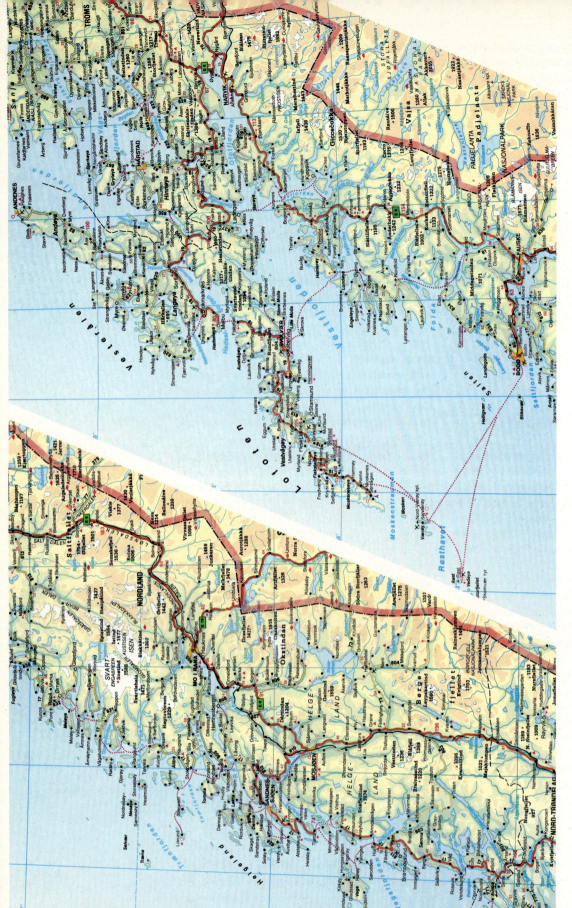

Sandnessjøen: Stokka Flugplatz
Stokmarknes: Skagen Flugplatz
Svolvær: Helle Flugplatz
Værøy: Værøy Flugplatz

Sehenswürdigkeiten:
- Svartisengletscher, Rana / Meløy
- Saltstraumen, Bodø
- Kriegsmahnmal, Narvik
- Lofoten
- Gebirgsformationen der Helgelandsküste
- Polarkreis, Saltfjellet
- Kjerringøy, alter Handelsplatz, Bodø
- Grønligrotte, Rana

Ausflüge:
- Jeden Samstag Bootsausflug zum Svartisengletscher (ab Bodø)
- Schärensightseeing, Bodø
- Angeltour vor der Küste von Bodø
- Bootstouren zum Inselreich der Lofoten
- Bootsausflüge zu den Vesterålen, Walbeobachtung
- Bootstouren / Angelmöglichkeiten in Hemnes, Lurøy, Rødøy, Træna, Nesna, Rana
- Bootsausflüge ab Sandnessjøen
- Brønnøysund - Bootstouren zu den Schären der Helgelandsküste, Torghatten
- Bootsausflüge und Angeltouren ab Narvik

Veranstaltungen:
- »Malmrush« (Marathonlauf von Kiruna nach Narvik), Narvik, Ende Mai
- Kjerringøytage, Kjerringøy, Mitte Juni
- Bodøwoche (Messe, buntes Unterhaltungs- und Kulturprogramm), Bodø, Mitte Juni
- Rognantage, Rognan/Saltdal, ca. 23. Juni
- Lofotmesse, Svolvær, Ende Juni
- Herøytage, Insel Herøy, Helgeland, Ende Juni
- Sortlandsmesse (Produktmesse, Kulturprogramm), Sortland, Ende Juni
- Vestfjord Segelregatta, Bodø - Grøttøy - Svolvær, Bodø/Svolvær, Anfang Juli
- Vegatage (Kulturprogramm / Angelfestival, Sportveranstaltungen, Nordlandsregatta), Vega / Sør-Helgeland, 14. - 23. Juli
- Nordland Musikfestwoche (Olsoktage), Bodø, Juli - Aug.
- Sagaspiel, Engeløt/Steigen, Juli - Aug. (jedes 2. Jahr)
- Melbu-Sommer, Melbu, Juli - Aug.
- Saltstraumtage, Saltstraumen, Mitte Aug.
- Bootstag, Bø i Vesterålen, Mitte Aug.
- Rallarmarsch, Glomfjord / Meløy, Ende Aug.

Maßstab 1 : 1.670.000

Weitere Informationen:

Nordland Reiselivsråd
Postboks 434, Storgaten 28
N-8001 Bodø
Tel.: 081 - 24 406 / 21 414
Telefax: 081 - 28 328

NORDLAND

Gesamtfläche km²: 38.327
Einwohner: 240.450

Städte: **Einwohner:**
Bodø 35.300
Narvik 18.500

Wichtige Orte:
Mo i Rana
Brønnøysund
Sandnessjøen
Svolvær

Entfernungen (ab Bodø):
- Oslo .... 1.277 km
- Bergen .... 1.420 km
- Kristiansand S .... 1.611 km
- Trondheim .... 750 km
- Tromsø .... 557 km
- Nordkap .... 1.002 km

Verkehrsflugplätze:
Andenes: Andøya Flugplatz
Bodø: Bodø Flugplatz
Brønnøysund: Brønnøy Flugplatz
Evenes: Evenes Flugplatz
Leknes: Leknes Flugplatz
Mo i Rana: Røssvoll Flugplatz
Mosjøen: Kjærstad Flugplatz
Narvik: Evenes og Framnes Flugplatz
Røst: Røst Flugplatz

In Nordland beginnt der hohe Norden: ungefähr in seiner Mitte wird dieser zweitgrößte Regierungsbezirk Norwegens vom Polarkreis durchzogen. Nordland ist länger und schmaler als alle anderen Bezirke des Landes. An der engsten Stelle mißt die Entfernung vom Fjordende bis zur schwedischen Grenze im Gebirge ganze 6,3 Kilometer, dafür beträgt die Nord-Süd-Ausdehnung immerhin 500 Kilometer. Kein Wunder also, daß die Küstenlinie mit allen Fjorden und Inseln stolze 14.000 Kilometer lang ist - rund ein Viertel des gesamten norwegischen Küstensaums. Kein anderer Bezirk Norwegens hat einen so ausgeprägten Küstencharakter. Über 600 der 12.000 Inseln sind bewohnt: auf ihnen leben immerhin 30 % der knapp 250.000 Einwohner. Den Kontrast hierzu bildet das Binnenland: weitgehend unbesiedelt und mit steilen Gipfeln, die bis zu 1.900 Meter Höhe erreichen. Dort liegt Norwegens zweitgrößter Gletscher, der Svartisen. Auch der zweitgrößte Binnensee des Landes, das 210 km² Røssvatn, befindet sich innerhalb der Bezirksgrenzen.

Rorbuer auf dem Lofoten

Die Straßen

Die E 6 durchquert Nordland in Nord-Süd-Richtung auf einer Entfernung von 650 Kilometern - so lang wie die Strecke von Münster nach München. Auf dieser Hauptverkehrsstraße Norwegens lernt man vor allem das Landesinnere kennen. Eine weitere wichtige, aber weniger befahrene Verkehrsader ist die Straße 17, die durch den abwechslungsreichen Küstenbereich von Helgeland führt. Über sie erreicht man in kurzen Abstechern einige der bedeutendsten Natursehenswürdigkeiten des Nordens: den Berg Torghatten mit seinem berühmten Loch, die markante Gipfelkette »De syv søstre« (Die sieben Schwestern), das Inselarchipel Trena, die Insel Hestmannen direkt am Polarkreis, die Eismassen des Svartisen Gletschers und den Saltstraumen, den stärksten Gezeitenstrom der Welt. Über die Straße 17 kommt man auch durch das Gebiet von Brønnøysund mit der fruchtbarsten Landschaft und den größten Höfen ganz Nord-Norwegens. Auf gutausgebauten Nebenstraßen und mit Hilfe von zahlreichen Autofähren gelangt man bis auf den äußersten Küstenstreifen.

Norwegens Insel-Reich

Dort, wo selbst die kühnsten Brückenkonstruktionen nicht mehr hinreichen, nämlich mitten im Meer, liegen die Inselgruppen Værøy und Røst. Sie bilden eine eigene, abgeschiedene Welt, deren traditionelle Erwerbsquelle der Fischfang ist. Eine besondere Attraktion sind die Vogelberge mit mehreren hunderttausend Vögeln. Røst und Værøy werden durch die bis zu sechs Knoten schnelle Strömung Moskenesstraumen von den Lofoten getrennt. Diese Inselgruppe ist eines der bekanntesten Reisegebiete Nordeuropas. Unzählige Inseln und Schären, alpine Gipfel, die direkt aus dem Meer emporragen, malerische Fischerdörfer, Landwirtschaftsgebiete, geschützte Buchten und sturmgepeitschte Klippen - dies sind die Elemente einer spannungsgeladenen Landschaft, die ihresgleichen sucht. Hier kommen Bergsteiger und Angler gleichermaßen auf ihre Kosten. Die einen finden eine der anspruchsvollsten Grat- und Karlandschaften Europas, die anderen eines der fischreichsten Gewässer. Die Inselgruppe wird durch mehrere Brücken und eine Fährverbindung zusammengehalten. Autofahrer gelangen so bis in die letzten Winkel, zum Beispiel nach Å, dem Ort mit dem kürzesten Namen der Welt.

Im Norden der Lofoten schließt sich die Inselgruppe Vesterålen an. Hinter vorgelagerten Inseln und Schären erheben sich schroffe Felsen mit steilen Hängen, an anderen Stellen beherrschen weite Strandebenen das Bild. Die fruchtbare Vegetation erinnert an weit südlicher liegende Gebiete. Einen ganz anderen Eindruck bietet der berühmte Trollfjord: er ist eng und hat fast senkrechte Wände. Kein Wunder, daß er häufig Besuch von Touristenschiffen erhält.

Fischer für drei Wochen

Der Bezirk Nordland hat seine eigene landschaftstypische Urlaubsform: »rorbuferie«. Man wohnt dabei in ehemaligen oder neu erbauten Fischerhütten direkt am Meer. Diese Hütten (norw. »rorbu« bzw. »sjøhus«) haben ihre eigene Geschichte, die bis ins Mittelalter zurückreicht. Sie dienten ursprünglich als Unterkunft für die Fischer aus ganz Norwegen, die alljährlich zwischen Januar und April am Lofot-Fischfang teilnahmen. Seit den 60er Jahren dieses Jahrhunderts werden sie an Urlauber ausgeliehen, die hier praktisch vom Küchenfenster aus ihre Hauptmahlzeit an Land ziehen können. »Rorbuer« gibt es heute in verschiedenen Kategorien - von zünftig-einfach bis komfortabel. Gemeinsam ist allen, daß sie ein harmonischer Teil der ursprünglichen Bebauung sind und einen Urlaub mit echter Fischerei-Atmosphäre ermöglichen - gerade das Richtige für gestreßte Landratten.

Im Gebirge

Ganz andere Eindrücke erwarten den Reisenden im inneren Nordland. Das Zentrum dieses Grenzgebiets zu

Vogelfelsen auf den Lofoten

NORDLAND

Die »Nordlendinger« haben eine eigene Bootsbautradition - kein Wunder in einem so zerklüfteten Küstenbezirk. Das »Nordlandboot«, das an die Schiffe der Wikinger erinnert und mit bis zu zwölf Rudern versehen war, galt lange Zeit als unübertrefflich. Erst mit der Einführung neuer Baumaterialien und der Entwicklung verbesserter Antriebsmittel (sprich: Motoren) setzten sich andere Bootstypen durch. Echte, »klassische« Nordlandboote sind heute noch in zahlreichen Museen zu sehen.

NORDLAND

Festivals

Alljährlich findet Ende Juli / Anfang August in Bodø die »Nordland Musikfestwoche« statt (zahlreiche Konzerte, Ausstellungen). Bemerkenswert ist auch der »Melbu Sommer« mit Ausstellungen, Theatervorführungen, Konzerten und anderen Kulturveranstaltungen. Mitte Juni 1989 werden in Sandnessjøen/Alstahaug die »Petter-Dass-Tage« durchgeführt, die an den großen nordländischen Dichter erinnern. Sie wechseln sich mit den »Knut-Hamsun-Tagen« (Hamarøy) ab, die 1990 wieder stattfinden werden.

Schweden ist der aus der jüngeren Geschichte bekannte Erzverladehafen Narvik. Von den stärksten Lokomotiven der Welt werden schwerbeladene Erzzüge durch das schwedisch-norwegische Grenzgebirge bis zum eisfreien Hafen am Ofotfjord gezogen. Die Bahnlinie wird auch von Personenzügen befahren, die jeden Sommer unter anderem Tausende von Interrailern an diesen nördlichsten Endpunkt des europäischen Eisenbahnnetzes bringen.

Von Narvik gelangt man mit der Bahn oder über die neue Straße nach Kiruna (»Nordkalottvegen«) innerhalb kurzer Zeit ins Gebirge. Dieses naturschöne Gebiet wird durch mehrere Wanderwege und Hütten erschlossen - unweit der Grenze hat man Anschluß an den berühmten schwedischen Wanderweg »Kungsleden«.

Am Polarkreis

Eine der bedeutendsten Sehenswürdigkeiten Nordlands ist »unsichtbar«: der Polarkreis. Trotzdem übt er auf Touristen eine ähnlich große Anziehungskraft aus wie das Nordkap. Hier soll - an der neuen Straße über das Saltfjell - ein »Polarkreiszentrum« (Globehuset) entstehen, in dem die Besonderheiten der Polarlandschaft gezeigt werden: Licht und Dunkelheit, die Mitternachtssonne, das Nordlicht, Flora und Fauna und nicht zuletzt die Kulturtradition der Samen (Lappen). Das Saltfjell wird schon seit Urzeiten von den Samen bewohnt, die hier ihre Rentiere weiden lassen. Am Polarkreis beginnt »offiziell« der hohe Norden mit seiner typischen Birkenwaldvegetation und weiten, einsamen Fjellgebieten. Einen besonders intensiven Eindruck dieser kargen Landschaft erhält man im Gebiet von Sulitjelma, ein Bergbauort, der am Fuße des Berges Suliskongen nahe der Grenze liegt. Felsmassive und Gletscher, Wälder, Flußtäler und Seen wechseln hier einander ab. Der Hauptort dieser Gegend ist Fauske, dessen Marmor in alle Welt exportiert wird. Edler Marmor aus Fauske wurde u.a. im UNO-Gebäude in New York verarbeitet. Knapp oberhalb des Polarkreises, an der Küste, liegt Bodø, die

Reine, Lofoten

größte Stadt in Nordland (35.300 Einw.). Sie ist Nord-Norwegens wichtigster Verkehrsknotenpunkt (Endpunkt der Nordlandbahn, Hurtigrute, Flughafen) mit guten Ausflugsmöglichkeiten und einigen interessanten Sehenswürdigkeiten in der Stadt und im Umland (Ytre Salten). Einige der schroffsten Gebirgsgebiete Nordskandinaviens befinden sich im Süden Nordlands. Hier liegen der zerklüftete Okstindgletscher und der 1.925 m hohe Okskolten. Auch

Svartisengletscher

Norwegens zweitgrößten Gletscher, Svartisen, finden Sie hier. Es gibt über 200 Grotten, von denen die 1,5 km lange Grønligrotte im Sommer für Besucher geöffnet ist.

Das »Innere Helgeland«, ganz im Süden des Bezirks, wird durch dichte Nadelwälder geprägt, die bis auf die Bergkuppen hinaufreichen. Hier liegt der Børgefjell-Nationalpark mit einer Tierwelt, die sowohl Arten des hohen Nordens als auch südlicher Breitengraden umfaßt. Die Berge und Täler dieses Gebiets sind ein wahres Paradies für Wanderer, Angler und Jäger - hier findet man einige der besten Angelseen Nordlands und auch die Lachsflüsse Vefsna und Susna.

Tradition und Kultur

Nordland zeichnet sich durch ein besonders vielfältiges Kulturleben aus. Hier gibt es - bei knapp einer Viertel Million Einwohner - zehn Amateur-Symphonieorchester, 80 Amateur-Theatergruppen und 10.000 Aktive in Chören und Orchestern. Es werden zahlreiche Festivals, Dorffeste und Jahrmärkte durchgeführt.

Die Lofoten, mit ihrer ganz speziellen Atmosphäre, ziehen Künstler aus aller Welt in ihren Bann. Auf Svinøya bei Svolvær befindet sich ein Kunstzentrum in dem Gemälde, Graphiken und Kunsthandwerksarbeiten ausgestellt werden.

13 Flughäfen für 250.000 Einwohner

In einem so ausgeprägten Küstenbezirk haben Boote und Fähren eine große Bedeutung für Transport und Verkehr. Allein die Hurtigrute läuft in Nordland zehn Häfen an. Nicht weniger als 13 Flughäfen werden regelmäßig angeflogen - sogar die beiden abgelegenen Inselgruppen Røst und Værøy. In Fauske/Bodø beginnt die 1.300 km lange Strecke der Nord-Norwegen-Busse, die im Anschluß an die Nordlandbahn bis nach Kirkenes fahren.

Dies war nur eine kurze Einführung in den Bezirk Nordland. Hier gibt es noch viel mehr zu sehen - nicht zuletzt abseits der Hauptdurchgangsstraße E 6.

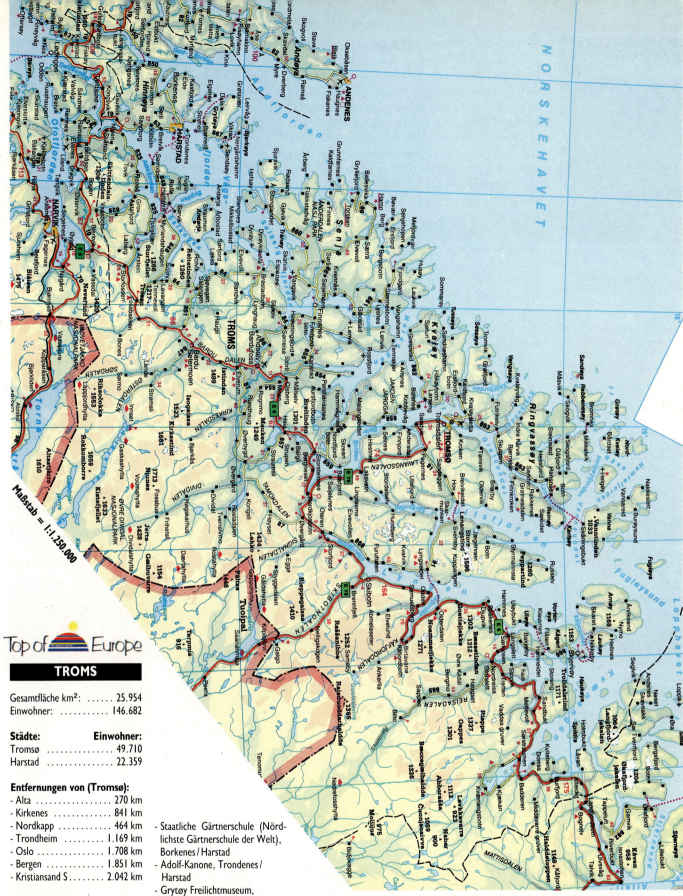

Top of Europe
TROMS

Gesamtfläche km²: 25.954
Einwohner: 146.682

Städte: **Einwohner:**
Tromsø 49.710
Harstad 22.359

Entfernungen von (Tromsø):
- Alta .... 270 km
- Kirkenes .... 841 km
- Nordkapp .... 464 km
- Trondheim .... 1.169 km
- Oslo .... 1.708 km
- Bergen .... 1.851 km
- Kristiansand S ...... 2.042 km

Verkehrsflugplätze:
Tromsø: Tromsø Lufthafen
Bardufoss: Bardufoss Lufthafen
Sørkjosen: Sørkjosen Lufthafen

Bahnverbindungen:
Keine. Nächste Bahnhöfe sind Narvik und Fauske (Bodø).

Sehenswürdigkeiten:
- Tromsdal Kirche, »Eismeerkathedrale«, Tromsø
- »Ø1-Hallen« (Nördlichster Pub der Welt mit Brauerei), Tromsø
- Staatliche Gärtnerschule (Nördlichste Gärtnerschule der Welt), Borkenes / Harstad
- Adolf-Kanone, Trondenes / Harstad
- Grytøy Freilichtmuseum, Lundenes / Harstad
- Bardu Bygdetun, Salangsdalen
- Målselvfossen (Wasserfall), Målselv
- »Finnsæter Tinnsmie« (Zinnschmiede), Hamn på Senja
- Fjellheisen (Sessellift), Tromsø
- Polarmuseum, Tromsø
- Tromsø Museum, Tromsø
- Hella Freilichtgelände, Rystraumen / Kvaløya
- Grenbu, Løkvoll i Manndalen
- Felszeichnungen (2.500 - 4.000 J. alt), Straumhella

Ausflüge:

Von Tromsø:
- Bustour zum Nordkap mit Guide
- Tromsø Stadtrundfahrt mit Bus (Besuch des Tromsø Museums, Polarmuseum, Eismeerkathedrale)
- Bootstour rund um Tromsøya, 2 - 3 Std.
- Bootstour zum Freilichtgebiet Hella, 5 - 8 Std.
- Angeltour 3 Std.
- Bootstour nach Gåsvær (verlassenes Fischerdorf), 7 Std.
- Bustour zu den Lyngsalpen, 6 - 7 Std.
- Einstündiger Rundflug
- Flug zum Nordkap mit Norving ab Tromsø
- Fotosafari mit Boot durch den Kvaløysund nach Gåsvær, Musvær und Sandøy, Bryggefest
- Nachtcharterflug nach Spitzbergen. Abflug mit Braathens SAFE von Tromsø 23.30 Uhr. Der Flug dauert 1 1/2 Std.
- Mit Pferd und Wagen Stadtrundfahrt durch Tromsø
- Meeresangeltour M/S »Rangvaldsen« mit Ausgangspunkt Hansnes auf Ringvassøya (ca. 1 Std. Autofahrt von Tromsø)
- Helikopterflug zum höchsten Gipfel in Troms

TROMS

Expressboot »Fjordkongen«

Von Harstad:
- Sightseeingtouren und / oder Angeltouren mit Katamaranboot (30 Pers.) können auf Wunsch organisiert werden.
- Bustouren zu den Vesterålen und zu den Lofoten können auf Wunsch organisiert werden.
- Stadtrundfahrt mit Bus mit Besuch der Harstad und der Trondenes Kirche, 2 Std.

Von Målselv:
- Bussightseeing und Rundtouren in die Umgebung

Veranstaltungen:
- Harstadmarsch, Harstad, Ende Juni
- Festspiele in Nord-Norwegen, Harstad, 16.-24. Juni
- 23. Internationales Meeresangelfestival, Harstad, Mitte Juli
- »Senja Rundt« (Segelregatta), Senjahopen, 5 Tage im Juli
- Angelfestival, Harstad, 14.-15. Juli
- Tromsømesse (Handelsmesse / Unterhaltung / Jahrmarkt), Tromsø, Ende Aug.
- Eismeertage (diverse Veranstaltungen in Hotels, Restaurants, Cafés, Tromsø, Mitte - Ende Aug.
- Harstadmesse (Messe / Jahrmarkt, Unterhaltung), Harstad Stadion, Ende Aug.
- Nordlichtplanetarium, (Norwegens erstes Planetarium) Breivika, ca. 4 km von Tromsø. Eröffnung: Mai 1989

Weitere Informationen:
Wenden Sie sich an die lokalen Touristenbüros, s. Informationsseiten der Bezirke

■ *Wenn Sie auf Ihrer Fahrt in den hohen Norden in Troms ankommen, haben Sie schon einen großen Teil Norwegens gesehen. Sie fragen sich vielleicht, ob es da noch etwas Neues, Spannendes zu entdecken gibt? Lassen Sie sich überraschen! Auf Sie warten: ein einzigartiges Inselreich mit steilen Fjellwänden und idyllischen Sandstränden, Europas nördlichste »Alpen«, Nationalparks mit reicher Flora und Fauna, Angelerlebnisse in Salz- und Süßwasser, Wanderungen von Hütte zu Hütte. Da riecht es nach salzigem Meer, frischem Fisch, würzigem Kiefernholz und Heidekraut, glasklarer Schneeluft oder aromatischen Pilzen ...*

Midnight fun City
Doch das ist längst nicht alles. Wie wäre es mit einem Nachtbummel durch Norwegens nördlichste Großstadt Tromsø. Das Paris des Nordens bietet pulsierendes Stadtleben in Cafés, Restaurants, Bars, Nachtlokalen, Discos, Jazzclubs und Biergärten - bis in die frühen Morgenstunden hinein, wenn die Mitternachtssonne immer noch nicht

In den ausgedehnten Nationalparks des Tromsgebietes kommen Aktivurlauber auf ihre Kosten

untergegangen ist. Hier steht die nördlichste Brauerei der Welt (»Mackøl«) aber auch die nördlichste Universität. Sehenswert sind u.a. die markante Eismeerkathedrale, das neue Nordlicht-Planetarium, das Stadtmuseum und das Polarmuseum. Vom 420 Meter hohen Aussichtsberg »Storsteinen« (Seilbahn) hat man die beste Aussicht über die ganze Stadt, die als »Pforte zum Eismeer«, Amundsen, Nansen und Andrée als Startpunkt diente. Die zweite Stadt des Bezirks ist Harstad, an der Nordküste Norwegens größter Insel Hinnøya. Die Geschichte der modernen Stadt reicht bis ins Mittelalter zurück, das in Form der Trondeneskirche (um 1250) erhalten blieb. Die Heringsfischerei im letzten Jahrhundert legte den Grundstein für das heutige Harstad. Ein besonderer Höhepunkt des Sommers sind die »Nord-Norwegen-Festspiele«, die jeweils in der letzten Juni-Woche stattfinden - mit Ausstellungen, Konzerten und Aufführungen mit nordnorwegischen und internationalen Akteuren. Ein weiteres großes Ereignis ist das alljährliche internationale Hochseefischerei-Festival.

Inselreich
22 % der Gesamtfläche des Bezirks bestehen aus Inseln.

Diese Küstenlandschaft ist an Vielfalt kaum zu überbieten. Oft ist sie rauh und abweisend, manchmal laden Sandstrände und flache Klippen zum Baden ein. Die zwei größten Inseln Norwegens - Hinnøya und Senja - liegen in Troms. Auf Senja kann man im Ånderdalen Nationalpark Urwälder aus Küstenkiefern durchstreifen und dabei seltene Vogelarten beobachten.

Europas nördlichste Alpen
Unmittelbar aus dem Meer heraus erheben sich steile, schroffe Felswände: die Lyngsalpen sind zwar nicht so hoch wie die »echten« Alpen, aber um so kontrastreicher. Hier kann man Tageswanderungen durch unbesiedelte Täler unternehmen, Gletscher erkunden und Kletterwände aller Schwierigkeitsgrade erklimmen.

Wälder und Täler
Ganz anders ist der Landschaftseindruck im Landesinneren: hier wechseln arktische Wälder am Rande der Vegetationsgrenze mit dichten tiefen Nadelwäldern. Die großen Flußtäler sind mit typisch nordischer Kiefernheide umgeben. Zwei Gebiete sind zu Nationalparks erklärt worden: das Øvre Dividalen und das Nordreisa-Gebiet. Allein der Dividalen-Park erstreckt sich über 740 km². Man findet hier - neben dem Fluß und seinen Seitenflüssen - Kiefern- und Birkenwälder, Moore, Binnenseen und ein artenreiches Tier- und Pflanzenleben. Im Reisa-Park (1987 eingeweiht) sind Adler, Wölfe, Luchse und Bären zu Hause.
Im waldreichen Binnenland kann man tagelang von Hütte zu Hütte wandern und in den großen Lachsflüssen, aber auch in den kleineren Gewässern, das Angelglück versuchen.
Lohnt sich nun die lange Reise nach Troms? Nach der Lektüre dieser Seite wird wohl kaum einer daran zweifeln - und das war erst ein kurzer Überblick ...

Kåfjord ist eine Fjord- und Fjellkommune, in der 3.000 Menschen entlang der Fjorde und in den Tälern leben. Vom Süden erreicht man zuerst die Ortschaft Løkvoll, das Zentrum im Manndalen. Das Tal ist bekannt für seine gewebten Teppiche aus handgesponnener Wolle, »grener« genannt. Diese samische Webtradition hat uralte Wurzeln. Vom inneren Fjordende in Birtavarre aus erreicht man phantastische Fjellgebiete. Der Weg durch das Kåfjorddal führt bis in 800 Meter Höhe. Das Touristenbüro informiert Sie an Ort und Stelle über Aktivitäts- und Übernachtungsangebote, z.B. in Olderdalen, Løkvoll, Birtavarre und Djupvik.
Turistkontor, N-9070 Olderdalen
Tel. 089 - 18 300

Über 3.664 km² erstreckt sich die Kommune **Nordreisa** vom Fjord- und Fjellgebiet an der Küste bis in die Hochebenen an der finnischen Grenze. Mitten in dieser abwechslungsreichen Landschaft liegt der Lachsfluß Reisa im Reisadalen. Hier kann man mit langen Flußbooten bis hinunter zum Mollisfossen fahren, einem gigantischen Wasserfall mit 269 Meter freier Fallhöhe. Seit 1987 sind Teile der Kommune Nordreisa zum Nationalpark erklärt worden. Für Aktivurlauber, die paddeln, angeln oder wandern wollen, sind die Nordreisa-Gebiete ein wahres Paradies.
Nordreisa Kommune, N-9080 Storslett
Tel. 083 - 65 011

Den wichtigsten Verkehrsknotenpunkt Nord-Norwegens bildet der kleine Ort Nordkjosbotn. Hier am inneren Balsfjord kreuzen sich die Europastraßen 6 und 78. Bekannte Ausflugsziele wie die Lyngsalpen, der Dividalen Nationalpark und die nordnorwegische »Hauptstadt« Tromsø erreicht man in ungefähr einer Stunde. Der Gasthof **Vollan Gjestestue** in Nordkjosbotn bietet sich als Quartier für eine nordnorwegische Entdeckungsreise an. Im rustikalen Blockhausstil sind die Gebäude gebaut, ein großer Kamin macht das Café zum gemütlichen Treffpunkt am Abend. Hier werden traditionell hausgemachte Gerichte serviert. Preisgünstige, behaglich eingerichtete Zimmer bietet der Familienbetrieb Vollan Gjestestue bereits in der dritten Generation. Angeln im Fjord und Wandern im Fjell kann man in Nordkjosbotn direkt von der Haustür aus.
Vollan Gjestestue, N-9040 Nordkjosbotn
Tel. 089 - 28 103

Tromsøs Hotellandschaft ist seit einigen Jahren um das **Scandic Hotel** bereichert. Es liegt 2,5 km vom Stadtzentrum entfernt in ländlicher Umgebung. Die Entfernung zum Flugplatz beträgt nur ein Kilometer.
Das Hotel hat 147 Zimmer mit 318 Betten.
Im Restaurant Måken (»Möwe«) steht Ihnen ein reichhaltiges à la carte Menüangebot zur Auswahl mit typisch norwegischen, aber auch internationalen Gerichten.
Die Pelikan-Bar ist die »Lagune« des Scandic Hotels. Hier serviert man »smørbrød«, Salate, Kaffe und Kuchen.
Sie wollen am Abend das Tanzbein schwingen? Bitte schön: Im Nachtclub Pingvin spielt man den Polar-Blues für Sie! Und ganz harte Sportler treffen sich in Tinu's Poolbar: mit Sauna, Solarium, Schwimmbecken und kleinen Erfrischungen. Scandic Hotel Tromsø: letztes Scandic-Hotel vor dem Nordpol!
Scandic Hotel Tromsø, Postboks 22 43, N-9014 Håpet,
Tel. 083 - 73 400

Das **SAS Royal** bietet Ihnen erstklassigen internationalen Hotelkomfort auf dem 70. Breitengrad. Im Stadtzentrum von Tromsø, dem Paris des Nordens gelegen, sind es vom SAS Royal nur wenige Schritte zu den zahlreichen Restaurants und Cafés, die im Sommer fast die ganze helle Nacht lang geöffnet haben. Insgesamt 192 Zimmer befinden sich in diesem komfortablen Hotel. Sie haben die Wahl zwischen vier Junior-Suiten, sieben Suiten, 58 Doppel-, 56 Kombi- und 47 Einzelzimmern. Oder aber Sie logieren einmal ganz fürstlich: In den 17 Zimmern des Royal Club mit eigenem Frühstückssaal und Entspannungsräumen. Als Konferenzhotel eignet sich das SAS Royal ausgezeichnet. Bis zu 330 Tagungsteilnehmer finden in den Räumlichkeiten Platz, wobei allein acht separate Sitzungszimmer zur Verfügung stehen.
Das SAS Royal Hotel in Tromsø findet so schnell nicht seinesgleichen in Norwegen, und das nicht nur wegen seiner nördlichen Lage.
SAS Royal Hotel, Sjøgata 7, N-9000 Tromsø
Tel. 083 - 56 000

Entdecken Sie das Inselreich von Tromsø an Bord der M/K Skysskar.
Ein einzigartiger Schärengarten zwischen wogenden Wellen oder aber spiegelblankem Wasser im Schein der Mitternachtssonne erwartet Sie. Aber auch für Landratten hat Tromsø allerhand zu bieten. Das Polarmuseum zum Beispiel. Das Tromsø Museum. Die Eismeerkathedrale, die Gondelbahn und - neu seit 1989 - das erste Nordlichtplanetarium Norwegens. Tromsø ist zudem bekannt für sein vielfältiges Kulturleben, zahlreiche erstklassige Restaurants und Nachtclubs und bildet darüber hinaus ein Dorado für Jäger, Angler und alle Naturliebhaber.
Tromsø Arrangement, Bankgt. 1, N-9000 Tromsø
Tel. 083 - 84 776

Am inneren Lyngenfjord liegt der Gasthof **Lyngskroa**. Zentrale Straßenverbindungen, E6 und E78 sowie Str. 868, laufen hier in der Storfjord Kommune zusammen. Der Ort ist von herrlicher Natur umgeben. Man kann im Meer oder in den vielen Fischgewässern angeln. Nicht weit entfernt findet man ein ausgezeichnetes Terrain für Klettertouren und Gletscherwanderungen. Die Lyngsalpen sind seit vielen Jahren ein beliebtes Ziel für ausländische Bergsteiger. Und alle Gebiete erreicht man bequem vom Lyngskroa Motell aus: 80 Betten in 37 Zimmern mit Dusche/WC, Restaurant, Sauna und weiteren Serviceeinrichtungen.
Lyngskroa Motell, N-9046 Oteren
Tel. 089 - 14 505

Lyngen, die Halbinsel in der nördlichen Troms, ist beileibe kein plattes, flaches Stück Land. Bizarre Gipfel von bis zu 1900 Meter schieben ihre Gletscherfelder steil hinunter in den Lyngenfjord. Gletschergrün färbt sich das Wasser, das in den Gebirgsbächen zu Tal sprudelt. Und leuchtend grüne Hochebenen wechseln sich mit steingrauen Moränenhalden ab. Von Lyngseidet, dem Zentrum der Kommune Lyngen, werden für Aktivurlauber geführte Fjell- und Gletscherwanderungen, Meeres- und Fjordangeltouren, Bootsausflüge sowie Hundeschlittentouren im Winter angeboten. Im Heimatmuseum (Bygdemuseum) treffen sich samische und finnische Kultur. Nicht zuletzt sei noch das Symboltier dieser eigenartigen Halbinsel genannt: das Lyngspferd.
Lyngen Kommune, N-9060 Lyngseidet

Das Lokal »Skarven« in Tromsø

Troms auf einen Nenner zu bringen, hieße die Quadratur des Kreises zu versuchen. Zu groß sind die Gegensätze zwischen dem pulsierenden Stadtleben in Tromsø und der gigantischen Weite der umliegenden Gebiete. Die folgenden Anbieter zeigen das Spektrum dieser nordnorwegischen Vielfalt.

Verkehrsverbindungen

Autofahrer erreichen Troms über die Europastraße 6 (durch Norwegen) und über die E 78 (von Finnland/Schweden). Über die E 6 verkehren auch die Nord-Norwegen-Busse (ab Bahnhof Fauske). Wer erst einmal in Troms angekommen ist, sollte allerdings die Hauptstraße verlassen und auf den gut ausgebauten Nebenstraßen den Bezirk erkunden. Große Bedeutung hat der Boots- und Schiffsverkehr. Die Schiffe der Hurtigrute laufen in Troms die Orte Harstad, Finnsnes, Tromsø und Skjervøy an. Zusätzlich verkehren zahlreiche lokale Boote und Fähren, darunter das supermoderne Expressboot »Fjordkongen« (75 km/h) zwischen den beiden Städten Tromsø und Harstad.

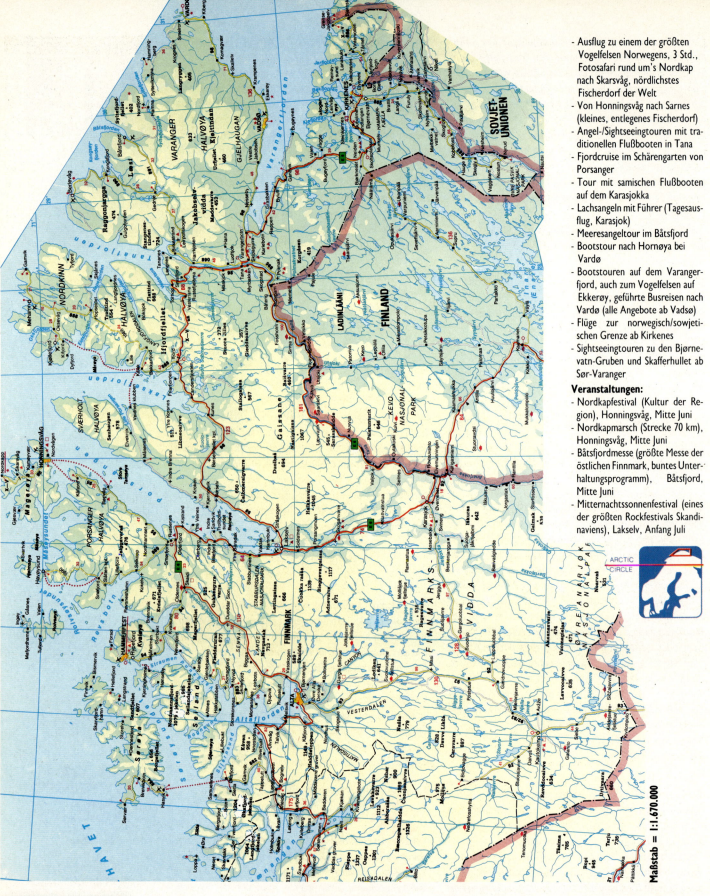

- Ausflug zu einem der größten Vogelfelsen Norwegens, 3 Std., Fotosafari rund um's Nordkap nach Skarsvåg, nördlichstes Fischerdorf der Welt
- Von Honningsvåg nach Sarnes (kleines, entlegenes Fischerdorf)
- Angel-/Sightseeingtouren mit traditionellen Flußbooten in Tana
- Fjordcruise im Schärengarten von Porsanger
- Tour mit samischen Flußbooten auf dem Karasjokka
- Lachsangeln mit Führer (Tagesausflug, Karasjok)
- Meeresangeltour im Båtsfjord
- Bootstour nach Hornøya bei Vardø
- Bootstouren auf dem Varangerfjord, auch zum Vogelfelsen auf Ekkerøy, geführte Busreisen nach Vardø (alle Angebote ab Vadsø)
- Flüge zur norwegisch/sowjetischen Grenze ab Kirkenes
- Sightseeingtouren zu den Bjørnevatn-Gruben und Skafferhullet ab Sør-Varanger

Veranstaltungen:
- Nordkapfestival (Kultur der Region), Honningsvåg, Mitte Juni
- Nordkapmarsch (Strecke 70 km), Honningsvåg, Mitte Juni
- Båtsfjordmesse (größte Messe der östlichen Finnmark, buntes Unterhaltungsprogramm), Båtsfjord, Mitte Juni
- Mitternachtssonnenfestival (eines der größten Rockfestivals Skandinaviens), Lakselv, Anfang Juli

Maßstab = 1:1.670.000

FINNMARK

Gesamtfläche km²: 48.637
Einwohner: 74.536

Städte: **Einwohner:**
Hammerfest 6.917
Vadsø 5.902
Vardø 3.133

Entfernungen (ab Alta):
- Oslo .... 2.022 km
- Bergen .... 2.114 km
- Kristiansand S ..... 2.346 km
- Trondheim .... 1.432 km
- Bodø .... 818 km
- Kirkenes .... 571 km

Verkehrsflugplätze:
Alta, Berlevåg, Båtsfjord, Hammerfest, Hasvik, Honningsvåg, Kirkenes, Mehamn, Lakselv, Vadsø, Vardø

Sehenswürdigkeiten:
- Nordkap 71° 10' 21", Nordkap
- Felszeichnungen (2.500-6.200 Jahre alte Felszeichnungen), Alta
- Samische Sammlung (Museum samischer Kultur), Karasjok
- Festung Vardøhus (nördlichste Festung der Welt), Vardø
- Sowjetisch/norwegische Grenze längs des Flusses Grense Jakobselv, (Kapelle König Oscar II, 1869). Von dort Blick auf sowjetische Wachtürme, Sør-Varanger
- Kautokeino Bygdetun, Kautokeino
- Verlassenes Fischerdorf, Hamninberg

Ausflüge:
- Bootstouren in die Umgebung Kautokeinos
- Sightseeingtouren auf dem Altaelv
- Meeresangeln auf dem Altafjord mit M/S Cacus
- Sightseeingtouren / Fotosafari zu den Loppainseln
- Bootsausflüge, Hammerfest
- Bootstouren zum Vogelfelsen »Hjelmsøystauren« von Måsøy aus
- Meeresangelfestival, Sørvær, Mitte Juli
- »Russlandmarsch« (Geländemarsch), Kirkenes, Ende Juli
- »Kirkenestage« (Messe, buntes Unterhaltungsprogramm), Kirkenes, Anfang Aug.

Weitere Informationen:
Finnmark Reiselivsråd
Postboks 1223
N-9501 Alta, Tel: 085-35 444
Telefax: 085-35 559

■ Wir beenden unsere Reise durch Norwegen in Finnmark. Hier sind wir fast am »Ende der Welt« angelangt. Immerhin liegt dieser Bezirk soweit nördlich wie die unwirtlichsten Teile Nordalaskas. Doch während anderswo auf den selben nördlichen Breitengraden ewiges Eis das Land bedeckt (zum Beispiel in Grönland), kann man in Finnmark statt mit dem Hundeschlitten bequem mit dem Wagen auf Entdeckungsfahrt gehen. Das Nordkap ist der nördlichste Punkt der Erde, den man mit dem eigenen Auto erreichen kann - es markiert in unserem motorisierten Zeitalter somit das nördliche Ende der »er-fahrbaren« Welt. Doch Finnmark hat noch weitaus mehr zu bieten als »nur« das Nordkap, das allein im letzten Sommer von mehr als 120.000 Touristen aus aller Welt besucht wurde.

Kulturelle Vielfalt im Grenzland

Nicht nur die besonderen geographischen Verhältnisse sind bemerkenswert - auch die kulturelle Vielfalt dieses Bezirks ist beachtlich. Die 75.000 Bewohner der Finnmark gehören drei unterschiedlichen Sprach- und Kulturkreisen an. So wird in den Gemeinden Karasjok und Kautokeino, die ein Drittel der Gesamtfläche der Finnmark ausmachen, überwiegend samisch gesprochen. Hier haben die Samen (Lappen) ihre Hochburg mit einer eigenen Zeitung, einem Rundfunk- und Fernsehsender und samischen Schulen. Wer mehr über Kultur und Geschichte der Samen erfahren will, sollte unbedingt den Museen in Kautokeino und Karasjok einen Besuch abstatten. Wenn Sie typische und gleichzeitig hochwertige Souvenirs aus der Finnmark mitbringen wollen, empfehlen wir Ihnen ein »Samenmesser« (norw. samekniv) oder andere samische Handarbeiten - garantiert nicht »Made in Hong-Kong«.

In Finnmark sind außerdem zahlreiche finnischsprachige Norweger (»Quänen«) zu Hause, die einst aus Finnland einwanderten. Sie haben nicht nur die Sauna in Finnmark populär gemacht, sondern auch andere Elemente der finnischen Kultur bis heute bewahrt. So wird im Fischerdorf Bygøynes auch heute noch hauptsächlich finnisch gesprochen. Und der krönende Abschluß einer Hochseeangeltour

Felsenzeichnungen in Hjemmeluft bei Alta

(Lachse!) ist hier natürlich eine Ruhestunde in der Sauna. Das Einwanderermonument in Vadsø (finn. Vesisaari) erinnert an die bedeutende Rolle der Finnen für diesen nördlichsten Bezirk Norwegens. Finnmarks Geschichte läßt sich 10.000 Jahre weit zurückverfolgen. 1925 wurde die Komsakultur entdeckt - der Beweis dafür, daß schon 8.000 Jahre vor unserer Zeitrechnung Menschen im hohen Norden lebten. Bemerkenswert sind auch die 2.000 bis 6.500 Jahre alten Felszeichnungen von Hjemmeluft bei Alta. Diese frühgeschichtlichen Darstellungen von Menschen, Tieren und mystischen Symbolen wurde 1985 in die UNESCO-Liste der besonders erhaltenswerten Denkmäler des Altertums aufgenommen. Der hohe Norden besteht also nicht nur aus Wildnis, sondern hat genauso gut kulturell interessierten Touristen einiges zu bieten. In Finnmark steht auch die einzige griechisch-orthodoxe Kapelle Norwegens. Die St. Georgskapelle in Neiden wurde bereits 1567 vom Heiligen Trifon erbaut. Alljährlich finden hier am letzten Sonntag im August Gottesdienste statt. Eine weitere sehenswerte Kapelle, die daran erinnert, daß Finnmark an der Nahtstelle zwischen dem Westen und dem Osten liegt, befindet sich an der »Grense Jakobselv«.

Der Nachbar im Osten

Wenn man von der Bergbaustadt Kirkenes über die Straße 886 einen Ausflug zur »Grense Jakobselv« unternimmt, kommt man dem mächtigen Nachbarn im Osten ganz nahe. Die Grenze zwischen Norwegen und der UdSSR wird hier durch den streckenweise nur zehn bis 15 Meter breiten Fluß gebildet. Am Ende der Straße steht, sozusagen als letzter Außenposten der westlichen Welt, die Oscar II.-Kapelle. Sie wurde 1809 als protestantisch-norwegisches Bollwerk gegen den östlichen Nachbarn errichtet.

Wenn Sie Lust haben, einen Abstecher in die Sowjetunion zu unternehmen, so steht dem nichts im Wege. Ein Reisebüro in Kirkenes bietet Kurzreisen zum Eismeerhafen Murmansk an. Allerdings ist wegen der Visabeschaffung eine rechtzeitige Anmeldung erforderlich. Wenn Sie mit einem Blick auf die UdSSR aus der Vogelperspektive zufrieden sind, können Sie ohne Formalitäten an einem »Aufklärungsflug« von Kirkenes aus teilnehmen. Hierbei sieht man die Wachtürme auf beiden Seiten der Grenze und die sowjetische Bergbaustadt Nikel. Die Gemeinde Sør-Varanger trennt eine rund 200 Kilometer lange Grenze von der UdSSR. Man sollte sich in diesem Zusammenhang vor Augen halten, daß die Finnmark nicht nur hoch in den Norden reicht, sondern sich auch weit östlich erstreckt. So liegt Vardø, die östlichste Stadt Norwegens, östlich von Istanbul.

Vom Rentierschlitten ins Autozeitalter

Im hohen Norden mit seinen extremen Witterungsbedingungen spielen gute Verkehrsverbindungen eine große Rolle. Viel Geld wird investiert, damit die 75.000 Einwohner des Bezirks miteinander und zur übrigen Welt Kontakt halten können. Allein der Bau des »Eismeertunnels«, der die 3.000 Bürger der Inselstadt Vardø mit dem Festland verbindet, kostete 110 Millionen Kronen. Dieser Tunnel ist 2.692 Meter lang und verläuft bis zu 88 Meter unter dem Meeresspiegel.

FINNMARK

Fischerdorf Hamningberg

Hamningberg

Nordwestlich von Vardø liegt das Fischerdorf Hamningberg. Allein schon die Fahrt dorthin ist ein Erlebnis! Sie führt durch eine barsche, arktische »Mondlandschaft«, die eindrucksvoll vor Augen führt, daß man sich hier am Rande des menschlichen Siedlungsgebiets befindet. Hamningberg gehört zu den wenigen Orten Finnmarks, die im Zweiten Weltkrieg nicht zerstört wurden. Es ist somit ein besonders wertvolles siedlungsgeschichtliches Denkmal. Das abgeschiedene Dorf ist inzwischen von seinen Bewohnern verlassen worden, erwacht aber jeden Sommer zu neuem Leben - eine Ferienkolonie direkt am Eismeer.

FINNMARK

Auf dem Nordkapfelsen

Das »neue« Nordkap

Das Nordkap, nördlichster Endpunkt des europäischen Straßennetzes, ist ein wahrer Touristenmagnet. Anfangs waren es nur einzelne Pioniere, die hierher kamen (1552 Kapitän Chancellor), heutzutage sind es alljährlich über 100.000 Besucher. Um Ihnen bei Wind und Wetter ein unvergeßliches Nordkaperlebnis zu bieten, hat man das Kap »wetterfest« gemacht. Unter der Erde und ohne dabei den markanten Felsen zu verschandeln. Zur Anlage gehört u.a. eine in den Fels gesprengte Grotte mit Panoramafenster zum Eismeer, ein Kinosaal, in dem auf einer Panoramaleinwand die Finnmarklandschaft zu allen Jahreszeiten präsentiert wird, ein Restaurant mit Spezialitäten aus dem hohen Norden sowie die nördlichste Champagnerbar der Welt - damit der Nordkapbesuch angemessen gefeiert werden kann.

Die von Einheimischen und Touristen am meisten benutzte Verkehrsverbindung des hohen Nordens ist wohl die »Nordkapstraße« E 6, die von Rom bis nach Kirkenes führt. Sie ist insgesamt 5.000 Kilometer lang, wobei allein der norwegische Streckenabschnitt zwischen Svinesund und Kirkenes 2.600 km ausmacht. Wenn Sie durch Finnland nach Nordnorwegen reisen, können Sie der »Eismeerstraße« folgen, die Ost-Finnmark mit der finnischen Lappland-Hauptstadt Rovaniemi verbindet (Grenzstation: Utsjok). Diese Straße in den Norden hat drei Endpunkte: Berlevåg/Båtsfjord (im Norden), Vardø/Hamningberg (im Nordosten) und »Grense Jakobselv« (im Osten). In allen drei Fällen gelangt man durch eine bizarre verwitterte Felslandschaft bis zum barschen arktischen Küstenstreifen am nördlichen Eismeer. Hier bieten sich Natur- und Landschaftseindrücke, die ihresgleichen suchen - eine regelrechte »Arktis-Expedition« auf den eigenen vier Rädern. Auch der Besuch der Fischereiorte Berlevåg und Båtsfjord ist ein beeindruckendes Erlebnis. Sie liegen ungeschützt an der stürmischen Eismeerküste.

Finnmark erreichen Sie ebenfalls durch Schweden und Finnland über die sogenannte »Mitternachtssonnenstraße« (Grenze Karasjok). Wer nicht motorisiert ist, kann in Finnmark ein gut ausgebautes öffentliches Verkehrsnetz in Anspruch nehmen (elf Flughäfen; Bus- und Schiffsverbindungen). Finnmark ist durch die Flüge der SAS mit Südnorwegen verbunden. Außerdem läuft die Hurtigrute auf ihrer Fahrt von Bergen nach Kirkenes neun Häfen innerhalb des Bezirks an. Und der »Express 2000« verkehrt zwischen dem nördlichsten Bezirk Norwegens und der Landeshauptstadt Oslo - eine Non-Stop-Busverbindung (25 Stunden!) mit supermodernen Spezialbussen.

Die Städte

Die größte Stadt der Finnmark ist Alta, auch wenn Sie offiziell keinen Stadtstatus besitzt. Ihre Einwohnerzahl hat sich im Laufe der letzten Jahre mehr als verdoppelt und beträgt heute rund 10.000. Die Bezirksverwaltung befindet sich in Vadsø (sehenswert: Museumshof Tuomainengården). Die bekannteste Stadt Finnmarks ist wohl Hammerfest. Sie ist als nördlichste Stadt der Welt ein beliebtes Reiseziel. Hier können Sie Mitglied im »Eisbärclub« werden - als Auszeichnung für die lange Reise in den hohen Norden. Ganz im Osten liegt Vardø: Nordeuropas einzige Stadt auf arktischem Dauerfrostboden. Berühmt ist hier nicht nur die Festung Vardøhus (Europas nördlichste!), sondern auch der einzige Baum der Stadt. Er wird behütet wie die Kronjuwelen und jeden Herbst warm eingepackt, damit er den frostigen Winter übersteht.

Finnmarks kleinste Gemeinde ist Nesseby am Varangerfjord (sehenswert: samisches Museum). Ihren 1.000 Einwohnern steht eine Gesamtfläche von 1.438 km² zur Verfügung. Überhaupt gehört Finnmark zu den am dünnsten besiedelten Gebieten Europas. Dieser Bezirk macht zwar 15 % der Gesamtfläche Norwegens aus, aber nur 2 % aller Norweger leben hier.

Europas letzte Wildnis

Die vielfältige Landschaft der Finnmark bietet von der Küste bis zum Binnenland die unterschiedlichsten Betätigungsmöglichkeiten. Überfüllte Badestrände mit sonnenhungrigen Touristen werden Sie vergeblich suchen. Wie wäre es stattdessen mit einer Bootstour bei strahlendem Sonnenschein kurz vor Mitternacht? Sie können auch andere ungewöhnliche Dinge erleben, zum Beispiel Goldwaschen. Wer die Einsamkeit sucht, kann eine Wanderung über die weite Finnmarksvidda unternehmen, die durch Pfade und Gebirgshütten erschlossen ist. Die beste Wanderzeit liegt zwischen Anfang Juni und Mitte September. Auch auf Freunde des Angelsports warten unvergeßliche Erlebnisse: sie finden hier nicht weniger als 56 Lachsflüsse und tausende von Forellengewässern. Wer seefest ist, sollte unbedingt eine Angeltour aufs Meer hinaus unternehmen. Solche Fahrten werden an mehreren Küstenorten veranstaltet. Eher gemächlich gleiten hingegen die Flußboote über die großen Flüsse Finnmarks, z.B. von Alta, Mazi, Karasjok, Kautokeino und Levajok aus. Unterwegs macht man Halt an einem besonders idyllischen Picknickplatz oder an einer guten Angelstelle. Die Bootsführer kennen die besten Plätze.

Das Land der Mitternachtssonne

Norwegens Norden ist in aller Welt als »Land der Mitternachtssonne« bekannt. Tatsächlich geht hier die Sonne während der Sommermonate nicht unter - auch wenn sie manchmal hinter den Wolken verschwindet. Ohne Schwierigkeiten kann man dann mitten in der Nacht im Freien Zeitung lesen oder einen Brief schreiben. Und wundern Sie sich nicht, wenn Sie Leuten begegnen, die spät in der Nacht ihr Auto waschen oder ihr Dach ausbessern - die Mitternachtssonne macht's möglich.

Lachsangler am Altaelv

Wo Sonne ist, ist auch Schatten: Finnmark zeichnet sich nicht unbedingt durch stabile Wetterverhältnisse aus. Hier können Sie innerhalb weniger Tage heiße Nächte unter der Mitternachtssonne, aber auch plötzliche Orkanböen, Schneeschauer, Nebel und Nieselregen erleben. Immerhin sind hier schon Sommertemperaturen von 32 Grad gemessen worden. Hierbei gilt die Regel, daß die Küstengebiete eher kühle Sommer und gemäßigte Winter (mit eisfreien Häfen!) zu verzeichnen haben, während sich das Binnenland durch warme Sommer und eiskalte Winter (Minusrekord: 51 Grad) auszeichnet. Aber der Winter ist ein Kapitel für sich, ein spannendes - mit sternenhellen Nächten, Polarlicht, klirrendem Frost, dichtem Schneetreiben und gemütlichen Abenden im warmen Zimmer, während draußen der Sturm heult. Bereits im April scheint die Sonne wieder 15 Stunden am Tag - und der Schnee bleibt bis weit in den Mai hinein liegen. Eine besonders reizvolle Jahreszeit ist der kurze Herbst, der Ende September beginnt. Dann färbt sich das Laub rot, gelb und orange, die Waldbeeren werden reif, die Luft ist klar und kalt, und der erste Schnee fällt. Fotografen stellen dann meist fest, daß sie mal wieder zu wenig Filme eingepackt haben. Denn ständig finden sie neue Motive. Eine Erfahrung, die man in der Finnmark allerdings zu sämtlichen Jahreszeiten machen kann.

Unterwegs in Norwegen

Das zerklüftete Norwegen ist eine Herausforderung für Straßenbauingenieure und Eisenbahnbauer. Da ist es kein Wunder, daß hier so manche Verkehrsverbindung als Sehenswürdigkeit gilt, wie zum Beispiel die Flåmsbahn im Bezirk Sogn og Fjordane oder der berühmte Trollstigen in Møre og Romsdal. Reisen in Norwegen ist mehr als der bloße Transport von Ort zu Ort. Hier wird das Reisen zum Erlebnis.

Mit dem Auto

Die Mehrzahl der Norwegen-Urlauber reist mit dem Auto durch das Land. Und das ist nicht verwunderlich, denn hier bereitet schon das Fahren selbst viel Vergnügen. Mehrspurige Autobahnen werden Sie nur vereinzelt vorfinden, stattdessen gibt es aber unzählige kleine Straßen, auf denen Sie ungestört von anderen Verkehrsteilnehmern durch die Landschaft fahren können. Serpentinenstraßen führen Sie

hinauf in karges Hochgebirge mit schneebedeckten Gipfeln, Brücken bringen Sie in das entlegenste Fischerdorf an sturmgepeitschter Küste. Hier rast man nicht in schneller Fahrt an den schönsten Stellen vorbei, sondern läßt sich Zeit, immer wieder Neues zu entdecken, das in keinem Reiseführer steht.

Mit Booten und Fähren

Bevor man mit Eisenbahnlinien und Straßen das Land erschloß, bildete das Wasser die Hauptverkehrswege. Auf Seen, Fjorden, Flüssen und dem Meer verkehrten Schiffe und verbanden Städte und Gemeinden miteinander, die sonst nur sehr beschwerlich über das Gebirge oder mit großem Umweg um den Fjord herum zu erreichen gewesen wären. Noch heute verkehren täglich die Schiffe der Hurtigrute entlang der norwegischen Küste von Bergen nach Kirkenes und zurück - eine Strecke von 2.500 Seemeilen. Moderne Schnellboote sind in den Küstengebieten wichtige regionale Verkehrsmittel. Ist man dort mit dem Auto unterwegs, bringen jede Menge Fährüberfahrten Abwechslung in die Reiseroute. Da diese Fähren sehr oft fahren, sind selbst in der Hauptsaison in der Regel keine längeren Wartezeiten einzukalkulieren.

Mit dem Zug

Das Eisenbahnnetz der Norwegischen Staatsbahnen (NSB) ist gut ausgebaut. Die meisten Strecken wie z.B. Oslo-Bergen oder die Flåmsbahn (Myrdal-Flåm) führen durch kontrastreiche Landschaft. Langweilig wird es also nie. Folgende Hauptstrecken gibt es: Oslo - Bergen; Oslo - Kristiansand - Stavanger; Oslo - Dombås / Røros - Trondheim - Bodø (nördlichster innerhalb Norwegens zu erreichender Bahnhof, Anschluß an Nordnorwegen-Bus) und über Dombås nach Åndalsnes. Die Strecke Oslo - Fagernes durch das Valdres-Tal wurde zu Beginn dieses Jahres eingestellt. Die NSB bieten eine Reihe von Ermäßigungen und Rabattsystemen wie z.B. das »Midtukebillett« oder »Nordturist med tog«, sowie Familienermäßigungen (Minigruppe).

Mit dem Bus

Überall dort, wo kein Zug mehr hinfährt, ergänzen Überlandbuslinien das Eisenbahnnetz. Der Nordnorwegen-Bus zum Beispiel durchquert den gesamten nördlichen Landesteil und verbindet Bodø und Fauske mit Kirkenes. Eine weitere bemerkenswerte Buslinie ist der »Geiteryggekspressen«, der auf dem Weg von Oslo nach Bergen eine der schönsten Landschaften Norwegens durchfährt.
Bereits seit einem Jahr erfolgreich operiert der Zusammenschluß von über 30 Schnellbuslinien, der sich »NORWAY Bussexpress« nennt. Die neue Busgesellschaft verfügt über 200 bequeme Luxusbusse und verbindet die meisten größeren Städte und Orte des ganzen Landes miteinander. Folgender Service erwartet Sie »an Bord«: Mobiltelefon, Klimaanlage, WC, Imbiß uvm. Genießen Sie Norwegen vom Panoramasitz aus. Zahlreiche Ermäßigungen wie z.B. Stand by oder Familienrabatt.

Mit dem Flugzeug

In einem Land mit großen Entfernungen und zum Teil schwierigen Verkehrsverhältnissen (einige Straßen sind im Winter unpassierbar) kommt gut funktionierenden Flugverbindungen eine große Bedeutung zu. Immer mehr Norweger steigen deshalb auch bei Inlandreisen von Bahn, Bus und Auto auf das Flugzeug um. Das Flugnetz ist im Vergleich zur Einwohnerzahl des Landes außergewöhnlich dicht. Rund 50 Flugplätze über das ganze Land verteilt werden mehrmals täglich angeflogen. Die wichtigsten Linienfluggesellschaften sind: SAS, Braathens S.A.F.E und Widerøe, die auch bei Inlandsflügen eine Vielzahl von Rabattmöglichkeiten (z.B. Minipris, Lavpris, Familienermäßigung, Sommertarife uvm.) bieten und die Entdeckung Norwegens aus der Vogelperspektive erschwinglich machen.

Norwegen à la carte

Weitere Informationen über innernorwegische Verkehrsverbindungen, Ermäßigungen, Rabattsysteme usw. finden Sie im Serviceteil dieses Reisehandbuchs oder im Fahrplanheft (Rutehefte) für Touristen, das Sie bei NORTRA Marketing anfordern können (Infopaket 7).

Norwegen vom Panorama-Sitz

NOR·WAY BUSSEKSPRESS

Weitere Informationen:
NOR-WAY Bussekspress A/S
Jernbanetorget 2
N-0154 Oslo 1
Tel. 02 - 33 01 90

Ein neues Angebot für passionierte Busreisende ist der »BUSSPASS NOR-WAY«. Der Paß berechtigt zu beliebig vielen Fahrten innerhalb Norwegens auf allen Strecken des landesweiten NOR-WAY Bussekspress-Netzes. Zum Preis von NOK 1000,- erhält man ihn direkt bei NOR-WAY Bussekspress oder auf den Fähren ab 1. Mai 1989. Er gilt zwei volle Monate ab Ausstelldatum.
Verkaufsbüro:
NOR-WAY Bussekspress
Havnegt.
N-0154 Oslo 1
Tel. 02 - 33 08 62

Eiffelturm oder Big Ben werden Sie in Norwegen vergeblich suchen, aber auch achtspurige Autobahnen. In diesem Land sind die Straßen keine schnurgeraden Rasestrecken, sondern technische Sehenswürdigkeiten, die zum Teil unter mühsamer Anstrengung dem Fels abgetrotzt wurden. Das Vergnügen, Norwegens oft atemberaubende Straßen aus eigener Anschauung kennenzulernen, ist dabei längst nicht nur den Autotouristen vorbehalten. Auch wer mit öffentlichen Verkehrsmitteln das Land bereist, braucht auf die stets wechselnden Landschaftseindrücke links und rechts der Straße nicht zu verzichten. Mit modernen Expreßbussen kann man heutzutage ganz Norwegen bereisen und dabei vom bequemen Sessel aus die schöne Landschaftszenerie vorbeigleiten lassen. Seit 1988 arbeiten über 30 Schnellbuslinien in der Gesellschaft »NOR-WAY Bussekspress A/S« zusammen. Das Liniennetz reicht von Kristiansand im Süden bis Honningsvåg und Kirkenes im Norden und von Westnorwegens Hauptstadt Bergen bis zur schwedischen Grenze.

»NOR-WAY á la carte«

Die landesweite Zusammenarbeit macht »NOR-WAY« zu einem ganz bemerkenswerten Angebot für »autolose« Individualtouristen. Die NOR-WAY-Zentrale ist auf Wunsch dabei behilflich, eine komplette Norwegen-Rundreise zusammenzustellen und dazu die verschiedenen Kombinationsmöglichkeiten in Anspruch zu nehmen. So lassen sich die NOR-WAY-Linien hervorragend mit den Sonderangeboten der Hotelketten kombinieren, zum Beispiel mit dem Fjord-Pass, der Preisermäßigungen in 200 Hotels gewährt. Auch mit anderen Verkehrsmitteln läßt sich das NOR-WAY-Angebot ausgezeichnet ausbauen: mit der berühmten Hurtigrute längs der Küste, oder mit

anderen Schiffs-, Bahn-, und Fluglinien. Wer gar nicht planen möchte, kann sich einfach seine Reise Tag für Tag nach Lust und Laune (und Fahrplan) zusammenstellen. Die Reise läßt sich beliebig unterbrechen, und auch ohne Platzreservierung findet man immer einen freien Platz. Besonders vorteilhaft für Individual-Reisende ist folgendes Angebot des »NOR-WAY Bussekspress«: Man bestellt die erste Strecke und die erste Übernachtung bei der NOR-WAY-Zentrale und läßt sich dann von Ort zu Ort weitervermitteln.

Komfort für wenig Geld

NOR-WAY ermöglicht komfortable, nach eigenen Bedürfnissen zusammengestellte Rundreisen zu angenehmen Preisen. Hier einige Beispiele: die Strecke Bergen - Voss (119 km) kostet NOK 103,-, Alta - Karasjok (249 km) NOK 203,-, Trondheim - Førde (558 km) NOK 426,- (Preisänderungen vorbehalten). Kinder unter 4 Jahren reisen gratis, Passagiere unter 16 und über 67 zahlen den halben Preis. Reisen mehrere Personen zusammen, kann man Gruppenrabatte in Anspruch nehmen.
Rund 100 Luxus-Busse sind unter der »NOR-WAY-Flagge« im Einsatz.
Sie sind mit dem modernsten Komfort ausgestattet: Toilette, Frischluftanlage, verstellbare Sitze, Musikprogramm und Mobiltelefon sind eine Selbstverständlichkeit, außerdem werden auch Erfrischungen serviert. Persönlicher Service wird dabei groß geschrieben.

Norwegen aus der Vogelperspektive

BRAATHENS S·A·F·E

Braathens SAFE
Postboks 55, Øksenøyveien 3
N-1330 Oslo Flughafen
Tel.: 0047 - 2 - 59 70 00
Fax.: 0047 - 2 - 59 13 09
Telex: 71 595 bu n

Das Liniennetz der Fluggesellschaft Braathens SAFE reicht von Kristiansand im Süden bis Tromsø im Norden. Braathens SAFE ist seit 37 Jahren im innernorwegischen Liniendienst tätig und fliegt mit ihren modernen Boeing 737-Jets inzwischen 15 Flugplätze an. 1988 wurden dabei nicht weniger als 3,1 Millionen Passagiere befördert - immerhin werden täglich mehr als 200 Flüge durchgeführt. Braathens SAFE verkehrt seit neuestem auch auf den Strecken Oslo - Bergen und Tromsø - Spitzbergen. Neu im Flugprogramm sind ebenfalls die Flüge Bergen - Tromsø und Oslo - Bodø.

Der Firmenname Braathens SAFE weist auf eine interessante Entstehungsgeschichte hin. Die Gesellschaft wurde 1946 von Ludvig G. Braathen gegründet und flog zunächst nach Südamerika und in den fernen Osten - SAFE steht für »South America & Far East«. Heute ist Braathens SAFE vor allem auch im internationalen Charterverkehr tätig.

»Visit Norway Pass«

Für Norwegen-Touristen, die nicht in Skandinavien ansässig sind, bietet die Fluggesellschaft ihr Super-Sommer-Sparangebot an: den »Visit Norway Pass«. Dazu löst man bereits zu Hause einen MCO-Fluggutschein auf den Betrag, den das sogenannte »Mehrfachflugticket für Norwegenbesucher« kostet (2 Coupons kosten 185,- DM, 4 Coupons 350,- DM). Die meisten größeren Reisebüros und Fluggesellschaften stellen einen MCO-Gutschein aus. In Norwegen erhält man in jeder Braathens SAFE-Geschäftsstelle das entsprechende »Mehrfachflugticket für Norwegenbesucher«. Dabei müssen folgende Einschränkungen beachtet werden: Der »Visit Norway Pass« gilt nur vom 1. Mai bis 30. September. Er gilt nicht auf der Strecke Tromsø - Spitzbergen. Für jeden Einzelflug mit einer Flugnummer muß jeweils ein Coupon verwendet werden.

Einen Überblick über das Flugnetz der Braathens SAFE bietet der beistehende Streckenplan. Nähere Informationen sowie die genauen Flugpläne können Sie beim Hauptbüro der Fluggesellschaft anfordern.

Mit Scandinavian Airlines preisgünstig nach Norwegen

SAS Büros
Berlin: Kurfürstendamm 209
Tel. 030/88 17 011
Düsseldorf: Flughafen, Terminal 2
Tel. 0211/42 00 71
Frankfurt: Am Hauptbahnhof 2
Tel. 069/26 46 66
Hamburg: Flughafen, Gebäude 130
Tel. 040/50 71 080
Hannover: Flughafen,
Postfach 420208
Tel. 0511/73 05 841-43
München: Flughafen Riem,
Postfach 870229 Tel. 089/87 02 29
Nürnberg: Flughafen,
Postfach 990263
Tel. 0911/52 50 00
Stuttgart: Flughafen, A-Bau,
Abflughalle, Tel. 0711/79 90 56

Bewährt im internationalen Flugverkehr: Die Douglas DC-9

Henningsvær, Lofoten

SAS, Scandinavian Airlines, bietet Ihnen im Sommer nahezu 16 tägliche Flugverbindungen von sechs deutschen Flughäfen nach Norwegen. Von Oslo erreichen Sie mit zeitlich gut abgestimmten SAS-Anschlußflügen die wichtigsten Städte wie Stavanger, Bergen oder Trondheim und fliegen bis in die Regionen der Mitternachtssonne nach Bodø, Tromsø, Alta und Kirkenes.

Dabei muß eine Flugreise nach Norwegen nicht mal teuer sein. SAS hat speziell für den Urlaubsverkehr »Flieg und Spar« - sowie »Super Flieg & Spar« - Tarife geschaffen, die zwischen 45 % und 62 % ermäßigt sind. Auch für Flüge innerhalb Norwegens gibt es zahlreiche Billigflugpreise, die besonders für Familien große Vorteile bieten.

Informationen über die Billigtarife erteilt Ihnen gern Ihr Reisebüro oder die nächste SAS-Vertretung.

SAS The Business-Man's Airline

Wenn Sie geschäftlich nach Norwegen fliegen, ist die SAS »EuroClass« für Sie genau das Richtige. Dies bedeutet eine separate Kabine an Bord, 86 cm Sitzabstand mit viel Platz für die Beine, leckere Mahlzeiten (auf Tabletts serviert), Drinks vom Cocktail bis zum Champagner, die Sie nicht extra bezahlen müssen und vieles andere mehr.

Am Boden bietet Ihnen SAS komfortable Lounges auf allen größeren Flughäfen, separaten Check-in mit reserviertem Sitzplatz im Raucher- oder Nichtraucherteil sowie preisgünstige Limousinen für den Transfer zwischen Flughafen und Stadtzentrum. In den SAS Hotels in Oslo, Stavanger, Bergen, Bodø und Tromsø können Sie bereits Ihr Gepäck für den Flug aufgeben und einchecken. Sie haben dann Ihre Bordkarte mit reserviertem Sitzplatz bereits in der Tasche, wenn Sie auf dem Flughafen ankommen.

Auf all diese Leistungen haben Sie Anspruch, wenn Sie nur den normalen Economy-Tarif bezahlt haben.

Noch ein Tip: Im Transitbereich des Kopenhagener Flughafens gibt es eine neue, große Ladenstraße mit rund 20 Geschäften, die zu einem Einkaufsbummel einladen. Die »Duty-Free« Shops für Alkohol, Tabakwaren und Kosmetika gehören zu den preisgünstigsten in Europa.

Norwegen - Pauschalreisen... auf einen Blick

Ein großes Angebot an Norwegen-Flugreisen für den Sommer 1989 finden Sie in der vierfarbigen SAS-Broschüre »Skandinavien-Flugreisen 1989«, die Sie kostenlos in jedem der unten genannten SAS-Büros in der Bundesrepublik und West-Berlin erhalten. Aus dem Inhalt: Urlaub in Gebirgs- oder Fjordhotels, Hurtigruten-Fahrten von Bergen bis Kirkenes, Fly & Drive Arrangements, Spitzbergen-Abenteuer, Angelreisen, Fjordkreuzfahrten und Städtereisen. Alle Angebote sind von namhaften deutschen Reiseveranstaltern mit stark ermäßigten Flugpreisen kalkuliert.

Mit der Fähre nach Norwegen

Über zehn Fährstrecken, betrieben von fünf großen norwegischen, schwedischen und dänischen Reedereien führen nach Norwegen. Damit Sie besser entscheiden können, welche Fähren für Ihre Norwegen-Reise am besten geeignet sind, stellen wir Ihnen die vielfältigen Angebote dieser Reedereien vor. Außerdem berichten wir über zwei außergewöhnliche Seereisen entlang der norwegischen Küste: eine Nordkap-Reise mit der »Winston Churchill« sowie die Tour mit den berühmten Postschiffen der Hurtigrute.

Fred. Olsen Lines
Keiner fährt schneller nach Norwegen

SCANDINAVIAN SEAWAYS

JAHRE LINE
KIEL-OSLO-KIEL

Stena Line

LARVIK LINE
FREDERIKSHAVN–LARVIK

SCHNELLER BRINGT SIE KEINER NACH NORWEGEN

Fred. Olsen Lines
Keiner fährt schneller nach Norwegen

Informationen und Buchungen
im Reisebüro oder bei:
NSA
Kleine Johannisstr. 10
2000 Hamburg 11
Tel. 040/376930

Das Angebot dieser Reederei ist ganz besonders vielfältig. Sie bietet die meisten Verbindungen nach Norwegen, und betreibt auch die Route mit der kürzesten Überfahrtsdauer. Schneller bringt keiner seine Passagiere nach Norwegen!

Die modernen und schnellen Fährschiffe der Fred. Olsen Lines legen ganz im Norden Dänemarks ab, dort wo Norwegen am nächsten liegt. In den Sommermonaten hat man die Wahl zwischen bis zu sieben Überfahrten von Hirtshals nach Kristiansand (3 3/4 Std.), Egersund (7 Std.) oder Bergen (17,5 Std.) oder Oslo (9 Std.). Insgesamt drei Fährschiffe sind dann im Einsatz. Seit letztem Jahr wird zusätzlich die Strecke Hirtshals-Stavanger-Bergen ganzjährig bedient. Fred. Olsen Lines bietet damit auch die schnellste Verbindung ins Fjordland! Auf Wunsch können Sie sogar einen Abstecher nach Großbritannien unternehmen, denn die Schifffe der Fred.Olsen Lines verkehren auch zwischen Hirtshals, Kristiansand und Harwich.

Der besondere Stolz der Reederei ist das Fährschiff »M/S Braemar«, das seit 1985 seinen Dienst tut. Bei einer Überfahrt auf diesem Schiff kann durchaus Kreuzfahrtatmosphäre aufkommen. Hier ist reichlich Platz für die 2.000 Passagiere, die maximal mitgenommen werden können. Unterbringungsmöglichkeiten bestehen in 1.288 Kabinen, alle mit Dusche, WC und Radio. Für Abwechslung an Bord sorgen drei Restaurants, ein Café oder eine der Bars, die Diskothek »Tropical Garden«, ein großer Tanzsalon und ein bordeigenes Spielkasino mit elektronischen Spielautomaten. Für die jüngsten Fährpassagiere steht ein Kinderspielzimmer sowie ein Babywickelraum zur Verfügung. Im Supermarkt finden Sie ein reichhaltiges Angebot an zollfreien Waren. Sportliche Reisende treffen sich in der Friscothek mit Schwimmbad, Whirlpool, Sauna oder bei den Fitneßgeräten. So kann man seinen Urlaub schon mit einer erholsamen Anreise beginnen.

Fährstrecken der Fred.Olsen Lines

- Hirtshals - Kristiansand: viermal täglich in der Hochsaison, Überfahrt: 4 Std.
- Hirtshals - Egersund: einmal wöchentlich in der Nebensaison, Überfahrt: 10 Std.
- Hirtshals - Oslo: viermal wöchentlich in der Nebensaison, Überfahrt: 8,5 Std.
- Hirtshals - Stavanger - Bergen: dreimal wöchentlich, ganzjährig, Überfahrt: 11 bis 17,5 Std.
- Harwich - Kristiansand: einmal wöchentlich in der Hauptsaison, Überfahrt: 24 Std.
- Harwich - Hirtshals - Oslo: einmal wöchentlich in der Nebensaison, Überfahrt: 24 bis 37 Std.

Langweilig wird es nie!
Ob Sie nun die Nacht in der Diskothek »Tropical Garden« durchtanzen wollen oder sich nach einem erfrischenden Bad im bordeigenen Schwimmbad mit Freunden zu einem Drink treffen: Für Unterhaltung ist auf den luxuriös ausgestatteten Schiffen der Fred. Olsen Lines immer gesorgt.
Bild oben:
Die MS Braemar

EIN SCHIFF FÜR ALLE

Larvik Line präsentiert die neue »Peter Wessel«

Informationen und Buchungen im Reisebüro oder bei:
Reisebüro Norden GmbH,
Ost-West Str. 70,
2000 Hamburg 1,
Tel. 040/363211

Seit über 50 Jahren bringt die Larvik Line ihre Passagiere sicher, bequem und zuverlässig über das Skagerrak von Frederikshavn in Dänemark nach Larvik an die Sørlandsküste und zurück. Das Fährschiff PETER WESSEL, benannt nach dem norwegischen Seehelden, ist nicht nur für viele Skandinavier die Verbindung zum Kontinent, sondern wurde auch für Urlauber aus südlicheren Breitengraden in den letzten Jahren immer beliebter.

Wer war Peter Wessel?

Vor über 250 Jahren kam ein junger, norwegischer Seemann als Kadett in die dänisch-norwegische Marine. Bereits drei Jahre später, im Jahr 1712, erhielt er sein erstes Kommando. Mehrfach besiegte er bei Seeschlachten die Schweden vor Dynekilen, Marstrand und Göteborg. Seine norwegischen Heimathäfen waren Larvik und Stavern, so daß es beinahe natürlich erschien, daß Larvik Line ihr erstes Schiff, das 1937 als weltgrößte Autofähre mit »Roll-on-Roll-off« Autodeck vom Stapel lief, auf den Namen PETER WESSEL taufte. Seitdem ist die Strecke Larvik - Frederikshavn die Hauptverbindung zwischen Südnorwegen und der dänischen Halbinsel Jütland. Die PETER WESSEL der vierten Generation, seit sieben Jahren im Einsatz, wurde rasch zu klein. Deshalb beschloß die Reederei im Jubiläumsjahr 1987 das Fährschiff auf einer Hamburger Werft modernisieren und um 22,5 Meter verlängern zu lassen.

Das neue »verlängerte« Schiff

Seit der Wintersaison 88/89 fährt die neue umgebaute PETER WESSEL wieder planmäßig die Strecke Frederikshavn - Larvik und bietet nun den Passagieren noch mehr Komfort als bisher: 535 Kabinen, statt 283 vordem, wobei alle mit Dusche/WC ausgestattet sind. Auf den drei Autodecks finden insgesamt 650 PKW's Platz.

Zudem hat die PETER WESSEL nun verdoppelte Restaurantflächen, u.a. am Heck ein Panorama-Restaurant mit Großfenstern über zwei Decks und Oberlichtglaskuppeln. Entspannen Sie sich während der Überfahrt an einem schön gedeckten Tisch oder schlemmen Sie ganz skandinavisch am großen Buffet. Zu späterer Abendstunde erwartet Sie die Bar mit Tanzflächen sowie zwei Diskotheken. Auch an angenehmen Kleinigkeiten hat man beim Umbau des Fährschiffes nicht gespart: Dem vergrößerten Tax-free-Shop wurde eine Parfümerie hinzugefügt.

Zum Wohl der Passagiere hat Larvik Line in einem Punkt gegeizt: Die Passagierkapazität ist nur geringfügig gestiegen - von 2.000 auf 2.200, denn der Umbau des Fährschiffes PETER WESSEL dient vor allem dem Wohlbefinden der Gäste.

Das Skandinavienticket

Das Skandinavienticket, ein Angebot in Zusammenarbeit der Larvik Line mit den Dänischen Staatsbahnen. Wer eine Autorundreise durch Skandinavien plant, kommt mit dem Skandinavienticket am billigsten weg, denn man zahlt lediglich einen Pauschalpreis für die wichtigsten Fährstrecken von und nach Skandinavien.

Ab DM 230,- können Sie mit einem PKW und fünf Insassen folgende drei Fährlinien benutzen: Puttgarden - Rødby (Bundesrepublik - Dänemark) / Helsingør - Helsingborg (Dänemark - Schweden) / Larvik - Frederikshavn (Norwegen - Dänemark). Von Frederikshavn kann man auf gut ausgebauten Straßen durch Jütland in die Bundesrepublik zurückkehren.

Die PETER WESSEL, Ende 1988 umgebaut, bietet allen Komfort, den man von einem modernen Fährschiff erwartet

Ein schwimmendes First-Class-Hotel: Die KRONPRINS HARALD ist erst seit 1987 im Dienst.

VON KURZEN UND LANGEN WEGEN

Informationen und Buchungen
im Reisebüro oder bei:
Jahre Line
Oslo Kai
2300 Kiel 1
Tel.: 0431 - 91281

Wer seinen Urlaub mit der äußerst erholsamen Anreise beginnen und sich eine strapaziöse Autofahrt ersparen möchte, der ist bei der JAHRE LINE genau richtig. Mit den Schiffen dieser Reederei erreicht man von Kiel aus die Hauptstadt im Land der Fjorde und Wälder in 19 Stunden. Durch die bequeme Anreise in den schwimmenden First-class-Hotels kommen Sie ausgeruht in Oslo an.

Gaumenfreuden

Die beiden Schiffe der JAHRE LINE sind hochmodern. Sie gehören zu den komfortabelsten Fährschiffen auf der Ostsee und ihre Küche genießt einen hervorragenden Ruf. Ob Sie nun am berühmten kalten Buffet den Lachs und andere Spezialitäten goutieren oder im Restaurant à la carte speisen, Ihr Gaumen wird jedesmal verwöhnt werden. Den Rest des Abends können Sie dann in der Bar oder mit Live-Musik in der Lounge verbringen. Das Frühstück ist reichhaltig und stimmt Sie auf alle Vorzüge eines skandinavischen Frühstücks ein. Wenn Sie morgens um neun Uhr in Oslo das Schiff verlassen, können Sie gestärkt den vor Ihnen liegenden Tag angehen.

Die neue »M/S Kronprins Harald« wurde erst 1987 in Dienst gestellt und bietet Platz für 1.454 Passagiere. Schlafsessel oder ähnliche Hilfsbetten werden Sie auf den Schiffen der JAHRE LINE vergeblich suchen. Komfort für alle Passagiere wird hier groß geschrieben. Jeder bekommt sein eigenes Bett in einer der großzügigen Kabinen, die übrigens alle mit Dusche und WC ausgestattet sind. Drangvolle Enge ist auf der »Kronprins Harald« ebenso unbekannt wie auf dem Schwesterschiff, der »Prinsesse

Bequemlichkeit und gepflegte Atmosphäre

Ragnhild«. Die klassische Linie des Schiffes hebt sich angenehm von den so in Mode gekommenen »schwimmenden Hochhäusern« ab. Dabei ist die »Prinsesse Ragnhild« alles andere als ein »oller Pott«. 1981 von den Howaldtswerken-Deutsche Werft in Kiel erbaut, strahlt das Schiff eine gediegene Atmosphäre aus.

Wer die Norwegen-Reise mit Geschäftlichem verbinden möchte oder muß, kann dies auf angenehme Weise auf den Schiffen der JAHRE LINE tun. Beide Schiffe verfügen über Konferenzräume, die mit allem ausgestattet sind, was für die erfolgreiche Durchführung der Geschäfte benötigt wird. Und hinterher geht's eine Etage höher auf das »Schlemmerdeck«.

Die königlichen Schiffe bedienen die einzige Direktverbindung zwischen der Bundesrepublik Deutschland und dem Königreich Norwegen. JAHRE LINE verkehrt seit 1961 auf der Strecke Oslo-Kiel-Oslo. Seitdem hat es die Fährlinie erreicht, eine Tradition zu schaffen, die verpflichtet. Gastlichkeit, Entspannung und gepflegte Atmospäre zum Wohle des Gastes lassen einen vergessen, daß man sich an Bord eines Fährschiffes befindet.

JAHRE LINE ist mehr als eine Fährlinie. Das gilt nicht nur für den Hotelservice an Bord, sondern auch für das beliebte Kurzreisenprogramm der Reederei, das für das Jahr 1989 um zahlreiche attraktive Angebote erweitert wird.

Kurzreisen à la carte

Wer nur wenig Zeit zur Verfügung hat, kann für zwei Tage »über den Teich hüpfen«. Die **Spritztour nach Oslo** gehört zu den klassischen Angeboten. Nach der Ankunft in Oslo erwartet einen die große Stadtrundfahrt und vielleicht findet man auch noch Zeit für einen kleinen Einkaufsbummel. Am frühen Nachmittag heißt es dann wieder einschiffen und die Fahrt geht durch den schönen Oslofjord zurück nach Kiel. In den zwei Tagen, die die Spritztour dauert, kann man natürlich nicht Norwegen kennenlernen, aber ein schönes Appetithäppchen ist die Fahrt schon.

Wer etwas mehr Zeit zur Verfügung hat oder das Wochenende angenehm verbringen möchte, kann die dreitägige **Kleine Kreuzfahrt zum Oslofjord** buchen. An dem freien Tag in Oslo werden Ausflüge an den Tyrifjord und zur Hadeland-Glashütte angeboten. Bevor Sie wieder Abschied von Oslo nehmen müssen, steht am darauffolgenden Vormittag noch die große Stadtrundfahrt auf dem Programm.

Oslo ganz nach Wunsch heißt das fünftägige Angebot der JAHRE LINE. Außer ausgiebigster Stadterkundung besteht hier die Möglichkeit, auch die reizvolle Umgebung der norwegischen Hauptstadt kennenzulernen. Mit den Osloer Nahverkehrsmitteln kommen Sie z.B. ganz bequem fast bis zur Holmenkollen - Sprungschanze. Von dort oben hat man einen hervorragenden Blick über die ganze Stadt und weit in den Oslofjord hinein. Untergebracht werden Sie auf dieser Fahrt in einem erstklassigen Hotel im Zentrum von Oslo.

Norwegen zum Kennenlernen

Neu im Kurzreiseprogramm sind die **Norwegen zum Kennenlernen**-Touren. Zwischen sechs verschiedenen Zielen und Routen können Sie Ihren liebsten Kurzurlaub wählen. Fünf Tage dauern die Reisen, doch können vorher bei den meisten Angeboten zwei zusätzliche Tage gebucht werden. Diese Kurzreisen werden ab Januar 1989 angeboten.

Wer einen Kurzurlaub ohne den eigenen Wagen verbringen möchte, ist mit dem Programm **Bergen mit der berühmten Bergenbahn** bestens bedient. Die Strecke von Oslo nach Bergen zählt zu den schönsten Bahnstrecken Europas. Bis auf über 1.200 Meter Höhe muß der Zug, bevor es wieder hinunter in die Fjordlandschaft Westnorwegens geht. In Bergen erwarten einen nicht nur Bryggen mit den Hansehäusern, sondern auch Museen, die Håkonshalle, die Marienkirche, das Haus Edvard Griegs und vieles mehr.

Auch für das leibliche Wohl ist bestens gesorgt

Auch mit dem eigenen PKW sind Arrangements vorgesehen. Rundreisen durch das Hallingdal zum **Hardangerfjord** und in die Telemark bringen einem die verschiedenen Seiten Norwegens näher. Die Hochebene der Hardangervidda, die Obstplantagen in der Umgebung von Lofthus und die grandiosen Wasserfälle am Rande der Strecke darf man sich nicht entgehen lassen.

Auch nach **Vrådal** in der Telemark reisen Sie mit dem eigenen Fahrzeug. Jede Jahreszeit hat hier ihre eigenen Reize, doch ist der Herbst eine besondere Empfehlung wert. Von den kräftigen Farben des norwegischen Herbstes werden Sie Ihren Freunden noch lange vorschwärmen.

Auch **Bolkesjø** liegt in Telemark. Es ist ungefähr zwei Autostunden von Oslo entfernt. Sieben Tage können Sie sich in Ruhe entspannen, umgeben von einer imposanten Bergkette und riesigen, unendlich scheinenden Wäldern.

Auf einer Höhe von immerhin 1.040 Metern liegt **Torsetlia**. Von der rustikalen »Fjellstue«, einem kleinen Berghotel, aus können Sie in dem familienfreundlichen Gebiet lange Bergwanderungen oder im Winter Skitouren unternehmen.

Die Stadt **Lillehammer** hat jetzt Weltruhm erlangt, denn sie ist Austragungsort der olympischen Winterspiele 1994 geworden. Doch auch im Sommer ist die Stadt am Mjøsa - See eine Reise wert. Attraktionen sind u.a. das Freilichtmuseum Maihaugen, die Altstadt und nicht zuletzt Ausflüge in das berühmte Gudbrandsdal.

Der längste Fjord Norwegens wird bei der letzten hier vorzustellenden Kurzreise besucht. **Balestrand am Sognefjord** heißt das Ziel. Vom Ufer des Fjordes ragen die Berge bis in eine Höhe von über 1.000 Meter steil auf. Ein imposanter Anblick, der Lust auf mehr macht. Die zwei Verlängerungstage sind bei dieser fünftägigen Tour besonders zu empfehlen.

... ÜBER DAS MEER IM KREUZFAHRTSTIL

Informationen und Buchungen
im Reisebüro oder bei:
Stena Line
Schwedenkai
2300 Kiel 1
Tel. 0431 / 909 - 0

Bei herrlicher Seeluft, hervorragender Küche und jeder Menge Unterhaltung kann man auf den komfortablen Luxus-Linern der STENA LINE eine abwechslungsreiche Seereise genießen und gleichzeitig ein paar Tage ausspannen.
Erlebnisreich oder geruhsam, je nach Lust und Laune, auf jeden Fall aber interessant, denn die weiße STENA LINE-Flotte mit ihren modernen Kreuzfährlinern hat viel zu bieten, nicht zuletzt auch lohnenswerte Urlaubsziele.
Insgesamt sechs Autopassagierschiffe der STENA LINE befahren auf vier verschiedenen Routen die Ostsee.
Die beiden Schwesternschiffe »Stena Germanica« (Baujahr 87) und »Stena Scandinavia« (Baujahr 88) sind nach höchsten schwedischen Sicherheitsnormen gebaut. Zu jeder Jahreszeit garantieren die Jumbo-Liner eine angenehme und sichere Reise. Dazu kommt ein Höchstmaß an umweltfreundlicher Technik. Denn Turbolader und Filter, welche die Abgase weitgehend schadstofffrei entlassen, sorgen ebenso für Umweltschutz wie die Entsorgung der Abwässer, Müll- und Ölrückstände im Hafen.
Die neuen Schiffe verfügen über je 800 Kabinen, 625 PKW-Plätze und eine hervorragende Ausstattung, welche sie zu einem schwimmenden Hotel machen. Die Kabinen sind geräumig, schallisoliert und mit Dusche, WC, regelbarer Klimaanlage, Radio und bequemen Betten versehen. Auch die Bordeinrichtung stellt so manches Kreuzfahrtschiff in den Schatten. Auf höchstem internationalen Standard präsentieren sich die Restaurants mit ihren à-la-carte-Menüs sowie reichhaltigen skandinavischen Schlemmer- und Frühstücksbuffets. Über 60 warme und kalte Köstlichkeiten machen die Wahl unter diesen Gaumenfreuden zur Qual. Von den erstklassigen Mahlzeiten empfehlen sich natürlich besonders die frischen Fischgerichte wie Lachs und Garnelen.
1000 Meter Reeling bieten die Luxus-Schiffe zum Flanieren, Fotografieren und Parlieren. Doch im Schiffsinnern

Mit der STENA LINE an den schönsten Küsten Skandinaviens

wartet nicht nur die Kabine. In der Pianobar, der Bierstube sowie verschiedenen Salons und Bars gibt es preiswerte Drinks und Snacks für den kleinen Hunger zwischendurch. Aktuelle Filme in Originalsprache zeigt das bordeigene Kino. Zum Entspannen laden Whirlpools und die Sauna im Fitneß-Studio ein, während Black-Jack und Roulette im Spielcasino locken. Heiße Musik vom Plattenteller läuft in der Diskothek und live spielt die Bordband zum Tanz auf. Ein Besuch im Duty-free-Shop oder im Boulevard-Café rundet den Bummel ab, während die Kleinen sich im Kinder-Spielparadies vergnügen.
Bei diesem vielseitigen Bordleben vergeht die Zeit schon fast zu schnell.

*Und wer am Ferienort oder zu Hause mehr über Nautik und Schiffsbau wissen will - STENA LINE hat sich als erste Reederei die Mühe gemacht, ein Buch über dieses interessante Thema herauszugeben. Es ist an Bord erhältlich.
Die bizarre Naturschönheit Skandinaviens lädt zu Entdeckungsreisen ein. Das Erlebnis skandinavischer Impressionen auf dem Weg zum Nordkap, zu den norwegischen Fjorden oder per Schiff und Reisebus auf einer Drei-Länder-Kreuzfahrt ist überwältigend.
Wer diese faszinierende Landschaft kennenlernen will, dem bietet STENA LINE neben preisgünstigen Kurz-Kreuzfahrten in der Vor- und Nachsaison auch Busreisen, Konferenzreisen, Autorundreisen in Skandinavien, Stadtrundfahrten, Hotelaufenthalte, Urlaub in Ferienhäusern, Aktivferien und weitere Alternativen für Individualreisen in Norwegen und Schweden an. Zahlreiche Möglichkeiten ergeben sich aus diesen Angeboten, wie Hochzeitsfeiern auf dem Schiff, Kegel-Gruppenfahrten, Senioren-Reisen, um nur einige zu nennen.

Ob Nachtschwärmer, Sonnenanbeter oder Wasserratte - an Bord der STENA LINE finden sich viele Skandinavienfreunde auf ihrem Weg gen Norden zusammen.*

EINMAL NORDKAP UND ZURÜCK

Kreuzfahrt - Faszination entlang der norwegischen Küste

Informationen und Buchung
im Reisebüro oder bei:
Scandinavian Seaways
Jessenstr. 4
2000 Hamburg 50
Tel. 040 / 38 903 - 106

Eine Kreuzfahrt zum Nordkap, dem nördlichsten geographischen Punkt Europas, ist eine der aufregendsten Seereisen, die weltweit angeboten werden. Dem Passagier erschließt sich entlang der norwegischen Küste eine überwältigende Kulisse von sanften Berghängen, schroffen Felsen, gewaltigen Fjorden und ganzjährig schneebedeckten Gebirgsmassiven. Dazwischen unzählige Fischerdörfer mit buntbemalten Holzhäusern und Städte, die zu besuchen sich lohnt.

Eine besonders kurzweilige Kreuzfahrt zum Nordkap bietet die dänische Reederei Scandinavian Seaways ab Esbjerg (Jütland) an. Zu sieben Terminen im Mai sowie im August und September schickt sie ihr Kreuzfahrtschiff »Winston Churchill« auf die mehr als 5.000 km lange Reise. Der günstige Reisepreis, die relativ kurze Reisedauer von neun Tagen und die lockere Ungezwungenheit des Bordlebens machen die Nordkap-Seereise der Scandinavian Seaways für Passagiere aller Altersgruppen attraktiv.

Scandinavian Seaways ist übrigens keine neue Fährlinie, wie Sie vielleicht vermuten. Hinter dem neuen Namen versteckt sich ein alter Bekannter. Die dänische Reederei DFDS, die auch durch ihre Fährverbindungen von Hamburg nach Harwich in England bekannt ist, hat sich aufgrund ihres internationalen Engagements nun auch einen internationalen Namen gegeben.

Doch nun zurück zur Nordkap-Kreuzfahrt, die wir Ihnen hier kurz skizzieren wollen:

Um 16.30 Uhr legt die »Winston Churchill« in Esbjerg ab. Der erste norwegische Hafen, Ålesund, wird am zweiten Tag erreicht. Malerisch liegt der größte Fischereihafen des Landes auf drei Inseln. Vom Stadtberg Aksla hat man einen phantastischen Ausblick auf die Stadt und die gewaltigen Alpen von Sunnmøre. Bereits am Morgen des dritten Tages macht das Schiff in Trondheim fest. Hauptsehenswürdigkeit ist der Nidaros-Dom, das größte mittelalterliche Bauwerk Skandinaviens und Krönungskirche der norwegischen Monarchie.

Bis zum nächsten Hafen, Tromsø in Nordnorwegen, legt die »Winston Churchill« eine der längsten und schönsten Strecken der Seereise zurück. Mittlerweile ist es nachts fast genauso hell wie am Tage, so daß die norwegische Küstenlandschaft rund um die Uhr bewundert werden kann. Zunächst passiert das Schiff die imposante Hängebrücke, die die Insel Vikna mit dem Festland verbindet. Dann geht es vorbei an dem Inselberg Torghatten. Gut zu sehen ist das riesige Loch im Berg, durch das eine Segelyacht scheinbar mühelos durchfahren könnte, wenn die Insel niedriger lä-

Mit der WINSTON CHURCHILL auf Kreuzfahrt

oben:
Kultivierte Gastlichkeit ist Standard

links:
Die Mitternachtssonne
über dem Nordkapfelsen.
Ein Naturschauspiel,
das Sie nur hier
im hohen Norden
erleben können.

ge. In den Frühstunden des vierten Tages überquert das Schiff den Polarkreis. Eine zünftige Polartaufe wird am folgenden Abend an Bord gefeiert.

Einer der Höhepunkte der Seereise ist die enge Durchfahrt durch die wilden Bergwände der Lofoten, ein grandioser, fast feierlicher Eindruck, dem man sich nicht entziehen kann. Dann geht es vorbei an der Insel Senja. Die Küste auf beiden Seiten der Fahrrinne ist grün, mit friedlichen Weilern und Laubwald. Hier liegen auch die besten Fischbänke des Landes. Am späten Nachmittag des vierten Tages macht das Schiff in Tromsø fest.

Bereits am Morgen des fünften Tages erreicht die »Winston Churchill« den Zielhafen Honningsvåg. Die dreiviertelstündige Busfahrt zum Nordkap-Plateau führt durch karge arktische Landschaft. Immer wieder öffnen sich faszinierende Ausblicke auf das Nordkap mit seinem charakteristischen »Horn«.

Wer glaubt, die Rückreise gen Süden sei ähnlich wie die Reise zum Nordkap, hat sich getäuscht. Mit dem Geirangerfjord und der Stadt Bergen stehen die absoluten Höhepunkte dieser Kreuzfahrt noch bevor. Vorher wird allerdings noch Narvik, der bedeutende Erzhafen, angelaufen. In sanfter Fahrt gleitet die »Winston Churchill« durch den breiten Storfjord, nachdem sie Ålesund passiert hat.

Es wird langsam immer enger, die Berge höher. Wir sind im Geirangerfjord angelangt, dem Fjord aller Fjorde. Die zweistündige Fahrt bis Geiranger ist überwältigend. Auf beiden Seiten erheben sich schroffe Bergwände steil von null auf über eintausend Meter. Das Rauschen mächtiger Wasserfälle erfüllt die Luft. Verlassene Höfe - sie kleben wie Nester am Berghang - erzählen stumme Geschichten vom kargen Leben in der Einsamkeit.

In Geiranger werden die Passagiere ausgebootet und an Land gebracht. Je nach Wetter- und Schneebedingungen sind die Landausflüge ausgerichtet. Zum Beispiel: Der Busausflug auf den 1.500 Meter hohen Gipfel des Dalsnibba, von wo man einen phantastischen Ausblick über Gletscher, Seen und Fjorde hat.

Die Stadt Bergen, die am vorletzten Tag der Kreuzfahrt erreicht wird, bildet ohne Zweifel den Höhepunkt der besuchten Städte. Bergen in Stichwörtern: 210.000 Einwohner, zweitgrößte Stadt Norwegens, alte Hansestadt, pittoresker Fischmarkt, zahlreiche alte Kirchen und historische Gebäude. Vom Schiff bis in die Innenstadt sind es zehn Minuten. Unbedingt ansehen: die »Brygge«, ein Ensemble mittelalterlicher Stadthäuser, kunstvoll aus Holz gebaut. Zurück in der Nordsee dampft das Schiff mit voller Kraft heimwärts nach Jütland und legt am letzten Tag gegen 11.00 Uhr in Esbjerg an. In neun Tagen hat die »Winston Churchill« 2.780 Seemeilen zurückgelegt.

AB GEHT DIE POST ZUR KÜSTENFAHRT

Informationen und Buchungen
im Reisebüro oder bei:
NSA
Kleine Johannisstr. 10
2000 Hamburg 11
Tel. 040 / 37 69 30

Viele bezeichnen sie als die schönste Seereise der Welt, die Fahrt mit der Hurtigrute von Bergen nach Kirkenes - 2.500 Seemeilen, eine Strecke, die etwa der Entfernung Hamburg - Istanbul entspricht.

»Hurtigrute«, das ist eine Flotte von elf Schnelldampfern, die drei norwegische Reedereien zusammen unterhalten. Jahraus, jahrein betreiben sie damit einen Linienverkehr, der einzig in seiner Art ist. Seit 1893 werden große Teile des Güterverkehrs auf diesem Seeweg abgewickelt, wobei von Anfang an Mitreisemöglichkeiten für Passagiere bestanden. Mit gebührender Achtung benannten die Norweger diese Verkehrsverbindung: Reichsstraße Nummer 1. Als »Geheimtip« grassiert die traditionsreiche Hurtigrute seit Jahren unter Touristen, die einen der begehrten Kabinenplätze für eine Rundreise buchen wollen. Verständlich, denn wo sonst kann man auf einer Seereise so unmittelbar ein Land mit seinen unterschiedlichen Landschaftsformen samt Leuten kennenlernen. Geheimtips ziehen natürlich auch schnell Gerüchte nach sich, z.B. daß die Postdampfer bereits ein Jahr vorher ausgebucht seien. Dies ist aber nach Angaben des Generalagenten, der Norwegischen Schiffahrts-Agentur (NSA), schon einige Jahre hinfällig. Inzwischen hat man nicht nur drei hochmoderne Schiffe vom Stapel laufen lassen, sondern auch alle älteren generalüberholt, so daß nun alle elf Fährschiffe ausreichend Kabinen anbieten. Auf den drei neuen Schiffen, »MS Midnatsol«, »MS Vesterålen« und »MS Narvik« befinden sich sogar eigene Autodecks, so daß man seinen PKW auf das Schiff mitnehmen kann, um die Reise später auf dem Festland fortzusetzen. Egal auf welchem der Dampfer man reist: auf jedem erlebt man die ganz spezielle Bordatmosphäre der Hurtigrute. Dazu zählen auch norwegische Studenten, Familien oder rüstige Pensionäre, die sich gern unter die ausländischen Touristen mischen, sei es auch nur für eine kurze Tagesetappe, auf der sie mal wieder »ihre« Seeluft schnuppern wollen.

Urlaub ohne Schlips und Kragen

Die Atmosphäre an Bord ist ungezwungen im kleinen Kreis der Fahrgäste, die Kleidung zwanglos. Das kleine Schwarze und der Smoking können getrost zu Hause bleiben. Die Verpflegung an Bord ist typisch norwegisch: reichhaltig, geschmackvoll, mit viel Abwechslung. Die Mannschaft, stolz auf ihr Schiff, scheut keine Mühe, um Passagiere und Ladung sicher und wohlbehalten zum gewünschten Hafen zu bringen.

Norwegen pur - abseits vom Massentourismus

In 36 Häfen legt das Hurtigruten-Schiff während einer Rundreise an. In den größeren beträgt die Liegezeit mehrere Stunden, in den kleineren und kleinsten Häfen reicht die Zeit meist für einen kleinen Bummel an Land, bis die Schiffsglocke läutet und die Passagiere zurückruft.

Das Leben in den Orten längs der Küste wird durch das Postschiff bestimmt. Egal, ob morgens, mittags oder gar um Mitternacht; immer erwarten schon Leute den Dampfer am Kai.

Passagiere kommen und gehen, der Ladebaum hievt Kisten an Land, nimmt neue Güter an Bord. Auch viele Kinder steigen zu. Sie fahren mit der Hurtigrute zur Schule in den nächsten Küstenort. Für die Leute in den Häfen bedeuten die Postschiffe Abwechslung, Informationsaustausch - manchmal die einzige Verbindung nach draußen.

Ohne Schiffe geht nichts

Binnen eines Jahres legen die Hurtigruten-Schiffe 1,5 Millionen Kilometer zurück. Das entspricht der Strecke von 36 Reisen um den Erdball. Speziell für den kombinierten Fracht- und Passagiertransport gebaut, sind diese »Kombischiffe« ein lebenswichtiges Glied in der Versorgungskette für rund eine halbe Million Norweger. Die Schiffsreise hat weder Charakter noch Standard einer Kreuzfahrt. Doch gerade weil man das Leben an Bord, das Durchpflügen des Meeres und den norwegischen Küstenalltag unmittelbar erlebt, sind die Fahrten entlang der zum Greifen nahen, zerklüfteten Küste so einmalig.

Persönlicher Einsatz und modernste Navigationstechnik sorgen dafür, daß Sie sicher ans Ziel Ihrer Reise kommen.

Bild oben:
Vom Postschiff aus
erlebt man die norwegische
Küste in ihrer ganzen Vielfalt
Bild links:
Wie hier in Vardø
ist die tägliche Ankunft
des Postschiffs
für viele Küstenbewohner
ein wichtiger Termin.
Bild unten:
Die norwegische Postflagge
weht auf allen Schiffen
der Hurtigrute.

DIE DEUTSCH - NORWEGISCHE FREUNDSCHAFTSGESELLSCHAFT (DNF)

DNF
Deutsch-Norwegische
Freundschaftsgesellschaft
Alfredstraße 53
4300 Essen 1
Tel. 0201 - 78 97 98

Auf ihr erstes Lebensjahr kann die inzwischen »einjährige« DNF mit Stolz zurückblicken. Im Dezember 1987 wurde sie als »Verein zur Förderung der kulturellen, touristischen und gesellschaftlichen Beziehungen zwischen der Bundesrepublik Deutschland und dem Königreich Norwegen« gegründet.

Seitdem vergeht kaum ein Tag, an dem kein Aufnahmeantrag und telefonische Anfragen eintreffen oder auch Norwegen-Freunde persönlich in der DNF-Geschäftsstelle in Essen vorbeikommen. Die DNF wächst und wächst. Und die vielen aktiven Mitglieder bringen entsprechend viel Schwung in den Verein.

Im Vorjahr trafen sich Gleichgesinnte auf der ersten Mitgliederreise nach Oslo und bei einer Weihnachtsfeier in Essen. Die Mitgliedszeitschrift **Norwegen Magazin** bildet inzwischen ein Forum für alle Mitglieder, die an ihrem eigenen Wohnort »Norwegen-Aktivitäten« wie Diavorträge, Schüleraustausch oder einen gemeinsamen Norwegen-Urlaub organisieren.

Für ihr zweites Jahr schmiedet die DNF viele Pläne: Mitgliedsreisen nach Norwegen will man in regelmäßigen Abständen veranstalten, der Kulturausschuß plant Dichterlesungen, Ausstellungen und ganz junge Norwegen-Fans werden dazu aufgefordert, zu Pinsel und Farbstift zu greifen (siehe Malwettbewerb). Das Norwegische Fremdenverkehrsamt bietet allen DNF-Mitgliedern ermäßigten Eintritt zu den Veranstaltungen der bundesweiten Norwegen-Tournee. Und das ist noch nicht alles.

Jedes Mitglied der DNF erhält ein Norwegen Reisehandbuch, sechs Nummern der Mitgliedszeitschrift (hier besteht die Möglichkeit, kostenlose Kleinanzeigen zu schalten), einen Mitgliedsausweis, eine Norwegen-Autoreisekarte, Norwegen-Aufkleber sowie Ermäßigung zu allen Veranstaltungen der DNF und des Norwegischen Fremdenverkehrsamtes. Auf Anforderung erhalten sie außerdem kostenlos die Hotelrabattkarte »Fjordpass« und die Telemarkkarte (viele Ermäßigungen im Bezirk Telemark). Wer sich für die DNF interessiert, findet weiter hinten einen Anmeldecoupon oder fordert unverbindlich weiteres Informationsmaterial an.

Wie wär's? Wollen Sie nicht auch Mitglied in der DNF werden?

Der jährliche Mitgliedsbeitrag beträgt 30,- DM für Einzelmitglieder, für jedes weitere Familienmitglied 10,- DM und 100,- DM für Firmen.

Achtung: Malwettbewerb

»Schon das zehnte Mal fotografiert Mama die Stabkirche. Und Papa hat gestern tatsächlich eine geschlagene Stunde Bilder vom Fjord gemacht. Zuhause zeigen sie dann wochenlang stolz ihre Norwegen-Fotos. Ganz schön langweilig!« So beschwert sich die zehnjährige Tina, Tochter passionierter Norwegenfans. Aber jetzt hat sie eine tolle Idee: »Dieses Jahr nehme ich 'nen Block und Stifte mit und male »mein Norwegen« und dann schicke ich das Bild zur DNF. Die veranstaltet nämlich einen Malwettbewerb für Norwegen-Fans von vier bis 15 Jahren. Bis zum 1. November 1989 kann ich an meinem Bild arbeiten. Ob Filzstift, Wachs- oder Buntstift, Öl oder Pastell. Auf jeden Fall mit meinem Namen, Adresse und Alter auf der Rückseite. Unbedingt.«

Denn wie sonst soll die Jury drei besonders gut gelungene Bilder prämieren (Altersgruppe 1: von 4 - 7 Jahren; Altersgruppe 2: von 8 - 11 Jahren; Altersgruppe 3: von 12 - 15 Jahren). Die ausgezeichneten jungen Maler sind ein Jahr lang kostenlos Mitglied der DNF und ihre Bilder werden in der Mitgliedszeitschrift veröffentlicht. Als Preis erwartet die Gewinner jeder Altersgruppe eine Norwegen-Schatzkiste, die mit spannenden Büchern, Spielzeug und allerlei »Norwegischem« gefüllt ist.*

Dazu Tina: »Wenn wir in diesem Sommer in Norwegen sind, werde ich darauf achten, daß unser Urlaubsort »malerisch« liegt. Man liest ja soviel davon - in diesem Norwegen Reisehandbuch.«

Also, Kids norwegenbegeisterter Eltern, laßt euch von Tinas Idee anstecken. Viel Spaß!

(* Der Rechtsweg ist wie immer ausgeschlossen.)

AQUAVIT MIT DER ÄQUATOR-REIFE

Alleinimporteur für Deutschland:
Herm. G. Dethleffsen GmbH & Co
Schleswiger Straße 107
2390 Flensburg
Tel. 0461/802-0
Telex. 22828 hgd d

In seiner Heimat ist er seit eh und je eines der beliebtesten »Lebenswasser«, aber in den letzten Jahren hat er auch bei uns einen großen Kreis von Freunden gewonnen, die das Besondere schätzen: der Linie Aquavit.

Seine einzigartige Herstellung macht ihn zu der wohl ungewöhnlichsten Spirituose unserer Tage. Zunächst schlummert er dem aufregenden Moment seiner Reise entgegen. In alten Sherry-Fässern, die auf ihrer monatelangen Reise von Norwegen über Australien rund um die Welt zweimal den Äquator passieren, reift er heran. Dabei vereint sich der natürliche Gehalt der Würzkräuter mit den Geschmacksstoffen des alten Sherry im Faß. Die »Weltreise im Faß« trägt zu einem vollendeten Genuß bei.

Schon mehr als 100 Jahre ist das so. Noch heute bringen die Schiffe der Wilh. Wilhelmsen-Reederei die Sherry-Fässer mit ihrem köstlichen Inhalt von Norwegen über Australien und zurück. Auf jeder einzelnen Flasche steht auf der Rückseite des Vorderetiketts, durch die Flasche sichtbar, mit welchem Schiff und in welcher Zeit die Reifereise stattfand.

So schmeckt Linie am besten

Linie Aquavit genießt man am besten so, wie es die Norweger tun: eisgekühlt aus ungekühlten Original-Gläsern.

Genuß für Gourmets

Dann kommen sein mildes Aroma und die leichte Sherry-Note besonders gut zur Geltung. Und beim Eingießen beschlägt das Glas, so daß auch der optische Reiz nicht zu kurz kommt. Goldgelb leuchtet der Linie Aquavit in den edlen Original-Gläsern mit dem markanten Stiel. Kenner wissen den Anblick zu schätzen, wenn er ihnen stilgerecht serviert wird.

Seit 1976 bringt das Flensburger Markenspirituosenunternehmen Herm. G. Dethleffsen den weltbekannten Aquavit als Alleinimporteur in die Bundesrepublik. Von Anfang an stand dabei fest: Zu diesem ungewöhnlichen Aquavit gehört auch ein besonderes Glas!

Glas und Produkt bildeten von Anfang an im Erscheinungsbild der Marke und im Bewußtsein der Verbraucher eine Einheit. So trägt das Glas erheblich zur Profilierung des Linie Aquavits auf dem deutschen Markt bei. Gastronomen erkannten und nutzten zunehmend den »Fortpflanzungseffekt«: Gäste, die am Nebentisch das Servieren eines Linie Aquavits in den attraktiven Gläsern beobachten, probieren gern selbst diese Spezialität. Der Erfolg blieb nicht aus. Über 2 Millionen Linie-Gläser wurden mittlerweile ausgeliefert.

Mit maritimen Touch auf dem richtigen Kurs

In den letzten Jahren baute das Haus Herm. G. Dethleffsen sein Angebot an stilvollen Accesoires weiter aus und konnte damit zunehmende Erfolge verzeichnen.

Das Linie-Kajütbord aus echtem Mahagoni bietet sicheren Platz für sechs Original-Linie-Gläser, die einzeln verriegelt eingehängt werden.

Die Linie-Kompaßlampe ist eine funktionsfähige Nachbildung jener Lampe, die vor der Erfindung des elektrischen Lichts an Bord zur Beleuchtung des Kompasses diente. Wie das Original aus echtem Messing, seewasser- und windfest.

Auch Landratten können mit Kompaßlampe oder Kajütbord ihrer Hausbar einen maritimen Anstrich geben. Zudem finden sich in manchen Gastronomiebetrieben die exklusiven Servierständer für Linie-Gläser oder auch speziell entwickelte Tisch- und Menükarten. Wer Linie stilgerecht in Original-Gläsern serviert, wird vom Importeur mit dem geschmackvollen Linie-Depotschild ausgezeichnet.

Ob zu Hause oder im gepflegten Restaurant: mit einem »Linie« genießt man weltweit - im norwegischen Stil.

Auf der Suche nach Ursprünglichkeit

Das Glück ist in Norwegen keine abstrakte Idee. Es setzt sich aus Holz, Gras, Fels und Salzwasser zusammen, und es läßt sich genau lokalisieren. Das norwegische Glück liegt mindestens zwei Stunden von der nächsten Großstadt entfernt am Fjord. Sein Tempel ist eine möglichst alte Sommerhütte mit Blick auf den Schärengarten.« Dieses Zitat des deutschen Schriftstellers und Philosophen Hans Magnus Enzensberger aus seinem Essay »Norwegische Anachronismen« (aus: »Ach Europa«, Suhrkamp Verlag) beschreibt die ungebändigte Sehnsucht der Norweger nach dem verlorenen Paradies, dem unverfälschten Naturerlebnis.

Dieser Traum ist für die Menschen des industriellen Zeitalters noch immer lebendig und bedeutet einen engen, fast symbiotischen Kontakt mit der Natur, in der sie hoffen, die Ruhe und Einsamkeit zu finden, die sie in ihrem Alltag scheinbar unwiderruflich verloren haben. Es gibt viele abgelegene Orte auf der norwegischen Landkarte, die dazu geeignet sind, diesen Traum zu erfüllen. Die beste Möglichkeit dazu ist vielleicht, direkt am Leben der dortigen Bewohner teilzunehmen, die nie den engen Kontakt zur Natur als Grundlage ihrer Existenz verloren haben. An einen solchen Ort gelangt man zum Beispiel mit einem der von Bergen aus verkehrenden Katamaranboote.

»Als ließe man die Welt der Wirklichkeit hinter sich
und reise in das luftige Reich der Träume ...«
(Henrik Pontoppidan).

Die Bootsfahrt in den Norden ist ein beeindruckendes Erlebnis. Ständig wechselnde Landschaftsbilder gipfeln in der gewaltigen Mündung des Sognefjords. Dann wenden wir dem Festland den Rücken zu und segeln dem Sonnenuntergang entgegen. Die Silhouette des Inselberges Alden zeichnet sich majestätisch am Horizont ab. Gut 30 Kilometer vor der norwegischen Westküste erhebt sich das Felsmassiv 400 Meter senkrecht aus dem Meer. Vor über 1000 Jahren versammelten sich hier die Wikinger, bevor sie gen England zogen. Um den Berg gruppieren sich im kristallklaren, türkisblauen Wasser 365 grasbewachsene Felseninseln, die Norwegens westlichste Fischereigemeinde bilden: Bulandet.

Trotz der romantischen Lage der Inseln stehen ihre Bewohner mit beiden Füßen auf dem Boden der Realität. An Bord eines Fischkutters bleibt nicht viel Zeit für Naturlyrik. Das Meer ist ein rauher Arbeitsplatz, wenn man dort sein Überleben sichern will. Der Kampf mit den Elementen erfordert tatkräftige Menschen, die sich den klimatischen und geographischen Bedingungen ihrer Umgebung im guten wie im schlechten anpassen.

Bis 1971 gab es keine befestigte Straße oder Brückenverbindung auf der Inselgruppe Bulandet. Für Einkäufe, den Kirchgang und den Weg zur Schule oder gegenseitige Besuche mußte zu jeder Jahreszeit das Boot als Fortbewegungsmittel dienen. Manche Inseln liegen so dicht beieinander, daß man sich zwar über das Wasser hinweg miteinander unterhalten, aber nicht besuchen kann, weil das Wetter für eine Bootstour über den Sund zu schlecht ist. Inzwischen verfügt die kleine Gemeinde allerdings über Straßen und mehrere Brücken.

Gold aus dem Meer
Betrachtet man die meerumschlungene Inselgruppe, deren nächste Nachbarn die Orkneyinseln sind, stellt sich die Frage, was Menschen dazu bringen konnte, sich hier anzusiedeln; ihr Dasein in einer solch isolierten und unge-

In Bulandet, Inselreich vor der norwegischen Westküste

schützten Gegend am Rande Europas zu fristen. Ich frage einen der älteren Fischer und bekomme als Antwort eine abenteuerliche Geschichte serviert, gewürzt mit einer Portion deftigen Humor. Er erzählt, daß das Meer vor ein paar hundert Jahren einer brodelnden Heringssuppe glich. Bulandet war einst das »Klondyke« der Fischerei und zog alle magisch an, die viel Geld verdienen wollten.

Damals fischte man von kleinen, offenen Booten aus. Die guten Fischgründe lagen direkt vor der Haustür. Wind und Wetter brauchte man so nicht allzu sehr zu fürchten, denn der Heimathafen war nie fern. Für die Fischer, die von weither angereist waren, wurden einfache Hütten (buer) gebaut, die der Inselgruppe den Namen Bulandet gab. Einige der Zugereisten blieben, andere zogen, als der Hering immer weniger wurde, weiter. Die Fischerei bildet also nicht nur seit Menschengedenken die Existenzgrundlage der Küstenbewohner, sondern prägte auch die Siedlungsformen, das Erwerbsleben und die Landschaft entlang der Küste.

Von Wind und Wetter gezeichnete Menschen

Die Bevölkerung auf Bulandet ist auch heute noch stark an Meer und Fischerei gebunden. Früher fischte man mit Netz oder Angelrute, vor allem auf den Lofoten auch nur mit einer Schnur (juksefiske). Doch mit der Zeit wurden andere Fangmethoden immer effektiver, und machten es unmöglich, als traditioneller Fischer zu überleben. Heute werden vor allem große Schleppnetze verwendet, mit denen entlang der Küste und weiter draußen bei den Fischbänken Heringe, Makrelen und Seelachs gefangen werden. Die Fischer leben zu Hause und fahren nur hinaus, wenn das Wetter es zuläßt. Meist sind die Boote nur wenige Tage hintereinander unterwegs, was den Fischern die Möglichkeit gibt, ein normales Familienleben zu führen, bei der Landwirtschaft und allen anderen Verrichtungen zu helfen, die ihre Frauen allein nicht schaffen. Außerdem können sie sich so mehr am sozialen Leben der Gemeinde beteiligen. Wer auf großen Trawlern anheuert, verbringt oft mehrere Wochen oder sogar Monate auf See. Obwohl dort sehr gut verdient wird, führt die lange Abwesenheit zu sozialen Nachteilen für das Familienleben.

Lachs und Tang

In den letzten Jahren sind jedoch andere Methoden der Fischerei entstanden, die es unnötig machen, lange auf See zu bleiben. In den Fjorden wurden große Anlagen installiert, in denen hauptsächlich Lachs und Seeforelle, vereinzelt auch Dorsch und Heilbutt, aufgezogen werden. Hier entwickelt sich eine wichtige Alternative zur Küstenfischerei, die gleichzeitig in den örtlichen Fischfabriken auch Arbeitsplätze für Frauen schafft.

Ein weiterer wichtiger Erwerbszweig angesichts eines immer geringer werdenden Fischbestandes, ist das Ernten von Seetang, der auf großen Felsen unter Wasser wächst. Im Alter von sieben Jahren wird er geerntet und neue Kolonien wachsen nach. Mit einem extra dafür konstruierten Grundschleppnetz wird der Tang geschnitten, ans Festland gebracht und anschließend weiterverarbeitet. Seetang ist reich an lebenswichtigen Salzen und Mineralien und wird als Grundstoff für Algenat verwendet, das in pharmazeutischen Produkten, aber auch in der Kosmetik-, Klebstoff- und Kunststoffindustrie gebraucht wird.

Das Leben auf dem Land

Die Frauen sind das Rückgrat der Fischereigemeinde Bulandet. Sie bewirtschaften die Höfe, versorgen die Kinder und übernehmen alle sozialen Verpflichtungen innerhalb der Gemeinde. Doch obwohl sie auf Inseln leben, sind sie nicht isoliert vom Rest der Welt, sondern fordern, wie die Frauen auf dem Festland, bezahlte Arbeitsplätze. Viele geben die Landwirtschaft auf und arbeiten stattdessen in den Fischfabriken. In der Regel handelt es sich dort aber um Saisonarbeitsplätze, so daß viele Frauen versuchen, mit Zimmervermietungen die Familieneinkünfte zu verbessern. Diese Rechnung geht in der Regel auf, denn ein immer größerer Touristenstrom bewegt sich entlang Norwegens Westküste in dem Bedürfnis, Individualurlaub in authentischer Umgebung zu verbringen.

Die Inselbewohner lieben ihre Heimat und würden nur ungern in die Stadt ziehen. Fischer mit vom Wetter gegerbten Gesichtern, die sich auf dem Meer wie in ihrem eigenen

Bulandet:
Die Fischgründe liegen noch immer direkt vor der Haustür und tief unten im klaren Wasser locken geheimnisvolle Landschaften.

Wohnzimmer bewegen, benutzen mit der gleichen Selbstverständlichkeit ihr Boot, um ein Päckchen Rolltabak beim Kaufmann zu holen und dort ein Schwätzchen zu halten oder um in der Fjordmündung nach ihrer hochmodernen Lachszuchtanlage zu sehen. Jugendliche, die lange Wege für eine gute Ausbildung in Kauf genommen haben, kehren zurück und tragen auf diese Weise dazu bei, den Fortbestand der Randgebiete als Siedlungsform und Arbeitsplatz zu garantieren. Wenn die Bewohner, nur um einen Arbeitsplatz zu finden, ihre ursprüngliche Umgebung verlassen müßten, würden sich die Inseln zu einem Erholungsgebiet mit Sommerhaussiedlungen entwickeln. Eine von Traditionen geprägte Umgebung würde so zerstört werden, zum Nachteil sowohl der Bewohner als auch der Erholungsuchenden.

Auf der Suche nach Ursprünglichkeit

Der herbe Charme der Küstenlandschaft übt eine große Anziehungskraft aus. Stadtmenschen, auf der Suche nach Ursprünglichkeit, begegnen traditonellen und modernen Lebensformen, die hier noch nebeneinander existieren. Um die Authentizität der Umgebung zu erhalten, werden zum Beispiel leerstehende Bootshäuser und Fischerhütten restauriert und als einfache Sommerhäuser vermietet. Die Fischgründe liegen noch immer direkt vor der Haustür und tief unten im klaren Wasser locken geheimnisvolle Landschaften. Eine Idylle: einsame Inseln, steile Klippen, an denen sich die Wellen mit mächtigem Getöse brechen, auch bei Windstille. Bulandet mit seinen pastellfarbenen Holzhäusern und Fischerhütten kann dem Vergleich mit Inselreichen unter südlicher Sonne standhalten. Doch wird der Fischereigemeinde im Nordatlantik von Wind und Wetter zweifellos übler mitgespielt als zum Beispiel den sonnenbeschienenen Inseln in der Ägäis. Obwohl der Golfstrom milde Meeresluft herbeiführt, sehnen sich die Inselbewohner an dunklen, stürmischen Wintertagen, wenn die Wellen mit ungebändigter Kraft hereinrollen, nach einer lieblicheren Umgebung. Aber weder Winter noch Sommer dauern ewig. Die donnernden Wassermassen, die der Sturm im Winter vor sich her getrieben hat, verwandeln sich an warmen hellen Sommertagen mit tiefblauem, wolkenlosen Himmel wieder in sanfte Wellen, die von einer Brise gekräuselt an den Strand plätschern.

Die Autorin:
Inger Thorun Hjelmervik ist Norwegerin, lebt aber in Dänemark. Sie studierte norwegische Literatur und arbeitet als Literaturkritikerin und Autorin für die dänische Zeitschrift »Bogmarkedet«. Zur Zeit bereitet sie einen dänischen Reiseführer über Norwegen vor.

»Mit einem Bein im Fluß geboren«

Unterwegs mit Ulrik, Flußbootschiffer auf dem Altaelv

Es ist spät am Abend; in der Dämmerung wirft die Mitternachtssonne ihr goldenes Licht auf uns. Zu sechst sitzen wir in einem Flußboot und fahren stromaufwärts auf dem Altaelv. Ziel ist der berühmte »Canyon«, eine vom Strom ausgewaschene, enge und steile Schlucht, die man nach einer rund zweistündigen Bootsfahrt erreicht.

Unser Kapitän heißt Ulrik, mit seinen 63 Jahren ein Veteran der Flußschiffahrt. In den Sommermonaten unternimmt er Bootstouren auf dem Altaelv mit Touristen aus aller Welt, sogar das norwegische Kronprinzenpaar hatte er schon einmal zu einer Angeltour an Bord.

Unsere Tour beginnt im Gebiet »Sorrisniva«. Schon nach wenigen Minuten passieren wir die einzige Brücke dieses Streckenabschnitts. Kurz darauf gabelt sich der Fluß zwischen ein paar kleinen Inseln und nur das eine Flußbett ist noch mit dem Boot befahrbar. Nach einigen hundert Metern sind die beiden Flußarme wieder in einem Strom vereint.

Der Altaelv ist in verschiedene Gebiete oder Zonen eingeteilt, deren Bezeichnungen häufig aus dem Finnischen stammen. Aus Finnland kamen nämlich die ersten Siedler, die sich am Fluß niederließen und ihren Siedlungsplätzen entlang des Stromes Namen gaben. So war leichter festzustellen, wer wo am Altaelv wohnt. Heute dienen die Zonen auch dazu, Fischrechte zu regeln, zum Beispiel durch die Vergabe von Angellizenzen. Ein Teil der Zonen befinden sich in Privatbesitz.

Die nächste Zone, »Detsika«, ist ein bekannter Fischplatz. Hier kann man richtige Riesenlachse fangen. Der Rekord liegt bei 30 Kilo. Der Fluß ist an dieser Stelle ca. 50 Meter breit, die Ufer steigen auf 30 bis 40 Meter an. Doch kurz darauf wird das Land wieder flacher und gibt den Blick frei auf Wiesen, die als Weideflächen genutzt werden. In Detsika bildet ein flacher Felsen direkt am Flußufer einen schönen Rastplatz, der auch als Kai dienen kann, was das Ein- und Aussteigen erheblich erleichtert.

Auf der Weiterfahrt nach einer kurzen Rast hören wir, wie das Rauschen des Flusses plötzlich erheblich lauter wird. Eine große Stromschnelle ist in Sicht, mit tosenden Wassermengen. Hier und dort tauchen kleinere Felsen aus dem Wasser auf. Wir klammern uns am Bootsrand fest und werfen einen verängstigten Blick auf den Kapitän Ulrik. Aber der lächelt nur, gibt etwas mehr Gas und der 30 PS starke Außenbordmotor treibt das Boot davon. Wir gleiten durch die brausenden Wassermengen als wären wir unterwegs auf einem ruhigfließenden Strom.

Wasser ist das Element, das Ulrik wirklich beherrscht. Jedes Frühjahr, wenn die Schneeschmelze Sand und Steine aus der Finnmarksvidda in den Altaelv hineinspült, kontrolliert er, ob Fahrrinnen verlegt werden müssen. Er kennt jeden Stein und jede einzelne Sandbank wie seine eigene Westentasche.

»Nedre Sierra« gilt als bester Fischplatz im Fluß, den Rekord halten 42 Lachse, die an einem Tag gefangen wurden. Der Altaelv ist überhaupt einer der ergiebigsten Lachsflüsse Norwegens. Allerdings ist es inzwischen fast unmöglich, zu Saisonzeiten eine Angellizenz zu bekommen. 1987 fing man während der Saison allein 15 Tonnen Lachs (Durchschnittsgewicht 10 kg) mit der Angelrute.

Wir nähern uns der Zone »Vinhagorva«, wo der Fluß zur Zeit mehr Wasser führt als normalerweise zu dieser Jahreszeit. Danach erreichen wir ein flacheres, ruhigfließendes Stück des Flußlaufes. Das inzwischen vertraute Tuckergeräusch des Außenbootmotors vermischt sich mit dem Klatschen der Wellen an den Bug. Die Flußboote sind für ihre Zwecke hervorragend konstruiert - die finnischen Einwanderer waren übrigens meisterhafte Bootsbauer - aus Holz gebaut, elegant und schnittig. Ulriks Boot ist noch ziemlich neu und vom Schiffskontrolldienst für sieben Personen zugelassen.

Wie von Trollen verzaubert tanzt das Licht der Mitternachtssonne über das Wasser, wo der Fluß still dahin-

Der Autor:
Odd H. Andreassen stammt aus Nordnorwegen, lebt aber seit mehreren Jahren in der Bundesrepublik Deutschland, wo er ein Reisebüro (Schwerpunkt: Reisen nach Norwegen) betreibt. Über seine Heimat zu schreiben, ist sein Hobby.

gleitet, und verbreitet eine Stimmung wie im Märchenland. Ab und zu ertönt ein kräftiger Vogelschrei. In der vielfältigen Flora und Fauna rund um den Altaelv leben für diese nördlichen Breitengrade seltene Vogelarten wie zum Beispiel Gänsesäger, Seeadler, Fischadler, Gerfalken und Erdeulen. Die Baumarten, die man hier oben findet, sind Birke, Kiefer, Erle, Eberesche und Espe.

Wir sind nun auf dem Weg zur unteren und oberen »Gunges«-Zone. »Hier habe ich einmal zusammen mit einem Amerikaner, übrigens der Verleger der Zeitschrift »Life«, erzählt uns Ulrik nicht ohne Stolz, »17 Lachse in einer Nacht gefangen und keiner wog weniger als 10 Kilo.« Der Fluß teilt sich nun; westlich verläuft der »Gargia-Arm«, während wir unsere Fahrt auf dem östlichen Altaelv fortsetzen. In der Ferne sehen wir das Beskades-Fjell.

Nach dem Gebiet Slingreplatz erreichen wir »Kista«, so genannt nach einem sargähnlichen Felsen (Sarg = norw. lik-kiste) am linken Flußufer. Hier steigen die Fjellwände lotrecht zu beiden Seiten auf, die Landschaft ist wild. Kista ist auch Ulriks Sonntagsausflugsziel mit der Familie. »Dann machen wir ein Feuerchen, grillen einen Lachs darauf oder auch mal Würstchen mit Speck,« erzählt er. »Zum Nachtisch gibt es Kaffee - so läßt es sich leben!«

Sicher steuert Ulrik das Flußboot durch die Stromschnelle

Dieser Ort ist aber nicht nur ein guter Rastplatz, sondern er bietet auch wichtige Informationen für die Flußschiffer. Hier hat das NVE (Norwegisches Wasserkraft- und Elektrizitätswerk) einen automatischen Wasserstandsanzeiger installiert. Über einen telefonischen Ansagedienst erhält man genaue Angaben über Wasserstand, Temperatur und Kubikmeter Wasser pro Sekunde im Altafluß. Früher war das einfacher. Den alten Wasserstandsanzeiger von 1860 können erfahrene Flußfischer heute noch benutzen. Ein senkrechter Strich auf der Felswand gibt die Wassermenge in Fuß an und gibt Auskunft darüber, zu welchen Fischplätzen gefahren werden kann und welche Fliege benutzt werden sollte, um den Lachs am besten an die Angel zu bekommen.

Steile Fjellhänge wechseln jetzt mit flacheren Uferstreifen, und wir passieren Gilboniska, Dnago und Hesja. Wir an Bord sind stumm vor Bewunderung. Ab und zu rufen wir uns ein »Guck doch mal hier« zu, verdrehen die Köpfe nach rechts und links und manchmal auch nach ganz oben, um die steilen Fjellhänge zu betrachten.

In der »Mikkeli«-Zone liegt eine Fischerhütte an einem idyllischen Plätzchen. Zehn bis 15 Personen können hier übernachten und es gibt sogar einen unterirdischen »Kühlraum«. Vor dem Zeitalter der Kühl- und Gefrierschränke war es üblich, tiefe Keller auszuheben, um die Nahrungsmittel auch ohne Strom kühl lagern zu können. Für die Aufbewahrung der Lachse ist ein solcher Raum unentbehrlich. In der Kammer daneben kann man den Fisch sogar gleich räuchern.

Während der ganzen Fahrt haben wir immer wieder Fische springen sehen und fragen, welcher Fisch das sein könnte. »Forellen«, lautet die Antwort. Die allerdings interessieren die Fischer hier oben wenig. Allein der Lachs zählt. Lord Hamilton aus dem britischen Königreich soll im Jahre 1922 einen Sechzigpfünder aus dem Wasser gezogen haben. Das jedenfalls berichtet uns Kapitän Ulrik, als wir die Sandiagoski-Zone durchfahren. Auch der nächste Abschnitt (Gammel-Sandia) liegt in aristokratischen Händen: Herzog Roksburg verwaltet ihn bereits in der fünften Generation. Vorbei an »Sarrikoski« kommen wir nun in die »Barilla«-Zone. Nach dem Namen eines einfachen Fischers hat man diesen bekannten Fischplatz benannt. Beeindruckt fahren wir durch »Vähäniva«, vorbei an tiefen Felsschluchten aus rötlichem Gestein, das die Strahlen der Mitternachtssonne fast magisch reflektiert.

Die immense Stromschnelle »Steinfossen« hört man, lange bevor man sie sieht. Ob wir diese Stelle wirklich mit unserem Boot passieren können? Wir wirbeln herum und schauen ängstlich und fragend auf unseren Steuermann. Aber der gibt nur mehr Gas, und plötzlich sind wir mitten in einer tosenden und brodelnden Wasserflut. Mit festem Griff klammern wir uns an die Planken. Wer ganz vorn im Boot sitzt, erhält eine ungewollte »Erfrischung« eiskalten Flußwassers. Ulrik steuert nach links, gleich wieder nach rechts, und nochmal nach links, und plötzlich sind wir durch. Wenn man hier nicht jeden Stein unter und über Wasser kennt, hat man keine Chance, einigermaßen trocken weiterzukommen. Ulrik, das wissen wir längst, könnte den Weg blind bewältigen.

Unsere Endstation kommt in Sicht: »Gabo«. Jetzt haben wir den berühmten »Canyon« des Altadalen erreicht. Das Flußbett wird zusehends enger, und wir nähern uns unaufhaltsam einem mächtigen Wasserfall. Unmöglich, jetzt mit diesem Flußboot weiterzufahren. Man müßte das Boot ein Stück über Land tragen, was in diesem unwegsamen Gelände unmöglich ist.

Gigantische Felswände steigen bis zu 200 Meter Höhe auf und rahmen den Altaelv zu einem grandiosen Landschaftsbild ein. Wo der Wasserfall am steilsten ist, liegt das Gabo-Weib (Gabo-Kjerringa), nicht aus Fleisch und Blut, sondern in Form eines großen Steins. Um Glück beim Angeln zu haben, werfen die Fischer ein Gläschen Schnaps auf den Felsen. Wir fahren ans Ufer, verzichten aber auf unser Anglerglück und legen eine Pause ein, bevor wir umkehren. Flußabwärts geht die Fahrt natürlich viel schneller und schon nach 45 Minuten sind wir zurück an unserem Ausgangspunkt. Ulrik vertäut das Boot. Danach sitzen wir noch lange auf einer Bank am Flußufer zusammen.

Wir möchten gern mehr wissen über diesen »Wassermann«. Und weil es in dieser Nacht nicht dunkel werden will, holt Ulrik weit aus und berichtet von seinen deutschen Vorfahren, die sich im 17. Jahrhundert am Altafluß niederließen, knapp zehn Kilometer vor der Stadt Alta.

Als echter Fischer hat Ulrik natürlich auch seine Fangquote parat: Sein Rekord waren 250 Lachse in einer Saison, wobei der schwerste 25,5 Kilogramm wog. Zum Schluß wollen wir noch erfahren, wie man ein guter Flußbootschiffer wird. Seine Antwort kommt wie aus der Pistole geschossen: »Man muß mit einem Bein im Fluß geboren sein«, sagt er, der seit 55 Jahren mit beiden Beinen sicher in seinem Boot steht.

Ulrik Wisløff

Reine, Lofoten

Wir segeln unter Felsen - gewaltigen Felsen. Sie sehen aus wie gemalt, mit schneeweißen Tupfern versehen. Wir stehen bis zu den Knien in schönem Wetter und Natur - auf den Lofoten. Irgendjemand hat die wütenden Außenbordmotoren versenkt und alle Urlauber entfernt. Einer hat die Felsen grün bemalt und fast bis in den Himmel hinaufgerückt.

Stille. Stille. Wir schleichen über das von Morgentau feuchte Deck und klettern vorsichtig die kleine Treppe hinunter. Grünes Wasser - jemand hat das Wasser hier gereinigt - sendet Schockwellen durch den noch schlafsackwarmen Körper.

Die soeben aufgegangene Sonne zieht über das Deck, zögernde, den Atem anhaltende Morgenfrische. Wir lauschen auf die Abwesenheit knatternder Motoren. Denn wir sind allein - vollkommen allein. Mitten in einem Idyll. Mitten in den Industrieferien. Und wir sind ungefähr in der Mitte Norwegens. Also ziemlich weit nördlich, ungewöhnlich weit nördlich, um auf »eigenem Kiel« mit dem Segelboot unterwegs zu sein.

Kiel und der Rest des Bootes sind geliehen; es gehört hierher. Wir selbst sind auf dem Luftweg bis zum Flugplatz Evenes gekommen und weiter auf der Straße nach Lødingen. Ziel ist das Inselreich der Lofoten, also nicht besonders originell. Aber das Verlockende ist, dieses gewaltige Stück Natur einmal von der Seeseite her zu erleben, mit den eigenen Händen an der geliehenen Ruderpinne, mit der wir die kleinsten Buchten ansteuern können, weit weg von den Menschen. Die uns zu abgelegenen Fischerdörfern führt oder zum Kai der geschäftigen Stadt Svolvær, um dort Bier zu bunkern.

Ferien auf geliehenem Kiel

Mit dem Segelboot im Inselreich der Lofoten

Es ist weit zu den Lofoten. Vor allem für die norwegische Lustbootflotte, die im großen und ganzen in den Häfen des Sørlandets und des Oslofjords vor Anker liegt. Es ist weit, Stad (Norwegens Westkap) zu umzusegeln, unruhiges Fahrwasser ist bei Folla (Gewässer in Nord-Trøndelag) zu erwarten. Und immer ist es weit und weiter. Man muß also viel Zeit haben oder viel Geld oder viel Energie, um ein Schiff bis zu den steilen Felsen der Lofoten zu bringen. Oder man leiht sich eins. Denn in Lødingen liegt eine kleine Flotte mit dem imponierenden Namen »Lofoten Charter Boats«. Knut-Henrik Kantun heißt der Pionier, der sich mit dieser Ausleihidee im hohen Norden ganz schön was vorgenommen hat. Sechs Boote liegen an seinem Kai, sowohl Fischkutter als auch Segelboote, das größte 35 Fuß lang.

Wir legten bei strahlendem Sonnenschein ab. Aber schon nach 20 Minuten war klar, daß wir uns noch immer in Norwegen befanden, denn Himmel und Meer trugen plötzlich graue Alltagskleidung. Na gut, dachte die Mann-

Der Autor:
Lars-Ludvig Røed arbeitet seit 1981 bei der norwegischen Tageszeitung »Aftenposten«. Seit drei Jahren ist er Redakteur beim »A-Magazin« (Wochenendbeilage der Tageszeitung Aftenposten). Er bezeichnet sich selbst als Allround-Journalist ohne feste Themenschwerpunkte und schreibt am liebsten Reportagen.

schaft, natürlich war es zu optimistisch, auf Schönwetterurlaub im hohen Norden zu setzen. Aber jemand blies die Wolken fort, alle Wolken, und ein anderer glättete das Meer und zog den Vorhang auf. So war das.
Und wir tuckerten fort mit unserem Motorsegler. Hielten Kurs nach Norden und landeinwärts. Der Øksfjord ist unglaublich lang, und Menschen gibt es nur wenige. Ein Netz dümpelt vor einem verfallenen Bauernhof, dessen leere Fenster wie aufgesperrte Dorschmäuler aussehen. Bald gibt es nur noch uns, das Wasser und die Bäume. Und die Felsen. Die sich grün zum blauen Himmel emporrecken, 1200 bis 1300 Meter über dem Meeresspiegel. Wir an Bord werden klein. Außerdem verlieren wir langsam unser Zeitgefühl bei dieser Sonne, die sich weigert, schlafen zu gehen. Wir wollen natürlich auch die lichten Nächte nicht verschlafen. Erst frühmorgens nicken wir in unserer stillen Bucht ein bißchen ein.

Ein paar Stunden später fahren wir in Risvær ein, auf dem Kanal, der das Fischerdorf teilt. Hier gibt es zwölf ständige Bewohner und zwölf Meter über dem Meeresspiegel liegt der höchste Punkt der Insel. Bier wird nicht verkauft, aber die Auswahl an Pilkern ist gut. An einer der vielen Anlegestellen kaufen wir frischen Lachs für 40 Kronen das Kilo. »Zum Teufel mit der Lachszucht«, sagt der Fischer, der so ein Zeug nicht verkauft.

Hier riecht es nach Fisch und Frieden. Nur ein Hahn kräht und aus dem Radio tönt: »Hallo, hallo, hier ist Radio Belona aus Harstad«. Die meisten Fischerhütten (rorbu) am Hafen sind unbewohnt, aber ein in Nordland registrierter Fischkutter hat sich dennoch bis hierher verirrt. Wir werden zu Kaffee und einem Lachsimbiß in die Fischerhütte eingeladen, bevor wir wieder über sandigen Grund hinausgleiten.

Wir gehören nicht gerade zu den begabtesten Anglern. Trotzdem beißen die Fische an, sobald wir die Angel ausgeworfen haben. Hier ist das Meer voller Mahlzeiten. Wie hat das der Fischer vorhin so schön ausgedrückt? »Man muß erst die Kartoffeln kochen, damit der Fisch so frisch wie möglich bleibt.« Natürlich gibt es Selbstgeangeltes zum Frühstück und zum Mittagessen, aber den Rest des Fisches legen wir in den Kühlschrank. Auf dem Weg nach Svolvær begegnet uns ein Segelboot. Das erste seit mehr als 24 Stunden. Hier braucht man keine Nummer zu ziehen, um im Meer ordentlich in der Schlange zu stehen. Dafür sind die Anlegemanöver nicht ganz einfach. Der Unterschied der Wasserstände zwischen Ebbe und Flut beträgt bis zu 2,5 Meter. Das kann für unangenehme Überraschungen sorgen, wenn man glaubt, ein fest vertäutes Boot sei ein gut vertäutes Boot.
Sind alle diese Feinheiten bedacht - die unterschiedlichen Wasserstände bei Ebbe und Flut vergißt man übrigens nur einmal - ist eine Bootstour auf den Lofoten eine Urlaubsform für alle, die schon ein bißchen Erfahrung damit haben. Und daß Grundkenntnisse im Segeln notwendig sind, um ein Segelboot zu leihen, versteht sich von selbst - nicht nur auf den Lofoten. Das Wetter kann schon mal außer Rand und Band geraten. Es ist nicht besonders angenehm, mit Sturmbrausen in den Ohren gegen die bewegte See unter der Lofotwand anzukämpfen. Aber ein kluger Bootsmann lebt hier nicht gefährlicher als in Sørland. Der nächste Hafen ist meist nicht weit. Und außerdem muß man nicht unbedingt so ehrgeizig sein, wie die drei Franzosen, die rund um die Uhr in drei Schichten segelten. Sie hatten auch die Toilette an Bord abgesperrt, weil sie mit solch neumodischem Kram in unberührter Natur nichts zu tun haben wollten. Als die französischen Damen in einem Fischerdorf ihr Hinterteil über Bord hängen ließen, fielen einige besonnene Nordländer vor Erstaunen in den Seemannsgang …

Wir selbst stehen bis zu den Knien in gutem Wetter und Natur. Wir wußten nun, wie die Farbbezeichnung »Lofotengrün« ihren Weg in den Motorraum unseres kleinen, grünen, westdeutschen Autos gefunden hatte, das uns zurück nach Hause brachte. Die Felsen hier sehen aus wie gemalt, mit schneeweißen Tupfern versehen. Wir segeln auf einer Postkarte - es ist blau über uns und blau unter uns. Jemand entdeckt einen Adler, mit ausgebreiteten Schwingen gleitet er unter steilen Felsen. Dieses Land ist mit einer Axt bearbeitet worden. Wie Selbstmörder stürzen sich die Felsen in den Trollfjord. Mit der Sonne im Gesicht segeln wir auf sanften Wellen, als plötzlich ein Schiff der Hurtigrute ganz dicht an uns vorüberfährt. Wir hören es nicht, aber es scheint so, als müßte sich jetzt dort an Deck ganz laut der Touristenchor erheben: »Look at that little boat! Marvellous!«

Vogelparadies Norwegen

Die Autoren:
Winfried Wisniewski, geb. 1948, Lehrer, beschäftigt sich seit Ende der 70er Jahre mit Tierfotographie, Vorliebe für arktische und subarktische Lebensräume. Bildveröffentlichungen und populärwissenschaftliche Beiträge über ökologische und wildbiologische Themen in der Bundesrepublik Deutschland und anderen Ländern.
Norbert Schwirtz, geb. 1949, Lehrer, zahlreiche Bild- und Textveröffentlichungen, oft in Zusammenarbeit mit W. Wisniewski.

Svyllteiste (Cepphus grylle)

Skua

Seeadler

Vogelparadies Norwegen? Unsinn, werden Sie sagen. Die europäischen »Vogelparadiese« liegen im Süden des Kontinents: im Donaudelta und am Neusiedler-See, in der Camargue und am Guadalquivir, dort, wo man 160 Vogelarten auf einer 14-tägigen Exkursion beobachten kann. Zugegeben, beeindruckend. Doch wie gefällt Ihnen dies: »...Da läuft der Mornellregenpfeifer urplötzlich ohne weiteres Zögern zum Nest zurück und läßt sich auf den Eiern nieder. Ganz vorsichtig nähere ich mich, die letzten Meter auf allen vieren. Dabei rede ich leise auf ihn ein, was ihn offensichtlich beruhigt. Langsam bewege ich meine Hand vorwärts und berühre schließlich mit dem gestreckten Zeigefinger sein Gefieder. Der Körper darunter ist ganz warm. Der Vogel bleibt völlig ruhig und sieht mich mit großen Augen an. Als er nach einer Weile aufsteht, um zu fressen und seine Federn durchzuschütteln, beschließe ich, es Bengt Berg nachzutun und ihn auf meiner Hand brüten zu lassen.

Bei der Rückkehr hält er kurz inne, um sich mit der neuen Situation vertraut zu machen. Dann trippelt er aufmerksam herbei, sträubt sein Bauchgefieder, um den Brutfleck freizulegen, und setzt sich ohne weitere Umschweife auf die in der Hand hingehaltenen Eier. Es ist ein schwer zu beschreibendes Glücksgefühl, einen solchen mit Leben erfüllten Federball in der Hand zu spüren, der sich in scheinbar blindem Vertrauen einem fremden Wesen ausliefert und in kürzester Zeit vermeintlich völlig zahm wird.« (Auszug aus Schwirtz, N. u. W. Wisniewski, 1988: Lappland).

Vögel zum Anfassen

Das ist der Unterschied zwischen Norden und Süden! Die Flamingos in der Camargue dürfen Sie (was völlig richtig ist!) nur von einem kilometerweit von der Kolonie entfernten Dammweg aus betrachten, zu den Vögeln Norwegens können Sie persönlichen Kontakt herstellen. Natürlich nicht zu allen Arten. Und nicht alle können Sie »auf die Hand nehmen«. Aber viele Vogelarten des norwegischen Fjells - das ist die Bergtundra oberhalb der Baumgrenze - haben in der Abgeschiedenheit ihres Lebensraumes so recht kein Feindbild für den Menschen entwickelt. So können Sie Mornellregenpfeifer, Odinshühnchen, Temminckstrandläufer, Falkenraubmöwe und andere in einsamen Fjellregionen oft ohne Tarnung aus nächster Nähe besichtigen. Doch beachten Sie: Angehörige ein und derselben Art unterscheiden sich erheblich im Verhalten. Nicht jedes Individuum hält aufgezwungenen hautnahen Kontakt mit Beobachtern gleich gut aus. Sobald Sie das Gefühl haben zu stören, ziehen Sie sich bitte umgehend zurück!

Und noch etwas ist anders als im Süden: Die berühmten Vogelparadiese Donaudelta, Camargue und Coto Doñana sind winzige Areale in den Mündungsdelten großer Flüsse, das norwegische Fjell erstreckt sich über mehr als 1.000 km in Nord-Süd-Richtung, und (fast) überall sind die Arten dieser Hochgebirgsregion zu Hause: Alpen- und Moorschneehuhn, Goldregenpfeifer, Regenbrachvogel, Rauhfußbussard, Ringdrossel, Blaukehlchen und Spornammer. (Mit etwas Glück kommen noch Steinadler und Wanderfalke hinzu.) Dennoch gibt es natürlich Brennpunkte der

Kormorane

Trompetender Kranich

Dreizehenmöwen

Vogelbeobachtung, Schutzgebiete, die aufzusuchen sich besonders lohnt. Auf sie sei im Anhang besonders hingewiesen.

Geordnetes Chaos auf dem Vogelfelsen

Vogelberge sind eine weitere ornithologische Attraktion Norwegens. 17 größere gibt es entlang der Küste. Die beiden bekanntesten sind Røst und Runde. Hier ziehen Alken und Möwen im Schutze steiler Felswände ihre Jungen auf. Nur für einige Sommerwochen gehen sie überhaupt an Land, den Rest des Jahres verbringen sie auf dem offenen Meer.

Das Treiben an einem Vogelberg oder Vogelfelsen wirkt auf den ersten Blick hektisch und chaotisch: Scharen verschiedenster Seevogelarten fliegen in langen Ketten zwischen ihren Brutplätzen an Land und den Nahrungsgründen auf dem offenen Meer hin und her und hinterlassen beim unkundigen Beobachter den Eindruck eines einzigen großen Durcheinanders. In Wirklichkeit läuft alles in geordneten Bahnen ab: Brutraum und Nahrung sind sorgfältig aufgeteilt. Die Arten kommen sich trotz der Enge nicht in die Quere. Sie besiedeln die Regionen eines Vogelfelsens gleichsam wie Stockwerke in einem Mietshaus - ganz unten kleben die Dreizehenmöwen ihre Nester aus Tang an die Felswände, darüber legen die Trottellumen ihr einziges Ei auf den nackten Fels und ganz oben wohnen die höhlenbrütenden Papageitaucher in den Ritzen und Spalten der umherliegenden Steinquader oder in selbstgegrabenen unterirdischen Gängen. Und zwischen diesen drei häufigsten Arten nisten Krähenscharben, Tordalken, Gryllteisten und Silbermöwen.

Die kleine Insel Runde

Einer der »komplettesten« Vogelberge ist die kleine Insel Runde, einige Kilometer westlich vor Ålesund im Meer gelegen und von Mitteleuropa aus bequem in zwei bis drei Tagen zu erreichen. Dort leben nahezu sämtliche Meeresvögel, die in Europa auf einem Vogelberg zu Hause sein können. Neben den erwähnten Arten haben sich hier vier Neuankömmlinge niedergelassen: Lange Zeit war Runde der einzige Brutplatz für Baßtölpel und Eissturmvogel auf dem skandinavischen Festland; heute haben sich beide an der norwegischen Küste entlang nach Norden stark ausgebreitet. Seit etwa fünf Jahren soll es auf Runde sogar eine kleine Kolonie von Sturmschwalben geben. Darüber hinaus ist die Insel seit Anfang der 80er Jahre der einzige Brutplatz der Skua oder Großen Raubmöwe auf dem europäischen Festland. Sie sehen: Vogelbeobachtung in Norwegen bietet wirklich Einzigartiges!

Wo kann man Vögel besonders gut beobachten?

Dovrefjell Nationalpark
Östlich der Snøhetta rechts und links der E 6 südlich von Oppdal gelegen; Gebiet nahezu in gesamter Ausdehnung oberhalb der Baumgrenze. Vogelarten: Prachttaucher, Steinadler, Alpenschneehuhn, Moorschneehuhn, Schmarotzerraubmöwe, Goldregenpfeifer, Blaukehlchen, Spornammer, Schneeammer, Ohrenlerche. (In der Nähe von Kongsvoll lebt als zusätzliche naturkundliche Attraktion die einzige norwegische Moschusochsenherde.)

Fokstumyra
Schutzgebiet für Sumpfvögel nordwestlich der E 6, wenige Kilometer südlich vom Dovrefjell NP und nördlich von Dombås an der Bahnstation Fokstua; Unterkünfte in der Nähe; Zutritt vor dem 8. Juli nur auf Rundwanderweg gestattet; Feuchtgebiet mit Weide- und Birkengesträuch. Vogelarten: Kranich, Kornweihe, Rauhfußbussard, Sumpfohreule, Goldregenpfeifer, Sandregenpfeifer, Alpenstrandläufer, Rotschenkel, Kampfläufer, Bruchwasserläufer, Ringdrossel, Wacholderdrossel, Spornammer, Blaukehlchen; früher auch Doppelschnepfe und Sumpfläufer.

Rondane Nationalpark
nahe Dovrefjell NP und ganz ähnlich, mit Wald in tieferen Lagen.

Hardangervidda
Fjellgebiet ähnlich Dovrefjell NP; in Lemmingjahren soll sogar die Schnee-Eule hier brüten.

Øvre Pasvik Nationalpark
an der norwegisch-sowjetischen Grenze südlich von Kirkenes; Norwegens größter Kiefernurwald. Vogelarten: Rauhfußkauz, Sumpfohreule, Sperbereule, Auerhuhn, Habicht, Sumpfläufer, Zwergschnepfe, Seidenschwanz, Unglückshäher.

Varangerhalbinsel
flache Fjellandschaft, rauhes Klima. Brutgebiet von Stern- und Prachttaucher, Eisente, Zwergsäger, Wanderfalke, Gerfalke, Rauhfußbussard, Falken- und Schmarotzerraubmöwe, Sturmmöwe, Temminckstrandläufer, Alpenstrandläufer, Sandregenpfeifer, Meerstrandläufer, Steinwälzer, Mornellregenpfeifer, Kolkrabe.

Varangerfjord
Vogelbeobachtungsgebiet von internationalem Rang; bemerkenswert vor allem das Naturschutzgebiet auf der Halbinsel Ekkerøy mit einem Vogelfelsen mit Dreizehenmöwen und Gryllteisten; Attraktion sind regelmäßig übersommernde Scheckenten, Thorshühnchen und Gelbschnabeleistaucher. Weitere Vogelarten (nicht alle sind Brutvögel): Sterntaucher, Prachteiderente, Eisente, Seeadler, Baßtölpel, Eismöwe, Steinwälzer, Pfuhlschnepfe, Odinshühnchen, Ohrenlerche, Rotkehlpieper, Birkenzeisig, Polarbirkenzeisig, Spornammer, Schneeammer.

Runde
Vogelinsel bei Ålesund; »kompletter« Vogelberg; 700.000 Seevögel; leicht über eine Brücke zu erreichen; berühmt sind die Inselrundfahrten auf dem Fischerboot von Ola Goksoyr. Brutvogelarten: Sturmschwalbe, Eissturmvogel, Baßtölpel, Krähenscharbe, Eiderente, Schmarotzerraubmöwe, Große Raubmöwe (1988: 4 Paare), Silbermöwe, Dreizehenmöwe, Trottellumme, Tordalk, Gryllteiste, Papageitaucher, Ringdrossel, früher auch Uhu.

Røst-Gruppe
äußerste südliche Insel der Lofoten-Gruppe; Vogelberg mit über 2 Millionen Seevögeln; erreichbar von Bodø in 6 Stunden mit dem Boot. Brutvögel: Sturmschwalbe, Seeadler, Regenbrachvogel, Schmarotzerraubmöwe, Trottellumme, Tordalk, Papageitaucher, Gryllteiste.

Dampflok der norwegischen Staatsbahnen TK 8, Typ 9a Nr. 30

Überall in Europa gibt es Leute, die in ihrer Freizeit in mühsamer Kleinarbeit alte, verölte Maschinen reparieren - oft in ungemütlicher Umgebung und ohne Bezahlung. Sie sind Enthusiasten, die viel Zeit und Kraft opfern, um alte Lokomotiven zu überzeugen, wieder zu funktionieren und als Museumseisenbahn ihren Dienst zu tun. Das sind kurze Momente, in denen die Uhr rückwärts läuft und uns in ein anderes Zeitalter entführt. Mit viel Liebe und Sorgfalt restaurierte Bahnhöfe, Personenwagen, Güterwaggons und meist mit Dampf betriebene Lokomotiven ermöglichen eine solche Reise in die Vergangenheit.

Auch in Norwegen gibt es Museumsbahnen, trotz der geringen Bevölkerungszahl und der Größe des Landes. Sie sind nicht nur für Eisenbahnfanatiker attraktiv, sondern auch für alle anderen Besucher, besonders Familien, die Spaß an dieser Art von lebendigem Museum haben.

Es gibt vier Museumseisenbahnen in Norwegen, drei werden von Dampflokomotiven gezogen, eine wird elektrisch betrieben. In Hamar befindet sich außerdem ein großes Eisenbahnmuseum, das älteste in Skandinavien.

Die Setesdalbahn

Viele der ersten Eisenbahnen, die in Norwegen gebaut wurden, waren Schmalspureisenbahnen. Sie waren häufig billiger als Normalspurbahnen, vor allem dann, wenn die Schienen durch schwieriges Gelände führten. Und das ist in Norwegen oft der Fall. Einige dieser Eisenbahnen waren Einzelstücke, eigens gebaut für eine spezielle Aufgabe. Ein Beispiel ist die 1896 eröffnete Setesdalbahn, die Kristiansand mit dem 78 Kilometer entfernten Byglandsfjord verband. Sie hatte eine Spurweite von 1067 Millimeter und war in erster Linie für den Transport von Bauholz zum Hafen von Kristiansand bestimmt.

Den ersten Spatenstich für den Bau dieser Strecke tat König Oskar II. am 26.11.1895. Die kleine Bahn mit ihren

Reise in die Vergangenheit

Museumseisenbahnen in Norwegen

Veteranlok im Eisenbahnmuseum Hamar

Lok mit Schneepflug

winzigen Lokomotiven arbeitete störungsfrei, bis die Norwegischen Staatsbahnen (NSB) die Strecke Oslo-Kristiansand bauten - mit normaler Spurweite. Der Bau wurde 1938 abgeschlossen. Daraufhin baute man den Streckenabschnitt der Setesdalbahn von Kristiansand nach Grovane auf Normalspurweite aus, was die Schmalspurstrecke um 20 Kilometer verkürzte. Die Bahn verlor immer mehr an Bedeutung. Mit der großen Zunahme motorbetriebener Transportmittel nach dem Zweiten Weltkrieg ging die Zeit der Setesdalbahn allmählich ihrem Ende entgegen. Im September 1962 wurde sie entgültig stillgelegt. Doch das Ende der Setesdalbahn war damit nicht gekommen, denn einige dänische Eisenbahnfans setzten sich dafür ein, den letzten Streckenabschnitt der Bahn von Grovane nach Beihølm (Länge: 4,9 km) zu erhalten. Zwei Jahre später verkehrte dort die erste Dampflok. Obwohl die Strecke ziemlich kurz ist, hat sie trotzdem alles, was zu einer richtigen Eisenbahnfahrt gehört: eine Brücke (50,1 Meter lang) und einen Tunnel (123 Meter lang), mehrere Bahnhöfe und ein Eisenbahndepot. Zur Zeit wird überlegt, die Strecke um drei Kilometer bis nach Røyknes zu verlängern. Die Museumseisenbahn mit den alten Dampflokomotiven der Setesdalbahn verkehrt nur im Sommer. Die erste Lokomotive, Nr. 1, ist von Dübs in Schottland gebaut worden und kann beim Bahnhof Grovane besichtigt werden. Eine ähnliche Lok, gebaut 1895 oder 1901, zieht den Museumszug. Die Lokomotive Nr. 5 zum Beispiel, die 1901 von einer norwegischen Firma aus Thune geliefert wurde, ist ein kleines Prachtstück: der schwarze schimmernde Anstrich, das glänzende Metall, die große Messinghaube, ein riesiger, die Funken zurückhaltender Schornstein (zur Vemeidung von Waldbränden) und die imposanten Scheinwerfer sind eine Augenweide für Eisenbahnenthusiasten. Der Museumszug selbst besteht aus Holzwaggons aus der Zeit der Jahrhundertwende.

Die Tertittbahn

Die zweite Museumseisenbahn, die hier vorgestellt wird, läuft auf nur 750 Millimeter breiten Schienen. Es handelt sich um die Tertittbahn, die sich 35 Kilometer nordöstlich von Oslo befindet. Die 3,9 Kilometer lange Strecke von Sørumsand nach Fossum ist der letzte Überrest der Urskog-Hølandsbahn, die sich 56 Kilometer lang von Sørumsand nach Skulerud durch die Landschaft schlängelte. Sie wurde 1896 in Betrieb genommen und war, bis sie 1950 von der NSB übernommen wurde, eine private Bahnlinie. Aber mit der Übernahme waren ihre Tage gezählt, und 1960 wurde sie stillgelegt. Beinahe alle Lokomotiven der Urskog-Hølandsbahn kamen aus einer Fabrik in Deutschland, Hartmann aus Chemnitz. Eine der Originallokomotiven, die für den Betrieb der damals noch existierenden Linie gebaut worden waren, steht im Eisenbahnmuseum in Hamar. Von den späteren Loks waren zwei von der Tertitt Eisenbahn, die Nr. 4, »Setskogen«, gebaut 1909, und die Nr. 6, »Høland«, gebaut 1925. Die letzte Lokomotive, die auf dieser Strecke verkehrte, war 1950 noch nicht fertig, so daß ihr nur ein kurzes Arbeitsleben vergönnt war. Es ist die Lok Nr. 7 mit dem Namen »Prydz«, die nun im Sommer eine 1,5 Kilometer lange Strecke beim Eisenbahnmuseum in Hamar befährt.

Die Krøderbahn

Die bei weitem längste Museumsbahnlinie ist die Krøderbahn mit normaler Spurweite. Sie führt von Krøderen am südlichen Ende des gleichnamigen Sees vorbei nach Viker-

sund am Tyrifjord, wo sie auf die NSB-Strecke nach Oslo trifft. Die Dampflokomotiven verkehren im Sommer jeden Sonntag und werden vom Norwegischen Eisenbahnclub (NJK) in Stand gehalten. Die Reise auf der 26 Kilometer langen Strecke dauert eine gute Stunde.

Obwohl die Schienen heute Normalbreite haben, waren es 1872 bei der Eröffnung der Bahnlinie Schmalspurschienen. Sie wurden 1909 vergrößert. Der Personenverkehr wurde 1958 und die Gütertransporte 1985 eingestellt. Der NJK wurde aktiv. Die Krøderbahn mit den typisch norwegischen, aus Holz gebauten Bahnhöfen und den Waggons mit den offenen Plattformen und blitzblank polierten Holzkörpern versetzt ihre Fahrgäste zurück in die Zeit zu Beginn dieses Jahrhunderts. Es verkehren abwechselnd zwei Dampfloks, die beide in Norwegen hergestellt wurden: Entweder die Lok der Norwegischen Staatsbahnen Nr. 225 von 1911 oder die etwas größere Lok Nr. 236 von 1912. Der NJK verfügt jedoch über weitere Lokomotiven, Personen- und Güterwaggons. Um diese wieder in Betrieb zu nehmen, ist zweierlei erforderlich: Zeit und Geld. In Kløtefoss, einem Ort zwischen Krøderen und Vikersund wartet eine lange Schlange alter Fahrzeuge, Waggons und mehrere Lokomotiven darauf, einigen hingebungsvollen Restaurateuren in die Hände zu fallen.

Die Thamshamnbahn

Die letzte Museumsbahn unseres Berichts unterscheidet sich grundsätzlich von den anderen. Zum einen hat sie eine Spurweite von einem Meter, das einzige Exemplar dieser Art in Norwegen, zum anderen ist sie die älteste elektrische Eisenbahn des Landes. Es handelt sich um die Thamshamnbahn, die von Chr. Salvesen und Chr. Thams konstruiert wurde, um Pyrit von den Minen bei Løkken zum Hafen von Thamshamn zu transportieren, der an einem Arm des Trondheimfjords liegt. Von Anfang an war geplant, eine Elektrolok zu benutzen. Der erste Teil der Strecke, Thamshamn-Svorkmo, wurde 1908 eröffnet. Der Rest bis nach Løkken wurde zwei Jahre später fertig gestellt. Die Elektrizität (von 6,6 kW 25 Hz) kam von einer Oberleitung. Die ersten beiden Lokomotiven und ein außergewöhnlicher Schienenbus (40 PS) kamen 1908 aus England. Der Bus wurde die »Königlich Elektrische Kutsche« genannt, weil er zur Beförderung König Haakons gedient hatte, als dieser 1908 die Strecke eröffnete. Sowohl der Schienenbus als auch eine der Lokomotiven stehen noch vor Ort, während sich die anderen in der Technischen Hochschule in Trondheim befinden. Spätere Lokomotiven waren schwedischer und norwegischer Herstellung. Die Entfernung Løkken-Thamshamn beträgt 26 Kilometer. Die Strecke schließt ein paar Steigungen und scharfe Kurfen mit ein, dann folgt ein landschaftlich reizvolles Stück entlang des Flusses Orkla. Einst nutzten über 400.000 Fahrgäste pro Jahr diese Eisenbahn, aber 1963 wurde sämtlicher Personenverkehr eingestellt. Glücklicherweise betreiben die »Freunde der Thamshamnbahn« die Züge während der Sommermonate. Sie verkehren sonntags von Løkken nach Svorkmo, auf einer Strecke von 13 Kilometern.

Das Eisenbahnmuseum

Abgesehen von den vier Museumsbahnen - jede einzelne davon hat ihren eigenen historischen Wert und Charakter - befinden sich die meisten der gut erhaltenen Lokomotiven im Eisenbahnmuseum in Hamar. Als es 1897 gegründet wurde, bestand es nur aus einem Raum im Bahnhof von Hamar. Heute hingegen beansprucht es ein ausgedehntes Gelände von 30.000 Quadratmetern direkt am Mjøsasee. Es gibt dort Ausstellungsstücke aller Art, angefangen von einem kompletten Bahnhof bis zu kleinen Modellen. Aber die wirklichen Stars sind die Lokomotiven. Sie reichen von »Caroline«, gebaut 1861 von Stephenson, bis zu einem wahren Riesen, dem »Dovregubben«, gebaut 1940, insgesamt sind es mehr als ein Dutzend Lokomotiven.

> **Gut zu wissen**
>
> Die Fahrpläne der Museumsbahnen wechseln jährlich. Näheres erfahren Sie bei:
> Setesdalsbanen, Grovane, N-4700 Vennesla;
> A/L Urskog-Hølandsbanen,
> Postboks 711, Sentrum N, Oslo 1;
> Krøderenbanen, Postboks 37, N-3515 Krøderen;
> Thamshamnbanens Venner, N-7332 Løkken.
> Das Eisenbahnmuseum in Hamar ist ganzjährig täglich von 10 - 16 Uhr geöffnet. Vom 1. Okt. bis 30. April ist es sonn- und feiertags geschlossen.

Der Autor:

Robert Spark ist ein in England bekannter und geschätzter Skandinavienexperte. Er arbeitet als freier Reisejournalist für verschiedene Zeitungen und Magazine. Außerdem hat er Reiseführer über Dänemark, Schweden und Norwegen veröffentlicht.

... und vermachte dem norwegischen Volk seine Sammlung

Gestiftete Kunstsammlungen in Oslo

Vigelandpark

Schenkungen bilden den Grundstock zu einigen bedeutenden norwegischen Kunstschätzen; Vigeland, Munch und das Ehepaar Henie-Onstad vermachten ihre Sammlungen dem norwegischen Volk. Und der Brauerei Schous haben wir zu verdanken, daß Krohg's Gemälde der norwegischen Prominenz zur Jahrhundertwende im Grand Café gemalt wurde.

Was wäre also geeigneter, als einen Kunstbummel auch heute im Grand Café in Oslo zu beginnen? Schon seit über hundert Jahren treffen sich hier Künstler und »Normalsterbliche«. Mitten im Zentrum liegt das Grand Hotel, dort wo die Karl Johans gate die Rosenkrantzgate kreuzt. Es wurde 1874 gebaut. Das Hotelcafé erlebte um 1890 seine Glanzzeit, als der Dramatiker Henrik Ibsen, der Schriftsteller Bjørnstjerne Bjørnson sowie die Maler Edvard Munch, Oda und Christian Krohg im »Grand« ein und aus gingen. Sie alle sind heute auf einem Gemälde verewigt, das Odas und Christians Sohn Per gemalt hat.

In den zwanziger Jahren war die erste Blütezeit des Hotels vorbei, das Grand Café heruntergekommen und verwaist, denn die Osloer hatten andere Cafés zu ihrem Treffpunkt gemacht. Die Hoteldirektoren waren sich einig, daß man die vortreffliche Lage der Räumlichkeiten gewinnbringender nutzen sollte, als Geschäfte beispielsweise. Die zu dieser Zeit große Brauerei Schous hörte von den Ideen und griff ein. Nach turbulentem Hin und Her erwarb sie die Mehrheit der Aktien des gesamten Hoteletablissements, renovierte das Café und gab dem Maler Per Krohg den Auftrag, es künstlerisch auszugestalten. 1932 waren Renovierung und Wandbemalungen abgeschlossen. Und was tat die Brauerei als Eigentümerin? Nachdem sie das ihre getan hatte, bedankte sie sich und verkaufte das Hotel. Das Café wurde abermals zu einem beliebten Treffpunkt, und ist es bis heute geblieben.

Kunst zum Klettern

Viel Glück hatte auch der Bildhauer Gustav Vigeland (1869 - 1943). Aufgrund eines einzigartigen Vertrages zwischen ihm und der Stadt Oslo aus dem Jahr 1921 befinden sich Vigelands Arbeiten alle in kommunalem Besitz. Der Vertrag sicherte dem Künstler ein Atelier, einen Stab von Handwerkern sowie eine feste Unterhaltszahlung zu. Im Austausch dafür erhielten die Osloer alle Arbeiten des Künstlers. Der Frognerpark wurde reichlich mit »Vigeländern« versehen, rund 200 Stück: Schmiedeeisern, in Bronze und Granit stehen sie das ganze Jahr über unter freiem Himmel.

Bei Vigeland denken viele Norweger an die Granitfiguren, in denen ihre Kinder gern herumklettern. Wie viele der Kleinen sind nicht schon für's Familienalbum abgelichtet worden, wenn sie auf den Knien eines Steinwesens hocken. Oder wenn sie an einem heißen Sommertag in dem Springbrunnenbecken baden. Alle Besucher, egal welchen Alters, klettern hinauf zum höchsten Punkt des Parks, wo man einen herrlichen Blick über die Stadt hat. Hier oben steht der 17 Meter hohe Monolit mit 121 Figuren, die alle aus einem einzigen Granitstück gehauen sind.

Der Wegbereiter

Vom Frognerpark aus ist es nicht weit zum Munchmuseum. Edvard Munch (1863 - 1944) ist ohne Zweifel der bekannteste norwegische Maler. Sein Gemälde »skriket« (Der Schrei) ist exemplarisch für den Expressionismus. Dieser Stil sei eine Art ernste Karikatur, eine Kunst, die bewußt das Objekt verzerre, um damit starke Gefühle auszudrücken, meint der Kunsthistoriker E.H. Gombrich. Die expressionistische Bewegung entstand zuerst in Deutschland. Dort fand Munch bei seinen Aufenthalten Anfang des Jahrhunderts nicht nur Verständnis, sondern

Vigelandpark

Henie-Onstad-Kunstzentrum

Die Autorin:
Gunilla Blomé studierte in Kanada Englisch und Journalistik, arbeitet heute für verschiedene Zeitschriften und Rundfunkanstalten und lebt in Stockholm. Zusammen mit der Fotografin Rachel Gough Aznier veröffentlichte sie vier Bücher.

entwickelte sich zu einem Wegbereiter des Expressionismus. Sein künstlerisches Opus vermachte er seiner Heimatstadt Oslo: etwa 1.100 Bilder, 4.500 Zeichnungen und 18.000 graphische Blätter. Seit 1963 befinden sie sich in einem eigens dafür gebauten Haus, dem Munchmuseum.

Pirouetten und Picasso

Dänemark hat das Museum Lousiana, Norwegen das Henie-Onstad-Kunstzentrum. Beide sind als Kunstmuseen und auch Kulturinstitutionen fast gleichzeitig entstanden, durch das persönliche Engagement von Privatpersonen. Das Lousiana von Knud W. Jensen wurde 1958 eingeweiht, das Henie-Onstad-Zentrum zehn Jahre später. Das norwegische Kunstzentrum liegt in einem Park auf Høvikodden mit Aussicht auf den Oslofjord und ist eine Stiftung der Eiskunstläuferin Sonja Henie und des Reeders Niels Onstad an das norwegische Volk. Aus fünf Trakten setzt sich das Zentrum zusammen, »wie die fünf Finger einer schaffenden Hand«, erläutert Sonja Henie. Das Museum umfaßt die Sammlung des Ehepaars, rund 300 Arbeiten bedeutender Maler des 20. Jahrhunderts: Picasso, Klee, Matisse, Miró, Duchamp. Das Kunstzentrum soll ein »museion« im Sinn der antiken, griechischen Bedeu-

Edvard Munch: Tanz des Lebens (Nationalgalerie Oslo)

tung sein: ein Tempel zur Huldigung aller Kunstrichtungen.

Neben der ständigen Sammlung aus den Bereichen Malerei, Grafik und Skulptur werden Konzerte und Wechselausstellungen mit Künstlern der Gegenwart organisiert. 1988 beispielsweise, als das Henie-Onstad-Kunstzentrum sein zwanzigjähriges Jubiläum feierte, veranstaltete man die Herbstausstellung mit Bildern deutscher Gegenwartskunst aus der »Sammlung Ludwig« aus Köln-Aachen, an die sich die Ausstellung der »Cobragruppe« - Künstler aus Kopenhagen, Brüssel und Amsterdam - anschloß. Vor einigen Jahren zeigte man Picassos erotische Zeichnungen und Grafiken.

In einem eigenen Raum sind die Trophäen ausgestellt, die Sonja Henie während ihrer jahrzehntelangen Karriere als Eiskunstläuferin gewonnen hat. Den Weltmeistertitel konnte sie sogar über zehn Jahre behaupten. Nach ihrem berühmtesten Sprung, der Henie-Pirouette, benannte man das Restaurant des Kunstzentrums.

Adressen und Öffnungszeiten:

*Grand Café, Karl Johans gt. 31, N-0159 Oslo 1,
  Tel. 42 93 90*

Frogner Park: täglich geöffnet

*Vigeland Museum: Di - So, 12.00 - 19.00
  Bus: Frogner Platz*

*Munch Museum, Tøyengata 53, Oslo 5,
  Tel. 67 37 74
  geöffnet tägl. 10.00 - 20.00, So 12.00 - 20.00,
  Mo geschlossen.
  Bus/U-Bahn: Munch Museet, Tøyen*

*Henie-Onstad-Kunstzentrum, geöffnet
  tägl. 9.00 - 21.30, So 11.00 - 21.30
  Bus: Høvikodden*

Von Hütte zu Hütte im norwegischen Fjell

Gebirgshütte in Jotunheimen

Die Hütte Loenenchenbua liegt tief verborgen im Dovrefjell, eines der vielen norwegischen Fjellgebiete. Der See ist immer noch vereist, als wir Anfang Juli abends gegen 22 Uhr dort ankommen. Loenenchenbua ist eine kleine Hütte, umgeben von einer märchenhaften Atmosphäre. Fast erwartet man, von Zwergen oder Trollen begrüßt zu werden. Der Türpfosten ist nur eineinhalb Meter hoch, so daß wir uns bücken müssen, um eintreten zu können. Während mein Reisegefährte eine warme Mahlzeit bereitet, heize ich den Ofen ein. Durch die Türöffnung sehen wir die Sonne immer tiefer ins Wasser sinken.

Obwohl kein Wirt uns hier erwartet hat, brauchen wir uns um unsere Verpflegung keine Sorgen zu machen: In der Hütte ist an verschiedenen Stellen Essen zu finden: Mehl, Marmelade, Knäckebrot, Dosengerichte, kleine Tüten mit Pulverkaffee, fast wie in einem Supermarkt. Ansonsten ist die Hütte winzig klein. Es ist gerade noch Platz für zwei Betten, einen Tisch und einige Stühle. Glücklicherweise gibt es noch zwei zusätzliche Matratzen, so daß wir alle vier gut schlafen können.

Loenenchenbua ist eine von Dutzenden unbewirtschafteten Hütten im norwegischen Gebirge. Am Ende des letzten Jahrhunderts von einem englischen Bergsportpionier erbaut, wurde sie nach dem 2. Weltkrieg dem lokalen Touristenverein Trondheim geschenkt. Solche Hütten für Selbstversorger sind jedoch im allgemeinen komfortabler als Loenenchenbua. Wandert man von Hütte zu Hütte, entdeckt man bald, daß jede von ihnen eine eigene Persönlichkeit hat. Die meisten dieser Gebirgshütten werden vom DNT (Den Norske Turistforeningen) betrieben, der Dachverband aller norwegischen Bergsportvereinigungen ist. Der DNT verwaltet ca. 80 Hütten, die teilweise bewirtschaftet, teilweise unbewirtschaftet sind. Vor allem letztere erscheinen vielen etwas besonderes.

Ohne Wirt, aber trotzdem mit Service

In unbewirtschafteten Hütten kann man übernachten und bekommt etwas zu essen, ohne daß es dort einen Wirt oder eine Bedienung gibt. Bezahlt wird folgendermaßen: Auf einer Liste sind alle Preise aufgeführt. Die Lebensmittel befinden sich in Schränken. Jeder nimmt sich, was er braucht und schreibt die entsprechenden Beträge auf einen Umschlag. Vor der Abreise wird alles zusammengerechnet, inklusive der Kosten für die Übernachtung. Den gesamten Betrag steckt man in den Umschlag und wirft diesen in einen großen Metallkasten. Die Hütten sind in der Regel verschlossen, aber Mitglieder des DNT oder eines lokalen Wandervereins bekommen bei den Touristenbüros einen Standardschlüssel, so daß niemand vor verschlossenen Türen steht. Glücklicherweise funktioniert dieses für Bergwanderer ideale System reibungslos und wird so gut wie nie mißbraucht.

Dazu meint DNT-Sprecher Finn Hagen nicht ohne Stolz: »Unser Selbstversorgersystem ist einmalig in der Welt. Probleme mit Schwarzwohnern gibt es kaum, denn die meisten unbewirtschafteten Hütten liegen tief im Gebirge versteckt. Nur für ein paar Dosen und Pulverkaffee lohnt sich die Anstrengung, dorthin zu laufen, nicht. In diese Hütten kommen in der Regel nur Wanderbegeisterte, die dankbar sind, nicht ihre gesamte Verpflegung auf dem Rücken tragen zu müssen.«

Vorteile für Wanderer

In diesem Jahr arbeitet der DNT zum ersten Mal eng mit den lokalen Touristenvereinen zusammen. Für Bergwanderer heißt das, sie können in allen Hütten in Norwegen zum selben Preis übernachten. Die DNT-Hütten liegen vorwiegend in den bekannten und beliebten Fjellregionen wie Jotunheimen, Hardangervidda, Dovrefjell und Rondane, die der lokalen Vereine hingegen in unbekannteren Gebieten. Auch Finn Hagen ist dankbar dafür, daß Anfang 1988 endlich ein Zusammenschluß aller Bergsportvereine zustande gekommen ist. »Wir haben jahrelang dafür gearbeitet«, erinnert er sich, »und jetzt sind wir eine starke Organisation mit 140.000 Mitgliedern, 8.000 davon im Ausland. Unsere finanzielle Situation hat sich verbessert, um zum Beispiel alte Hütten zu renovieren. Außerdem können wir uns jetzt in Sachen Umweltschutz stärker engagieren. Industrie und Politiker werden nicht mehr so leicht um uns herum kommen.«

Nicht nur Hütten

Doch die Gebirgshütten sind nicht das einzige Angebot des DNT. Der Verband unterhält außerdem ein weites Wegenetz quer durch das norwegische Fjell. Jeder Wanderweg ist mit einem roten »T« gekennzeichnet. Das Netz ist insgesamt 17.000 Kilometer lang, eine Strecke von Oslo

Hütte in Breheimen

nach Tokio und wieder zurück. Auch für Wintersportler hat der DNT etwas zu bieten: ca. 3 300 Kilometer markierte und präparierte Loipen, die zum Teil von Hütte zu Hütte führen. Auch in dieser Hinsicht ist Norwegen einzigartig in der Welt. Darüberhinaus organisiert der DNT im Sommer für all diejenigen, die eine solche Tour noch nicht alleine wagen, Gebirgswanderungen mit erfahrenen Begleitern. Jährlich gibt der Verband eine übersichtliche Broschüre heraus, in der die einzelnen Touren ausführlich beschrieben werden. Außerdem werden Angelkurse, Fotokurse und Spezialtouren für verschiedene Altersgruppen organisiert. Von bestimmten Hütten aus werden Gletscherwanderungen und Bergsteigerkurse durchgeführt. Dazu Finn Hagen, Sprecher des DNT: »Wir sind eine vielseitige Organisation und versuchen, jedem die Chance zu geben, die Natur zu genießen.«

Unterwegs im »Reich der Trolle«

Eine Tour von Hütte zu Hütte muß aber nicht unbedingt in einer Gruppe stattfinden. Im Gegenteil, die meisten wandern lieber allein oder mit Freunden. Schon Monate vorher ist man mit Vorbereitungen beschäftigt, schaut in die Karte und fragt sich, wohin der Weg diesmal führen soll: Jotunheimen, Breheimen oder weiter nach Norden, zum Trollheimen zum Beispiel? Wir entscheiden uns für letzteres, das Reich der Trolle, wie Bergsportler dieses Gebiet um 1880 tauften. Ein treffender Name, nicht nur weil diese geheimnisvollen Märchenfiguren dem Wanderer das Leben schwer machen können, sondern auch in landschaftlicher Hinsicht: Trollheimen ist ein rauhes, unwegsames Gebiet, das die Phantasie anregt. Anfang Juli sind die Gipfel über 1000 Meter noch von einer dicken Schneeschicht bedeckt. Also eine Gegend, in der die Trolle sich zu Hause fühlen.

Ausgangspunkt unserer mehrtägigen Rundwanderung ist die Gjevilvasshytta. Am ersten Tag gehen wir bis zur Jødalshytta, eine bewirtschaftete Hütte des lokalen Touristenvereins Trondheim. Unterwegs braten wir ein paar Spiegeleier in unserer Sturmküche. Das frische Wasser aus dem reißenden Gebirgsbach schmeckt sehr gut dazu. Der zweite Tag führt uns durch ein kilometerlanges Tal zur Trollheimshytta, die im Herzen von Trollheimen liegt. Es ist bewölkt und leichter Nieselregen fällt. Bei solchem Wetter ist man froh, nach etwa acht Stunden die nächste Hütte zu erreichen. Dann tut es gut, vom Wirt mit einem ausgiebigen Abendessen, Kaffee und selbstgebackenen Waffeln verwöhnt zu werden. Abends sitzen wir am knisternden Kaminfeuer.

Am dritten Tag sind wir fast 14 Stunden unterwegs. Die Tour führt uns Richtung Süden von der Trollheimshytta nach Bårdsgarden. Eigentlich sollte diese Etappe nur acht Stunden dauern, aber wegen der großen Schneemengen, die noch auf unserem Weg liegen, brauchen wir einige Stunden mehr. Die Wanderung ist anstrengend und kann nur mit guter Kondition bewältigt werden. Wenn aber im richtigen Moment der Himmel aufreißt und die Sonne scheint, dann genießen wir die schöne Aussicht in vollen Zügen und vergessen die Anstrengung.

Da die Täler im norwegischen Fjell meist ziemlich kurz sind, kann man an einem Tag mehrmals großartige Panoramen erleben, so daß man gerne bereit ist, dafür 14 Stunden unterwegs zu sein. Mit der Dunkelheit gibt es auch keine Probleme, denn die Sonne geht in diesen Breiten so gut wie gar nicht unter. Und wenn wir die Tour nicht an einem Tag geschafft hätten, wäre auch das keine Katastrophe

Hardangervidda

gewesen, denn wir haben unser Zelt dabei. Am vierten Tag bleiben wir in Bårdsgarden, um uns auszuruhen. Wir erkunden die Umgebung und genießen, ohne die schweren Rucksäcke herumlaufen zu können. Das Wetter ist herrlich.

Am fünften und letzten Tag kehren wir zur Gjevilvasshytta zurück. Es regnet in Strömen. Zwei Flüsse können wir nicht überqueren, ohne die Schuhe auszuziehen. Solche Unwägbarkeiten gehören auch zu einer Bergwanderung: An einem Tag kann das Wetter strahlend schön sein, am nächsten regnet es in Strömen. Bergwandern ist also nicht unbedingt etwas für jeden Geschmack. Wer dennoch Lust zum Wandern hat, sollte sich aber von der oben beschriebenen anstrengenden Tour nicht abschrecken lassen. Es gibt zahllose Möglichkeiten für kürzere und einfachere Touren. Manche eignen sich sogar für Kinder. In Norwegen ist es ganz alltäglich, einer Familie zu begegnen, die ihr Kind in einem Spezialrucksack auf die Fjellwanderung mitnimmt. Man trifft sie zum Beispiel auf der Hardangervidda, wo die einzelnen Tagesetappen nicht länger als fünf Stunden dauern. Über den ganzen Tag verteilt ist solch eine Tour für Kinder kein Problem. Das Buch »Bergwandern in Norwegen« informiert über verschiedene Wanderrouten im norwegischen Fjell. Es ist in mehreren Sprachen erschienen und beim Norwegischen Fremdenverkehrsamt oder direkt beim DNT, Postboks 1963, Vika, Oslo 1 erhältlich.

Der Autor:
Gerhard Dielessen arbeitet als Chefredakteur für Kindernachrichten im Niederländischen Fernsehen. Schon seit 1970 durchquert er jährlich entweder zu Fuß oder auf Skiern das norwegische Fjell und kennt die Hütten des DNT und die unterschiedlichsten Wanderrouten aus eigener Erfahrung.

»GOD MORGEN« - Hier ist Radio Vadsø

Parabolantenne: guter Empfang auf allen Kanälen

Diskjockey bei Radio 1 in Aktion

Die norwegische Medienlandschaft - grauer Acker oder bunte Wiese?

Wen immer man in Norwegen zum Fernsehen etwas fragt, ein Satz wird immer fallen: »1961 wurde unser Land ein Reich«. Geschichtsinteressierte wundern sich, weil doch eigentlich 1814, das Jahr der Verfassung, oder 1905, die Auflösung der Union mit Schweden, dazu geführt haben, daß Norwegen zu einem souveränen Staat werden konnte. Warum dann die Betonung auf 1961? In einem Land solcher Ausmaße - die Hauptstadt liegt gute 2.000 Kilometer vom nördlichsten Zipfel entfernt - kann die Bedeutung eines landesdeckenden Fernsehprogramms, das eben 1961 technisch und politisch möglich wurde, gar nicht hoch genug eingeschätzt werden. Während andere europäische Länder bereits seit fünf oder mehr Jahren sendeten, stieg Norwegen als zweitletztes europäisches Land in das Fernsehzeitalter ein. Knapp 5.000 von 1,5 Millionen Haushalten schalteten bereits im Jahr Null allabendlich den Fernseher an, und das Gefühl, in Hammerfest und Kristiansand zur gleichen Zeit das gleiche Programm ansehen zu können, hatte mehr mit Nationalstolz als mit technischer Begeisterung zu tun. Nicht nur das Fernsehen, auch das Radio-, Kino- und Zeitungsangebot wurden von Anfang an stark von den geographischen Eigenarten des Landes geprägt, und ein kurzer Blick in die norwegische Medienlandschaft verrät uns vor allem, wie wichtig jeder Norweger das mittlerweile sehr vielfältige Informations- und Unterhaltungsangebot nimmt.

Medien unter staatlicher Aufsicht

Bleiben wir doch gleich einmal beim NRK, dem Norsk Rikskringkasting. Diese staatliche Radio- und Fernsehanstalt wurde 1933 gegründet und dem Kirchen- und Unterrichtsministerium unterstellt. Zu wichtig und, so nahm man an, zu gefährlich waren all diese neuen Kommunikationsmöglichkeiten, daß sie ja nicht in falsche Hände geraten durften. Ein staatliches Monopol »zur Verbreitung von Radiowellen, empfangen von der Allgemeinheit« (so der Gesetzestext) war die einzige Lösung, und natürlich war die kulturelle und aufklärerische Seite des neuen Mediums Radio von Anfang an sehr nützlich. 1934 war es zum ersten Male möglich, die Stimme von Radio Vadsø, nur zwei Steinwürfe von der sowjetischen Grenze entfernt, durch den Äther zu hören.
Die Technik und der programmatische Gedanke zielten beim Radioangebot jedoch von Anfang an auf die Lokalbevölkerung, und die 19 verschiedenen Distriktsabteilungen produzieren auch heute noch 50 % des gesamten Radioprogramms. Während das 1. Programm (P 1) Reichspro-

gramm ist und vom NRK in Oslo gesteuert wird, erfüllt das 2. Programm die Funktion, die in der Bundesrepublik den einzelnen Rundfunksendern obliegt. Beim BBC in London hingegen ist die Aufteilung in Landes- und Lokalprogramme ähnlich und war das Vorbild für den NRK. Trotz dieser zwei recht unterschiedlichen Programme steht ein Service für Sommertouristen, wie es ihn in fast jedem europäischen Land gibt, immer noch auf der Warteliste beim NRK. Norwegisch-Kenntnisse sind also vonnöten, um den norwegischen Rundfunk erleben zu können. Was jedoch für die meisten westeuropäischen Hörer und Fernsehzuschauer mittlerweile zum Medienalltag gehört und durch die unzähligen Privatsender noch verstärkt wird, ist bis heute in Norwegen nicht zugelassen: Das Geld für den NRK kommt ausschließlich aus der Staatskasse, und die Reklame ist in die Zeitungen und Kinos verbannt. Wie sich dennoch etwa 550 Nærradio-Stationen - nicht-staatliche, lokale Radiosender - finanziell über Wasser halten können, ist selbst den meisten Norwegern ein Rätsel.

Wie überlebt das Nærradio?

Seit dem 1. Juli 1988 ist zwar Werbung erlaubt, doch nur 20 % des Budgets dürfen damit gesichert werden. Ansonsten erhalten Vereine, Interessengruppen oder die christlichen Gruppen von ihren Mitgliedern die finanzielle Unterstützung, um die manchmal nur 15 Sendeminuten täglich ausfüllen zu können. Ähnliches gilt für mehr als 130 lokale Fernsehstationen, wo allerdings das Fylke (= Bezirk) oder die Kommune vereinzelt mit Zuschüssen behilflich ist.
Bei lokalen Fernsehstationen und den privaten Rundfunksendern sind jedoch noch einige Besonderheiten festzustellen. Obwohl sie stark zum Zusammenhalt in ländlichen Gebieten besonders im Norden und Westen beitragen können und z.B. das »Sameradio« mit täglich 90 Sendeminuten die kulturelle Identität der samischen Minderheit zu stärken vermag, dominiert zahlenmäßig der Bereich Oslo. Zudem sind die Sendezeiten der einzelnen Stationen ebenso beschränkt wie die Begeisterung des Publikums. In der Gunst der norwegischen Medienkonsumenten dominiert der NRK.

Vom Monopol zum Parabol

Dennoch nahm, entsprechend der Entwicklung auf dem internationalen Medienmarkt, der Druck auf das NRK-Monopol in den letzten Jahren sehr zu. Nur ein Fernsehkanal - im Osten ergänzt durch die beiden schwedischen Programme - waren den Norwegern zu wenig geworden. Schon sprach man vom Übergang vom Monopol zum Parabol, denn in etwa 20.000 Haushalten, besonders in den weniger besiedelten Gebieten, wurde die schüsselförmige Parabolantenne auf dem Garagendach oder zwischen den Bäumen im Vorgarten zum Symbol für die Öffnung zur Welt, die heute etwa 200 Satellitenprogramme zu bieten hat. Sky Channel, Super Channel und andere anglo-exotisch klingende Kanäle bieten den Parabol-Abhängigen 24 Stunden Sport, Musik und Wiederholungen. Nehmen wir es gelassen: Der Trend ist rückläufig und arbeitet für den guten alten NRK, in dessen Gremien zudem mit Beginn der 90er Jahre ein 2. Kanal und Reklame geplant wird.
Die Zeit ist überreif dafür, eine Ausweitung der Finanzierung und des Programmangebots ernsthaft ins Auge zu fassen, auch wenn man mit der völligen Unabhängigkeit von der Wirtschaft gute Erfahrungen gemacht hat.

Der Zeitungsmarkt

Was läßt sich nicht alles über die lesefreudigen Norweger berichten: Die Silbermedaille (nach den Isländern) für den pro-Kopf-Buchkonsum, 32 Buchclubs sammeln 453.000 Mitglieder, und mit 161 Tageszeitungen liegt Norwegen nach der UNESCO-Statistik an fünfter Stelle in der Welt, was die Anzahl der Tageszeitungen pro 1.000 Einwohner angeht. Tatsächlich spielt die Presse in Norwegen eine sehr große Rolle, was sich an zwei Tatsachen zeigen läßt: Eine große Anzahl von Journalisten und Zeitungsverlegern ist nebenbei in der Politik aktiv oder tauscht irgendwann die Redaktion mit einem Landesparlament oder dem Storting als Arbeitsplatz. Anzunehmen, daß die Presse ihre Rolle als vierte Staatsmacht auszufüllen versteht. Zum anderen das geographische Phänomen: Eine klare Trennung von nur drei landesweiten Zeitungen (Aftenposten, VG und Dagbladet), Regionalzeitungen (wie die Bergens Tidende oder die Adresseavisen in Trondheim) und Lokalzeitungen führt in der Praxis dazu, daß der Großteil der Haushalte zwei verschiedene Zeitungen täglich erhält. Der Preis pro Zeitung liegt seit 1986 fast durchgehend bei NOK 6,-.
Wie aber können so viele Zeitungen nebeneinander existieren? Lassen wir einmal die beiden Auflagen-Spitzenreiter Dagbladet und VG beiseite, die sich durch das besondere Format, die oftmals reißerischen Überschriften und den leicht verdaulichen Textteil auszeichnen (Vergleiche mit dem Daily Mirror oder der BILD-Zeitung sind angebracht), so trägt die Reklame natürlich den größten Teil der Herstellungskosten.

Staatliche Hilfe contra wirtschaftliche Zwänge

Zusätzlich wurde 1969 die »pressestøtte til norsk dagspresse« vom Storting beschlossen. Um die geographische Streuung und die Meinungsvielfalt in jedem Winkel des Landes zu bewahren - also wieder einmal ein distriktspolitisches Argument - wurde für Zeitungen mit einer Auflage von 2.000 bis 10.000 Exemplaren ein Subventionssystem ausgearbeitet. Dies betrifft die Produktion und Verteilung der Zeitung, jedoch sind auch Mehrwertsteuer- und Portobefreiung, Zuschüsse für Telekommunikation und Weiterbildung der Journalisten Teil der norwegischen »pressestøtte«.
An die drei Landeszeitungen wird immer wieder der Vorwurf der Fixierung auf Oslo gerichtet. Nur dort scheint sich der Stoff für die Sport-, Sensations-Politik- und Wirtschaftsjournalistik zu finden. Hinzu kommt, daß die Presse eben sehr stark von den Anzeigenannahmen abhängig ist, was sich in den auffällig starken Wirtschaftsteilen

Fernsehturm Oslo

Mit solchen Untertiteln vergnügen sich die Norweger beim Fernsehen

Der Autor:

Jens-Uwe Kumpch studierte Skandinavistik in Kiel und absolvierte anschließend ein Aufbaustudium »Medien und Massenkommunikation« in Bergen. Er arbeitet heute als freier Journalist und Übersetzer.

UkensNytt

MED GODT STOFF FRA Aftenposten

Lørdag 5. november 1988
99. årgang
Nr. 129

To drept i styrt

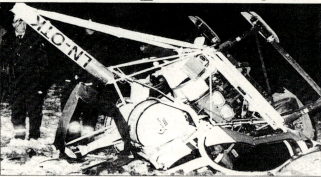

- Den 21 år gamle Bent Roar Rekve fra Båsmoen i Rana og den 26 år gamle instruktøren Åge Hardeland fra Etne på Vestlandet ble trolig drept momentant da et helikopter av typen Hughes 300 C (t. v.) torsdag eftermiddag tippet rundt under forsøk på nødlanding ved Merkedammen i Svarstad i Vestfold. De to ble funnet drept under helikoptervraket (bildet).

- Nødsignalene fra helikopterets nødpeilesender ble oppfanget av Sandefjord Lufthavn klokken 16.00. Det ble umiddelbart slått full katastrofealarm. To helikoptre — et fra Sandefjord og et fra Rygge flystasjon — ble kommandert til området. **Siste side**

Tror på rentefall
Side 3

Kjøpeguide?
Side 6

Ny revy-festival
Side 7

Løs gass-avtale
Side 9

Øksene slipes
Side 11

Seier som satt
Side 12

Kornbonden
Side 14

OPECs mål 18 dollar fatet

OPEC tar sikte på enighet om en oljepris på 18 dollar fatet når oljeministrene møtes i Wien denne måned, sa generalsekretæren, dr. Subroto, foran møtet med oljeminister Arne Øien. Side 9

Hecker dømt til tre år

Tidligere sjefmegler Philippe Hecker i DnC ble onsdag dømt til tre års fengsel for grov utroskap mot banken. Hecker brøt den tillit han var gitt, mener retten. I formildende retning bemerker byretten at bankens dårlige kontrollrutiner la veien åpen for fusk. Hecker må også betale 200 000 kroner i saksomkostninger. **Siste side**

Vin tappet med kunst

Med »Kunstnervinen« hvor etikettene er et mini-litografi av Jakob Weidemann, slår Vinmonopolet et slag for samtidskunst og sansen for vinkultur. Side 7

NRK slår av på avgift

Fra årsskiftet legger NRK om avgiftssystemet. Det kan bli mange tusen kroner å spare for dem som kjøper kostbart lyd- og bildeutstyr. TV-avgift vil bli i henhold til skjermens størrelse. Side 3

100 færre ved Sauda

Sauda Smelteverk reduserer arbeidsstokken med 101 ansatte til tross for at det nå og de nærmeste årene er høykonjunktur for ferromangan. Slankekuren i bedriften er allerede begynt og i løpet av det kommende året skal antall ansatte reduseres fra 574 til 473. Dette vil gi en innsparing på 20 millioner kroner, og med en rekke andre tiltak regner bedriftsledelsen med å spare inn 63 millioner kroner. De ansatte ved smelteverket er frustrerte over innstramningene ledelsen nå setter i verk, fordi mellom 40-60 millioner kroner samtidig skal investeres i fornyelse av utstyr og bedriften går mot et overskudd på 100 millioner kroner. (A-kontakt)

»Ukens Nytt« (gekürzte Ausgabe der norwegischen Tageszeitung Aftenposten für Auslandsnorweger)

der Zeitungen niederschlägt. Jeder Umsatzzuwachs ist ebenso wie jeder neue Konkurs Grund genug, um einen »Halbseiter« daraus zu machen. In der »Bergens Tidende«, die Hans Magnus Enzensberger einmal als beste norwegische Tageszeitung bezeichnete, wird die ehemalige Ausgewogenheit von Landes- und Lokalnachrichten, Sport und Kultur immer mehr zugunsten des Wirtschaftsteils verschoben. Statistiken haben den Verantwortlichen verraten, daß der neue Idealleser vor allem an Börsenkursen, Aktien und Zahlen interessiert ist. Dennoch kann die Zeitungsvielfalt das Schlimmste verhindern: über den ersten Lachs des Sommers, die Goldene Hochzeit oder den nächsten Bingoabend in der Nachbargemeinde wird dann eben die Lokalzeitung berichten.

Grünes Licht für die Privaten - Zum Beispiel Radio 1

Der 28. Juni 1988 könnte zu einem historischen Datum in der norwegischen Mediengeschichte werden. An diesem Tag hat das Parlament nämlich eine lang gehegte heilige Kuh geschlachtet: das generelle Verbot der Werbung in Radio und Fernsehen. Seit dem 28. Juni dürfen alle privaten Radiostationen des Landes Werbung in ihr Programm aufnehmen. Geradezu euphorisch begrüßt Bjørn Førlund, Diskjockey und Moderator bei Radio 1, Oslos größtem Privatsender, diese Regierungsentscheidung. »Jetzt können wir endlich Geld verdienen,« freut er sich.

Radio 1 gibt es seit sechs Jahren, und es hat sich inzwischen zum populärsten Sender der Hauptstadt, vor allem unter jungen Hörern, gemausert. Von den 15 - 30jährigen hören 70 % täglich Radio 1, bei den 30 bis 50jährigen sind es nur noch 30 %. »Wir machen das Programm, das unsere Hörer wollen,« erklärt Bjørn Førlund. Und die wollen Musik hören, am liebsten non stop. Die »top forties« der amerikanischen Hitparade, immer das allerneueste und natürlich die Dauerbrenner, die sich oft monatelang auf den ersten Rängen der »Charts« plaziert haben. Internationale Popgrößen geben sich bei Radio 1 zu Interviews die Klinke in die Hand. Quizsendungen, bei denen man zum Beispiel einen Radiorecorder gewinnen kann, stärken die Hörer-Sender-Bindung. »Außerdem sind wir ein Service-Radio,« meint der Moderator des Erfolgssenders. Jede halbe Stunde Kurznachrichten, sowie der aktuelle Verkehrslagebericht bilden das Informationsangebot. Jung sind übrigens nicht nur die Hörer von Radio 1, jung sind auch die Mitarbeiter. Das Durchschnittsalter der zehn Festangestellten ist 23 Jahre.

Trotz des Aufwärtstrends bei Radio 1 ist Bjørn Førlund noch nicht voll zufrieden. Ärgerlich findet er, daß sich der Sender eine Frequenz mit anderen Nærradiostationen teilen muß; das sind kirchliche Vereinigungen, politische Organisationen, Vereine usw. Obwohl Radio 1 die beste Sendezeit hat, nämlich morgens und nachmittags, wenn sich Oslos Bevölkerung im Auto auf dem Weg zur und von der Arbeit befindet, stören die Konkurrenzsender mit ihrem völlig anderen Programm. »Unsere Hörer sind irritiert, wenn auf unsere fetzige Musik übergangslos die Predigt eines Pfarrers folgt,« berichtet Førlund. »Sie schalten ab und nur zögernd wieder ein, wenn der Spuk vorbei ist.« Nächstes Ziel der Macher von Radio 1 ist deshalb eine eigene Frequenz mit der Möglichkeit zu einem Programmangebot rund um die Uhr. Ist das erreicht, will Radio 1 nicht mehr nur lokal, sondern landesweit senden. »Aber damit brauchen wir uns nicht zu beeilen,« sagt Førlund gelassen, »denn wenn wir Oslo haben, haben wir bereits ein Viertel der norwegischen Bevölkerung.« Und das dürfte zunächst einmal reichen, um mit den zu erwartenden Werbeeinnahmen die Taschen des Privatradios zu füllen.

Das Gespräch mit Bjørn Førlund führte Renate Gorkow

Wasserkraftwerke

Ein Bericht über die guten Seiten des schlechten Wetters

Vettisfossen Jotunheimen

Schon am Abend zuvor hatte das norwegische Fernsehen im Wetterbericht vor lokalen Schauern in der Telemark gewarnt. Wir waren also vorbereitet, meine Frau und ich, als wir uns - noch bei Sonnenschein - in den Wagen setzten, um die 200 km von Oslo Richtung Westen nach Rjukan an den Rand der Hardangervidda zu fahren. Tatsächlich, knapp 30 km vor unserem Ziel, am Tinnsjø, wurde es Ernst: In Nullkommanichts zog sich der Himmel zu, ein paar einsame Tropfen fielen als Vorboten, dann begann der Wolkenbruch. Es war, als wollte eines jener berüchtigten skandinavischen Tiefdrucksysteme beweisen, daß die 1415 mm Niederschlag, die pro Jahr durchschnittlich auf norwegischem Boden niedergehen, bequem auch in einer einzigen Stunde fallen können. Wie von tausend Trommelstöcken prasselte es auf's Autodach, und von links und rechts ergossen sich Sturzbäche auf die Straße. Als wir etwas später Rjukan erreichten, war der Spuk schon wieder vorbei. Erste Sonnenstrahlen durchbrachen die zurückgebliebenen Wolken, und nur die ententeichgroßen Pfützen überall zeugten davon, daß der »lokale Schauer« auch die Industriestadt in der Telemark nicht verschont hatte.

»Irgendwoher müssen wir unser Wasser ja kriegen«, begrüßte uns lachend die freundliche ältere Dame, die uns durch das Wasserkraftwerk Mår in Dale bei Rjukan führen sollte, dem die Reise galt.

Energieparadies im Norden

Norwegen ist das einzige Land Europas, daß seinen Strom fast ausschließlich aus Wasserkraft bezieht, von den 0,5 Prozent einmal abgesehen, die industrieeigene Wärmekraftwerke beisteuern. Und das reichlich: Nirgendwo auf der Welt wird man einem ebenso gleichgültigen Umgang mit der elektrischen Energie begegnen wie in Norwegen. Vor allem im Winterhalbjahr gehen die Lichter niemals aus. Jede verfügbare Lampe brennt ganz selbstverständlich, und die allgemein übliche Stromheizung läuft auf vollen Touren. Licht und Wärme, aber auch die für Norwegen typische energieintensive Industrie, etwa die Aluminiumschmelzwerke, treiben den Pro-Kopf-Stromverbrauch auf 22.000 Kilowattstunden pro Jahr hoch, absoluter Weltrekord und ungefähr dreimal so viel, wie man sich in den Ländern Mitteleuropas zubilligt.

Schauen wir uns dieses Energie-Eldorado einmal näher an: 615 Wasserkraftwerke versorgen Norwegen mit billigem Strom, - billig, weil der Energieträger Wasser mit dem schlechten Wetter sozusagen gratis nachgeliefert wird, aber auch deshalb, weil die Anlagen sehr langlebig sind. Selbst viele der um die Jahrhundertwende herum errichteten Wasserkraftwerke, damals zumeist an Staustufen gekoppelte Flußkraftwerke, arbeiten heute noch.

Jede Gigantomanie liegt den Norwegern dabei fern. Mehr als die Hälfte ihrer Wasserkraftanlagen leistet weniger als 10 Megawatt, über hundert davon wären also nötig, um einen modernen konventionellen Kraftwerksblock zu ersetzen. Nur 25 Wasserkraftwerke bringen es auf eine Leistung von über 200 Megawatt.

Sanfter Energielieferant gut versteckt

Aber zurück zum Ziel unserer Reise, dem Kraftwerk Mår bei Rjukan. Von außen sieht der Berg, der die Anlage verborgen hält, aus wie jeder andere auch.

Das zwischen Stein und Kiefern in die Felswand gedrückte rostrote Stahltor wird den meisten auf der nahegelegenen Straße Vorbeipassierenden entgehen, und das daneben-

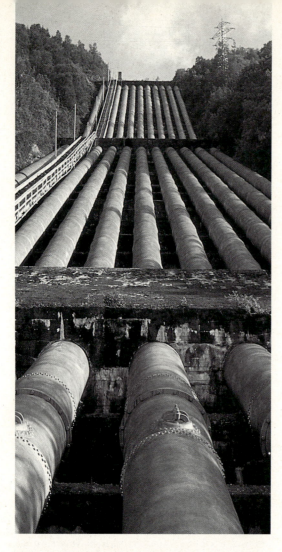

Gebändigte Wassermassen auf dem Weg zum Wasserkraftwerk Rjukan

stehende Häuschen wirkt eher zufällig an den Hang geklebt. Erst beim näheren Hinschauen entdeckt man ein aufschlußreiches Detail: Das Haus steht auf einer Art Brückenbogen, unter dem hindurch kraftvoll ein Fluß aus dem Berg hervorbricht. Dreht man sich nun auf dem Absatz um, fällt einem kaum 100 Meter entfernt das Masten-, Kabel- und Isolatorengewirr einer Freiluft-Schaltanlage ins Auge, von der aus sich in geradezu ignoranter Gradlinigkeit die Schneisen vom Hochspannungsleitungen das Tal hinab - und den Hang auf der anderen Seite hinaufziehen. Würde man nun noch mit einem Hubschrauber 1.000 Meter hoch in den Himmel steigen, bekäme man von dort aus auf einem Hochplateau die tiefblauen Wasserflächen zweier Stauseen zu Gesicht, begrenzt von drei wuchtigen Staumauern aus Beton. Mehr ist von einem in den Berg gesprengten Kavernenkraftwerk nicht zu sehen.

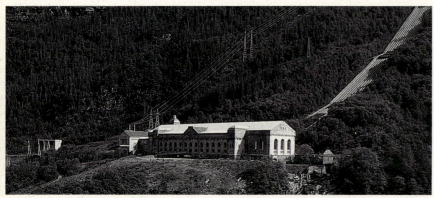

Rjukan

Weit und breit kein Schornstein, der grau-giftigen Rauch ausspuckt, kein drohender Kühlturm mit weißer Dampffahne, nicht einmal ein Geräusch oder ein Geruch. Ist den Norwegern eigentlich klar, welchen Naturschatz ihnen Petrus mit Schnee und Regen in den Schoß gelegt hat? »Wissen wir, wissen wir, alle Besucher aus dem Ausland sagen uns das«, winkt unsere Führerin ab. In ihrem grauen Berganorak beweist sie mehr Sinn für das Praktische: »Jacken anbehalten!«, werden wir ermahnt, »drinnen ist es kühl.«

Der Berg gibt sein Geheimnis preis

Sesam, öffne dich! Das massive Stahltor, geht auf und gibt den Blick frei auf das Innere des Berges. Ein kühler, muffig-feuchter Luftzug schlägt uns aus dem Tunnel entgegen, der sich vor uns auftut. Vierkantig und groß genug ist er, um einen ganzen Güterzug zu verschlucken. 300 Meter weiter, noch ein Sicherheitstor ist zu überwinden, und plötzlich stehen wir in einem ordentlichen Radau. Der Lärm kommt aus der Transformatorenhalle, wo der Strom, den die Generatoren liefern, von 6.000 Volt auf die 132.000 Volt des Hochspannungsverbundnetzes umgespannt wird. Hören dürfen wir die Transformatoren, sehen dürfen wir sie nicht. »Sichterheitsbestimmungen«, erklärt unsere kundige Begleiterin.

Nur ein paar Schritte noch, dann gibt der Berg sein Geheimnis preis: Eine künstliche Höhle, hellerleuchtet, gut belüftet und beheizt, mit 86 Metern fast so lang wie ein Fußballfeld, dazu 18 Meter breit und hoch wie ein fünfstöckiges Haus. Fünf monströse Maschinen stehen dort aufgereiht und erinnern mit ihrem monotonen technischen Dröhnen an fliegende Untertassen kurz vor dem Abflug aus der unterirdischen Basis. Die Krachmacher sind die Herzstücke des Wasserkraftwerkes Mår, fünf Aggregate, bestehend jeweils aus einer Turbine und einem Generator. 180 Megawatt - 180.000 Kilowatt - vermögen die fünf Monstren gemeinsam zu leisten. Dafür muß das Wasser aber auch erst 780 Meter tief in den Berg hineinfallen und - um einige technische Details zu nennen - durch je zwei Düsen von 23 cm Durchmesser mit 34.000 Kilopond Druck auf die vertikal gestellten Peltonturbinen treffen, den modernen Versionen des klassischen Schaufelrades. Ihre Höchstleistung von jeweils 51.000 PS erreichen die Turbinen bei einem Wasserdurchfluß von 27 Kubikmeter in der Sekunde. Die von ihnen angetriebenen Generatoren sind Oldies aus der Produktion deutscher und schweizerischer Maschinenfabriken, die hier seit 40 Jahren stetig und pflichtbewußt ihren Dienst verrichten. Fotos von den Maschinen dürfen wir nicht machen. »Spionagegefahr«, raunt mir meine Frau ins Ohr. Dafür kann man Ansichtskarten kaufen.

Die Dame von der staatlichen Kraftwerksgesellschaft weist uns den Weg, und wir erreichen über eine kurze Treppe das Gehirn des Wasserkraftwerks Mår, den kreisrunden Kontrollraum. Rund um die Uhr sitzen hier an einem Pult zwei Techniker und beobachten die unzähligen Zeiger und Kontrollämpchen der Meßinstrumente.

Letzte Station unseres Rundganges ist der Rohrschacht, die Verbindung der Aggregate mit den 581 Mill. Kubikmetern Wasser in den Stauseen oben auf dem Berg. Magazine dieser Größenordnung, zusammengeflossenes Regen- und Schmelzwasser aus einem Gebiet von 795 qkm, sind notwendig, um die jahreszeitlichen Schwankungen in der Niederschlagsmenge auszugleichen und Wasser für den Winter - die Zeit der größten Energienachfrage - zurückzuhalten.

Was kostet die sanfte Energie?

Trotz seiner vierzig Jahre präsentiert sich Mår als modernes Kavernenkraftwerk, und selbst Neubauten folgen im Wesentlichen den gleichen Bauprinzipien, etwa das 1987 ans Netz gegangene Kraftwerk der Superlative Ulla-Førre in der regenreichen Provinz Rogaland unweit Stavangers. Die steigenden Investitionskosten der letzten Jahre - Ulla-Førre kostete bei einer Spitzenleistung von 2060 Megawatt drei Milliarden Mark - haben den Strompreis nach Jahrzehnten, in denen Elektrizität eher symbolisch bezahlt werden mußte, kräftig hochschnellen lassen. Trotzdem gehört Norwegen mit knapp 12 Pfennig, die ein gewöhnlicher Haushalt pro Kilowattstunde bezahlen muß, weiterhin zu den Billigstromländern.

Herrschen in Norwegen also paradiesische Zustände, denkt man an Kohlenkraftwerke und sauren Regen, an Atomkraft und Tschernobyl? Jein, heißt die zögernde Antwort, denn natürlich fordert auch der Ausbau der Wasserenergie seinen Preis. Obwohl Wasserkraft als sanfte Energie keine direkte Umweltverschmutzung zur Folge hat, bedeuten Flußregulierungen und Stauseen doch eklatante Eingriffe in die Natur. Das vor allem für Touristen geheimnisvolle Verschwinden von Wasserfällen gehört dabei noch nicht einmal zu den dramatischsten Konsequenzen.

So wurde die norwegische Energiepolitik im Jahre 1981 auf ihre Bewährungsprobe gestellt, als nur mit Polizeigewalt der Bau des nordnorwegischen Alta-Staudammes durchgesetzt werden konnte, der großflächig Weidegründe für die Rentiere der Samen - Norwegens Ureinwohner - überschwemmte.

Heute handelt man vorsichtiger: 12,5 Prozent der ausbaufähigen Wasserenergie wurde aus Naturschutzgründen aus dem Ausbauplan herausgenommen. Die letzten beiden noch anstehenden Großprojekte, Svartisen und Jostedalen, legte man 1988 wegen stagnierender Stromnachfrage vorläufig auf Eis.

Vielleicht haben Sie Lust bekommen, bei Ihrem nächsten Norwegen-Aufenthalt ein Wasserkraftwerk zu besichtigen? Nichts leichter als das: Neben Mår bei Rjukan stehen Ihnen noch elf weitere staatliche Kraftwerke offen, dazu eine ganze Reihe von Anlagen regionaler oder privater Energieversorgungsunternehmen.

Wasserkraftwerke zur Besichtigung geöffnet

Mårkraftwerk
Rjukan/Telemark
20.06. - 31.08., Mo. - Fr. 10.00 - 14.00 Uhr
Führungen auf norwegisch, englisch, deutsch

Tokke Kraftwerk *Dalen/Telemark*
20.06. - 31.08., Mo. - Fr. 10.00 - 14.00 Uhr
Führungen auf norwegisch, englisch, deutsch

Nore I Kraftwerk
Rødberg/Buskerud
Führungen nach Vereinbarungen nur auf norwegisch
10.00 - 12.30, 15.00 - 17.00 Uhr

Sima Kraftwerk
Eidfjord/Hardanger
10.06. - 20.08., Die Führungen beginnen täglich um 10.00, 12.00, und 14.00 Uhr vor dem Kraftwerk (norwegisch, englisch, deutsch).

Aura Kraftwerk
Sunndalsøra/Møre og Romsdal
20.05. - 20.08., tgl. 11.00 - 14.00 Uhr, Führungen in der Regel auf norwegisch

Grytten Kraftwerk
Åndalsnes/Møre og Romsdal
Besichtigungen nur nach Vereinbarung
Tel. 072 / 21 450

Rana Kraftwerk
Mo i Rana/Nordland
Besichtigungen nur nach Vereinbarung
Tel. 087 / 91 107

Der Autor:
Lothar Kunst lebt seit 1983 in Oslo und arbeitet als Korrespondent für verschiedene Zeitungen im deutschen Sprachraum. Seine Schwerpunktthemen: Umwelt- und Energiepolitik, Zeitgeschichte, Wirtschaft und Soziales.

Norwegen auf dem Weg

Im September 1972 entschied die Mehrheit des norwegischen Volkes gegen eine Mitgliedschaft Norwegens in der Europäischen Gemeinschaft (EG). Dieses Ergebnis kam für viele völlig überraschend. Norwegen vereinbarte lediglich ein Handelsabkommen mit der EG und kam mit seiner Stellung außerhalb der Gemeinschaft gut zurecht. Darüber sind sich Anhänger und Gegner der EG gleichermaßen einig. Aber war deshalb wirklich gut, was im September 1972 geschah?

In den letzten Jahren ist die Europäische Gemeinschaft wieder in Bewegung geraten. Die Zusammenarbeit in der Außenpolitik wird immer wichtiger. Und die zwölf Mitgliedsländer setzen alles daran, bis 1992 einen europäischen Binnenmarkt zu schaffen. Diese Entwicklung stellt Norwegen vor neue Herausforderungen. Allmählich lebt auch hier die Europa-Debatte wieder auf: Ist Norwegen auf dem Weg in die EG?

Wilder unbekannter Norden ...

Das Meer trennt Norwegen vom europäischen Kontinent. Das Land liegt weit oben im Norden, erschreckend weit nördlich von Kontinental-Europa aus gesehen. Von der EG-Hauptstadt Brüssel gilt es, eine Autoreise von über 1500 Kilometern zu bewältigen, die auch noch mit einer Fährenüberfahrt kombiniert werden muß, um die Hauptstadt Oslo zu erreichen. Und von dort aus sind es noch einmal 2000 Kilometer bis zum Nordkap.

In Den Haag trifft man Holländer, die erzählen, schon mehrere Jahre nicht mehr »im Norden« gewesen zu sein: Der sei doch so weit weg, am Rande der Welt. Und dann meinen sie den Norden der Niederlande. Im Verlauf der Jahre habe ich in niederländischen und belgischen Zeitungen viele interessante Berichte von kühnen Flachlandbewohnern gelesen, die sich dem naturgewaltigen Nordnorwegen ausgesetzt haben - mitten im Winter. Die Geschichten sind von der Wildnisbegeisterung der Entdecker geprägt. Die heutigen Kleinausgaben von Willem Barents, Fridtjof Nansen oder Roald Amundsen haben selbstverständlich etwas Neues, Spannendes und Fremdes erlebt.

... furchteinflößendes Europa

Sieht man mit Norwegen als Aussichtsturm und norwegischer Geschichte als Hintergrund auf den europäischen Kontinent, schaut man auf einen farbenprächtigen Flickenteppich, bestehend aus ganz individuellen Nationen. Der Teppich ist groß und fremdartig; die Unterschiede zwischen Griechenland und den Niederlanden, zwischen Spanien und Dänemark erscheinen beachtlich. Wir Norweger meinen, die Dänen gut zu kennen. Schließlich waren sie ungefähr 400 Jahre lang bis 1814 unsere Kolonialherren. Dann haben sie uns an die Schweden »weiterverhandelt«, die Norwegen bis 1905 unter ihrer Oberherrschaft behielten. Das alte Norwegen ist als Land und Nation ein noch junges Produkt dieses Jahrhunderts.

Sind die Norweger sich selbst genug?

Norwegen hat zwei aufgezwungene, unglückliche Unionen hinter sich. Zu Beginn dieses Jahrhunderts war das Land eines der ärmsten Europas. Kaum zu glauben, wenn man den heutigen, überall sichtbaren Wohlstand in jedem Winkel dieses langgestreckten Königreichs betrachtet. Die Norweger sind im Grunde sehr stolz auf das, was sie in gemeinsamer Arbeit und Mühe, aber auch dank der Gaben der Natur erreicht haben.

Das Öl aus der Nordsee führte das Land sicher durch die schwierigen 70er und 80er Jahre, ohne von dem Problem der Massenarbeitslosigkeit betroffen zu sein, mit dem sich die EG-Länder bis heute auseinandersetzen müssen. Viele Norweger sind deshalb verständlicherweise der Meinung, ihr Land sei erfolgreicher als die meisten anderen. Haben die verhältnismäßig spät gewonnene Freiheit und der wirtschaftliche Erfolg dazu geführt, daß wir uns selbst genug sein können, wie der »Bergkönig« in Henrik Ibsens Drama »Peer Gynt«?

Ja zur NATO - Nein zur EG

Weit gefehlt. Nach dem zweiten Weltkrieg brach Norwegen mit der Linie seiner Neutralitätspolitik. Der Auftakt zum Kalten Krieg, mit dem an immer mehr Länder gerichteten sowjetischen Angebot eines Freundschaftspaktes und den kommunistischen Putschen an vielen Stellen in Osteuropa, erschien beängstigend. Mit seiner sozialdemokratischen Mehrheitsregierung gehörte Norwegen zu den Ländern, die das atlantische Verteidigungsbündnis NATO gründeten.

Niemals ist an Norwegens Loyalität in der NATO gezweifelt worden. Meinungsumfragen zeigen fast regelmäßig eine fast 80prozentige Zustimmung zur Mitgliedschaft in der Allianz. Aber der EG-Mitgliedschaft erteilte eine Mehrheit der Norweger (ca. 53,5 % gegen 46,5 %) bei der Volksabstimmung im September 1972 eine klare Absage. Es war ein dramatisches »Nein«. In Brüssel war alles für den Beitritt Norwegens vorbereitet. Die Fahnenstange, an der die norwegische Flagge vor dem EG-Hauptquartier wehen sollte, befand sich bereits an Ort und Stelle. Sie blieb leer, bis Griechenland 1981 als zehntes Mitglied der Gemeinschaft beitrat.

Norwegen und Europa vor 1972

Hätte die Volksabstimmung zehn Jahre früher stattgefunden - zu den Zeiten, als Charles de Gaulle sich gegen ein Wachstum der EG aussprach, weil er der Auffassung war, die Briten paßten nicht in diese gute, kontinentale Gemeinschaft - dann wäre die norwegische Entscheidung ein begeistertes Ja für Europa gewesen. In den frühen 60er Jahren erleuchtete Norwegen ein Schimmer europäischen Geistes.

Nach und nach war Bewegung in die 1957 geborene Gemeinschaft gekommen. Die Visionen der Väter warteten auf Erfüllung. Ihre Nachfolger sollten das Erbe weiterführen. Idealistische, visionäre Ideen wurden verkündet. Schließlich war es der Begriff »Union«, der sich so manchem Norweger schwer auf die Seele legte.

Norwegische EG-Debatte - ein verbaler Bürgerkrieg

Sollten wir erneut unsere Souveränität verlieren? Sollte Norwegen von Brüssel aus gesteuert werden, das uns verbieten würde, am 17. Mai, unserem Nationalfeiertag, durch die Straßen zu ziehen, um unsere Freiheit und Selbständigkeit zu feiern. Das ist ein Tag, der allen Norwegern wirklich etwas bedeutet. Sollten Katholiken und Wein unser Land überschwemmen? Die EG-Befürworter hingegen prophezeiten Norwegen alles Unglück dieser Erde, falls es der Gemeinschaft nicht beitreten werde. Die Mitgliedschaft hingegen versprach ihrer Meinung nach nur Vorteile, Wachstum und Wohlstand. Schwarzweiß-Argumente gab es auf beiden Seiten viele.

Landwirtschaft und Fischerei, sowie die norwegischen Sozialisten der Arbeiterpartei von der Mitte bis links sagten »nein« zur EG. »Stadt-Norwegen« und die Industrie sagten »ja«. Nordnorwegen und die ländlichen Regionen waren gegen eine Mitgliedschaft, während die Großstädte dafür stimmten.

Das ist natürlich nur eine sehr vereinfachte Darstellung der langen, komplizierten und nicht zuletzt hitzig geführten EG-Debatte vor der Volksabstimmung. Überwiegend war es eine Diskussion mit unüberbrückbaren Gegensätzen, die Familien trennte, Eheleute entzweite und einigen Parteien derart tiefe Wunden zufügte, daß bis heute echte Angst davor besteht, die EG-Mitgliedschaft erneut ernsthaft zu diskutieren. Und das, obwohl Norwegen und die Gemeinschaft heute ganz anders dastehen als 1972.

Vorsichtige Bewältigung des Euro-Traumas ...

Ende der 70er und zu Beginn der 80er Jahre herrschte die Zeit des Euro-Pessimismus. Die EG-Partner bemühten sich, weitere Fortschritte zu erzielen. In Norwegen wurde behauptet, das Land hätte eigentlich nichts von einer Mitgliedschaft gehabt und einige dachten daran, daß jede Ehe, jede Allianz, Solidarität in guten wie in schlechten Tagen verlangt. Doch jetzt erscheint die EG erneut verlockend. Ich glaube, man muß Norweger sein und das Jahr 1972 miterlebt haben, um die Tiefgründigkeit der Gefühle zu verstehen, die bis heute eine wirklich freie und offene EG-Debatte verhindert haben. Deshalb mußten 16 Jahre vergehen, bis das »Storting«, die norwegische Nationalversammlung, im Juni 1988 erstmalig wieder wagte, eine EG-Debatte zu führen. Die Diskussion führte zu keinem Ergebnis und erhielt verhältnismäßig geringe Aufmerksamkeit in den Massenmedien.

Es dauerte lange, bis meine EG-Kollegen in Brüssel akzeptieren konnten, daß der verbale Bürgerkrieg von 1972 zum Teil immer noch wie eine große schwarze Wolke über der Nation hing. In der EG-Kommission existierte vor ein paar Jahren noch die sehr übertriebene Erwartung, ein Beitrittsantrag Norwegens stehe kurz bevor.

Das neutrale Österreich wird vermutlich im Verlauf des Jahres 1989 die EG-Mitgliedschaft beantragen. Ohne das Neutralitätsproblem wäre Österreich schon lange Mitglied. In Gesprächen in Wien und Bern haben Politiker aus Österreich und der Schweiz wiederholt ihrer Verwunderung darüber Ausdruck verliehen, daß Norwegen als NATO-Land der EG nicht schleunigst beitritt. Schweden wäre schon morgen dabei, wenn nicht die Neutralität des Landes einem solchen Schritt im Wege stehen würde.

... und allmähliche Annäherung

In Norwegen stehen vor allem die Bauern der EG skeptisch gegenüber. Die Fischer - darunter vor allem diejenigen, die ihre Produkte exportieren - verhielten sich wahrscheinlich positiv zu einem EG-Beitritt Norwegens. Auch die norwegischen Waldbesitzer haben großen Appetit darauf, an den Möglichkeiten teilzuhaben, die ein europäischer Markt in Zukunft bieten könnte. Im September 1989 werden die Norweger eine neue Nationalversammlung wählen. Es wird wohl kaum eine EG-Wahl. Nur die »Nein-Partei« der Bauern, die Zentrumspartei, wünscht jetzt eine EG-Debatte. Die übrigen Parteien hingegen wollen keine neue, aufreibende und womöglich zu Zersplitterungen führende Diskussion riskieren.

Aber nach der Wahl wird die Debatte mit aller Sicherheit wieder aufleben. Die Entwicklung der EG zeigt immer deutlicher, daß sich Norwegen entweder den Regeln der Gemeinschaft unterordnet, ohne Einfluß zu haben oder aber ordentliches Mitglied wird und dabei seine Mitbestimmungsrechte in Anspruch nehmen kann.

Geographisch gesehen liegt das Land am Rande Europas, aber politisch - und nicht weniger ökonomisch - ist Norwegen mehr in die EG integriert als viele Mitgliedsländer. Heute gehen 70 % des norwegischen Exports nach Europa, 1973 waren es 47 %. Die Norweger nähern sich immer mehr einem Scheideweg, an dem sie bestimmen müssen, wohin sie wollen. Das Meer, das Norwegen vom Kontinent trennt, wird für immer eine geographische Kluft bleiben. Doch junge Norweger, die »Interrail-Generation«, die immer häufiger auf neue Völker und Kulturen trifft, reißt unbewußt die psychologischen Barrieren ein, die im großen und ganzen auf mangelnder Kenntnis und fehlendem Wissen über Europa beruhen. Ein norwegischer Antrag auf Verhandlungen über eine Mitgliedschaft kann erwartet werden, aber er braucht Zeit. Vielleicht wird er Brüssel vor 1993/94 nicht erreichen.

Der Autor:
Per Nordrum war von 1976-81 und erneut seit 1986 Brüssel-Korrespondent der norwegischen Zeitung »Aftenposten«. Er bezeichnet sich selbst als »alter Ja-Mann«, d.h. er befürwortet seit langem die Mitgliedschaft Norwegens in der EG.

in die Europäische Gemeinschaft EG?

Aspekte des norwegischen Films

Sequenzen aus dem ersten samischen Spielfilm von Nils Gaup: »Pathfinder« (orig. Ofelas)

Sich mit dem norwegischen Film auseinanderzusetzen erscheint abwegig oder gar überflüssig, wenn man bedenkt, daß er selbst Filmliebhabern kaum bekannt ist. Der skandinavische Film beschränkt sich für die meisten auf Dreyer, Bergman oder Sjöström. Fordern Sie einen Cineasten auf, Ihnen einen norwegischen Film zu nennen! Nach einigem Nachdenken und Zögern wird er sicherlich von dem »Kampen om tungt vannet« (Kampf um das schwere Wasser, 1948) sprechen, wird erklären, daß der Regisseur ein Franzose gewesen sei, unterstützt von einem Norweger, dessen Namen er aber vergessen hätte. Wenn auch Titus Vibe-Müller - neben J. Dreville Regisseur des »Kampfs« - den norwegischen Film nicht besonders geprägt hat, so ist es doch ungerechtfertigt, ihn als Mitregisseur völlig zu unterschlagen. Durch die schwedische und dänische Konkurrenz in den Hintergrund gedrängt, ist der norwegische Film dennoch Beachtung wert. Seine besondere wirtschaftliche Situation, vor allem aber die junge Generation der Filmemacher, beweisen das nachdrücklich.

Die Anfänge

Die Anfänge gingen langsam und vorsichtig vonstatten, da es weder wegweisende Vorstellungen noch nationale Produzenten gab. Das erste Filmtheater wird 1905 in Kristiania eröffnet. Pioniere wie Hugo Hermansen errichten bald weitere Säle, in denen viele Dokumentarfilme gezeigt werden. Der schwedische Kameramann Jonsen dreht 1907 den ersten norwegischen Kurzfilm mit dem Titel »Fiskerlivets Farer« (Gefahren im Leben eines Fischers). Wie er sind die meisten Regisseure nach Norwegen emigrierte Ausländer. Mit dem Aufstieg der Sozialdemokratie setzt in dieser Zeit die Zensur ein, um die Jugend vor dem schlechten Einfluß gewisser Filme zu bewahren, in erster Linie aber zu einem politischen und ökonomischen Zweck: Der Staat versucht, die privaten Verleiher zu verdrängen, die, in der Mehrzahl Großhändler, Transport-Unternehmer und Industrie-Exporteure, mehr Interesse am Geld als am kulturellen Gehalt der Filme zeigen. Die Regierung errichtet also ein Verwaltungssystem. Die Gemeinden eröffnen Vorführsäle, die Bürgermeister fungieren als Direktoren, Verleiher und Programmgestalter, wählen die Filme und bestimmen die Vorführzeiten, Preise und Dauer der Vorführungen. Der Staat unterstützt sie, was zur Folge hat, daß die privaten Kinos nach und nach verschwinden. Ihr Marktanteil verringert sich zwischen 1917 und 1930 von 80 % auf 10 %. Die Produktion norwegischer Filme wird davon insofern stark beeinflußt, als die Einkünfte nicht in die Produktionsförderung, sondern direkt in die Gemeindekassen fließen. Die wenigen Filme aus den 20er und 30er Jahren behandeln zumeist lokale und folkloristische Themen oder folgen der Vorlage berühmter literarischer Werke.

Knut Hamsun wird verfilmt: »Markens Grøde« (Die Ernte) von G. Sommerfelt (1921) und »Pan« von Harald Schwenzer. Erst 1932 wird eine ambitionierte nationale Produktionsgesellschaft, die Norsk Film, gegründet, die zwar mit Anfangsschwierigkeiten zu kämpfen hat (zwei Filme pro Jahr), aber 1936 in Oslo das erste norwegische Studio aufbaut. Im selben Jahr gibt es zwei inländische Erfolge: »Fant« und »Zwei Lebende und ein Toter« von Tankred Ibsen, der außerdem Regisseur des ersten norwegisch-sprachigen Filmes »Den Store Barnedåpen« (Die große Taufe) ist. 1939 sind nur 10 % der gezeigten Filme norwegische Produktionen (ländliche, musikalische, folkloristische und melodramatische Komödien), die übrigen 90 % bestreiten ausländische, insbesondere amerikanische Filme.

In diesem Jahr entsteht der erste im Ausland anerkannte Film »Aitaga« von Helge Lund, der 1941 bei den Filmfestspielen in Venedig prämiert wird - ein Hoffnungsschimmer und der Beginn einer Weltöffnung, die bald wieder begraben sind: die finstere Zeit der Besetzung hat begonnen. Während des Krieges werden ausschließlich schwache Komödien und düstere Nazi-Propagandafilme gedreht.

Die Nachkriegszeit

Gegen Ende der 40er Jahre beginnt eine allmähliche Wandlung, die bis in die 70er Jahre hinein reicht. Die Regierung wird sich der Armut ihres Nationalkinos bewußt. Das Verwaltungssystem wird weniger schwerfällig und diktatorisch gestaltet, anspruchsvollere und internationale Filmproduktionen treten mit neuen Regisseuren auf den Plan: T. Vibe-Müller (Der Kampf um das schwere Wasser), Toralf Sandø (»Der Reisende aus England«) und vor allem Arne Skouen, ehemaliger Seemann, Journalist und Schriftsteller. Der Zweite Weltkrieg inspiriert ihn zu eindrucksvollen Filmen wie »Gategutter« (Kinder der Straße, 1951), »Nødlanding« (Notlandung, 1952) und »Ni Liv« (dt. Soweit die Kräfte reichen, 1958), ein Film, der unter dem Eindruck seiner Erinnerungen an die Zeit als Widerstandskämpfer entstand. Andere junge Filmemacher wie Lochen oder Christensen bringen ebenfalls vielversprechende Filme heraus. Um 1955 leistet die Regierung für einige Filme finanzielle Unterstützung, tilgt die Schulden der Norsk Film und stellt zwischen privatem und öffentlichem Kino wieder ein Gleichgewicht her. Die Besucherzahlen schlagen alle Rekorde: zehn Filme pro Einwohner im Jahr!

Diese Phase des Gedeihens findet allerdings ein radikales Ende. Anfang 1960 ist in so gut wie allen Haushalten das Fernsehen eingezogen, Kinobesuche und in gleichem Maße die Filmproduktion sind stark rückläufig.

Arne Skouen, der seit 1957 nicht mehr inszeniert hat, dreht 1969 seinen letzten und vielleicht schönsten Film:

»An-Magritt« nach dem Buch »Nattens Brød« (Das Brot der Nacht) von Johan Falkberget. Dieses verkannte Meisterwerk ist für den norwegischen Film bis in die 80er Jahre charakteristisch. Die Geschichte spielt im 17. Jahrhundert in einem Minenarbeiterdorf: Eine junge Frau kämpft für die Verbesserung der Arbeitsbedingungen und die Gleichberechtigung der Frau. Von klassischer Komposition, mit entschieden modernem Thema, von einem Kino-Veteranen inszeniert und gespielt von der jungen Liv Ullmann, bald Norwegens berühmtester Filmstar, kann dieser Film als Angelpunkt zwischen dem Nachkriegsfilm und der sich ankündigenden neuen Welle der 70er und 80er Jahre angesehen werden.

Von den 70er Jahren bis heute

Anfang der 70er Jahre baut die Regierung die Privilegien der Gemeinderäte vollständig ab und ergreift entscheidende Initiativen: umfangreiche Steuersenkungen, Abgaben auf die Einkünfte der Filmtheater zugunsten der Stiftung für Kino und Film, sowie die Gründung eines Hilfsfonds, durch den fast 100 % derjenigen Filme finanziert werden, die von einem nationalen Filmförderungsbüro - zusammengesetzt aus Persönlichkeiten des kulturellen Lebens und Filmleuten - dazu ausgewählt werden.

Endlich ist es den jungen Filmern möglich, frei von vertraglichen Zwängen und Einschränkungen neue Filme zu machen. Die Filmkünstler zeigen ihre Vision der Gesellschaft und damit ist der norwegische Film geboren: engagiert, kritisch und frei von jedweder Publikumsgefälligkeit.

Von Angesicht zu Angesicht (Liv Ulmann u. Ingmar Bergmann)

Viele werden denken, daß es zwischen norwegischem und schwedischem Film der 70er Jahre keine Unterschiede gibt, begegnet man doch der gleichen Heftigkeit, den gleichen Ängsten, der gleichen Herausforderung. Das erscheint plausibel, weil, von außen betrachtet, den beiden Ländern Geschichte, Politik, Wirtschaft, Sprache und vor allem das Lebensgefühl gemeinsam sind. Dennoch hat jedes Land seine Eigenart und Unnachahmlichkeit und so auch sein Kino. Die jungen Filmemacher greifen auf ihre eigene filmische Kultur zurück und erst recht auf die ihrer nächsten Nachbarn. Gegen Ende der 70er Jahre entstehen gewaltige und fordernde Filme: »Streik« (Streik, 1975) und »Angst« (1976) von Oddvar Bull-Tukus, »Sie und wir« (1976) und »Det tause flertallet« (Die schweigende Mehrheit, 1978) von Svend Wam und Petter Vennerød. Die Regisseurin Anja Breien prägt diese Zeit durch feministische Filme, bitter und humorvoll, wie »Voldtekt« (Die Vergewaltigung, 1971) oder »Hustruer« (Ehefrauen, 1975), eine feminin-feministische Version von Cassavetes »Husbands« (Ehemänner). Sie dreht 1985 »Hustruer II« und plant für 1995 »Hustruer III«. Man darf gespannt sein ...

Erst Anfang der 80er Jahre allerdings gelangt der neue Film zur Reife. Endlich befreit von Beeinflussungen und Komplexen entstehen nun die wahrhaften norwegischen Meisterwerke. Von Vibeke Løkkeberg, einer Frau mit großem Einfühlungsvermögen, erscheint 1981 »Løperjenten« (Das Laufmädchen), in dem mit Humor und Intelligenz die Probleme von Kindern zerrütteter Familien gezeigt werden. Ihr gelingt des weiteren 1986 eine Superproduktion: »Hud« (Die Ungebändigte), die bei vielen ausländischen Filmfestspielen gezeigt wurde, und zu der Max von Sydow und Terence Stamp einen bemerkenswerten und vielbeachteten Beitrag geleistet haben. Dies wird nicht der einzige und letzte norwegische Film mit internationalen Ruf sein.

»Orions belte« (Der Gürtel des Orion) von Ola-Solum, »arktischer Thriller« auf Spitzbergen, begründet das Genre des nordischen Polit-Krimis. Er wurde beim französischen Festival des Kriminalfilms in Cognac 1986 und beim Festival des Skandinavischen Films in Rouen 1988 vorgeführt. Zwei weitere Filme waren auch in Rouen: »Blackout« von Erik Gustavson, eine Hommage an den amerikanischen Kriminalfilm, und vor allem »X« (Die Verirrung) von Oddvar Einarson, der schon 1986 in Venedig mit dem Spezialpreis der Jury ausgezeichnet wurde und in Rouen im März 1988 auch einen Preis verdient hätte. »X«, die große Liebesgeschichte zwischen einem 20-jährigen Fotografen und einer verlorenen Lolita von 14 Jahren, ist vielleicht der Prototyp des norwegischen Films der Zukunft. Modern, erfinderisch, schamhaft und sensibel bildet er zweifellos einen Höhepunkt norwegischen Filmschaffens. 1988 wird also das Jahr der internationalen Anerkennung des norwegischen Films gewesen sein, zumal darüberhinaus »Veiviseren« (Pathfinder), die im Mittelalter angesiedelte Saga von einem jungen Samen, zu den fünf Oskar-Nominierungen für den besten ausländischen Film gehört. Viele junge Talente, jetzige und zukünftige, warten nur auf den günstigen Augenblick, ihre Werke zu verwirklichen und zu präsentieren, um damit dem norwegischen Film ein dem schwedischen und dänischen gleichrangigeres Ansehen zu verschaffen.

Heute existiert in Norwegen eine große Anzahl vielversprechender Jungfilmer, aber der Mangel an internationaler Öffentlichkeit, an Regisseuren, die die Filmgeschichte mitgeprägt haben und an inländischem Publikum (4,5 Mio Einwohner - muß man daran erinnern?) behindert den derzeitigen Aufwärtstrend der norwegischen Kinos. Die Qualität der jüngsten Filme und vor allem ihr neuer Geist sind überzeugend. Der norwegische Film ist noch immer ein weißer Fleck auf der Weltkarte der Filmkultur. Ausländische Produzenten und Verleiher sollten aufmerken. Der Erfolg der »Begegnungen mit dem norwegischem Film« im französischen Caen 1987 und der noch größere Erfolg des 1. Festivals des skandinavischen Films in Rouen 1988 lassen keinen Zweifel an der Zukunft des norwegischen Films. Nur eine am Profit orientierte Haltung der Filmbranche könnte seinen Aufstieg verhindern. Aber ist dies nicht ein grundsätzliches Problem bei jeglicher Vermarktung von Kunst?

Sequenzen aus dem ersten samischen Spielfilm von Nils Gaup: »Pathfinder« (orig. Ofelas)

Von Aschenbrödel, welcher die silbernen Enten, die Bettdecke und die goldne Harfe des Trollen stahl.

Es war einmal ein armer Mann, der hatte drei Söhne. Als er starb, wollten die beiden ältesten in die Welt reisen, um ihr Glück zu versuchen; aber den jüngsten wollten sie gar nicht mit haben. »Du da«, sagten sie: »taugst zu nichts Anderm, als in der Asche zu wühlen, Du!« - »So muß ich denn allein gehen«, sagte Aschenbrödel. Die beiden gingen und kamen zu einem Königsschloß; da erhielten sie Dienste, der eine beim Stallmeister, und der andre beim Gärtner. Aschenbrödel ging auch fort und nahm einen großen Backtrog mit, das war das Einzige, was die Ältern hinterlassen hatten, wonach aber die andern beiden nichts fragten; der Trog war zwar schwer zu tragen, aber Aschenbrödel wollte ihn doch nicht stehen lassen. Als er eine Zeitlang gewandert war, kam er ebenfalls zu dem Königsschloß, und dort bat er um einen Dienst. Sie antworteten ihm aber, daß sie ihn nicht brauchen könnten; da er indeß so flehentlich bat, sollte er zuletzt die Erlaubniß haben, in der Küche zu sein und der Köchinn Holz und Wasser zuzutragen. Er war fleißig und flink, und es dauerte nicht lange, so hielten Alle viel von ihm; aber die beiden Andern waren faul, und darum bekamen sie oft Schläge und wenig Lohn und wurden nun neidisch auf Aschenbrödel, da sie sahen, daß es ihm besser ging.

Dem Königsschloß grade gegenüber, an der andern Seite eines Wassers, wohnte ein Troll, der hatte sieben silberne Enten, die auf dem Wasser schwammen, so daß man sie von dem Schloß aus sehen konnte; die hatte sich der König oft gewünscht, und deshalb sagten die zwei Brüder zu dem Stallmeister: »Wenn unser Bruder wollte, so hat er sich gerühmt, dem König die sieben silbernen Enten verschaffen zu können.« Man kann sich wohl denken, es dauerte nicht lange, so sagte der Stallmeister es dem König. Dieser sagte darauf zu Aschenbrödel: »Deine Brüder sagen, Du könntest mir die silbernen Enten verschaffen, und nun verlange ich es von Dir.« - »Das habe ich weder gedacht, noch gesagt«, antwortete der Bursch. »Du hast es gesagt«, sprach der König: »und darum sollst Du sie mir schaffen.« - »Je nun«, sagte der Bursch: »wenn's denn nicht anders sein kann, so gieb mir nur eine Metze Rocken und eine Metze Weizen; dann will ich's versuchen.« Das bekam er denn auch und schüttete es in den Backtrog, den er von Hause mitgenommen hatte, und damit ruderte er über das Wasser. Als er auf die andre Seite gekommen war, ging er am Ufer auf und ab und streute und streute, und endlich gelang es ihm, die Enten in den Trog zu locken und nun ruderte er, all was er nur konnte wieder zurück. Als er auf die Mitte des Wassers gekommen war, kam der Troll an und ward ihn gewahr. »Bist Du mit meinen sieben silbernen Enten davongereist, Du?« fragte er. »Ja-a!« sagte der Bursch. »Kommst Du noch öfter, Du?« fragte der Troll. »Kann wohl sein«, sagte der Bursch.

Als nun Aschenbrödel mit den sieben silbernen Enten zurück zu dem König kam, wurde er noch beliebter im Schloß, und der König selbst sagte, es wäre gut gemacht. Aber darüber wurden seine Brüder noch aufgebrachter und noch neidischer auf ihn und verfielen nun darauf, zum Stallmeister zu sagen, jetzt hätte ihr Bruder sich auch gerühmt, dem König die Bettdecke des Trollen mit den silbernen und goldnen Rauten verschaffen zu können, wenn er bloß wolle; und der Stallmeister war auch diesmal nicht faul, es dem König zu berichten. Der König sagte darauf zu dem Burschen, daß seine Brüder gesagt hätten, er habe sich gerühmt, ihm die Bettdecke des Trollen mit den silbernen und goldnen Rauten verschaffen zu können, und nun solle er es auch, oder sonst solle er das Leben verlieren. Aschenbrödel antwortete, das hätte er weder gedacht, noch gesagt; da es aber nichts half, bat er um drei Tage Bedenkzeit. Als die nun um waren, ruderte Aschenbrödel wieder hinüber in dem Backtrog und ging am Ufer auf und ab und lauerte. Endlich sah er, daß sie im Berge die Bettdecke heraushängten, um sie auszulüften; und als sie wieder in den Berg zurückgegangen waren, erschnappte Aschenbrödel die Decke und ruderte damit zurück, so schnell er nur konnte. Als er auf die Mitte gekommen war, kam der Troll an und ward ihn gewahr. »Bist Du es, der mir meine sieben silbernen Enten genommen hat?« rief der Troll. »Ja-a!« sagte der Bursch. »Hast Du nun auch meine silberne Bettdecke mit den silbernen und goldenen Rauten genommen?« - »Ja-a!« sagte der Bursch. »Kommst Du noch öfter, Du?« - »Kann wohl sein«, sagte der Bursch. Als er nun zurückkam mit der goldnen und silbernen Decke, hielten Alle noch mehr von ihm, denn zuvor, und er ward Bedienter beim König selbst. Darüber wurden die andern Beiden noch mehr erbittert, und um sich zu rächen, sagten sie zum Stallmeister: »Nun hat unser Bruder sich auch gerühmt, dem König die goldne

Harfe verschaffen zu können, die der Troll hat, und die von der Beschaffenheit ist, daß Jeder, wenn er auch noch so traurig ist, froh wird, wenn er darauf spielen hört.« Ja, der Stallmeister, der erzählte es gleich wieder dem König, und dieser sagte zu dem Burschen: »Hast Du es gesagt, so sollst Du es auch. Kannst Du es, so sollst Du die Prinzessinn und das halbe Reich haben; kannst Du es aber nicht, so sollst Du das Leben verlieren.« - »Ich habe es weder gedacht, noch gesagt«, antwortete der Bursch: »aber es ist wohl kein andrer Rath, ich muß es nur versuchen; doch sechs Tage will ich Bedenkzeit haben.« Ja, die sollte er haben; aber als sie um waren, mußte er sich aufmachen.

Er nahm nun einen Lattenspiker, einen Birkenpflock und einen Lichtstumpf in der Tasche mit, ruderte wieder über das Wasser und ging dort am Ufer auf und ab und lauerte. Als der Troll herauskam, und ihn gewahr ward, fragte er: »Bist Du es, der mir meine sieben silbernen Enten genommen hat?« - »Ja-a!« antwortete der Bursch. »Du bist es, der mir auch meine Decke mit den goldnen und silbernen Rauten genommen hat?« fragte der Troll. »Ja-a!« sagte der Bursch. Da ergriff ihn der Troll und nahm ihn mit sich in den Berg. »Nun, meine Tochter«, sagte er: »nun hab' ich ihn, der mir meine silbernen Enten und meine Bettdecke mit den silbernen und goldnen Rauten gestohlen hat; setz' ihn jetzt in den Maststall, dann wollen wir ihn schlachten und unsre Freunde bitten.« Dazu war die Tochter sogleich bereit, und sie setzte ihn in den Maststall, und da blieb er nun acht Tage lang und bekam das beste Essen und Trinken, das er sich wünschen konnte, und so viel er nur wollte. »Geh nun hin«, sagte der Troll zu seiner Tochter, als die acht Tage um waren: »und schneide ihn in den kleinen Finger, dann werden wir sehen, ob er schon fett ist.« Die Tochter ging sogleich hin. »Halt mal Deinen kleinen Finger her!« sagte sie; aber Aschenbrödel steckte den Lattenspiker heraus, und in den schnitt sie. »Ach nein, er ist noch hart wie Eisen«, sagte die Trolltochter, als sie wieder zu ihrem Vater kam: »noch können wir ihn nicht schlachten.« Nach acht Tagen ging es wieder eben so, nur daß Aschenbrödel jetzt den Birkenpflock herausstreckte. »Ein wenig besser ist er«, sagte die Tochter, als sie wieder zu dem Trollen kam: »aber noch war er hart zu kauen, wie Holz.«

Acht Tage darnach sagte der Troll wieder, die Tochter solle hingehen und zusehen, ob er jetzt nicht fett genug wäre. »Halt mal Deinen kleinen Finger her!« sagte die Tochter, als sie zum Maststall gekommen war. Nun hielt Aschenbrödel den Lichtstumpf hin. »Jetzt geht's an«, sagte sie. »Haha!« sagte der Troll: »so reise ich fort, um Gäste zu bitten; inmittlerweile sollst Du ihn schlachten und die eine Hälfte braten und die andre Hälfte kochen.« Als der Troll nun gereist war, fing die Tochter an, ein großes langes Messer zu schleifen. »Sollst Du mich damit schlachten?« fragte der Bursch. »Ja, Du«, sagte die Trolltochter. »Aber es ist nicht scharf«, sagte der Bursch: »ich muß es Dir nur schleifen, damit Du mich desto leichter ums Leben bringen kannst.« Sie gab ihm nun das Messer, und er fing an zu schleifen und zu wetzen. »Laß es mich jetzt an Deiner Haarflechte probiren«, sagte der Bursch:

»ich glaube, es wird nun gut sein.« Das erlaubte sie ihm denn auch; aber sowie Aschenbrödel die Haarflechte ergriff, bog er ihr den Kopf zurück und schnitt ihr den Hals ab - und kochte dann die eine Hälfte und briet die andere und trug es auf den Tisch. Darauf zog er die Kleider der Trolldirne an und setzte sich in die Ecke hin.

Als der Troll mit den Gästen nach Hause kam, bat er die Tochter - denn er glaubte, daß sie es wäre - sie möchte doch auch kommen und mitessen. »Nein«, antwortete der Bursch: »ich will kein Essen haben, ich bin so betrübt.« - »Du weißt ja Rath dafür«, sagte der Troll: »nimm die goldne Harfe und spiele darauf« - »Ja, wo ist die nun?« sagte der Bursch wieder. »Du weißt es ja wohl, Du hast sie ja zuletzt gebraucht; dort hangt sie ja über der Thür«, sagte der Troll. Der Bursch ließ sich das nicht zweimal sagen; er nahm die Harfe und ging damit aus und ein und spielte; aber wie er so im besten Spielen war, schob er plötzlich den Backtrog hinaus ins Wasser und ruderte damit fort, daß es nur so sauste. Nach einer Weile däuchte es dem Trollen, die Tochter bliebe gar zu lange draußen, und er ging hin, sich nach ihr umzusehen; da sah er aber den Burschen in dem Trog weit weg auf dem Wasser. »Bist Du es, der mir meine sieben silbernen Enten genommen hat?« rief der Troll. »Ja!« sagte der Bursch. »Du bist es, der mir auch meine Decke mit den silbernen und goldnen Rauten genommen hat?« - »Ja!« sagte der Bursch. »Hast Du mir nun auch meine goldne Harfe genommen, Du?« schrie der Troll. »Ja, das hab' ich«, sagte der Bursch. »Hab' ich Dich denn nicht gleichwohl verzehrt?« - »Nein, das war Deine Tochter, die Du verzehrtest«, antwortete der Bursch. Als der Troll das hörte, ward er so arg, daß er barst. Da ruderte Aschenbrödel zurück und nahm einen ganzen Haufen Gold und Silber mit, so viel der Trog nur tragen konnte, und als er nun damit zurückkehrte, und auch die goldne Harfe mitbrachte, bekam er die Prinzessinn und das halbe Reich, so wie der König es ihm versprochen hatte. Seinen Brüdern aber that er immer wohl; denn er glaubte, sie hätten nur sein Bestes gewollt mit dem, was sie gesagt hatten.

Bereits zwei Jahre, nachdem das letzte der vier Hefte mit den »Norske Folke-Eventyr« in Norwegen erschienen war, übersetzte Friedrich Bresemann 1846 die Märchensammlung ins Deutsche. Seiner Schreibweise folgt auch die 1985 im Greno Verlag erschienene Ausgabe »Norwegische Volksmärchen« (Asbjørnsen u. Moe). Wir danken dem Verlag für die freundliche Genehmigung des Abdrucks.

Det var engang

Norwegische Märchen

»Bald darauf kamen die Trolle an; einige waren groß, andre klein; einige langgeschwänzt, andre ohne Schwanz; und einige hatten ungeheuer lange Nasen, und alle aßen und tranken und waren guter Dinge.« Die Trolle sind wohl die bekanntesten Wesen im norwegischen Märchen, die nirgendwo anders leben können als in Skandinaviens dichten Wäldern, unter Moos, im Felsen, unter der Baumrinde, am Fluß ... Meist werden sie als ziemlich furchterregend beschrieben mit »Augen so groß wie zinnerne Teller und einer Nase, so lang wie ein Hackenstiel« (Die drei Böcke Brausewind) oder gar mit mehreren Köpfen. Dennoch sind die meisten von ihnen eher einfältig und lassen sich mit List und Tücke besiegen.

Sieger im Kampf gegen die Trolle, aber auch gegen andere Widersacher ist meist »Askeladd«, ein männliches Aschenputtel und Held einer ganzen Reihe norwegischer Märchen. Askeladd stammt aus ärmlichen Verhältnissen. Mit viel Bauernschläue befreit er Prinzessinnen aus den Klauen der unterschiedlichsten Ungeheuer und wird dadurch selbst König oder überlistet die Trolle und gewinnt so ihr Gold, Silber und andere angehäufte Reichtümer. Es wird behauptet, Askeladden verkörpere förmlich den norwegischen Volkscharakter: »Er ist leichtsinnig und nicht ganz zuverlässig. Er ist impulsiv und nicht ohne Hang zur Faulheit. Er ist unsentimental und respektlos. Er ist oppositionell und undiszipliniert. In jeder Beziehung ein unverwüstlicher Individualist.«

Nicht in allen Märchen tritt die Figur des »Askeladd« so pointiert hervor. Ein schönes Beispiel für die Frechheit dieser Gestalt ist das Märchen »Der Meisterdieb«. Der jüngste Sohn eines Kathenmannes - hier nicht ausdrücklich Askeladd genannt, aber mit allen Eigenschaften dieser Figur versehen: arm, jüngster von drei Söhnen ... - muß in der Welt sein Glück versuchen. Zunächst beeindruckt er eine grimmige Räuberbande mit seinen ausgefeilten Gaunertricks. Nach Hause zurückgekehrt, bestiehlt er mit raffinierten Methoden mehrfach die Honoratioren seines Dorfes: dem Amtmann den Braten vom Teller und in der Nacht das Laken aus dem Bett, dem Pfarrer all sein Gold und Silber. Zum Schluß erhält er als Belohnung für seine Diebesmeisterschaft die Tochter des Amtmanns zur Frau.

Nur wenige Märchen haben weibliche Hauptpersonen. Die Prinzessin ist meist Objekt, das gerettet, erlöst oder befreit und später geheiratet wird. In einigen Märchen übernehmen aber auch Mädchen/junge Frauen die Rolle des »Askeladd« (Kari Trästak, Östlich von der Sonne und westlich vom Mond) und befreien ihrerseits den verzauberten oder verschleppten Prinzen. Ein rührendes Märchen ist das von Aase, dem kleinen Gänsemädchen, das mit seiner Keuschheit den König von England gewinnt. Das Motiv Keuschheit tritt in den norwegischen Märchen äußerst selten auf. Natürlich fehlen auch nicht derbe Bäuerinnen, die ihren Ehemännern kräftig den Kopf waschen, wenn sie sich auf dem Weg zum Markt ungeschickterweise bestehlen lassen oder den Erlös für das verkaufte Vieh gleich wieder vertrunken haben.

Die meisten Abenteuer, welche die norwegischen Märchenfiguren zu bestehen haben, kommen einem irgendwie bekannt vor, denn sie sind vertraute Motive vieler europäischer Märchen. Trotzdem ist der Hintergrund, auf dem sich die Handlung abspielt, eindeutig norwegisch. Es gibt Fjord und Fjell und natürlich die Mitternachtssonne (verheerend für Trolle. Sie bersten, wenn sie von ihren Strahlen getroffen werden). Der König und sein Schloß, unentbehrliche Märchenzutaten, wird zum norwegischen Großbauern samt seinem Hof. Er ist auch längst nicht so grausam, wie seine europäischen Märchenkollegen. Aufgeschrieben wurden die norwegischen Volksmärchen von den beiden Freunden P. Chr. Asbjørnsen und Jørgen Moe, die ihre erste Sammlung 1842 herausgaben. Ihre großen Vorbilder waren die Gebrüder Grimm, die bereits 30 Jahre zuvor eine ähnliche Sammlung deutscher Märchen erstellt hatten. Asbjørnsens und Moes Märchenerstausgabe war im Nu vergriffen, weitere mußten im Eiltempo folgen (Norske huldreeventyr og folkesagn 1845-48; Norske folkeeventyr, 2. Aufl. 1851 u. 52). Mehr noch als die Gebrüder Grimm wollten sich Asbjørnsen und Moe in ihren Märchen der Sprache und Ausdrucksweise des Volkes nähern. In Norwegen keine leichte Aufgabe, denn in fast jedem Tal sprachen die Bauern einen anderen, zum Teil sehr exotischen Dialekt. Die Schriftsprache hingegen war im Wesentlichen dem Dänischen ähnlich. Den beiden Märchensammlern gelang nun ein schwieriger Balanceakt: In die wörtliche Rede der Märchen nahmen sie verschiedene Dialektwörter auf, vor allem aber formten sie den Satzbau in enger Anlehnung an den Sprachstil der Bauern mit seiner Derbheit und Natürlichkeit. Die eher erzählenden Passagen hingegen folgten im großen und ganzen den Regeln der Schriftsprache. Einige norwegische Literaturwissenschaftler behaupten, Asbjørnsen und Moe hätten die neue norwegische Schriftsprache, das »Riksmål«, geschaffen und mit ihrem sprachlichen Realismus alle spätere norwegische Prosa entscheidend beeinflußt.

Ob diese hohe Einschätzung der beiden Märchensammler nicht zuviel des Lobes ist, sei dahingestellt. Fest steht, daß in keinem anderen Land die Märchen zur Zeit ihres Erscheinens in der Mitte des 19. Jahrhunderts so populär waren wie in Norwegen. Man war davon überzeugt, hier erstmalig ein original norwegisches Nationalepos in den Händen zu halten. Doch Literaturwissenschaftler stellten rasch fest, daß es sich um internationalen Stoff handelt, der aber auf typisch norwegische Weise verarbeitet wurde. Doch diese Erkenntnis hat der Märchenlesefreude der Norweger keinen Abbruch getan.

Die Autorin:
Renate Gorkow studierte Skandinavistik und Germanistik in Berlin und Uppsala und arbeitete mehrere Jahre als freie Journalistin. Heute ist sie Redakteurin im NORDIS Verlag.

Norweger sind

Norwegen ist nicht Griechenland, und die Norweger sind keine Griechen. Wir Norweger machen komische Sachen, aber so lange wir hier oben im Norden für uns selber sorgen, geht es im großen und ganzen gut. Außerdem sind wir nur vier Millionen und können deshalb bedeutend weniger Schaden anrichten, als wenn wir zum Beispiel 150 Millionen wären. Ich wage nicht daran zu denken, wie die Welt dann aussehen würde.

Es ist schwer, mal eben ein paar Gemeinsamkeiten zwischen Norwegern und Griechen zu finden. Es kostet Mühe, herauszubekommen, ob unser Land irgendeinen großen Philosophen hervorgebracht hat. Ja, vielleicht ein paar, aber die sind doch zu hausbacken, um große Spuren in der Weltgeschichte zu hinterlassen. Wahrscheinlich ist der Boden hier oben zu karg. Oder können Sie sich vorstellen, Aristoteles sei aus einer Geröllhalde emporgewachsen?

Niemand kann behaupten, wir hätten südländisches Temperament. Beleidigt uns jemand am Donnerstag, sind wir frühestens am Samstag wütend, noch wahrscheinlicher aber erst am Sonntag abend. Sonne und weiße Strände sind ebenfalls nicht typisch für das Königreich Norwegen. Die wenigen Sonnentage und weißen Strände, die uns zur Verfügung stehen, neigen dazu, sich im Süden unseres Landes zu ballen. Weiter im Norden gibt es im großen und ganzen weder Sonne noch weiße Strände.

Wenn wir überhaupt Sommer haben, dann ist er sehr kurz und hektisch. »Diesmal kam der Sommer an einem Freitag,« lautet ein beliebter Spruch der Bewohner Nordnorwegens. Zur weiteren Illustration dieses Themas dient das folgende Gespräch: Ein Südnorweger und ein Nordnorweger treffen sich im Ausland in einem Restaurant. »Na,« fragt der Südnorweger, »wie war der Sommer dieses Jahr bei euch?« »Keine Ahnung,« antwortet der Nordnorweger, »ich war im Kino.«

Der große Unterschied in den Durchschnittstemperaturen hat schon immer einige Norweger nach Griechenland geführt, um Urlaub zu machen. Also nur für eine kurze Zeit, zum Glück. Andere fahren nach Jugoslawien oder Spanien. »Süden« lautet der Oberbegriff. Mit anderen Worten sind es nicht die Länder selbst, sondern die Sonne und das Badeleben, die Interesse wecken.

Wenn sich dann in Griechenland Norweger und Griechen treffen, bekommt man besser als irgendwo sonst vorgeführt, daß die Norweger keine Griechen sind und versteht, warum der liebe Gott alles so vorzüglich geordnet hat, daß wir nur ein paar Millionen zählen.

Die Norweger sind oft verärgert - meist über das Wetter. Sie schimpfen und jammern über Regen, Kälte und Schnee und können beim besten Willen nicht begreifen, wie man in einem so ungastlichen Land leben kann. Manche ziehen ins Ausland. Die meisten kehren bald zurück. Sie können nicht begreifen, wie man ein ganzes Leben lang solch eine Hitze aushalten kann. Außerdem ist ihnen unverständlich, warum sich andere Völker nicht wie Norweger benehmen. Sobald sie wieder zu Hause sind, stürzen sie sich begeistert auf Milch und braunen Käse, bis sie wieder damit anfangen, über Kälte und Schnee zu lamentieren. So bleiben die Norweger in Form!

Was machen Norweger und Norwegerin, wenn der Frühling kommt? Wenn die Sonne wieder wärmt und sich nach langem Herbst und Winter das erste Grün auf den Hügeln zeigt. Freuen sie sich über die von Schnee und Eis befreiten Äcker und Wiesen und die lebensspendenden Temperaturen? Wenden sie ihre Gesichter in Ekstase der Sonne entgegen und genießen das Leben?

Weit gefehlt! Dann schnallen sich Norweger und Norwegerin ihre Skier an und fahren in die Berge. Sie fol-

keine

gen dem Schnee, der immer höher in das Gebirge kriecht. Einige gehen sogar zur Mittsommerzeit noch Skilaufen. Vielleicht handelt es sich dabei um einen Instinkt, der den Norwegern eingepflanzt wurde, als der allererste »Nordmann« dem Eis immer weiter nach Norden folgte, bis es sich nicht mehr bewegte. Dann stellte er seine Wanderung ein und ließ sich in Norwegen, am Rande des Eises, nieder. Anders ist dieses Phänomen wohl kaum zu erklären. Oder ist diese Völkerwanderung durch Schnee und Gebirge nicht

Griechen

doch eine ganz raffinierte Methode, all die Aggressionen loszuwerden, die sich im Verlauf des zehnmonatigen Winters aufgestaut haben?

Die Norweger verfügen aber noch über mehr Möglichkeiten, mit ihren Aggressionen fertig zu werden. Eine davon ist, empörte Leserbriefe an Lokalzeitungen zu schreiben. In diesen Briefen beschimpfen Norweger und Norwegerin alles und jeden. Gibt es kein aktuelles Thema, über das sie sich aufregen können, erfinden sie selbst eins. So einfach ist das.

Die meisten Norweger sind schwermütig. Es muß viel passieren, bis wir lachen. So war es früher. Heute ist es ein bißchen besser. Aber nicht, weil wir Lust zum Lachen haben, sondern weil wir müssen - aus gesundheitlichen Gründen. Humor ist ja bekanntlich ein Segen, d.h. so sehen das die meisten Völker, aber nicht die Norweger. Wir sehen meistens schwarz. Das hängt mit der Dunkelheit und dem Klima zusammen.

Schon vor über 2000 Jahren sagte der griechische Philosoph Aristoteles, daß das Lachen gesund sei. Ein herzhaftes Lachen verlängere das Leben, meinte er und beschrieb genau, welche Körperteile von einem befreiten Lachen stimuliert werden. Seitdem sind die Griechen immer gut gelaunt.

Später hat die moderne Medizin Aristoteles bestätigt. Etwas überspitzt ausgedrückt heißt das: Wir haben die Wahl zwischen Lachen oder Tabletten. Und jetzt - nach 2000 Jahren - geht es uns Norwegern auch besser. Auf Empfehlung des Arztes lachen wir, wenn nicht anders verordnet, zweimal täglich, vor oder nach den Mahlzeiten. Wir Norweger sind was besonderes. Aber sind wir wirklich todernst, deprimiert und langweilig? Nein, nein. Das scheint nur so. Übrigens - überzeugen Sie sich doch einfach selbst. Wir können Ihnen schon jetzt ein aufregendes Abenteuer versprechen, denn wir sind alles mögliche, nur keine Griechen.

Der Autor:
Tore Skoglund bezeichnet sich selbst als Nordnorweger aus Leidenschaft. Er lebt abwechselnd auf der Insel Senja (Bezirk Troms) und in Tromsø. Er ist Journalist bei »Nordlys«, Nordnorwegens größter Tageszeitung. Dort ist er zur Zeit für zwei Jahre freigestellt, arbeitet an einer Sammlung nordnorwegischer Anekdoten und moderiert eine Fernsehshow, in der andere »Nordnorweger aus Leidenschaft« humoristische Geschichten erzählen.

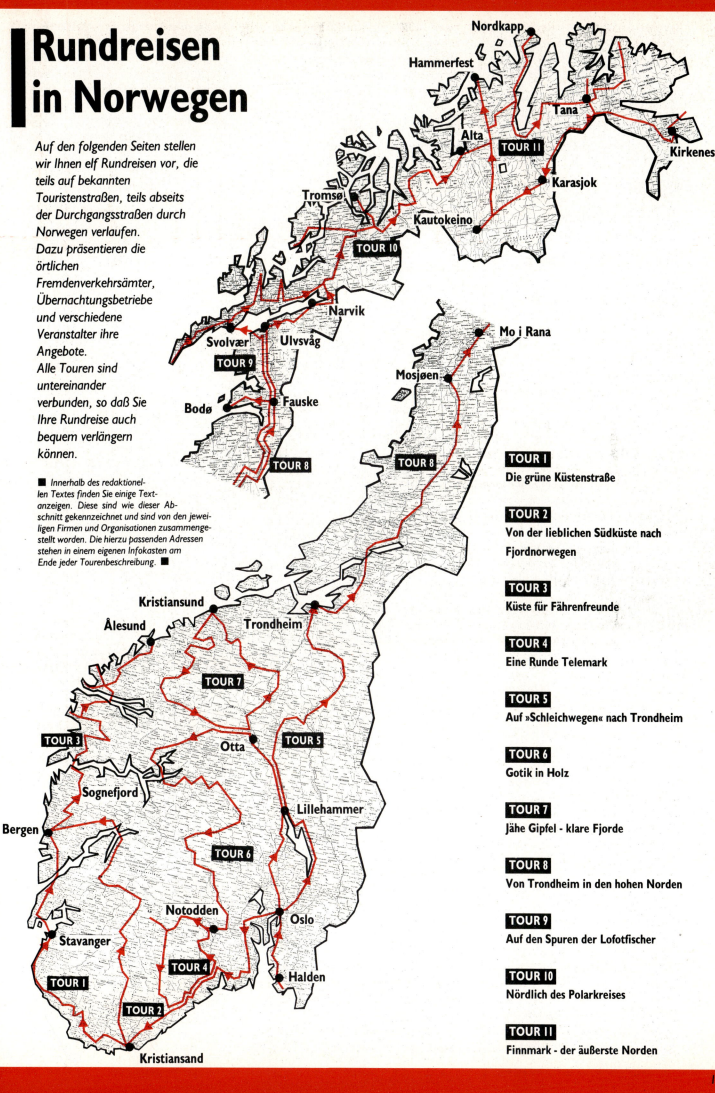

Stavanger

TOUR 1
Die grüne Küstenstraße

Kristiansand bis Stavanger

Zwischen dem westeuropäischen Kontinent und Skandinavien erstreckt sich eine 1750 km lange Ferienroute - die grüne Küstenstraße. Ihr nördlichster Teil befindet sich in Norwegen zwischen Kristiansand und Stavanger.

Wir beginnen unsere Küstenreise in **Kristiansand**. Hier treffen mehrmals täglich die Fähren von Hirtshals ein. Kristiansand ist die größte der Sørlandstädte, die sich an der sogenannten norwegischen Riviera aneinanderreihen. Wenn Sie durch die Innenstadt schlendern, sollten Sie die berühmte **Quadratur** besichtigen, eine rechteckige Straßenanlage, die im Renaissance-Stil von Christian IV. in Auftrag gegeben wurde.
Die alte **Festung** von 1679 beherbergt heute ein Kunst- und Kulturzentrum. Mit ihrem 70 Meter hohen Turm ist die **Domkirke** von 1885 weit über das Stadtzentrum hinaus zu erkennen.
Kunstfreunde finden in der Billedgallerie, dem Vest Agder Fylkemuseum (Freilichtmuseum, Kongsgård) oder dem Arne Vigeland Museum (Bronze- und Gipsskulpturen) auf der Insel Lagmannsholmen interessante Sammlungen. Oder wie wäre es mit einem Streifzug durch die Vergangenheit? In **Grovane** (nördlich von Venneslå, Str. 405) betreibt ein Hobby-Club die legendären Setesdal Dampflokomotiven.
Die Attraktion für alle Norweger ist der **Dyrepark Kristiansand**, Norwegens einziger (und damit größter) Zoo. Auf dem Weg vom Stadtzentrum passieren Sie die **Varodd bru**, eine 618 m lange Hängebrücke.
Auf 400.000 Quadratmeter bietet der große Freizeit- und Tierpark unzählige Attraktionen. Hier findet man neben allen Repräsentanten nordischer Tierarten auch eine Kamelherde. Wer sich für Wildwestatmosphäre begeistert, kann im Goldgräberland sein Glück versuchen. An der Ausfahrtsstraße 12 liegt der **Naturpark Ravnedalen**. Er wurde vor über hundert Jahren angelegt. 200 Treppenstufen wurden in die fast 100 Meter hohen steilen Felsen hineinge-

hauen. Wenn Sie gut zu Fuß sind, sollten Sie sich das Panorama über die faszinierende Flora und Fauna nicht entgehen lassen, das sich von den »Gipfeln« aus bietet. Das kleine Café ist während der Sommermonate geöffnet.

Auf der E 18 führt die grüne Küstenstraße nun weiter nach **Mandal**. Sie ist die südlichste und gleichzeitig älteste der malerischen Sørlandstädte und hat heute 12.000 Einwohner. Sehenswert ist hier die Altstadt um den Marktplatz und die Store Elvegate mit den traditionellen Holzhäusern. Die Stadtkirche von 1821 im klassizistischen Stil hat 1.800 Sitzplätze und ist die größte Holzkirche Norwegens. Im 17. Jahrhundert war der Mandalslachs eine berühmte Delikatesse. Noch heute findet er sich im Stadtwappen als »glade laks« (Fröhlicher Lachs). Frische Lachsspezialitäten können Sie in mehr als dreizehn Restaurants und Cafés in Mandal probieren.
Von Mandal aus ist unser nächstes Ziel das norwegische Südkap **Kap Lindesnes**. (E 18 bis Vigeland, dort links auf die Str. 460). Sein markanter Leuchtturm und der Wegweiser werden täglich von ganzen Touristenscharen abgelichtet. Von hier sind es 2.518 Kilometer bis zum Nordkap.
Über die E 18 fahren wir nun nach **Flekkefjord**. Die hübsche Kleinstadt ist von Hügeln umgeben und besitzt einen schön gelegenen Hafen. Im **Hollenderbyen**, der Holländerstadt, streift man durch schmale Gassen mit malerischen Bootsschuppen und alten Holzhäusern, die im »holländischen Stil« gebaut sind. Früher fand hier von Flekkefjord aus die Holzausfuhr in die Niederlande statt.

Auf der Straße 44 geht die Küstenstraße weiter nach Egersund. Im Gebiet des Jøssingfjorden verläuft die Straße mit einigen Tunneln teils durch wildromantische, teils durch idyllische Küstenlandschaften. Zum Baden bietet sich der Sogndalsstrand bei Hauge an. Hier kann man auch die Fischereiabteilung des Dalane Folkemuseum besichtigen.
Egersund ist eine Handelsstadt, die früher überwiegend vom Hering lebte. Malerische Holzhäuser liegen in der Strandgate. Im Sommer gibt es von Egersund aus direkte Fährverbindungen nach Hirtshals in Dänemark.
An der Küste entlang geht es weiter auf der Str. 44 durch das fruchtbare Landwirtschaftsgebiet Jæren. Goldgelbe Getreidefelder und üppig grüne Gemüsefelder wechseln sich ab. Bei Vigrestad machen wir eine Pause und besichtigen das **Gräberfeld Evestad**. Über Bryne geht es weiter nach Sandnes.
Sandnes ist ein Industrieort am Nordrand der Jæren-Ebene. In der Umgebung gibt es zahlreiche Urlaubsmöglichkeiten. In nur 15 Autominuten erreicht man herrliche Badestrände und ist in 45 Minuten bereits in weißen Schneegebieten, in denen man noch lange im Frühsommer Skilaufen kann.
Der Endpunkt der grünen Küstenstraße ist **Stavanger**, die Ölmetropole. Mit ihren 93.000

Einwohnern ist Stavanger die viertgrößte Stadt Norwegens. Die alte Seefahrerstadt bekam in den siebziger Jahren durch die Offshore-Aktivitäten in der Nordsee neue internationale Bedeutung. Aber die alten Holzhäuser der Fischer haben ihre besondere Atmosphäre bis heute bewahrt. Am Kai werden fangfrische Fische und Meerestiere angeboten, zahlreiche Läden und Boutiquen laden zum Shopping ein und in einem der Straßencafés kann man sich anschließend das bunte Treiben in Ruhe betrachten.
Sehenswert ist die **Domkirke**, die bereits 1272 im anglonormannischen Stil rein romanisch gebaut wurde. Sie erhielt nach einem Brand um 1300 einen neuen gotischen Chor und wurde in dieser Form seit dem Mittelalter erhalten. Die Kanzel wurde im Barock ergänzt.
In der Muségate finden sich gleich drei Museen vereinigt: Das **Stadtmuseum**, das **Seefahrtsmuseum** und das **Archäologische Museum**. Hier wird z.B. das älteste in Norwegen gefundene Skelett aufbewahrt.
Eine Attraktion ist das **Hermetikkmuseum** in der Øvre Strandgate. In der alten Fabrikanlage einer Ölsardinenfabrik wird gezeigt, wie zur Jahrhundertwende die Fische in Konserven verpackt wurden. Weltberühmt wurde damals die Marke »Kong Oscar«.
Das **Kloster Utstein auf Mosterøy**, nördlich von Stavanger im Boknafjord gelegen, ist ein gut erhaltenes mittelalterliches Kloster. Es dient heute als Konferenzgebäude.
Ullandhaug ist ein Botanischer Garten mit über 100 Baumsorten. Auch eine Siedlung aus der Völkerwanderungszeit hat man hier aufgebaut.
Bei Ålgård, 27 km südlich von Stavanger direkt an der E 18 liegt der **Kongepark**. Norwegens größter Freizeitpark überbietet sich Jahr für Jahr mit neuen Attraktionen. Ein riesiges Vogelhaus mit Europas größter Freiflugvoliere, der 85 Meter lange Riese Gulliver, Rutschbahnen, Labyrinthe für Kinder, ein Reitzentrum, eine Westernstadt oder der **Jæren-Musterhof** bieten eine reiche Auswahl. Übrigens kann man im Kongepark sogar länger Station machen und in einer der 27 Hütten auf dem Campingplatz wohnen. Der Park und die Campinganlage sind täglich geöffnet.

Entfernungen:

Kristiansand - Flekkefjord ...... 123 km
Flekkefjord - Egersund .... 72 km
Egersund - Stavanger .... 84 km

Adressen:

■ Grovane Museumsbahn:
während der Sommersaison Fahrten am Wochenende, Info: Touristenbüro

■ Kongepark
Sandnesv. 34
N-4330 Ålgård
Tel. 04 - 61 71 11

TOUR 2

Von der lieblichen Südküste nach Fjordnorwegen

Kragerø

Alle Wege führen nach Oslo, viele Wege führen aber auch aus Oslo hinaus. Die Stadt ist durch ihre zentrale Lage ein guter Startpunkt in die anderen Landesteile. Unser Tourvorschlag führt über die Südküste und das Setesdal hinauf nach Bergen, zur westnorwegischen Fjordmetropole.

Wir verlassen das Stadtgebiet von Oslo auf dem Drammensveien, wie die Europastraße 18 auf diesem Stück heißt, und fahren Richtung Drammen. Unterwegs kann man in Høvikodden dem **Henie-Onstad Kunstzentrum** einen Besuch abstatten. Dieses 1968 eröffnete Kunstzentrum ist eine Stiftung der norwegischen Eiskunstläuferin Sonja Henie und ihrem Mann Niels Onstad. Hier findet man eine gut bestückte Sammlung internationaler Gegenwartskunst.

Wer das moderne Autobahnteilstück zwischen Lier und Drammen befährt, muß ein geringes Wegegeld entrichten (NOK 5,- für PKW's).

Drammen ist mit rund 51.000 Einwohnern nicht nur Norwegens sechstgrößte Stadt, sondern auch eine preisgekrönte: 1986 wurde das Rathaus von Drammen mit dem EUROPA-NOSTRA-Preis als erhaltenswertes Bauwerk ausgezeichnet. Die größte Attraktion der Stadt bildet die in den Berg Bragernesåsen hineingesprengte Straße »Spiralen«, die sich in Serpentinen zum Gipfel schraubt.

Die E 18 führt dann in südlicher Richtung an den Ausläufern des Oslofjord entlang nach **Holmestrand**. Seit 1752 besitzt dieser hübsche Küstenort die Stadtrechte und zählt heute rund 9.000 Einwohner. Das Städtische Museum befindet sich im Patrizierhaus Holstgård, die Stadtkirche mit klassizistischem Inventar wurde 1674 erbaut.

Unser nächstes Ziel ist **Tønsberg**. Diese älteste Stadt Norwegens wurde bereits Ende des 9. Jahrhunderts erstmals urkundlich erwähnt und war früher eine der wichtigsten Handelsstädte des Landes. Im 18. und 19. Jahrhundert bildete der Walfang eine neue Einnahmequelle. Heute repräsentieren die mittelalterliche Festung Tunsberghus und der Møllebakken, ein alter Gerichtsplatz im südlichen Teil der Innenstadt, das historische Tønsberg. Das Vestfold Fylkesmuseum (Bezirksmuseum) besteht u.a. aus einer Freilichtabteilung und einer eigenen Walfangabteilung. Ein beliebtes Ausflugsgebiet vor Tønsberg nennt sich »Verdens Ende« (Ende der Welt, Südspitze von Tjøme, Str. 308). Dort befinden sich ein altes Leuchtfeuer und hervorragende Bademöglichkeiten.

Auch **Sandefjord**, unser nächster Haltepunkt, lebte Jahrzehnte lang von den Walfängen in der Arktis. Seit dem Ende der Walfangperiode sind Industrie und Schiffahrt die wichtigsten Erwerbsquellen Sandefjords. Das Walfangmuseum dokumentiert den früher so bedeutenden Wirtschaftszweig. Auch das Walfänger-Monument in der Nähe des Yachthafens hält alte Traditionen in Erinnerung. An der kilometerlangen Küste hat man die Wahl zwischen geschützten Badebuchten und kahlen Felsinseln.

Auf der Straße 303 erreicht man den nächsten Küstenort **Larvik**. Zwischen dem See Farris, den jeder Norweger wegen des Farris-Mineralwassers kennt, und dem Larvikfjord liegt diese hübsche Kleinstadt (8.300 Einwohner). Hier legt das Fährschiff der Larvik Line an, das zwischen dem dänischen Hafen Fredrikshavn und Larvik pendelt. Die bedeutendste kulturhistorische Sehenswürdigkeit ist der **Herregaarden**, der 1673 als Residenz des dänischen Statthalters in Norwegen, Ulrik Frederik Gyldenløve, erbaut wurde. Heute beherbergt das Gebäude ein Stadtmuseum.

Im Nordwesten des Stadtgebiets erstreckt sich der größte Buchenwald Norwegens auf einer eiszeitlichen Endmoräne (Naturpark Bøkeskogen). Dort findet man auch rund 100 Gräber aus der Wikingerzeit.

Weiter geht es auf der E 18 nach **Porsgrunn**. Zur Blütezeit der Segelschiffahrt zählte Porsgrunn (31.500 Einwohner) zu den führenden Hafenstädten Norwegens. Heute ist nicht nur die einzige Porzellanmanufaktur hier angesiedelt, sondern auch der Großkonzern Norsk Hydro. Wir nähern uns nun den bekannten »weißen Städten« der Sørlandsküste: Kragerø, Risør, Arendal, Grimstad und schließlich Kristiansand. Die E 18 stellt die schnellste Verbindung dar. Wer jedoch lieber möglichst nah entlang der Küste fahren möchte, hat auf vielen kleinen Landstraßen dazu Gelegenheit.

Kragerø bietet sich mit seiner weitläufigen Schärenküste hervorragend für einen Badeurlaub an. Auch verschiedene andere Wasseraktivitäten wie Windsurfing und Wasserski organisiert das lokale Fremdenverkehrsamt. Bekannte Sehenswürdigkeiten sind das Berg-Kragerø-Museum und die Kanonenbatterie auf Gunnarsholm.

Die Straße 351 führt dicht an der Küste entlang Richtung Risør und stößt bei Søndeled wieder auf die E 18.

Mit seinen guterhaltenen, hellgestrichenen Holzhäusern ist **Risør** (3.500 Einwohner) ein typischer Hafenort der Sørlandsküste. Auch hier ist die Küstenlandschaft durch schöne Inseln und Schären geprägt, die herrliche Bade- und Bootssportmöglichkeiten bieten. Eine bedeutende Barockkirche ist die Heilig-Geist-Kirche.

Auf den Straßen 411 und 410 fahren wir weiter entlang der Küste nach **Arendal**. Für die Seefahrt war die Stadt (11.500 Einwohner) bereits im ausgehenden Mittelalter ein wichtiges Zentrum.

Im letzten Jahrhundert waren in Arendal über hundert Segelschiffe registriert. Der schönste Teil der Stadt ist wohl das Altstadt-Viertel Tyholmen. Dort sind malerische, alte Holzhäuser erhalten. Vom Kai Langbrygga werden Bootsfahrten nach Merdøy und Tromøy veranstaltet. Empfehlenswert ist auch eine Sightseeing-Bootstour rund um die Insel Hisøy.

Über die E 18 erreicht man die Hauptstadt der Ferienlandschaft Sørland **Kristiansand**. Beim Stadtbummel fällt der schachbrettartige

Grundriß der Stadt ins Auge, die sogenannte Quadratur, die bereits während der Stadtgründung in der Renaissance angelegt wurde. Inzwischen ist Kristiansand rund um die alte Quadratur erheblich gewachsen und ist mit 61.000 Einwohnern die fünftgrößte Stadt Norwegens. Dies ist die erste norwegische Stadt, die die Touristen kennenlernen, wenn sie von der dänischen Nordküste mit der Fähre nach Norwegen reisen (Hirtshals, Hanstholm). Der Dom mit seinem 70 Meter hohen Turm, die Festung Christiansholm sowie das Arne Vigeland-Museum sind bedeutende Sehenswürdigkeiten. (Weitere Informationen über Kristiansand und Anschlußmöglichkeiten bietet die Tour »grüne Küstenstraße«.

Hinter Kristiansand verlassen wir nun die Sørlandsküste und biegen auf die Reichstraße 12. Sie verläuft durch das **Setesdal**. Dieser berühmte, von steilen Felswänden eingefaßte Talzug war lange Zeit ziemlich isoliert, so daß sich alte Bräuche und Traditionen der dort lebenden Bauern bis in unsere Tage erhalten haben. Volksmusik und Kunsthandwerk stehen hier noch immer hoch in Kurs und können an vielen Stellen »live« erlebt werden. **Evje** liegt am südlichen Ende des 35 km langen Byglandsfjord und ist ein bedeutendes Mineraliengebiet. Das Evje Mineralien-Zentrum bietet Exkursionen für Sammler und Interessierte an. Die Str. 12 folgt nun bald dem langgestreckten Binnensee Byglandsfjord. In **Nomeland** passieren wir die Silberschmiede Sylvartun, die in einem über 300 Jahre alten Holzhaus untergebracht ist. Hier werden silberne Broschen und Nadeln mit traditionellen Mustern aus dem Setesdal angeboten. In **Valle** befindet sich die »Setesdal Husflidsentral«, die Kunsthandwerks- und Handarbeitsprodukte aus dem Setesdal verkauft. Die Gebirgszüge am linken Straßenrand, die Valleheiene, erreichen bis zu 1.377 Meter Höhe.

In Flateland empfiehlt sich unbedingt ein Abstecher zum Setesdalmuseum mit jahrhundertealten Gebäuden. Das hochgelegene Kirchdorf **Bykle** hat seinen ursprünglichen Charakter weitgehend erhalten. Nördlich der Kirche befindet sich das Heimatmuseum Huldreheimen mit mehreren, bis zu 400 Jahre alten Gebäuden aus dem oberen Talbereich.

Die Straße steigt immer weiter an, bis wir in schöner Hochgebirgslage das Touristenzentrum **Hovden** erreichen. Hovden, vor allem als Wintersportzentrum bekannt, ist aber auch ein hervorragender Standort für Gebirgswanderungen und Angeltouren. Übernachtungsmöglichkeiten bieten sich in mehreren Hotels und zahlreichen Ferienhütten.

Am Hochgebirgssee Breivatn führt die Straße 12 weiter und erreicht bei Sessvatn mit 917 Metern ihren höchsten Punkt. Nach mehreren Serpentinen erreicht man **Haukeligrend**, das Eingangstor zur Hardangervidda, der größten Hochebene Europas.

Diese sogenannte »Haukelistraße« ist für norwegische Verhältnisse überdurchschnittlich gut ausgebaut. Durch kostspielige Tunnelanlagen sind die früher nur fünf Monate geöffneten höchsten Pässe entschärft worden. Die E 76 ist heute ganzjährig befahrbar. Vorbei am Haukelifjell-Skizentrum passieren wir auf diesem Streckenabschnitt traditionsreiche Touristenhütten (Prestegården, Haukeliseter), die als Ausgangspunkt für Fuß- und Skiwanderungen auf der Hardangervidda dienen. Es bestehen auch gute Angelmöglichkeiten.

Die E 76 führt weiter über die karge Hochebene und verschwindet bald in den Haukeli-Tunnel (5.700 m Länge). Bis **Røldal** verläuft die Straße nun durch lange Tunnelabschnitte.

1

Kvinnherad, das ist Norwegen in Miniatur. Hier finden Sie eine herrliche Küstenlandschaft, enge Fjorde, wildes Hochgebirge. In Kvinnherad können Sie im Meer oder im Süßwasser angeln, im Hochgebirge wandern oder gemütlich entlang der zahlreichen Wanderwege Landschaft und Natur genießen. Für geübtere Bergsteiger lädt Folgefonna, der drittgrößte Gletscher Norwegens ein. In Rosendal überrascht Sie die bekannte »Baroniet Rosendal«, welche von Ludwig Rosenkranz im Jahre 1665 erbaut wurde. Der Baroniepark und der barocke Rosengarten bilden einen speziellen Rahmen für das Musikfestival im Mai und das historische Baroniespiel im Juli. Tagesausflüge zur alten Hansestadt Bergen, zur Küstenstadt Haugesund oder in das Inland nach Voss sind leicht durchzuführen. Campingplätze, Campinghütten und Hotels sorgen für gute Übernachtungsmöglichkeiten. ■

Baronie Rosendal

Um nach Bergen zu gelangen, fährt man weiter in westlicher Richtung auf der E 76. Bei Skarde zweigt rechts die Straße 47 nach **Odda** (9.200 Einwohner) ab. Der bedeutende Industrieort, der am Sørfjord, einem Seitenarm des Hardangerfjords liegt, besitzt eine Zinkhütte und ein Aluminiumwerk. Mit seiner schönen Umgebung hat er auch Touristen einiges zu bieten. Sehenswert ist das nahegelegene Gletschergebiet des Folgefonn (Wanderungen zum Gletscher ab Buar).

Wir fahren weiter durch das enge Tal des Sørfjorden nach **Kinsarvik**, wo wir mit der Fähre über Utne nach Kvanndal übersetzen.

2

Zum **Eidfjordgebiet** gelangt man über die Straße 7, die von Kinsarvik in nordöstlicher Richtung abzweigt. Die Kommune bildet das Tor zur Bergwelt der Hardangervidda, einer riesigen vergletscherten Hochebene mit kleinen Fischgewässern, ideal zum Angeln. Von hier aus gibt es die verschiedensten Wandermöglichkeiten auf markierten Wegen. Auch Übernachtungsmöglichkeiten in Form von bewirtschafteten oder unbewirtschafteten Hütten stehen zur Verfügung.

Im Måbødal stürzt sich der Vøringfoss aus 182 m Höhe von der Hardangervidda hinab ins Tal.

Eine große Touristenattraktion ist auch der Valursfoss, den man von Øvre Eidfjord über Hjølmodalen (schmaler Weg) erreichen kann. Das für Publikum zugängliche Wasserkraftwerk Sima wird durch den Sysendamm gespeist, einen 1155 langen und 84 Meter hohen Staudamm. In Eidfjord gibt es eine alte Stabkirche von 1190.

Im Fjordgebiet bestehen Übernachtungsmöglichkeiten in Hotels, Pensionen, Appartements, Campingplätzen und Hütten. ■

Von dort aus führt die E 68 über Norheimsund zur Fjordmetropole Bergen. Auf diesem Streckenabschnitt verläuft die Europastraße durch die Gemeinde Kvam, zu deren wichtigsten Ortsteilen **Norheimsund** und **Øystese** gehören. Westlich hiervon erstreckt sich der Kvamskogen, ein beliebtes Naherholungsgebiet für die Bergenser mit über 1.000 Ferienhütten.

Daß die westnorwegische Hauptstadt nicht nur durch ihren Fischmarkt und Troldhaugen weltberühmt wurde, sondern zahlreiche andere Sehenswürdigkeiten und Attraktionen bietet, erfahren Sie auf mehreren anderen Seiten dieses Buches.

Entfernungen:

Oslo - Tønsberg	96 km
Tønsberg - Larvik	34 km
Larvik - Arendal	138 km
Arendal - Kristiansand	67 km
Kristiansand - Evje	62 km
Evje - Valle	97 km
Valle - Haukeligrend	82 km
Haukeligrend - Kinsarvik	135 km
Kvanndal - Bergen	122 km

Adressen:

1 Fremdenverkehrsamt Kvinnherad
N-5470 Rosendal
Tel. 054 - 81 311 / 81 328
Telefax 054 - 81 950
Übernachtungsmöglichkeiten:
Husnes Hotel, Rosendal Fjordhotel

2 Fremdenverkehrsamt Eidfjord
N-5783 Eidfjord
Tel. 054 - 65 177

»Bryggen«

BERGEN

Bergen, im Jahre 1070 von König Olav Kyrre gegründet, ist heute die zweitgrößte Stadt (208.000 Ew.) des Landes und das Zentrum Westnorwegens.

Im 14. Jh. wurde hier die erste Hanse-Niederlassung errichtet. Erst im 16. Jh. konnte die Vorherrschaft der Hanse von den Bergenser Kaufleuten gebrochen werden. Im 17. Jh. war B. als Handelsplatz zeitweise bedeutender als Kopenhagen. 1702 zerstörte ein Stadtbrand den größten Teil Bergens, Epidemien suchten die Stadt heim, durch Krieg gingen zahlreiche Schiffe verloren. Doch das Wirtschaftsleben erholte sich wieder. Noch zu Beginn des 19. Jh. war B. die größte und reichste Stadt des Landes.

Nach einem verheerenden Brand 1916, bei dem weite Teile der Innenstadt zerstört wurden, erhielt B. ein neues Gesicht. Steinbauten und breite Straßen beherrschen seitdem das Stadtbild im Zentrum. Der lebhafte Hafen ist jedoch immer noch das »Herz« der Stadt. Heute, im Ölzeitalter, ist B. eine moderne Handels- und Industriestadt und der größte Hafen der Westküste.

Auch auf kulturellem Sektor spielt Bergen eine wichtige Rolle. Das philharmonische Orchester besteht schon seit über 200 Jahren, und 1850 wurde hier das erste Theater Norwegens gegründet. Die Universität (7.800 Stud.), die norw. Handelshochschule, eine bedeutende Wirtschaftshochschule und zahlreiche weitere Einrichtungen machen B. heute zum kulturellen Zentrum. Ein jährlicher Höhepunkt sind die Internationalen Musikfestspiele.

Die neue Zachariasbrücke

Sehenswert: Im Bereich der **Brygge** an der Nordseite des Hafenbeckens stammen die ältesten **Kaufmannshöfe** aus der Zeit nach dem Brand 1702. Hier entstand ein Zentrum für norw. Kunsthandwerker. - Das **Hanseatische Museum** im alten Finnegården bietet einen guten Einblick in die Zeit der Hanse. - Das **Bryggens Museum** zeigt Funde und Ausgrabungen aus dem Bryggen-Viertel. - Die **Schøtstuben** waren die Aufenthalts- und Klubräume der auf der Brygge ansässigen Kaufleute. - Die **Marienkirche** ist das älteste Bauwerk der Stadt und eine der besterhaltenen romanischen Kirchen Norwegens. - Die **Håkonshalle** (13. Jh.) und der **Rosenkrantz-Turm** (um 1560) liegen nördl. der Brygge auf dem Gebiet der Festung Bergenhus. - Die **Kreuzeskirche** (ursprünglich 12. Jh.) befindet sich östlich des Hafenbeckens. - Nicht weit davon steht der **Dom**; seine ältesten Teile stammen aus der 2. Hälfte des 12. Jh. - Das **Lepramuseum** gibt einen Überblick über die norweg. Lepraforschung. - Bergen bietet auch einige sehenswerte **Kunstsammlungen**, z. B. am Lille Lungegårdsvann das **Städt. Kunstmuseum** (in der Rasmus-Meyers-Allee, genannt nach dem Bergenser Kunstliebhaber), im Anschluß daran die Räu-

Speicher aus der Hansezeit

me des Bergenser Kunstvereins und ein weiteres Museum mit den Rasmus-Meyers-Sammlungen und der Stenersen-Sammlung. - In der Nähe der Museen steht die architektonisch eindrucksvolle **Grieg-Halle**. - Das Westnorweg. **Kunstgewerbemuseum** (Vestlandske Kunstindustrimuseum) finden Sie in der Nordahl Brunsgt. 9. - Das Naturgeschichtliche Museum, das Seefahrtsmuseum, das historische Museum und ein kleiner botanischer Garten liegen im südlichen Innenstadtbereich (**Universitätsviertel**). - Sehenswert ist auch das **Theatermuseum**, die **Nykirke** auf der Halbinsel Nordnes und das Bergenser **Aquarium**. Im südlichen Stadtgebiet können Sie die **Stabkirche von Fantoft** besichtigen. - Einen Besuch wert sind ebenfalls **Gamlehaugen** und **Troldhaugen** (das Haus Edvard Griegs).

Im nordwestl. Stadtgebiet ist das **Freilichtmuseum Gamle Bergen** sehenswert.

Das Volkskundemuseum für Hordaland in Stend, die Kirche von Fana, das Westnorwegische Alm-Museum auf dem Fanafjell und die Ruinen des Lyseklosters mit einer sehenswerten Holzkapelle liegen in der näheren Umgebung.

Aussichtspunkte: In 10 Min. bringt Sie eine Drahtseilbahn auf den 320 m hohen Stadtberg Fløyen. - Die Schwebebahn zur Bergstation des Ulriken auf 607 m Höhe erschließt eine herrliche Aussicht.

Fischmarkt

RUND UM DEN SOGNEFJORD
liegen die folgenden Fjordgemeinden

Stabkirche von Urnes

AURLAND
Am Aurlandfjord, einem südöstl. Ausläufer des Sognefjords, liegt die Gemeinde Aurland. Die wichtigsten Orte sind das Gemeindezentrum Aurlandsvangen (600 Ew.) sowie Flåm und Gudvangen. Neben der Landwirtschaft und dem Wasserkraftwerk lebt Aurland vom Tourismus. Die Fjordlandschaft zwischen dem Aurland- und Nærøyfjord gehört zu den Höhepunkten West-Norwegens.

Sehenswert: die **Flåmsbahn**, ein Meisterwerk des Eisenbahnbaus; auf 20 km werden 850 m Höhenunterschied überwunden. - **die Kirche von Aurland** (Steinkirche aus dem 13. Jh.) - das **Heimatmuseum** (Aurlands bygdetun) - die **Holzkirche von Flåm** (1660).

Aussicht: auf den Straßen Hol - Aurland (Str. 288), Aurland - Lærdal und Gudvangen - Voss (E68) sowie auf der gesamten Flåmsbahnstrecke.

FLORØ
Florø (7.000 Einw.) ist die westlichste Stadt Norwegens und das Zentrum der Großgemeinde Flora, die sich vom Meer bis ins Hochgebirge erstreckt. Entsprechend abwechslungsreich ist die Landschaft. Hier gibt es das Meer mit seinen tausenden von Inseln und Schären, es gibt Fjorde, Wasserfälle, idyllische Seen aber auch Waldgebiete und die schneebedeckten Gipfel des Fjells.

Florø, dessen Umland schon vor 4000 Jahren besiedelt war, ist heute eine wichtige Hafenstadt und dient auch als Versorgungsbasis für die Öltürme im Meer.

Sehenswert: Auf der vorgelagerten Insel **Kinn** steht eine romanische Steinkirche (12. Jh.) mit altem Inventar. Der **Herrenhof Svanøygård** ist ebenfalls per Boot zu erreichen; das Küstenmuseum liegt im Süden von Florø, Felsenzeichnungen von Ausevik an der Str. 611.

Ausflüge: Vom Storåsen (1/2 Std. Fußweg) oder vom Litleåsen (westl. der Kirche).

FØRDE
Førde, am Ende des Førdefjords in einem weiten Talkessel gelegen, hat rund 5.500 Einwohner (Gesamtgemeinde 8.000 Einw.) und ist ständig im Wachstum begriffen.

Die lebhafte Kleinstadt mit zahlreichen Geschäfts- und Bürogebäuden verfügt über zahlreiche regionale Einrichtungen (Schulen usw.). Es gibt auch einige expansive Industriebetriebe.

Førde ist nicht zuletzt ein wichtiger Fremdenverkehrsort in landschaftlich schöner Umgebung.

Sehenswert: Die **Ortskirche** stammt aus dem Jahre 1885, Altar und Kanzel sind aus einer älteren Kirche (ca. 1640). - Das moderne **Kulturzentrum** von Førde ist Bibliothek, Kunstmuseum, Kino und Theater der Stadt in einem. - Der **Vogtshof Bruland** (3 km vom Zentrum) stammt aus dem 18. Jh. und diente als Wohnstätte für den dänischen Steuervogt.

LUSTER
Die Gemeinde L. umfaßt das Gebiet rings um den innersten Arm des Sognefjords (Lustrafjord). Auf einer Fläche von 2.680 km² leben rund 5.000 Menschen. 89 % des Gemeindegebiets bestehen aus Gebirgen, Gletschern und Gewässern. Das Verwaltungszentrum von L. ist Gaupne, die Orte Hafslo, Solvorn, Marifjøra und Skjolden sind weitere beliebte Reiseziele innerhalb der kommunalen Grenzen. Zu L. gehört auch das wilde Jostedal, das bis an den Rand des größten Gletschers Europas reicht. Das Gebiet um Hafslo hingegen zählt zu den fruchtbarsten Gegenden Westnorwegens und wird schon seit frühgeschichtlicher Zeit besiedelt.

Sehenswert: In Urnes steht **Norwegens älteste Stabkirche**, die in ihrer jetzigen Form aus dem frühen 12. Jh. stammt. Das kostbare Inventar der kleinen Kirche ist teilweise mittelalterlich, entstand aber überwiegend nach der Reformation. - Die **Holzkirche von Gaupne** wurde 1647 errichtet (Wandmalereien von 1659). - In Dale (Luster) befindet sich eine **mittelalterliche Steinkirche** in gotischem Stil (Fresken aus dem 14. Jh.!). - Sehenswert ist auch die **Holzkirche von Jostedal** (um 1660), die Anfang des 18. Jh. durch »naive« Malereien ausgeschmückt wurde.

Ausflüge: Von Gaupne sollte man unbedingt einen Ausflug über die Str. 604 durchs Jostedal zu den Ausläufern des Jostedalsbre unternehmen. Das beliebteste Ausflugsziel ist hier der Gletscherarm Nigardsbre, den man vom Ende der Straße per Boot erreicht. Gletscherwanderungen mit Führern werden mehrmals täglich durchgeführt.

Aussichtspunkt: Eine besonders schöne Aussicht über den Fjord hat man von der Nebenstraße nach Molland (Abzweigung von der Str. 55).

LÆRDAL
L. ist eine großflächige Landgemeinde im südlichen Teil des inneren Sognefjord-Gebiets. Im Zentrum Lærdalsøyri leben rund 1.000 Menschen - die übrige Besiedlung folgt dem Verlauf des Tals Lærdal, das von einem bekannten Lachsfluß durchzogen wird. L. ist eine Landwirtschaftsgemeinde, die sich auf den Anbau von Obst und Gemüse spezialisiert hat. Außerdem gibt es drei weitere Spezialitäten: echten Ziegenkäse, die berühmten Lærdalschuhe und Köderfliegen aus der Werkstatt von Olaf Olsen. Das Haupttal ist übrigens so niederschlagsarm, daß im Sommer eine künstliche Bewässerung der Landwirtschaftsfläche nötig ist.

Sehenswert: Im Ortszentrum stehen einige guterhaltene **alte Holzhäuser** im sog. »Bergenser Empire-Stil«.

Ausflüge: zur Stabkirche von Borgund (um 1150); sie gilt als besterhaltene Stabkirche Norwegens. - Eine Attraktion ist der Jahrmarkt »Lærdals Marknan« Anfang Juni.

SOGNDAL
Sogndal ist das Zentrum des inneren Sognefjord-Gebiets. Der Ort ist ein guter Ausgangspunkt für Ausflüge im Bereich des Fjords und zu den Ausläufern des Jostedal-Gletschers. S. ist mit seinen 3.500 Einw. nicht nur der touristische, sondern auch der kulturelle und wirtschaftliche Mittelpunkt der Region. Die Ortschaft ist ein wichtiges Handels- und Dienstleistungszentrum und verfügt über vier weiterführende Schulen sowie zwei Hochschulen.

Sehenswert: Die alte **Ortskirche** stammt aus dem Jahre 1867. Beachtenswert ist auch der fast 2 m hohe **Runenstein** aus der Zeit um 1100.

Zwischen S. und Kaupanger liegt das **Volkskundemuseum für Sogn** mit interessanten Sammlungen in modernen Ausstellungsgebäuden und einer großen Freilichtabteilung. - In Kaupanger steht eine **Stabkirche** aus der Zeit um 1200.

ÅRDAL
Die Gemeinde Årdal liegt an einem Endarm des Sognefjords (Årdalsfjord) und wird von hohen Bergen eingeschlossen. Die meisten der 7.000 Einw. leben in den beiden Ortsteilen Årdalstangen (Hafen und Verwaltung) und Øvre Årdal. In Å. befindet sich eines der größten Aluminiumwerke Europas, der mit Abstand größte Arbeitgeber des Ortes. Obwohl das Ortsbild in erster Linie durch die Großindustrie geprägt wird, hat Å. auch Touristen einiges zu bieten - vor allem eine schöne Umgebung, die vom Fjord bis ins Hochgebirge reicht.

Sehenswert: Während des 18. Jh. befand sich in Øvre Årdal ein Kupferbergwerk, dessen altes Verwaltungsgebäude noch erhalten ist (neben der Verwaltung des Aluminiumwerks). - Die **Kirche** von Å. stammt aus dem Jahre 1862.

Ausflüge: Über eine Privatstraße können Sie mit dem Auto durch eine großartige Gebirgswelt zum 32 km entfernten Turtagrø (Hotel) fahren. Von dort gelangen Sie über die Str. 55 durch die Gemeinde Luster nach Sogndal und weiter über die Str. 5 nach Kaupanger (Fähre nach Årdalstangen).

TOUR 3
Küste für Fährenfreunde

Von Stavanger bis Ålesund

Die Küstenlandschaft des westnorwegischen Fjordgebiets besteht aus hunderten von Inseln, Schären und Holmen. Ein Netz von Fjorden spannt sich mit seinen Seitenarmen bis weit ins Landesinnere hinein. Wer diese einzigartige Fjordküste kennenlernen will, muß oft mehrmals täglich sein Auto auf Fähren manövrieren, um abseits der Durchgangsstraßen das Inselreich zu entdecken.

Unsere Tour stellt Ihnen überwiegend kleine Küstenstraßen vor: von Stavanger im Süden, über die Fjordhauptstadt Bergen bis hinauf nach Ålesund.

Wochenmarkt im Hafen von Stavanger

Unser Ausgangspunkt ist **Stavanger**, die Ölmetropole. Wer hier gleich mit einem Stadtbummel anfangen will, findet im Altstadtviertel zwischen der Øvre und Nedre Strandgate rund 150 Häuser, die in ihrer traditionellen Bauweise erhalten wurden: Unten am Hafen die Lagerschuppen und Speicher, weiter oben die Wohnungen und oberhalb der Gassen kleine Terrassengärten.

Der **Dom von Stavanger** gehört zu den eindrucksvollsten mittelalterlichen Bauwerken Norwegens. Die ursprünglich rein anglo-normannische Kirche erhielt nach einem Großbrand im Jahre 1272 einen gotischen Chor, der um 1300 vollendet wurde. Seitdem haben keine wesentlichen Veränderungen mehr stattgefunden. Museen: Stavanger Museum (Stadtmuseum), Sjøfartsmuseum (Seefahrtsmuseum), Villa Breidablikk, Herrenhaus Ledaal, Konservenmuseum.

1

Das **KNA Hotell** ist ein modernes Hotel mit dreißigjähriger Erfahrung und Tradition. Sein Bestreben war und ist es, die Atmosphäre der »guten alten Tage« beizubehalten und weiterhin zu pflegen, nicht zuletzt mit persönlichem Service, durch den sich die Gäste wie zu Hause fühlen. Das Hotel hat 185 große und komfortable Zimmer, alle mit Bad/WC, Minibar, Hosenbügler und Haartrockner. Grillrestaurant, Tanzrestaurant, zwei Bars und »Claudius Hvileri« mit Whirlpool, Sauna und Solarium. Das KNA Hotell liegt in ruhiger Umgebung 900 Meter vom Stadtzentrum Stavangers entfernt. Gute Parkmöglichkeiten. ■

Mit der Fähre gelangt man nach Skudeneshavn, einem der schönsten Hafenorte an der südlichen Westküste. Ein Spaziergang durch die Gassen der Altstadt ist sehr zu empfehlen. Auf der Straße 14 fahren wir über die Insel **Karmøy** nach Avaldsnes. Dort lag im frühen Mittelalter der norwegische Königsitz. Die alte Olavskirche, eine der ältesten Kirchen Norwegens, kann heute noch besichtigt werden. Daneben steht ein 6,5 Meter hoher Bautastein.

Über die **Karmøysund-Brücke** verlassen wir die Insel. Am Brückenkopf befinden sich auf der Festlandseite fünf Bautasteine aus der Zeit der Völkerwanderung: die »fünf törichten Jungfrauen«. Kurz darauf erreichen wir das Stadtgebiet von **Haugesund** (28.000 Einwohner). Zwar besteht Haugesund als Stadt erst seit 1854, doch der Ort hat lange Tradition: Zwei Kilometer nördlich vom Stadtzentrum liegt **Haraldshaugen**, das Grab Harald Hårfagres (Schönhaars), eines bedeutenden Wikingerkönigs. 1872 errichtete man auf dem Grab ein Nationaldenkmal: Der 17 Meter hohe Granitobelisk ragt als Symbol der Sammlung des Reiches und seiner Einheit auf. Um ihn herum bilden 29 Bezirkssteine, die die verschiedenen Landesteile symbolisieren sollen, einen Ring. Südlich von Haraldshaugen liegt **Krosshaugen**, ein alter Thingplatz mit einem Steinkreuz aus dem Jahr 1000.

Neben den Schauplätzen der Geschichte bietet Haugesund auch Aktuelles: Hier im norwegischen »Cannes« finden alljährlich die **Norwegischen Filmfestspiele** statt.

Angler aus aller Welt treffen sich Mitte Juni beim Hochseeangeln während des **Nordseefestivals**. Wer sein Angelglück etwas weniger ambitioniert versuchen will, kann mit dem Motorschiff »Røgvær« zu einer Hochseeangeltour aufs Meer hinaus fahren. Touren organisiert das Touristenbüro täglich während der Sommermonate.

Nachdem wir Haugesund verlassen haben, folgen wir der Straße 14 in nördliche Richtung bis Valevåg. Mit der Fähre von Valevåg kann man einen Abstecher auf die Insel Moster unternehmen. Auf Moster steht die älteste Steinkirche Norwegens, die von Olav Tryggvason 995 erbaut wurde.

In Valevåg setzen wir mit der Fähre zur Insel Stord über (Fähre Valevåg - Leirvik). In Leirvik machen sich die Ölaktivitäten vor der norwegischen Küste bemerkbar: Die Werft von Leirvik kann Schiffe von ca. 280.000 BRT bauen, ist jedoch inzwischen hauptsächlich für die Ölindustrie tätig.

Wir verlassen hier die Straße 14 und fahren auf einer Alternativstrecke (Str. 545) an der Westküste von Stord entlang. Am Nordende der Insel erreichen wir den Fährhafen Sandvikvåg, wo wir nach Halhjem übersetzen. Von dort sind es noch 25 km nach Bergen (Str. 14).

2

Das **Solstrand Fjord Hotel** liegt in Os - 31 km südlich von Bergen. Als eines der größten privaten Familienbetriebe Norwegens wird es von der dritten Generation geführt. Direkt am Bjørnefjord gelegen hat das Solstrand Fjord Hotel zwei eigene Anleger direkt am Fjord, einen Badestrand sowie einen Garten mit vielen Erholungsmöglichkeiten. Geboten werden spannende Freizeitangebote: Rudern, Tennis, Badminton, Schwimmhalle, Kinderbassin, Squashcourts, Gymnastikraum, Saunen, Solarien. Das Hotel verfügt über 132 Zimmer, alle mit Bad/Toilette, Minibar und TV. Tanzen können Sie in der Broen Bar. Die Küche des Solstrands Hotel ist besonders für das Buffet mit mehr als 60 verschiedenen Gerichten bekannt. Das Solstrand Fjord Hotel ist ein Partnerhotel des »Suitell Edvard Grieg« und beide zusammen verfügen über 300 Zimmer in der Umgebung von Bergen. Mitglied der Kilde Hotels. ■

Bergen (209.000 Einwohner), die quicklebendige westnorwegische Metropole, sollten Sie sich bei einer Rundreise auf gar keinen Fall

Edvard Griegs Denkmal in Bergen

Bergen

entgehen lassen. Allein der Blick von einem der beiden Aussichtsberge **Fløyen** und **Ulriken** läßt Sie ahnen, was diese Stadt alles zu bieten hat: Den berühmten **Fischmarkt** direkt am Hafen, das **Aquarium** mit einer der schönsten und größten Sammlungen von Fischen, Seehunden und Pinguinen oder die **Fantoft Stabkirche**, die ursprünglich am Sognefjord errichtet und 1883 auf Privatinitiative nach Fantoft »verlegt« wurde. Dann natürlich die Monumente der alten Hansestadt Bergen: die **Brygge** mit ihren alten Kaufmannshöfen und Speichern, die **Schøtstuben**, Aufenthalts- und Klubräume der an der Brygge ansässigen Kaufleute und zahlreiche Museen, die nicht nur aus der Hansezeit erzählen: **Hanseatiske Museum, Bryggens Museum, Fiskeri Museum, Sjøfartsmuseum**.

Ob es an den schwankenden Wetterverhältnissen liegt, daß Bergens Museumslandschaft in ihrer Vielfalt kaum hinter Oslo zurückstehen muß? 22 Museen führt der jährlich erscheinende **Bergen Guide** auf, darunter so berühmte Kunstmuseen wie die **Rasmus Meyers Samling** oder das **Vestlandske Kunstindustri Museum**.

Das ohne Zweifel wichtigste Kulturereignis sind die Internationalen Festspiele (Ende Mai bis Anfang Juni). In Bergen wurde 1850 auch das erste Theater Norwegens gegründet. **Den Nationale Scenen** ist heute im In- und Ausland auf Gastspielen zu sehen. Das philharmonische Orchester besteht schon seit über 200 Jahren und spielt in Bergen in der Grieg-Halle. Die **Håkons Halle** aus dem 13. Jahrhundert liegt nördlich der Brygge auf der Festung Bergenhus. Sie ist eine der wenigen mittelalterlichen Profanbauten, die noch erhalten sind.

Auf **Troldhaugen** lebte, arbeitete und starb Edvard Grieg. Das Haus des bedeutenden norwegischen Komponisten kann man heute besichtigen. In seiner Schreibhütte können Sie vielleicht eigenen Kompositionen nachhängen. Oder im Troldhaugen-Konzertsaal einem Kammerkonzert lauschen. Oder einfach spa-

zierengehen und im Vogelgezwitscher die Flötentöne der Peer-Gynt-Suite heraushören.

3

Hotel Norge ist das Hotel in Bergen, dessen Tradition lange zurückreicht. Durch seine zentrale Lage am Byparken, mitten in den bekannten Einkaufsstraßen Bergens, bietet es sich für Urlaubstage in der Fjordmetropole geradezu an. Auch zu allen Sehenswürdigkeiten ist der Weg nicht weit. Mehrere Restaurants stehen den Hotelgästen zur Auswahl. Im hochmodernen Fitneßcenter befindet sich u.a. eine Schwimmhalle sowie zahlreiche Trimmgeräte. Hotel Norge verfügt über 350 gut ausgestattete Zimmer, alle mit Klimaanlage, TV mit Video, Telefon und Minibar, 24-Stunden Zimmerservice. Garagen im Untergeschoß. Bank. ■

4

Das **Bergen Airport Hotel** ist Bergens modernes Sommerhotel und liegt nicht weit vom Stadtzentrum entfernt in ruhiger Umgebung. Die 239 Doppelzimmer und Suiten sind alle mit Bad, Minibar, Telefon, TV, Video ausgestattet, die Familienappartements zusätzlich mit voll eingerichteter Miniküche. Das Hotel bietet auch eine eigene Wäscherei für Gäste an. Schwimmhalle, Squashcourts, Trimmcenter, Solarium, Sauna und Fahrradverleih. Spielmöglichkeiten für Kinder. Das Bergen Airport Hotel ist von bekannten Sehenswürdigkeiten umgeben und seine Umgebung lädt zu vielseitigen Freiluftaktivitäten ein.
Besonders günstige Sommerpreise! ■

Wollen Sie in Bergen am liebsten Ihr Auto ganz abstellen und mit dem Schiff weiterreisen? Am Ausgangspunkt der Hurtigrute haben Sie vielleicht die Möglichkeit, einen der begehrten Plätze zu bekommen.

Weiter in nördlicher Richtung folgen wir noch ein Stück der Straße 14. Auf einer der meistbenutzten Fähren überqueren wir den Osterfjorden zwischen Steinestø und Knarvik. Die Straße führt im folgenden Abschnitt durch mehrere Tunnel. Wir steigen im Romarheimsdalen auf eine Höhe von 430 m an und fahren hinab zum Matrefjord. Bei Instefjord erreichen wir den längsten der norwegischen Fjorde, den

Sognefjord (Gesamtlänge: rund 200 km). Bevor wir diesen Fjord überqueren, machen wir noch einen Abstecher nach Eivindvik. Dazu fahren wir bei Takle das Takledalen hinunter zum Austgulfjorden (Schöne Aussicht!). Dann auf der Straße 57 nach Nordgulen und auf der kleinen Seitenstraße nach **Eivindvik**. Hier wurde vermutlich das Gulating bis ins 13. Jahrhundert abgehalten. Das Gulating war das Gericht und »Parlament« der westnorwegischen Bezirke. An der Kirche von Eivindvik befinden sich zwei Steinkreuze aus der Zeit der Christianisierung.

Auf der Str. 57 fahren wir weiter nördlich, überqueren den mächtigen Sognefjord an einer seiner breitesten Stellen mit der Fähre von Rutledal nach Rysjedalsvika. Die folgenden Kilometer verbringen wir abseits der großen Durchgangsstraßen auf den kleinen Küstenstraßen, die sowohl herrliche Ausblicke auf die Schärenwelt als auch gute Möglichkeiten für Picknicks und Badepausen bieten. Bis **Dale** bleiben wir weitgehend auf der Straße 607 (vor Dale rund 10 km Str. 57), dann weiter auf der Str. 57, bis wir **Førde** erreichen. Førde ist Mittelpunkt der Landschaft Sunnfjord und liegt in einem weiten Talkessel am Ende des Førdefjords. Der Ort (5.500 Einwohner) hat sich in den letzten Jahren zu einer lebhaften Kleinstadt mit zahlreichen Läden entwickelt. In der Umgebung kann man vor allem Forellen und Lachse angeln (Sportangelschule).

Unser nächstes Ziel ist die westlichste Stadt Norwegens, **Florø**, die man über die Straße 5 erreicht. Kaum eine andere Stadt hat ähnlich abwechslungsreiche und gegensätzliche Landschaftsformen innerhalb ihrer Gemeindegrenzen. Hier gibt es das Meer, mit seinen Tausenden von Inseln, Schären und Holmen, Fjorde, Wasserfälle, idyllische Seen, Waldgebiete und die schneebedeckten Gipfel des Hochgebirges. Schon vor über 4.000 Jahren war das Gebiet um Florø besiedelt. Die Felszeichnungen bei Ausevik (südöstl.) zeugen davon. Heute ist Florø eine wichtige Hafenstadt (9.000 Einwohner). Sehenswert ist die mittelalterliche Steinkirche von Kinn, die vermutlich im 12. Jahrhundert erbaut wurde. Über Angelmöglichkeiten informiert das örtliche Touristenbüro. Dort kann man auch Ruderboote oder die Yacht »Alexandra« ausleihen.

Von Florø aus fahren wir 15 km zurück auf der Str. 5, dann über die neue Brücke auf der Straße 614 zum Nordfjord. Rechts liegen die Gebirgs- und Gletscherregionen Keipen und Ålfotbreen.

Mit der Fähre Isane - Stårheim überqueren wir den **Nordfjord** und folgen der Str. 15, die am Fjord entlang nach **Måløy** führt. Das Zentrum der Küstengemeinde Vågsøy ist seit den siebziger Jahren durch die 1.224 Meter lange Måløybrücke mit dem Festland verbunden. Auf der Insel findet man malerische Fischerdörfer (Torskangerpollen), den alten Handelsplatz Vågsberg und die Leuchtfeuer Kråkenes und Hendanes. Die Schnellbootlinie Måløy - Florø -

Bergen ermöglicht eine schöne Bootsfahrt längs der Küste.

Das **Westkap**, den westlichsten Punkt auf dem norwegischen Festland, erreicht man von Måløy aus über die Straßen 618 und 620. Die serpentinenreichen Straßen bieten eine weite Aussicht. Man lernt dabei eine karge Küstenlandschaft kennen, die durch abgelegene Fischerdörfer aufgelockert wird. Die Straße endet kurz hinter Ferstad auf der 496 Meter hohen, fast ebenen Klippe **Kjerringa** (Das Weib), die senkrecht aus dem Meer emporsteigt. Von hier oben hat man eine prächtige Aussicht über das Meer und das teilweise vergletscherte Gebirge. Zurück von der Halbinsel Stadlandet fahren wir auf der Straße 61 in nördlicher Richtung direkt an der Küste entlang (Fähre Koparnes - Årvik). Bei Gurskevågen erreicht die Straße eine Höhe von 240 Meter und bietet eine großartige Aussicht vom Paß Dragskaret.

Über die Dragsund-Brücke gelangen wir auf die Insel Hareid und kommen nach Ulsteinvik. Komfortable Übernachtungsmöglichkeiten sowie zahlreiche Aktivitäten bietet das dortige Hotel. Von hier aus kann man auch Bootstouren zur Vogelinsel Runde unternehmen. Vom Küstenort Hareid aus erreicht man den Endpunkt unserer Fähren-Tour, wiederum mit einer Fähre.

Die Jugendstilstadt **Ålesund** ist vor allem auf Grund ihrem einzigartigen Jugendstil-Viertel ein beliebtes Touristenziel. Mit rund 35.000 Einwohnern und Norwegens größtem Fischereihafen ist Ålesund aber auch einer der wichtigsten Orte des Landes. Mitten in der Stadt erhebt sich der Berg **Aksla**, der für seine großartige Aussicht bekannt ist. Seit 1987 befindet sich in Ålesund das längste unterirdische Tunnelsystem Europas, das den Flughafen mit dem Zentrum mit insgesamt 7,7 km Tunnelstraßen (bis zu 140 Meter unter dem Meeresspiegel) untereinander verbindet. So wurde auch der Flughafen direkt an das Straßennetz angeschlossen.

Doch die größte Attraktion dieser Stadt ist das **Jugenstil-Viertel**, das zwischen 1906 und 1908 nach einem Stadtbrand komplett neu aufgebaut wurde. So erhielt Ålesund sein Stadtbild »aus einem Guß«, ein architektonisches Denkmal seiner Epoche. Weitere sehenswerte Gebäude sind das Stadtmuseum, das Aquarium (8 Becken mit seltenen Meerestieren der Westküste) und das neue Mittelaltermuseum. Im Sommer findet alljährlich das Ålesund Musikfestival statt.

Von Ålesund aus kann man z.B. auf der E 69 durch das Romsdal in südliche Richtung fahren. Weitere Anschlußmöglichkeiten bietet die Tour **»Jähe Gipfel - klare Fjorde«**.

Jugendstilhäuser in Ålesund

Entfernungen (ohne Fähren):

Stavanger - Haugesund (Fähre)	40 km
Haugesund - Leirvik (Fähre)	43 km
Leirvik - Bergen	41 km
Bergen - Rutledal (Fähre)	175 km
Rysjedalsvika - Førde	93 km
Førde - Florø	67 km
Florø - Måløy (Fähre)	113 km
Måløy - Ålesund	111 km

Adressen:

1 KNA Hotellet Stavanger
Postboks 219
N-4001 Stavanger
Tel. 04 - 52 85 00
Telefax 04 - 53 59 97

2 Solstrand Fjord Hotel
N-5200 Os
Tel. 05 - 30 00 99

3 Hotel Norge Bergen
Ole Bulls Plass 4
N-5000 Bergen
Tel. 05 - 21 01 00

4 Bergen Airport Hotel
Kokstadvn. 3
N-5061 Kokstad - Bergen
Tel. 05 - 22 92 00

ÅLESUND

Ålesund (35.000 Einw.), die Stadt auf fünf Inseln, ist Norwegens größter Fischereihafen. 1848 gegründet, wurde sie dank des expandierenden Fischfangs in der 2. Hälfte des 19. Jh. groß. 1904 zerstörte ein Brand weite Teile der Stadt. Innerhalb weniger Jahre wurde der Ort völlig neu aufgebaut. Å. wurde zu einer Stadt aus einem Guß, ein architektonisches Denkmal seiner Epoche. Neben der fischverarbeitenden Industrie und Werftindustrie spielt die Möbel- und Textilindustrie sowie die expandierende norwegischen Öl-Wirtschaft im Geschäftsleben der Stadt eine große Rolle. Å. - am Meer gelegen und mit den Sunnmøre-Alpen als Kulisse - ist ein beliebtes Touristenziel. Seit 1987 verbindet ein 7,7 km langes Tunnelsystem u.a. den Flughafen mit dem Zentrum.

Sehenswert: Das **Stadtmuseum**; das **Aquarium** (mit seltenen Meerestieren in acht Becken); die **Stadtkirche** (1909) mit Fresken und Glasmalereien; das **Jugendstil-Viertel** der Innenstadt.

Das **Sunnmøre-Museum** (Volkskundemuseum mit 40 alten Häusern); **mittelalterl. Kirche** in Borgund; auf der Insel Valderøy die **Höhle Sjonghelleren**. Der Höhleneingang befindet sich an einem steilen Geröllhang (Vorsicht!). Auf der Insel Giske liegt die **Marmorkirche** (ca. 1200).

Aussichtspunkt: der 189 m hohe Stadtberg Aksla mit dem Restaurant Fjellstua.

Blick auf Ålesund vom Berg Aksla

TOUR 4
Eine Runde Telemark

Von Kragerø über Morgedal, Notodden und Skien

Die Telemark Tour bietet bei relativ geringer Kilometerzahl eine Vielzahl von ganz unterschiedlichen Landschaftsformen, kleinen Fischerdörfern, Küstenstädten, aber auch Aktivitätsmöglichkeiten in Hülle und Fülle. Unser Ausgangspunkt ist **Kragerø**, ein Fischerort an der schärenreichen Telemarkküste (5.500 Einwohner). Vier Kilometer vom Stadtzentrum entfernt ist das Berg-Kragerø-Museum in einer alten Villa untergebracht. Es enthält eine kulturhistorische Sammlung. Auf der kleinen Insel Gunnarsholm ist eine Kanonenbatterie aus den Jahren 1808 - 1814 erhalten, mit der während der Kriegsjahre englische Kriegsschiffe vertrieben wurden. Das »Kragerø Sjøbad« bietet herrliche Bademöglichkeiten. Windsurfing, Wasserski, Reiten, Segeln, Angeln und Wanderungen organisiert das Touristenbüro.

Über die Europastraße 18 fahren wir nach **Risør**. Die weiße Stadt am Skagerak besitzt ganz besonders schöne Holzhäuser und einen lebhaften, malerischen Hafen. Die Heilig-Geist-Kirche von 1647 ist eine der wenigen in reinem Barockstil erbauten Kirchen Norwegens. Auf der Straße 410/11 fahren wir bis Tvedestrand und biegen dort auf die Str. 415 ab, die uns ins Landesinnere der Telemark bringen soll. Der **Nisser**, mit 77 Quadratkilometern größter Binnensee der Telemark, ist unser nächstes Ziel.

Schleuse im Telemarkskanal

Mit der »M/S Fram« kann man eine gemütliche Bootstour unternehmen, sich mit Angelzeug ausrüsten oder gar zu einer kleinen Segelpartie aufbrechen. Über den Landrücken bei Kviteseid (frühmittelalterliche Steinkirche von 1150) erreicht man die E 76.

Nach rund 20 Kilometern liegt **Morgedal** in nordwestlicher Richtung. Der bekannte Wintersportort wird oft als »Wiege des Skisports« bezeichnet. Hier befindet sich das Olav Bjåland-Museum mit einer Ski- und Polarexpeditions-Sammlung sowie das Geburtshaus von Sondre Nordheim, dem Vater des modernen Skisports.

Die Straße 76 führt nun um das Gebirgsgebiet Lifjell in das Heddal. Die **Heddal Stabkirche** ist die größte der erhaltenen Stabkirchen der Telemark. Sie wurde wahrscheinlich 1242 errichtet. Zahlreiche geschnitzte Portale mit den charakteristischen Tier- und Rankenmotiven stammen noch aus dem Mittelalter.

Kurz darauf erreichen wir **Notodden**. Diese Industriestadt (13.000 Einwohner) beherbergt mehrere bedeutende Industriebetriebe: das Eisenwerk Tinfos Jernverk, die Tinfos Papierfabrik und fünf Fabriken des Konzerns Norsk Hydro.

Am südlichen Ortsausgang fahren wir auf der Str. 360 am Heddalsvatnet entlang bis nach Gvarv. Von dort sind es nur wenige Kilometer nach **Bø**. Hier kann man die Åjeim Kolonialwarenhandlung mit einer hundert Jahre alten Einrichtung besichtigen. **Telemark Sommarland** ist ein Freizeitpark, der seine Gäste mit zahlreichen Attraktionen erwartet, unter anderem mit einer der höchsten Fallrutschbahnen der Welt.

Von Gvarv aus folgen wir der Str. 36, die am Norsjø entlang verläuft, nach **Skien**. Hier ist der Geburtsort des Dramatikers Henrik Ibsen (1828 - 1906). Zahlreiche Sehenswürdigkeiten (Kulturhaus, Park, Gedenksteine) sind diesem bedeutenden norwegischen Literaten gewidmet. Skien ist auch Ausgangspunkt der **Telemark-Wasserstraße**, eine Verbindung zwischen dem Skagerak und dem Ort Dalen, 105 km tief in der Telemark gelegen. Der Telemarkkanal und die Schleusenanlagen wurden bereits im letzten Jahrhundert gebaut. Heute kann man mit der M/S Victoria und der M/S Vildanden in zehn Stunden die Telemark zwischen Skien und Dalen auf diesem Wasserweg kennenlernen. Unterwegs passiert man acht Schleusenanlagen mit achtzehn Schleusenkammern.

Von Skien aus kann man die Tour nach **Porsgrunn** (31.500 Einwohner) fortsetzen. Norwegens einzige Porzellanmanufaktur befindet sich seit 1887 in Porsgrunn. Besichtigungen sind ganzjährig möglich. Auch das Stadtmuseum hat verschiedene Porzellanobjekte in seiner kunsthandwerklichen Sammlung.

Von Porsgrunn aus erreicht man über die E 18 Kragerø, den Ausgangspunkt der Telemarktour.

Telemark »Sommerland«

■ Telemark - Norwegens Kultur wurzelt hier tief. Allein in diesem norwegischen Bezirk gibt es heute mehr mittelalterliche Holzhäuser als im ganzen Land zusammengerechnet. Zwei Stabkirchen, in Eidsborg und Heddal, eine Reihe guterhaltener mittelalterlicher Steinkirchen sowie interessante Kirchenruinen zeigen die Tradition der Sakralbaukunst.

Aber auch Volkslieder, Volksmusik und Märchen hat man in der Telemark von alters her gesammelt. In allen Gegenden haben sich besondere Bautechniken erhalten, die auch in den über 20 Museen und Freilichtanlagen ihre Spuren hinterlassen haben - z.B. in Vrådal und Rjukan. Interessante Sammlungen von alten Bauernhöfen über Porzellan bis hin zu Südpolerinnerungen und Skisport.

Die Technik der Rosenmalerei blühte in der Telemark reicher als anderswo. Schöne Stücke können in einigen Sammlungen bewundert werden. Interessierte können selbst diese alten Handwerkskünste in Kursen ausprobieren. Das Fremdenverkehrsamt vermittelt Angebote, z. B. an der »Akademie Rauland«. »Kreative Ferien« nennen sich Kurse, bei denen ein Ferienaufenthalt mit kunsthandwerklichem Angebot ergänzt wird. ■

Entfernungen:

Kragerø - Risør	50 km
Risør - Tvedestrand	36 km
Tvedestrand - Tveitsund	75 km
Tveitsund - Morgedal	58 km
Morgedal - Notodden	85 km
Notodden - Bø	37 km
Bø - Skien	54 km
Skien - Porsgrunn	8 km
Porsgrunn - Kragerø	47 km

Adressen:

■ Telemark Reiser
N. Hjellegt. 18
N-3700 Skien
Tel. 03 - 52 92 05
Telefax 03 - 52 92 70

OSLO

Oslo, die älteste Hauptstadt Nordeuropas, wurde in den Jahren vor 1050 von König Harald Hardråde gegründet. Bereits vor 7.000 Jahren hatte der Ort große Bedeutung für die germanische Religion: Oslo, (As-lo), die Ebene der Götter. Im Jahre 1624 brannte Oslo fast völlig nieder. Unter König Christian IV wurde es als »Christiania« wieder aufgebaut.
Im 17. und 18. Jh. handelten die Kaufleute von Christiania hauptsächlich mit Holz, das sie nach Holland und England verschifften. In der 2. Hälfte des 19. Jh. ließen sich Spinnereien, Webereien und metallverarbeitende Betriebe dort nieder. Bis zur Jahrhundertwende stieg die Einwohnerzahl auf 250.000. 1924 feierte Christiania sein 300-jähriges Stadtjubiläum. Es wurde beschlossen, der Stadt ab 1925 ihren historischen Namen Oslo zurückzugeben.
Heute ist Oslo das Wirtschaftszentrum und mit 450.000 Einwohnern größte Stadt des Landes. An den 13 km langen Hafenanlagen legen jährlich 35.000 Schiffe an. 45 % der norweg. Importe gehen über Oslo.

Die Akershus Festung am Hafen von Oslo

Sehenswert: Das **Rathaus** (Bauzeit: 1931-1950) wurde zur 900-Jahr-Feier eingeweiht. - Die Festung **Akershus** (ursprüngl. um 1300) ist heute Repräsentationsgebäude der norweg. Regierung, zudem auch ein Freiluftgebiet mit interessanten Sehenswürdigkeiten. Das **Verteidigungs-** und das norweg. **Widerstandsmuseum** befinden sich ebenfalls auf dem Gelände. - In einem der ältesten Häuser der Stadt ist das **Theatermuseum** untergebracht (Nedre Slottsgt.). - Das **Schloß** (1849) am Nordwestende der alten Prachtstraße, Karl Johans gate, ist der offizielle Wohnsitz des norweg. Königs (Wachablösung tägl. 13.30 Uhr). An der Karl Johans gate liegen das **Nationaltheater**, die **Aula der Universität** (Wandmalereien von E. Munch), das **Parlament** (»Storting«) und der **Dom** (Ende 17. Jh.). Daneben stehen die sog. **Basarhallen** und unweit davon das **Husfliden-Geschäft** (Kunsthandwerk u. Gebrauchskunst), Skandinaviens größte Verkaufsstelle für Kunsthandwerk. - In der Dronningensgt. (Querstr. zur Karl J. gate) liegen die Hauptpost und das norweg. **Postmuseum**. - Im Nordsektor der Innenstadt (Nähe Universität) laden die **Nationalgalerie** (beste u. größte Kunstsammlung Norwegens) und das **Historische Museum** zum Besuch ein. - Wer das alte Christiania kennenlernen möchte, sollte das **Viertel bei der Damstredet** aufsuchen. Südwestl. davon liegt das **Museum für Kunsthandwerk** (Kunstindustrimuseet). - Folgt man dem Akersveien in nördl. Richtung, gelangt man zur »**Alten Aker Kirche**«, einer Steinbasilika (um 1100), der ältesten heute noch benutzten Kirche Nordeuropas. - In einem Villenviertel aus der Mitte des 19. Jh. steht das **Norweg. Architekturmuseum**.
Auf der **Halbinsel Bygdøy**, einem der schönsten (und teuersten) Wohngebiete der Stadt, können Sie - gleich gegenüber dem **Norweg. Seefahrtsmuseum** - das Polarschiff »**Fram**« besichtigen, mit dem Nansen, Sverdrup und Amundsen große Polarexpeditionen unternahmen. - Ein weiteres Museum zum Thema Forschungsreisen, das **Kon-Tiki-Museum**, liegt gleichfalls in der Nähe. - Die Geschichte der Wikingerzeit dokumentiert das **Wikingerschiffs-Haus**. - Nur wenige hundert Meter entfernt bietet das **Norweg. Volksmuseum** (mit gr. Freilichtabteilung) bei einem Spaziergang eine kulturgeschichtliche Reise durch das gesamte Königreich. - Über den Oscarshallveien kann man einen Abstecher zum Lustschlößchen **Oscarshall** unternehmen.

Im **östlichen Stadtgebiet** verdient das **Munch-Museum** besondere Beachtung. Der 1944 verstorbene Künstler hat sein Werk der Stadt Oslo vermacht. Westl. vom Munch-Museum erstreckt sich der schöne **Botanische Garten** mit den naturgeschichtl. Sammlungen der Universität. - Im Stadtteil Gamlebyen liegt der **Minnepark**, auch Ruinenpark genannt. - Auf der Halbinsel Hovedøya findet man die Ruinen eines **Zisterzienser-Klosters** (1147). - In Ekeberg liegt ein Naturpark mit einem großen **Gräberfeld** aus frühgeschichtl. Zeit, und in der Nähe der Seefahrtsschule sind **Felszeichnungen** aus der Eisenzeit erhalten.

Der im **westlichen Stadtgebiet** gelegene **Frognerpark** beherbergt u.a. die sog. **Vigelandsanlage**. Die hier aufgestellten 192 Skulpturen mit 650 Figuren bilden das Lebenswerk des Bildhauers Gustav Vigeland (1869-1943). Sein **Atelier- und Wohnhaus** steht in der Nähe des gleichfalls im Park gelegenen **Stadtmuseums** von Oslo.

Das am **Stadtrand** gelegene **Holmenkollen-Gebiet** ist Standort der berühmtesten Skisprungschanze der Welt. In der Schanze ist auch das **Skimuseum** untergebracht - das älteste der Welt! - Vom **Tryvanns-Turm** (Fernmeldeturm) hat man eine einzigartige Aussicht. - In einer schönen Parkanlage am Bogstadvannet liegt der **Herrenhof Bogstad** (18. Jh.). **Polhøgda**, das Haus Fridtjof Nansens in Lysaker (westl. d. Stadtgrenze), ist für die Öffentlichkeit nur nach Absprache zugänglich. - Das 1968 eröffnete Kulturzentrum in Høvikodden (E 18, Richtung Drammen), das **Henie-Onstad-Kunstzentrum**, ist eine Stiftung der norw. Eiskunstläuferin Sonja Henie und ihres Gatten Niels Onstad.

ANKER HOTELL

Ein modernes Hotel im Zentrum von Oslo. Mit seinem à la carte-Restaurant, dem Café und dem Konferenzzentrum bietet es den Service eines guten Stadthotels. Doch einen Unterschied gibt es doch: den Preisunterschied. Denn das Anker Hotel verfolgt ein ganz besonderes Konzept: Man setzt auf zweckmäßigen Komfort und bietet Zimmer für eine angenehme Übernachtung. Alle Räume sind mit Dusche und Toilette ausgestattet, einige »Luxuszimmer« auch mit Telefon und Fernseher. »Uns liegt daran, Ihnen die Funktionen anzubieten, die Sie *tatsächlich* benötigen«, erläutert das Anker Hotel seinen Gästen die »Firmenphilosophie«.. »Deshalb finden Sie hier weder Bar noch Sauna oder Schwimmbecken. Das erspart uns Ausgaben, und Sie müssen einen weit geringeren Preis zahlen. So einfach ist das.«
Die Hotelküche hat sich auf gutes, preiswertes und reichliches Essen spezialisiert. Mehrere Tagungs- und Gruppenräume bieten Geschäftsreisenden Konferenzmöglichkeiten. Für Busse und Autos bestehen gute Parkmöglichkeiten.
Während der Sommermonate von Juni bis September wird das Anker Hotel zum drittgrößten Hotel Oslos. Dann stehen den Oslo-Touristen weitere 150 Zimmer zur Verfügung, die im restlichen Jahr als Studentenwohnungen genutzt werden. »Sommerhotel« nennen sich diese Hotels, deren Doppelnutzung sowohl den Studenten als auch preisbewußten Urlaubern zugute kommt.
Das Anker Hotell ist ganzjährig geöffnet!
Anker Hotell
Storgata 55
N-0182 Oslo 1
Tel. 02 - 11 40 05
Telefax: 02 - 11 01 36

ANKER HOTEL

TOUR 5
Auf »Schleichwegen« nach Trondheim

Rondeweg

Es gibt mehrere Möglichkeiten, von der schwedischen Grenze am Svinesund nach Trondheim zu gelangen. Die meisten wählen die Europastraße 6, die über Trondheim direkt in den hohen Norden führt. Wir möchten Ihnen hier eine Route vorstellen, die weitgehend über andere Straßen führt.

Die Fahrt beginnt an der 60 Meter hohen Svinesundbrücke, die Schweden und Norwegen verbindet (E 6). Bereits nach wenigen Kilometern verlassen wir die internationale Fernverkehrsstraße E 6, die von Rom bis nach Kirkenes führt. In Skjeberg biegen wir auf die Straße 110 ab, die den Beinamen »Oldtidsvei« trägt und eine Reise in die Zeit der Wikinger und der Sagas ermöglicht. Das Gebiet von Østfold ist schon seit Jahrtausenden besiedelt, Zeugnisse dafür sind die zahlreichen Felsenzeichnungen und Gräber sowie eine Landburg aus dem 4. bis 5. Jahrhundert. Die Str. 110 führt über **Fredrikstad** (27.000 Einwohner, Industrie, sehenswert: Altstadt und Festungsgebiet) nach Karlshus, wo man die E 6 wieder erreicht.

Entweder auf der Hauptstraße oder über Nebenstraßen kommen wir über **Moss** (Industrie, Einkaufszentrum) Richtung Oslo. Eine gute Alternative zur E 6 ist die Str. 120 Moss - Ytre Enebakk in Verbindung mit der Straße 155 Ytre Enebakk - Oslo. In Oslo (ausführliche Beschreibung an anderer Stelle) empfiehlt es sich, der Straße 4 nach Gjøvik weiter zu folgen. Sie verläuft zunächst durch einsame Wald- und Moorgebiete. Hinter **Gjøvik** führt die Straße direkt am Mjøsa entlang, Norwegens größtem Binnensee. Dort kann man auf dem historischen Raddampfer »Skibladner« (von 1856) eine beeindruckende Bootstour unternehmen. Z.B. von Gjøvik nach Lillehammer. Gjøvik selbst ist ein lohnendes Reiseziel und gilt wegen seiner hellgestrichenen Holzhäuser als die »weiße Stadt am Mjøsa«. Mitten in der Stadt liegt der sehenswerte Herrenhof Gjøvik Gård, der heute als Kulturzentrum dient.

Am Nordende des Mjøsa-Sees liegt der bekannte Fremdenverkehrsort **Lillehammer**. Der Ort (22.000 Einwohner) hat ein großes Freilichtmuseum (Maihaugen, siehe auch Stabkirchentour), ein beachtenswertes Kunstmuseum und ein Fahrzeugmuseum mit u.a. Oldtimer-Autos.

1

Das **Rica Victoria Hotel** ist ein traditionsreiches Hotel, seit 1872 im Stadtzentrum von Lillehammer gelegen. 1987 modernisiert. Zahlreiche Sehenswürdigkeiten in Lillehammer und abwechslungsreiche Ausflugsmöglichkeiten in die nahen Wald- und Fjellgebiete. Neu seit Winter '88: Die Alpinanlage Hafjell. Im Rica Victoria Hotel ist für viele Platz: 25 Einzelzimmer, 35 Kombizimmer, 32 Doppelzimmer - alle mit Bad/Dusche und WC

Victoriahjørnet . . . . 100 Gäste
Speisesaal . . . . 180 Gäste
Rica Plaza Dancing . . . . 180 Gäste
Kaminzimmer . . . . 30 Gäste
Kongresshalle . . . . 260 Gäste

300 m zum Bahnhof Lillehammer, 200 km zum Flugplatz Fornebu (Oslo), Busverbindungen nach Gjøvik, Otta, Hamar.

Ab Lillehammer folgen wir zunächst der E 6. Wir kommen durch ein landwirtschaftlich genutztes Gebiet vorbei am Spielpark Lekeland (mit dem größten Troll der Welt) über Øyer (Miniaturstadt Lilleputthammer) nach Ringebu. Dort steht südlich des Zentrums eine sehenswerte Stabkirche aus dem 13. Jahrhundert.

2

Ringebu - eine gemütliche kleine Ortschaft mit Übernachtungsmöglichkeiten in allen Preisklassen und vielen Einkaufsmöglichkeiten. Von Ringebu aus erreicht man das Venabygdsfjell. Über die weitläufigen Fjellgebiete Ringebus verlaufen die Paßstraße Friisvegen (1.158 m.ü.M.) sowie der Rondevegen (Str. 220, 1.054 m.ü.M.) nach Østerdalen. Markierte Wanderwege im Sommer und hunderte Kilometer präparierte Loipen im Winter erwarten Sie hier. In der Stabkirche Ringebu werden von Mitte Juni bis Mitte August Führungen angeboten. Das »Almmuseum« Gullhaugen liegt 15 km von Fåvang entfernt im größten norwegischen Almgebiet. ∎

3

Das **Venabu Fjellhotell** ist ein gemütliches Familienhotel mit 56 Zimmern (alle mit Dusche/WC), freundlichen Aufenthaltsräumen, Tanzabenden mit Live-Bands. Das Restaurant besitzt alle Schanklizenzen. Gute Küche, günstige Pensionspreise ab fünftägigem Aufenthalt. Gute Forellengewässer, eigener Reitstall. Kanutouren, Reitausflüge und Wanderungen werden jede Woche arrangiert (u.a. zu Wildrentieren und alten Fanganlagen in Rondane). Mitgliedshotel der Best Western Hotels.

Die **Spidsbergseter Fjellstue** führt die Tradition der norwegischen Berghütten fort, bietet aber gleichzeitig modernen Komfort. 90 Betten, Schwimmbecken und Sonnenterrasse. Einfache Übernachtungen oder Voll- und Halbpension. Verleih von Fahrrädern, Booten, Kanus. Abwechslungsreiche Umgebung. Cafeteria mit rustikalen Almspezialitäten.

Das **Ringebu Hotel**, ein ruhiges, modernes Hotel, liegt im Zentrum der Ortes Ringebu. Ausgezeichneter Ausgangspunkt für Tagestouren mit dem Auto. Tourenvorschläge gibt es bei der örtlichen Touristeninformation. Gute Angelmöglichkeiten im Gudbrandsdalslågen. ∎

Der historische Bergbauort Røros

Wir verlassen nun das Gudbrandsdal und fahren über die Straße 220 (Rondevegen) auf das Venabygdsfjell (Paßhöhe 1054 m). Hier kann man schöne Gebirgswanderungen unternehmen. Vor Atnbrua stoßen wir auf die Straße 27, der wir bis Folldal folgen. Folldal ist seit 1748 ein Bergwerksort (alte Bebauung) und gleichzeitig ein guter Ausgangspunkt für Touren in die Nationalparks Rondane und Dovrefjell.

Nächste Station auf unserer Fahrt durch das Østerdalen ist Alvdal (alte Hofanlage Husantun). Unbedingt empfehlenswert ist ein Abstecher auf den 1.666 Meter hohen Aussichtsberg Trontoppen (Straße) sowie zum größten Canyon Skandinaviens (Jutulhogget).

Entlang der Glomma, Norwegens längstem Fluß, gelangen wir über Tynset (Freilichtmuseum »Parken«), Tolga und Os zur Bergwerksstadt **Røros**. Sie gehört zu den am besten bewahrten historischen Bergbauorten der ganzen Welt. Der guterhaltene Ortskern steht unter Denkmalschutz. Besonders sehenswert sind die alte Kirche, das Museum in der Schmelzhütte sowie die alten Bergmannshäuser. Außerhalb der Stadt liegt die Olavsgrube, die besichtigt werden kann.

4

Hotel Røros

Zu schönen Urlaubstagen in der alten Bergbaustadt Røros gehört auch ein gutes Hotel: Im Hotel Røros bieten wir große, komfortable Zimmer mit Dusche, Bad, WC, TV, Telefon und vielen anderen Serviceeinrichtungen. Zudem haben wir eine Schwimmhalle und einen Trimmraum, in dem Sie fachkundig von einem Physiotherapeuten betreut werden. Unseren morgendlichen Badegästen servieren wir den Frühstückskaffee gerne am Beckenrand. Vielleicht haben Sie Lust, draußen Tennis oder eine Runde Minigolf zu spielen oder Sie machen einen Spaziergang in den nahen Bergwiesen. Für das große norwegische Buffet, das »koldtbordet« haben wir einen eigenen Raum reserviert, dort erwartet Sie ein traditionell hergerichteter Schlemmerplatz. Im Sommer halten wir ihn jeden Abend für Sie geöffnet. ∎

Wir fahren weiter auf der Straße 30, die durch das Gauldalen verläuft. Der Talfluß Gaula ist ein bekannter Lachsfluß. In Støren stoßen wir

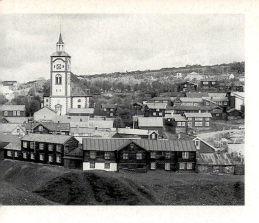

TOUR 6
Gotik in Holz

Stabkirchen von Oslo über Urnes nach Heddal

Über 800 Kirchen mit einer in Europa einzigartigen Bauform errichteten die Norweger im frühen Mittelalter. Dicke Holzstäbe wurden senkrecht wie Schiffsmaste auf einem Steinfundament verankert. Bis zu sechs Stockwerke hoch wurde ein »Kirchenschiff« errichtet, das sowohl die Tradition des Wikingerschiffbaus als auch die Ornamente und Symbole der alten, heidnischen Religion in sich vereinigte.

Heute sind noch etwa 30 dieser norwegischen Stabkirchen erhalten. Sie stehen in Süd- und Mittelnorwegen, teilweise an ihren ursprünglichen Stellen, einige von ihnen in Freilichtmuseen in Oslo, Lillehammer oder neuen Standorten wie in Bergen.

Unsere Stabkirchen Tour führt Sie von Oslo über das Gudbrandsdal in den westnorwegischen Fjordbezirk Sogn og Fjordane und endet in der Telemark.

Wir beginnen die Tour in **Oslo**. Auf der Museumshalbinsel Bygdøy befindet sich in Nachbarschaft mit dem Seefahrtsmuseum und dem Kon-Tiki-Museum das Freilichtmuseum (Norsk Folkemuseum). Als Grundstein für diese Museumsanlage kaufte König Oscar II. 1885 die abbruchreife Stabkiche von Gol im Hallingdal und ließ sie auf Bygdøy neu errichten. Das gesamte tragende Skelett stammt aus dem Mittelalter, nach dem Vorbild der Borgund Stabkirche wurden Teile der Außenwände des Schiffs, des Dachwerkes und der Chorwände neu aufgebaut. Die 14 Masten (Stav) sind mit Drachenmotiven verziert.

Neben der Stabkirche von Gol findet man im übrigens größten norwegischen Freilichtmuseum rund 170 Gebäude aus ganz Norwegen. Lohnend ist auch ein Besuch des Restaurants. Dort werden norwegische Spezialitäten wie »rømmegrøt« (Sauerrahmgrütze) angeboten.

Nach Lillehammer, unserem nächsten Ziel, führt die Reichsstraße 4 als kürzeste Verbindung.

Auf dem ersten Abschnitt unserer Tour zwischen Oslo und Lillehammer folgen wir der E 6 (kürzer ist die Verbindung über Gjøvik). Über Jessheim kommen wir nach **Eidsvoll**, dort steht die »Wiege der norwegischen Verfassung«, denn auf Eidsvoll tagte 1814 die verfassungsgebende Versammlung.

Bei Minnesund erreichen wir den 100 km langen und bis zu 450 m tiefen Mjøsa-See. An seiner Ostseite kommen wir nach Hamar, der größten Binnenstadt des Landes (großes Freilichtmuseum, norwegisches Eisenbahnmuseum).

Durch eine freundliche Landschaft fahren wir über Brumunddal und Moelv und gelangen über eine neue Brücke (gebührenpflichtige Straße) an das Westufer des größten Binnensees Norwegens. Die E 6 folgt dem Seeufer und gelangt schließlich nach **Lillehammer** (Abstecher ins Zentrum).

Erst 1827 erhielt die Stadt ihre Stadtrechte, damals zählte sie ganze 50 Einwohner. Heute leben rund 22.000 Einwohner innerhalb der Stadtgrenzen. Trotzdem hat sich der alte Kleinstadtcharakter weitgehend erhalten und die gepflegten alten Holzhäuser dominieren. Maihaugen, das Freilichtmuseum, ist ohne Zweifel die bedeutendste Sehenswürdigkeit Lillehammers. Der Zahnarzt Anders Sandvig legte die nach ihm benannte Sammlung (De Sandvigske Samlinger) im letzten Jahrhundert an. In Maihaugen steht heute die Garmo Stabkirche, die bis 1920 in Garmo bei Lom in Oppland stand. Bedeutende Kunstgegenstände, die aus verschiedenen Kirchen im Gudbrandsdal zusammengetragen wurden, bilden das Inventar. Als Museumskirchen werden die Stabkirchen von Gol und Garmo heute in erster Linie von Touristen besucht.

Wir verlassen Lillehammer in nördlicher Richtung und fahren auf der Europastraße 6 durch das Gudbrandsdal. Für Wanderer empfiehlt sich ein Abstecher über die Peer-Gynt-Straße, die westlich des Tales verläuft.

Der Fluß Losna begleitet die E 6 auf diesem Streckenabschnitt. Nach rund 60 km erreichen wir **Ringebu**. Gegenüber der alten Zunftwiese liegt die Ringebu Stabkirche. Ihre ursprüngliche Form wurde, wie bei vielen anderen Stabkirchen auch, 1630 erweitert. Der Baumeister Werner Olsen errichtete über der Vierung einen Turm. Zum Inventar zählen eine St. Laurentius-Statue, Kruzifixe und ein Taufbecken aus dem Mittelalter. Die Kanzel ist aus dem Jahre 1703.

Über Vinstra gelangen wir weiter talaufwärts nach Otta. Der Ort ist ein wichtiges Handels- und Verkehrszentrum im nördlichen Gudbrandsdal, aber auch schon seit dem 19 Jahrhundert ein beliebtes Touristenziel. Otta ist auch mit der Zug von Oslo aus gut erreichbar. Hier zweigt die Straße 15 ab, an der weitere Stabkirchen liegen. Auch die Ortskirche in **Vågåmo** ist eine ehemalige Stabkirche aus dem 12. Jahrhundert, die 1625-30 vollständig umgebaut wurde. Am linken Ufer des Vågåvatnet stand früher die Garmo Stabkirche (heute in Maihaugen, s.o.).

Wir kommen nach **Lom**, einem schönen Ort am Ende des Vågåvatnet-See. Die Stabkirche von Lom hat, trotz einiger Umbauten im 17. Jahrhundert, ihre ursprüngliche Architektur bewahren können. Dies zeigt besonders das Nordportal. In Lom ist auch der einzige Firstkamm mit Kreuzen und ein Drachenkopf aus dem Mittelalter erhalten. Die Kirche wurde Mitte des 12. Jahrhunderts gebaut, der Turm und die Erweiterung des Westschiffs stammen aus den Jahren 1633/34. Die Stabkirche von

wieder auf die E 6. Unsere Route folgt weiterhin der Gaula talabwärts und führt schließlich in das flache, landwirtschaftlich genutzte Gebiet von Trondheim.

Die alte Domstadt **Trondheim** ist der Endpunkt unserer Strecke. Norwegens drittgrößte Stadt (134.000 Einwohner) bietet neben dem prächtigen mittelalterlichen **Nidaros-Dom** zahlreiche weitere Sehenswürdigkeiten: ein Kunst- und ein Kunsthandwerksmuseum, ein naturkundliches und ein Seefahrtsmuseum, mehrere alte, guterhaltene Gebäude, die Festung Kristiansten, ein großes Freilichtmuseum sowie das musikgeschichtliche Museum auf dem Herrenhof Ringve - um nur einige zu nennen. In Trondheim haben wir Anschluß an die Route »**Von Trondheim in den hohen Norden**«.

Entfernungen:

Svinesundbrücke - Frederikstad	33 km
Frederikstad - Moss	36 km
Moss - Ytre Enebakk	42 km
Ytre Enebakk - Oslo	24 km
Oslo - Gjøvik	126 km
Gjøvik - Lillehammer	45 km
Lillehammer - Ringebu	58 km
Ringebu - Atubrua	46 km
Atubrua - Folldal	41 km
Folldal - Alvdal	41 km
Alvdal - Røros	79 km
Røros - Trondheim	154 km

Adressen:

1 Rica Victoria Hotel
Storgaten 82/84
N-2600 Lillehammer
Tel. 062 - 50 049

2 Fremdenverkehrsamt Ringebu
Turistkontoret
N-2630 Ringebu Tel. 062 - 81 017
Telefax 062 - 80 533

3 Venabu Fjellhotel
N-2632 Venabygd
Tel. 062 - 84 055

4 Hotel Røros
An-Magrittsvei
N-7460 Røros
Tel. 074 - 11 011
Telefax 074 - 10 022

Lom wird noch heute als Gemeindekirche genutzt und besitzt eine wertvolle Innenausstattung.

Für Mineraliensammler bietet das »Lom Mineraliencenter« interessante Möglichkeiten. Hinter Lom zweigt die Straße 55 ab, die über das Sognefjell hinunter zum Sognefjord führt. Sie ist für viele die schönste und abwechslungsreichste Ost-West-Verbindung Norwegens. Durch das Bøverdalen steigt die Straße langsam an. In Galdesand biegt links eine gebührenpflichtige Straße zur Juvasshytta in 1.841 m Höhe ab. Den höchsten Punkt der Hauptstraße erreicht man bei der Sognefjell Turisthytte, die auf 1.440 Meter Höhe liegt. Sie eignet sich gut als Ausgangspunkt für Wanderungen und Touren im Sognefjell.

Das Turtagrø Hochgebirgshotel ist ebenfalls ein bekannter Stützpunkt für Bergsteiger und Wanderer. Auf der folgenden Strecke nach Fortun wird auf 11 Kilometern ein Höhenunterschied von rund 950 Metern in Serpentinen überwunden. Bei **Skjolden** erreicht man den Lustrafjord, einen Seitenarm des königlichen Sognefjords, der sich hier weit ins Gebirge hineinfrißt. Von hier aus kann man einer kleinen Seitenstraße am östlichen Fjordufer folgen, die in Urnes endet (30 km). Auf der anderen Uferseite führt die Straße 55 weiter über Luster und Gaupne nach Hafslo. Kurz hinter dem Ort zweigt eine kleine Seitenstraße nach Solvorn, einem schönen Fjorddorf mit idyllischen Holzhäusern, ab. Von dort aus besteht eine Bootsverbindung nach **Urnes**.

Die **Stabkirche von Urnes** ist die älteste Norwegens. Sie wurde in ihrer jetzigen Form im frühen 12. Jahrhundert mit Teilen einer noch älteren Kirche errichtet. An der Nordwand kann man sehen, wie das einstmals größere Portal in die Wand eingepaßt wurde. Die geteerten Reliefbänder mit verschlungenen Tierköpfen sind als »Urnes-Stil« in die Kunstgeschichte eingegangen. Im Innenraum hat die Reformation ihre Spuren hinterlassen: Seit dieser Zeit möblierte man die früher leeren Kirchen mit Bänken und geschlossenen Betstühlen für die reichen Familien und malte die Innenräume mit hellen Farben und Motiven der Bauernmalerei aus.

Wir fahren zurück auf die Straße 55 und kommen nach **Sogndal**, dem touristischen Zentrum des inneren Sognefjordgebietes. Sehenswert sind die alte Ortskirche und das Sogn Folkemuseum (Volkskundemuseum, an der Straße Richtung Kaupanger). Elf Kilometer hinter Sogndal liegt **Kaupanger** (Str. 5). Die **Stabkirche von Kaupanger** ist die größte im Sognefjord-Gebiet. Sie wurde um 1200 errichtet, im 17. und 19. Jahrhundert umgebaut - aus diesen Umbauten stammen die waagerechten Wandbretter - und 1965 gründlich restauriert.

Mit der Fähre gelangt man von Kaupanger nach Revsnes auf die E 68. Sie führt in östlicher Richtung durch das Lærdal nach Borgund, wo man das Prachtstück der Stabkirchen-

Stabkirche von Ringebu

Architektur bewundern kann. Die **Borgund Stabkirche** ist die einzige Stabkirche, die seit dem Mittelalter (um 1150) ohne wesentliche Umbauten erhalten blieb. Charakteristisch sind die bizarr geschnitzten Drachenköpfe. Am Westeingang befindet sich eine Runeninschrift aus dem 12. Jahrhundert.

Die E 68 führt nun weiter über das Filefjell, das schon im Mittelalter einen wichtigen Gebirgsübergang zwischen Oslo und Bergen darstellte. Beim Hochgebirgshotel Nystuen (1.004 m) erreicht sie ihren höchsten Punkt. Am Ostufer des Binnensees Vangmjøsa liegt die kleine **Stabkirche von Øye**. Sie stammt ursprünglich aus dem 12.-13. Jahrhundert und wurde aus Teilen rekonstruiert, die man unter der jetzigen Ortskirche aus dem Jahre 1747 fand.

Unser nächstes Ziel ist **Grindaheim**, das Zentrum der Gemeinde Vang. Die dortige Ortskirche aus dem Jahre 1839 ersetzte eine mittelalterliche Stabkirche, die für 94 Taler an Friedrich Wilhelm IV. verkauft wurde, der sie in Brückenberg in Schlesien wieder aufbauen ließ. Vor der neuen Kirche steht der Vangstein, ein Bildstein aus dem 11. Jahrhundert.

Bei Kvismo zweigt eine kurze Nebenstraße zur **Stabkirche von Høre**. Wir fahren nun am Slidrefjorden, einem Binnensee, entlang nach **Fagernes**. Das Wirtschaftszentrum der Bauerntalung Valdres ist ein beliebter Touristenort. Ein sehr interessantes Freilichtmuseum befindet sich auf der Insel Storøya im See Strandefjord. Dieses bereits 1901 eröffnete Volksmuseum für die Landschaft Valdres gehört zu den besten seiner Art in Norwegen. 70 alte Häuser und umfangreiche Sammlungen sind hier ausgestellt. In der Hauptsaison finden täglich Folklore-Vorstellungen statt. In Fagernes liegt auch der neueste norwegische Charter-Flughafen (Fagernes International Airport). Von Fagernes aus kann man noch einen Abstecher zur **Stabkirche von Heggenes** (Str. 51 in nordöstlicher Richtung) machen. Über die Querverbindung der Straße 49 erreichen wir **Gol**. Der 2.000 Einwohner zählende Ort ist ein beliebter Standort für Bergwanderer und besonders für Wintersportler. Die alte Stabkirche von Gol steht heute im Freilichtmuseum in Oslo. Das Hallingdal knickt jetzt nach Südwesten ab. Besondere Beachtung verdient die **Stabkirche von Torpo**. Dieses älteste Bauwerk des Hallingsdals wurde in der 2. Hälfte des 12. Jahrhunderts erbaut. 1880 kam es zur Zerstörung des Chors, so daß nur noch das Schiff übrigblieb. Die kostbaren Deckenmalereien stammen aus dem 13. Jahrhundert. Beeindruckend sind auch die geschnitzten Ornamente an den Portalen.

Wir folgen der Straße 7 im weiteren Talverlauf über Ål nach **Geilo**, dem bekannten Wintersportort. Von dort aus fahren wir durch das ganze Numedalen auf der Straße 8 hinunter nach Kongsberg. Charakteristisch für die Straße 8 sind die zahlreichen Steinkirchen und alte Gehöfte (Dagali, Uvdal, Sevle, Hvåle, Flesberg).

Kongsberg (21.000 Einwohner) war im 17. und 18. Jahrhundert für seine Silberminen bekannt. Heute machen es seine Sehenswürdigkeiten, wie die Kirche mit ihren 2.400 Sitzplätzen, das Bergwerksmuseum und das historische Wirtshaus »Christian IV.« zu einem beliebten Ferienort. Das oberhalb der Stadt gelegene Bergwerk kann besichtigt werden (Grubenbahn).

Das letzte Ziel unserer ausgedehnten Stabkirchen-Tour soll die **Heddal Stabkirche** bei **Notodden** sein (E76). Diese größte der noch erhaltenen Stabkirchen wurde wahrscheinlich 1242 errichtet und der Jungfrau Maria geweiht. Zahlreiche mittelalterliche Details sind trotz mehrerer Umbauten erhalten geblieben. Die mit Schnitzereien verzierten Portale weisen neben den traditionellen Tierornamenten auch Pflanzenmotive auf. Zu den Schätzen der Kirche gehört auch ein mittelalterlicher Bischofsstuhl. Die Rosenmalereien an den Wänden sind Ende des 17. Jahrhunderts entstanden. Die 24 m lange und 14 m breite Stabkirche wurde in den fünfziger Jahren umfassend restauriert.

Anschlußmöglichkeiten vom Industrieort Notodden aus bietet die Telemark-Tour.

Entfernungen:	
Oslo - Lillehammer	183 km
Lillehammer - Ringebu	58 km
Ringebu - Lom	116 km
Lom - Sogndal	139 km
Sogndal - Borgund	55 km
Borgund - Gol	91 km
Gol - Geilo	50 km
Geilo - Kongsberg	162 km
Kongsberg - Notodden	32 km

TOUR 7
Jähe Gipfel - klare Fjorde

Von Otta über Geiranger zurück ins Gudbrandsdal

Als Ausgangspunkt für diese Rundreise haben wir Otta, im nördlichen Gudbrandsdal gelegen, gewählt. Die Tour führt uns zu einigen landschaftlichen Höhepunkten Norwegens, dem Geirangerfjord, Trollstigen, der Küstenstadt Kristiansund und schließlich über das Dovrefjell zurück ins Gudbrandsdal. Anschlußmöglichkeiten bietet u.a. die Stabkirchenroute.

Otta ist mit 2.500 Einwohnern der Hauptort der Gemeinde Sel im nördlichen Gudbrandsdal. Durch seine zentrale Lage entwickelte sich Otta bereits im 19. Jahrhundert zu einem beliebten Fremdenverkehrsort, nicht zuletzt durch die hier verlaufende Haupteisenbahnlinie Oslo - Trondheim. Im südwestlich verlaufenden Tal Heidal kann man gut erhaltene, alte Bauernhöfe besichtigen. Otta ist auch als Ausgangspunkt für Touren im Rondane Nationalpark gut geeignet.

Von Otta aus folgen wir der Str. 15 in westliche Richtung, die uns durch das Ottadal führt. Die Straße ist heute mit Hilfe verschiedener Tunnel ganzjährig befahrbar und fährenfrei. Am Fluß Ottaelv entlang fahren wir über Lalm nach Vågåmo. Die dortige Ortskirche ist eine im 17. Jahrhundert umgebaute Stabkirche. Sehenswert sind auch das kleine Ortsmuseum Jutulheimen sowie das zwei Kilometer nördlich liegende Bauernmuseum Håkenstad.

Wir fahren nun am Südufer des Sees Vågåvatn entlang. In Garmo liegt der Geburtshof des norwegischen Dichters Knut Hamsun, der im Sommer besichtigt werden kann. Unsere nächste Station ist **Lom** (750 Einwohner). Sehenswert sind hier die Stabkirche aus der Mitte des 12. Jahrhunderts, das Ortsmuseum und das Mineralien-Zentrum.

Wir folgen weiterhin dem hier sehr breiten Ottaelv nach Skjåk, das zu den niederschlagärmsten Gebieten Norwegens gehört. Die durchschnittliche Jahresmenge liegt unter 400 mm. Über Bismo und Nordberg fahren wir weiter.

Der Wasserfall Pollfoss (81 m hoch) lädt zu einer erfrischenden Pause ein. Inzwischen ist die Str. 15 bereits auf 615 m angestiegen und erreicht beim Grotli Hotell eine Höhe von 870 m. 14 Kilometer hinter Grotli zweigt die Str. 58 zum berühmten Fjorddort Geiranger ab.(Kreuzung: Langevatn). Gleich zu Anfang dieser nur während der Sommermonate geöffneten Paßstraße erreichen wir den höchsten Punkt (1.038 m).

Bei der Djupvasshytta zweigt der gebührenpflichtige Nibbeveg ab, der in 13 Kehren zum Gipfel Dalsnibba in 1.495 m Höhe führt (12,5 % Steigung). Die Aussicht von hier oben ist überwältigend. Kurz darauf erreichen wir noch einen berühmten Aussichtspunkt oberhalb der Schlucht Flydalsjuvet. Er bietet ein einzigartiges Panorama über Geiranger und den Fjord. Die Straße fällt nun noch einige Kilometer steil bergab und wir kommen im Fjorddort **Geiranger** an.

Der Geirangerfjord gilt als Juwel unter den Touristenattraktionen Norwegens. Beeindruckend sind die schäumenden Wasserfälle (Storfoss, Storseterfoss), die sich von den jäh aufsteigenden Felsen ins Wasser hinabstürzen. Der Ort Geiranger bietet mit seinen modernen Hotels, Motels und Campinganlagen vielfältige Übernachtungsmöglichkeiten, so daß Sie in dieser einzigartigen Landschaftskulisse gut und gern Ihren Aufenthalt ein paar Tage ausdehnen können. Vielleicht planen Sie dabei auch eine Wanderung ein? In den Bergen treffen Sie auf Ziegen und andere Tiere, die ein Teil der ländlichen Idylle sind. Oder wie wäre es mit einer Fjordtour nach Hellesylt? Im »Kielwasser« der Kreuzfahrtschiffe, die alljährlich Zehntausende von Touristen nach Geiranger bringen, erleben Sie die faszinierende Fjordlandschaft unmittelbar vom Boot aus. Wie Schwalbennester scheinen die kleinen Bauernhöfe an den steilen Felsen zu kleben. Nach rund einer Stunde erreichen Sie Hellesylt. Sein Wasserfall, der Hellesyltfossen, ist ein beliebtes Fotomotiv. Die Fähre bringt Sie dann auch zurück nach Geiranger. Wir verlassen nun den Fjorddort auf der Straße 58 in nördlicher Richtung. Sie ist auf diesem Streckenabschnitt (Hellesylt - Geiranger - Åndalsnes) wohl die bekannteste Touristenstraße Norwegens - **The Golden Route**.

Als »Adlerstraße« (Ørnevegen) sind die ersten 25 Kilometer bis zum Norddalsfjord bekannt und berühmt geworden: In atemberaubenden Serpentinen steigt die Straße auf 624 m an (Aussichtspunkt: Ørnesvingen). In Eidsdal setzen wir mit der Fähre über den Fjord nach Linge. Hier ermöglicht das milde Fjordklima in großem Umfang den Anbau von Obst und Beeren. Wir folgen nun der Straße 63 über Valldal - Zentrum der Fjord- und Fjellgemeinde Norddal -, überqueren die Schlucht Gudbrandsjuvet und nähern uns dem **Trollstigen**. Diese 20 Kilometer lange Serpentinenstraße schraubt sich in elf Kehren auf 850 m Höhe hoch. Kurz vor der Paßhöhe haben wir vom Aussichtspunkt Stigrøra einen unvergleichlichen Ausblick auf eine der schönsten Bergkulissen Nordeuropas: Im Osten liegen die Trolltindane, im Westen die Berge Karitind, Dronningen, Kongen und Bispen. Alle Gipfel können von geübten Bergsteigern bestiegen werden. Nach einer Rast in der Cafeteria am Aussichtspunkt fahren wir hinunter in die »Alpenstadt am Fjord« Åndalsnes.

Åndalsnes (3.000 Einwohner) ist im Süden von einer eindrucksvollen Bergwelt umgeben: Zu den Vengetindane zählen das 1.520 m hohe Romdalshorn sowie die rund 1.000 m hohe Trollveggen (höchste Steilwand Europas). Klettermöglichkeiten oder auch weniger kapriziöse Wanderungen organisiert das Touristenbüro. Auch für Petrijünger ist Åndalsnes ein lohnender Aufenthaltsort: Im Isfjord gibt es phantastische Angelmöglichkeiten.

Wir setzen unsere Rundreise auf der Str. 64 fort. Bei Lerheim biegen wir links ab und machen einen Abstecher nach Rødven. Die dortige Stabkirche stammt aus dem 11. Jahrhundert. Zurück in Lerheim folgen wir weiter der Str. 64 zum Fährhafen Åfarnes. Dort überqueren wir zuerst den Langfjord, wenig später auch den Fannefjord mit der Fähre und biegen in Lønset rechts auf die Str. 62 in Richtung Hjelset. Ab Hjelset folgen wir der Str. 66, die uns durch die Kommune Eide zum Fährhafen Høgset bringt. Dort setzen wir nach Kvitnes über und erreichen schließlich nach wenigen Kilometern Kristiansund.

Kristiansund (17.000 Einwohner) ist eine der schönsten Städte an der norwegischen Küste. Sie liegt, dem Meer zugewandt, auf drei Inseln, die durch mehrere Brücken miteinander verbunden sind. Der geschützte Hafen wurde bereits vor 8.000 Jahren benutzt und bildet heute immer noch den natürlichen Mittelpunkt der Stadt. 1742 verlieh König Christian IV. dem Ort das Stadtrecht, die fortan seinen Namen trug. Sehenswert ist vor allem das Bezirksmuseum für die Landschaft Nordmøre mit u.a. Freilicht- und Fischereiabteilung, einer kompletten Böttcherwerkstatt und einer Bootswerft. Beachtung verdient auch die moderne Stadtkirche (1964). Ein Besuch des Vardeturmes mit phantastischer Aussicht über Stadt und Meer machen den Aufenthalt in Kristiansund komplett. Ein beliebtes Ausflugsziel ist die Insel Grip, ein altes Fischerdorf 14 Kilometer weit draußen im Atlantik gelegen. Ein Passagierschiff fährt während der Sommermonate (Mitte Mai bis Ende August) täglich von Kristiansund aus nach Grip. Auch Opernfestspiele finden alljährlich in Kristiansund statt.

Unsere Fahrt zurück ins Landesinnere nach Oppdal führt über eine weitere abwechslungsreiche Touristenstraße durch faszinierende Landschaft - die **Abenteuerstraße** (Str. 16). Nachdem wir in Kvalvåg mit der Fähre übergesetzt sind, fahren wir über die Halbinsel Tingvoll zum gleichnamigen Ort. (Tunnelstrecke am Tingvollfjord). Hier befand sich früher ein alter Gerichts- und Versammlungsort. Das

Moschusochsen im Dovrefjell

Tingvoll Bygdemuseum liegt 1,5 km nördlich vom Ortszentrum. Sehenswert sind auch die mittelalterliche Steinkirche und der alte Pfarrhof. Die Abenteuerstraße führt ab Meisingset am Ålvundfjord entlang und wir gelangen, nachdem wir mehrere Tunnel durchquert haben, nach **Sunndalsøra**. Der kleine Industrieort in landschaftlich schöner Lage bietet sich als guter Ausgangspunkt für Wanderungen an (Litledal, Eikesdal).

Sechs Kilometer vom dem Ortskern entfernt (Str. 16 bis Elverhøy-Brücke, dann Seitenstraße) liegt das Volkskundemuseum von Sunndal sowie ein Grabfeld aus der Eisenzeit.

Wir folgen weiterhin der Str. 16, die nun kilometerlang an der Driva, einem der bekanntesten Lachsflüsse Norwegens, entlangführt. Gute Angelmöglichkeiten (Forellen und Lachs) bestehen auch in vielen Bergseen des Sunndal-Gebietes. Beim Kirchdorf Gjøra zweigt eine kurvenreiche Nebenstraße ab, von der man eine hervorragende Aussicht auf die Schlucht Åmotan genießen kann. Startpunkte für Gebirgswanderungen sind die Touristenhütten Vangshaugen und Røymoen. Von Gjøra sind es noch 35 Kilometer bis nach Oppdal.

Oppdal (3.500 Einwohner) ist besonders im Winter ein beliebter Fremdenverkehrsort, bietet aber auch im Sommer gute Urlaubsmöglichkeiten. Sehenswert sind hier das Heimatmuseum mit rund 20 Gebäuden und die Holzkirche von 1651.

1

Oppdal, Norwegens größtes Alpinzentrum, begrüßt Sie!

Mit dem Dovrefjell im Norden und Trollheimen im Westen, ist die naturschöne Gegend ein phantastischer Ausgangspunkt für Fjelltouren. Zum Beispiel zur Kongsvold Fjellstue mit 29 unter Denkmalschutz stehenden Hütten sowie einem Informationszentrum, das Hinweise über das reiche Pflanzen- und Tierleben in Oppdal gibt.

Oder zur Oppdal Kirche von 1651, drei Kilometer westlich von Oppdal. Nicht weit davon liegt das berühmte Gräberfeld von Vang: Über 750 Grabhügel aus dem 7. Jahrhundert. In Oppdal selbst finden Sie ein großes Freilichtmuseum. Verschiedene Häuser und Gegenstände aus der ganzen Region sind hier zusammengetragen. Und wer sich frei wie ein Vogel fühlen möchte: Oppdal ist ein Zentrum für Drachenflieger. Andere Aktivitäten: Angeln, Tennis, Minigolf, Wandern, Rafting, Moschus-Safari, Reitkurse. Übernachtungsmöglichkeiten von der einfachen Hütte für Selbstversorger bis zum erstklassigen Hotel.

Um zum Ausgangspunkt unserer Rundreise zurückzugelangen, folgen wir der E 6 in südliche Richtung durch das Drivdalen. Sie führt, parallel zur Dovre-Bahnlinie, über das Dovrefjell (Nationalpark) nach Dombås. Beim Bahnhof Kongsvoll liegt ein Botanischer Garten mit norwegischer Gebirgsflora. Der Gebirgsgasthof Kongsvold Kro ist mit historischen Gegenständen eingerichtet. Für Naturliebhaber empfiehlt sich ein Abstecher zum Moor von Fokstu: Hier kann man eine reichhaltige Fjellflora und seltene Vogelarten bewundern. Der kleine Ort **Dombås** (1.200 Einwohner, Verkehrsknotenpunkt) liegt am Eingang des 280 km langen Gudbranddals und ist ein beliebter Ausgangspunkt für Aktivurlauber. Von Dombås aus erreichen wir nach 47 Kilometern unseren Ausgangsort **Otta**.

2

Attraktiv, hell und modern ist das neue **Hotel Nor Alpin** in Oppdal. 190 Betten in 75 Zimmern - alle mit Bad/WC, Minibar und TV. Nicht zuletzt durch sein Restaurant, den Pub und einen Nachtklub wurde das Hotel zu einem der populärsten in Mittelnorwegen. »Stilig« charakterisieren die Norweger die angenehme Atmosphäre, was soviel wie stilvoll oder elegant heißt. Vom Hotel Nor Alpin, mitten in Oppdal, ist es nur ein Katzensprung in die vielfältige Natur der Umgebung.

Bei der Planung von Ausflügen ist die Hotelleitung mit Ideen und viel Phantasie dabei - ganz nach den Wünschen ihrer Gäste.

Das Hotel Nor Alpin ist Mitglied der Kilde Hotelgruppe und nicht nur während der Sommermonate ein beliebtes Touristenhotel.

Entfernungen:

Otta - Lom	62 km
Lom - Langevatn	75 km
Langevatn - Eidsdal	47 km
Eidsdal - Åndalsnes	69 km
Åndalsnes - Kristiansund	101 km
Kristiansund - Sunndalsøra	94 km
Sunndalsøra - Oppdal	69 km
Oppdal - Otta	128 km

Adressen:

1 Oppdal Turist- und Informasjonskontor, Postboks 50
N-7340 Oppdal
Tel. 074 - 21 760
Telefax 074 - 20 888

2 Hotel Nor Alpin
Postboks 77
N-7341 Oppdal
Tel. 074 - 21 611,
Telefax 074 - 20 730

KRISTIANSUND

Kristiansund (17.600 Einw.), im Norden der Provinz Møre og Romsdal, liegt auf drei Inseln am Meer. Das Gebiet um K. ist bereits seit der letzten Eiszeit bewohnt, der geschützte Hafen wurde schon vor 8.000 Jahren benutzt. K. erhielt 1742 die Stadtrechte und wurde nach dem damaligen dänisch-norweg. König Christian IV. benannt. Durch Fischfang und Seehandel wuchs die Stadt. In den letzten Jahrzehnten sind andere Industriezweige dazugekommen. So spielt nun der Zulieferungssektor für die Ölindustrie eine große Rolle. Nach dem Krieg - die Stadt war fast völlig zerstört - wurde K. großzügig und modern aufgebaut. Parkanlagen und Grünflächen sind ein wesentlicher Teil des Stadtbildes.

Sehenswert: Die 1964 eingeweihte **Stadtkirche**. - Der **Lossiusgården** (Ende 18. Jh.) ist das einzige Patrizierhaus, das die Bombenangriffe 1940 überstanden hat. - Das **Nordmøre-Museum** im nördlichen Stadtgebiet verdient ebenfalls einen Besuch.

Aussichtspunkt: Den besten Blick hat man vom Varden, dem höchsten Punkt der Hauptinsel Kirklandet.

Ausflüge: Das Fischerdorf Grip liegt 13 km vor K. im offenen Meer. Die Häuser drängen sich um eine mittelalterliche Stabkirche. Hier lebten einmal 100 Menschen - 1974 verließen die letzten ganzjährigen Bewohner ihre Insel (Ausflüge organisiert das Touristenbüro).

Die Stadt an der spannendsten Küste Europas. Kristiansund ist ein ganz besonderes Pflaster mit vielen Erlebnismöglichkeiten. Umgeben von tausenden Holmen und Schären liegt die Hafenlagune mit ihrem lebhaften Bootstreiben. Erleben Sie die Kontraste zwischen den Bauwerken, üppigen Parks und nackten Felsklippen.

Sehenswürdigkeiten: das Fischerdorf Grip, die alte Werft Mellomverftet, die moderne Kirkelandet Kirche von 1964, die historische Wassersammelstelle Kringsjå und der Wachturm Vardetårnet.

Arrangements: nach Grip, Meeresangeln, Tauchen, Schärensafari und vieles mehr. Kristiansund erreichen Sie entweder über die »Abenteurerstraße« (Str. 16) oder über den »Atlantikweg« (Str. 67). Die spannende Küstenstadt bietet zahlreiche gute Hotels, Motels, Pensionen, Campingplätze und Hütten.

Kristiansund Reiselivslag
Kaptein Bødtkersgt. 19
N-6500 Kristiansund

TOUR 8
Von Trondheim in den hohen Norden

Am Svartisengletscher bei Mo i Rana

Wer aus Südnorwegen kommend bis nach Trondheim gelangt ist, hat gerade die halbe Strecke bis zum Polarkreis hinter sich gebracht. Narvik liegt noch 900 Kilometer weit entfernt und bis zum Nordkap sind es 1.500 Kilometer. Wir beschreiben im folgenden die Strecke von Trondheim nach Narvik.

Wir verlassen Trondheim über die Europastraße 6 und folgen dem Ufer des Trondheimfjords. Über Stjørdal (hier zweigen eine Straße und die Eisenbahn nach Östersund/Schweden ab) und Levanger kommen wir nach **Verdalsøra**. Hier lohnt ein Abstecher nach Stiklestad - auch wenn nicht gerade das Olavsspiel aufgeführt wird (Heimatmuseum, mittelalterliche Kirche).

Verdal Hotel
Eine angenehme, behagliche Atmosphäre für seine Gäste zu schaffen, dafür ist das Hotel Verdal in Mittelnorwegen (rund 90 km nördlich von Trondheim) bekannt. Seit drei Generationen wird das Hotel im Familienbetrieb geführt und hat so einen hohen persönlichen Service entwickelt. Für viele Stammgäste ein Grund, Jahr für Jahr wiederzukommen.
Heute ist das Hotel Verdal mit 40 Zimmern und 80 Betten - alle mit WC, Dusche und TV - ein hochmodernes Hotel. Im Speisesaal finden 180 Personen Platz. Am Abend kann man sich in der Bar, in mehreren Salons und im Kaminzimmer entspannen. Vielleicht von der Geschäftsbesprechung, die tagsüber im hoteleigenen Konferenzraum stattfand. Auf Wunsch stehen den Hotelgästen private Lachsgewässer zum Angeln zur Verfügung. Nur vier Kilometer entfernt finden im Juli die »St. Olavs Spiele« in Stiklestad statt, Norwegens größte Freilichtspiele. ■

Die Olavs-Spiele in Stiklestad

Die nächste größere Stadt ist **Steinkjer**, Garnisonsstadt und Zentrum des Bezirks Nord-Trøndelag. Elf Kilometer nordwestlich liegen bei Bardal Felszeichnungen aus der Stein- und Bronzezeit.
In Steinkjer kann man die Europastraße 6 verlassen und stattdessen auf der Straße 763 am Südostufer des Snåsavatn entlangfahren. Unterwegs, bei Valøy, kommt man an der 6.000 Jahre alten, originalgroßen Steinzeichnung eines Rentiers vorbei. Hinter Snåsa (Kulturzentrum der Südsamen) stoßen wir wieder auf die Europastraße.
Weiter geht's in Richtung Norden.
Ab **Grong** fahren wir durch das Namdalen, das vom 210 km langen Namsen, einem der besten Lachsflüsse Norwegens, durchzogen wird (Europas größte Lachstreppe beim Wasserfall Fiskumfossen). Wer Zeit für einen Umweg hat, sollte an der Brücke des Grøndalselv auf die Straße 764 abbiegen, die am Tunnsjøen entlangführt und eine einsame Waldlandschaft erschließt. Hier kann man auf wenig befahrenen Straßen einen »Schlenker« nach Schweden unternehmen. Über Gjersvik kehrt man bei Namsskogan zurück zur Europastraße 6.
Wir passieren bald die Grenze zum Bezirk Nordland, der schon zu Nordnorwegen gehört. In Majavatn (am gleichnamigen See) erhält man Angelscheine für die umliegenden fischreichen Gewässer. Die Landschaft erinnert hier noch stark an das südöstliche Norwegen, der dichte Hochwald reicht meist hinauf bis zu den Bergkuppen. Hinter Grane liegt abseits der Europastraße 6 die imposante Stromschnelle Laksforsen (Fußweg).
Die nächste Stadt auf unserer Route - die erste seit fast 400 Kilometern - ist **Mosjøen**, Industriestadt und Zentrum der Gemeinde Vefsna. An der Mündung der Vefsna in den Vefsnfjord bauten die Bauern der Region im letzten Jahrhundert Holzhäuser und Lagerspeicher. 1890 wurden Teile der Stadt von einer Lawine zerstört. In der Sjøgate steht heute das größte zusammenhängende Holzhausviertel in Nordnorwegen. Zwölf historische Höfe kann man im Heimatmuseum besichtigen. Von dem Aussichtsberg Øyffell hat man einen Blick auf das Meer mit der berühmten Gipfelkette der »Sieben Schwestern«.

2
Zu einem Abstecher an die Helgelandsküste lädt der malerische Küstenort Sandnessjøen ein (Str. 810 von Mosjøen aus, Fähre von Leinesodden). Über 2.600 Inseln, Holme und Schären sind dieser einzigartigen Küste vorgelagert. Eine weithin sichtbare Landmarke sind die markanten Bergspitzen der »Sieben Schwestern« (De syv søstre). Markierte Wanderwege stehen hier zur Verfügung. Die Alstahaug Kirche aus dem 12. Jahrhundert wurde durch den »Dichterpfarrer« Petter Dass (1647 - 1707) bekannt. Auf einer Rundreise mit dem Boot kann man Bekanntschaft mit idyllischen Fischerdörfern schließen und hochmoderne Lachszuchtanlagen besichtigen. Oder einfach die einmalig schöne Natur in vollen Zügen genießen. Ausgezeichnetes Tauchgebiet.
Als Unterkunft bietet sich das **Rica Hotel Sandnessjøen** an. Ein modernes Hotel mit 48 Zimmern, alle mit Dusche/WC, sowie ein Speisesaal mit hervorragender Küche und Bedienung, Bar und Diskothek. Gute Parkmöglichkeiten. ■

Hinter Mosjøen kommen wir an mehreren Seen vorbei, steigen dann auf eine Höhe von 550 Metern und fahren schließlich in Serpentinen hinab nach Korgen. Bald darauf folgen wir erst dem Ufer des Sørfjords und dann kilometerlang dem Ranafjord bis zur Industriestadt Mo i Rana, die nur wenige Kilometer unterhalb des Polarkreises liegt.
Die Stadt und der folgende Streckenabschnitt auf der E6 weiter Richtung Norden ist unter dem Titel »Auf den Spuren der Lofotfischer« ausführlich beschrieben und kann dort weiter verfolgt werden. Wir möchten Ihnen an dieser Stelle außerdem empfehlen, auf der Weiterfahrt nach Narvik unbedingt einen Abstecher auf die Lofoten zu machen.

Entfernungen:
Trondheim - Stjørdal	35 km
Stjørdal - Verdalsøra	56 km
Verdalsøra - Steinkjer	31 km
Steinkjer - Grong	83 km
Grong - Mosjøen	196 km
Mosjøen - Mo i Rana	91 km
Mo i Rana - Narvik	80 km

Adressen:
1 Verdal Hotell
Postboks 43
N-7651 Verdal
Tel. 076 - 78 800
Telefax 076 - 77 485

2 Rica Hotel Sandnessjøen
Torolv Kveldulvsonsgt. 16
N-8800 Sandnessjøen
Tel. 086 - 400 77

TRONDHEIM

Trondheim (135.000 Ew.) ist Norwegens drittgrößte Stadt und das Zentrum der mittelnorweg. Landschaft Trøndelag. An der Mündung des Nid-Flusses bestand bereits im 10. Jh. eine Wikingersiedlung. Die seit dem 16. Jh. Trondheim genannte Stadt (früher Nidaros) wurde mehrfach von verheerenden Bränden heimgesucht. Seine heutige Lage erhielt der Stadtkern nach dem Großbrand von 1681. Anfang des 19. Jh. war T. mit 10.000 Einwohnern größer als Oslo.

Heute ist T. eine moderne, expansive Stadt mit einer gesunden Wirtschaftsstruktur, einer Universität und mehreren zentralen Einrichtungen - darunter das 2. Programm des norwegischen Rundfunks.

Sehenswert: Der **Nidaros-Dom**, das größte mittelalterliche Bauwerk des Nordens. Im Auftrag Olav Kyrres (1066-1093) entstand die Kirche über dem Grab Olav des Heiligen. Nach diversen Bränden und Plünderungen im Lauf der Geschichte war das Bauwerk schließlich völlig zerstört. 1869 begannen die Wiederherstellungsarbeiten, doch erst 1930 konnte die große Kirche wieder eingeweiht werden. Im **Erzbischofshof** kann man die sog. Rüstkammer besichtigen. - Zwischen der hölzernen Stadtbrücke (Bybrua) und der Bakke bru sind am Westufer zahlreiche **hölzerne Lagerhäuser** erhalten. - Das Trondheimer **Kunstmuseum** zeigt vor allem norweg. Bildkunst vom 19. Jh. bis in unsere Tage. - Auch das Nordenfjeldsche **Kunstgewerbemuseum** (Kunstindustrimuseum) ist einen Besuch wert. - Auf dem **Marktplatz** steht eine Granitsäule, die Olav Tryggvasson, den Gründer der Stadt, darstellt. Unter dem Marktplatz ist übrigens eine interessante Bau-Ausstellung untergebracht. Die **Liebfrauenkirche** östl. vom Marktplatz stammt in ihren ältesten Teilen noch aus dem Mittelalter. - Der **Stiftsgården**, entstanden zur Blütezeit der Trønderschen Holzhausarchitektur, ist ein gut erhaltenes Rokoko-Gebäude und dient seit 1815 bei Besuchen des Königs als Domizil. Aus derselben Zeit stammen der **Hornemansgården** (Touristenbüro) und die **Schwanenapotheke**. - **Ravnkloa** mit der Fischhalle und der historischen Ravnkloa-Uhr ist Ausgangspunkt für Bootsfahrten zur Insel Munkholmen. - Die sehenswerten Sammlungen des **Seefahrtsmuseum** sind im historischen Zuchthaus untergebracht. - Die **Hospitalskirke** ist ein achteckiges Bauwerk aus dem Jahre 1705. Das Trondheimer Spital wurde bereits 1277 gegründet. - Unweit davon steht das **Museum** der Königl. Norweg. Wissenschaftl. Gesellschaft.

Außerhalb der Innenstadt: Auf den Hügeln westl. des Nidelva liegt das **Freilicht-Volksmuseum**. - Auf der Ostseite des Flusses erhebt sich die Festung Kristiansten. - Im Ortsteil Lade befindet sich ein renommiertes **Musikgeschichtl. Museum**. Hier steht auch eine mittelalterliche **Steinkirche**. - Beim **Herrenhof Ringve** ist ein Botanischer Garten angelegt worden.

Aussichtspunkte: Von der Festung Kristiansten; von der Ruine der Burg Sverresborg auf dem Gelände der Freilichtmuseums; vom 550 m hohen Gråkallen. - Vom Fernmeldeturm Tyholt-Tårnet mit Panorama-Restaurant.

Hotel Residence

Am Marktplatz von Trondheim liegt das Residence, ein Hotel »aus der guten alten Zeit«. Mit schöner Jugendstil-Fassade und gediegener Inneneinrichtung. Hier finden Sie alles unter einem Dach: das Café Vinterhaven mit reichlich guten Speisen und einer Prise »Pariser Duft«, das Restaurant mit seiner vorzüglichen Küche und die Pianobar.

Das Hotel Residence ist als einziges Trondheimer Hotel der SAS angeschlossen: Der Flughafenbus hält direkt vor der Tür und sogar das Ticket kann von der Rezeption aus gebucht werden. Das Residence ist Mitglied der Best Western Hotels - hier können Sie die Best Western Hotelschecks benutzen.

Hotel Residence
Torget
N-7000 Trondheim
Tel. 07 - 52 83 80

Ringve Museum

Hotel Augustin

Das Hotel Augustin in der Kongensgt. 26 steht seit 1987 komplett umgebaut und modernisiert für Sie bereit. Helle, gemütliche Räume wurden dabei völlig neu eingerichtet. Darunter auch besonders große Zimmer, damit Sie mit der ganzen Familie genug Platz haben. Als »Frühstückshotel« genießt das Hotel Augustin einen besonders guten Ruf! Alle Zimmer haben ein Bad mit Dusche und WC. Besonders breite Betten, Fernseher mit mehreren Videokanälen. In der Minibar erhalten Sie gratis Mineralwasser.

Das Hotel Augustin liegt nur 50 Meter vom Marktplatz entfernt, dort wo Sie auch das Café, Restaurant und Bar des Hotels Residence finden - unserem Partnerhotel.

Bringen Sie Ihre Familie mit. Wir tun unser Bestes, damit Sie einen angenehmen Aufenthalt in Trondheim haben.

Hotel Augustin
Kongensgt. 26
N-7000 Trondheim
Tel. 07 - 52 83 48

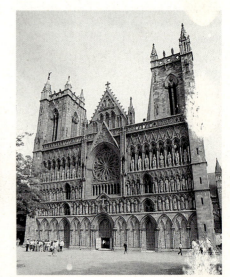

Der Nidaros Dom in Trondheim

Alte Speicherhäuser am Nid

Führung durch die Grønligrotte

TOUR 9
Auf den Spuren der Lofotfischer

Von Mo i Rana über die Lofoten und Vesterålen nach Narvik

Wie »Luchsfüße«, so meinen die Norweger, streckt sich die Inselkette der Lofoten nördlich des Polarkreises in den Atlantik hinein. Schroffe Gipfel reihen sich eng aneinander, kleine Fischerdörfer liegen in malerischen Buchten. Die Lofoten bieten zahlreiche Urlaubsmöglichkeiten, an erster Stelle steht das Hochseeangeln: Mit einem kleinen Motorboot kann man aufs offene Meer hinaus fahren und fühlt sich wie ein echter Lofotfischer.
Beliebte Aktivitäten sind auch Paddeln, Segeln, Surfen, Baden, Bergwandern und sogar Bergsteigen. Wenn Sie zudem Lust auf einen exotischen Winterurlaub haben, müssen Sie unbedingt die Skizentren auf den Lofoten ausprobieren.

Wir beginnen mit unserer nördlichen Inselreise in **Mo i Rana**. Die Industriestadt mit 10.000 Einwohnern liegt an der Europastraße 6. Mitte des letzten Jahrhunderts wurde hier Erz abgebaut. Die erste Erzgrube bildete den Auftakt zur ausgeprägten industriellen Entwicklung des Gebiets. Seit Mitte der fünfziger Jahre wurde die Produktion im neuen Eisenwerk aufgenommen. Heute ist das Werk der zweitgrößte Betrieb Norwegens. Im Rana Museum findet man Informationen über die Entwicklung des Bergbaus, über Geologie, sowie über die Kultur der Samen.
22 Kilometer nördlich der Stadt liegt Norwegens einzige für Touristen erschlossene Grotte, die **Grønligrotte**. Zu den Attraktionen dieser Grotte gehört ein zwei Kilometer langer Gang und sogar ein unterirdischer Wasserfall. Im Sommer finden täglich zur vollen Stunde Führungen statt (Gummistiefel nicht vergessen!). Durch sein scheinbar schwarzes Eis ist der **Svartisen Gletscher** allein schon eine Attraktion. Dazu kommt seine gigantische Größe: 370 qkm Eisfläche, die 100 Meter dick sein kann. Jährlich fallen hier bis zu 13 Meter Schnee. Das Gletschergebiet erreicht man mit dem Auto über Røssvoll, Bootsverkehr über den Gletschersee. Während der Sommermonate werden auch Gletscherwanderungen und -kurse auf dem Svartisen veranstaltet.

Wir folgen nun weiter der E 6 in nördlicher Richtung und überqueren den Polarkreis bei Lønsdalen. In der Cafeteria am Straßenrand können Souvenirjäger ein Polarzertifikat erstehen.
Der Ort **Fauske** ist ein Verkehrsknotenpunkt. Hier treffen sich die Nordlandbahn und der Nordnorwegen-Bus, der die nördlichen Landesteile an das öffentliche Verkehrsnetz anschließt. Weltberühmt wurde der Fausker Marmor, seit das UNO-Gebäude in New York damit verkleidet wurde. Wir verlassen die E 6 in Fauske und machen auf der Straße 80 einen Abstecher nach Bodø.
Bodø ist die Hauptstadt des Bezirks Nordland; heute eine moderne Stadt mit fast 34.000 Einwohnern, die im zweiten Weltkrieg von deutschen Truppen weitgehend zerstört wurde. Hier endet die Eisenbahnlinie der Nordlandbahn und man muß auf Busse, Flugzeuge oder Schiffe umsteigen (Hurtigrute). Südlich vom Zentrum entfernt liegt der **Saltstraumen**, einer der kräftigsten Mahlströme der Welt. Für Anglerfreunde stellt er eine Herausforderung dar.
Den alten Handelsplatz **Kjerringøy**, nördlich von Bodø an der Küste gelegen, errreicht man über die Straße 384. Als Besucher kann man sich gut und gerne hundert Jahre zurück versetzen lassen, in Kjerringøys alte Glanzzeiten. Damals legten die Handelsschiffe von Bergen dort oben an, luden Fische und Felle aus dem Norden und brachten südländische Waren. Der Schriftsteller Knut Hamsun verbrachte einige Jahre auf Kjerringøy und ließ sich von dieser idyllischen Nordlandschaft inspirieren.
Wer auf sein Auto verzichten kann, findet in Bodø schon das Tor zu den Lofoten. Von dort aus gibt es sowohl Fähren als auch Flugverbindungen zu den Vogelinseln Røst und Værøy und den Hauptinseln der Lofoten.
Die derzeit einzige Autofähre zu den Lofoten verkehrt zwischen Skutvik und Svolvær. Skutvik erreicht man, indem man zunächst über die Str. 80 zur E 6 zurückkehrt. Hier beginnt ein besonders schöner Streckenabschnitt dieser Europastraße. Bis Sommerset gibt es zehn Tunnel und sechs Brücken sowie zahlreiche Rastplätze mit herrlicher Aussicht. Bei Ulvsvåg zweigt dann die Str. 81 ab, (von Bodø aus ca. drei Stunden Fahrt).

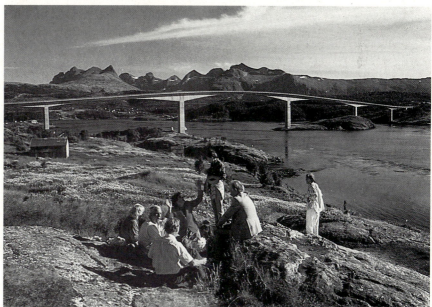
»Saltstraumen« bei Bodø

I
Kobbelv Vertshus
Der Gasthof mit besonderer Atmosphäre liegt ca. 60 km nördlich von Fauske nahe der E 6. Vom »Kobbelv Vertshus«, mit stilvoller skandinavischer Architektur blickt man direkt auf den Leirfjord. Herrlich klares Seewasser bietet hervorragende Angelmöglichkeiten. Ein markierter Wanderweg führt zum Rago Nasjonalpark. Gute Jagdmöglichkeiten.
Das Kobbelv Vertshus ist bekannt für seine gepflegte Küche mit nordnorwegischen Spezialitäten. Im großzügig eingerichteten Restaurant (kroa) finden 70 Personen Platz. 26 Zimmer mit Bad und Telefon/TV sowie mehrere Aufenthaltsräume haben modernen Hotelstandard. Ebenfalls zum Kobbelv Vertshus zählen separate Hütten. Sauna, Solarium, Billiard. Hoteleigene Boote stehen den Gästen zur Verfügung.
Kobbelv Vertshus - ein Gasthof in reizvoller, typisch norwegischer Landschaft. ■

Ulvsvåg - Narvik

Da aber nicht alle die Zeit haben werden, bei Ulvsvåg die Europastraße 6 zu verlassen, um die Lofoten zu erkunden, wollen wir hier kurz die rund 100 km lange Direktverbindung von Ulvsvåg nach Narvik vorstellen.

21 km hinter Ulvsvåg erreicht man den Fährort Bognes (4 km nördl. 4-5000 Jahre alte Felszeichnungen). Wir gelangen mit einer Fähre (die einzige im Zuge der E6) in 30 Minuten über den 608 Meter tiefen Tysfjord. Hinter Skarberget erreicht die kurvenreiche E6 den Paß Skjellsvikskaret und führt hinab zum Eidfjord. Bei Ballangen erreichen wir den breiten Ofotfjord, dessen Nebenarm Skjomen wir auf einer 700 m langen Hängebrücke überqueren. Am Ofotfjord entlang kommen wir schließlich nach Narvik.

Svolvær, ein alter Handels- und Fischereiort, ist heute das Verwaltungszentrum der 18 verstreut auf den Lofoten liegenden Fischerdörfer. Auch als Kunstzentrum hat es sich mit seinen Galerien und Kunsthäusern einen Namen gemacht. Maler aus ganz Europa sammeln sich hier, um die Lofotengipfel mit Pinsel und Farbe festzuhalten. Waren früher die über 80 größeren und kleineren Inseln oft nur mit kleinen Fähren mühsam zu erreichen, sind heute alle größeren Inseln mit Brücken untereinander verbunden. Riesige Metallkonstruktionen spannen sich über die Wasserflächen und verbinden Aust- und Vestvågøy, Flakstadøy und Moskenesøy. Die Straße 19 führt vom nördlichsten Dorf der Lofoten, Fiskebøl, bis zum Endpunkt, dem Ort mit dem kürzesten Namen der Welt: Å. Kleine Landstraßen schließen die prominenten Fischerdörfer der Ostküste, Henningsvær, Stamsund, Nusfjord, Ballstad, Reine und Moskenes an die Hauptstraße an.

Kabelvåg war einst der größte Fischereihafen der Lofoten. Hier wurden bereits im frühen Mittelalter die ersten Rorbuer von König Øystein errichtet. Heute zeigt das Lofotmuseum in Kabelvåg die historische Bedeutung des Lofotfischfangs. Die größte Fischereiflotte liegt nunmehr im Hafen von Henningsvær. Zum Fischerdorf Nusfjord zweigt ebenfalls eine kleine Nebenstraße von der Straße 19 ab. Diese malerische Siedlung wurde 1975 im europäischen Natur- und Denkmalschutzjahr als norwegisches Pilotprojekt ausgewählt. Die meisten Häuser des Dorfes stammen noch aus dem 19. Jahrhundert.

Die Jugendherberge in **Stamsund** ist eigentlich ein Geheimtip. Hier treffen sich Jugendliche aus ganz Europa zum Fischen, Baden und Feiern. Stamsund ist auch Anlegepunkt für die Hurtigrute. Flakstad und Ramberg sind wegen ihrer langen, einsamen Sandstrände bekannt. Bevor man über eine Hängebrücke die Insel Moskenesøya erreicht, sollte man dem Schmied in Sund einen Besuch abstatten. Er schmiedet Kormorane, inzwischen selten gewordene Vögel auf den Lofoten, in allen Größen und Formen. Der schon erwähnte Ort Å bildet den südlichen Endpunkt der Lofotenstraße. Von dort aus kann man zu Fuß zum berühmten Gezeitenstrom Moskenesstraumen wandern, der zwischen der Südspitze von Moskensøya und der Inselgrupppe Værøy fließt.

Rorbuer: Auf dem Lofot-Archipel ist eine Ferienform sozusagen zur Spezialität geworden. Man macht hier Urlaub in einer einfach ausgestatteten Fischerhütte, die direkt am Wasser auf Pfählen (Ror) steht. In diesen Hütten wohnten früher die von weither kommenden Lofotfischer, die im Frühjahr an dem großen Lofotfischfang teilnahmen. Heute sind »rorbuer« speziell auf die Bedürfnisse von Touristen zugeschnitten, sie bieten die Möglichkeit, direkt am Wasser, mit hervorragenden Angelmöglichkeiten vor der Haustür, in malerischen Fischersiedlungen, herrliche, streßfreie Ferientage zu verbringen. Besonders schöne Siedlungen sind in Nusfjord, Reine und Stamsund.

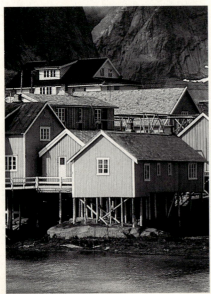

Typisch für die Lofoten: »Rorbuer«

2

Das neue **Nyvågar Rorbu- und Ferienzentrum** eröffnet Ende Juni 1989: Die Rorbusiedlung Nyvågar, nur sechs Kilometer von Svolvær, dem Hauptort der Lofoten entfernt, ist in nordnorwegischer Bautradition gebaut und erinnert an die alten Fischerdörfer. 32 Ferienwohnungen mit Platz für jeweils sechs Personen bieten zwei separate Schlafräume, eine komplett eingerichtete Küche und einen Aufenthaltsraum mit TV und Radio. Folgende Aktivitäten werden angeboten: Segelschule, Bootsverleih, Deep Sea Rafting (Wellenreiten), Fallschirmspringen, Angeln und Jagen, Fotosafari, Adlersafari, Walbeobachtung, Verleih von Autos, Mopeds, Fahrrädern, Wasserski; Surfmöglichkeiten, Tauchen, Bergsteigen, Reitmöglichkeiten sowie täglich Ausflugsfahrten zum Trollfjord. ■

Wer meint, für die nächsten Inseln reif zu sein, begebe sich auf die nördlichen Nachbarn der Lofoten, die **Vesterålen**. Sie sind zwar weniger touristisch erschlossen, bieten dafür aber eine urwüchsige Landschaft, die man meistens ganz allein genießen kann.

Sortland ist der Hauptort dieser Inselgruppe. Mit eigenem Flugplatz und Anlegestelle der Hurtigrute. Über Brücken kann man von Sortland aus die Hauptinseln der Vesterålen (Langøya, Hinnøya, Andøya) erreichen. In Andenes liegt eine der größten Fischereiflotten Norwegens. Seit dem letzen Jahr kann man von hier aus auch Wale vor der Küste beobachten. Weitere bekannte Fischerorte sind Stokmarknes, Melbu und Myre.

3

Bogen Hotell

Auf dem direkten Weg zu den Lofoten liegt das gemütliche Familienhotel Bogen, nur 20 Meter vom mächtigen Ofotenfjord entfernt. Rund um das Gemeindegebiet reihen sich Berggipfel und umrahmen diese Bilderbuchlandschaft. Vom Strand aus kann man die Erzfrachter beobachten, die von Narvik aus auf ihrem Weg nach Süden vor Bogen kreuzen.

Die 35 Zimmer im Bogen Hotell sind modern eingerichtet und mit Dusche/WC und TV ausgestattet. Für seine ausgezeichnete Küche ist das Hotel bekannt. Und spätabends, wenn die Sonne immer noch hoch über Bogen steht, spielt man zum Tanz auf - an sechs Abenden in der Woche. Tagsüber werden Angeltouren organisiert, bei denen auch Neulinge garantiert einen Fisch am Haken zappeln sehen. Bogen Hotell - auf dem Weg zu den Lofoten. ■

4

Lødingen

Die Kommune Lødingen ist mit ihren 3.000 Einwohnern das Zentrum der Großgemeinde Ofoten - Lofoten - Vesterålen. Alle Wege führen durch Lødingen, ein bekannter Fährhafen für Touristen. Lødingen bietet seinen Besuchern ein vielseitiges Wirtschafts- und Gesellschaftleben und viele Naturschönheiten. Unberührte Fjellgebiete, ein phantastisches Schärengebiet, Angelgewässer im Meer und in Flüssen, Badestrände. Zusätzlich kann man in Lødingen gut einkaufen und an den zahlreichen Aktivitätsangeboten teilnehmen. Vielseitige Übernachtungsmöglichkeiten und viele kleine, gemütliche Lokale. Bootsverleih, Ausflugstouren zum Øksfjord, Trollfjord und nach Svolvær. ■

5
Offersøy Feriesenter

Das Tor zu den Lofoten liegt in Lødingen Vestbygd. Hier direkt am Lofotenmeer empfängt Sie die grandiose nordnorwegische Natur. Auf Offersøy können Sie nicht nur »Lofotfischer« auf dem Meer sein, sondern auch spannende Angelausflüge und Wanderungen zu den Fjellseen unternehmen. Forellen beißen dort willig an. »Rorbuferien« sind genau das Richtige für Urlauber, die etwas Besonderes suchen. Die Rorbuer sind neu und haben hohen Standard und Komfort. Außerdem werden weitere Übernachtungsmöglichkeiten in Ferienhäusern und Pensionszimmern geboten. Offersøy eignet sich außerordentlich gut als Ferienort für Meeresangler, Taucher, für Ferien mit dem Boot, Fjellwanderungen und für Tagestouren rund um Ofoten, Lofoten und Vesterålen. Das Offersøy Feriesenter verleiht auch Boote, Kanus, Surfbretter, Minigolf, Zelte und Tourenausrüstung.
Preisermäßigung in der Vor- und Nachsaison (vor 1.6. und nach 31.8. 20 Prozent). ■

6
Øksnes Kommune

Auf dem Weg zum lebhaften Fischerdorf Myre durchfährt man auf der Str. 821 abwechslungsreiche Landschaften. Große, offene Felder werden von alpinen Fjellformationen eingeschlossen, die jäh ins Meer stürzen. An der wilden, zerklüfteten Küste im Nordwesten von Myre liegt das ehemals verlassene, heute teilweise restaurierte Fischerdorf Nyksund. An der Nordspitze der Insel Langøya kann man die pittoreske Fischersiedlung Stø besuchen.
Aktivitäten: Fischen im Meer und Süßwasser, Schärenkreuzfahrt in Vestbygda, Mitternachtssonne, Langlaufloipen im Winter.
Übernachtung: Rorbu (Fischerhütten), Campingplatz, Hotel. ■

7
Walsafari auf Andenes

- eine neue und spannende Touristenattraktion! Erleben Sie »Moby Dick« in seinem Element. Während der Zeit vom 1.6. bis 31.8. werden an der Küste vor Andenes Tagestouren mit dem Boot angeboten, um den Pottwal, den größten Zahnwal der Welt, zu beobachten. Auch andere Walarten und einige seltene Seevögel lernt man aus nächster Nähe kennen. Sehenswert sind auch das Walzentrum, das Polarmuseum, der Vogelberg, eine besonders interessante Geologie.
Möglichkeiten zum Meeres- und Süßwasserangeln, hervorragende Wandergebiete. Flugplatz und Anlegehafen der Hurtigrute (Risøyhamn). Kombinieren Sie die Walsafari mit einer Rundreise auf den Lofoten und Vesterålen. ■

Unseren nächsten Halt machen wir in **Harstad**, einem Küstenort, Fischereizentrum und Anlegepunkt der Hurtigrute. Nördlich vom Stadtzentrum liegt die Trondenes Kirche, die um 1250 errichtet wurde. Zwei große Veranstaltungen prägen das sommerliche Leben in Harstad: Die nord-norwegischen Festspiele finden in der letzten Juniwoche statt. Beim Internationalen Hochseefischerei-Festival treffen sich Sportfischer aus dem In- und Ausland. Unsere Lofotentour endet in Narvik, wo wir wieder auf der E6 angelangt sind.
Narvik gewann schon im letzten Jahrhundert als eisfreier Ausfuhrhafen für schwedische Erze an Bedeutung. Daher schloß man die Stadt auch an das schwedische Eisenbahnnetz an und Norwegen erhielt so seinen nördlichsten Bahnhof, ein beliebtes Ziel für Interrailer. Im »Krigsminnemuseum« sind Widerstandsaktionen dokumentiert, mit denen sich die Norweger ab 1940 gegen die deutschen Besatzer zur Wehr setzen.
Auf den Aussichtsberg Fagernesfjell gelangt man mit einer Seilbahn. In den Monaten mit Mitternachtssonne verkehrt sie sogar nachts. Von Narvik aus kann man entweder weiter nach Norden auf der E6 fahren (Troms Tour), auf der Straße 82 nach Schweden weiterreisen oder aber in südliche Richtung den Heimweg antreten.

Entfernungen:

Mo i Rana - Fauske	182 km
Fauske - Bodø	63 km
Bodø - Skutvik	169 km
Skutvik - Svolvær	(Fähre)
Svolvær - Å	135 km
Svolvær - Sortland	80 km
Sortland - Lødingen	57 km
Lødingen - Harstad	70 km
Harstad - Narvik	127 km

Adressen:

1 Kobbelv Vertshus, Sørfjordmo
N-8264 Engan
Tel. 081 - 95 801

2 Nyvågar Rorbu und Aktivitätencenter, Postboks 42
N-8301 Svolvær
Tel. 088 - 71 200

3 Bogen Hotel, Postboks 55
N-8533 Bogen i Ofoten
Tel. 082 - 83 436

4 Lødingen Kommune:
- Lødingen Hotel, N-8550 Lødingen,
Tel. 082 - 31 005
- Lødingen Camping & Kafe
Tel. 082 - 31 422
- Åsestua Kafe & Camping
Tel. 082 - 30 175
- Lofoten Charter Boats
Tel. 082 - 31 113
- Karl Ingebrigtsen Skyssbåt, N-8580
Øksneshamn, Tel 082 - 35 821

5 Offersøy Feriesenter
N-8583 Ringøyvåg, Tel. 082 - 35 480

6 Øksnes Kommune:
Übernachtungsmöglichkeiten:
- Centrum Hotell,
N-8430 Myre, Tel. 088 - 33 556
- Toftenes Sjøhuscamping,
N-8432 Alsvåg, Tel. 088 - 31 455
- Andreas Nielsen,
N-8438 Stø, Tel. 088 - 32 331
- Stø Fiskeindustri, Tel. 088 - 32 342
- Touristeninformation:
Tel. 088 - 33 202,
geöffnet vom 20.6. - 20.8.

7 Walsafari auf Andenes:
- »Hvalsafari«, Postboks 58,
N-8480 Andenes, Tel. 088 - 41 273,
Telefax 088 - 41 326
Übernachtung:
- Central Hotel, N-8480 Andenes,
Tel. 088 - 41 222
- Nye Viking Hotell, N-8480 Andenes
- Andenes Mat og vinhus,
N-8480 Andenes
- Bleik Produksjonslag, Rorbucamping,
Tel. 088 - 45 571

TOUR 10
Nördlich des Polarkreises

Von Narvik über Tromsø nach Alta

Der nordnorwegische Bezirk Troms liegt nördlich des Polarkreises und bietet eine kontrastreiche Mischung von Küsten- und Insellandschaften sowie waldreichen Höhenzügen und Tälern im Landesinnern.
Unser Tourvorschlag für dieses Gebiet führt von Narvik (dem Endpunkt der Lofotentour) über die Insel Senja und Tromsø nach Alta (dort beginnt die Finnmark-Tour).

Skibotn im Lyngen Gebiet

Das **Grand Royal Hotel** ist ein erstklassiges Hotel und liegt zentral in Narvik. Direkter Anschluß an die Europastraße 6.
Die 112 Hotelzimmer (mit 220 Betten) sind alle mit Bad/WC, Telefon, TV mit europäischen Kanälen sowie zahlreichen anderen Serviceeinrichtungen ausgestattet. Weitere Gesellschaftsräume machen den Aufenthalt im Grand Royal Hotel noch komfortabler: ein à la carte Restaurant, der Nachtklub, zwei Bars, der Pub, Grillroom und Cafeteria.
Narvik: Angeln am Fjord, der unmittelbar vor dem Besucher liegt, mit einer großartigen Bergwelt im Hintergrund. Eine Tour mit der Ofotbahn längs der fast senkrecht aufragenden Fjellwände ist ein Erlebnis, ebenso die Fahrt mit der Seilbahn zum Aussichtsberg. Im Ofotenmuseum und im Widerstandsmuseum (Krigsminnemuseet) kann man die norwegische Geschichte zurückverfolgen. ■

An einem der schönsten nordnorwegischen Fjorde, am Ofotfjord, liegt das **Bjerkvik Hotel**. Zentrale Lage in schöner Natur: Hier kreuzen sich E 6 und die Reichstraße 19, die nach Harstad, Evenes und zu den Lofoten führt. Das Bjerkvik Hotel liegt 35 km nördlich von Narvik. Alle 51 Zimmer sind komfortabel eingerichtet. Selbstverständlich fehlen weder Dusche/WC, noch Haartrockner, TV mit Satellit-Programmen und Video, Telefon, Minibar oder Verdunklungsmöglichkeiten für mitternachtshelle Stunden.
Innen und außen kann man im Bjerkvik Hotel aktiv sein: eigenes Schwimmbecken, Sauna, Solarium, Tanz an sechs Abenden in der Woche, Meeresangeltouren, Kleinwildjagd, Windsurfing, Reiten, Lachsangeln im nahegelegenen Fluß. Fjellwandern, Drachenfliegen. Der Strand liegt nur 20 Meter vom Hotel entfernt.
Sogar im Winter: Langlaufloipen, Alpinpisten, Paragliding, Eisangeln. ■

Hinter Narvik fahren wir zunächst auf der Europastraße 6. Sie steigt hier auf eine Höhe von 428 m und führt über Lapphaugen nach Fossbakken. Durch das Bardudalen fahren wir bis Elverum. Dort zweigt die Straße 87 ab, die zur Stromschnelle Målselv führt, einem ausgezeichneten Lachsgewässer mit Europas längster Lachsleiter (500 Meter Länge). Wer der Zivilisation ein paar Tage entfliehen will, kann den Weg fortsetzen zum **Dividalen Nasjonalpark**.

3

Die Kommune **Målselv** ist bekannt für ihre vielfältige Natur. Über zwei Drittel des 3.300 km² großen Gebietes bestehen aus Fjellandschaften. Hier liegt auch der Øvre Dividal Nasjonalpark. Wildnisbegeisterte kommen in dieser Natur voll auf ihre Kosten; Bären, Luchse, Vielfraße und Wölfe sind hier zuhause. Der Fluß Målselva mit seiner bekannten Stromschnelle Målselvfoss war schon immer ein guter Lachsfluß, und die besten Ausgangspunkte für Fischer sind das Målselvfossen Turistsenter und das Rundhaug Hotell.
Im »Bardufosstun Kurs- og treningssenter«, einem »Aktivzentrum«, können Sie für das Naturerlebnis trainieren, während Sie sich im Bardufoss Hotell von den Strapazen der Wildnis erholen und entspannen können. ■

Wir fahren über die Reichstraße 854 zurück bis zur E 6. Auf der Strecke liegt das Målselv Bygdemuseum in Moen, ein interessantes Freilichtmuseum mit mehreren historischen Höfen. Bei Olsborg fahren wir auf die Straße 855, die zur Ortschaft Finnsnes auf der Insel Senja führt.
Senja ist Norwegens zweitgrößte Insel. Auf ihrem südlichen Teil erstreckt sich der Ånderdalen Nationalpark. Arktische Kiefernwälder stehen neben Sandstränden an der Küste zwischen Tranøy und Sjursvik (Str. 860). Eine reichhaltige Flora und Fauna existiert noch immer in dieser weitgehend unberührten Natur. Für aktive Urlauber gibt es auf Senja zahlreiche Möglichkeiten: Wandern, Angeln, oder Bootstouren aufs offene Meer. Für die Weiterreise nach Tromsø fährt man zurück auf die E 6 und biegt bei Nordkjosbotn auf die E 78 ab.

4

Vollan Gjestestue
Den wichtigsten Straßenknotenpunkt Nord-Norwegens bildet der kleine Ort Nordkjosbotn. Hier am inneren Balsfjord kreuzen sich die Europastraßen 6 und 78. Bekannte Ausflugsziele wie die Lyngsalpen, der Dividalen Nationalpark und die nordnorwegische »Hauptstadt« Tromsø erreicht man in ungefähr einer Stunde.
Der Gasthof Vollan Gjestestue in Nordkjosbotn bietet sich als Quartier für eine nordnorwegische Entdeckungsreise an. Die Gebäude sind im rustikalen Blockhausstil erbaut, ein großer Kamin macht das Café zum gemütlichen Treffpunkt am Abend. Hier werden traditionelle, hausgemachte Gerichte serviert. Preisgünstige, behaglich eingerichtete Zimmer bietet der Familienbetrieb Vollan Gjestestue bereits in der dritten Generation. Angeln im Fjord und Wandern im Fjell kann man in Nordkjosbotn direkt von der Haustür aus. ■

Die Straße verläuft hinter Nordkjosbotn kilometerlang am Balsfjord entlang und man genießt eine schöne Aussicht auf die Fjordlandschaft. Nach 74 Kilometern erreicht man Tromsø.
Tromsø ist die unumstrittene Favoritin unter den nordnorwegischen Städten. Sie ist die Stadt, die mit den meisten Attributen versehen worden ist: »Paris des Nordens«, »Venedig des

Nordens«, »Pforte zum Eismeer«, usw. Aber das sind nicht nur werbewirksame Slogans, sondern schon nach wenigen Stunden Aufenthalt in dieser nordnorwegischen Hauptstadt stellt man fest: In Tromsø ist jede Menge los! Vor allem die Mitternachtssonne scheint (und diese sie von Ende Mai bis Ende Juli) pulsiert das Stadtleben in unzähligen Cafés, Restaurants, Bars, Nachtlokalen, Diskotheken, Jazzclubs und Biergärten. Und hätten Sie gedacht, daß auf 70° nördlicher Breite eine bekannte Brauerei »arktisches« Bier braut? »...« ist eine ganz besondere nordnorwegische Spezialität, noch dazu, wenn es zusammen mit Möweneiern angeboten wird.

Scandic Hotel Tromsø

Seit einigen Jahren ist Tromsøs Hotellandschaft um das Scandic Hotel bereichert worden. Es liegt 2,5 km vom Stadtzentrum entfernt in ländlicher Umgebung. Zum Flugplatz ist es nur ein Kilometer.

Das moderne Hotel bietet 147 Zimmer mit 3 Betten.

Im Restaurant Måken (»Zur Möwe«) steht Ihnen ein reichhaltiges à la carte Menüangebot zur Auswahl mit typisch norwegischen, aber auch internationalen Gerichten.

Die Pelican-Bar ist die »Lagune« des Scandic-Hotels. Hier serviert man »smørbrød«, Salate, Kaffee und Kuchen.

Sie wollen am Abend das Tanzbein schwingen? Bravo, schön: Im Nachtklub Pingvin spielt man Country-Blues für Sie! Und für das Wohlbefinden gibt es Tinus Poolbar, mit Sauna, Solarium, Schwimmbecken und Kaminecke, phantastische Aussicht über die reizvolle nordnorwegische Landschaft.

Scandic Hotel Tromsø: letztes Scandic Hotel vor dem Nordpol! ■

6

Das **SAS Royal** bietet Ihnen erstklassigen internationalen Hotelkomfort auf dem 70. Breitengrad. Im Stadtzentrum von Tromsø, dem Paris des Nordens gelegen, sind es vom SAS Royal nur wenige Schritte zu den unzähligen Restaurants und Cafés, die im Sommer fast die ganze helle Nacht lang geöffnet haben.

Insgesamt 192 Zimmer befinden sich in diesem komfortablen Hotel, die auf 10 Etagen verteilt bequem mit vier Aufzugsanlagen erreichbar sind. Sie haben die Wahl zwischen Vier Junior-Suiten, sieben Suiten, 58 Doppel-, 56 Kombi- und 47 Einzelzimmern. Oder aber Sie logieren einmal ganz fürstlich: In den 17 Zimmern des Royal Club mit eigenem Frühstückssaal und Entspannungsräumen.

Als Konferenzhotel eignet sich das SAS Royal ausgezeichnet. Bis zu 330 Tagungsteilnehmer finden in den Räumlichkeiten Platz, wobei allen acht separate Sitzungszimmer zur Verfügung stehen. Das SAS Royal Hotel in Tromsø findet in Norwegen nicht so schnell seinesgleichen, und das nicht nur wegen seiner nördlichen Lage. ■

7

Das **Grand Nordic Hotel** in Tromsø ist ein Stadthotel der oberen Kategorie. In 87 Zimmern und 16 Suiten, alle mit Dusche/WC, TV, Minibar und sonstigem Komfort ausgestattet, bestehen komfortable Übernachtungsmöglichkeiten. Restaurant, Diskothek, Nachtklub und Bar. Das Grand Nordic Hotel liegt im Herzen von Tromsø. Für ihre vorzüglichen Speisen, u.a. nordnorwegische Spezialitäten, ist die Hotelküche bekannt.

Dem aktiven Gast bietet sich das Hotel als guter Ausgangspunkt für Boots- und Angeltouren sowie Wanderungen in die Umgebung an. Oder sogar zu einem »Spritzflug« nach Svalbard (Spitzbergen). Zu einem erholsamen und erlebnisreichen Aufenthalt im hohen Norden lädt das Grand Nordic Hotel in Tromsø ein! ■

Die Eismeerkathedrale in Tromsø

8

Entdecken Sie das Inselreich vor Tromsø an Bord der M/K Skysskar. Ein einzigartiger Schärengarten zwischen wogenden Wellen oder aber spiegelblankem Wasser im Schein der Mitternachtssonne erwartet Sie. Unterwegs probieren wir unser Angelglück und bereiten uns die Fänge gleich an Bord zu, während die Ziehharmonika mit nordnorwegischen Weisen zum Tanzen und Träumen aufspielt.

Aber auch für Landratten hat Tromsø allerhand zu bieten. Das Polarmuseum zum Beispiel. Das Tromsø Museum. Die Eismeerkathedrale, die Gondelbahn und - neu seit 1989 - das erste Nordlichtplanetarium Norwegens.

Tromsø ist zudem bekannt für sein vielfältiges Kulturleben, zahlreiche erstklassige Restaurants und Nachtklubs und bildet darüberhinaus ein Dorado für Jäger, Angler und alle Naturliebhaber. ■

Während man in Tromsø über gastronomische Zentren fast an jeder Ecke stolpert, sind aber auch die kulturellen Sehenswürdigkeiten nicht gerade dünn gesät.

Das Tromsø Museum und das Stadtmuseum dokumentieren die historische Entwicklung und Bedeutung des Gebietes. Im Polarmuseum finden sich Amundsen, André und Nansen für die Nachwelt vereint. Denn von Tromsø aus starteten alle drei Forscher ihre Expeditionen, die Bahnbrechendes für die Polarfoschung leisteten.

Spitzbergen, einst Ziel der Walfänger, ist heute übrigens von Tromsø aus im Nonstop-Flug zu erreichen. Die Hurtigrute legt täglich an und gewährt ihren Touristenscharen ein paar Stunden Landgang.

Das markanteste Bauwerk nördlich des Polarkreises ist wohl die Eismeerkathedrale, im Stadtteil Tromsødalen gelegen. Sie wurde 1965 eingeweiht und bildet mit ihrer eigenwilligen, triangelförmigen Architektur ein Wahrzeichen der Stadt.

Hinter der Kirche fährt man zum Aussichtsberg Storsteinen, der sich 420 Meter über Tromsø erhebt. Auf seinen Gipfel gelangt man mit einer Seilbahn (Fjellheisen). Der Storsteinen ist auch ein guter Ausgangspunkt für Wanderungen in die Umgebung. Sportfischer finden in den zu Troms gehörenden Insel- und Schärengebieten Kvaløya und Ringvassøya hervorragende Gewässer.

Wir verlassen Tromsø auf der E 78. (Wer einen Abstecher zu den Lyngsalpen machen will, kann bei Fagernes auf die Str. 91 abzweigen, die zur Lyngenhalbinsel führt.)

Wir fahren hinunter nach Nordkjosbotn. Von dort weiter auf der E 78/6, wobei wir bald den Storfjord, einen Seitenarm des Lyngenfjord erreichen

9
Lyngskroa Motell

Am inneren Lyngenfjord liegt der Gasthof Lyngskroa. Zentrale Straßenverbindungen: E 6 und E 78 sowie Str. 868 laufen hier in der Storfjord Kommune zusammen.

Der Ort ist von herrlicher Natur umgeben. Man kann im Meer oder in den vielen Fischgewässern angeln. Nicht weit entfernt befindet sich ein ausgezeichnetes Terrain für Klettertouren und Gletscherwanderungen. Die Lyngsalpen sind seit vielen Jahren ein beliebtes Ziel für ausländische Bergsteiger. Auf dem Signaldalvassdraget werden Kanutouren angeboten. Und alle Gebiete erreicht man bequem vom Lyngskroa Motell aus: 80 Betten in 37 Zimmern mit Dusche/WC, Restaurant (bekannt gute Küche), Cafeteria, Bar (alle Schanklizenzen), Disko, Sauna, Solarium. Konferenzraum mit moderner AV-Ausstattung für bis zu 160 Personen. ■

Wir folgen der Europastraße, die hier kilometerlang am Ufer des Lyngenfjords verläuft und durchfahren die Gebiete der Kommune Kåfjord.

10

Kåfjord ist eine Fjord- und Fjellkommune, in die 3.000 Menschen entlang der Fjorde und in den Tälern leben. Vom Süden erreicht man zuerst die Ortschaft Løkvoll, das Zentrum im Manndalen. Das Tal ist bekannt für seine gewebten Teppiche aus handgesponnener Wolle, »grener« genannt. Diese samische Webtradition hat uralte Wurzeln. Das Spinnrad, mit dem das Garn versponnen wird, steht auch symbolisch im Gemeindewappen von Kåfjord. Kunsthandwerk der »Seesamen« erhält man in »Grenebua-Laden« in Løkvoll.

Am inneren Fjordende in Birtavarre erreicht man das Eingangstor zu einem phantastischen Fjellgebiet. Unten im Tal befindet sich das Museum der Seesamen (»Sjøsamiske museet«) mit alten Hofgebäuden (norsk: Gardstun, fjærebuer og uteløer). Es wurde als Projekt zur europäischen »Kulturlandschaftskampagne« ausgewählt.

Der Weg durch das Kåfjorddal führt bis in 800m Höhe, an den Fuß des Berges Haldi, dem höchsten Fjellmassiv auf finnischem Gebiet. In nördliche Richtung hinter Olderdalen bietet sich eine herrliche Aussicht auf die berühmten Lyngsalpen. Weiter nördlich zwischen Kåfjordbergen und Spåkene sieht man noch weiter; die Mitternachtssonne zeigt sich hier vom 20. Mai bis zum 25. Juli. Angelmöglichkeiten gibt es unzählige, im Fjord, in den Flüssen und Bergseen. Die lokalen Touristenbüros in Kåfjord informieren Sie an Ort und Stelle darüber. ■

11

Nordreisa

Über 3.664 km² erstreckt sich die Kommune Nordreisa vom Fjord- und Fjellgebiet an der Küste bis in die Hochebenen an der finnischen Grenze. Mitten in dieser abwechslungsreichen Landschaft liegt der Lachsfluß Reisa im Reisadalen. Hier kann man mit langen Flußbooten bis hinunter zum Mollisfossen fahren, einem gigantischen Wasserfall mit 269 Meter freier Fallhöhe. Seit 1987 sind Teile der Kommune Nordreisa zum Nationalpark erklärt worden. Für Aktivurlauber, die angeln, paddeln oder wandern wollen, ist das Nordreisa-Gebiet ein wahres Paradies. ■

Ein schöner Abstecher ist eine Flußkahnfahrt durch das Reisadal, Norwegens neuestem Nationalpark. Die Straße 865 dorthin zweigt bei Nordreisa rechts ab. Der Endpunkt der Troms Tour ist **Alta**, die nächste, größere Stadt, die bereits im Bezirk Finnmark liegt. Wer noch weiter nördlich reisen will, dem bietet die Finnmark-Tour Anschlußmöglichkeiten.

Mit dem Flußboot auf dem Reisa

Entfernungen:

Narvik - Fossbakken	62 km
Fossbakken - Andselv	57 km
Andselv - Nordkjosbotn	67 km
Nordkjosbotn - Tromsø	73 km
Tromsø - Lyngskroa	91 km
Lyngskroa - Olderdalen	97 km
Olderdalen - Nordreisa	49 km
Nordreisa - Alta	93 km

Adressen:

1 Grand Royal Hotel
N-8500 Narvik
Tel. 082 - 41 500
Telefax 082 - 45 531

2 Bjerkvik Hotel
Postboks 55
N-8530 Bjerkvik
Tel. 082 - 52 105
Telefax 082 - 52 334

3 Målselv Kommune
Turistkontoret
Boks 1086, Andselv
N-9201 Bardufoss

4 Vollan Gjestestue
N-9040 Nordkjosbotn
Tel. 089 - 28 103

5 Scandic Hotel Tromsø
Postboks 2243
N-9014 Håpet
Tel. 083 - 73 400
Telefax 083 - 81 905

6 SAS Royal Hotel Tromø
Sjøgata 7
N-9000 Tromsø
Tel. 083 - 56 000
Telefax 083 - 85 474

7 Grand Nordic Hotel
Postboks 8
N-9001 Tromsø
Tel. 083 - 85 500
Telefax 083 - 85 500

8 Tromsø Arrangement
Turistkontoret, Bankgt. 1
N-9000 Tromsø, Tel. 083 - 84 776

9 Lyngskroa Motell
N-9046 Oteren
Tel. 089 - 14 505
Telefax 089 - 14 841

10 Kåfjord Kommune:
Turistkontoret, Olderdalen
Tel. 089 - 18 300
Løkvoll Motell og Auto-senter
Tel. 089 - 16 100
Manndalen Veikro, Samuelsberg
Tel. 089 - 16 400
Olderdalen Camping
Tel. 089 - 18 172
Lyngenfjord Camping, Djupvik
Tel. 089 - 17 121

11 Nordreisa Kommune
N-9080 Storslett, Tel. 083 - 65 011

TOUR II
Finnmark - der äußerste Norden

Alta - Kirkenes - Karasjok

Klar, zum Nordkap wollen alle Urlauber einmal, die sich in die Breitengrade der Finnmark hochgearbeitet haben. Aber wer von ihnen erkundet schon das Innere der Finnmarksvidda? Oder stößt bis an den östlichen Außenposten Kirkenes an der Eismeerküste vor? Wenn Sie Lust auf eine einzigartige Entdeckung haben, dann lassen Sie sich doch einmal darauf ein.

Die Mitternachtssonnenstraße

Wir treffen uns in **Alta**. (Anreisemöglichkeiten: von Norwegen über die E 6, von Finnland über die Str. 93). Dieses Zentrum einer Gemeinde mit 14.000 Einwohnern liegt an der Mündung des verzweigten Altafjords. Hier lebten bereits 7.000 Jahre v. Chr. Menschen in steinzeitlichen Siedlungen. Ausgrabungen dieser sogenannten Komsakultur kann man heute am Komsafjellet besichtigen. Das Museum unterhalb des Fjells zeigt Techniken des Schieferabbaus, Fluß- und Fjordfischerei, sowie samisches Kunsthandwerk. Bekannt sind die Felszeichnungen in Hjemmeluft und Amtmannsnes, die zu den umfangreichsten Vorkommen in Europa zählen. Sie sind zwischen 2.000 und 6.000 Jahre alt.

Der Altaelv ist ein bedeutendes Lachsgewässer. Flußbootfahrten vermittelt das örtliche Touristenbüro. Von Alta aus bietet sich auch ein Ausflug zum größten nordeuropäischen Canyon Svatso an: Ausgangspunkt dieser Tour ist die Gargia Fjellstue.

Übrigens können Sie das Alta Touristradio auf den Frequenzen UKW 104.2, 105.2 und 106.9 auf Deutsch, Englisch, Norwegisch und Finnisch hören!

Über die E 6 und die Str. 94 erreichen wir **Hammerfest**, das auf 70° 39' 48" nördlicher Breite liegt und damit die nördlichste Stadt der Welt ist. Schon im 18. Jahrhundert lebten die Hammerfester vom Tauschhandel mit Rußland, da sie einen der besten eisfreien Häfen im Norden besaßen. Als erste Stadt Europas erhielt Hammerfest bereits 1890 eine elektrische Straßenbeleuchtung. Der dazu notwendige Strom wurde mit einer Edison-Turbine erzeugt, die 1889 auf der Weltausstellung in Paris zusammen mit dem Eiffelturm gezeigt wurde. Eine Attraktion ist der Eisbären-Club - The Royal and Ancient Polar Bear Society - mit seinem Sitz im Hammerfester Rathaus. Bei einem Besuch kann man seine Mitgliedschaft im Club anmelden und erhält ein dekoratives, von der Bürgermeisterin eigenhändig unterzeichnetes Zertifikat. Als Mitglied hat man dann sogar Stimmrecht bei der jährlichen Generalversammlung. (Nach eigenen Angaben besitzt der Eisbären-Club über 80.000 Mitglieder in aller Welt).

Auch für aktive Urlauber hat Hammerfest einiges zu bieten: Wie wäre es mit einer Hochseeangeltour oder einer nächtlichen Bootstour zum Nordkap? Das Touristenbüro vermittelt diese Touren während der Sommermonate.

2
Rica Hotel Hammerfest
Mitten im Zentrum von Hammerfest liegt das Rica Hotel Hammerfest, mit 160 Betten das größte Hotel der nördlichsten Stadt der Welt. Als Mitglied der größten Hotelkette Norwegens in Privatbesitz bietet das Haus internationalen Standard sowohl im Restaurant als auch in der Bar, dem Pub, Tanzsalons und weiteren Räumlichkeiten.

Dazu kommt die einzigartige Atmosphäre im nördlichsten Europa. Im Sommer ist Hammerfest Ziel für Touristen aus aller Herren Länder. Beliebtestes Ausflugsziel ist das Nordkap: Mit dem Schnellboot »Midnight Cruise«, der Hurtigrute und Busverbindungen erreicht man das markante Felsplateau auch von Hammerfest aus. Das Rica Hotel Hammerfest organisiert ebenfalls Meeresangeltouren und einen Besuch im Eisbärenklub. ■

Hammerfest

1
Hammerfest Motell & Camping Storsvingen
Egal ob Sie ein festes Dach über einer Ferienwohnung oder Hütte suchen, oder Ihr eigenes mit Wohnmobil oder Zelt gleich mitbringen - Storsvingen hat mit seinen Motell- und Campinganlagen immer einen Platz für Sie und das nur 1,5 km vom Zentrum Hammerfests entfernt. Die Appartements im Motell bestehen aus zwei Schlafräumen, Gemeinschaftszimmer, Küche und Bad. Angeltouren (mit Fangerfolg) und Bootsverleih. Sauna, Solarium. Café mit Schanklizenzen für Bier und Wein.
60 Meter über dem Meer gelegen bietet der Campingplatz Storsvingen eine herrliche Aussicht übers Polarmeer und auf die Mitternachtssonne. ■

3
Havøysund Hotel & Rorbuer
Sie schrecken auch vor dem Äußersten nicht zurück? Dann sind die nördlichst gelegenen Rorbuer (Fischerhütten) der Welt der richtige Platz für Ihre Ferien in Nordnorwegen.
Mitten im Dorf Havøysund in der Gemeinde Måsøy liegt das Havøysund Hotel mit seinen acht Rorbuer - insgesamt 64 Betten. Zimmer, Restaurant, Bar und Pub sind von hohem Standard. Direkt am Polarmeer gelegen eignet sich Havøysund Hotel & Rorbuer hervorragend für Angelurlauber. Zum Nordkap tägliche Bootsverbindungen. Ausflüge zum Vogelfelsen Hjelmsøystauren.
Das Hotel ist Mitglied der nordnorwegischen AbC-Hotels, die auch Gruppenreisen organisieren. ■

Unser nächstes Ziel ist das **Nordkap**. Zum nördlichsten Punkt des europäischen Straßensystems führt die Straße 95 durch eine weitgehend unbewohnte, öde Landschaft. Trotzdem drängen sich während der Hauptsaison die Autokolonnen auf die Tag und Nacht verkehrende Fähre von Kåfjord nach Honningsvåg. Dort findet Ende Juni das Nordkapfestival statt, ein buntes Treiben mit zahlreichen Kultur- und Unterhaltungsveranstaltungen mitten auf dem 71. Breitengrad. Auch Angel- und Bootstouren werden von Honningsvåg aus angeboten.

4

Direkt am Hafen in Honningsvåg liegt der neue Ferien-Treffpunkt **Honningsvåg Brygge**. Hier kommen die Fischer, die Ortsbewohner und natürlich auch die Touristen zusammen. Von Honningsvåg Brygge aus kann man mit den Fischern aufs Meer hinaus fahren oder auch selbst Boote und Angelausrüstung leihen. Neben weiteren Wassersportangeboten kann man Fahrräder mieten oder das reiche Vogelleben aus nächster Nähe betrachten. In den ehemaligen Fischerhütten sind 18 komfortable Zimmer eingerichtet, mit Dusche und WC sowie gemeisamen Küchen. Einkaufsmöglichkeit, Waschmaschine und weitere Serviceeinrichtungen. Für Künstler bietet sich das schön am Kai gelegene Atelier an. ■

5

Sommerhotel Sifi

Hotel Sifi, das nördlichste Hotel der Welt, liegt direkt am Kai der Nordkapfähren, drei Kilometer vom Ortskern Honningsvåg entfernt. Das nette Familienhotel mit einfachem Komfort hat in 100 Zimmern Platz für 200 Personen. Restaurant, Fernsehraum, Salon, Aufenthaltsräume, Pub, Trimmraum und Whirlpool machen den Aufenthalt in Honningsvåg - wetterunabhängig - abwechslungsreich. Und der Weg zum Nordkap ist vom Hotel Sifi aus nicht mehr weit: Täglich werden Ausflüge und Rundfahrten mit öffentlichen Bussen und Express-Booten veranstaltet. ■

Das Nordkap, bereits im 16. Jahrhundert von einem englischen Forscher auf der Suche nach einer Nord-Ost-Passage entdeckt, ist heute ein attraktives und populäres Reiseziel. Die neue Nordkaphalle bietet ein Panorama-Restaurant, die nördlichste Champagnerbar der Welt und sogar eine Multivisionsshow, in der man die arktischen Naturschönheiten auch bei schlechtem Wetter erleben kann. Der Besuch dieser neuen Anlage ist gebührenpflichtig. Das Campen auf dem Nordkapplateau ist verboten.

Wer übrigens seinen Fuß auf den nördlichsten Punkt Europas setzen will, sollte zur Landspitze Knivskjellodde wandern, die auf 71° 11' 48'' nördlicher Breite liegt.

Wir fahren zurück auf die E 6 und weiter bis nach **Lakselv**. Der Ort ist das Zentrum der Gemeinde Porsanger, die sich über rund 5.000 km2 ausdehnt. Am Trollholmsund findet man Gesteinsformationen, die Trollen gleichen. Eine Sage erzählt von Trollen, die sich nicht rechtzeitig vor der aufgehenden Sonne versteckten und deshalb versteinerten. Kein Wunder, denn die Mitternachtssonne scheint hier oben von Mitte Mai bis Ende Juli.

6

Lakselv Hotel

Das Lakselv Hotel liegt am Ende des Porsangerfjords mit Blick über den Ort Lakselv. Nach Modernisierungs- und Umbauarbeiten bietet das Hotel heute 46 Zimmer mit modernem Komfort, Dusche/WC, TV, Radio und Video sowie ein Restaurant, Bar, Diskothek, Salon, Sauna und Solarium. Besonders günstige Hotelpreise gibt es während der Vor- und Nachsaison. Der Porsangerfjord mit den nördlichsten Schären der Welt ist ein Erlebnis, besonders für Angler, die hier nach Lachs, Dorsch und Kolfisch angeln können. Lakselv eignet sich auch gut als Ausgangspunkt für Ausflüge in die Umgebung oder zum Nordkap. ■

Im nahegelegenen Stabbursdalen Nasjonalpark bieten sich ausgezeichnete Lachsangelmöglichkeiten. Hochseeangeltouren und Reitausflüge organisiert das »Stabbursdalen Camp og Villmarkssenter«.

Wer nun am liebsten ein paar Tage durch die Finnmarksvidda wandern möchte, kann bereits in Lakselv auf die E 6 Richtung Karasjok abbiegen. Die örtlichen Touristenbüros veranstalten mehrtägige Wanderungen mit Führung. Eine beliebte Strecke ist die viertägige Tour von Karasjok nach Alta, wobei man in Hütten übernachtet. Vergessen Sie Ihre Gummistiefel (und das Mückenöl!) nicht!

Unsere Tour führt weiter in nordöstliche Richtung: Von Lakselv aus fahren wir auf der Reichsstraße 98 durch die unendlich groß erscheinenden Weideflächen der Karasjok-Samen. Ihre Rentierherden weiden dort den Sommer über. Nachdem die Straße mit einer Paßhöhe von 340 Metern das Ifjordfjell überquert hat, erreichen wir das verzweigte Mündungsgebiet des Tanaelvs.

Ab Tana führt die Europastraße 6 nun am Grenzfluß Tanaelv entlang. Die Levajok Fjellstue, eine Gebirgsherberge, ist gleichzeitig ein Aktiv-Zentrum: Hier kann man Kanus leihen, mehrtägige Reitausflüge machen und sogar unter sachkundiger Führung Gold waschen, denn die Finnmark besitzt noch heute einige Goldvorkommen.

Karasjok bildet die Hauptstadt der Samen und ihr kulturelles Zentrum. Von den 2.660 Einwohnern der Gemeinde sind 80 % Samen. Sie

Samenkinder auf Magerøya

besitzen eine eigene Rundfunkstation, eine Volkshochschule, Bibliothek und sogar eine samische Tageszeitung: Sami Aigi. Die Samen leben noch heute weitgehend von der Rentierzucht. Ein neues Freilichtmuseum (De samiske Samlinger) zeigt die verschiedenen Samenkulturen und ihre Kunsthandwerke. Original samisches Kunsthandwerk kann man im Karasjok Husflidsenter oder in der Messer- und Silberschmiede erstehen.

Während der langen Wintermonate (bis Mitte Mai) sind Hundeschlittentouren beliebte Touristenattraktionen. Im Sommer kann man auch hier Gold waschen, Multebeeren sammeln, Angeln und Wandern.

7

Finnmark Feriesenter

Mit dem Kanu auf dem Annarjokka durch Europas letztes Wildnisgebiet, am nächsten Tag Goldwaschen wie zur Jahrhundertwende, als das Goldgräberfieber noch in der Finnmark blühte. Übernachten im Lavvu, dem traditionellen Rundzelt der Samen.

Wer diese »Finnmark Erlebnisse« ausprobieren möchte, dem bietet das Finnmark Feriesenter in Karasjok verschiedene Tourenprogramme an. Und wer auf eigene Faust losziehen will, findet in der Hüttenanlage mit acht holzgezimmerten Hütten einen hervorragenden Standort für alle Ausflüge. Abends trifft man sich dann in der Taverne, in der neben verschiedenen Gerichten auch Bier und Wein serviert werden. Musik für Jung und Alt gibt es in der dazugehörigen Diskothek. Vom Terrassencafé aus hat man einen einzigartigen Blick auf den Karasjok-Fluß. Lachsangeln mit Lizenz möglich. ■

Auf der Straße 92/93 gelangt man nach **Kautokeino**. Dort feiern die Samen jedes Jahr zu Ostern große, traditionelle Feste mit Hochzeiten, Kindtaufen und Rentierschlittenfahrten. Im »Kulturhuset« befindet sich ein modernes samisches Kulturzentrum. Kautokeino besitzt außerdem ein Heimatmuseum und eine Silberschmiede.

Um zum Ausgangspunkt Alta zurückzukommen, durchqueren wir abschließend die Finnmarksvidda auf der Straße 93.

8 SAS Hotels

Das SAS Alta Hotell liegt im Zentrum von Alta. Erst seit März 1988 ist das Hotel vollständig ausgebaut und neu renoviert.
155 Zimmer sind mit Bad, Telefon und TV ausgestattet. Café, Restaurant, Lobbybar, Tanzbar und Diskothek. Die Umgebung von Alta bietet hervorragende Möglichkeiten für Aktivurlauber; über das SAS Alta Hotell kann man Flußboot-, Fjord- und Angeltouren buchen oder an organisierten Fjellwanderungen teilnehmen.

Das SAS Karasjok Turisthotell erhielt in seinem Baujahr 1983 den sog. »Holzpreis« (trepris). Das moderne Hotel liegt im Herzen der Finnmark. 38 Zimmer mit Bad, Telefon und TV. Restaurant, Bar, Lobbybar, Diskothek. In unmittelbarer Nachbarschaft befindet sich der Gasthof Karasjok (gjestehus) mit zwei originellen Saunen und einem gemütlichen Kaminzimmer. Die 38 Zimmer sind zweckmäßig eingerichtet. In der »goathi« serviert man typisch samische Speisen.

Das SAS Nordkapp Hotell liegt dem Nordkap am nächsten. Mit 170 Zimmern, meist mit Bad, Telefon und TV ausgestattet, ist es zudem das größte Hotel der Finnmark. Café, zwei Restaurants, Bar und Nachtklub. Zentrale Lage in Honningsvåg, am Hurtigrutenkai, 2 km zum Fährenanleger und 3 km zum Flugplatz. Das SAS Nordkapp Hotell betreibt auch die Anlage am Nordkapplateau. Nordkap: Seit 15. Juni 1988 ist die neue Nordkap-Anlage eröffnet: Café Kompass, Snackbar, Souvenirhalle, Telekommunikations-Center und »Supervideograph« sowie Panoramafenster in der Grotte ermöglichen neue Nordkap-Erlebnisse.

Das moderne SAS Vadsø Hotell liegt im Zentrum von Vadsø. Alle 67 Zimmer sind mit Bad, Telefon und TV ausgestattet. Für abwechslungsreiche Abende sorgen das Restaurant, Café, Pizzapub, Tanzbar, Bar und Diskothek. Touren zum alten Fischerdorf Hamningberg und zur Festung Vardøhus werden für Hotelgäste arrangiert. ■

Karasjok

Im Reich der Eismeerstraßen

In der östlichen Finnmark verzweigt sich die Eismeerstraße, die im finnischen Rovaniemi beginnt. Wir folgen ihr ab Tana (Anschluß zur »Mitternachtssonnenstraße«), dort wo die Straße 890 nach Berlevåg abzweigt. Dieser rund 150 km lange Abstecher führt bis an die schroffe Küste des arktischen Eismeers. Der erste Teil der Strecke verläuft längs des Tanafjords. Durch das immer karger werdende Fjellgebiet der Varanger-Halbinsel fahren wir bis zur Kreuzung Gednje. Links biegt die Straße nach Berlevåg ab und führt abwärts durch das Kongfjordalen nach Kongsfjord, einem kleinen Fischereihafen. An der Stromschnelle Skoltefossen ist ein beliebter Lachsangelplatz. Hinter Kongsfjord beginnt der beeindruckendste Abschnitt der Straße 890: die »Eismeerstraße« (Ishavsvegen), die durch eine von den Meereskräften gestaltete, verwitterte Steinlandschaft führt. Unterwegs bietet sich immer wieder eine großartige Aussicht auf das Eismeer. Vorbei am Leuchtfeuer »Kjøllsnes fyr« fahren wir nach **Berlevåg**.

Der Fischereihafen ist durch zwei große, aus tonnenschweren Betonelementen gebildete Mole geschützt, die bislang auch den schwersten Stürmen standgehalten haben. Übernachtungsmöglichkeiten bieten das Ellens Pensjonat sowie das Ishavshotellet, das auch Hochseeangeltouren und Wanderungen vermittelt. Berlevåg wird von Widerøe angeflogen und ist Anlegeplatz der Hurtigrute. Zurück in Tana fahren wir die letzte Etappe nach Kirkenes wieder auf der Europastraße 6.

Kirkenes ist eine bedeutende Bergbaustadt direkt an der Grenze zur Sowjetunion. Die ursprünglich rein samische Bevölkerung mischte sich seit der Jahrhundertwende mit zahlreichen Einwanderern, als man begann, in Kirkenes Eisenerze zu verhütten und von dort aus auch zu verschiffen. Während des 2. Weltkrieges wurde Kirkenes mehrfach bombardiert und 1944 dem Erdboden gleichgemacht. Nach dem Krieg mußte die Stadt völlig neu aufgebaut werden. Heute leben 5.000 Menschen an diesem Außenposten der Zivilisation, der trotz seiner extremen Lage einiges zu bieten hat. Das Rica Hotell organisiert Forellen- und Saiblings- sowie Hochseeangeltouren für seine Gäste. Zum südlich von Kirkenes gelegenen »Øvre Pasvik Nasjonalpark« werden Fotosafaris mit Saumpferden veranstaltet. Oder wollen Sie die Grenze zur Sowjetunion einmal überfliegen? Die Fluggesellschaft Norving bietet in Zusammenarbeit mit dem Touristenbüro Flüge an. Wer mit dem Auto zur Grenze fahren will, kann im Dorf **Grense Jakobselv** die russischen Wachtürme selbst ohne Fernglas sehen. Die protestantische König-Oscar-II-Kapelle wurde 1896 als Grenzschutz erbaut. Sie sollte die Souveränität Norwegens markieren und die (griechisch-orthodoxen) russischen Fischer von norwegischem Territorium abhalten.

Zurück fahren wir bis Tana wieder auf der E 6. Auf der Strecke liegt die griechisch-orthodoxe Kapelle der Skolte-Samen aus dem 15. Jahrhundert. Bei der Abzweigung nach Karasjok verlassen wir die »Eismeerstraßen« und fahren auf der oben beschriebenen »Mitternachtssonnenstraße« über Karasjok und Kautokeino zurück nach Alta.

König-Oscar II.-Kapelle an der sowjetischen Grenze

Entfernungen:

Alta - Hammerfest	144 km
Hammerfest - Nordkap	184 km
Nordkap - Lakselv	168 km
Lakselv - Tana bru	209 km
Tana bru - Berlevåg	135 km
Tana bru - Kirkenes	141 km
Kirkenes - Jakobselv	62 km
Kirkenes - Karasjok	322 km
Karasjok - Kautokeino	128 km
Kautokeino - Alta	131 km

Adressen:

1 Hammerfest Motell & Camping Storvingen
N-9601 Hammerfest
Tel. 084 - 11 126

2 Rica Hotel Hammerfest
Sørøygt. 15
N-9600 Hammerfest
Tel. 084 - 11 333

3 Havøysund Hotel & Rorbuer
N-9690 Havøysund
Tel. 084 - 23 103
Telefax 084 - 23 443

4 Honningsvåg Brygge
Nordkapp Marinservice
Vågen 1, Postboks 124
N-9750 Honningsvåg
Tel. 084 - 73 540

5 Sommerhotel Sifi
N-9750 Nordkap-Honningsvåg
Tel. 084 - 72 817 / 73 510
Telefax 084 - 73 511

6 Lakselv Hotel
N-9700 Lakselv
Tel. 084 - 61 066
Telefax 084 - 61 299

7 Finnmark Feriesenter
Postboks 45
N-9730 Karasjok
Tel. 084 - 66 902

8 SAS North Cape Hotels
Postboks 11 74
N-9501 Alta

Autofahrer Info

ACHSLAST
Eine Karte über die zulässigen Achslasten auf norwegischen Reichsstraßen erhalten Sie kostenlos beim Norwegischen Fremdenverkehrsamt.

ALKOHOL AM STEUER
Die Strafgrenze liegt in Norwegen bei 0,5 Promille. Wer sie überschreitet, kann mit einem Gefängnisaufenthalt rechnen, gleichzeitig wird der Führerschein für mindestens 1 Jahr entzogen. Auch ausländische Autofahrer sind von diesen strengen Maßnahmen im Interesse der Verkehrssicherheit betroffen.

ANSCHNALLPFLICHT
In Norwegen gilt die Anschnallpflicht auf Vorder- und Rücksitzen. Kinder unter vier Jahren sollten spezielle Kindersitze benutzen. Wird man unangeschnallt erwischt, drohen hohe Geldstrafen.

AUTOMOBILCLUBS
Wenn Sie in Ihrem Land Mitglied eines Automobilclubs sind, der der Alliance Internationale de Tourisme (AIT) angeschlossen ist (z.B. der ADAC), so erhalten Sie auch in Norwegen kostenlos Tips für die Reiseplanung und Unterstützung im Schadensfall. Der Norwegische Automobilverein (NAF) überwacht in der Zeit vom 20.06.-20.08. die Gebirgspässe und einige andere Straßenabschnitte. Hier finden Sie auch überall Notrufsäulen. Die Adressen der drei großen norwegischen Automobilclubs sind:
- NAF, Storgt. 2, N-0155 Oslo 1, Tel. 02-42 94 00
- Kongelig Norsk Automobilklubb (KNA) Drammensveien 20c, N-0255 Oslo 2, Tel. 02-56 19 00
- Motorførernes Avholdsforbund (MA), St. Olavsgt. 26, N-0166 Oslo 1, Tel. 02-11 22 55

AUTOVERMIETUNG
In allen größeren Orten Norwegens und auf praktisch allen Flughäfen besteht die Möglichkeit, Autos zu mieten. Die meisten Firmen vermieten ihre Fahrzeuge nur an Personen über 25 Jahre. Ein gültiger Führerschein und Personalausweis sind erforderlich. Während des Wochenendes und in der Sommersaison werden vielfach Sondertarife geboten. Besonders problemlos ist das Mieten von Autos für Kreditkarteninhaber.
Adressen können Sie den örtlichen Telefonbüchern unter dem Stichwort »Bilutleie« entnehmen.

BENZINPREISE
Super (98 Oktan) .... NOK 5,36
Bleifrei (95 Oktan) .... NOK 5,03
Diesel .... NOK 2,12
(Stand: Oktober 1988)

FAHREN MIT LICHT
Seit Mai 1988 muß man in Norwegen auch tagsüber mit Abblendlicht fahren (Strafe: NOK 400,-).

GESCHWINDIGKEITSBEGRENZUNGEN
Die zulässige Höchstgeschwindigkeit beträgt außerhalb geschlossener Ortschaften 80 km/h. Auf einigen wenigen Autostraßen darf man 90 km/h fahren. Für Busse gilt immer das Höchst-Tempo von 80 km/h. Anhänger-Gespanne dürfen nicht schneller als 70 km/h fahren; ist der Anhänger ungebremst, gilt die Geschwindigkeit von 60 km/h. Innerhalb geschlossener Ortschaften darf man nicht schneller als 50 km/h sein.

HOCHGEBIRGSSTRASSEN
Falls Sie Ihre Reise für das Frühjahr geplant haben und Sie mit dem Auto unterwegs sein sollten, beachten Sie bitte, daß in Norwegen folgende Straßen im Winter/Frühjahr gesperrt werden (s. Tabelle). Nähere Auskünfte über Sperrung und Öffnung der Hochgbirgsstraßen erhalten Sie während der Saison bei der NAF Alarmzentrale, Oslo, Tel. 02-42 94 00.

Straße	geschlossen - geöffnet
5: Gaularfjellet	29/2/89 - 22/4/89
5: Valdresflya	13/11/88 - 7/5/89
7: Hardangervidda:	ganzjährig geöffnet*
13: Vikafjell	ganzjährig geöffnet*
45: Hunnedalsvegen	ganzjährig geöffnet*
55: Sognefjellsvegen	23/12/88 - 6/5/89
58: Geiranger	6/12/88 - 11/5/89
63: Trollstigen	17/11/88 - 16/5/89
95: Skarsvåg - Nordkapp	16/11/88 - 25/5/89
98: Ifjordfjellet	3/12/88 - 11/5/89
220: Venabygdfjellet	22/1/89 - 4/5/89
252: Tyin - Eidsbugarden	30/10/88 - 17/6/89
258: Gml. Strynefjellsvegen	25/9/88 - 6/6/89
520: Sauda - Røldal	18/12/88 - 18/5/89
882: Storvik - Bardines	ganzjährig geöffnet*
886: Vintervollen - Gr. Jakobselv.	ganzjährig geöffnet*

* = bei günstigen Witterungsverhältnissen ganzjährig geöffnet.
(Einige der Straßen werden im Winter während der Nachtstunden gesperrt.)

INFORMATIONS-TAFELN
Vor jedem größeren Ort finden Sie auf den Rastplätzen eine große Informationstafel, die Ihnen die Orientierung erleichtert. Man erhält zahlreiche nützliche Hinweise, so zum Beispiel die Lage des örtlichen Touristenbüros, wo Sie dann alle weiteren Informationen bekommen.

KARTEN
Beim Norwegischen Fremdenverkehrsamt sind folgende Karten kostenlos erhältlich:
- Karte mit zulässigen Achslasten
- Karte mit zulässigen Fahrzeuglängen
- Karte mit Tunnel und Unterführungen
- Karte der winterbefahrbaren Straßen
Die drei zuerst genannten Karten sind Busunternehmern vorbehalten.
Außerdem werden vom Norwegischen Fremdenverkehrsamt über die NORTRA Marketing GmbH Übersichtskarten für Autofahrer und Radfahrer angeboten. Diese sind gegen eine geringe Schutzgebühr erhältlich. (Adr. s. S. 235)
Detaillierte Gebietskarten und Autoreiseführer stellen wir Ihnen auf den Seiten 227-233 vor.

MASSBESTIMMUNGEN
Die auf norwegischen Reichsstraßen genehmigte Wagenbreite ist 2,50 m, jedoch mit Ausnahme der folgenden Strecken:
Vest-Agder: .. Str. 461, Konsmo-Kvås: 2,40 m
Str. 461, Moi-Førland: 2,40 m
Rogaland: Str. 515, Skjoldastraumen bru: 2,40 m
Die Höchstbreite von Campingwagen ist in Norwegen auf 2,30 m begrenzt. Die Gesamtlänge von Wagen mit Campingwagen darf 18,50 m nicht überschreiten. Außerdem wird darauf hingewiesen, daß einige norwegische Gebirgspässe und schmale Straßen für das Fahren mit Campingwagen und Bussen nicht geeignet sind. (s. oben)

PANNENHILFE
Die Straßenwacht-Fahrzeuge des norwegischen Automobilverbandes NAF befahren vom 20. Juni bis Ende August die wichtigsten Hauptverkehrsstraßen - besonders die Paßstraßen. An den Gebirgsstraßen befinden sich auch die Notruf-Telefone des NAF. Die reine Pannenhilfe ist für Mitglieder u.a. des ADAC kostenlos, weitergehende Arbeiten werden gegen Rechnung von Vertragswerkstätten ausgeführt.

RÜCKSICHT AM STEUER
Nehmen Sie Rücksicht auf Kinder, die in Norwegen sehr viel im Freien sind. Besondere Vorsicht ist bei vierbeinigen Verkehrsteilnehmern geboten. Schafe, Kühe und Ziegen halten sich auch in Norwegen nicht an die Verkehrsregeln und sind hier weitaus häufiger auf der Straße anzutreffen als in Mitteleuropa.
Nehmen Sie bitte aber auch Rücksicht auf die Verkehrsteilnehmer, die - innerhalb der Geschwindigkeitsbegrenzung - schneller fahren wollen als Sie. Besonders Wohnwagen-Gespanne und breite Wohnmobile sind oft langsamer als der normale Verkehr. Fahren Sie an den Ausweichstellen rechts an den Rand und geben Sie durch Blinkzeichen bekannt, daß Sie die Fahrbahn zum Überholen freigeben.

SPIKES-REIFEN
Rechnen Sie mit Schnee oder vereisten Straßen - zum Beispiel im Gebirge - dann nehmen Sie zu Ihren Rädern passende Schneeketten mit. Hat der Wagen Sommerreifen, ist es verboten, auf schneebedeckten oder vereisten Straßen zu fahren, ohne Schneeketten im Wagen zu haben. Denken Sie besonders im Winter daran. In Norwegen ist es üblich, die bei uns verbotenen Spikes-Reifen zu benutzen. Vom 15. April bis 1. November (in Nordnorwegen vom 1.5. bis 15.10) ist es jedoch verboten, mit Spikes-Reifen zu fahren. Vermietung von Spikesreifen (Vorbestellung erforderlich):
- Ulrich Gummiservice, Drammensveien 130, N-0277 Oslo 2, Tel. 02-55 77 18 (Spikes-Reifen können auch am Wochenende - nach Absprache - geliefert werden).

KLEINER AUTO-SPRACHFÜHRER
Achtung! Vorsicht! .... Se opp!
Baustelle, Straßenarbeiten .... Veiarbeid
Durchfahrt verboten .... Gjennomkjøring forbudt
Fahrbahnrand nicht befahrbar .... Svake kanter
Frostschäden .... Frostskade
Gesperrt .... Sperret
Geschwindigkeitsbegrenzung .... fartsgrense
Halt! .... Stopp
Halten verboten .... Stopp forbudt
Kinderspielplatz .... Lekeplass
Langsam (fahren)! .... Kjør sakte
Mautstraße .... bomvei
Mautgebühr/Wegegeld .... bompenger
Parken verboten! .... Parkering forbudt
Parkplatz .... Parkeringsplass
Privatweg .... Privat vei
Sackgasse .... Blindvei
Schlechte Fahrbahn .... Dårlig veidekke
Straßenglätte .... Glatt veibane
Überholen verboten! .... Forbikjøring forbudt
Umleitung .... Omkjøring
Zoll .... Toll
Wie komme ich nach ..? Hvordan kommer jeg til...?
Wie weit ist das? .... Hvor langt er det?
Können Sie mir das .... Kan De vise meg det
auf der Karte zeigen? .... på kartet?
Wo ist die nächste .... Hvor er nærmeste
Tankstelle? .... bensinstasjon?
Bitte volltanken! .... Full tank, takk!
Darf ich hier parken? ..... Kan jeg parkere her?
Es ist ein Unfall passiert! ..... Det er skjedd et uhell.
Mein Auto hat eine Panne. . Bilen har en motorskade.
Der Motor springt nicht an. ... Motoren vil ikke starte.
Mein Auto hat eine Reifenpanne. . Bilen har punktert.
Abblendlicht .... nærlys
Abschleppdienst .... redningstjeneste
Achse .... aksel
Anlasser .... selvstarter
Auspuff .... eksosrør
Auto .... bil

Autobahn	motorvei
Autofähre	bilferje
Autovermietung	bilutleie
Batterie	batteri
Benzin	bensin
Blinker	blinklys
Bremse	bremse
Dichtung	pakning
Ersatzrad	reservehjul
Fehler	feil
Fernlicht	fjernlys
Frostschutzmittel	frostvæske
Führerschein	førerkort
Garage	garasje
Getriebe	gir
Handbremse	håndbremse
Hupe	horn
Keilriemen	vifterem
Kofferraum	bagasjerom
Kühler	kjøler
Lenkrad	ratt
Leihwagen	leiebil
Moped	moped
Motor	motor
Motorrad	motorsykkel
Öl	olje
Panne	uhell
Reifen	dekk
Rücklicht	baklys
Scheinwerfer	frontlys
Sicherheitsgurt	sikkerhetsbelte
Sicherung	sikring
Straße	gate
Unfall	uhell
Ventil	ventil
Vergaser	forgasser
Verteiler	fordeler
Warndreieck	varselstrekant
Werkstatt	bilverksted
Windschutzscheibe	frontglass
Winterreifen	vinterdekk
Zündkerze	tennplugg
Zündschlüssel	tenningsnøkkel
Zündung	tenning
Zylinder	sylinder
Zylinderkopfdichtung	topp-pakning

TUNNELVERBINDUNGEN

Im folgenden finden Sie eine Auflistung der zehn längsten Tunnelstrecken, die das norwegische Straßennetz untereinander verbinden.

- Str. 17: Svartistunnel, Nordland .... 7.610 m
- Str. 13: Høyangertunnel,
  Sogn og Fjordane .... 7.522 m
- Str. 7: Vallaviktunnel, Hordaland .. 7.511 m
- Str. 625: Fjærlandstunnel,
  Sogn og Fjordane .... 6.381 m
- Str. 803: Tosentunnelen, Nordland .. 5.800 m
- E 76: Haukelitunnel, Hordaland ... 5.688 m
- Str. 1903: Flenjatunnel,
  Sogn og Fjordane .... 5.024 m
- E 68: Flenjatunnel, Sogn og Fjordane 5.024 m
- Str. 14: Eikefettunnel, Hordaland ... 4.910 m
- E 76: Røldalstunnel, Hordaland .... 4.565 m
- Str. 15: Oppljostunnel, Sogn og Fjordane 4.500 m
- Str. 2: Berdalstunnel, Sogn og Fjordane 4.300 m

WEGEGELD

Zur Finanzierung besonders kostspieliger öffentlicher Projekte (Brücken, Tunnel) wird an einigen Stellen Wegegeld verlangt.
Außerdem gibt es eine Reihe von privaten Brücken und Straßen, die gebührenpflichtig sind. Diese Verbindungen sind nicht Teil des öffentlichen Verkehrsnetzes. Das norwegische Wort für Straßengebühr heißt übrigens »bompenger«.
An folgenden öffentlichen Straßen und Brücken wird Wegegeld verlangt:
- E 6: Mjøsabrua, Hedmark und Oppland (NOK 12,-)
- Autobahn E 18: durch Drammen, Buskerud (NOK 5,-)
- E 68: Sollihøya, Buskerud (NOK 5,-)
- ganzjährig geöffnete Haukelifjell-Straße, E 76, Telemark / Hordaland (NOK 30,-)
- E 18 über Eidangerhalvøya, Telemark (NOK 10,-)
- Stadt Bergen, Hordaland (NOK 5,-)
- Str. 658 (Tunnel Ålesund-Flughafen) (NOK 30,-)
- Brücke über Røyrasundet, Møre og Romsdal (NOK 20,-)
- E 6: um den Leirfjord, Nordland (NOK 35,-)
- Grimsøystraumen bru, Nordland (NOK 15,-)
- Kvalsundbrua, Finnmark (NOK 12,-)

An einigen Privatstraßen muß auch Wegegeld entrichtet werden. Meist befindet sich dort eine Schranke, die Sie selbst öffnen können. Auf einer Anschlagstafel finden Sie die Gebühr, die für die Durchfahrt entrichtet werden muß. Legen Sie den Betrag in einen dafür vorgesehenen Kasten, schreiben sich selbst eine Quittung aus und legen diese gut sichtbar auf das Armaturenbrett. Denken Sie daran, daß das Wegegeld dazu dient, Straßen instandzuhalten, die sonst für den öffentlichen Verkehr nicht zugänglich wären.

WOHNWAGEN

Der Zustand der norwegischen Straßen hat sich im Laufe der letzten Jahre entscheidend verbessert. Trotzdem sind noch längst nicht alle Strecken für Wohnwagen-Gespanne befahrbar.
Das norwegische Straßenamt (Vegdirektoratet in Oslo) hat eine spezielle Karte herausgegeben, die Sie darüber informiert, welche Straßen für Wohnwagen-Gespanne geeignet sind. Diese Karte liegt dem Infopaket 9 (Camping) des Norwegischen Fremdenverkehrsamts bei (Bestellcoupon siehe S. 235).

Wohnwagen- und Wohnmobilverleih

Oslo
- Bislet Bilutleie, Pilestredet 70
  N-0354 Oslo 3, Tel.: 02-60 00 00

Akershus
- Clipper Caravan, Drøbaksvn. 2
  N-1430 Ås, Tel.: 09-94 10 90
- InterRent, Kloppavn. 20
  N-1472 Fjellhamar, Tel.: 02-70 04 00
- Romerike Caravan, Gml. Trondheimsv. 116
  N-2020 Skedsmokorset, Tel.: 06-87 69 57
- Østlandske Bil- og Camping A/S
  Nye Vakås vei 55
  N-1364 Hvalstad, Tel.: 02-98 03 87

Buskerud
- Kongsberg Caravanutleie, Bevergrenda
  N-3600 Kongsberg, Tel.: 03-73 43 88
- Mobile Caravan Utleie, Vintergt.
  N-3048 Drammen, Tel.: 03-83 62 80

Vestfold
- Askjem's Camping Center, Postboks 78
  N-3170 Sem, Tel.: 033-32 811
- Vestfold Caravan Senter
  N-3176 Undrumsdal, Tel.: 033-63 270

Telemark
- Tele Caravan, Porsgrunnsvn. 350
  N-3900 Porsgrunn, Tel.: 035-56 323

Aust-Agder
- Farsund Servicenter, Laurvik terr.
  N-4550 Farsund, Tel.: 043-91 661
- Anwi Import og Utleie, Havrevn. 4c
  N-4635 Kristiansand S, Tel.: 042-44 596
- Campingbilutleie A/S, Homme
  N-4652 Øvrebø, Tel.: 042-39 753
- Eriks Caravanutleie, Løkkevn. 6
  N-4616 Kristiansand S, Tel.: 042-21 202
- Ugland Caravansenter A/S, Kjelåsvn.
  (Mjåvann Industriområde)
  N-4600 Kristiansand S, Tel.: 042-82 300
- Lyngdal Campingvognutleie, Bøkevn. 5
  N-4580 Lyngdal, Tel.: 043-43 666
- Normans Caravan A/S, Agnefestvn.
  N-4580 Lyngdal, Tel.: 043-43 790

Vest-Agder
- Agder Bobil c/o Egelands Rørhandel, Torsgt. 47
  N-4632 Kristiansand S, Tel.: 042-91 910
- Gumpens Auto, Sommerkrovn. 2
  N-4500 Mandal, Tel.: 043-61 544
- InterRent/Gumpens Auto A/S, Setesdalsvn. 90
  N-4617 Kristiansand S, Tel.: 042-43 077
- Korsvik Bil og Båtutstyr A/S,
  Korsvik, Randesund,
  N-4638 Kristiansand S, Tel.: 042-44 447
- Utleiemaskiner, K. og L.M, Gundersen & Søn
  N-4650 Homstean, Tel.: 042-39 753

Oppland
- Auto-Camper, Hagevn. 8a,
  N-2600 Lillehammer, Tel. 062-58 222
- Gjøvik Fina Service, Rambekkmoen
  N-2800 Gjøvik, Tel.: 061-76 211
- Lillehammer Caravansenter, Industrigt. 36
  N-2600 Lillehammer, Tel.: 062-55 408
- Lillehammer Fina Service, Storgt. 136/138
  N-2600 Lillehammer, Tel.: 062-55 311

Hedmark
- Hamar Bilutleie, Brygga
  N-2300 Hamar, Tel.: 065-25 160

Hordaland
- Auto Camping
  N-5230 Espeland, Tel.:05-24 05 38
- Bergen Caravan, Liamyrane 6
  N-5090 Nyborg, Tel.: 05-18 92 30
- Caravanutleie, Åsane Industrihus
  N-5090 Nyborg, Tel.: 05-18 92 30
- Caravan og Fritid, Litleåsvn.
  N-5090 Nyborg, Tel.: 05-18 67 90
- Fritid Vest A/S, Tellnesskiftet på Sotra
  N-5370 Fjell, Tel.: 05-33 62 30
- Per's Caravanutleie, Langgåt 2
  N-5460 Husnes, Tel.: 054-71 910

Trøndelag
- A.S. Auto, Th. Owesensgt. 22, Postboks 3935,
  N-7000 Trondheim, Tel.: 07-91 68 00
- Vinne Service A/S, Vinne
  N-7650 Verdal, Tel.: 076-78 977

Troms
- Jørgensen Caravan & Utleie, Moen
  N-9027 Ramfjordbotn, Tel.: 083-92 212
- Skog & Fritid A/S, Rossvold
  N-9322 Karlstad, Tel.: 089-35 770
- Tromsø Caravansenter A/S, Kaldfjord
  N-9105 Eidkjosen, Tel.: 090-95 168

Für Wohnwagengespanne nicht geeignete Straßen:

Møre og Romsdal
Str. 58: Langevatn - Eidsdal
Str. 63: Linge - Sogge bru

Sogn og Fjordane
Str. 5: Von Eldalsosen in nördlicher Richtung (nach Holsen)
Str. 258: Videseter (Ospeli bru) - Grotli (Oppland)
Str. 613: Tvinnerheim - Bleksvingen (nach Str. 15/60)

Hordaland
Str. 13: Dale - Hamlagrøosen, Tysse - Eikelandsosen
Str. 550: Utne - Jondal
Str. 569: Stamnes - Dale

Rogaland
Str. 44: Hauge - Åna-Sira
Str. 501: Heskestad - Rekeland
Str. 504: Bue - Kartavoll
Str. 511: Skudeneshavn - Kopervik
Str. 513: Solheim - Skjoldastraumen
Str. 520: Hordalia - Sauda

Vest - Agder
Str. 461: Førland - Moi, Kvås - Konsmo
Str. 465: Vanse - Kvinesdal

Folgende Straßen sollten Sie nur dann mit dem Wohnwagengespann befahren, wenn Sie ein geübter Fahrer sind:

Finnmark
Str. 889: Snøfjord - Havøysund

Troms
Str. 857: Heia - Øverbygd

Nordland
Str. 17: Kilboghavn - Stokkvågen
Str. 73: Krutvatn - Hattfjelldal
Str. 81: Ulvsvåg - Skutvik
Str. 801: Terråk - Årsandøy
Str. 803: Hommelstø - Tosbotn
Str. 812: Medby - Misvær, Tuv - Kodvåg
Str. 813: Vesterli - Tverrvik

Trøndelag
Str. 757: Volden - Vuku
Str. 758: Vuku - Stene

Møre og Romsdal
Str. 58: Sjøholt - Stordal
Str. 67: Vevang - Ørjavik
Str. 620: Leikanger (S. og Fj.) - Åheim
Str. 651: Straumshavn - Austefjord
Str. 652: Lauvstad - Syvdsnes
Str. 655: Leknes - Tryggestad
Str. 661: Tomrefjord - Eidsvik
Str. 665: Angvik - Ødegård

Sogn og Fjordane
Str. 5: Florø - Naustdal, Moskog - Holsen, Eldalsosen - Dragsvik
Str. 14: Anda - Sandane
Str. 15: Rognes - Kjøs
Str. 55: Sogndal - Krossbu (Sognefjell)
Str. 57: Storehaug - Rysjedalsvika, Rutledal - Sløvåg
Str. 60: Tomasgard - Kjellstadli
Str. 288: Aurlandsvangen - Hol (Buskerud)
Str. 601: Flåm - Aurland
Str. 602/13: Feios - Vinje (Hordaland)
Str. 604: Gaupne - Gjerde
Str. 606: Krakhella - Daløy
Str. 607: Flekke - Staurdal
Str. 610: Osen - Eldalsosen
Str. 611: Stavang - Naustdal
Str. 614: Svelgen - Hauka
Str. 615: Storebru - Holme
Str. 616: Oldeide - Smørhavn
Str. 617/15: Raudeberg - Nordfjordeid

Hordaland
Str. 13: Bulken -Hamlagrøosen, Porsvikskar - Utåker, Skånevik - Håland, Vangsnes(S. og Fj.) - Vinje
Str. 14: Valevåg - Vestre Vikebygd
Str. 14: Von Knarvik in nördlicher Richtung
Str. 46: Horda - Nesflaten (Rogaland)
Str. 47: Odda - Skarsmo, Odda - Maurset
Str. 541: Mosterhamn - Langevåg, Buarvåg - Smørsund
Str. 542: Indre-Håvik - Sakseid
Str. 543: Utbjoa - Ølensvåg
Str. 545: Sandvikvåg - Sagvåg
Str. 546: Hufthamar - Vik
Str. 547: Flatråker - Våge
Str. 547/13: Husa - Eikelandsosen
Str. 550: Utne - Odda
Str. 555/561: Klokkarvik - Solvik
Str. 562: Kleppestø - Skråmestø
Str. 563: Kleppestø - Ask
Str. 565: Rossnes - Knarvik
Str. 566: Haus - Lonevåg
Str. 567: Valestrandfossen - Tyssebotn
Str. 568: Leirvåg - Fonnes, Vågseidet - Sævråsvåg
Str. 571: Evanger - Voss
Str. 572: Granvin - Bruravik
E 68: Voss - Norheimsund
E 76: Steinaberg bru - Lauvareid, Steinaberg bru - Horda

100 WICHTIGE AUTOFÄHREN

Im folgenden finden Sie eine Übersicht über die wichtigsten Autofährverbindungen in Norwegen. Die Tabelle wurde vom Verlag »Rutebok for Norge A/S« zusammengestellt. Einen vollständigen Fahrplan sowie die Tarife für sämtliche Fahrzeugtypen erhalten Sie bei den jeweiligen Fährgesellschaften. Außer den Autofähren nehmen auch drei Schiffe der Hurtigrute PKW's mit. Weitere Informationen dazu im A - Z - Teil dieses Reisehandbuchs (Stichwort: Schiffsverbindungen).
In der untenstehenden Tabelle sind die Tarifzonen jeder Strecke angegeben. Die Tarife entnehmen Sie dem Auszug aus der staatlichen Tarifordnung am Ende dieser Tabelle. Kinder zwischen 4 und 16 Jahren bezahlen den halben Preis.

PKW's	= Anzahl PKW's/Überfahrt
Überf.	= Überfahrtszeit, kann geringfügig variieren.
Abf.	= Anzahl Fährabfahrten / Tag, variieren saisonbedingt, an Wochenenden weniger Abf.
Z.	= Tarifzone
Reservierung / Tel.	= Reservierung möglich.

	PKW's	Überf.	Abf	Z.

ØSTFOLD - VESTFOLD
Alpha Bastøfergene, N-1500 Moss

	PKW's	Überf.	Abf	Z.
Moss - Horten (E6 - E18)	200	35 Min	21-23	
Tarifzone 11 - 12.				

AKERSHUS - BUSKERUD
A/S Bilferjen Drøbak - Hurum, N-1440 Drøbak

	PKW's	Überf.	Abf	Z.
Drøbak - Storsand (Oslofj.)	45	10 Min	17	3
verkehrt öfter, falls nötig.				
Verket i Hurum - Svelvik (Drammensfj.)	20	5 Min	32	1

ROGALAND
Det Stavangerske Dampskibsselskab, Postboks 40, N-4001 Stavanger

	PKW's	Überf.	Abf	Z.
Lauvik - Oanes (Str. 13, Ryfylke)	40	10 Min	15-18	3
Sand - Ropeid (Str. 13, Ryfylke)	24	10 Min	20-24	3
Stavanger - Tau (Stavanger - Str. 13)	90	40 Min	14-20	15
Vindsvik - Tøtlandsvik (Str. 13, Ryfylke)	30	15 Min	16-20	4

A/S Rogaland Kystferger AB, N-4070 Randaberg

	PKW's	Überf.	Abf	Z.
Randaberg - Skudeneshavn (Str. 14, Stavanger - Karmøy)	57-76	65 Min	15-19	25

HORDALAND
A/S Bergen - Nordhordland Rutelag, Postboks 4204, N-5001 Bergen

	PKW's	Überf.	Abf	Z.
Leirvåg - Sløvåg (Str. 568 - Str. 57)	50	20-25 Min	12-19	6
Steinestø - Knarvik (Str. 14)	120	10 Min	54-60	3

Hardanger Sunnhordlandske Dampskipsselskap, N-5000 Bergen

	PKW's	Überf.	Abf	Z.
Brimnes - Bruravik (Str. 7, Hard.fj.)	50-135	10 Min	22-26	10
Buavåg - Langevåg (Bømlo S)	30	20 Min	13-16	6
Flatråker - Jektevik (Stord - Tysnes)	28	20 Min	9-11	7
Wegegeld. Pers.NOK 1,-, PKW NOK 3,-.				
Halhjem - Sandvikvåg (Stord N)	140	50 Min	16-18	23
Halhjem - Våge (Str. 14 - Tysnesøy)	45	40 Min	8-10	14
Wegegeld. Pers. NOK 1,-, PKW NOK 3,-.				
Hatvik - Venjaneset (Str. 552, Fusafj.)	50	10 Min	23-25	4
Wegegeld. Pers. NOK 1,-, PKW NOK 3,-.				
Kinsarvik - Kvanndal (Hard.fj.)	40-50	45 Min	9-10	20
Krokeide - Hufthamar (Bergen - Huftarøy)	50	40 Min	7-10	14
Wegegeld. Pers NOK 3,-, PKW NOK 5,- - 20,-.				
Leirvik - Sunde (Stord Ø)	50	50 Min	8-9	15
Løfallstrand - Gjermundshamn (Str. 13, Hard.fj.)	50	25-40 Min	10-13	8
Mosterhamn - Valevåg (Bømlo)	30	20 Min	7-9	6
Sagvåg - Siggjarvåg (Stord - Bømlo)	40	15 Min	21-23	4
Sandvikvåg - Husavik (Stord - Huftarøy)	30	40 Min	4-5	7
Skjersholmane - Utbjoa (Stord S)	50	35 Min	9-12	13
Skånevik - Utåker (Str. 13)	34	20-40 Min	11-13	6
Tørvikbygd - Jondal (Hard.fj.)	34	20 Min	13-15	6
Utne - Kvanndal (Hard.fj.)	40-50	20 Min	23-25	10
Valevåg - Skjersholmane (Stord S)	85	20 Min	16-19	6

Rutelaget Askøy - Bergen A/S, N-5300 Kleppestø

	PKW's	Überf.	Abf	Z.
Bergen - Kleppestø (Askøy)	140-240	17 Min	34-45	6
Bergen (Krokeide) - Stavanger	240	5 Std 30Min	1-2	
Ca. Preis: Erw. NOK 150,-; Kinder NOK 30,- - 100,-; PKW NOK 410,-; Wohnwagen v. 1.135,- - 1.325,-				

SOGN OG FJORDANE
Fylkesbaatane i Sogn og Fjordane, Strandkaiterminalen, Boks 1878, N-5024 Bergen

	PKW's	Überf.	Abf	Z.
Anda - Lote (Str. 14)	50	10 Min	25-31	3
Aurland - Gudvangen (Str. 288 - E 68, Sognefj.)	42	1 Std 30 Min	2-4	29
Reservierung Tel: 056 - 78116				
Brekke - Lavik (Str. 14, Sognefj.)	106	30-40 Min	10-12	10
Dale - Eikenes (Str. 57 - Str. 609)	16	25 Min	7-9	6
Dragsvik - Hella (Str. 5, Sognefj.)	40	10 Min	26-30	2
Wegegeld. Pers. NOK 1,-, PKW NOK 3,-.				

Rogaland
Str. 13:   Jørpeland - Oanes, Lauvvik - Hogstad
Str. 44:   Åna-Sira - Flekkefjord (Vest-Agder)
Str. 45:   Byrkjedal - Svartevatn (Vest-Agder)
Str. 503: Vikeså - Byrkjedal
Str. 506: Ålgård - Norheim
Str. 508: Høle - Oltedal

Vest - Agder
Str. 460: Håland - Konsmo
Str. 467: Osen - Sirnes

Aust - Agder
Str. 411: Bergendal - Bossvik
Str. 413: Bås - Myklandsdalen

Vestfold
Str. 306: Nes - Odberg
Str. 317: Eplerød - Hillestad

Akershus
Str. 156: Fagerstrand - Tusse
Str. 180: Hurdal - Byrudstua

Oppland
Str. 252: Eidsbugarden - Tyin
Str. 255: Skåbu - Svatsum

Camping Gaz
Um denjenigen Touristen, die in Norwegen CAMPING GAZ-Flaschen verwenden, entgegenzukommen, wurde einigen Geschäften von den norwegischen Sicherheitsbehörden gestattet, eine begrenzte Anzahl gefüllter Flaschen 904 und 907 zum Umtausch gegen leere Flaschen zu deponieren. Die Anzahl bei jedem Händler ist sehr begrenzt, und es kann nicht garantiert werden, daß der Händler immer gefüllte Flaschen auf Lager hat.

Alta .... Bilservice E. og O. Nielsen
Arendal .... Einar Johnsen, P. Thomassonsgt. 8
Bergen .... * Progas A/S, Engen 17
Bodø .... Joh. Løvold A/S, Tollbugt. 9
.... Gustav Moe, Storgt. 7
Dalen i Telemark   Vistad Landhandel, G. Skaalen
Dombås .... Storrusten A/S
Edland .... Lindskog Auto-Servicenter
Fagernes .... Lage Kvissel Sport
Fredrikstad . Fossum & Ingerø A/S, Borgarvn. 13
Førde .... Spesialvarer A/S
Geilo .... Geilo Sport A/S
Gjøvik .... Arne Haugom
Gol .... Gol Bygg
Halden . Billingtons Jernvareforretning, Storgt. 12
Hamar .... Asperlin-Stormbull Hamar
Hammerfest .... Trygve Nissen
Kaupanger .... Bil & Båtservice
Kristiansand S. Progas A/S, Dalanevn. 79, Langmyr
Lakselv .... Byggekompaniet A/S
Larvik .... Fritz Bugge A/S, Storgt. 46
.... Albert Bøe, Torget 8A
Lillehammer ..... Mesna Bruk A/S, Lilletorvet 1
Lom .... Egil Nordal, Essostasjonen
Mandal .... Mandal Bensin & Service
Mo i Rana .... Ing. Andreas Quale A/S,
.... Nordahl Griegs gt. 11
Molde .... Romsdal Fiskevegnfabrik
Narvik .... J. Revold A/S, Kongensgt. 40
Oslo .... Bogstad Camping Center, Røa
.... Ekeberg Camping Center
.... Progas A/S, Ryensvingen 1
.... * Progas A/S, Sjursøya
Otta .... Otta Jernvare
Porsgrunn ...... Jernhanssen A/S, Storgt. 124
Røros ...... Røros Samvirkelag, Shell-stasjonen
Sauda .... Leif Moe
Skien .... Ing. Hansen, Liegt. 4
Stavanger ...... * Progas A/S. Lagårdsvn. 79
Steinkjer   Følstad & Jørgensen A/S, Kongensgt. 28
Stryn .... Aug. Ytre-Eide
Tromsø ... Tromsø Maskinforretning, Sjøgt. 27
Trondheim .... * Progas A/S, Lade allé 11
.... (innkjøring Ladebekken)

Dragsvik - Vangsnes (Str. 5, Str. 13, Sognefj.)	65	25 Min	15-18	7
Wegegeld. Pers. NOK 1,-, PKW NOK 3,-.				
Fjærland - Hella/Balestrand (Sognefj.)	65	70-90 Min	5-6	27
Wegegeld. Pers. NOK 1,-, PKW NOK 3,-.				
Hella - Vangsnes (Str. 5, Str. 13, Sognefj.)	40	15 Min	18-20	5
Wegegeld. Pers. NOK 1,-, PKW NOK 3,-.				
Hyen - Lote/Anda (Hyenfj.)	15	1 Std 30 Min	3-4	17
Kaupanger - Revsnes (Str. 5 - E 68, Sognefj.)	30-90	15 Min	20-24	5
Revsnes - Gudvangen (E 68, Sognefj.)	30-90	1 Std 50 Min	3-4	43
Kaupanger - Gudvangen Zone 45.				
Reservierung Tel: 056-78116				
Rutledal - Rysjedalsvika (Str. 57, Sognefj.)	40	25 Min	7-9	7
Stårheim - Isane (Nordfjord)	28	15 Min	12-17	4
Årdalstangen - Kaupanger (Sognefj.)	30-90	1 Std 20 Min	5-7	28
Reservierung Tel: 056-78116				
Smørhavn - Kjelkenes (Bremanger)	17-28	40 Min	4-5	13
Smørhavn - Florø (Bremanger)	17-28	1 Std 20 Min	2	23
Måløy - Oldeide (Bremanger)	28	35 Min	5-9	8

MØRE OG ROMSDAL

Møre og Romsdal Fylkesbåtar, Fylkeshuset, N-6400 Molde

Aukan - Vinsternes (Str. 680)	20	15 Min	13-18	4
Aure - Ånes (Str. 680)	20	10 Min	15-23	4
Aursnes - Magerholm (Str. 60)	25-50	15 Min	37-45	4
Brattvåg - Dryna (Romsdalsfj.)	31	20 Min	6-7	6
Bremsnes - Kristiansund (Str. 67)	50	20 Min	15-20	8
Eidsdal - Linge (Str. 58)	20	15 Min	17-21	3
Eiksund - Rjånes (Hareid / Ulstein - Ørsta / Volda)	40	15 Min	20-23	4
Festøy - Solevågen (Str. 14)	40-50	20 Min	26-34	5
Geiranger - Hellesylt (Geirangerfj.)	30-50	1 Std 10 Min	4-5	20
Nur von 1/5 - 20/9				
Halsa - Kanestraum (Str. 65)	40	20 Min	16-20	6
Hareid - Sulesund (Hareid / Ulstein - Ålesund)	50-90	25 Min	24-29	8
Høgset - Kvitnes (Str. 66)	40-50	20 Min	23-29	9
Koparnes - Årvik (Str. 61)	25	15 Min	14-18	3
Kvalvåg - Kvisvik (Str. 16)	50	15 Min	20-24	8
Kvanne - Røkkum (Str. 670)	30	10 Min	22-30	3
Lønset - Grønnes (Str. 64)	50	10 Min	22-28	3
Molde - Vestnes (Romsdalsfj.)	100-110	35 Min	19-32	15
Seivika - Tømmervåg (Kristiansund - Str. 680)	30	20 Min	11-15	7
Solholmen - Mordalsvågen (Romsdalsfj.)	30	10 Min	18-24	3
Stranda - Liabygda (Str. 60 - Str. 58)	25	15 Min	16-20	3
Sæbø - Leknes (Hjørundfj.)	20	15 Min	11-12	4
Sølsnes - Åfarnes (Str. 64)	40	15 Min	22-29	4
Volda - Folkestad (Str. 14)	40	15 Min	22-26	4
Ørjavik - Tøvik (Str. 67)	20	10 Min	17-26	5

SØR-TRØNDELAG

Fosen Trafikklag A/S, Postboks 512, N-7001 Trondheim

Flakk - Rørvik (Trondheimsfj.)	90	25 Min	22-30	8
Valset - Brekstad (Trondheimsfj.)	30	20 Min	13-22	6
Kjerringvåg - Flatval (Hitra - Frøya)	40	20 Min	14-16	5
Sunde - Jøstenøya (Hitra)	85	20 Min	13-16	5

NORD-TRØNDELAG

A/S Namsos Trafikkselskap, N-7801 Namsos

Haranes - Geisnes/Hofles (Str. 796, Foldfj.)	15	30 Min	8	10
Geisnes - Hofles sone 2.				

Innherredsferja A/S, N-7600 Levanger

Kjerringvik - Vangshylla (Trondheimsfj.)	25	10 Min	18-23	2

NORDLAND

A/S Lofoten Trafikklag, N-8370 Leknes i Lofoten

Napp - Lilleeidet (Str. 19, Lofoten)	14-18	20 Min	20-24	5

A/S Nord-Ferjer, Kongensgt. 52/54, N-8500 Narvik

Bognes - Lødingen (Vestfj.)	56	1 Std 5 Min	6	24
verkehrt öfter, falls nötig.				
Bognes - Skarberget (E6)	70-88	25 Min	13	9
verkehrt öfter, falls nötig.				

A/S Vesterålens Trafikklag, N-8400 Sortland

Fiskebøl - Melbu (Str. 19, Lofoten - Vesterålen)	30	30 Min	9-16	10
Kalfjord - Kongselv (Vesterålen - Raftsundet)	20	50 Min	2-4	13

HTS A/S, Postboks 603, N-8801 Sandnessjøen

Hemnesberget - Leirvika (Str. 808)	25	25 Min	8-12	7
Låvong - Nesna (Str. 17)	19	30 Min	6-10	9
Låvong - Stokkvågen sone 39.				
Nesna - Stokkvågen (Str. 17)	19	1 t 10 Min	5-6	22
Sandnessjøen - Leinesodden (Str. 17)	30	6 Min	31-34	6
Tjøtta - Forvik (Str. 17)	22	55-85 Min	7-9	17

Ofotens og Vesteraalens Dampskibsselskap A/S, N-8501 Narvik

Bodø - Værøy/Røst (Lofoten)	9	4-5 t		1
Bodø - Værøy Tarifzone 92, Røst 113.				
Reservierung Tel: 082-44090				

Tynset .... Tynset Maskinforretning
Voss .... Georg Rokne & Co.
Vågåmo .... Brødrene Storlien
Ålesund P. D. Stafseth & Aarskog A/S, Fjordgt. 18/20
Åndalsnes .... Per Mjelva

* Diese Händler haben immer Flaschen mit den Nummer 904 und 907 aufLager.

AUSZUG
AUS DER STAATLICHEN
FÄHRTARIFORDNUNG VON 1988
(1,- NOK ..... 0,25 DM)

Tarifzone	Erw.	PKW bis. 5,0 m m. Fahrer	PKW/Wohnw. 10,01-12,0m m. Fahrer
1	10,-	24,-	110,-
2	10,-	26,-	115,-
3	10,-	28,-	125,-
4	12,-	31,-	135,-
5	12,-	33,-	140,-
6	12,-	35,-	150,-
7	13,-	38,-	155,-
8	15,-	40,-	165,-
9	15,-	42,-	175,-
10	16,-	45,-	180,-
11	16,-	47,-	190,-
12	17,-	49,-	200,-
13	18,-	52,-	210,-
14	18,-	54,-	210,-
15	18,-	56,-	220,-
17	18,-	61,-	240,-
20	22,-	68,-	260,-
22	23,-	73,-	280,-
23	23,-	75,-	290,-
24	25,-	77,-	300,-
25	25,-	78,-	300,-
27	26,-	85,-	320,-
28	28,-	87,-	330,-
29	28,-	89,-	340,-
39	36,-	115,-	420,-
43	39,-	120,-	450,-
45	39,-	125,-	470,-
92	69,-	240,-	850,-
113	82,-	290,-	1030,-

Svolvær - Digermulen (Lofoten - Raftsundet) .... 17 ca. 2 t 1 24
Svolvær - Skutvik (Vestfj.) .... 45-67 2 t 7-8 43

Salten Dampskibsselskab A/S, Storgt. 4A, Boks 1064, N-8001 Bodø
Kilboghamn - Vågaholmen (Str. 17) .... 20 ca. 2 t 2-4 30
Ågskardet - Forøy (Str. 17) .... 40 10 Min 6-11 3

A/S Torghatten Trafikkselskap, N-8900 Brønnøysund
Holm - Vendesund (Str. 17) .... 50 20 Min 13-15 6
Horn - Anndalsvåg (Str. 17) .... 40 15 Min 7-10 5

TROMS
Bjørklids Ferjerederi, N-9060 Lyngseidet
Breivikeidet - Svensby (Str. 91) .... 28 25 Min 9-14 7
Lyngseidet - Olderdalen (Str. 91 - E 6) .... 23 45 Min 6-7 13

Troms Fylkes Dampskibsselskap, N-9000 Tromsø
Futrikelv - Skulgam (Kvaløya - Ringvassøy) .... 20 10 Min 17-23 2
Hamneidet - Flåten (Skjervøy) .... 15 15 Min 13-16 3
Revsnes - Flesnes (Str. 850) .... 40 20 Min 10-13 6
Vikran - Larseng (Balsfj. - Kvaløya) .... 20 15 Min 12-13 3

FINNMARK
Finnmark Fylkesrederi og Ruteselskap, Postboks 308, N-9601 Hammerfest
Kåfjord - Honningsvåg (Str. 95 zum Nordkap) .... 30 50 Min 7-15 17

Wegegeld
Der norwegische Staat investiert viel Geld in den Bau und Erhalt der Straßen. Da die Ausgaben dafür aber immer rasanter steigen, wird versucht, einen Teil der Straßenarbeiten mit sogenanntem Wegegeld zu finanzieren. Heute gibt es 24 Projekte, die mit diesen Geldern bezahlt werden. Für 13 davon wird auch auf den Fährstrecken Wegegeld erhoben.

Abstandstabelle in Kilometern

	Bergen	Bodø	Fagernes	Hamar	Hammerfest	Kirkenes	Kristiansand	Kristiansund	Lillehammer	Narvik	Oslo	Røros	Skien	Stavanger	Svinesund	Tromsø	Trondheim	Ålesund
Bergen	—	1.420	368	476	2.256	2.685	398	513	440	1.590	484	656	442	149	598	1.751	682	401
Bodø	1.420	—	1.132	1.160	953	1.389	1.611	930	1.098	296	1.277	892	1.422	1.557	1.396	556	738	1.166
Fagernes	368	1.132	—	135	1.966	2.397	477	437	114	1.302	186	358	288	436	299	1.563	394	422
Hamar	476	1.160	135	—	1.996	2.425	451	465	62	1.330	123	278	262	563	236	1.611	422	450
Hammerfest	2.256	953	1.968	1.996	—	497	2.447	1.766	1.934	666	2.113	1.728	2.258	2.393	2.232	442	1.574	2.002
Kirkenes	2.685	1.389	2.397	2.425	497	—	2.876	2.195	2.363	1.093	2.541	2.157	2.687	2.822	2.661	841	2.003	2.431
Kristiansand	398	1.611	477	451	2.447	2.876	—	916	513	1.781	328	729	191	256	296	2.042	873	901
Kristiansund	513	930	437	465	1.766	2.195	916	—	403	1.100	588	302	727	662	701	1.361	192	134
Lillehammer	440	1.098	114	62	1.934	2.363	513	403	—	1.268	185	261	324	542	298	1.529	360	388
Narvik	1.590	296	1.302	1.330	666	1.093	1.781	1.100	1.268	—	1.447	1.062	1.592	1.727	1.566	261	908	1.336
Nordkapp	2.306	1.002	2.018	2.044	164	501	2.497	1.816	1.983	739	2.163	1.778	2.268	2.443	2.282	464	1.624	2.052
Oslo	484	1.277	186	123	2.113	2.541	328	588	185	1.447	—	401	139	584	113	1.708	539	573
Røros	656	892	358	278	1.728	2.157	729	302	261	1.062	401	—	540	804	514	1.323	154	402
Skien	442	1.422	288	262	2.258	2.687	191	727	324	1.592	139	540	—	447	144	1.827	684	712
Stavanger	149	1.557	436	563	2.393	2.822	256	662	542	1.727	584	804	447	—	565	1.988	819	528
Svinesund	598	1.396	299	236	2.232	2.661	296	701	298	1.566	113	514	144	565	—	1.827	658	686
Tromsø	1.751	556	1.563	1.611	442	841	2.042	1.361	1.529	261	1.708	1.323	1.827	1.988	1.827	—	1.169	1.587
Trondheim	682	738	394	422	1.574	2.003	873	192	360	908	539	154	684	819	658	1.169	—	428
Ålesund	401	1.166	422	450	2.002	2.431	901	134	388	1.336	573	402	712	528	686	1.587	428	—

Aktiv in Norwegen

ANGELN

Seinen Anfang nahm der Tourismus in Norwegen, als reiche englische Adlige im 19. Jahrhundert dem Angeln und Jagen im Fjordland frönten. Mit einer 2650 km langen Küstenlinie (ohne Fjorde und Buchten), über 200.000 großen und kleinen Seen sowie unzähligen Flüssen ist Norwegen als Angelparadies wie geschaffen. Nachdem die englischen Lords schon etliche Male die Nordsee überquert hatten, kamen im 20. Jahrhundert auch die Amerikaner auf den Geschmack. Sie pachteten die Fischereirechte für die besten Gewässer, so daß viele Europäer dabei leer ausgingen.

Während der letzten Jahrzehnte hat sich die Situation wieder grundlegend geändert. Fast alle Seen und Flüsse sind heute in norwegischem Besitz. Zu vergleichsweise erschwinglichen Preisen erhält man eine Angelerlaubnis für ein bestimmtes Gebiet, sei es für einen Tag, eine Woche oder auch länger. Die Sportfischer, die Lachs und Forellen locken, sind oft von den zahlreichen anderen Fischarten in Süß- und Salzwasser überrascht.

Das Angeln ist für viele Norwegen-Touristen die beliebteste Aktivität. Aus diesem Grund wollen wir hier auch ausführlich auf die notwendigen Bestimmungen hinweisen, um Fischarten und Angelmöglichkeiten zu erhalten.

»Allmenning«

Auf allen staatlichen Ländereien (»allmenning«) hat die Bevölkerung das Nutzungsrecht. In fast allen diesen Gebieten erhalten auch Touristen, die eine gültige Angelkarte besitzen, das Recht, mit Rute und Handschnur zu fischen (Preis NOK 60,-).

Privates Grundeigentum

Etwa 2/3 von Norwegens Gesamtfläche sind Privateigentum, auf dem die Grundeigentümer die Fangrechte innehaben. Gewöhnlich schließen mehrere Grundeigentümer sich für größere Gebiete zu Verbänden zusammen und betreiben Fischpflege sowie Vermietung und Verkauf von Angelkarten gemeinsam. Das private Fangrecht wird häufig auch an Jagd- und Angelvereine verpachtet, die ihrerseits unter bestimmten Bedingungen die Sportfischerei in dem in Frage kommenden Gebiet verwalten und Angelkarten verkaufen.

Staatliche Angellizenz

Jeder Angler über 16 Jahre, der nach Süßwasserfischen angelt, muß jährlich eine Grundgebühr an die staatliche Fischereikasse entrichten. Sie beträgt zur Zeit NOK 100,- und ist bei jedem Postamt erhältlich.

Angelkarte (Fiskekort)

Diese gibt es in Sportgeschäften, an Kiosken, in Fremdenverkehrsämtern, Hotels, auf Campingplätzen und in den lokalen Touristenbüros. Eine Angelkarte gilt meistens für ein bestimmtes Gebiet. Ihr Preis richtet sich u.a. nach ihrer Gültigkeitsdauer, nach der Größe des Gebietes und der Qualität des Fisches. An vielen Orten kann zwischen Tages-, Wochen-, Monats- und Saisonkarten gewählt werden. Im allgemeinen ermächtigt die Angelkarte zum Angeln mit Rute oder Handschnur, aber an einigen Orten erlaubt sie auch das Fischen mit Netz und »Oter« (s. Angelgeräte). Einschränkungen in Bezug auf die Sportfischerei sind gewöhnlich auf der Angelkarte angegeben. Die Angelkarte muß jeweils am Ort gekauft werden. Preisunterschiede für Norweger und Nicht-Norweger sind möglich.

Desinfektion von Angelgeräten

Netzausrüstungen und Geräte für den Krebsfang dürfen nur in Norwegen selbst, nicht jedoch vorher in anderen Ländern benutzt werden. Das gilt auch für Netze und Ausrüstungen, die in Gewässern benutzt wurden, in denen man Fischkrankheiten nachgewiesen hat. Selbst Krebsausrüstungen, die nur einmal in Norwegen benutzt wurden, müssen in der nächsten Saison desinfiziert werden. Einige Fischereipächter schätzen es, wenn man die gesamte Ausrüstung desinfiziert. Auf Schildern wird jeweils darauf hingewiesen. Um die Verbreitung des Lachsparasiten zu verhindern, gelten folgende Bestimmungen:
- Sämtliche Angelausrüstung (Ruten, Schöpfnetz, Stiefel, Boote, Netze, usw.), die in Berührung mit Wasser aus solchen Flüssen gewesen ist, muß völlig trocken sein, bevor sie in einem neuen Wasserlauf verwendet werden kann.
- Wasserbehälter mit Wasser von einem Gewässer dürfen nicht direkt in einen anderen (z.B. beim Camping) entleert werden.

Verbot der Einfuhr neuer Fischarten

In weiten Teilen des Landes gibt es nur Lachs und/oder Forellen. Das ist ein großer Vorteil für die Sportfischerei und die Fischpflege des jeweiligen Gebiets. Damit keine neuen und unerwünschten Fischarten verbreitet werden, ist es verboten, in Gewässern Fischarten auszusetzen, die es vorher dort nicht gegeben hat. In Norwegen ist es verboten, lebenden Fisch als Köder zu benutzen!

Organisierte Angelaktivitäten

Überall im Land finden besonders während der Sommermonate Angelwettbewerbe, Angelfestivals u.ä. statt. Mehr darüber erfahren Sie auf den Informationsseiten der einzelnen Bezirke!

Süßwasserangeln

In den 200.000 Binnenseen, Flüssen und Bächen tummeln sich allein 42 verschiedene Fischarten. Die norwegischen Sportfischer haben hauptsächlich auf Forelle und Saibling ein Auge geworfen, die man in vielen sog. Lachsflüssen findet. Doch auch und gerade die Gewässer in den weiten Fjellgebieten bieten für Angelfreunde spannende Erlebnisse.

Fangzeiten:

Die beste Fangzeit für Forellen und Saiblinge ist nach der Schneeschmelze, eine Zeit, die nicht nur von Jahr zu Jahr, sondern auch von Landesteil zu Landesteil variiert. Für die tiefer liegenden Gewässer im Süden und im Fjordland beginnt das Fliegenfischen auf Forellen normalerweise im April, die Hochsaison liegt zwischen Mai und Juni. Im Hochsommer ist es zu warm, erst ab 15. September geht die gute Fangzeit weiter. Als Faustregel für das Forellenangeln in Südnorwegen gilt: wenig ergiebige Fänge macht man vor Juni, ebenso in den Waldgebieten in Ostnorwegen und in allen nördlichen Gebieten, die unter 400 m.ü.M. liegen. Für die nordnorwegischen Gewässer, die über 800 m.ü.M. liegen, ist die beste Zeit vom 15. Juli bis 31. August. Je weiter nördlich und je höher die Fischgewässer liegen, um so später liegt die günstigste Angelzeit.

Angelgeräte:

Für Fliegenfischer eignen sich an den norwegischen Flüssen und Seen Ruten von 2,5 bis 3 m Länge. Vorfächer sollten aus bestem Nylon bestehen; die Rollen eine Kapazität von etwa 30 m Wurfschnur und 50 m sog. Hinterschnur besitzen. In Verbindung mit dieser Ausrüstung kann man Naß- und Trockenfliegen, Nymphen und andere Nachahmungen, Streamer (Fliege mit langen Federn) und Würmer benutzen. Bei Naßfliegen verwendet man meist Größe 10 (nachts Gr. 8), bei Trockenfliegen Größe 12. Typ und Größe der Ausrüstung sind von veschiedenen Faktoren abhängig. Je größer der Fluß, desto gröber müssen die Fliegen sein; Wind, Wetter, Lichtverhältnisse und Wasserstand bestimmen den Köder. Zum Fliegenfischen muß die

Wurfschnur der Rutengröße und dem Fluß angepaßt sein. Einheimische haben dazu oft gute Tips! An mehreren Stellen ist Schleppangeln vom Boot und Angeln mit »Oter« (ein Schleppbrett mit einer Hauptschnur und mehreren Seitenarmen für Haken mit künstlichen Fliegen) zugelassen.

Süßwasserfische:

Deutsch	Norwegisch
Aal	ål
Äsche	harr
Bachforelle	bekkaure / ørret
Barsch	abbor
Brasse	brasme
Felche	sik
Hecht	gjedde
Quappe	lake
Saibling	røye
Schleier	suter
Zander	gjørs

Schonzeiten:

Das Angeln von Forellen und Saiblingen ist an den meisten Gewässern von September bis Ende Oktober/Anfang November nicht gestattet. Zusätzlich hat jedes Gebiet eigene Schonzeiten. Mehrere Bestände von Fischen und Schalentieren sind so vom Aussterben bedroht, daß Schonzeiten und Mindestgrößen eingeführt wurden. Die Mindestgröße für geangelte Fische beträgt 20 - 25 cm.

Bezirk	Fluß	Durchschnittsgewicht	Saison	Lokale Bestimmungen
Vestfold, Buskerud, Oppland	Lågen	4,5 kg	Anfang Mai - Ende August	—
Buskerud:	Drammenselva	4,3 kg	Juni	unter Wasserfällen verboten
Rogaland:	Ogna	2,5 kg	Späte Saison	offen bis Ende September
	Håelva	2,6 kg	Späte Saison	offen bis Mitte September
	Figgjoelva	2,6 kg	Juli - August	Fliegen nur im unteren Teil
	Suldallågen	6,3 kg	August - September	Bis Mitte Juli nur privat
Sogn og Fjordane:	Lærdalselva	7,0 kg	Juni - August	Jahresverträge, sonst nur wenige Karten
Møre og Romsdal:	Driva	4,3 kg	Juli - August	Anfrage im Mai
	Surna / Rinna	4,6 kg	Juni	stellenweise nur Fliegen
	Osaelva (Molde)	—	Juni - Juli	—
Trøndelag:	Namsen / Bjøra	3,5 kg	Juli	Nur wenige Karten.
	Stjørdalselva / Sona	3,4 kg	Juni	Garnele verboten, fast nur Fliegen
	Verdalselva	2,3 kg	Juni - Juli	Keine Zonen
	Gaula / Sokna	4,5 kg	Anfang Juli	Garnele und Wathose verboten
	Orkla	5,1 kg	Juli	Zwischen 24.00 und 04.00 verboten
	Stordalselva	2,1 kg	Juni	nicht zwischen 12.00 und 17.00 Uhr
	Nordalselva	2,1 kg	Juni - Juli	nur wenige Karten
Troms:	Reisaelva	4,4 kg	Juli - August	Für Saibling und Meerforelle bis 1. Sept. Vereinzelt nur Fliegen.
Finnmark:	Tana	—	Mitte Juni - Anfang Juli	Wurm/Garnele verboten, nur Fliege
	Altaelva	6,6 kg	Ende Juni	im Mai kurz zugänglich, nur Fliege

Gute Angelgebiete für Süßwasserfisch:

Hecht, Brasse, Felche und Aal findet man reichlich in der Glomma (Hedmark), um Kongsvinger und in den niederen Flußläufen in Sørland. Der Mandalselva und Audneelva in Aust-Agder sind speziell für ihre Aale bekannt.

Die besten Angelgebiete für Forellen sind die Gebirgsseen und -flüsse oberhalb der Baumgrenze. Die Größe und Qualität dieser Fische unterscheidet sich deutlich von denen im Flachland. Je weiter man nach Norden reist, um so niedriger wird die Baumgrenze, und die Auswahl an guten Forellengewässern steigt somit. In Nordnorwegen (mit Ausnahme der östlichen Finnmark) und in einigen Fjellgebieten Südnorwegens sind Forellen und Saiblinge die einzigen Fischarten. In den meisten der größeren Gewässer der Finnmark und Ostnorwegens findet man zudem Hecht und Äsche. Gute Gebiete in den südlichen Landesteilen bestehen um Kristiansand und nördlich von Røros, in den großen Tälern Østerdal, Gudbrandsdal, Hallingdal und Valdres. In Westnorwegen in den Gebirgsseen der Hardangervidda.

Die übrigen Fischarten, die für Sportangler von Interesse sind, z.B. Barsche, findet man in den tieferen Lagen in Ostnorwegen und in der Ost-Finnmark.

Lachsangeln

Zum Lachsangeln zählt man das Angeln nach Lachsen, Meerforellen und Wandersaiblingen. Norwegen besitzt insgesamt 240 Lachsflüsse, in denen fast überall eigene Lachsstämme wandern. Die besten Lachsflüsse liegen im Fjordland und nördlich davon. Der Bezirk Møre og Romsdal hat insgesamt 62 Lachsflüsse, Trøndelag 35, Finnmark 32, Sogn og Fjordane 25, Hordaland 21, Nordland 19, Rogaland 14 und Telemark, Buskerud, Vestfold, Akershus, Oslo und Østfold haben zusammen 11 Lachsflüsse. Norwegischer Lachs ist für seine Größe berühmt. Den bislang größten, registrierten Lachs fand man in den dreißiger Jahren - er wog 36 kg! Auch wenn solche Rekorde die Ausnahme sind, liegt das Durchschnittsgewicht der Lachse in einigen Flüssen bei 20 kg. Insgesamt beträgt das Durchschnittsgewicht 7 bis 10 kg, in manchen Flüssen auch nur 3 bis 4 kg. In den Seen darf der Lachs mit Rute oder Handleine geangelt werden. Angelscheine sind erforderlich.

Fangzeit:

Offiziell beginnt die Lachssaison am 1. Juni und endet am 1. bzw. 15. September. Da die größten Lachse immer zuerst den Fluß hinauf wandern, gelten die Tage Ende Mai/Anfang Juni als beste Fangzeit. Die kleineren Lachse folgen anschließend. Mitte Juli steigt dann die Anzahl der Meerforellen, abhängig von Wasserstand, Temperatur, usw. in den verschiedenen Flüssen. In Nord-Norwegen verschiebt sich die beste Fangzeit um vier bis sechs Wochen, verglichen mit der in Südnorwegen.

Angelgeräte:

Beim Lachsangeln ist eine besonders solide Ausrüstung erforderlich. Üblich sind Fliegenruten, Einhand- oder Zweihandruten.

Für einen kleinen Fluß reicht eine Einhandrute von 2,5 bis 3 m Länge aus Glasfiber oder anderen Kunststoffen. Die Schnur sollte 0,40 mm dick sein. In Flüssen mit stärkerer Strömung empfiehlt sich eine 3,5 - 4 m lange Zweihandrute mit mindestens 0,45 mm Dicke. Die Wurfschnur muß zur Rute und zum Fluß passen. Auf der Spule sollten mindestens 150 m Schnur sein, denn der Lachs kann groß sein und braucht entsprechend viel Spielraum. Da ein Lachs erheblich an der Angel zappeln kann, muß die Nylonschnur reißfest sein (»backline« Nr.045-050). Man kann sowohl mit Fliegen als auch mit Blinkern, Regenwurm oder Krabben angeln (Regenwurm und Krabbe reichen nicht für alle Flüsse). Dort nehme man eine kurze, einhändig benutzbare Fliegenrute, Schnur mit mindestens 0,45 mm. Auf einigen Flüssen darf vom Boot aus geangelt werden, üblicher ist das Fischen vom Ufer aus. Oft sind »Anglerhosen« oder hohe Stiefel notwendig und natürlich ein guter, spitzer Gaff (Fischhaken). Zu Beginn der Fangsaison empfehlen sich große Fliegen (7/0), später etwas kleinere Fliegen.

Lachs, Meeresforelle und Wandersaibling kann man in den Seen mit einer Schleppangel angeln. Dazu benutzt man relativ schwere, große Löffelblinker, Wobler oder Fliegen.

Da fast jedes Gewässer seine eigenen Bestimmungen hat, sollten Sie sich vorher danach erkundigen.

Schonzeiten:

Für Lachs, Meerforelle und Wandersaibling im Meer sind die Schonzeiten vom 5. August bis einschließlich 31. Mai, in den Flüssen normalerweise vom 1. September bis 31. Mai. Es ist streng verboten, abgelaichten Fisch, sowie Exemplare unter 30 cm zu fangen. Die Bestimmungen für das Lachsangeln sind besonders streng; bitte beachten Sie die lokal geregelten Schonzeiten. Das Ziel aller Einschränkungen ist, die Fischbestände zu erhalten, was natürlich zum Wohle aller ist!

Angeln im Meer

Küsten-Norwegen hat während der letzten Jahre viel für die Sportfischer getan: Man vermietet Hütten mit eigenem Boot, Möglichkeiten, den gefangenen Fisch gleich einzufrieren, Ausrüstungen werden verliehen, und vieles mehr.

Die norwegische Küste bietet so auch für Urlauber hervorragende Angelmöglichkeiten. An einem schönen Sommertag, wenn die See ruhig ist, kann man weit draußen auf den Schären und auf offener See fischen. Bei rauher See hat der Sportangler die Möglichkeit, im Schutz der vielen Schären und vorgelagerten Inseln oder auch in den Fjorden selbst zu angeln. Man kann sich einfach an den Uferrand setzen und die Schnur auswerfen, oder aber mit einem Kutter und großer Ausrüstung hinaus fahren. Jeder darf mit Rute und Handschnur im Meer angeln. Dazu braucht man weder Angelschein noch eine staatliche Angellizenz. Beachten Sie jedoch, daß für Lachs, Meerforelle und Wandersaibling die gleichen Schonzeiten wie im Süßwasser bestehen. Wurfnetze sind, mit gewissen Ausnahmen, verboten.

Viele der Salzwasserfische laichen in den Fjorden. Dank des Golfstroms herrschen dort milde Wassertemperaturen. Dorsch, Köhler, Lengfisch, Schellfisch und Makrele gibt es in rauhen Mengen. Das Durchschnittsgewicht der Dorsche (Kabeljau) liegt bei 1 - 5 kg, ein Dorsch kann aber auch zwischen 10 - 15 kg wiegen. Der Köhler hat ein Gewicht zwischen 250 g und 1 kg. Seltener als die oben genannten Fische findet man Flunder oder Steinbutt. Fährt man mit dem Boot hinaus, kann man auf den Grönlandshai oder Heilbutt (kveite) stoßen.

Wie bereits erwähnt, gibt es für das Meer zwei Fangarten: Entweder mit der Rute oder Handschnur vom Boot aus oder mit der Wurfschnur vom Land aus. An der norwegischen Küste kann man überall kleinere Boote mit Außenbordmotor zu erschwinglichen Preisen mieten. Adressen finden Sie

unter »Bootsverleih«; auch die örtlichen Touristenbüros, Hotels, Pensionen, Campingplätze verleihen Boote, auf Wunsch mit Skipper. An vielen Orten gibt es organisierte Angeltouren auf dem Meer mit Fischkuttern. Dazu braucht man eine gute Ausrüstung, die oft an Bord angeboten wird. »Wertvolle« Fänge belohnen für alle Strapazen. Ein Preisbeispiel für geliehene Boote, auch wenn die Preise stark variieren:
Ruderboot ohne Außenbordmotor, ca. NOK 20,- pro Stunde, ca. NOK 500,- pro Woche.
Ruderboot mit Außenbordmotor ca. NOK 30,- pro Stunde, ca. NOK 700,- pro Woche (ohne Benzin).
Ferienhütten am Meer werden oft mit Boot und/oder Angelausrüstung zusammen vermietet. Häufig hat man Gelegenheit, seine Fänge an Ort und Stelle einzufrieren, gelegentlich kann man die Fische auch räuchern lassen.

Fangzeit:

Auf dem Meer kann man eigentlich das ganze Jahr über fischen. Frühjahr und Herbst sind für Dorsch die beste Zeit. Während des Sommers, wenn die Wassertemperaturen steigen, halten sich die Fische im tieferen Wasser auf, so daß man vom Boot aus angeln muß. In Nordnorwegen kann man auch im Hochsommer gut fischen. Der Köhler ist ein ausgesprochener Sommerfisch.

Angelausrüstung:

Angeln im Meer kann man mit Rute oder Handschnur vom Boot aus, oder mit Wurfangeln vom Land aus. Will man Dorsch mit Blinkern angeln, empfehlen sich relativ schwere Blinker. Der Blinker muß tief einsinken, dann zieht man ein paar Mal ruckartig an und zieht ein. In der Regel beißt der Dorsch an, wenn der Blinker sinkt. Man kann einfache Wurfblinker zum Meeresangeln benutzen, wenn solides Nylongarn (Nr. 0,40 - 0,50) vorhanden ist. Zusätzliche Blinker und ein Gaff mit langem Schaft als Reserve mitnehmen. Für alle anderen Fische können Regenwürmer, Muscheln, Krabben, Herings- oder Sprottenstücke als Köder benutzt werden. Vom Boot aus benutzt man am besten eine Schleppangel oder Blinker. Oft verraten Vogelschwärme wo die Fische sich aufhalten. Die Schleppangel sollte man langsam durchs Wasser ziehen. Geeignete Länge: 15 - 20 Meter. Besonders spannende Angelerlebnisse bieten die Gezeitenströme.

Salzwasserfische:

Dorsch, Kabeljau .... torsk
Gefleckter Lippfisch .... berggylte
Grönlandshai .... håkjerring
Köhler, Kohlfisch .... sei
Lengfisch .... lange
Makrele .... makrell
Schellfisch .... hyse
Wittling, Merlan .... hvitting

Schonzeiten:

In den unten genannten Gebieten und Zeiträumen ist es verboten, Hummer zu fangen, oder Spindeln mit oder ohne Laich auszusetzen, um Hummer zu fangen:
a) An der Küste Höhe schwed. Grenze und Bezirk Rogaland vom 1. Jan. bis 1. Okt.
b) Vom Bezirk Hordaland bis zur Grenze in Sunnmøre (Møre og Romsdal), vom 1. Juni bis 1. Oktober.
c) Bezirk Trøndelag und Teile von Møre og Romsdal, vom 1. Juli bis 16. September.
d) Kommune Tysfjord im Bezirk Nordland, vom 1. Januar bis 1. Oktober.
e) In den Gebieten, die nördlich der unter a) und b) genannten Grenzen liegen, vom 15. Juli bis 1. Okober.

Fällt der letzte Tag der Schonzeit auf ein Wochenende, so beginnt der erste Angeltag erst am darauffolgenden Werktag um 8.00 Uhr.
Scholle (»rødspette«) darf innerhalb der 12-Meilen-Zone vom 1. März bis 31. Mai gefischt werden. Grenze bis nach Romsdal vom der schwed. Grenze bis nach Romsdal vom 1. März bis 31. Mai. Lachs, Meerforelle und Wandersaibling sind im Meer vom 5. August bis zum 31. Mai geschützt. In der gesetzlich erlaubten Angelzeit ist es verboten, Geräte wie Wurfnetze, u.a. für diese Fischarten zu benutzen. An den Wochenenden müssen ebenfalls alle Gegenstände von den Booten eingeholt werden, in denen Lachsfische gefangen werden könnten.

Eisangeln

Sportfischer können in Norwegen nicht nur im Sommer, sondern auch im Winter ihr Hobby ausüben. Auf den zugefrorenen Seen werden dazu ca. 15 cm große Löcher gebohrt. Zum Eisangeln benutzt man dann sog. Pilker, eine besondere Art Saibling, die man kaufen kann. Für das Eisangeln benötigt man die staatl. Angellizenz und einen Angelschein. Vorsicht: An den Ufern und Flußmündungen kann die Eisdecke erheblich dünner sein als auf der Seemitte. Weitere nützliche Tips erhält man bei den örtlichen Touristenbüros.

Information:

Ausführliche Informationen und Gebietsbeschreibungen findet man in dem Buch »Angeln in Norwegen«, herausgegeben vom E.W. Strand (NORTRA-BOOKS)

Weitere Auskünfte erteilen die folgenden Verbände:
- Norges Jeger- og Fiskerforbund, Hvalstadåsen 5, N-1364 Hvalstad, Tel. 02/78 38 60; oder:
- Direktoratet for Naturforvaltning, Tungasletta 2, N-7004 Trondheim, Tel. 07 - 91 30 20
sowie alle örtlichen Touristenbüros.

Einzelne Angelgebiete:

Oslo
- Oslo Markas Fiskeadministrasjon, Mailundvn. 21, N-0569 Oslo 5, Tel. 02 - 22 60 08
- Fastfisk Sportsforretning, Arbeidersamfunnetsplass 9C, N-0181 Oslo 1, Tel. 02 - 11 00 59

Østfold
- Østfold Utmarkslag, N-1870 Ørje, Tel. 09 - 81 11 22

Oppland
- Toten Hotell, Sillongen, N-2846 Bøverbru, Tel. 061 - 96 900
Angeln, Verleih von Ruderbooten und Kanus.
- Reisetrafikklaget for Valdres og Jotunheimen N-2900 Fagernes, Tel. 061 - 30 400
Angeln in den Gebirgsseen in Valdres, in den Seen Mjøsa und Randsfjord.
Die Touristenbüros in Lillehammer und Gudbrandsdal verkaufen die sog. »G-Kort«, ein Angelschein für die Gebiete Elverum und Gudbrandsdal.
- Fefor Høyfjellshotell N-2640 Vinstra, Tel. 062 - 90 099
Verleih von Booten und Angelausrüstung.
- Golå Høyfjellshotell, N-2646 Golå, Tel. 062 - 98 109
Verleih von Booten und Angelausrüstung.
- Touristenbüro Dombås, Tel. 062 - 41 444
Angeln im Gudbrandsdalslågen bei Dovre.
- Touristenbüro Bagn, »Valdrestunet« Einkaufszentrum, N-2930 Bagn, Tel. 063 - 46 001
Angeln in Sør-Aurdal.
- Beitostølen Aktiv v/Morten Steinsrud N-2953 Beitostølen, Tel. 063 - 41 360
Organisierte Angeltouren mit Führer.
- Beitostølen Sport N-2953 Beitostølen, Tel. 063 - 41 081
Verleih von Angelausrüstung.

Buskerud
- Kongsberg Turistkontor N-3600 Kongsberg, Tel. 03 - 73 15 26
Angeln im Numedalslågen.
- Reiselivslaget for Krødsherad, Modum og Sigdal N-3515 Krøderen, Tel. 067 - 47 960
Angeln im Drammenselva.
- Gol Turistkontor N-3550 Gol, Tel. 067 - 74 840
Forellenangeln im Hallingdalselva.
- Geilo Turistservice A/L N-3580 Geilo, Tel. 067 - 86 300
- Ål Turistkontor, N-3570 Ål, Tel. 067 - 81 060

Vestfold
- Rica Havna Hotell og Skjærgårdspark N-3145 Tjøme, Tel. 033 - 90 802
Angeln auf dem Meer mit M/S »Bornøy«.
- Tønsberg Havfiskeklubb Postboks 42, N-3101 Tønsberg v/formann May Hansen, Tel. 033 - 32 784
- Hem Elveiag v/Anton Evjen Jr., Styrmo, N-3275 Svarstad, Tel. 034 - 29 010
- Brufossfisket v/Fossekroa, Brufoss, N-3275 Svarstad, Tel. 034 - 29 041
- Svarstaad Laksefiske, v/Asmyhr Foto og Fritid, N-3275 Svarstad, Tel. 034 - 28 640
- Kjærrafossen v/Svarstad Tankstelle N-3275 Svarstad, Tel. 034 - 28 065
- Hvarnes Lakseiag v/Lågendalen Fina Senter, Odberg, N-3272 Kvelde, Tel. 034 - 13 018
- Kjelde Lakseiag v/Asbjørn Næss, Tankstelle, N-3272 Kvelde, Tel. 034 - 12 099/12 098
- Holmfoss v/Harald A. Holm, Holm, N-3272 Kvelde, Tel. 034 - 12 054
- Melø-Bjerke v/Larvik Turistkontor, Storgt. 20, N-3250 Larvik, Tel. 034 - 82 623
- Hedrum Lakseiag v/Larvik Turistkontor
- Hagneselva, Svartåa, Skorgeelva usw. v/Hans A. Trevland N-3243 Kodel, Tel. 034 - 41 022
- Delfin Havfiskeklubb v/Jan Erik Johannessen, Turistkontoret, Storgt. 20, N-3250 Larvik, Tel. 034 - 86 623

Agder
- Forellenangeln in den Flüssen Otra und Nidelva, Lachsangeln im Mandalselva und Audneelva (Angelschein in Geschäften), Aalfischen in Mandal, Flekkefjord und Arendalgebiet. Mehrere Campingplätze haben eigene Aalräuchereien und können Ihre Fänge räuchern. In Farsund und Korshamn werden Angeltouren auf dem Meer organisiert.
- Korshamn Rorbuer N-4586 Korshamn, Tel. 043 - 47 233
- Hovden Ferieservice A/S, Postboks 18, N-4695 Hovden, Tel. 043 - 39 630
- Nedre Setesdal Reiselivslag, Postboks 146, N-4660 Evje, Tel. 043 - 31 056
- Valle/Rysstad Reiselivslag N-4690 Valle, Tel. 043 - 37 312
- Sørlands INFO, Torvgt. 6, N-4800 Arendal, Tel. 041 - 22 193
- Tvedestrand Turistkontor, Postboks 32, N-4901 Tvedestrand, Tel. 041 - 61 101
- Otra Fiskelag N-6484 Bygland, Tel. 043 - 31 056
- Egenes Camping N-4400 Flekkefjord, Tel. 043 - 20 148
Aalfischen in Selura.
- Fiskeforvaltaren, Fylkesmannen i Vest-Agder, Miljøvernavdelinga, Tinghuset, N-4605 Kristiansand S., Tel. 042 - 28 000

Rogaland
- Angelmöglichkeiten in den Flüssen Bjerkreimselva, Ognaelva, Håelva, Figgja, Frafjord, Dirdal, Helle, Jørpelandselva, Vorma i Tøtlandsvik, Ulla, Hålandselva, Suldalslågen, Nordelva, Storelva i Sauda und Vikedalselva.
Angelscheine NOK 20,- / 350,-
- Karmøy Reiselivslag
N-4250 Kopervik, Tel. 04 - 85 22 00
Meeres- und Süßwasserangeln, Angelfestival.
- Reisetrafikkforeningen for Haugesund & Distrikt, Smedsundet 90,
N-5500 Haugesund, Tel. 04 - 72 52 55
Organisierte Angeltouren jeden Nachmittag, Salz- und Süßwasser, Angelfestival.
- Dalane og Sirdal Reiselivslag, Rådhuset,
N-4370 Egersund, Tel. 04 - 49 11 01
- Strand Reiselivslag
N-4100 Jørpeland, Tel. 04 - 44 74 00
Fjordangeln, Lachs- und Forellenangeln, Aalfischen.
- Suldal Reiselivslag
N-4230 Sand, Tel. 04 - 79 72 84 / 79 74 11
Lachs- und Forellenangeln im Suldalslågen, Lachsfestival. Angeln im Fjord.
- Stavanger Reiselivslag, Postboks 11,
N-4001 Stavanger, Tel. 04 - 53 51 00
3-stündige Angeltour.
- Reisetrafikkforeningen for Haugesund og Distrikt Smedsundet,
N-5500 Haugesund, Tel. 04 - 72 52 55
Alljährlich: »Nordseefestival« (Angelfestival) Tanager-Festival, EM im Meeresangeln 1989.

Hordaland
- Marsteinen Fjordhotel - Sotra/Sund
N-5395 Steinsland, Tel. 05 - 33 87 40; oder:
- Sund Kulturkontor
N-5382 Skogsvåg, Tel. 05 - 33 75 00
Angeltouren auf dem Meer mit dem Kutter »Fiskestrilen«
- Fitjar Fjordhotel, Stord
N-5419 Fitjar, Tel. 054 - 97 888
Angeltouren auf dem Meer.
- Norwild Adventure
N-5600 Norheimsund, Tel. 05 - 55 56 20
Angeltouren auf dem Meer, Lachs- und Süßwasserangeln.
- S. Eneve Sport A/S, N-5700 Voss
Verleih von Angelausrüstung.
Informationen über die Angelmöglichkeiten in Flüssen, Seen und kleineren Gewässern erteilen die örtlichen Touristenbüros.

Sogn og Fjordane
- Fiskeferie A/S v/Ottar Silden
N-6714 Silda, Tel. 057 - 55 396/55 372
Organisierte Angeltouren auf dem Meer mit 70-Fuß langen Fischkuttern. Angeln vom Ufer aus, Sporttauchen, Übernachtungsmöglichkeiten.
- Flora Reiselivslag, Postboks 219,
N-6901 Florø, Tel. 057 - 43 166/42 010
Organisierte 5-7 stündige Meeresangeltour mit Führung zu den besten Angelstellen. Fischkutter aus Florø. Zubereitung der Fänge an Bord. Auf Anfrage: Angeltour mit Verpflegung.
- Svein Fosse, N-6913 Kalvåg, Tel. 057 - 92 118
- Selje Hotell, N-6740 Selje, Tel. 057 - 56 107
- HAFS Næringsråd
N-5942 Hyllestad, Tel. 057 - 88 513
- Einar Losnegård,
N-5985 Krakhella, Tel. 057 - 87 928
- Eivindvik Vertshus
N-5966 Eivindvik, Tel. 057 - 84 121
- Gloppeneventyret
v/Jørn Holst Kristiansen, Postboks 223,
N-6860 Sandane, Tel. 057 - 66 100
3-tägige Meeresangeltour, Angeln im Fjell, Fjordsafari mit Grillparty.
- Selje Sjøsportsenter v/Trond Sætren,
N-6740 Selje, Tel. 057 - 56 606
Angeltouren auf dem Meer und Fjord nach Absprache. Mehrere andere Fremdenverkehrsämter veranstalten Angeltouren/Ausrüstungsverleih, siehe Adressliste auf den Informationsseiten der einzelnen Bezirke.

Trøndelag
- Trondheim Omegn Fiskeadministrasjon, Fjordgata 46-48, Postboks 917,
N-7001 Trondheim, Tel. 07 - 52 78 23
Angeln in der Gaula (Melhus) und im Nidelva.
- Orkledal Fiske og Fritid A/S
N-7300 Orkanger, Tel. 074 - 82 426
Komplettes Angelpaket für die Orkla (Meldal).
- Salvesen & Thams
N-7332 Løkken Verk, Tel. 074 - 96 700
- Fosen Fjord Hotel
N-7170 Åfjord, Tel. 076 - 31 421
Angeln in den Flüssen Stordalselva und Nordalselva.
- Osen Turistnemnd, Kommuneadministrasjonen,
N-7740 Steinsdalen, Tel. 077 - 77 180
Angeln im Steindalselva.
- Selfint, N-7700 Steinkjer, Tel. 077 - 63 233; oder:
- Båtservice A/S,
N-7300 Orkanger, Tel. 074 - 82 230
Haifischen.
- Overhalla Reiselivslag, N-7863 Overhalla
- Grong Reiselivslag, N-7870 Grong
Lachsangeln im Namsen.
- Høylandet Reiselivslag, N-7977 Høylandet
- Verdal Reiselivslag, N-7650 Verdal
Lachsangeln im Verdalselva.
- Stjørdal Reiselivslag, N-7500 Stjørdal
Lachsangeln im Stjørdalselva.

Nordland
- Meløy Reiselivslag Turistkontor
N-8150 Ørnes, Tel. 081 - 54 048
- Ørnes Hotell, N-8150 Ørnes, Tel. 081 - 54 599
- Bolga Gjestegård, N-8177 Bolga, Tel. 081-51045
Weitere Informationen über die örtlichen Touristenbüros.

Troms
- Bjørnar Hansen N-9130 Hansnes, Tel. 083 - 48 100
Angeltouren im Meer auf Anfrage.
- Tromsø Arrangements A/S
v/Turistkontoret, Postboks 312,
N-9001 Tromsø, Tel. 083 - 84 776
Organisierte Angeltouren mit Booten.

Finnmark
- Wisløff Camping, Øvre Alta,
N-9500 Alta, Tel. 084 - 34 303
Angeln nach Lachs, Meerforelle, Wandersaibling im Eibyelv, Lachs und Meerforelle im Mathiselva.
- Kviby Postkontor
N-9530 Kviby, Tel. 084 - 38 112
Lachs, Meerforelle, Wandersaibling im Lakselva.
- Hasvik Gjestgiveri
N-9590 Hasvik, Tel. 084 - 21 207
Angeln nach Wandersaibling im Risvågelva.
- Skaidi Turisthotell
N-9626 Skaidi, Tel. 084 - 16 121
Veranstaltet Angeltouren; Meerforelle, Wandersaibling.
- Levajokk Fjellstue
N-9826 Sirma, Tel. 085 - 28 746
Lachs, Meerforelle im Tanaelva.
- Solstad Camping
N-9700 Lakselv, Tel. 084 - 61 404
Angeln nach Lachs und Meerforelle im Brennelva
- Banak Camping
N-9700 Lakselv, Tel. 084 - 61 031
Angeln nach Lachs, Meerforelle und Wandersaibling im Lakselva, (Porsanger).
- Karasjok Turistinformasjon
N-9730 Karasjok, Tel. 084 - 66 902
Angeln nach Lachs, Meerforelle im Tanaelva (Karasjok)
- Finnmark Feriesenter A/S
v/Paul Moen, Postboks 45,
N-9730 Karasjok, Tel. 084 - 66 902
Verschiedene Angeltouren, teils mit Flußbooten, Touren durch die Finnmarksvidda, Angeln in den Fjellseen (Bergforellen). Lachsangeln im Tana, Karasjokka, Annarjokka. 7-tägige Ausflüge, Tagesausflüge, Süßwasserangeln.
- Berlevåg Kommune
N-9980 Berlevåg, Tel. 085 - 81 162
Angeln nach Lachs und Wandersaibling im Kongsfjordelv. Jährliches Lachsangelfestival.
- Lilly Hansen, Hamningberg, Jern og Sport
N-9950 Vardø,
Lachsangeln im Sandfjordelva.
- Vadsø Samvirkelag
N-9800 Vadsø, Tel. 085 - 51 643
Angeln nach Lachs und Wandersaiblingen im Skallelva, Angeln nach Wandersaibling im Storelva (Vadsø), Lachs, Meerforelle, Wandersaibling im Vestre Jacobselva.
- Vadsø Hotell, Tel. 085 - 51 681 verleiht Angelausrüstungen.
- Kirkenes Turistkontor
N-9900 Kirkenes, Tel. 085 - 92 544
Lachsangeln in Grense Jakobselv (Sør-Varanger).
- Neiden Fjellstue
N-9930 Neiden, Tel. 085 - 96 141 Angeln nach Lachs, Meerforelle, Wandersaibling in Neidenelva.
- Rica Hotell, Kirkenes
N-9900 Kirkenes, Tel. 085 - 91 491
Angeln nach Lachs, Meerforelle, Wandersaibling.
- Stabbursdalen Camp & Villmarksenter
N-9710 Indre Billefjord, Tel. 084 - 64 760
Angeltouren mit Übernachtung in samischen Lavvu-Zelten.
4-tägige Lachsangeltour, 3-tägige Angelferien in den Schären, 4-tägige Fjellangeltour.
- M/S »Casus«, Bossekop,
N-9500 Alta, Tel. 090 - 97 123
3-tägige Angeltour auf dem Meer, 64 Fuß Boot für 30 Personen, Angelausrüstung ist an Bord. Die Fänge können gleich an Bord zubereitet und serviert werden. Auf Anfrage: Gletscherwanderungen für Gruppen, Reisegesellschaften, Vereine.
Spezielle Angelbestimmungen gelten für Neidenelva, Altaelva und und alle Gewässer im Grenzland. Für Ausländer ist das Angeln in den Flüssen Pasvikelva, Grense Jakobselv und alle Seitenarmen des Tanaelva verboten.
- Altafjord Camping
N-9545 Bognelv, Tel. 084 - 32 824
Angeln mit Booten für 4 Personen.
- Nordkapp Båtservice
N-9750 Honningsvåg, Tel. 084 - 72 008/73 277
Touren mit M/S »Solfuglen«, einem Katamaran mit Platz für 58 Personen. M/S »Isfuglen« nimmt bis zu 15 Personen an Bord.
- Vadsø Hotell, N-9800 Vadsø, Tel. 085 - 51 681
Täglich Angeltouren auf dem Varangerfjord.
- Båtsfjord Royal Hotell N-9990 Båtsfjord, Tel. 085 - 83 100
Angeltouren auf dem Meer mit alten oder neuen Booten. Angeln nach Lachs, Wandersaibling, Forelle. Verleih von Angelausrüstung.

BADEN

Badeferien in Norwegen? Aber ja! An der Südküste Norwegens mit langen Sandstränden, Tausenden von Inseln, Holmen und Schären, abgelegenen Buchten und blankgespülten Felsen kann sich jeder seinen Lieblingsplatz aussuchen. Es ist erwiesen, daß diese Gegend Norwegens die meisten Sonnentage im Jahr hat. Schöne Sandstrände und einsame Badeplätze finden Sie aber auch an den meisten Binnenseen, an der Westküste und selbst nördlich des Polarkreises: Kilometerlange Sandstrände laden sogar auf den Lofoten und Vesterålen zum Verweilen ein; allerdings müssen Sie sich hier für Wassertemperaturen unter 20° C begeistern können. Überzeugen Sie sich selbst und machen Sie Badeferien in Norwegen. Die meisten offiziellen Badeplätze sind mit Schildern markiert; an vielen Campingplätzen und Hütten sind Badeplätze für Kinder angelegt. Laut Gesetz ist Nacktbaden in Norwegen nicht verboten, jedoch sind stark bevölkerte Strände und die Umgebung von privaten Gebieten zu meiden.
Informationen über FKK-Anlagen in Norwegen erhalten Sie bei:
- Norsk Naturistforbund (NNF),
  Postboks 189 Sentrum, N-0102 Oslo 1

Viele Hotels haben eigene Frei- oder Hallenbäder, meist zusammen mit Sauna und Solarium. Ansonsten stehen die städtischen Schwimmhallen und Freibäder jedem Besucher offen. Die örtlichen Touristenbüros geben weitere Auskünfte.

BERGWANDERN

Die weitläufigen Fjellgebiete in Norwegen bieten hervorragende Wandermöglichkeiten. Die Norweger wissen ihre »Fjellferien« zu schätzen: Von Hütte zu Hütte zieht man gemütlich ganz nach eigenem Tempo, am Wegrand findet man eine Handvoll Blaubeeren, probiert einmal die Wassertemperatur am See aus, findet ein Sonnenfleckchen für den Mittagsschlaf oder erstürmt auch mal - fast atemlos - den höchsten Gipfel. Das reizt Sie auch? Dann packen Sie den Rucksack, planen die Route, bestellen die DNT-Hütten am besten im voraus und ziehen los.

Ausrüstung

Eine gelungene Fjellwanderung ist nicht nur vom Wetter, sondern auch erheblich von einer guten Ausrüstung abhängig. Der Rucksack soll möglichst nicht mehr als 7 - 8 kg wiegen. Im Fjell muß man mit allen Wetterverhältnissen rechnen. Vielleicht hilft Ihnen unser Packvorschlag weiter?
Kleidung: Mütze, Halstuch, Unterwäsche, Hemd, Socken/Strümpfe, gute Stiefel aus Leder oder Gummi, Einlegsohlen, Hosen, Anorak.
In den Rucksack und die Taschen: Messer, Geld, Schlüssel, Mitgliedskarte des DNT, Sonnenbrille, Stullen, Schokolade, gutes Regenzeug mit Kopfbedeckung, Jacke, zweite Hose, Ersatzschuhe, -strümpfe. Warme Unterwäsche (möglichst Wolle), Trainingsanzug, zweites Hemd, Handschuhe, Taschentücher, Taschenlampe, Streichhölzer, Karten, Kompaß, Schnellverband, Pflaster, Wundsalbe, Mückenöl, Handtuch, Waschzeug, Schlafsack, Sonnencreme, Stiefelfett.

Die Planung

Bei jeder Wanderung sind Planung und Vorbereitung unerläßlich. Hat man ein Wandergebiet ausgewählt, kann man sich entscheiden, ob man preiswert im eigenen Zelt übernachtet oder bequemer in einer Hütte. Die Wahl des Terrains und die Entfernungen einer Tagesetappe sollten sich immer nach dem konditionsschwächsten Mitglied der Gruppe richten.
Wichtig für die Planung ist gutes Kartenmaterial. Für Norwegen empfehlen sich die topographischen Karten, größtenteils im Maßstab 1 : 50.000. Diese können Sie beim NORDIS-Versandbuchhandel, Postfach 343, 4019 Monheim, Tel. 02173-56665 bestellen (siehe auch S. 215 ff.). Auch sollte man frühzeitig die Ausrüstung kontrollieren, denn bei richtiger Planung und Vorbereitung lassen sich Engpässe im Beschaffen von Kartenmaterial oder Ergänzung der Ausrüstung vermeiden.
Sind Sie vor Ort, erkundigen Sie sich stets bei den Hüttenwirten oder ortskundigen Wanderern nach den Wetteraussichten und dem aktuellen Streckenzustand, und hinterlassen Sie in den Hütten eine Tourenmitteilung. Durch Steinhaufen gekennzeichnete Pfade verbinden die Hütten miteinander. Üblicherweise tragen die Steinhaufen ein rotes T. An Brücken, Furten und Kreuzungen sind Wegweiser aufgestellt. Das Übernachten im Zelt unterwegs ist gestattet, allerdings sollte sich Ihr Zeltplatz nicht auf privatem Gelände und möglichst weiter als 150 Meter vom nächsten Wohngebäude entfernt befinden. Der Platz muß immer sauber hinterlassen werden.

Fjellregeln: (besonders wichtig im Winter)
1. Machen Sie keine langen Touren ohne vorheriges Training.
2. Hinterlassen Sie Ihre Tagesroute am Ausgangspunkt.
3. Beachten Sie die Wetterprognosen.
4. Beachten Sie die Tips der Einheimischen.
5. Rechnen Sie mit plötzlichen Wetterstürzen, auch auf kurzen Touren und nehmen Sie immer die notwendige Ausrüstung mit.
6. Karten und Kompass nicht vergessen.
7. Gehen Sie nie alleine.
8. Kehren Sie beizeiten um.
9. Sparen Sie Kräfte und graben Sie sich, falls notwendig, im Schnee ein.

JOTUNHEIMEN - BREHEIMEN

Jotunheimen - »Riesenheim« - ist eines der urwüchsigsten Fjellgebiete Norwegen. Hier findet man die höchsten Gipfel des Landes und es wimmelt von Gletschern, Seen und Wasserfällen. Viele Gebirgshütten liegen im Jotunheimen-Gebiet, die Wege sind gepflegt und die meisten Flüsse überbrückt.

Breheimen - »Gletscherheim« - heißt die Landschaft westlich von Jotunheimen. Große und kleinere Gletscher prägen die Gegend. Einige der Hütten hier sind für Selbstverpfleger mit Proviant. Beachten Sie, daß Gletscherwanderungen unbedingt mit einem erfahrenen Führer und am Seil durchgeführt werden müssen. Der DNT, Bergen Turlag und Årdal Turlag verwalten folgende Hütten im Gebiet:
(NB = nicht bewirtschaftet, SB = Selbstbedienung, B = bewirtschaftet, PR = Proviant, BET. = Betten, m = Meter ü.M.)
- Arenzbu (SB, PR, 870 m, 10 BET.)
- Befringstølen (NB, kein PR, 660 m, 4 BET.)

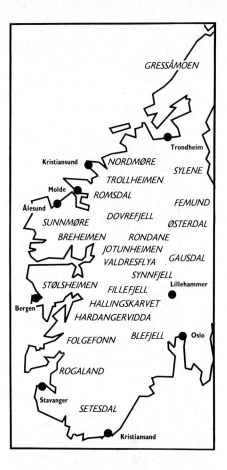

- Bødalseter (SB, PR, 500 m, 12 BET.)
- Fannaråkhytta (einfache B, 2069 m, 35 BET.)
- Fast (SB, PR, 850 m, 5 BET.)
- Hjelledalseter (NB, kein PR, 764 m, 2 BET.)
- Gjendebu (B/SB, 990 m, 110 BET.)
- Gjendesheim (B, 995 m, 125 BET.)
- Glitterheim (B, 1384 m, 116 BET.)
- Gravdalseter (NB, kein PR, 858 m, 2 BET.)
- Navarsete (SB, PR, 620 m, 6 BET.)
- Nørdstedalseter (einfache B, 937 m, 27 BET.)
- Olavsbu (SB, 1440 m, 40 BET.)
- Skagastølsbu (NB, kein PR, 1756 m, 6 BET.)
- Skogadalsbøen (B, 834 m, 59 S.)
- Skridulaupbu (SB, PR, 925 m, 4 BET.)
- Skålatårnet (SB, PR, 1840 m, 20 BET.)
- Slettningsbu (SB, kein PR, 1315 m, 14 BET.)
- Sløeom (SB, PR, 1.110 m, 20 BET.)
- Sprongdalshytta (SB, PR, 1.260 m, 12 BET.)
- Stølsmaradalen (NB, kein PR, 849 m, 4 BET.)
- Sulebu (SB, PR, 1330 m, 16 BET.)
- Trulsbu (SB, PR, 1290 m, 12 BET.)
- Vigdalstøl (SB, PR, 800 m, 6 BET.)

Tourenvorschlag:

Jotunheimen, 7 - 8 Tage
1. Tag: Gjendesheim, mit dem Zug nach Otta und dem Bus nach Gjendesheim, oder mit dem Zug nach Fagernes und von dort mit dem Bus weiter.
2. Tag: Memurubu, 6 Stunden. Der Weg verläuft über den Besseggen-Kamm, in schwindelnden Höhen, aber ungefährlich. Eine der spannendsten Touren in Jotunheimen.
3. Tag: Gjendebu, 4 1/2 Stunden. Über Memurutunga mit großartigem Rundblick. Zum Schluß steil hinunter über Bukkelegeret nach Gjende. Für eine Wochenendtour kann man von Gjende aus das Boot zurück nehmen.
4. Tag: Olavsbu, 5 Stunden. Leichte Tour über Vesládalen und Reuddalen. Bei gutem Wetter: Über Gjendetunga, von dort herrliche Aussicht über Gjende und die umliegenden Gipfel, dann zurück zum Wanderweg nach Grisletjønn.
5. Tag: Skogadalsbøen, Idyllisch gelegene Hütte. Bei gutem Wetter weiter über Skogadalsnåsi und hinunter ins Skogadal.

Ferien im Fjell

Den Norske Turistforening - DNT

»Den Norske Turistforening« wurde 1868 als Organisation für Wanderer gegründet. Der Verein betreibt und organisiert Aktivitäten in den norwegischen Fjell- und Gebirgsregionen wie Wanderungen mit Führern oder verschiedene Kurse. Für seine Mitglieder gewährt der DNT Rabatte in den DNT-Gebirgshütten und man erhält verschiedene Vereinsnachrichten.

Übernachtungsmöglichkeiten:

Überall im Fjell gibt es gute Übernachtungsmöglichkeiten. Der DNT arbeitet dabei zusammen mit den lokalen Wandervereinigungen und betreibt 286 Hütten und Herbergen. Diese Übernachtungsstellen findet man in allen Größen: von der Herberge mit über 100 Betten bis zur unbewirtschafteten Hütte mit 4 Betten. Sie sind in drei verschiedene Klassen eingeordnet:
- Bewirtschaftete Herberge, Vollpension (B).
- Hütte mit Selbstbedienung, Bettzeug und Kochgeschirr ist vorhanden, Proviant wird verkauft (SB).
- nicht bewirtschaftete Hütte, ohne Proviant, ansonsten gleich wie SB Hütte (NB).
(Verkauf von Proviant = PR; Anzahl Betten = B).

Schlüssel zu den Hütten:

Die Selbstbedienungshütten und die nicht bewirtschafteten Hütten sind verschlossen. Um sie zu benutzen, muß mindestens einer der Gruppe Mitglied im DNT sein. Den Standard-Schlüssel, der in alle DNT-Hütten paßt, erhält man dann gegen Pfand. Einige der Hütten werden von lokalen Vereinen verwaltet. Falls man dazu besondere Schlüssel benötigt, erhält man sie in der nächsten Hütte oder direkt über den DNT in Oslo.

Schlafsack:

In den Selbstbedienunghütten und den nicht bewirtschafteten Hütten empfiehlt es sich, immer einen eigenen Schlafsack oder zumindest einen Leinenschlafsack mitzubringen. In den bewirtschafteten ist dies nur während der Osterferien nötig. Leinenschlafsäcke erhält man in den Hütten oder im Hauptbüro des DNT in Oslo.

Saison:

Generell sind alle Selbstbedienungshütten des DNT vom 15. Februar bis 1. Oktober benutzbar. Die Hütten auf der Hardangervidda sind vom 1. März bis 1. Oktober zugänglich, bis auf Stordalsbu (schließt 25. August). Bjordalsbu auf dem Filefjell schließt früher wegen der Jagdsaison. Einige Hütten sind während der Frühjahrsmonate geschlossen, und zwar die der Route Hjerkinn-Rondane-Lillehammer sowie Hellevassbu und Torehytten auf der Hardangervidda (geschlossen vom 1. Mai bis 10. Juni). Die Hütten auf der Route Blefjell-Lufsjå sind ganzjährig geöffnet. Während der Wintersaison öffnet der DNT einen Teil der Hütten von Februar bis Ostern. Einige nehmen Gäste in den zwei Wochen vor Ostern auf, andere haben eingeschränkte Öffnungszeiten während der Ostertage (Samstag vor Palmsonntag bis Ostermontag). Die Sommersaison beginnt Ende Juni und endet Mitte September, Hochsaison ist vom 15. Juli bis 15. August. Die Öffnungszeiten können von Hütte zu Hütte variieren. Beim DNT erhalten Sie eine Übersicht über die Öffnungs- und Schließzeiten.

Wegmarkierungen:

Alle Wege sind mit einem rotgemalten T auf Steinen markiert. An Wegkreuzungen steht ein Schild. So können auch Touristen, die sich in den Gebieten nicht auskennen, von Hütte zu Hütte wandern. Dennoch sollte man Karte und Kompass bei einer Tour nicht vergessen.

Wanderungen mit Führer:

Jeden Sommer bietet der DNT 200 verschiedene Wanderungen mit Führer an. Die Touren sind nach verschiedenen Schwierigkeitsgraden angelegt, im allgemeinen reicht eine durchschnittlich gute Kondition.

Andere Angebote:

Gletscherwanderungen mit Kurs, Bergsteigkurse, geführte Touren mit Hundeschlitten. Weitere Informationen erhalten Sie beim DNT.

Mitgliedschaft im DNT:

Auch Nicht-Norweger können Mitglied im DNT werden.
Hier die Vorteile:
- Rabatte und »Erstrecht« bei der Übernachtung in allen Mitgliedshütten.
- Rabatte in weiteren privaten Hütten.
- Teilnahme an geführten Touren, Mitgliedertreffen und verschiedene Kurse, die der DNT organisiert.
- Ratschläge beim Planen Ihrer Wanderungen.
- Rabatte bei geführten Gletscherwanderungen.
- Mitgliedszeitschrift »Fjell og Vidde«, viermal jährlich, sowie Jahrbuch des DNT.

Beiträge 1989:
- Mitglied: NOK 185,-
- Jugendliche (unter 21 Jahren): NOK 120,-
- Senior (über 67 Jahren): NOK 120,-
- Familienmitglied: NOK 60,-
+ Rückporto für Mitgliedsausweise und verschiedene Publikationen: NOK 35,-

Tarife 1989: Haupt-Mitglied / Nichtmitglied
- Bewirtschaftete Hütten:
- Bett im 1-2 Bettzimmer: NOK 110,- / 150,-
- 3-6 Bettzimmer: NOK 75,- / 115,-
- Schlafraum: NOK 55,- / 95,-
- Hütten mit Selbstbedienung: NOK 62,- / 102,-
- nicht bewirtschaftete Hütten: NOK 45,- / 75,-
- Pfand für DNT Hüttenschlüssel: NOK 50,-
- Hauptmahlzeit (middag) mit 3 Mahlzeiten: NOK 96,- / 106,-
Frühstück: NOK 48,- /58,-
Proviantpaket und Kaffee: NOK 39,-/48,-

Information:

Über die Adresse des DNT-Hauptverbands erhalten Sie ausführliche Informationen zum Thema Fjellwandern:
- Den Norske Turistforening
  Stortingsgt. 28, Postboks 1963 Vika,
  N-0125 Oslo 1, Tel.: 02 - 41 80 20

6. Tag: von Skogadalsbøen eine Tagestour zum Fannaråken, 7 Stunden Auf- und Abstieg. Oder zum restaurierten »Fjellgarten« Vormeli.
7. Tag: Vetti, der Weg führt am Wasserfall Vettisfoss (271 m freier Fall) vorbei.
8. Tag: Nach Hjelle 1 1/2 Stunden. Bus nach Årdal und weiter nach Fagernes, von dort mit dem Zug oder Bus nach Årdalstangen und mit dem Boot nach Aurland/Flåm.

Vest-Jotunheimen, 7 Tage
1. Tag: Zug nach Otta, Bus zur Hütte Sota.
2. Tag: Nørdstedalseter, 7-8 Std.
3. Tag: Turtagrø, 9 Std. Schöne Aussicht über Hurrungane. Bei schlechtem Wetter nach Bøvertun oder zur Sognefjellshütte.
4. Tag: Fannaråkshytta, 4 Std.
5. Tag: Tyinholmen, 7 Std. Langer, mittelschwerer Weg.
7. Tag: Rückfahrt mit dem Bus von Tyinholmen nach Tyin, und weiter nach Fagernes, Zug nach Oslo.

Karten:

Für diese Region empfehlen wir folgende topographischen Karten: 1317 I Fjærland, 1318 I Stryn, 1318 II Briksdalsbreen, 1417 I Lusterfjord, 1417 IV Solvorn, 1418 I Skridulaupen, 1418 II Mørkrisdalen, 1418 III Jostedalen, 1418 IV Lodalskåpa, 1518 I Skjåk, 1518 II Visdalen, 1518 Sygnefjell, 1518 IV Pollfoss, 1517 I Tyin, 1517 II Hurrungane. Alle im Maßstab 1:50.000. Zusätzlich die Tourenkarte Jotunheimen 1:100.000.

DOVREFJELL - TROLLHEIMEN - MØRE OG ROMSDAL

Diese Fjellgebiete sind besonders schön und abwechslungsreich. Sie bieten sich zu interessanten Touren an, die sich auch gut mit Wanderungen in Jotunheimen und Rondane kombieren lassen.
Der DNT, Kristiansund og Nordmøre Turistforening, Møre og Romsdals Turistforening, Trondhjems Turistforening und Ålesund-Sunnmøre Turistforening verwalten Hütten in diesen Gebieten:
- Aursjøhytta (NB, kein PR, 862 m, 16 BET.)
- Bårdsgården (SB, PR, 620 m, 22 BET.)
- Dindalshytta (SB, PR, 850 m, 11 BET.)
- Fokhaugstova (NB, kein PR, 493 m, 40 BET.)
- Gjevilvasshytta (B, 700 m, 48 BET.)
- Grøvudalshytta (SB, PR, 875 m, 20 BET.)
- Hoemsbu (SB, PR, 30 m, 36 BET.)
- Jøldalshytta (B, 725 m, 48 BET.)
- Kaldhusseter (B/SB, 590 m, 42/18 BET.)
- Kårvatn (SB, PR, 240 m, 19 BET.)
- Loennechenbua (NB, kein PR, 1250 m, 2 BET.)
- Måsvassbu (SB, PR, 592 m, 24 BET.)
- Orkelsjøhytta (NB, kein PR, 1070 m, 8 BET.)
- Pyttbua (SB, PR, 1125 m, 34 BET.)
- Raubergshytta (NB, kein PR, 1290 m, 8 BET.)
- Reindalseter (B, SB, 705 m, 80 BET.)
- Reinheim (SB, PR, 1380 m, 26 BET.)
- Reinvassbu (SB, PR, 900 m, 8 BET.)
- Svartvassbu (NB, kein PR, 900 m, 6 BET.)
- Todalshytta (NB, kein PR, 50 m, 4 BET.)
- Torsbu (SB, PR, 1350 m, 8 BET.)
- Trollheimshytta (B, 540 m, 55 BET.) -
- Vakkerstøylen (SB, PR, 862 m, 24 BET.)
- Vangshaugen (B/NB, 775 m, 40/8 BET.)
- Vasstindbu (NB, kein PR, 1200 m, 6 BET.)
- Veltdalsbu (SB, PR, 1180 m, 12 BET.)
- Åmotdalshytta (SB, PR, 1310 m, 21 BET.)

Tourenvorschlag:

Trollheimen, 4 - 6 Tage
1. Tag: Mit dem Zug nach Oppdal, mit dem Bus zur Brücke Festa bru und dem Weg zur Gjevilvasshütte folgen, 2 1/2 Std. Oder mit dem Taxi von Oppdal, 20 km.

2. Tag: Jøldalshütte, 6 Std. Eine einfache Tour durch das Gjørdal und Kjølen.
3. Tag: Trollheimshütte
   a) Durch Svartdalen 4-6 Std. Anstrengend!
   b) Über Geithetta 5-6 Std. Interessante Tour mit schöner Aussicht, aber auch starke Steigungen.
   c) Über Trollhetta 9 Std. Eine eindrucksvolle Tour mit schöner Aussicht, aber teilweise steil und steinig.
4. Tag: Kårvatn im Todalen, 8 Std. Abwechslungsreiche, schöne Tour, vorbei an mehreren Seen.
5. Tag: Innerdalen, 5 Std. Interessante Tour durch Bjøroskaret mit einzigartigem Blick über das Innerdal. Quartier auf der Alm Renndalseter beim Innerdalsvatn, oder auf Innerdalen Gard 5 Min. weiter.
6. Tag: Fale in Sunndalen, 5-6 Std. Durch das Giklingdal nach Brona, großartiger Blick über das Sunndal und die Berge ringsum. Steil hinunter nach Fale. von dort weiter nach Vangshaugen zur Dovrebahn oder in das Romsdal.

Dovrefjell - Romsdal, 7 Tage

1. und 2. Tag: Reinheim und Åmotdalshytta. Von dort nach links zum Leirsjøen und über Salhø, oder am
3. Tag: Salhøtjern entlang und ins Tal hinunter zur Gruvedalshytta, 8 Std.
4. Tag: Aursjøhytta, 7 Std. (Oder über Vangshaugen und Raubergshytta)
5. Tag: Reinvassbu, 6-7 Std. Guter Weg durch das Stordal über Vakkerdalsbandet und durch Søttubotn. Der Schlüssel zur Hütte muß mitgenommen werden.
6. Tag: Hoemsbu, 3-4 Std. Guter Weg durch einfaches Gelände nach Vikeskaret, von dort steiler, aber gut ausgebauter Weg nach Vike. Von dort gehen mehrmals täglich Boote nach Hoemsbu.
7. Tag: Hoemsbu - Grøvdalen, 6 Std. Taxi oder Bus nach Åndalsnes und Molde.

Karten:
Für dieses Gebiet empfehlen wir folgende topographische Karten: Trollheimen 1:100.000, 1319 I Romsdalen, 1319 II Torsvatnet, 1319 III Tafjord, 1319 IV Valldal, 1320 II Eresfjord, 1320 III Åndalsnes, 1320 IV Eide, 1419 I Storskrymten, 1419 II Dombås, 1419 III Lesjaskund, 1419 IV Aursjøen, 1420 I Snota, 1420 II Romfo, 1420 III Sunndalsøra, 1420 IV Stangvik, 1519 I Einunna, 1519 II Folldal, 1519 III Hjerkinn, 1519 IV Snøhetta, 1520 II Inset, 1520 III Oppdal, 1520 IV Trollhetta.

RONDANE

Das Rondane - Dovrefjellgebiet ist eine großartige Bergregion, mit Gipfeln bis über 2.000 m Höhe, die relativ leicht bestiegen werden können. Gute Möglichkeiten für Klettertouren bieten Bjørnhollia und Rondvassbu. Rondane kann man gut kombinieren mit dem Nachbargebiet Sølnkletten, denn dort gibt es viele Almen mit Übernachtungsmöglichkeiten. Ideal für ältere Menschen oder Familien mit Kindern, denn die Tagesetappen sind kurz und leicht zu bewältigen.

DNT, »Kristiansund ogd Nordmøre Turistforening« und »Lillehammer og Omland Turistforening« verwalten folgende Hütten im Gebiet:
- Bjørgeseter (SB, PR, 970 m, 7 BET.)
- Bjørnhollia (B, 907 m, 90 BET.)
- Breitjønnbu (SB, PR, 1108 m, 8 BET.)
- Djupsli (SB, PR, 950 m, 12 BET.)
- Eldåbu (SB, PR, 1000 m, 14 BET.)
- Grimsdalshytta (B, 1000 m, 34 BET.)
- Gråhøgdbu (SB, PR, 1160 m, 8 BET.)
- Reinheim (SB, PR, 1380 m, 26 BET.)
- Rondvassbu (B, 1173 m, 132 BET.)
- Åmotdalshytta (SB, PR, 1310 m, 25 BET.)

Tourenvorschlag:

Østerdalen - Rondane, 5 - 7 Tage
Mit dem Zug nach Alvdal
1. Tag: Follandsvangen, 6 Std. Wanderweg und Pfad (Taxi).
2. Tag: Flatseter, 3 Std. Weg und Pfad.
3. Tag: Breisjøseter, 2 1/2 Std.
4. Tag: Bjørnhollia, 7 Std. Nach Straumbu (Übernachtung).
5. Tag: Rondvassbu, durch Illmanndalen, 4 Std. Oder durch Langglupdalen nach Rondvatnet, 5 Std. und weiter über Rondhalsen nach Rondvassbu, 2 Std. Von Rondvassbu gibt es verschiedene Möglichkeiten: hinauf nach Rondslottet 6-7 Std., Storronden 4 Std. und Veslesmeden 4-5 Std. Am leichtesten ist die Tour über Veslesmeden.
6. Tag: Høvringen, 5 Std. Über die Peer Gynt-Hütte und Smukksjøseter (Quartier) hinunter nach Høvringen. Haukeliseter nimmt auch Wanderer auf.
7. Tag: Bus nach Otta, von dort mit dem Zug weiter.

Rondane - Lillehammer, 6 Tage
4. Tag: Litlos, 7 Std. Über Grotfot und nach Osten bis Holken.
5. Tag: Torehytten, 5 Std. Der Weg verläuft hier östlich von Hårteigen.
6. Tag: Stavali, 7 Std. Über Valeggi, östlich von Holmavatn und an der Helnaberg Alm vorbei.
7. Tag: Kinsarvik, 5 Std. Hinauf zur Grøndalen seter (Alm) und hinunter durch das Vierdal, und am Kinso entlang mit seinen herrlichen Wasserfällen.

Finse - Haukeliseter, 9 - 10 Tage
1. Tag: Mit dem Zug nach Finse, Übernachtung in der Finsehytta. Kommt man mit dem Morgenzug, kann man gleich eine Tagestour zum Blåisen oder zum Gipfel des Hardangerjøkulen unternehmen. Bergführer gibt es in Finse. Oder Haugastøl - Krækkja, 4 Std.
2. Tag: Krækkja, 6-7 Std. Am Fuß des Hardangerjøkulen entlang, vorbei an Finnsbergvann und Dragøyfjorden.
3. Tag: Kjeldebu, 4 Std. Leichte Tour über Olavsbuvatn - Kjelsås.
4. Tag: Vøringsfoss, 3 Std. Fossli Hotell, Garen und Liset Pension.
5. Tag: Viveli oder Hedlo, 3,5-4 Std. Um Skiseter - Hallinghaugane, Brückensteg über Berdøla.
6. Tag: Sandhaug, 7 Std. (oder von Hadlaskar, 6 Std.). Über Rjotoseter und Sørfjordingsrindane.
7. Tag: Litlos, 7 Std. Abwechslungsreiche Tour über Groflot, östlich über das Fjell Holken.
8. Tag: Hellevassbu, 5 Std. Um Belabotn und Sigridtjern.
9. Tag: Haukeliseter, 6-7 Std. Um den Abfluß des Holmesjøen und durch die Felsenge in Vesle Nup. Eventuell von Litlos nach Middalsbu, 6 Std. Weg längs des Valldalsvatnet nach Røldal, evt. auf markiertem Weg westlich um Klentanut nach Røldal.

Karten:
Für das Gebiet empfehlen wir folgende topographische Karten: 1314 I Røldal, 1315 I Ullensvang, 1315 II Ringedalsvann, 1414 iV Haukeliseter, 1415 I Bjoreio, 1415 II Normannslågen, 1415 III Hårteigen, 1415 IV Eidfjord, 1515 I Skurdalen, 1515 II Kalhovd, 1515 III Lågaros, 1515 IV Hein, 1416 I Hardangerjøkulen, 1416 II Ulvik, 1514 I Frøystul, 1514 IV Møsstrand, 1516 II Hallingskeid. Alle im Maßstab 1:50.000. Hardangervidda 1:200.000 umfaßt das gesamte Gebiet.

ØSTERDAL - FEMUND

Das Herb-Ursprüngliche findet man in der

Femundsmarka. Hier versammeln sich große Seen, langgezogene Flußläufe und in den Höhen rauhe Fjellregionen. Noch heute findet man Spuren der Bergbewohner, die ihren Lebensunterhalt mit Jagd und Fischen bestritten haben. Eine Landschaft, die so manches Gemüt in Bewegung versetzt und in ihren Bann gezogen hat.

Der DNT verwaltet folgende Hütten im Gebiet:
- Marenvollen (SB, PR, 692 m, 14 BET.)
- Raudsjødalen (SB, PR, 900 m, 12 BET.)
- Røvollen (SB, PR, 710 m, 21 BET.)
- Svukuriset (B, 819 m, 30 BET.)
- Knausen seter (SB, PR, 718 m, 10 BET.)
- Sæter (SB, PR, 670 m, 20 BET.)

Tourenvorschlag:

Tynset - Svukuriset, 5 Tage
1. Tag: Mit dem Zug nach Tynset (Übernachtung). Auf der Straße 1 km in südliche Richtung, dort der Markierung nach Skistua folgen und weiter südöstlich übers Grønnfjellet zum Brydalstjern. Von dort auf dem Pfad zur Alm »Knausen seter«, 5 Std.
2. Tag: Raudsjødalen, 5 Std. Markiert. Hinunter nach Størrøsta und hinauf am Berghang bis Bergsetra, südlich von Langkletten nach Klettseter und südlich über Raudsjøtangen nach Raudsjødalen.
3. Tag: Ellefsplass Gård, 6 Std. Zur Meierei Richtung Raudsjødalskletten. Hinunter zum Raudsjøen und in östliche Richtung über Storbekkfatet. Um Heggeråseter und auf dem Gutsweg nach Ellefsplass. Täglich Bus nach Tolga.
4. Tag: Sæter im Tufsingdal, 6 Std. Durch Øversjøgrenda und opp am Fuß von Sålekinna entlang. Bis zur Hirtenhütte am Weiher nordwestlich vorm Blåkletten, zu den Sætertjerna-Seen und hinunter zum Sæter gård.
5. Tag: Svukuriset, Boot über den Fluß, und 2 Std. auf dem Pfad nach »Jonasvollen«. Wenn man Glück hat, kommt gerade das Linienboot, ansonsten kann man von Sæter aus ein Motorboot tel. bestellen. (Das Boot liegt am Jonasvollen.)

Am nächsten Tag nach Elgå, 2 Std., von dort mit dem Bus nach Rena oder mit Boot/Bus nach Røros.

Karten:
Für das Gebiet gibt es folgende topographische Karten: 1619 I Tynset, 1619 II Tyldal, 1619 III Alvdal, 1719 I Roa, 1719 II Elgå, 1719 III Holøydal, 1719 IV Narbuvoll, 1720 II Brekken, 1720 III Røros, 1818 I Sollia. Alle im Maßstab 1:50.000.

FINSE - BYGDIN

Das Streckengebiet der Bergensbahn, zwischen Sundnefjord und Filefjell dominiert im Süden ein mächtiger Fjellkamm, Hallingskarvet. Vom Sundnefjord aus zwängen sich tiefe Täler in das Fjellmassiv hinein, Flåmsdal, Aurlandsdal und Lærdal. Im Osten liegen Valdres und Hemsedal. Für Wanderer hat diese Gegend viel zu bieten. In bequemen Abständen liegen Hütten und andere Quartiere. Die Wege sind gut markiert. Die Tour von Finse nach Tyin ist schön und abwechslungsreich, zudem gut kombinierbar mit Wanderungen in Jotunheimen oder als Skitour im Winter.

DNT, Bergen Turlag und Voss Utferdslag verwalten die folgenden Hütten:
- Bjordalsbu (SB, 1575 m, 22 BET.)
- Finsehytta (B, 1222 m, 114 BET.)
- Geiterygghytta (B, 1229 m, 82 BET.)
- Grindaflethytta (SB, 1083 m, 12 BET.)
- Hallingskeid (SB, 1110 m, 30 BET.)
- Iungsdalshytta (B, 1110 m, 32 BET.)
- Kaldevasshytta (NB, kein PR, 1240 m, 4 BET.)
- Kjeldebu (SB, 1060 m, 40 BET.)
- Kljåen (SB, 982 m, 10 BET.)
- Kongshelleren (SB, 1475 m, 12 BET.)
- Krækkja (B, 1161 m, 66 BET.)
- Rembesdalseter (SB, 970 m, 18 BET.)
- Slettningsbu (SB, 1315 m, 14 BET.)
- Stavali (SB, 1024 m, 30 BET.)
- Storurdi (SB, 1142 m, 20 BET.)
- Sulebu (SB, 1330 m, 16 BET.)

Tourenvorschlag:

Aurlandsdalen, 4 - 5 Tage
1. Tag: Zug nach Finse, Übernachtung auf der Finsehytta.
2. Tag: Geiterygghytta, 5 Std. Der Weg verläuft um Klemsbu (Wetterschutzhütte), östlich von St. Pål, über den spaltenfreien Storefonn und östlich um Omnsvatn. Großartiger Blick, u.a. auf den Hardangerjøkul.
3. Tag: Steinbergdalshytta, 3 Std. Leichte und schöne Tour, hoch oben über dem Fluß.
4. Tag: Østerbø, 3 Std. Am Aurlandselv entlang und hinunter zur Berghütte am idyllischen Aurlandsvatn, Østerbø Fjellstove und Østerbø Turisthytte.
5. Tag: Aurland, 6 Std. Spannende und interessante Tour, regulierte Wassertrasse. An den Berghöfen Sinjarheim und Almen vorbei nach Vassbygd. Mehrmals täglich Bus nach Aurlandsvangen (Hotel), von dort weiter mit dem Bus nach Flåm und Lærdal, oder mit dem Boot nach Gudvangen, Kaupanger, Årdalstangen und Bergen.

Die Tour durch das Aurlandsdal kann man gut kombinieren mit einer Tour nach Haugastøl - Krækkja - Kjeldebu - Finse, oder über Rembesdalseter. Von Aurland kann man auch mit dem Boot nach Årdalstangen fahren, weiter mit dem Bus nach Hjelle und über Vetti nach Jotunheimen wandern.

Karten:
Für das Gebiet empfehlen wir folgende topographische Karten:
Flåmsdalen, Aurlandsdalen, Djup, Hemsedal, Hallingskarvet, Hardangerjøkulen, Fillefjell, Borgund, Øye und Vangsmjøsi. (Alle 1:50.000, oder 1:100.000).

GAUSDAL VESTFJELL

In Gausdal Vestfjell findet man typisch ostnorwegische Landschaftsformen, mit Flüssen und Seen und harmonisch-abwechslungsreichen Fjellgebieten. So z.B. auch den Ormtjernkampen Nasjonalpark, mit dem Skaget (1686 m.ü.M.) und Langesuen (1595 m.ü.M.). Hier gibt es gute Wandermöglichkeiten, die sich auch für Familien mit Kindern eignen. Von Liomseter kann man Rundtouren machen.

DNT verwaltet hier folgende Hütten:
- Liomseter (B, 915 m, 26 BET.)
- Oskampen (SB, PR, 1175 m, 12 BET.)
- Storeskag (SB, PR, 1122 m, 10 BET.)
- Storkvelvbu (SB, PR, 1200 m, 14 BET.)
- Svarthamar (SB, PR, 887 m, 6 BET.)

Karten:
Wir empfehlen folgende topographische Karten:
1617 I Sikkilsdalen, 1618 II Sjodalen, 1717 I Svatsum, 1717 II Synnfjell, 1717 III Fullsenn, 1717 IV Espedalen.

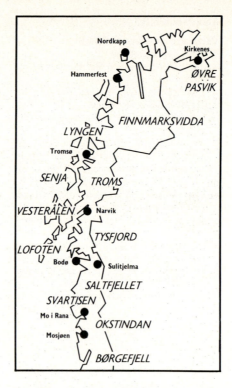

BLEFJELL

Das Blefjell liegt zwischen dem Numedal und dem Tinnsjø, mit dem Bletoppen auf 1.341 m.ü.M. Der Pfad verläuft auf bzw. an dem Höhenkamm entlang mit vielen schönen Aussichtspunkten. Die höchsten Gipfel sind Borgsjåbrotet (1484 m), Skjerveggin (1381 m), Bletoppen (1341 m), Storegrønut (1296 m) und Taggrønut (1159 m). An allen führt der Wanderweg vorbei.

DNT, Kongsberg und Omegns Turistforening, Drammens und Opplands Turistforening verwalten die folgenden Hütten:
- Taggrøhytta (SB, 980 m, 12 BET.)
- Eriksbu (NB, 940 m, 14 BET.)
- Lufsjå (SB, 1250 m, 12 BET.)
- Sigridsbu (NB, 1200 m, 16 BET.) - Øvre Fjellstøl (NB, 815 m, 6 BET.)

Karten:
Folgende topographische Karten gibt es über das Gebiet:
1515 II Kalhovd, 1515 III Lågaros, 1714 III, 1614 I Tinnsjø, 1615 II Nore, 1615 III Austbygdi. Für die Gegend zwischen Bolkesjø und Eriksbu gibt es eine Spezialkarte über das Blefjell.

FINNMARKSVIDDA

Die Finnmark, das norwegische »Lappland« bietet Wege auf Hunderten von Kilometer an, die über bewaldete Hochebenen mit offenem Birkenwald und Krüppelbirken führen. Auf den Pfaden treiben die Samen seit Jahrhunderten ihre Rentierherden zusammen. Unzählige Flüsse, Bäche und kleine Seen müssen täglich überquert werden, meist ohne Brücken und Stege.
Hervorragende Angelmöglichkeiten bieten sich überall in der Finnmark. Beachten Sie, daß dazu Angelscheine nötig sind! (Saison vom 15. Juni-15. September)
Die Berghütten in der Finnmarksvidda sind während der Sommermonate auch gleichzeitig Jugendherbergen. Dazu werden je 8 Betten zusätzlich aufgestellt. Folgende Hütten liegen zwischen den Flüssen Tana und Anarjokka: Sirma, Levajok, Valjok und Storfossen. Zwischen Kautokeino und Karasjok: Lappoluobbal, Suodnju, Sjusjavrre und Jergul. Zwischen Kautokeino und Alta: Suolovuobme und Gargia. Zwischen Karasjok und Alta: Ravnastua, Mollisjok, Jotkajavrre und Tverrelvdalen.

Tourenvorschlag:

Karasjok - Alta, 4 - 5 Tage
1. Tag: Karasjok - Ravnastua; Mit einem Boot oder auf der Straße nach Assebakteseter, von dort an mehreren kleinen Seen vorbei nach Ravnastua (4-5 Std)
2. Tag: Ravnastua - Mollisjok (7-9 Std) gut markierter Wanderweg; »Zugboot« über den Mollisjokka
3. Tag: Mollisjok - Jotkajavrre (10-12 Std), die Strecke kann erheblich abgekürzt werden, indem man den Jiesjavrre mit einem Boot überquert. Unterwegs vom Rappesvarre schöne Aussicht auf diesen größten See der Finnmarksvidda. Bei Roavveoaivve stößt man auf den Pfad von Vattaluokta. Von dort nach Jotkajavrre (Berghütte).
4. Tag: Jotkajavrre - Tverrelvdalen (7-9 Std.). Ein Stück auf dem Reitweg entlang, herrliche Aussichten von Cævdne und Orddaoaivve. Über das Plateau, hinunter durch den Wald ins Tverreelvdal, indem man einen Kilometer südlich der Tverrelvdalen Fjellstue auf die Straße stößt. Von dort Busverbindungen nach Alta und zur Reichstraße 6.

Karten:
2033 I Karasjok, 2033 IV Lesjåkka,
1934 II Lesjavri, 1934 IV Gargia (alle 1:50.000)

Wörterverzeichnis Norwegisch-Deutsch:

aksla	Ausläufer
austre	östlich
bekk, bekken	Bach
berg, berget, bergi	Berg(e)
botn, botnen, botnane	Talmulde, oberes Ende eines Tals (geogr. Kar)
bukt, bukti, bukta	Bucht
dal, dalen	Tal
dokk, dokki	Loch, Höhle, Senke
egg, egga, eggi	(Gebirgs-) Kamm
eid, eidet	Landenge
elv, elva, elvi	Fluß, Bach
fjell, fjellet	Berg, Gebirge
foss, fossen	Wasserfall
hallet, halline	Abhang (Halde)
halsen, halsane	(Land-, Meer-) Enge, Engpass
hamar, hamrane	steiler Fels
haug, haugen, haugane	Hügel, Anhöhe
hav	Meer, Ozean
hei, heiane	flacher Gebirgsrücken (auch:) Bergmoor
holm, holmen	kl. Insel
hovd, hovda	Hügel, Berg
hø, høene	Höhe(n), Gipfel
høgda, høgdene	Hügel, Berg(e)
hølen	(Wasser-, Fluß-)Tiefe
kvelven	Wölbung
li, lii, lia	Abhang
litle	klein
lægret, lega, legene	Schutz(hütte)
ned, nedre	unterer,-e,-es
nibba	Gipfel
nordre	nördlich
nut, nuten, nutane	Gipfel, Spitze
os, osen	(Fluß-) Mündung
pigg, piggen	Gipfel, Spitze
rygg, ryggen	(Gebirgs-) Kamm
sjø, sjøen	See
skar, skard, skardet	Einschnitt, Pass
stein, steinen	Stein, Fels
store	groß
strupen	Pass
sund	Sund, Meeresenge
sæter (seter), støl	
stul, støyl	Bergbauernhof, Alm
sødre	südlich
tangen	Landzunge
tind, tinden, tindane	
tindane	Gipfel
tjørn, tjern, tjørnan	See, Teich(e)
topp, toppen	Spitze, Gipfel
turisthytte	Wanderer-, Touristenhütte
ur, urd, urdi, urda	Geröll
varde, varden	Steinhaufen

vatn, vatnet, vatni .... (Binnen-) See(n)
vesle .... klein
vestre .... westlich
vik, viki, vika .... Bucht
voll, vollen .... Bergwiese (bei einem seter)
vær .... Fischerdorf
våg, vågen .... Bucht
øvre .... oberer, -e, -es
øy, øya, øyni .... Insel (n)
å, åi, åa, åni .... Bach
ås, åsen .... Hügel, Bergrücken

Nähere Informationen:
- DNT, Stortingsgt. 28, Postboks 1693,
  N-0161 Oslo 1, Tel. 02 - 41 80 20
Weitere Tourenvorschläge finden Sie in »Bergwandern in Norwegen«, NORTRABOOKS.

Bergwandern auf dem Pferderücken - nicht nur für Jüngere ein Erlebnis

BERGSTEIGEN

Auch wenn fast alle norwegischen Gipfel bereits einmal bestiegen wurden, gibt es immer noch neue, spannende Möglichkeiten zum Klettern - in verschiedenen Schwierigkeitsgraden. Die großen Kletterparadiese im Norden sind die Lofoten, die Vesterålen und die Lyngsalpen. Während die Lofot- und Vesterålen-Berge jeweils steil zwischen den idyllischen Fischerdörfern aufragen, liegt die Gipfelkette der Lyngsalpen in größtenteils unbesiedelten Gebieten, so daß mehrtägige Wanderungen mit Aufstiegen möglich sind. Die Landschaft dieser Halbinsel ist hochalpin, im nördlichen Teil stark zerklüftet, mit Gletschern, die fast bis ins Meer ragen. Der DNT (Den Norske Turistforening) veranstaltet Kletterkurse in Innerdalen (Trollheimen, Møre og Romsdal). Diese Kurse sind auch für Anfänger geeignet.

Oslo
- Knut Mork v/Turistinformasjonen
  N-0037 Oslo Rådhus,
  Tel. 02 - 42 71 70 / 33 43 86
  Veranstaltet Kurse und Touren.
- Norsk Tindeklubb v/DNT,
  Stortingsgt. 28, Postboks 1963,
  N-0161 Oslo 1, Tel. 02 - 41 80 20

Buskerud
- Norges Høgfjellskole
  N-3560 Hemsedal, Tel. 067 - 78 306
  Sommerkurse in freier Natur, Gipfeltour, alpines Klettern auf Klippen.
- Turistkontoret i Krøderen
  N-3515 Krøderen, Tel. 067 - 47 960
  Möglichkeiten zum Bergsteigen in »Andersnatten«.

Agder
- Valle og Rysstad Reiselivslag
  N-4690 Valle, Tel. 043 - 37 312

Sogn og Fjordane
- Gloppen Eventyret
  v/Jørn Holst Kristiansen, Postboks 223, N-6860 Sandane, Tel. 057 - 66 100
  Leichte Klettertour über 6 Stunden. Auch für Anfänger geeignet.
- Turtagrø Hotell
  N-5834 Fortun, Tel. 056 - 86 143
  Bergsteigschule mit Einführung in den Bergsteigsport, Klettern im Fjell, Führungen über Gletscher und durch schwieriges Gelände. Turtagrø ist der wichtigste Ausgangspunkt für Kletter- und Gletschertouren in Hurrungane, einem der alpinsten Gebiete Norwegens mit 24 Gipfeln über 2.000 m. Höchster Berg: Store Skagastølstind (2.405 m). Der Kurs ist geeignet für Teilnehmer mit etwas Erfahrung im norwegischen Fjell und mit mittlerer Kondition.

Møre og Romsdal
- AAK Fjellsportsenter, Postboks 238,
  N-6301 Åndalsnes, Tel. 072 - 22 570
  Verschiedene Bergsportkurse im Romsdalsfjell. Kombinierte Erlebnistouren mit Klettern, Fjellwandern und Flußpaddeln. Geführte Wanderungen.

Trøndelag
- Oppdal Turistkontor
  N-7341 Oppdal, Tel. 074 - 21 760
  Kletterkurs in Trollheimen.

Troms
- Lyngen Adventure A/S
  N-9060 Lyngseidet, Tel. 083 - 86 390
- Tromsø Arrangements A/S
  v/Turistkontoret, Postboks 312,
  N-9001 Tromsø, Tel. 083 - 84 776 Bergsteigen und Wandern, von 8-9stündigen Tagestouren bis zu einer Woche.

DRACHENFLIEGEN

Informationen über Drachen- und Segelfliegen, Fallschirmspringen und andere »luftige« Abenteuer erhalten Sie über den Dachverband:
- Norsk Aeroclub, Møllesvingen 2, N-0854 Oslo 8,
  Tel. 02-69 03 11
oder bei den jeweiligen Clubs:

Oslo
- Norsk Aeroclub, Møllesvingen 2,
  N-0854 Oslo 8, Tel. 02 - 69 03 11
- Christiania Ballongklubb,
  Postboks 6628 Rodeløkka
  N-0502 Oslo 5, Tel. 02 - 69 19 50
- Oslo Ballongklubb,
  Postboks 2642, St. Hanshaugen,
  N-0131 Oslo 1
- KS Fallskjermklubb, Postboks 42 Linderud,
  N-0517 Oslo 5, Tel. 02 - 64 91 90
- Oslo Fallskjermklubb,
  Postboks 3836, Ullevål Hageby,
  N-0805 Oslo 8

Akershus
- Asker og Bærum Fallskjermklubb,
  Linerudlia 44, N-1353 Bærums Verk
- HJS Fallskjermklubb. Postboks 15,
  N-2059 Trandum, Tel. 06 - 97 80 10
- Ikaros Fallskjermklubb, Postboks 14,
  N-1405 Langhus
- Skedsmo og Omegn Fallskjermklubb,
  Postboks 44, N-2014 Blystadlia

Østfold
- RW Klubb Nimbus
  v/Lars Jakob Coucheron Aamodt, Postboks 3,
  N-1580 Rygge, Tel. 032 - 53 520

Oppland
- Ving Fallskjermklubb Oppland,
  Kirkebyskogen 42,
  N-2800 Gjøvik, Tel. 062 - 80 000
- Regionsenteret for Luftsport
  v/Per Morset, Frya Flyplass,
  N-2630 Ringebu, Tel. 062 - 80 926
- Valdres Flyklubb v/Bjarne Bergsund
  N-2900 Fagernes, Tel. 063 - 60 299
  (nach 16.00 Uhr).
  An den Wochenenden Flugunterricht und Sommerkurse. Ab 20.6.89, auf dem Flugplatz Klanten (21 km von Fagernes entfernt Richtung Gol).
- Norsk Rikssenter for Hanggliding
  N-2680 Vågåmo
- Reisetrafikklaget for Valdres og Jotunheimen,
  Rådhuset,
  N-2900 Fagernes, Tel. 063 - 60 400

Buskerud
- Drammen Fallskjermklubb,
  Postboks 2106 Strømsø
  N-3001 Drammen, Tel. 03 - 81 26 35
- Klanten Flyklubb v/Knut O. Kvissel,
  N-3550 Gol, Tel. 067 - 74 818 Segeln und Motorsegeln

Vestfold
- Skylift A/S, Sightseeing by air, Jarlsberg Flyplass
  N-3100 Tønsberg, Tel. 033 - 80 711
  Fallschirmspringen und Segelfliegen: Treffpunkt am Flugplatz Jarlsberg: jeden Samstag und Sonntag ab 12.00 Uhr
- Tønsberg Fallskjermklubb,
  v/Kjetil Sollien, Postboks 601,
  N-3101 Tønsberg, Tel. 033 - 77 560 / 14 831

Telemark
- Grenland Fallskjermklubb, Postboks 101,
  N-3701 Skien, Tel. 03 - 54 66 50

Agder
- Kjevik Fallskjermklubb, Postboks 316,
  N-4601 Kristiansand S., Tel. 042 - 22 639
  9-stündiger Kurs im Fallschirmspringen
- Kristiansand Fallskjermklubb, Postboks 2089,
  N-4602 Kristiansand S., Tel. 042 - 25 354
- Lyngdal & Lista Fallskjermklubb, Postboks 243,
  N-4580 Lyngdal

Rogaland
- Stavanger Fallskjermklubb, Stavanger Lufthavn,
  Sola, N-4050 Sola, Tel. 04 - 65 64 11

Hordaland
- Bergen Hangglider klubb, Postboks 336,
  N-5051 Nesttun, Tel. 05 - 11 93 62
- Bergen Fallskjermklubb, Postboks 34,
  N-5069 Bergen Lufthavn, Tel. 05 - 22 99 40

- Voss Fallskjermklubb,
  v/Anton Lahlum, Postboks 285,
  N-5701 Voss, Tel. 05 - 51 23 08
- Voss Hanggliderklubb, Gjervesvn. 22,
  N-5700 Voss
- Folgafonn Hangglider Klubb, Postboks 104
  N-5451 Valen

Sogn og Fjordane
- Stryn Hanggliderklubb v/John Lødøen,
  N-6880 Stryn, Tel. 057 - 71 621

Møre og Romsdal
- Molde Fallskjermklubb, Postboks 1093 Kviltorp,
  N-6401 Molde

Trøndelag
- NTH Fallskjermklubb, Student post 243,
  N-7034 Trondheim
- Røros Fallskjermklubb, Bersvenåsen 25,
  N-7460 Røros
- Trondheim Ballongklubb, Postboks 46,
  N-7058 Jakobsli
- Trondheim Fallskjermklubb, v/R. Ramstad,
  Hoemshøgda 16B, N-7023 Trondheim
- Bjørgan Fritidssenter, N-7870 Grong

Nordland
- Bodø Reiselivslag, Postboks 514,
  N-8001 Bodø, Tel. 081 - 21 240
- Vesterålen Reiselivslag, Postboks 243,
  N-8401 Sortland, Tel. 088 - 21 555

Troms
- Harstad Fallskjermklubb,
  v/Kjetil Olufsen, Postboks 890,
  N-9401 Harstad, Tel. 082 - 76 333
- Troms Fallskjermklubb, Postboks 200,
  N-9201 Bardufoss, Tel. 089 - 39 996
- Tromsø Fallskjermklubb,
  Postboks 3297 Grønnåsen,
  N-9001 Tromsø, Tel. 083 - 72 755

Finnmark
- Alta Fallskjermklubb, Postboks 2266 Elvebakken,
  N-9501 Alta

FAHRRADFAHREN

Auf den ersten Blick scheint Norwegen nicht gerade das ideale Land für einen Fahrradurlaub zu sein. Bei so mancher Steigung muß das Rad bergauf geschoben werden. Anschließend geht es dann in rasantem Tempo bergab, aber von weitem sieht man schon, wie sich die Straße am nächsten Berg wieder in Serpentinen hochschlängelt. Muß man Leistungssportler sein, um Norwegen mit dem Fahrrad zu entdecken? Nein, auch das ist ein Vorurteil, denn die abwechslungsreiche norwegische Landschaft mit ihren langgestreckten Flußtälern und den flachen Uferstreifen entlang der Küste und der Fjorde bietet genügend Möglichkeiten für eine längere Radwanderung oder eine Tagestour. Besonders gut geeignet für eine Entdeckungsreise mit dem Rad sind die flachen Gebiete rings um den Oslofjord, im Rogaland (Jæren) oder in Trøndelag.

Trotzdem - eine Dreigangschaltung sollte Ihr Fahrrad auf jeden Fall haben, für längere Touren empfiehlt sich sogar eine mehrgängige Schaltung mit spezieller Übersetzung für Bergauffahrten. Auf jeden Fall sollten Sie sich in Norwegen auf Nebenstraßen vom Autoverkehr weitgehend ungestört bewegen. So können Sie in ruhigem Tempo alles genießen, was die norwegische Natur zu bieten hat: Beeren am Wegrand, eine idyllische Badestelle am See oder Fluß werden Ihnen nicht entgehen. Hinzu kommt die überaus befriedigende Erfahrung, sich mit eigener Körperkraft fortbewegen zu können.

Planung:
Eine längere Radtour sollte auf jeden Fall sorgfältig vorbereitet werden. Die beste Zeit für ein solches Unternehmen ist Anfang Juni bis Mitte September. Um Ihnen die Planung Ihrer Reise zu erleichtern, hat der norwegische Radfahrerverband (Syklistenes landsforening) eine Karte herausgegeben (Maßstab 1:1 Mill.), auf der 22 Radtouren in ganz Norwegen verzeichnet sind. Die einzelnen Tourvorschläge sind durch Verbindungsstrecken (koblingsrutene) miteinander verbunden. So können Sie entweder mehrere Touren kombinieren oder sich Ihre individuelle Reiseroute zusammenstellen. Auf der Karte finden Sie für Radfahrer geeignete Strecken von der Sørlandküste bis zum Nordkap. Ebenfalls auf dieser Karte verzeichnet sind alle Straßenabschnitte und Tunnel, die in Norwegen für Radfahrer gesperrt sind. Davon besonders betroffen ist die Europastraße 18 von Kristiansand nach Oslo. Hier sind aber Ausweichstrecken für Radfahrer ausgeschildert. Das gleiche gilt für die E6 bis etwa 200 Kilometer nördlich von Oslo. Trotzdem sollten Sie die Europastraßen in Norwegen nach Möglichkeit meiden, denn Fahrradwege gibt es dort kaum. Da kann für den Radler zwischen Wohnwagengespannen, Campingbussen und Lastwagen schon mal ganz schön eng werden. Aber wie gesagt, kleine Straßen gibt es ja genug.

Wenn Sie das erste Mal mit dem Fahrrad unterwegs sind, empfiehlt sich eine Rundtour durch Østfold, dem Grenzgebiet zwischen Norwegen und Schweden, südlich von Oslo. Die Steigungen auf dieser Strecke sind kaum erwähnenswert und mit einem Dreigangrad durchaus zu schaffen.

Ausrüstung:
Ganz allgemein gilt: Nehmen Sie nur das allernotwendigste mit. Jedes Kilogramm zuviel merken Sie bei mühevollen Bergauffahrten. Das Gepäck sollte mit niedrigem Schwerpunkt gleichmäßig auf das Fahrrad verteilt werden, d.h. Sie benötigen je einen Gepäckträger für hinten und vorne. Denken Sie an Flickzeug, Ersatzschläuche, eventuell auch einen Ersatzreifen. Die Taschen sollten wasserdicht sein oder mit großen Plastikmüllsäcken von innen gegen Nässe geschützt werden. Ganz wichtig sind auch ein guter Regenanzug und leichte Gummistiefel.

Straßen:
Die Hauptstraßen sind gut ausgebaut und haben Asphaltbelag. Bei Nebenstraßen hingegen ist der Belag recht unterschiedlich (festgefahrener Ölkies, Grus, Lehmdecke, meist jedoch auch hier fester Belag). Wenn Sie Gebirgsübergänge Anfang des Sommers einplanen, sollten Sie sich vorher erkundigen, ob die Pässe geöffnet sind.

Tunnel: *Einige der norwegischen Tunnel sind unbeleuchtet. Deshalb ist es wichtig, eine gute Lampe zu haben! Einige Tunnel sind für Radfahrer sogar gesperrt (Hinweise s.o.).*

Transport mit der Bahn: *Auch die NSB nehmen Fahrräder mit. Es kostet - ungeachtet der Entfernung - jeweils NOK 25,- (Tandem NOK 50,-). Das Fahrrad muß 30 Minuten vor Abfahrt des Zuges am Bahnhof aufgegeben werden (in Oslo besser 30 bis 60 Minuten vor Abfahrt). Wichtig: Expreßzüge nehmen keine Fahrräder mit (aber Schnellzüge/Hurtigtog).*

Bustransport: *In Städten und deren Umgebung ist es verboten, Fahrräder im Bus zu befördern. In ländlichen Gebieten nehmen die Busse meist eine spezielle Vorrichtung. Die Kapazität ist begrenzt. Der Preis entspricht ungefähr dem Entgelt für eine Kinderfahrkarte.*

Transport mit der Hurtigrute: *Der Fahrradtransport ist kostenlos auf dem Schiff, aber ein gültiges Personenticket muß vorgewiesen werden.*
Fahrräder können auch bei vielen Touristenbüros gemietet werden.

Tourenvorschlag

Oslo - Nesodden - Moss - Fredrikstad - Hvaler - Halden - Hemnes - Oslo

Ausgangspunkt dieser Tour ist Oslo. Mit dem Schiff fährt man bis Nesoddtangen, das auf einer Landzunge am Ostufer des Oslofjords liegt. Von hier aus folgt man zunächst auf der Straße 157, später auf kleinen Nebenstraßen, dem Fjord Richtung Süden bis Moss. Auf der Straße 118, parallel zur E6, geht es weiter bis Karlshus, dort Abzweig auf die Straße 110 nach Fredrikstad. Hier gibt es zwei Möglichkeiten: entweder fährt man direkt über Skjeberg weiter nach Halden oder macht einen Umweg über das sehenswerte Schärengebiet Hvaler auf der Insel Kirkeøy südlich von Fredrikstad. Von dort aus gibt es eine Schiffsverbindung bis Sponvika; es sind dann nur noch 8 km bis Halden. Jetzt folgt man wieder einem Wasserlauf, dem Haldenvassdraget, einem Seengebiet entlang der schwedischen Grenze. Parallel dazu verläuft die Straße 21, die man über Ørje bis Tangen fährt (gute Angel- und Bademöglichkeiten). Von hier aus geht es auf der Straße 170 über Bjørkelangen und Fetsund wieder zurück nach Oslo. Die ganze Strecke umfaßt etwa 350 km.

Ein guter Ausgangspunkt für eine Radwanderung ist auch die Bergstadt Røros. Von hier aus können Sie über Trondheim auf die Lofoten oder gar bis zum Nordkap fahren. Überschaubarer ist die Strecke von Røros nach Oslo, auch hier halten sich die Steigungen in Grenzen. Auf einer Nebenstraße folgt man zunächst dem Lauf des Gebirgsflusses Håelva bis Sørvika am Femundsee. Über den See geht es mit dem Schiff bis Elgå oder bis Femundsenden (bis hierher verkehrt das Schiff nicht täglich!). In Elgå nimmt man die Straße 221 bis Røstvollen (Steigungsstrecke), dann Abzweig nach rechts Richtung Drevsjø. Von Femundsenden sind es nur 5 km bis Drevsjø. Über 60 km fährt man jetzt durch ein langgestrecktes Flußtal, zunächst entlang dem Engeråa, dann am Trysilelv (gute Angelmöglichkeiten). In Jordet verläßt man das Tal und wendet sich Richtung Westen auf der Straße 215 bis Rena. Danach durchfährt man auf einer weiteren Strecke von 230 km über Elverum, Kongsvinger, Skarnes und Fetsund das Glåmatal und erreicht schließlich durch flaches Gebiet Oslo. Die gesamte Tour umfaßt etwa 400 km.

Weitere Tourenvorschläge:

- Oslo und Oslomarka.
- Eidsvoll - Hamar - Moelv - Lillehammer - Mjøsa (»Skibladner«) - Gjøvik - Toten - Hurdal.
- Oslo - Sandvika - Sætre - Holmsbu - Drammen - Hokksund - Blaafarveverket - Krøderen - Vikersund - Drammen.
- Horten - Tønsberg - Sandefjord - Larvik - Langesund - Kragerø - Risør - Tvedestrand - Arendal - Grimstad.
- Nelaug - Arendal.
- Skien (Telemarkskanalen »M/S Victoria«) - Kviteseid - Vrådal - Nisser - Gjerstad - Risør.
- Bø - Seljord - Kviteseid (Telemarkskanalen »M/S Victoria«) - Dalen - Setesdal - Byglandsfjord.
- Kristiansand - Mandal - Lindesnes - Farsund - Lista - Kvinesdal.
- Egersund - Brusand - Ålgård - Lauvvik - Tau - Stavanger - Sola - Varhaug.
- Haugastøl - Finse - Myrdal - Flåm - Aurland - Lærdal - Hemsedal - Fagernes.
- Voss - Ulvik - Kinsarvik - Utne - Rosendal - Halsenøy - Nedstrand - Stavanger.
- Bergen - Knarvik - Rysjedalsvika - Dale - Førde - Jølster - Byrkjelo - Briksdalsbreen - Stryn - Stad - Måløy.
- Ålesund - Ulsteinvik - Rundø - Volda - Nordangsdalen - Geiranger - Åndalsnes - Molde - Bud - Kristiansund.
- Sjoa - Heidal - Lom - Bøverdalen - Sognfjellet - Øvre Årdal - Tyin - Eidsbugarden - Fagernes.

- Hjerkinn - Folldal - Atnasjøen - Ringebufjellet - Ringebu - Røros - Vingelen - Tynset - Savalen - Folldal - Grimsdalen - Dovre - Dombås.
- Røros - Tydal - Selbu - Hegra - Frosta - Levanger - Verdalsøra - Steinkjer - Inderøy - Leksvik - Trondheim.
- Røros - Femunden - Trysilelva - Jordet - Rena - Elverum - Flisa - Kongsvinger.
- Mo i Rana - Nesna - Ørnes - Inndyr - Bodø - Kjerringøy - Fauske.
- Stamsund - Leknes - Nusfjord - Reine - Henningsvær - Svolvær - Stokmarknes - Straumsnes - Sortland.
- Tromsø - Lyngseidet - Målselvdalen - Finnsnes - Senja - Lavangen - Rolla - Harstad.
- Øksfjord - Alta - Sennalandet - Hammerfest - Honningsvåg - Nordkapp - Berlevåg - Båtsfjord - Vardø - Kirkenes.

Alle Touren sind in dem Buch »Radwandern in Norwegen« von Sissel Jenseth ausführlich beschrieben und skizziert. Der Titel ist 1987 im Rutsker Verlag, Kiel in deutscher Sprache erschienen.

Weitere Informationen erteilt der norwegische Dachverband:

Oslo
- Syklistenes Landsforening, Majorstuvn. 20, N-0367 Oslo 3, Tel. 02 - 44 27 31

GLETSCHERWANDERN

Ein Gletscher kann zu einem großartigen Erlebnis werden, egal ob Sie eine Gletscherwanderung unternehmen, das Eiswunder aus sicherem Abstand betrachten oder aus der Luft bestaunen. Gletscher-Norwegen bietet Ihnen alle Möglichkeiten. An den großen Gletschern werden täglich Wanderungen mit Führern veranstaltet.

Gletscherwandern / Kurse

Jeden Tag während der »Touristensaison« gibt es Gletscherkurse mit Führer von Leirvassbu, Glitterheim, Spiterstulen, Juvasshytta, Krossbu und Sognefjell Turisthytter. Mit dem Ausgangspunkt Spiterstulen und Juvasshytta kommt man hinauf zum Galdhøpiggen, dem höchsten norwegischen Gipfel (2.468 m.ü.M.). Jostedalsbreen, der größte Festlandgletscher Europas mit seinen 486 km², bietet organisierte Touren auf dem Seitenarm Nigardsbreen. Darüber hinaus gibt es Gletscherführer für verschiedene andere Gebiete des Gletschers und bei einigen Hütten. Gletscherkurse werden auf dem Hardangerjøkul, Svartisen Gård, Jostedalsbreen und in Jotunheimen arrangiert. Informationen darüber gibt es bei:
- Den Norske Turistforening (DNT)
  Postboks 1963 Vika,
  N-0125 Oslo 1, Tel. 02 - 41 80 20

Oppland, Jotunheimen
- Lom Bre- og Fjellførarlag
  v/Lom Turistinformasjon
  N-2686 Lom, Tel. 062 - 11 286
  Gletschertour zum Smørstabbre, Grottentour durch das Dummudal, Sonntagstour in Jotunheimen sowie Kletter- und Gletscherkurse, Juli - August.
  DNT veranstaltet Wochenkurse von Anfang Juli - Anfang August in folgenden Gebieten: Krossbu - Smørstabbreen, Glitterheim - Veobreen.

Buskerud
- Norges Høgfjellskole
  N-3560 Hemsedal, Tel. 067 - 78 306
  Alpine Gletschertouren in Jotunheimen, Ende Juli - Anfang August.

Hordaland
- Norwild Adventure v/Thor Mørklid/Gro Liland
  N-5600 Norheimsund, Tel. 05 - 55 56 20
  Gletscherkurse mit Führer, zu Fuß oder mit Skiern. Hundeschlittentouren auf dem Folgefonn-Gletscher.
- Bergen Turlag - Fjellsportgruppen, C. Sundtsgt 3, N-5004 Bergen, Tel. 05 - 32 22 30
  Gletscherkurs auf dem Folgefonn im Sommer mit »Orientering« auf dem Gletscher, Erlernen verschiedener Sicherungsmethoden, Rettungstechniken, u.a.
- Finse 1222, Postboks 12,
  N-3590 Finse, Tel. 05 - 52 67 11
  Gletscherkurse auf dem Hardangerjøkul oder geführte Sommerskitouren oben auf dem Plateau. Wochenendveranstaltungen von August bis September.
  Der DNT veranstaltet Wochenkurse auf der Finsehütte (Bergensbahn), mit Touren zum Hardangerjøkul.
- Odda Reiselivslag, Postboks 147,
  N-5751 Odda, Tel. 054 - 41 297
  Gut markierte Wege von Buar zum Buarbre, eine Stunde Aufstieg. Geführte Touren jeden Samstag zum Folgefonn. Fragen Sie 1 - 2 Tage vorher beim Touristenbüro nach.
- Kvinnherad Reiselivslag
  N-5470 Rosendal, Tel. 054 - 81 311
  Tagestour oder zweitägige Tour zum Bondhusbre. Bergen Turlag (Tel. 05 - 32 22 30) veranstaltet Gletscherkurse auf dem Bondhusbre von Juli - August.

Sogn og Fjordane, Jostedalsbreen
- Sogn og Fjordane Turlag
  v/Eivind Skjerven, INT, Postboks 72,
  N-6880 Stryn, Tel. 057 - 71 200/71 184
  Veranstaltet Touren über den Gletscher und das Fjell von Mai - September. Feste Termine und nach Absprache.
- Jostedalen Breførarlag v/Heidi Zimmermann
  N-5828 Gjerde, Luster, Tel. 056 - 83 119; oder:
- Luster Reiselivslag, Rådhuset, N-5820 Gaupne, Tel. 056 - 81 211
  Gletscherkurse und -wanderungen mit unterschiedlicher Länge und Schwierigkeitsgrad. Wochen- und Tagestouren, Skitouren auf dem Gletscher, Ende Juni - Ende August.
- Flatbrehytta v/Anders Øygard
  N-5855 Fjærland, Tel. 056 - 93 118
  Organisierte Touren von der Hütte zum Flatbre donnerstags und sonntags, 3-stündige Tour von Mitte Mai - Ende September. Gletscherkurs.
- Balestrand og Fjærland Reiselivslag, Postboks 57, N-5850 Balestrand, Tel. 056 - 91 255
  Arrangiert Touren nach Fjærland und weiter mit dem Bus zu den Gletscherarmen des Jostedalsbre, Bøyabreen und Suphellebreen. Gletscherwanderungen mit ortskundigen Führern von Mai bis September.
  Der DNT veranstaltet Wochenkurse auf dem Suphellebre in Fjærland, die mit einer zweitägigen Skitour auf dem Gletscher abschließen.
- Vest Hotels v/Sidsel Herland, Gravensteinsgt. 13, N-5800 Sogndal, Tel. 056 - 72 604
  »Die große Vestlandstour« ist ein Tourenvorschlag der Hotels Sogndal Hotell, Stryn Hotell und Selje Hotell. Zusätzlich zur Gletschertour auf dem Jostedalsbre, gehören noch andere Aktivitäten wie Pferdekutschentour, Bootstour, Meeresangeltour und ein Museumsbesuch.
- Stryn Reiselivslag, Postboks 18,
  N-6880 Stryn, Tel. 057 - 71 526
  Für Touren zum Briksdalsbre erkundigen Sie sich bitte im voraus beim Fremdenverkersamt.
- Gloppen Eventyret
  v/Jørn Holst Kristiansen, Postboks 223,
  N-6860 Sandane, Tel. 057 - 66 100
  Gletschertour über 10 - 12 Stunden mit Führer. Der DNT veranstaltet Wochenkurse auf Bødalsseter (Nordfjord) u.a. mit einer zweitägigen Tour auf dem Jostedalbre.

Nordland, Svartisen
- Friundervisningen i Bodø,
  Havnegt. 5, Postboks 444,
  N-8001 Bodø, Tel. 081 - 29 951
  Gletscherkurs auf Svartisen Gard, u.a. mit einer zweitägigen Tour auf dem Engabre, einem Gletscherarm des Svartisen. Saison von Juli bis August.
- Rana Turistkontor,
  N-8600 Mo i Rana, Tel. 087 - 50 421
  Gletschertour auf dem Okstindbre und Høgtuvbre im Juli und August, je nach Wetter.
- Meløy Reiselivslag Turistkontor
  N-8150 Ørnes, Tel. 081 - 54 048
  Gletscherkurse und -wanderungen mit Führer auf dem Svartisen.

Troms
- Tromsø Arrangement A/S,
  v/Turistkontoret, Postboks 312,
  N-9001 Tromsø, Tel. 083 - 84 776
  Klettertour und Wanderungen. 3 - 6 tägige Kurse mit Gletscherwanderungen, Rettung aus Gletscherspalten u.a., Juli - September.
- Nord-Reiser A/S, Postboks 6,
  N-9060 Lyngseidet, Tel. 089 - 10 508 Gletscherwanderungen in den Lyngsalpen, Juni - September.

Gletscher:
Schön - aber gefährlich!

Eine Gletscherwanderung ist ein großartiges Erlebnis, wenn sie zusammen mit ortskundigen Führern gemacht wird. Gletscher bestehen aus gewaltigen Ansammlungen von Schnee und Eis, die ständig in Bewegung sind.
Die norwegischen Gletscher wandern täglich bis zu 2 Meter! Die Spalten können daher mehrere Meter lang sein und 30 - 40 Meter tief. Allerdings sind sie oft mit Schnee bedeckt und nicht sichtbar. Daher sind die Schneefelder oft die gefährlichsten Gebiete auf einem Gletscher. Wo Gletscher über steile Berge hängen oder abrupt enden, können sich Lawinen bilden. Fallen Lawinen oder Eisstürze von Gletschern in ein Gewässer, kann es zu Aufstauungen kommen. Werden diese durchbrochen, können sich plötzlich große Mengen Wasser und Eis in das Tal hinunter ergießen - eine ernstzunehmende Gefahrenquelle. Deshalb -
- Gehen Sie nie ohne ortskundige Führer über Gletscher.
- Gehen Sie nie nah an steile Gletscherwände und niemals unter Gletscher.
- Beachten Sie unbedingt alle Warnschilder.

GOLDWASCHEN

Haben Sie Lust Ihr Glück zu probieren, um vielleicht Ihre Ferien mit einem kleinen Goldfund zu finanzieren? Das Finnmark Feriesenter hilft Ihnen, die besten Stellen zu finden. Auch in einigen Abenteuerparks kann man das Goldwaschen ausprobieren. Siehe »Abenteuerparks« im »A-Z Info«.

Hordaland
- Die Goldgruben Lykling bei Bømlo sind schon seit den Goldgräberzeiten vor hundert Jahren bekannt. Heute bietet man zwar kein organisiertes Goldwaschen, aber Besichtigungsmöglichkeiten an.

Finnmark
- Finnmark Feriesenter A/S, Postboks 45, N-9730 Karasjok, Tel. 084 - 66 902
  Zur Jahrhundertwende wurde das Gold kommerziell aus dem Flußkies geschürft. Zwar wurde eine richtige Hauptader nie gefunden, aber es gibt auch heute noch Goldstaub im Flußsand. Im Finnmark Feriesenter können Sie eine Goldwaschpfanne erwerben und erhalten auch Informationen, wo Sie

fündig werden können. Oder Sie nehmen einen ortskundigen Führer mit, der Sie zu den alten Goldfeldern nahe des Anarjokka Nasjonalpark leitet.
- Levajokk Fjellstue
 N-9826 Levajokk, Tel. 085 - 28 746
 Goldwasch-Touren

GOLF

Die Saison dauert von ca. Mai bis September.
Preise: NOK 100,- bis 200,- pro Gast/Tag (Juniorrabatt)
Weitere Informationen über Golfturniere etc. erhalten Sie bei:
- Norges Golfforbund, Hauger Skolevei 1
 N-1351 Rud, Tel. 02-51 88 00

Informationen erhalten Sie bei folgenden Adressen:

Oslo
- Oslo Golfklubb, Bogstad,
 N-0757 Oslo 7, Tel. 02 - 24 05 67
 Golfausrüstung zum Verleih, 18-Lochplatz.
- Maridalen Golfklubb, v/E. Fiskerud,
 Hoffsjef Løvenskioldsv. 39,
 N-0382 Oslo 3

Akershus
- Bærum Golfklubb, Postboks 158,
 N-1310 Blommenholm
- Oppegaard Golfklubb, Postboks 84,
 N-1411 Kolbotn

Østfold
- Borregaard Golfklubb, Postboks 348,
 N-1701 Sarpsborg, Tel. 09 - 15 74 01
 9-Lochplatz.
- Skjeberg Golfklubb, Postboks 67,
 N-1740 Borgenhaugen
 Neuer 18-Lochplatz 1989.
- Sarpsborg Turistkontor, Jernbanegt. 10, N-1700 Sarpsborg, Tel. 09 - 15 36 29
 18-Lochplatz und 9-Lochplatz.
- Oslofjorden Golf- og Country Club
 N-1600 Fredrikstad, Tel. 09 - 33 30 33
 18-Lochplatz innerhalb eines größeren Freizeitgeländes.
- Reisetrafikkforeningen for Fredrikstad og Omegn, Turistsenteret
 N-1600 Fredrikstad, Tel. 09 - 32 03 30
 18-Lochplatz

Oppland
- Randsfjorden Golfklubb
 N-2860 Hov, Tel. 061 - 28 000

Buskerud
- Kjekstad Golfklubb, Postboks 201,
 N-3440 Røyken, Tel. 02 - 85 58 50
 10-Lochplatz

Vestfold
- Vestfold Golfklubb, v/Jenice Vinder, Postboks 64,
 N-3101 Tønsberg, Tel. 033 - 65 105
 18-Lochplatz, Verleih von Ausrüstung.

Telemark
- Grenland Golfklubb, Postboks 433,
 N-3701 Skien

Agder
- Arendal og Omegn Golfklubb, Postboks 15,
 N-4801 Arendal, Tel. 041 - 88 101
- Kristiansand Golfklubb, Postboks 31,
 N-4601 Kristiansand S., Tel. 042 - 45 863
 9-Lochplatz, Verleih von Ausrüstung, Unterricht nach Absprache.

Rogaland
- Stavanger Golfklubb, Longebakken 45,
 N-4040 Stavanger, Tel. 04 - 55 54 31/55 70 25
 18-Lochplatz, Verleih von Ausrüstung. Zeiten müssen mit den Trainern abgesprochen werden.

Erfreut sich immer größerer Beliebtheit - Golf

Hordaland
- Bergen Golfklubb, Postboks 470,
 N-5001 Bergen, Tel. 05 - 18 20 77
 9-Lochplatz.

Trøndelag
- Trondheim Golfklubb,
 v/Turistkontoret, Postboks 2102,
 N-7001 Trondheim, Tel. 07 - 51 14 66
 Einer der nördlichsten Golfplätze, auf dem man bis tief in die Nacht hinein spielen kann. 9-Lochplatz.
- Nidaros Golfklubb, Postboks 2180,
 N-7001 Trondheim

JAGD

Norwegen erstreckt sich über insgesamt 324.000 km², von denen große Teile aus Wald und Fjell bestehen. Das Land besitzt eine vielfältige Natur, die auch eine artenreiche Fauna ermöglichte.

Wichtige Wildarten

Gute Bestände bei den Hirschwildarten Elch, Hirsch, Ren, und Reh. Bei den Hühnervögeln sind Schneehuhn (»rype«), Birkhuhn (»orrfugl«), Auerhahn (»storfugl«) und Haselhuhn (»jerpe«) die begehrtesten. Gute Bestände weisen auch Watvögel (»vadarar«), Enten, Gänse und Seevögel auf. Von den kleineren Säugetieren wird besonders der Hase gern erlegt.

Jagdrecht

Auf Privatgrundstücken hat der Grundeigner oft zusammen mit anderen Eigentümern das Jagdrecht. Es kann an andere, auch Ausländer, verpachtet werden. Im Staatsforst (»statsalmenningane«) hat die jeweilige Bezirksbehörde das Jagdrecht bei Niederwild- und Rentierjagd, wobei das »fjellstyret« die Jagd verwaltet. Alle anderen Jagden im Staatsforst oder in anderen staatlichen Ländereien obliegen den Forstämtern (»skogforvaltarane«). Ausländer, die nicht in Norwegen leben, haben im allgemeinen keinen Zugang zum Staatsforst, Ausnahmen genehmigt die Forstverwaltung für die Hochwildjagd, mit Ausnahme der Rentierjagd. Auf den anderen Staatsländereien gibt es für Ausländer ebenfalls vereinzelt Jagdmöglichkeiten.

Jäger- und Schießprüfung

Personen, die im Ausland leben, brauchen keine Jägerprüfung in Norwegen abzulegen, wenn sie entsprechende Qualifikationen und Bescheinigungen aus ihrem Heimatland vorlegen. Hochwildjäger (Ausnahme: Rehwild) müssen jedes Jahr eine Schießprüfung ablegen. Personen mit Wohnsitz im Ausland sind davon befreit, sofern sie entsprechende Nachweise aus ihrem Land vorlegen.

Jägerabgabe

Wer in Norwegen auf die Jagd gehen will, muß eine Gebühr in den sog. »Wildfond« einzahlen. Diese Abgabe beträgt zur Zeit NOK 150,- und gilt für das ganze Jahr. Das Jagdjahr rechnet man vom 1. April bis 31. März. Die Abgabe ist Voraussetzung, um jagen zu dürfen, sie gewährt aber kein Jagdrecht in einem Gebiet. Eine Einzahlungskarte erhält man beim Bezirksobmann oder beim »Direktoratet for Naturforvaltning«. Bei Abschuß von Rentieren, Hirschen oder Elchen ist anschließend eine »Erlegungsgebühr« zu entrichten. Sie beträgt für einen Elch ca. NOK 8.000, und für Rentiere NOK 1.000 bis NOK 2.000, (abhängig von der Art des Jagdrechts).

Einfuhr von Waffen

Um eigene Waffen nach Norwegen einzuführen, müssen Ausländer bei der Ankunft dem Zoll die Waffenlizenzen des Heimatlandes vorlegen. Dabei muß eine doppelte Erklärung ausgestellt werden. Danach erhält man einen norw. Waffenschein für drei Monate.

Waffen und Munitionsvorschriften

Die genauen Bestimmungen über Waffen und Munitionsvorschriften erhält man beim Direktorat for Naturforvaltning. Adresse siehe »Information«.

Jagdzeiten

Die Jagdzeiten sind in den verschiedenen Bezirken unterschiedlich, variieren von Jahr zu Jahr, von Tierart zu Tierart. Die Eigentümer, das »fjellstyre«, der Bezirksobmann oder die Jagdbehörde (»viltnemnd«) geben genaue Einzelheiten über die jeweiligen Zeiten und Jagdmöglichkeiten bekannt.

Information

Weitere Einzelheiten erfährt man bei:
- Direktoratet for Naturforvaltning, Tungasletta 2,
 N-7004 Trondheim, Tel. 07 - 91 30 20

Akershus
- Artemis Norw. Wildlife Experience
 v/Per Morken, Stangeskovene,
 N-1933 Lierfoss, Tel. 06 - 86 58 44
 Organisierte Elch- und Waldvögeljagd.

Østfold
- Viking Natur v/Øystein Toverud,
 N-1870 Ørje, Tel. 09 - 81 11 22
 Spezielle Atmosphäre der norwegischen Elchjagd als Gastjäger, entweder als Jagdposten oder zusammen mit ortskundigen Führern.

Oppland
- Ringebu Reiseliv A/L
 N-2630 Ringebu, Tel. 062 - 80 533
 Verkauft Jagdscheine und vermittelt Hütten während der Jagdsaison.

Buskerud
- Tempelseter Fjellstue
 N-3359 Eggedal, Tel. 03 - 71 46 71
 Verleih von Ausrüstung.
- Geilo Jeger og Fiskeforening v/Bjørn Furuseth,
 N-3580 Geilo, Tel. 067 - 85 199
- Statsalmenningen v/Gunnar Skogheim,
 N-3580 Geilo, Tel. 067 - 85 204/85 586

Agder
- Norsk Skytesenter A/S, Øisang,
 N-4990 Søndeled, Tel. 041 - 54 695
 Schießschule, geführte Jagd

Hordaland
- Norwild Adventure v/Thor Mørklid/Gro Liland
 N-5600 Norheimsund, Tel. 05 - 55 56 20
 Großwildjagd
- Nordhordaland Reiselivslag
 N-5100 Isdalstø, Tel. 05 - 35 16 01
 Hirschjagd in der Zeit von 10.09.-25.09. und 10.10.-14.10. nur für Jäger.

Trøndelag
- Atlanten Reisebyrå,
  N-7240 Fillan, Tel. 074 - 41 470
  Hirsch- und Wildgänsejagd

Troms
- Norw. Activities / Tour and Adventure
  v/Johann Stirner
  N-9454 Ånstad, Tel. 082 - 97 257
  Elchjagd, Rentierjagd, Auerwild und Waldvögel
- Espnes Reiser A/S, Postboks 57,
  N-9250 Bardu, Tel. 089 - 81 211
  Organisierte Jagdtouren.

Finnmark
- Finnmark Feriesenter A/S
  v/Paul Moen, Postboks 45,
  N-9730 Karasjok, Tel. 084 - 66 902
  Schneehuhnjagd auf der Finnmarksvidda mit Packhunden.

KANU

Auch wenn man heute mehr und mehr Kanus sieht, haftet dem Sport immer noch etwas der Duft von Freiheit und Abenteuer an. In Norwegen können Sie sich, wie zu Pionierszeiten, frei in der unendlichen Natur bewegen, vorausgesetzt, Sie verhalten sich mit der notwenigen Rücksicht, so daß auch die kommenden Generationen sich hier erholen können. Das Kanu, ursprünglich von Indianern benutzt, ist in erster Linie konstruiert, um auf Flüssen und Seen zu paddeln. Es verträgt daher wenig Seegang. Ähnlich ist es mit dem Kajak, dem Boot der Eskimos. Für eine Kanuwanderung sollte man daher die notwenigen Ausrüstungsgegenstände mitnehmen und sie sicher im Boot verstauen.

Wichtige Verhaltensregeln

- **Bleiben Sie in Ufernähe.**
  Das ist nicht nur sicherer, sondern man sieht und erlebt mehr.
- **Gehen Sie lieber zu Fuß...**
  wenn das Gewässer sich nicht sicher zum Paddeln eignet. Es ist leichter, wenige hundert Meter zu tragen, als sich mit einer nassen Ausrüstung oder einem gekenterten Kanu herumzuärgern.
- **Meiden Sie hohe Wellen und Sturm.**
  Machen Sie besser eine Pause als durch unruhiges Gewässer zu paddeln oder nehmen Sie einen anderen Weg.
- **Wenn Sie kentern,** versuchen Sie, so schnell wie möglich alle Sachen aus dem Boot zu sammeln. Ist das Kanu voll Wasser, werfen Sie Ihr Gepäck ins Nachbarboot oder an Land.
- **Tragen Sie immer eine Schwimmweste!**
- **Machen Sie keine allzu langen Tagesetappen.**
- **Ausrüstung**
  Reserveruder, Flickzeug, Leine mit Senkblei, Notraketen, Taschenlampe und trockene Kleidung im wasserfesten Beutel. Vorsicht bei niedrigen Wassertemperaturen!

Weitere Informationen:
- Norges Kajakkforbund, Hauger Skolevei 1,
  N-1351 Rud, Tel. 02 - 51 88 00

Oder bei folgenden Adressen:

Oslo
- Aktiv Ferie Padlesenter, Tel. 02 - 98 13 88
- Bull Kajakk A/S, Nobelsgt. 20 B,
  N-0268 Oslo 2, Tel. 02 - 44 94 47
- Knut Mork v/Turistinformasjonen på Rådhuset
  N-0037 Oslo Rådhus, Tel. 02 - 42 71 70

Kanutour in Venabu

Akershus
- Padlesenteret, Berger Gård
  v/Per Rødland, Bergervn. 6,
  N-1362 Billingstad, Tel. 02 - 78 80 70
- U-BI-LA v/Terje Lier N-1540 Vestby, Tel. 02 - 95 07 08

Østfold
- Viking Natur, v/Øystein Toverud
  N-1870 Ørje, Tel. 09 - 81 11 22
  Kanuverleih und organisierte Touren.
- Tojak Friluftsservice,
  v/Thore Hoell, Postboks 53 Glenne,
  N-1750 Halden, Tel. 09 - 19 20 11
  Kanuverleih.
Auch die örtlichen Touristenbüros verleihen teilweise Kanus.

Oppland
- Venabu Fjellhotell
  N-2632 Venabygd, Tel. 062 - 84 055
  Kanuverleih, Touren mit Führer.
- Rondane Turleiarlag v/Turistkontoret
  N-2630 Ringebu, Tel. 062 - 80 533
  Paddeln in ruhigen Gewässern, Tagestour mit Kaffee und Grillen.
- Spidbergseter Fjellstue
  N-2632 Venabygd, Tel. 062 - 84 000
  Kanuverleih.
- Krekke Camping
  N-2634 Fåvang, Tel. 062 - 84 571
  Kanuverleih.
- Espedalen Fjellstue
  N-2628 Espedalen, Tel. 062 - 99 912
  Kanuwoche im Peer-Gynt-Reich, mit Einführung, Safari und Ausflügen.
- Nordseter Aktivitetssenter
  N-2614 Nordseter, Tel. 062 - 64 037
- Fjellheimen Vannsportsenter
  N-2612 Sjusjøen, Tel. 065 - 63 409
- Strand Restaurant og Vannsportsenter,
  Vingnes,
  N-2600 Lillehammer, Tel. 062 - 54 800
  Verleih von Kajaks, Segelbooten und Tretbooten.
- Austlid Feriesenter
  N-2622 Svingvoll, Tel. 062 - 28 513
  Verleih von Kanus und Kajaks.
- Beitostølen Sport v/Arve Kalrud,
  N-2953 Beitostølen, Tel. 063 - 41 081
  Kanuverleih.

Buskerud
- Norefjell Aktiv Ferie v/Olav Golberg
  N-3516 Noresund, Tel. 067 - 46 269
  Tagestouren mit und ohne Führer.
- Oset Høyfjellshotell
  N-3550 Gol, Tel. 067 - 77 920

- Golsfjellet Høyfjellshotell
  N-3550 Gol, Tel. 067 - 77 988
  Verleih von Kanus, Ruderbooten, Segeljollen und Zugbooten für Wasserski.

Vestfold
- Håkon Rishovd, Furuhøgda 5,
  N-3260 Østre Halsen, Tel. 034 - 86 707
- Tønsberg Kajakklubb,
  v/Jan Johansen, Nordbyen,
  N-3100 Tønsberg, Tel. 033 - 83 601/83 920
- Paddeltouren auf dem Lågen v/Jan Høeg
  Hovlandveien 150 c,
  N-3250 Larvik, Tel. 034 - 14 495

Der Telemark-Kanal
- Telemark Reiser A/L, N. Hjellegt. 18,
  Postboks 743 Hjellen,
  N-3701 Skien, Tel. 03 - 52 92 05

Der Telemark-Kanal ist ein einzigartiges Bauwerk: Von Dalen in der Telemark verläuft ein Kanal über 110 km nach Skien. Auf einigen Strecken dieses Kanalsystems kann man auch paddeln. 18 Schleusen heben die Schiffe und Boote auf 72 m.ü.M. an. Will man mit dem Kanu weiterkommen, muß man direkt in die Schleusen hineinfahren und wird dann »geschleust«. Achtung: Sich den Weg neben den Schleusen durch die Wasserfälle zu suchen, ist gefährlich. Bleiben Sie in Ufernähe. Der Kanal ist in beiden Richtungen mit dem Kanu befahrbar; startet man in Dalen, kann man dort ein Kanu ausleihen.

1. *Etappe:* Der Bandaksjøen ist fast 30 km lang und bietet gleich einen Höhepunkt auf der Tour. Wilde Fjellgebiete, Vögel und Wild leben ungestört und der Bandaksjøen ist ein fischreiches Gewässer!

2. *Etappe:* Bei Straumane fängt eine neue Welt an: Der Fluß wird hier ruhiger und Buchten mit Sandstränden laden zu einer Rast ein.

3. *Etappe:* Das Kviteseidvatn ist »lieblicher« als Bandaksee. Die Berge sind hier weniger steil und Badeplätze gibt es überall. An der Brücke in Kviteseid kann man einen kleinen Spaziergang machen, z. B. zum Bezirksmuseum. Auf dieser Etappe hat man auch Einkaufsmöglichkeiten in Fjågesund. Bis jetzt ist man auf der Südseite der Seen gepaddelt, hier wird nun die Seite gewechselt. Richtung Kilen liegen wieder einige idyllische Rastplätze.

4. *Etappe:* Wir nähern uns den Schleusen Hogga und Kjeldal. Falls diese zwei Schleusen im Sommer 1989 wegen Bauarbeiten geschlossen sind, muß man die Umtragestelle von Hogga nach Lunde in Kauf nehmen (Dauer: 45 Min., asphaltierter Weg)

5. *Etappe:* Die Kanalanlage ist ein Meisterwerk alter norwegischer Ingenieurskunst. Auch die Natur hat einiges zu bieten. Wir empfehlen eine Übernachtung auf der Halbinsel mitten im Nomevatn. Die nächste Paddeletappe führt durch Nome, eine exzellente »Kanalkommune«. Hier kann man überall Schleusen und ihre Anlagen besichtigen. Legen Sie an und schauen Sie sich einmal um!

In Ulefoss gibt es übrigens eine »Kanalausstellung«, die das Leben auf dem Kanal in alten Zeiten darstellt. Hier gibt es auch ein Touristenbüro mit Kunstgewerbeverkauf.

- Skien Reiselivslag, Postboks 493,
  N-3701 Skien, Tel. 03 - 52 82 27
- Hallbjønnsekken Høyfjellsenter, Tokke,
  N-3880 Dalen, Tel. 094 - 51 436
- Dalen Vandrehjem og Camping,
  v/Sissel Bryggmann, Tokke,
  N-3880 Dalen, Tel. 036 -77 191
- Lille Ulefoss
  N-3745 Ulefoss, Tel. 03 - 94 50 01

- Lifjell Turisthotell
  N-3800 Bø i Telemark, Tel. 03 - 95 00 11
  Halbtägige Tour mit Aktivitäten.
- Morgedal Turisthotell N-3847 Brunkeberg, Tel. 036 - 54 144
  Kanuverleih.
- Gaustablikk Høyfjellshotell
  N-3660 Rjukan, Tel. 036 - 91 422
- Vågslid Høyfjellshotell
  N-3892 Vinje, Tel. 036 - 70 532
  Touren mit Führer.

Agder
Audnedalselva, Lyngdalsvassdraget, Otra, Tovdalselva und Nidelva sind gute Paddelgewässer. Kanu- und Kajakverleih an vielen Campingplätzen.
- Aust-Agder Idrettskrins, Postboks 1673 Myrene,
  N-4801 Arendal, Tel. 041 - 26 060
  Verleih von Kanus und Anhängern.
- Hegni Friluftsområde,
  N-4695 Hovden i Setesdal, Tel. 043 - 39 662
- Hovden Ferie Service
  N-4695 Hovden i Setesdal, Tel. 043 - 39 630
- Rosfjord Apt. Hotell
  N-4580 Lyngdal, Tel. 043 - 43 700
- Sirdal Høyfjellsenter
  N-4444 Sirdal, Tel. 043 - 71 122
- Tregde Marina
  N-4500 Mandal, Tel. 043 - 68 630
- Åros Motell Camp
  N-4640 Søgne, Tel. 043 - 66 411
- Kristiansand og Omlands Turistforening,
  Rådhusgt. 5, N-4611 Kristiansand S., Tel. 042 - 25 263
  Organisierte Wochenendtouren.
- Hamresanden Båtutleie, Moneheia 4,
  N-4752 Hamresanden, Tel. 042 - 46 825
  Verleih von Kajaks.
- Eiken Hotell- og Feriesenter
  N-4596 Eiken, Tel. 043 - 48 200
- Hamresanden Apartments/Camping
  N-4752 Hamresanden, Tel. 042 - 46 200

Rogaland
- Sandnes Reiselivslag, Postboks 144
  N-4301 Sandnes, Tel. 04 - 62 52 40
- Akiva Kano & Kajakk, Gamle Stokkavn. 56,
  Lura, N-4300 Sandnes, Tel. 04 - 67 86 06
  Verleih von Kanus und Ausrüstung.
- Grindafjord Naturcamping
  N-550 Grindafjord, Tel. 04 - 77 57 40

Hordaland
- Smedholmen Kyst- og Naturlivsskule
  N-5419 Fitjar, Tel. 054 - 97 432
  Kajak-Kurs: Die Teilnehmer bauen selbst ihr Kajak und unternehmen anschließend eine Tour.
- Norwild Adventure v/Thor Mørklid/Gro Liland
  N-5600 Norheimsund, Tel. 05 - 55 56 20
  Kanu- und Kajakpaddeln in Seen und Flüssen.
- Finse 1222 v/O. G. Nordengen, Postboks 12,
  N-3590 Finse, Tel. 05 - 52 67 11
  Kanuwochenende mit geschulten Führern. Angelmöglichkeiten.
- Jonshøgdi Turisthytte, Kvamskogen,
  N-5600 Norheimsund, Tel. 05 - 55 89 80
- Voss Vandrerhjem, Evangervn. 27,
  N-5700 Voss, Tel. 05 - 51 20 17
- Harding Motell & Hyttetun
  N-5780 Kinsarvik, Tel. 054 - 63 182
- ER-AN Auto Service,
  N-5210 Kalandseidet, Tel. 05 - 30 71 75
- Hotell Ullensvang
  N-5774 Lofthus, Tel. 054 - 61 100
- Brakanes Hotell
  N-5730 Ulvik, Tel. 05 - 52 61 05

Sogn og Fjordane
- Gloppen Eventyret, Postboks 223,
  N-6860 Sandane, Tel. 057 - 66 100

Zweitägige Touren, Verleih von Kanus, Wassersportzentrum.
- Hotel Mundal
  N-5855 Fjærland, Tel. 056 - 93 101
  Kanuverleih.
- Hauglandsenteret
  N-6820 Flekke i Sunnfjord, Tel. 057 - 35 761
  Veranstaltet Touren für Gruppen.

Trøndelag
- Røros Reiselivslag, Postboks 61,
  Bergmannsplassen,
  N-7460 Røros, Tel. 074 - 11 165
  Kanuverleih.
- Håneset Camping N-7460 Røros,
  Tel. 074 - 11 372
- Røros Turisthotell, An Magritt vei,
  N-7460 Røros, Tel. 074 - 11 011
- Sibe's Kystmarina, v/Sigbjørn Larsen, Flatval,
  N-7263 Hamarvik, Frøya, Tel. 074 - 41 470
  Kanu- und Kajakverleih.
- Teveltunet Fjellstue
  N-7530 Meråker, Tel. 07 -81 36 11

Nordland
Kanuverleih bei vielen Übernachtungsbetrieben längs der Küste. Informationen in den örtlichen Touristenbüros.

Troms
- Harandvollen Leirskole v/Rachel Vangen
  N-9200 Bardufoss, Tel. 089 - 33 249
  Kanuverleih.
- Dividalen Camping
  N-9234 Øverbygd, Tel. 089 - 37 816
- Polar Travel, Postboks 5131,
  N-9020 Tromsdalen, Tel. 083 - 37 384

Finnmark
- Finnmark Feriesenter A/S
  v/Paul Moen, Postboks 45,
  N-9730 Karasjok, Tel. 084 - 66 902
Finnmark Feriesenter A/S veranstaltet Touren auf dem Karasjokka mit samischen Flußbooten. Mit diesen bis zu 15 m langen Booten wurden früher hunderte Kilo Gepäck und Lasten transportiert. Das Finnmark Feriesenter läßt Sie nicht nur die nördliche Landschaft direkt vom Fluß aus erleben, sondern auch Pausen mit Lagerfeuer und nordnorwegischen Spezialitäten sind im Programm. Die dreistündige Tour kostet NOK 250,- inkl. Guide und Verpflegung. Die zweistündige NOK 120.- (Guide, Kaffee, Kuchen).
- Levajokk Fjellstue
  N-9826 Sirma, Tel. 085 - 28 746
  Kanuverleih, Unterricht.
- Finnmark Leirskole/Aktivitetssenter
  N-9500 Alta, Tel. 084 - 32 644/61 483
- Karalaks Vandrerhjem,
  N-9700 Lakselv, Tel. 084 - 61 476
  Verleih von Kanus, gut für Kinder geeignet.
- Skoganvarre Turistsenter,
  N-9700 Lakselv, Tel. 084 - 64 846
  Kanuverleih
- Børselv Gjestgiveri
  N-9716 Børselv, Tel. 084 - 64 343
  Kanusafari, -verleih
- Neiden Fjellstue
  N-9930 Neiden, Tel. 085 - 96 141
  Tourenvorschläge mit dem Kanu.
- Br. Triumf Turistservice
  N-9520 Kautokeino, Tel. 084 - 56 516/56 694
  Flußboottouren mit traditionellen Flußbooten.
- Tornensis Elvebåtservice
  N-9525 Masi, Tel. 084 - 57 587/57 599
  Flußboottouren
- Alta Elvebåtservice, Storelvdalen,
  N-9500 Alta, Tel. 084 - 33 378
  Flußboottouren

MINERALOGIE
Informationen über Mineralvorkommen erhalten Sie bei:

Oppland
- Fossheim Steinsenter
  N-2686 Lom, Tel. 062 - 11 460

Buskerud
- Kongsberg Silbergrube, Bergwerksmuseum
  N-3600 Kongsberg, Tel. 03 - 73 32 60
  Grubenzug über 2,5 km durch das Fjell, Führung 342 m tief im Berg.

Vestfold
- Vestfold Geologiforening,
  Postboks 1237, Krokemoa,
  N-3201 Sandefjord, Tel. 033 - 30 540

Telemark
Die Telemark ist eines der ältesten Grubengebiete Norwegens. In den letzten Jahren hat man hier einige, nie vorher entdeckte, Mineralien gefunden. So fand man 1976 in der Høydalen Grube das sog. Tveitit. In den Gruben der westlichen Telemark gibt es die Mineralvorkommen Bornit, Chalcopyrit, Galena, Molybdenit und Bismuhtinit. Daneben gibt es Funde in Arsen-, Kupfer-, Silber-, Gold-, Eisen-, Fluorit- und Mangangruben. Während der Sommermonate von 15. Mai bis 1. Oktober sind diese Gruben dem Publikum zugänglich. Geführte Besichtigungen nach Absprache. Eine Broschüre erhält man bei:
- Telemark Reiser A/L,
  Hjellegt. 18, Postboks 743,
  N-3701 Skien, Tel. 03 - 52 92 05

Agder
Für den Steinsammler sind die unermeßlichen Mineralienadern in Evje/Iveland im Bezirk Aust-Agder ein Dorado. Dort gibt es mehrere stillgelegte Gruben und auf dem angelegten »Evje Mineralienpfad« kann man mit der ganzen Familie Mineralien sammeln. Mit etwas Glück findet man den blaugrünen Amazonit. In Iveland sind mehrere Gruben für Mineraliensammler geöffnet. Berechtigungskarten hierzu verkaufen die örtlichen Läden. Im Gemeindehaus Iveland sind Mineralien der Gegend ausgestellt. Die Eröffnung des neuen Auensneset Mineralsenter ist für 1989 geplant. An verschiedenen Stellen im Evjegebiet kann man gefundene Mineralien bestimmen und auch schleifen lassen.
- Nedre Setesdal Reisetrafikklag
  N-4660 Evje, Tel. 043 - 31 056
- Valle og Rysstad Reiselivslag
  N-4690 Valle, Tel. 043 - 37 127

Rogaland
- Dalane Geologiforening,
  v/formann Solveig Aase, Vierveien 2 A
  N-4370 Egersund, Tel. 04 - 49 01 57
  In Egersund findet Mitte April eine Stein- und Mineralienmesse statt.

Sogn og Fjordane
- Hyen Turistsenter
  N-6780 Hyen, Tel. 057 - 69 802
- HAFS Næringsråd
  N-5942 Hyllestad, Tel. 057 - 88 513
  Interessante Gebiete: Askvoll, Fjaler, Solund, Gulen.
- Steinbui, N-5743 Flåm, Tel. 056 - 32 149
- Kunstsenteret, Lunde Camping,
  N-5745 Aurland, Tel. 056 - 33 540
- Gjestgivargarden Walaker Hotel
  N-5815 Solvorn, Tel. 056 - 84 207
- Stryn Steinsenter, N-6880 Stryn, Tel. 05 - 71 433

Trøndelag
- Salvesen & Thams,
  N-7332 Løkken Verk, Tel. 074 - 96 700

Im Grubenland Løkken vermitteln erfahrenen Grubenarbeiter die Arbeit unter Tage. Während der geführten Rundgänge kann man den Edelstein Jaspis finden.

MOTORSPORT

Nähere Informationen:

Oslo
- Touristeninformation im Rathaus
  N-0037 Oslo Rådhus, Tel. 02 - 42 71 70

Buskerud
Auf der Lyngåsbanen in Drammen findet am 3.9.89 die Europa-Meisterschaft im Ralleycross statt, sowie Anfang Juni ein Motorbootrennen auf dem Drammensfjord.
- Norsk Motorklubb Modum og Sigdal v/Turistkontoret,
  N-3515 Krøderen, Tel. 067 - 47 960
  Internationale Wettbewerbe für Motorcross und Rallycross.
- Norsk Motorklubb avd. Gol v/Odd Golberg,
  N-3550 Gol, Tel. 067 - 75 312
- Geilo Motorklubb v/Knut Erik Hallingstad,
  N-3580 Geilo, Tel. 067 - 85 164

Vestfold
- Tønsberg MC-klubb, Vium Gard, Jarlsberggaten,
  N-3170 Sem, Tel. 033 - 85 057

Agder
- Arendal Trafikkskole, Teaterpl. 1,
  N-4800 Arendal, Tel. 041 - 22 444
  Go-kart Bahn und Verleih
- Nedre Setesdal Reiselivslag
  N-4660 Evje, Tel. 043 - 31 056
  Go-kart Bahn und Verleih in Hornnes.
- Agder MC-service, Torridalsvn. 122,
  N-4630 Kristiansand S., Tel. 042 - 90 964
- Motorteknikk A/S, Barstølvn. 25,
  N-4600 Kristiansand S., Tel. 042 - 43 600
- Norol Senteret, Elvegt. 52,
  N-4614 Kristiansand S., Tel. 042 - 22 093

Hordaland
- Nordhordaland Reiselivslag
  N-5100 Isdalstø, Tel. 05 - 35 16 01
  Autocrossbahn in Eikefet.

NATIONALPARKS

1987 wurde der 16. Nationalpark Norwegens im Reisagebiet eingeweiht. Die Zahl der staatlich geschützten Naturgebiete wächst ständig an. Mit der Einrichtung von Nationalparks will die norwegische Umweltbehörde zur Erhaltung der ursprünglichen Landschaft mit ihrer vielfältigen Tier- und Pflanzenwelt beitragen. Die Nationalparks bieten häufig gute Wandermöglichkeiten, teilweise auch Übernachtungsmöglichkeiten in Hütten. Siehe »Nationalparks« im »A-Z Info«.

ORIENTIERUNGSSPORT

Der Trimmsport der Norweger heißt »orientering« und wird im ganzen Land seit über 20 Jahren betrieben. Die Aufgabe besteht darin, innerhalb eines bestimmten Gebiets mit Hilfe von Karte und Kompaß den Weg von Kontrollpunkt zu Kontrollpunkt zu finden. Die Reihenfolge, in der man die Kontrollpunkte anläuft, ist dabei beliebig. Orientierungstouren werden oft als Wettbewerbe in Märschen usw. organisiert und eignen sich auch hervorragend als Familiensport.
Insgesamt gibt es über 200 Orientierungsstrecken in Norwegen, an denen die örtlichen Vereine ihre Karten mit den eingezeichneten Kontrollpunkten verkaufen. Die Saison beginnt etwa Mitte Mai und endet im September. Man sammelt in dieser Zeit seine Punkte und kann sich damit als Landesmeister qualifizieren, denn »orientering« ist auch ein anerkannter Vereinssport in Norwegen.
Weitere Information:
- Norges Orienteringsforbund, Hauger Skolevei 1,
  N-1351 Rud, Tel. 02-518800.

Oppland
- Beitostølen Reiselivslag
  N-2953 Beitostølen, Tel. 063 - 41 006
  Veranstaltet Orientierungs-Touren in leichtem Fjellterrain. (Lift)
  Information beim örtlichen Touristenbüro.

Buskerud
- Nedre Sigdal Idrettsforening, Orienteringsgruppa,
  N-3350 Prestfoss
- Vikersund Idrettsforening, Orienteringsgruppa,
  N-3370 Vikersund
- Gol Idrettslag, Orienteringsgruppa v/Jan Henrik Engh,
  N-3550 Gol, Tel. 067 - 74 544
- Geilo Idrettslag, Orienteringsgruppa v/Øivind Jacobsen,
  N-3580 Geilo, Tel. 067 - 86 469

Vestfold
- Vestfold Orienterinigskrets, Kretskartrådet v/Knut Lysebo, Beitenv. 1,
  N-3200 Sandefjord, Tel. 034 - 76 506
- Tønsberg og Omland Reiselivslag, Storgt. 55,
  N-3100 Tønsberg, Tel. 033 - 14 819
  Orienteringskarte zum Verkauf

Agder
- Sørlands INFO, Torvgt. 6,
  N-4800 Arendal, Tel. 041 - 22 193
  Ständige Orienteringsbahn im Gebiet um Arendal.
- Kristiansand Orienteringsklubb
  N-4600 Kristiansand S., Tel. 042 - 94 534

Sogn og Fjordane
- Sogn og Fjordane Friidrettskrins, Hafstadvn. 29 A,
  N-6800 Førde, Tel. 057 - 23 540

Troms
- Tromsø Arrangements A/S v/Turistkontoret, Postboks 312,
  N-9001 Tromsø, Tel. 083 - 84 776
- Bardu og Målselv Reiselivslag, Postboks 187,
  N-9250 Bardu, Tel. 089 - 81 111

ORNITHOLOGIE

In Norwegen gibt es folgende Vogelgebiete, die besonders interessant sind:

Oslo
Der Østensjø-See sowie die Steilene und andere Inseln im Oslofjord haben Vogelreservate. Anfahrt: Mit der Østensjøbahn Nr. 3 bis Skøyenåsen Station.

Akershus
- Fylkesmannen i Oslo og Akershus, Miljøvernavd.
  N-Oslo 1, Tel. 02 - 42 90 85
  Das Naturreservat Nordre Øyeren ist das größte skandinavische Innlandsdelta, Brut- und Rastplatz für 233 registrierte Vogelarten.

Østfold
Vogelreservat auf Øra vor Fredrikstad.

Oppland
- Fokstua Fjellstue
  N-2660 Dombås, Tel. 062 - 41 497
- Dovre Reiselivslag
  N-2660 Dombås, Tel. 062 - 41 444

Das Moor Fokstumsmyra liegt nicht weit vor Dombås, im Dovrefjell. Seit 1969 ist dieses Gebiet ein Naturreservat mit einem reichhaltigen Vogelleben. Von Pfaden und markierten Wegen aus kann man Kraniche, Kampfläufer, Odinshühnchen, Blaukehlchen, Kornweihe, Spornammer, Buchfink und Schafstelze beobachten. Auf Wunsch geführte Wanderungen. Beste Jahreszeit: Frühjahr, Frühsommer.

Buskerud
- Geilo Ornitologforening v/Bill Sloan,
  N-3580 Geilo, Tel. 067 - 86 028

Vestfold
- Norsk Ornitologisk Forening, avd. Vestfold v/Formann Terje Axelsen, Postboks 153,
  N-3201 Sandefjord, Tel. 033 - 37 771

Rogaland
- Utsira Kommune,
  N-5515 Utsira, Tel. 04 - 74 91 35
- Stavanger Museum, Zoologisk avdeling, Muségt. 16,
  N-4010 Stavanger, Tel. 04 - 52 60 35
- Ornitologisk stasjon Revtangen
  Tel. 04 - 42 01 68

Auf der Insel Utsira in Rogaland liegt ein wahres Vogelparadies. Die Insel zählt mit ihren 260 registrierten Vogelarten zu einem der größten norwegischen Vogelreservate längs der Küste. Bootsverbindung von Haugesund aus. Weitere Vogelgebiete liegen in Revtangen im westlichen Jæren sowie in Ryfylke.

Møre og Romsdal
- Goksøyr Camping
  N-6096 Runde, Tel. 070 - 85 905

Die Vogelinsel Runde ist durch eine Brücke mit dem Festland verbunden. Von Ålesund aus sind es etwas 2 1/2 Stunden. Auf dem Campingplatz Goksøyr erhält man ausführliche Informationen über Runde (auch für Gruppen und Schulklassen). Die Vogelreservate liegen auf der West- und Nordseite, im Gebiet von Kløfjellet-Hellestrøm und auf Grasøyane. Hier gibt es ca. 170.000 brütende Seevogelpaare, wie z.B. Dreizehenmöwen, Papageientaucher, Tordalk, Trottellumme, Scharbe, Eissturmvogel, und Baßtölpel. Die Brutzeit ist von April bis Mitte August.

Nordland
- Polarsirkelen Reiselivslag, Postboks 225,
  N-8601 Mo i Rana, Tel. 087 - 50 421
- Lofoten Reiselivslag, Postboks 210,
  N-8301 Svolvær, Tel. 088 - 71 053

Die Insel Røst, 60 Seemeilen vor Bodø südlich der Lofoten, erreicht man mit der Fähre oder mit dem Flugzeug. Hier leben Papageientaucher, Baßtölpel, Seeschwalben, Eissturmvögel, Austernfischer und Eiderenten. Die Fähre von Bodø aus dauert 4 - 6 Stunden, der Flug 40 min. Andere interessante Vogelgebiete in Nordland sind Vørøy, Lovund in Helgeland und Træna. Den größten Bestand an Seeadlern in Norwegen hat Lurøy.

Dreizehenmöwe	krykkje
Papageientaucher	lunde
Tordalk	alke
Trottellumme	lomvi
Scharbe	skarv
Eissturmvogel	havhest
Baßtölpel	havsule
Kranich	trane
Kampfläufer	brushane
Odinshühnchen	svømmesnipe
Blaukehlchen	blåstrupe
Kornweihe	myrhauk
Spornammer	lappspurv
Bergfink	bjørkefink
Schafstelze	gulerle

PILZE UND BEEREN SAMMELN

In den riesigen norwegischen Wäldern wachsen Mengen von schmackhaften Pilzen, darunter aromatische Pfifferlinge. Diesen Pilz findet man nur in Laub- und Nadelwäldern von Juli bis Mitte September. Nehmen Sie ein Pilzbestimmungsbuch zum Sammeln mit oder fragen Sie Einheimische bei besonders »seltenen« Exemplaren.

Pilz	sopp
Pfifferling	kantarell

Auch Beerenpflücken ist sehr populär in Norwegen. Bei einer Fjellwanderung kann man auf große Mengen wilder Himbeeren, Erdbeeren, Brom- und Blaubeeren, sogar kostbare Multebeeren stoßen. In der Finnmark darf - nach einem alten Gesetz - nur die dort lebende Bevölkerung »molte« pflücken. In den übrigen Landesteilen beachten Sie bitte, daß Sie nicht Privatgrundstücke einfach »abgrasen«. Achten Sie auf evtl. Schilder und pflücken Sie nicht mehr, als Sie wirklich verzehren wollen, damit Sie auch noch im nächsten Sommer auf Ihrem »tyttebær-Plätzchen« ernten können. Beeren und Pilze findet man in allen Wald- und Fjellgebieten Norwegens, nähere Auskünfte erhält man in den Touristenbüros vor Ort.

Multebeere	molte-/multebær
Brombeere	bjørnebær
Himbeere	bringebær
Erdbeere	jordbær
Blaubeere	blåbær
Preißelbeere	tyttebær

REITEN

Die gemütlichen norwegischen Fjordpferde sind nicht nur begehrte Fotomotive, sondern auch beliebte Reittiere. Überall in Norwegen können Sie Pferde leihen und Unterricht nehmen.
Dazu bieten die Reitzentren gute Möglichkeiten: Man kann für bestimmte Stunden oder Tage Pferde mieten oder an organisierten Tages- oder Wochentouren teilnehmen. Auch für spezielle Reitlehrgänge gibt es Angebote. Einige der Zentren sind besonders gut geeignet für Körperbehinderte, wie z.B. Steinseth Reitzentrum in Asker und Kjell's Rideskole in Gol. Falls Sie es vorziehen, die Vierbeiner lieber mit Abstand zu bewundern, dann ist es nicht weit bis zur nächsten Trabrennbahn.
Weitere Informationen:
- Norsk Rytterforbund, Hauger Skolevei 1, N-1351 Rud, Tel. 02 - 51 88 00

Oslo
- EKT Rideskole, Jomfrubråtvn. 40, N-1179 Oslo 11, Tel. 02 - 19 97 86
- Oslo Ridehus, Drammensvn. 131, N-0277 Oslo 2, Tel. 02 - 55 69 80
- Helge Torp, Sørbråten Gård, Maridalen, N-0890 Oslo 8, Tel. 02 - 42 35 79
- Elveli Gård v/Sørkedalen Skole, Tel. 02 - 49 91 58/49 90 75

Akershus
- Steinseth Ridesenter, Sollivn. 74, N-1370 Asker, Tel. 02 - 78 20 24
Theoretischer und praktischer Reitunterricht mit Einführung im Pferdestall. Reitkurse für Kinder und Jugendliche im Sommer. Therapeutisches Reiten für Körperbehinderte.
- Vestby Ridesenter, Berg Gård, N-1540 Vestby, Tel. 09 - 95 19 14

Oppland
- Nordseter Aktivitetssenter N-2614 Nordseter, Tel. 062 - 64 037
- Sjusjøen Aktivitetssenter N-2612 Sjusjøen, Tel. 065 - 63 565
- Sjusjøstallen, N-2612 Sjusjøen, Tel. 065 - 63 477
13 Pferde für kürzere oder längere Touren, Präriewagen, Reitkurse
- Dalseter Høyfjellshotell N-2628 Espedalen, Tel. 062 - 99 910
- Gausdal Høyfjellshotell N-2622 Svingvoll, Tel. 062 - 28 500
5 Pferde für kürzere oder längere Touren, Reitunterricht
- Peer Gynt Rideskole, Slangen Seter, N-2643 Skåbu, Tel. 062 - 95 518
Unterricht im Fjellreiten, Springen, Dressur. Gut geeignet für Körperbehinderte.
- Venabu stallen v/Line Tvete, Venabu Hotell, N-2632 Venabygd, Tel. 062 - 84 055
8-10 Pferde für Touren, auch mit Übernachtung, Pferdefuhrwerk, usw.
- Per's Rideskole, Sulseter Fjellstugu N-2640 Vinstra, Tel. 062 - 90 153
10 Dølapferde und Fjordpferde
- Nye Bestefarstallen Rideskole, Postboks 93, N-2643 Skåbu, Tel. 062 - 95 660
10 Pferde, Unterricht und Fjelltouren
- Wadahl Høgfjellshotell N-2645 Harpefoss, Tel. 062 - 98 300
3-5 Pferde
- Golå Høyfjellshotell N-2646 Golå, Tel. 062 - 98 109
7 Pferde
- Varmalækur Rideleir, Hjerkinn Fjellstue, v/Dr. Østensen, N-7080 Heimdal, Tel. 07 - 88 77 66; oder:
- Varmalækur Fjellstue v/Dr. Østensen, N-2660 Dombås, Tel. 062 - 42 927. Nur ab 1.6. Isländerpferde, Wochenprogramm für Erwachsenen und Kinder.
- Sermitsiak Rideferie, Hjerkinn Fjellstue v/Hr. Wilton Johansen N-7341 Oppdal, Tel. 074 - 21 012
- Beitostølen Hestesenter v/Torgeir Svalesen, N-2953 Beitostølen, Tel. 063 - 41 101
12 Pferde, Reitunterricht, Tagestouren mit Führer, Wochen- und Wochenendtouren in Jotunheimen.
- Yddin Fjellstue, N-2940 Heggenes, Tel. 063 - 40 276
5 Pferde für Touren
- Glenna Høgfjellsenter N-2890 Etnedal, Tel. 061 - 21 000
5 Pferde, Reitunterricht
- Gjøvik Ridesenter, N-2800 Gjøvik, Tel. 061 - 75 785
- Hadeland Kjøre- og Rideklubb v/Karin Castberg N-2754 Vestre Gran, Tel. 063 - 39 096
- Lure Helsesportsenter v/Anne Løvik, N-2820 Biri, Tel. 061 - 81 204
- Toten Kjøre- og Rideklubb, Tel. 061 - 91 585
- Øyer Turistinformasjon, N-2636 Øyer, Tel. 062 - 78 950
Reitkurs im Øyerfjell.
- Torgeir Svalesen N-2950 Skammestein, Tel. 063 - 41 101
Unterricht auf der Bahn, kleine Touren mit Reitlehrern, Fjelltouren in Jotunheimen.
- Reinli Ridesenter, N-2933 Reinli, Tel. 061 - 47 143
Reitkurs mit Unterricht

Buskerud
- Geilo Hestesenter v/Helle Vallo N-3580 Geilo, Tel. 067 - 85 181
Tages- und Wochentouren, Unterricht
- Kjell's Rideskole v/Golsfjellet Hotel & Apartment, Kjell Ølstad, N-3550 Gol, Tel. 067 - 77 988
Touren, gut geeignet für Körperbehinderte.
- Eivindsplass Fjellgard, Skurdalen N-3580 Geilo, Tel. 067 - 86 300
Wochentour im Hallingdalsfjell mit gebirgserprobten Isländern
- Skogshorn Hytteutleige og Hestesenter N-3560 Hemsedal, Tel. 067 - 78 133
- Hemsedal Hestesenter v/Morten Guldbrandsen N-3560 Hemsedal, Tel. 067 - 78 862
Wochentour im Hemsedal, Hallingdal und Valdres, Übernachtung in Hotels.
- Eirik Torpe N-3579 Torpo, Tel. 067 - 83 115
Wochentouren in Hemsedal, Hallingdal und Valdres.
- Norefjell Hestesenter, Dynge Gård v/Håkon Eide, N-3516 Noresund, Tel. 067 - 46 184
- E-K-T Fjellgård og Naturskole, Langedrag, N-3540 Nesbyen, Tel. 03 - 74 46 50
Praktischer und theoretischer Unterricht, täglich Touren und Voltigieren, Stallarbeit. Behindertenfreundliche Wohnungen.
- Drammen Travbane, Buskerudvn. 200, N-3027 Drammen, Tel. 03 - 82 14 10

Vestfold
- Hovland Ridestall N-3250 Larvik, Tel. 034 - 14 407
- Jarlsberg Rideklubb, Sande Gård, N-3100 Tønsberg, Tel. 033 - 24 688
- Vestfold Travforbund, Postboks 110, N-3101 Tønsberg, Tel. 033 - 32 299

Telemark
- Rauland Hestesenter, Rehabiliteringszentrum in Rauland, N-3864 Rauland, Tel. 036 - 73 500
Reittouren, Unterricht, Kurse im Sommer, Rehabilitationszentrum.
- Fjellhest v/Rjukan Turistkontor N-3660 Rjukan, Tel. 036 - 91 290
Wochenaufenthalt mit Tagestouren, Übernachtung in Hütten auf der Hardangervidda.
- Straand Hestesenter, Straand Hotel & Konferansesenter N-3853 Vrådal, Tel. 036 - 56 100
7 Pferde für Touren in Wald und Fjell, Touren mit dem Pferdewagen.

Agder
- Fjellgardane Rideklubb v/Hovden Ferie Service N-4695 Hovden i Setesdal, Tel. 043 - 39 630
Verleih von Pferden, Unterricht
- Sørlands INFO, Torvgt. 6, N-4800 Arendal, Tel. 041 - 22 193
Reitzentrum in Fevik.
- Valle/Rysstad Reiselivslag, N-4690 Valle, Tel. 043 - 37 127
Reitzentrum in Valle
- Nedre Setesdal Reiselivslag, Postboks 146, N-4660 Evje, Tel. 043 - 31 056
Reitzentrum in Evje.
- Sirdal Høgfjellsenter N-4444 Sirdal, Tel. 043 - 71 122
Reitschule, veranstaltet 5-tägige Kurse
- Åros Reitzentrum N-4640 Søgne, Tel. 042 - 67 177

Rogaland
- Hytte- og Campingsenter Arthur Vatne, Bjørheimsbygd N-4120 Tau, Tel. 04 - 44 64 17
- Torstein Fossan, Fossanmoen N-4110 Forsand, Tel. 04 - 64 37 61
Reittour mit Isländerpferden über das Uburen-Fjell, Aussicht über den Lysefjord, 3-stündige Tour.
- Sokndal Rideklubb, v/Harald Olsen, Kvassåsen, N-4380 Hauge i Dalane, Tel. 04 - 47 76 92
- Grindafjord Naturcamping N-5570 Grindafjord, Tel. 04 - 77 57 40

Etwas Mut braucht man für's Riverrafting schon

Hordaland
- Roligheten Reitzentrum
  N-5044 Nattland, Tel. 05 - 28 95 90
- Storebø Kurs- og Feriesenter
  N-5392 Storebø, Tel. 05 - 38 06 10
- Sletten Reitzentrum
  N-5065 Blomsterdalen, Tel. 05 - 22 68 11
- Stall Alvøen, N-5076 Alvøy, Tel. 05 - 93 24 40
- Svana Reitzentrum, Strømsnes
  N-5306 Erdal, Tel. 05 - 14 93 27/14 29 21
- Sætregården Ungdoms- og Reitzentrum
  N-5087 Hordvik, Tel. 05 - 19 04 45
- Alver Hotel, N-5102 Alversund, Tel. 05 - 35 00 24
- Myrkdalen v/Helgatun Ungdomsheim, Myrkdalen, N-5700 Voss, Tel. 05 - 52 27 68
- Hardanger Feriepark
  N-5780 Kinsarvik, Tel. 054 - 63 288/63 141

Sogn og Fjordane
- Lefdal's Rideskule v/Anders Lefdal,
  N-6770 Nordfjordeid, Tel. 057 - 60 233
  Reitunterricht. 20-30 Fjordpferde. Kurse im Sommer und Wochenendkurse im Frühjahr und Herbst, Touren.
- Gloppen Eventyret,
  v/Jørn Holst Kristiansen, Postboks 223,
  N-6860 Sandane, Tel. 057 - 66 100
  Reitsafari auf dem Utvikfjell, Tagestouren, 2-tägige Touren mit Übernachtung in Jagdhütte, Unterricht.
- Norsk Fjordhestgard v/Bjørn Fløtre
  N-6867 Byrkjelo, Tel. 057 - 67 394
  Reiten und Pflege von Fjordpferden.
- Sogn Hest og helsesportsenter v/turistkontoret,
  N-5875 Årdalstangen, Tel. 056 - 61 177
- Årdal Rideklubb
  N-5870 Øvre Årdal, Tel. 056 - 62 056
- Sogndal Køyre- og Rideklubb, Vestrheim,
  N-5880 Kaupanger, Tel. 056 - 78 562
- Brandsøy og Naustdal Rideklubb
  v/Flora Reiselivslag, Postboks 219,
  N-6901 Florø, Tel. 057 - 42 010/43 166
- Hauglandssenteret
  N-6820 Flekke, Tel. 057 - 35 761
  Nur für Gruppen.
- Klakegg Reitzentrum
  N-6852 Klakegg, Tel. 057 - 28 151

Møre og Romsdal
- Rindal og Surnadal Reiselivslag
  N-6650 Surnadal, Tel. 073 - 61 544
- Sula Rideklubb
  N-6030 Langevåg, Tel. 071 - 92 977

Trøndelag
- Rissa Næringsforening
  N-7100 Rissa, Tel. 076 - 51 980
- Atlanten Reisebyrå
  N-7240 Fillan, Tel. 074 - 41 470
- Wiltons Rideferie, Sletten Fjellgård
  N-2584 Dalholmen, Tel. 064 - 93 108
  Reitausflüge auf dem Dovrefjell und in Rondane. (Mitte Juni - Mitte August 89)
- Kvåles Reitzentrum v/Jorid og Amund Kvåle
  N-7320 Fannrem, Orkdal, Tel. 074 - 85 215
  Organsierte Touren durch Trollheimen. Kurze und längere Reitouren mit Lehrern, Touren mit Pferd und Planwagen im Sommer. Auch für Anfänger.
- Dyrhaugs Reitzentrum, N-7590 Tydal
  Reittour auf alten Pilgerwegen zwischen Jämtland und Trøndelag, mit Isländerpferden.
- Tveltunet Fjellstue
  N-7530 Meråker, Tel. 07 - 81 36 11
- Endre Østby
  N-7977 Høylandet, Tel. 077 - 21 625

Nordland
Adressen über die örtlichen Touristenbüros.

Troms
- Tromsø Ryttersportsklubb, Sandnes,
  N-9000 Tromsø, Tel. 083 - 71 131
- Øverbygd Hestesenter,
  v/Erik Bjørkeng, Bjørkeng Gård,
  N-9234 Øverbygd, Tel. 089 - 38 291
- Harraldvollen Leirskole,
  Rachel Vangen, Andslimoen,
  N-9200 Bardufoss, Tel. 089 - 33 249
- Skaar Reitzentrum, Fagerfjell,
  N-9320 Aspelund, Tel. 089 - 36 844
- Nordreisa Rideklubb v/Kjell Alstad,
  N-9080 Storslett, Tel. 083 - 65 673
  Nach Absprache Reittouren für Touristen

Finnmark
- Rigmor og Johan Daniel Hætta
  N-9520 Kautokeino, Tel. 084 - 56 351 / 56 273
- Alta Strand Camping,
  N-9500 Alta, Tel. 084 - 34 240
- Levajok Fjellstue
  N-9826 Sirma, Tel. 085 - 28 746 / 28 714
  Reitschule, organisierte Reittouren
- Stabbursdalen Camping & Villmarksenter
  N-9700 Lakselv, Tel. 084 - 63 285 / 64 760
- Stein Torgeir Salamonsen
  N-9700 Lakselv, Tel. 084 - 61 009
  Touren nach Wunsch mit Übernachtung. Angeltouren, Fotosafari, Unterricht. Gruppen bis 8 Personen.
- Sør-Varanger Kommune v/Reiselivskonsulenten,
  N-9900 Kirkenes, Tel. 085 - 91 609
- Sør-Varanger Reiselivslag, Postboks 184,
  N-9901 Kirkenes, Tel. 085 - 92 544
- Bugøynes Turistinformasjon
  N-9935 Bugøynes, Tel. 085 - 92 929
  Verleih von Pferden, Unterricht, 5-stündige Tour.

RENTIER-SAFARI

Troms
- Lyngen Adventure A/S
  N-9060 Lyngseidet, Tel. 083 - 86 390

Finnmark
- Fam. Gaup, N-9730 Karasjok, Tel. 084 - 56 771
  Trabrennen mit Rentieren, Unterricht, »reinraid« mit der Herde, Touren nach Absprache. Paketangebot für Gruppen. An den Wochenenden Verkauf von Rentierfleisch und Bouillion. Bitte vorher bei Fam. Gaup anrufen.
- Br. Triumf Turistservice
  N-9520 Kautokeino, Tel. 084 - 56 516/56 694
  Rentiersafari in der Finnmarksvidda auf Anfrage.
- Karen Anna Bongo
  N-9520 Kautokeino, Tel. 084 - 56 160
  Traditionelle samische Gerichte im lavvu, dem Samenzelt. Voranmeldung.

RAFTING/WILDWASSER-FAHREN

Wenn Sie die wilden norwegischen Gebirgsflüsse einmal hautnah erleben möchten, sollten Sie unbedingt eine Rafting-Tour ausprobieren. Auf den breiten Gummischlauchbooten finden ca. 8 Personen Platz, erfahrene Führer begleiten Sie und zeigen Ihnen nützliche Kniffe. Haben Sie Mut? Dann auf zur nächsten Stromschnelle.

Oppland
- Norsk Fjellferie
  N-2680 Vågåmo, Tel. 062 - 37 492 / 38 960
  Tagestouren, Wochenendtouren, Familientouren auf dem Fluß Sjoa. Ortkundige Führer sind mit auf dem Floß; keine Vorkenntnisse erforderlich.
- Sel-Rondane Reiselivslag, Postboks 94,
  N-2671 Otta, Tel. 062 - 30 365

Buskerud
- Gol Campingsenter
  N-3550 Gol, Tel. 067 - 74 144
  Rafting auf dem Hallingdalselva.

Telemark
- Vågslid Høyfjellshotell
  N-3892 Vinje, Tel. 036 - 70 532
  Rafting mit Gummifloß

Agder
- Nedre Setesdal Reiselivslag
  N-4660 Evje, Tel. 043 - 31 056

Hordaland
- Norwild Adventure v/Thor Mørklid/Gro Liland,
  N-5600 Norheimsund, Tel. 05 - 55 56 20
  Rafting im Fluß

Trøndelag
- Sporty Oppdal
  v/Stein Mellemseter, Hotel Nor Alpin
  N-7340 Oppdal, Tel. 074 - 22 130
  Floßfahrt auf der Driva

Finnmark
- Finnmark Feriesenter A/S v/Paul Moen, Postboks 45,
  N-9730 Karasjok, Tel. 084 - 66 902
  Spannende Ausflugsfahrt. Große Gummiboote mit Platz für 8 Personen. Mit Guide, mindestens 4 Personen
- Levajokk Fjellstue
  N-9826 Sirma, Tel. 085 - 28 746
  Flußpaddeln auf dem Tanavassdraget, auf Wunsch mit Guide
- Alta Elvebåtservice, Storelvdalen
  N-9500 Alta, Tel. 084 - 33 378
  Flußboot-Touren zum Canyon
- Tornesis Elvebåtservice, Mælsletta
  N-9525 Masi, Tel. 084 - 57 587

- Br. Triumf Turistservice
N-9520 Kautokeino, Tel. 084 - 56 516
- Karakroa A/S, Kautokeinovn. 9,
N-9830 Karasjok, Tel. 084 - 66 466

SEGELN

Nur wenige Länder besitzen eine Küste, die sich besser zum Segeln und Wassersport aller Art eignet als Norwegen. Mit Ausnahme einer weniger offenen Küstenzüge ist die gesamte Küste mit Inseln, Holmen und Schären reich bestückt. Fast überall ist das Wasser bis zum Festland tief genug, jedoch ist es gefährlich, ohne Seekarten durch den zerklüfteten Küstengürtel zu navigieren. Ausgezeichnetes Kartenmaterial ist erhältlich und die Fahrwasser sind nach dem IALA A-System markiert. Daher kann man nur Karten benutzen, die nach 1982 erschienen sind.

Viele Naturhäfen bieten gute Ankerplätze. In Südnorwegen ist zudem die Differenz zwischen Hoch- und Niedrigwasser minimal. Obwohl es entlang der nordnorwegischen Küste viele Ankermöglichkeiten gibt, sind die Gastliegeplätze in den Häfen oft knapp. Jeder möchte gerne einmal kleine Fischerdörfer, Ortschaften mit Sehenswürdigkeiten besuchen oder auch größere Küstenstädte anlaufen, in denen man die Vorräte ergänzen, sowie Treibstoff und Wasser erhalten kann.

Zoll, Dokumente u.a.

Wenn Sie mit eigenem Boot nach Norwegen reisen, müssen Sie zuerst einen Zollhafen ansteuern. Dokumente über das Eigentumsverhältnis, Nationalitäts- und Heimatnachweis sind erforderlich. Die genauen Bestimmungen erfährt man beim Zoll. (vgl. »A - Z«, Einreise). Für geliehene Boote muß der Chartervertrag vorgelegt werden. Mit Rücksicht auf militärische Anlagen sollten ausländische Boote sich immer an die in der Seekarte markierten Seewege halten und ihre Flagge zeigen.

Wetterbericht

Da das Wetter sich schnell ändert, sollte man mindestens fünfmal täglich den ausführlichen Wetterbericht im Radio hören: um 06.00, 08.00, 14.55, 18.30, und 21.50 Uhr (werktags). An Sonn- und Feiertagen um 07.00, 09.00, 14.55, 18.30 und 21.50 Uhr (nur auf norwegisch). Überall in Norwegen können Sie unter der Telefonnummer 0174 den tel. Wetterbericht hören (nur auf norwegisch).

Seekarten

Es gibt verschiedene Reihen der offiziellen norwegischen Seekarten: Die Hauptkartenserie (Maßstab 1:50.000 bis zu 1:100.000) deckt die gesamte Küste ab, der Maßstab ist zum Navigieren ausreichend. Zusätzlich empfehlen sich, die »Hafen- und Ansteuerungskarte« für die Gebiete, in denen man anlegen will. Sie haben den Maßstab 1:50.000 und sind bequem zu lesen. Die sog. »Bootsportkarte« gibt es für alle Küstenbereiche, die extrem stark von Freizeitbooten befahren werden. Im kleineren und praktischen Format bildet sie einen Auszug aus der Hauptkartenserie. Sie enthält zusätzlich Informationen über Servicestellen, Campingplätze, u.ä. Diese Serie umfaßt 6 - 8 Karten und deckt folgende Gebiete: A, B, C und D für den Oslofjord und die Sørlandsküste bis Kristiansand. Serie G und F deckt das Gebiet von Stavanger und Haugesund und die Serie L und M die Gegend um Bergen. Alle Seekarten erhalten Sie über den norwegischen Buchhandel oder direkt bei:

- Norges Sjøkartverk, Postboks 60,
N-4001 Stavanger

Benutzen Sie nur Karten, die Norges Sjøkartverk herausgibt und die neueren Datums sind!

Gästehäfen

In Norwegen gibt es rund 120 Gästehäfen. Die Preise für die jeweiligen Anleger variieren zwischen NOK 20,- bis NOK 100,-. Die folgende Liste nennt die größten Gästehäfen:

1 Herføl Marina v/Nils Bustgaard (20 Plätze)
N-1690 Herføl, Tel. 09 - 37 89 45

2 Skjærhalden Båthavn v/Leif Bustgaard (50 Plätze)
N-1680 Skjærhalden, Tel. 09 - 37 92 93

3 Halden Kommunale Gjestehavn (60 Plätze) v/Turist- eller havnekontoret
Kongens brygge / Langbrygga
N-1750 Halden, Tel. 09 - 18 24 87

4 Fredrikstad Gjestehavn (40 Plätze)
v/Bjørn Wold, Postboks 106
N-1601 Fredrikstad, Tel. 09 - 31 77 89

5 Hankø Seilerkro v/Carl Groven, (60 Pl.)
Vikane, N-1620 Gressvik, Tel. 09 - 33 23 50

6 Son Havn v/Son Havnekontor, (30 Pl.)
Postboks 205,
N-1555 Son, Tel. 09 - 95 89 20

7 Gjestehavna Filipstad (25 Plätze)
v/Espen Glendrange, Frognerstranda 2,
N-0271 Oslo 2, Tel. 02 - 43 80 90

8 OM Bestumkilen v/Oppsynsmannen,
(50 Plätze), Drammensvn. 170,
N-0277 Oslo 2, Tel. 02 - 50 91 98

9 Rødtangen Båt og Brygge v/Roy Tore Jensen (20 Plätze)
N-3484 Holmsbu, Tel. 03 - 79 31 30

10 Holmestrand Gjestehavn (15 Plätze)
v/Havnekontoret, Postboks 85,
N-3081 Holmestrand, Tel. 033 - 51 590

11 Solviken v/Kjell Kolderup Halvorsen
(30 Plätze), Gamleveien 27,
N-3190 Horten, Tel. 033 - 41 431

12 Åsgårdstrand Havn (60 Plätze), Postboks 10
N-3190 Horten, Tel. 033 - 44 111

13 Tønsberg Gjestehavn v/Havnekontoret,
(80 Plätze), N. Langgt. 36 B,
N-3100 Tønsberg, Tel. 033 - 18 000

14 Tjøme Båtsenter v/Harman Hay, (15 Pl.)
Sundene, N-3145 Tjøme, Tel. 033 - 92 025

15 Havna v/Geir Solheim, (175 Pl.), Rica Havna Hotel, N-3145 Tjøme, Tel. 033 - 90 802

16 Sandefjord Gjestehavn v/Løreng, (35 Plätze)
Park Hotel, Postboks 175,
N-3201 Sandefjord, Tel. 034 - 65 550

17 Krukehavn, Sandøsund v/Egil Jahre
(30 Plätze)
N-3148 Hvasser, Tel. 033 - 93 289

18 Stavern Marina v/Styrker Danielsen (25 Pl.)
N-3290 Stavern, Tel. 034 - 99 105

18 Stavern Havn v/Larvik Havnevesen,
(60 Plätze) Havnegt. 5,
N-3250 Larvik, Tel. 034 - 86 000

19 Langesund v/ Havnesenteret, (35 Plätze)
Postboks 20, N-3971 Langesund, Tel. 03 - 973109

20 Porsgrunn Gjestebrygge (20 Plätze)
v/Havnevesenet, Postboks 20,
N-3951 Brevik, Tel. 03 - 57 10 80

21 Kviteseid, Telemarkskanalen (30 Plätze)
v/Kommuneingeniøren
N-3850 Kviteseid, Tel. 036 - 53 111

22 Lastein Båthavn, Telemarkskanalen
(28 Plätze) N-3880 Dalen

23 Kirkebukta v/Havnevesenet, (15 Plätze)
Postboks 158, N-3771 Kragerø, Tel. 03 - 98 17 50

24 Risør Gjestebrygge v/ Sigbjørn Bråtane (50 Pl.)
N-4950 Risør, Tel. 041 - 50 081

25 Sørlandet Camp. og Fritidssenter (30 Plätze)
v/Ole Martin Sandnes
N-4950 Risør, Tel. 041 - 54 080

26 Tvedestrand v/Einar Gundersen, (35 Plätze)
Skibhiev 27, N-4900 Tvedestrand,
Tel. 041 - 62 221

27 Pollen v/Havnekontoret, (160 Plätze)
Postboks 33, N-4801 Arendal, Tel. 041 - 22 980

28 Bagatell Camping v/T. Ravnaas (15 Plätze)
N-4870 Fevik, Tel. 041 - 47 467

29 Grimstad Gjestehavn, v/Havnevesenet,
(30 Plätze) N-4890 Grimstad, Tel. 041 - 40 593

30 Lillesand v/Havnefogden, (55 Plätze)
Postboks 95, N-4790 Lillesand, Tel. 041 - 70 033

31 Kristiansand v/Havnevesenet, (80 Plätze)
Postboks 3, N-4601 Kristiansand S.,
Tel. 042 - 29 552

32 Sjøsanden Marina v/Lars K. Hille (50 Plätze)
N-4500 Mandal, Tel. 043 - 61 545

33 Tregde Marina v/Petter Backstrøm
(60 Plätze), N-4500 Mandal, Tel. 043 - 68 630

34 Furuholmen Camping v/B. Engervik (30 Pl.)
Haaland, N-4520 Sør-Audnedal, Tel. 043 - 56 598

35 Lauervik / Farsund Båthavn (28 Plätze)
v/Havnekontoret Postboks 102,
N-4551 Farsund, Tel. 043 - 90 060

36 Egersund Gjestehavn v/Steinar Nevland (60 Pl.)
N-4370 Egersund, Tel. 04 - 49 22 46

37 Tananger Gjestehavn v/Havnevesenet,
(40 Plätze) N. Hogstadsv 64,
N-4050 Sola, Tel. 04 - 65 34 00

38 Sandnes v/Havnekontoret, (35 Plätze),
Elvegt. 15, N-4300 Sandnes, Tel. 04 - 66 16 30

39 Eriksholmen v/Trond Aartun (40 Plätze)
N-4170 Stjernarøy, Tel. 04 - 51 04 99

40 Helgøysund v/Daniel Nedrebø (50 Plätze)
N-4174 Helgøysund, Tel. 04 - 51 03 74

41 Haugesund Gjestehavn Smedasundet
(150 Plätze) v/Havnesjefen, Postboks 186,
N-5501 Haugesund, Tel. 04 - 71 47 44

42 Leirvik v/Hamnekontoret (12 Plätze),
Postboks 216, N-5401 Stord, Tel. 054 - 11 211

43 Sagsvåg/Svein Jonassen (15 Plätze)
N-5410 Sagvåg, Tel. 054 - 94 280

44 Uskedal Båtlag v/Johan Sunde (15 Plätze)
N-5463 Uskedalen, Tel. 054 - 86 326

45 Lykkesøyvågen v/Ole Jacob Albrethson
(30 Plätze) N-5470 Rosendal, Tel. 054 - 81 311

46 Rosendal Fjordhotell v/A. Havnerås
(50 Plätze), N-5470 Rosendal, Tel. 054 - 81 511

47 Vågsbunnen v/Havnevesenet (75 Plätze)
Slottsgt. 1, N-5003 Bergen, Tel. 05 - 31 64 00

48 Eivindvik v/Per Sandal (30 Plätze)
N-5966 Eivindvik, Tel. 057 - 84 132

49 Florø Gjestebrygge v/Peder Pedersen
(20 Plätze), N-6900 Florø, Tel. 057 - 43 297

50 Selje Hotel (15 Plätze)
N-6740 Selje, Tel. 057 - 56 107

51 Volda Hamn v/Alfred Meek, (15 Plätze)
Porsemyrvn. 3, N-6100 Volda, Tel. 070 - 76 975

52 Fosnavåg v/Teknisk Etat (20 Plätze)
N-6090 Fosnavåg, Tel. 070 - 88 114

53 Viken Småbåthavn, Fjorå v/Jon Ole Viken
(20 Plätze) N-6210 Valldal, Tel. 071 - 57 777

54 Hagevika v/Sverre Arvid Oksvik (15 Plätze)
N-6200 Stranda, Tel. 071 - 60 152

55 Bru-Sundet Indre Havn (20 Plätze)
v/K. Møgseter Havnekontoret
N-6000 Ålesund, Tel. 071 - 21 832

56 Reknes v/Havnefogden, (20 Plätze)
Postboks 281, N-6401 Molde, Tel. 072 - 51 860

57 Bud v/Arne Viken (25 Plätze)
6430 Bud, Tel. 072 - 61 054

58 Kristiansund Gjestehavn v/Jacob Hansen,
(30 Plätze) L. Guttormsensgt. 34
N-6500 Kristiansund N., Tel. 073 - 73 675

59 Dolmsund Marina-Camping v/Jon-Birger Brevik, (25 Plätze), N-7250 Melandsjø,
Tel. 074 - 45 030

60 Ørland Marina v/Fritidssenteret A.S.
(25 Plätze) N-7130 Brekstad, Tel. 076 - 24 850

Die Häfen sind in geographischer Reihenfolge von Süd nach Nord geordnet. Ausführliche Informationen bietet der Band »Gästehäfen in Norwegen« (NORTRABOOKS).

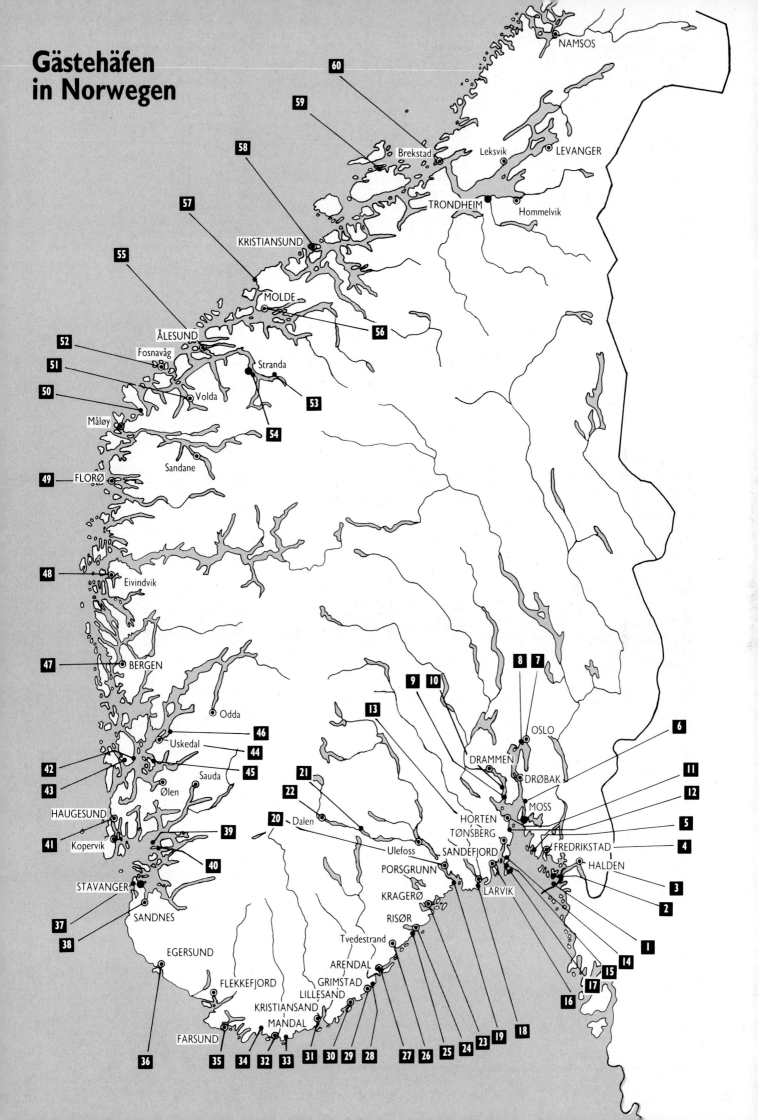

Wassersportverbände:
- Kongelig Norsk Motorbåt-Forbund
  Frognerstranda 2, N-0271 Oslo 2
- Kongelig Norsk Seilerforening (KNS)
  Huk Aveny 3, N-0287 Oslo 2

Weitere Adressen:
Hier finden Sie weitere Adressen kleinerer Gäste-Häfen und Charterfirmen in Norwegen.

Oslo
- Norway Yacht Charter A/S, Skippergt. 8,
  N-0152 Oslo 1, Tel. 02 - 42 64 98/41 43 23
- Kjetil Kversøy, Tel. 02 - 42 43 45
- CMC, Rådhusgt. 2,
  N-0151 Oslo 1, Tel. 02 - 42 36 98

Oppland
- Austli Feriesenter
  N-2622 Svingvoll, Tel. 062 - 28 513
  Bootsverleih

Buskerud
- Oset Høyfjellshotell
  N-3550 Gol, Tel. 067 - 77 920
- Golsfjellet Høyfjellshotell
  N-3550 Gol, Tel. 067 - 77 988

Agder
- Stiftelsen Fullrigg »Sørlandet«, Gravane 2,
  N-4610 Kristiansand S, Tel. 042 - 29 890
  14-tägige Sommertörns in der Nordsee mit Besuch mindestens eines ausländischen Hafens
- Sørlands-Info, Torvgt. 6,
  N-4800 Arendal, Tel. 041 - 22 193
  Der Segler »Ekstrand« und das Schulschiff »Agder« können zu Segeltörns an der Sørlandküste gechartert werden (mit Skipper).

Vestfold
- Turistkontoret, Storgt. 20,
  N-3250 Larvik, Tel. 034 - 82 623
  Segeltouren während der Sommermonate.
- Adventure Travel Båtcharter A/S,
  Søebergkvartalet, Postboks 349,
  N-3201 Sandefjord, Tel. 034 - 62 296
  Verleih von Segelbooten mit oder ohne Mannschaft.

Rogaland
- West Coast Yachting v/Jarle Worre
  Alexander Kiellandsv. 11,
  N-4250 Kopervik, Tel. 04 - 72 68 55/85 21 47
  Verleih von Segelbooten, 30 - 40 Fuß.
- Nordic Charter, Lyder Sagens gt. 8, N-4012 Stavanger, Tel. 04 - 56 79 20
  Verleih von Segelbooten, 30 - 50 Fuß.
- Sealand, N-4040 Stavanger, Tel. 04 - 59 01 46
  Verleih von Segelbooten.
- Andreas Kleppe, Grasholmen,
  N-4020 Stavanger, Tel. 04 - 53 33 90
  Verleih von Segelbooten.
- Finn Stokke, Rogaland Sykehus,
  Arm. Hansensv. 2,
  N-4011 Stavanger, Tel. 04 - 53 10 70
  Verleih von Segelbooten, 38 Fuß, Luxusklasse.

Hordaland
- S/S »Catrine«, Perfection, Rosesmuget 2,
  N-5032 Bergen - Sandviken, Tel. 05 - 31 88 99
  S/S »Catrine« ist eine restaurierte »Collin Archer« Schoner von 1933, mit Salon, Kombüse, 2 Kajüten (8 Betten), Naßraum mit Dusche/WC. Das Schiff wird für längere Tagestouren oder Angelfahrten verchartert. Angelausrüstung an Bord, (Leihgebühr). Fjordkreuzfahrten auf dem Hardanger- und Sognefjord. Von Mai - September.
- Statsraad Lehmkuhl, Lodin Leppsgt. 2,
  N-5003 Bergen, Tel. 05 - 32 25 86
  Auch mit Norwegens größtem Rahsegler, der »Statsraad Lehmkuhl«, kann man von Mai bis Oktober Törns machen.
- Hardanger Yacht Sailing, Postboks 132,
  N-5680 Tysnes, Tel. 054 - 31 100 line 240
  Hardanger Yacht Sailing ist ein Verein, der sich auf das Restaurieren alter Jachten spezialisiert hat. In Våge (Tysnes) hat der Verein kleinere Boote und maritime Objekte gesammelt. In alten Fischerschuppen sind Restaurierungs-Workshops sowie Segelausstellungen geplant.
- Fjordseil Yacht Charter, Dolviken, Ytrebygdvn. 37
  N-5060 Søreidgrend, Tel. 05 - 12 46 00
- Nøiten & Hausberg P/R, Gimlebakken 9,
  N-5037 Solheimsvik, Tel. 05 - 20 07 35
  Charter-Segelfrachter M/S »Willy Willy«.
- West Marine Trading A/S, Skuteviksboder 19,
  N-5035 Sandviken, Tel. 05 - 31 25 25
- Westland Boat Pool, Damgårdsvn. 99,
  N-5037 Solheimsvik, Tel. 05 - 34 63 90
- Sarine Marine, N-5350 Brattholmen,
  Sotra, Tel. 05 - 33 26 46
- Norwild Adventure v/Thor Mørklid/Gro Liland,
  N-5600 Norheimsund, Tel. 05 - 55 56 20
  Segelboot-Charter, alte Frachter und Kutter, Collin Archer und Hardangerjacht. Organisierte Segelkreuzfahrten mit Mannschaft auf der »Kristianna« und »Stina Mari«.
- Smedholmen Kyst- og Naturlivsskule
  N-5419 Fitjar, Tel. 054 - 97 432
  Touren mit alten Wikingerseglern.
- Hotell Ullensvang
  N-7574 Lofthus, Tel. 054 - 61 100
  Verleih von Segelbooten.

PANORAMA FJORD CRUISE !

Das Fjordland haben Sie bislang links liegen gelassen, weil Ihnen die Straßen zu kurvenreich und die traditionellen Kreuzfahrten zu langweilig waren?

Mit der neuen Panorama Fjord-Kreuzfahrt von Winge erleben Sie »ein blaues Wunder«. Speziell für Sie bietet der Veranstalter nämlich eine neue, spannende und gleichzeitig höchst komfortable kleine Reise an: Drei Tage lang kreuzen Sie auf dem königlichen Sognefjord bis weit in seine engen Seitenarme hinein. Zwischendurch legen Sie an zu interessanten Landausflügen. Die Nächte verbringen Sie jedoch nicht in engen Kabinen, sondern begeben sich in zwei erstklassige, traditionsreiche Fjordhotels, das Kvikne's Hotel in Balestrand und das Sogndal Hotell im gleichnamigen Ort. Anfangs- und Endpunkt der Panorama Fjord-Kreuzfahrt ist Bergen, die Hauptstadt des Fjordlandes.

Während der Zeit vom 12. Juni bis 28. August bietet Winge diese Tour jeden Montag an - zum Preis von NOK 3.280 (ca. 875,- DM) pro Person im Doppelzimmer einschließlich aller Mahlzeiten und Landausflüge. Zusätzlich gibt es Rabatt für Kinder unter 12 Jahren. Autourlaubern, die zwischendurch einmal Ferien vom fahrbaren Untersatz machen wollen, wird in Bergen ein kostenloser Parkplatz für die Dauer der Reise geboten. Buchen und reservieren können Sie diese Traumreise entweder im voraus über Reisebüro Norden oder - wenn Sie das Fjordfieber plötzlich überfällt - bei den meisten Hotels und Reisebüros direkt in Norwegen.

Weitere Informationen:
Reisebüro Norden GmbH
Ost-West Straße 70
2000 Hamburg
Tel. 040 / 36 32 11

M/S Epos, 120 BRT,
fährt unter norwegischer Flagge

Winge of Scandinavia, Hauptbüro Karl Johansgate 35, Oslo. Tel. 02/41 20 30
Winge Reisebureau, Chr. Michelsensgt. 1-3, Bergen. Tel. 05/32 10 80

Sogn og Fjordane
- Touristeninforamtion in Florø
  N-6900 Florø, Tel. 057 - 42 010
  Segeltouren nach Absprache

Møre og Romsdal
- Svein Flem, N-6533 Kårvåg, Tel. 073 - 12 146
  Der Veteransegler »Framstig« macht Touren von Kristiansund nach Geiranger. Übernachtung in Naturhäfen, Angeln. Alle Teilnehmer können an Bord mitarbeiten.
  Von Kristiansund: 2/7 - nach Geiranger: 8/7
  Von Geiranger: 9/7 - nach Kristiansund: 15/7
  Von Kristiansund: 16/7 - nach Geiranger: 22/7
  Von Geiranger: 23/7 - nach Kristiansund: 29/7
- Ulstein Turistservice A/S, Ulstein Hotell
  N-6065 Ulsteinvik, Tel. 070 - 10 162
  »Wikinger für einen Tag«. Information über das Schiff »Saga Siglar«, Törn zum Küstenmuseum Herøy Gard, geschichtl. Informationen.
- Kåholmen, N-6533 Kårvåg, Tel. 073 - 12 166
  Wochen- und Tagestouren mit dem Segler »Framstig«, 58 Fuß.
- Strømsholmen Sjøsportsenter
  v/Olav Magne Strømsholm,
  N-6494 Vevang, Tel. 072 - 98 174
  Segeltouren.

Trøndelag
- Båtservice A/S
  N-7300 Orkanger, Tel. 074 - 82 230
  Mit M/S »Poseidon« erleben Sie den schönen Schärengarten längs der Trøndelag-Küste. Das Motorschiff hat viel Platz an Deck, gemütliche Salons und eignet sich hervorragend für kleinere Gruppen und Vereine.
- K/S A/S Midnight Sun Charter,
  Olav Tryggvasonsgt. 15,
  N-7011 Trondheim, Tel. 07 - 51 24 09 Verleih von Segelbooten.
- Stiftelsen Pauline, Seilmakergt. 3
  N-7700 Steinkjer, Tel. 077 - 63 233
  Der Küstensegler »Pauline« von 1897 ist der letzte seiner Art. Er kann zu verschiedenen Unternehmungen gechartert werden.

Troms
- Tromsø Yachting klubb, Postboks 60 A
  N-9100 Kvaløysletta, Tel. 083 - 81 530
  Verleih von Segelbooten und Motorseglern.

SOMMERSKI

Ein typisch-norwegisches Erlebnis: an einem warmen Sommertag fährt man mit dem Wagen einige Kilometer vom Badestrand bis in das Gebirge und schnallt dort die Skier an. Slalom- oder Langlaufski wohlgemerkt. Bikini oder Shorts kann man anbehalten.

Nähere Informationen:

Oppland
- Galdhøpiggen Sommarskisenter v/Per Vole
  N-2687 Bøverdalen, Tel. 062 - 12 142
  Gleich neben dem Galdhøpiggen liegt das Galdhøpiggen Sommarskisenter auf dem Veslejuvbreen. 3 Skilifte, mit je 400 m Länge. Insgesamt 1200 m lange Abfahrten, mit einem Höhenunterschied von 220 m. Abfahrtskurse (Info: Kjell Fjeld Tel. 062 - 12 109), Verleih von Ausrüstung (Alpin, Langlauf, Telemarkski und Snowboard). Saison: Anfang Juni bis Mitte Oktober.
- Reisetrafikklaget for Valdres og Jotunheimen,
  Rådhuset, N-2900 Fagernes, Tel. 063 - 60 400
  Skitouren auf Valdresflya bis Mitte Juni.

Hordaland
- Finse Skisenter & Alpinanlegg, Postboks 12,
  N-3590 Finse, Tel. 05 - 52 67 11
  Abhängig vom Schneefall, Oktober bis Mai/Juni. Die höchste Bergstation in Nord-Europa, auf 1450 m. Flutlicht, 850 Meter Länge, 200 m Höhenunterschied, geeignet für nationale Slalommeisterschaften.
- Sommarskisenter Folgefonna,
  Jondal Kommune v/Ordføraren,
  N-5627 Jondal, Tel. 054 - 68 531
  Skilift, Saison von Juni bis August/September.

Sogn og Fjordane
- Strynefjellet Sommarski A/S v/Frode Bakken
  N-6880 Stryn, Tel. 057 - 71 995
  Seit 1988 ist das neue Strynefjellet Sommarski-Zentrum fertig: 975 m Sessellift, 775 m Gletscherlift, 8 Alpinpisten, 30 km Langlaufloipen, »Snøland« Aktivitätengebiet mit Spiel und Spaß für die ganze Familien, Ski- und Rennschule, Telemarkski, Monoski, Freestyle, »Haute Route«, u.v.a. Saison: Mitte Juni bis Mitte August.
- Vargbreen Sommarski A/S v/Terje Tokvam
  N-5745 Aurland, Tel. 056 - 33 200
  30 km präparierte Loipen, Trainingsgletscher für internationale Profis, Mitte Juni - Mitte August.

Nordland
- Rana Turistkontor v/Liss Steinbekk
  N-8600 Mo i Rana, Tel. 087 - 50 421
  Sommerski auf dem Okstindbre und Høgtuvbre.

Nur wenige Kilometer vom Badestrand zum Skigebiet

SURFEN

Auch in Norwegen gewinnt das Brettsegeln immer mehr Freunde. Das Land mit seinen Seen, der mehrere tausend Kilometer langen Küste mit zahlreichen Buchten und dem Schärengebiet eignet sich hervorragend für diese Sportart. An zahlreichen Stränden, Hotels und Campingplätzen kann man Surfausrüstung (»seilbrett«) leihen, auch Kurse, Regatten und spezielle Arrangements werden im Sommer veranstaltet, so z.B. von:

Oslo
- Sea-Sport Windsurfingcenter, Bygdøy Allé 60 A,
  N-0265 Oslo 2, Tel. 02 - 44 79 28
  Verleih von Ausrüstung.

Østfold
Adressen über die örtlichen Touristenbüros.

Oppland
Adressen über die örtlichen Touristenbüros.

Vestfold
- Petterson, Tønsberg Seilbrettskole
  N-3100 Tønsberg, Tel. 033 - 28 460

Telemark
- Kragerø UH og Maritime Leirskole,
  Lovisenbergv. 20,
  N-3770 Kragerø, Tel. 03 - 98 18 66
  Verleih von »Defour-Brettern«, Unterricht.
- Fyresdal Turisthotell
  N-3870 Fyresdal, Tel. 036 - 41 255
  Verleih von »Aftenposten-Brettern«, Anzüge und Ausrüstung.
- Rauland Alpin Appartementshotell
  N-3864 Rauland, Tel. 036 - 73 555
  Windsurfing auf dem Totak zusammen mit Sommerski in Haukeli.
- Straand Hotell
  N-3853 Vrådal, Tel. 036 - 56 100
  Verleih von Brettern, Unterricht.

Agder
- Sørlands-Info, Torvgt. 6
  N-4800 Arendal, Tel. 041 - 22 193
- G-Sport Hauge A/S, Henrik Wergelandsgt. 20,
  N-4612 Kristiansand S., Tel. 042 - 29 414
  Surfkurs in Hamresanden.
- Blomberg Sport, Kongensgt. 8,
  N-4600 Kristiansand S., Tel. 042 - 21 709
- Dvergnestangen Camping, Tel. 042 - 47 155
- Rosfjord Apt. Hotel
  N-4580 Lyngdal, Tel. 043 - 43 700
- Åros Motell Camp
  N-4640 Søgne, Tel. 042 - 66 411

Rogaland
- Karmøy Reiselivslag
  N-4250 Kopervik, Tel. 04 - 85 22 00
- Stavanger Reiselivslag, Postboks 11,
  N-4001 Stavanger, Tel. 04 - 53 51 00
- Stavanger Surfsenter, Paradisvn. 33,
  N-4000 Stavanger, Tel. 04 - 52 31 08
  Verleih von Ausrüstung, Kurse.
- A/S Sjø og Land v/Erik Astad, Faahadlet,
  N-4160 Judaberg, Tel. 04 - 51 25 81
  Kontaktperson: Olav Reilstad, Tel. 04 - 51 24 29

Hordaland
- BT Brettseilerskole, Nygårdsgt. 5/11,
  N-5015 Bergen, Tel. 05 - 21 45 00 2-tägiger Surfkurs im Sommer.
  Verleih von Ausrüstung und Brettern auf Anfrage.

Sogn og Fjordane
- Gloppen Eventyret v/Jørn Holst Kristiansen,
  Postboks 223,
  N-6860 Sandane, Tel. 057 - 66 100
  Verleih von Surfbrettern.
- Selje Sjøsportsenter v/Trond Sætren,
  N-6740 Sandane, Tel. 057 - 56 606
  Verleih von Surfbrettern, Anzügen und sonstiger Ausrüstung.
- Hotel Mundal
  N-5855 Fjærland, Tel. 056 - 93 101
  Verleih von Surfbrettern.
- Kviknes Hotell
  N-5850 Balestrand, Tel. 056 - 91 101
- Måløy Sport
  N-6700 Måløy, Tel. 057 - 51 600
- Stongfjorden Surfing og Vannski
  N-6790 Stongfjorden, Tel. 057 - 31 783
- Flora Reiselivslag, Postboks 219,
  N-6901 Florø, Tel. 057 - 42 010/43 166
- S-Sport
  N-6800 Stryn, Tel. 057 - 71 965

Trøndelag
- Øysand Camping ved Trondheim
  Dolmsundet Marina
  N-7250 Melandsjø, Hitra, Tel. 074 - 45 979
  Brettverleih.

TAUCHEN

Sporttaucher finden in Norwegen ungeahnte Möglichkeiten. Im gesamten Küsten- und Schärengebiet liegen zahlreiche Taucherzentren (»Dykkersenter«), die Kurse organisieren, Ausrüstungen verleihen und oft auch Unterkunftsmöglichkeiten bieten. Für ausländische Sporttaucher gelten im Prinzip dieselben Regeln wie für Norweger. Allerdings dürfen Ausländer nur in Begleitung eines Norwegers von Booten aus tauchen. Luftflaschen müssen alle 2 Jahre auf ihre Sicherheit überprüft werden. Für eigene Luftflaschen muß ein Zertifikat mitgebracht werden, um sie auffüllen lassen zu können.

Surfer finden fast überall in Norwegen optimale Bedingungen vor

Dachverband:
- Norges Dykkerforbund
  Hauger Skolevei
  N-1251 Rud
  Tel. 02-51 88 00

Hier die Adressen in den einzelnen Bezirken:

Oslo
- Dykkerreise, Postboks 395 Sentrum,
  N-0152 Oslo 1, Tel. 02 - 41 10 60
  Hütten, kostenloses Nachfüllen und Verleih von Flaschen und Bleigürtel. Sporttaucherkurse, Schwimmbad. Veranstaltet auch Taucherreisen.
- Oslo Froskemannsskole, Tollbugt. 4,
  N-0152 Oslo 1, Tel. 02 - 41 50 91
- Tema Froskemannskole, Storgt. 37,
  N-0182 Oslo 1, Tel. 02 - 60 03 79

Akershus
- Sub Aqua Dykkerskole & Aqua-Sport A/S
  N-1458 Fjellstrand, Tel. 02 - 91 97 30

Buskerud
- Drammen Dykkerklubb, v/Trond B. Hansen,
  Scania E-18 A/S, Lierstranda 93,
  N-3400 Lier, Tel. 03 - 84 01 66
- Drammen Sportsdykkere
  v/Odd Åge Lid, Postboks 210,
  N-3001 Drammen, Tel 03 - 83 88 70
- Hallingdal Dykkerklubb, v/Oddvar Oland,
  N-3570 Torpo, Tel. 067 - 83 229

Vestfold
- Vestfold Froskemannsenter, Farmannsvn. 37, N-3100 Tønsberg, Tel. 033 - 14 513
  Wochenkurs für Anfänger. 2-3 Tageskurse für Fortgeschrittene, Spezialkurs für Nachttauchen, Rettungskurs, Ausrüstungsverleih.

Agder
- Risøya Folkehøyskole
  N-4912 Gjeving, Tel. 041 - 66 333
- Hegner Dykkerservice, Riggen 22 c,
  N-4950 Risør, Tel. 041 - 52 140
- Norwegian Diving Senter
  N-4990 Søndeled, Tel. 041 - 54 695
- Korshamn Rorbuer,
  N-4586 Korshamn, Tel. 043 - 47 233
- Nordykk A/S, Markensgt. 41,
  N-4612 Kristiansand S., Tel. 042 - 25 124
  Tauchkurs mit internationalem Zertifikatsabschluß, Werkstatt, Verkauf von Ausrüstung, Surfbretter, Wasserski.
- Kristiansand Froskemannskole, Kristian IV's gt. 7,
  N-4612 Kristiansand S., Tel. 042 - 22 100
  Tauchkurs mit internationalem Zertifikatsabschluß, Werkstatt, Druckprüfung für Flaschen.

Rogaland
- Ryvarden Dykkerklubb, Ryvarden Fyr,
  N-5500 Haugesund, Tel. 04 - 72 77 77
- Haugesund Sportsdykkere, Tonjer Fyr,
  N-5500 Haugesund, Tel. 04 - 72 77 77
- Siddis Dykkerskole
  N-4174 Helgøysund, Tel. 04 - 53 32 97
  Alle Veranstalter verleihen Ausrüstungen.

Hordaland
- Bergen Froskemannsenter / -skole, L. Sagensgt. 12
  N-5008 Bergen, Tel. 05 - 32 62 07 / 32 47 75
  Tauchkurse werden von Zeit zu Zeit angeboten, Verleih von Ausrüstung.
- Fedje Sportsdykkerklubb v/M. Gullaksen,
  N-5133 Fedje, Tel. 05 - 36 80 95
  Eigenes Tauchboot zur Verfügung.

Sogn og Fjordane
- Vestro A/S, Postboks 109,
  N-6701 Måløy, Tel. 057 - 54 510

- Kjell Beitveit,
  N-6750 Stadlandet, Tel. 057 - 57 263
  Taucherzentrum für Sporttaucher mit kompletter Ausrüstung, Boote und Fischerhütten.
- Flora Reiselivslag, Postboks 219,
  N-6901 Florø, Tel. 057 - 42 010 / 43 166
  Tauchen in den Schären nach Absprache.
- Selje Sjøsportsenter v/Trond Sætren,
  N-6740 Selje, Tel. 057 - 56 606
  Verleih von Taucherausrüstung.
- Måløy Undervassteknikk v/Kristin Lillebø,
  Gate 1 nr. 24,
  N-6700 Måløy, Tel. 057 - 50 488
  Ausrüstungsverleih, Service, Flaschenauffüllung.

Møre og Romsdal
- Atlantic Undervannsklubb,
  Politim. Bendixensgt. 14/16,
  N-6500 Kristiansund N., Tel. 073 - 73 066
  Tauchen, Tauchtouren, Treffen.
- Kristiansund Dykkerklubb
  v/Øivind Giske, Postboks 293,
  N-6500 Kristiansund N., Tel. 073 - 77 190
  Schnorcheltauchen, Flaschentauchen, Unterwasser-Rugby, Unterwasser-Foto, Training in der Schwimmhalle, Touren.
- Barmanns Dykkesenter, Postboks 201,
  N-6501 Kristiansund N., Tel. 073 - 71 649
  Übernachtung, Ausrüstung, Werkstatt, Boote.
- Strømsholmen Sjøsportsenter
  v/Olav Magne Strømsholm
  N-6494 Vevang, Tel. 072 - 98 174
  Kompressor, Wasch- und Trockenraum, Bootsverleih, Spezialität: Wintertauchen, Viele Wracks an der Küste. Tauchtouren mit Guide, Meeresangel- und Segeltouren.
- Kråknakken Dykke- & Havfiskesenter, Averøy,
  N-6550 Bremsnes, Tel. 073 - 11 732

Reiterferien bei Venabu

Das Gudbrandsdal:

Hier tummelte sich einst Peer Gynt

Von der neuen Olympiastadt Lillehammer erstreckt sich über hunderte von Kilometern das Gudbrandsdal gen Norden. »Landschaftlich einmalig«, konstatiert der Autotourist, auch wenn er brav der E 6 folgt. Aber steigen Sie ruhig mal aus und entdecken dieses Gebiet aktiv! Zum Beispiel im »kulturaktiven« **Lillehammer**: Alte Handwerkstechniken wie Töpfern, Weben, Bierbrauen und Schmieden kann man im Freilichtmuseum Maihaugen aus nächster Nähe betrachten. Mit dem »Veteranbuss« geht's dann weiter ins Oldtimer Museum. Am Abend wird der Gourmet in Lillehammers Restaurantszene aktiv.

Die Nachbarkommune **Øyer** lädt ein zur wöchentlichen Elchsafarie. (Bitte nicht schießen!). Tags darauf geht's auf die Digeråsen Alm; dort führen die Senner echt norwegische Käseherstellung vor. Im Øyerfjell sowie im Gudbrandsdalslaag kann man herrliche Bergforellen angeln. Rund um Øyer werden geführte Touren angeboten, mit u.a. Museumsbesuch, Besichtigung von Sehenswürdigkeiten, Natur- und Kulturerlebnisse.

Aktiv durch **Ringebu**: Dazu gehört zunächst der Besuch der Stabkirche und des Gullhaugen Setermuseums. Weitere interessante Touren werden vom örtlichen Touristenbüro organisiert. »Rentierbeobachtung und Geologie der Eiszeit« im Ringebufjell, einmalige Wanderungen, Reiten, Radtouren, Kanu und Orientierungslauf. Und natürlich gibt es auch hier - wie überall im Gudbrandsdal - hervorragende Angelmöglichkeiten.

In **Rondane** wurde 1962 ein Nationalpark eröffnet. Tips und Routenskizzen für Fjelltouren erhält man im Touristenbüro von Otta. Riverrafting und Paddeln auf der Sjoa bietet die Kommune **Sel** in Nord-Gudbrandsdal an.

Führungen durch Heidal (alte Höfe, Kirche und Kapelle). Ferien auf dem Bauernhof. Wo leben Moschus, Ren und Elch? Ist Dombås ein geeigneter Ausgangspunkt für Rundtouren? Wer vermietet Fjellhütten? Wo kann man unter Naturschutz stehende Vögel beobachten? Auf alle Fragen erteilt das neue Info-Center Dombås ausführliche Auskünfte, wenn Sie das **Dovrefjell** erkunden wollen.

Zu guter Letzt **Lesja-Bjorli**: Am westlichen Rand des Dovrefjells entsteht zur Zeit eine komfortable Hüttenanlage, deren Ferienwohnungen teils zum Verkauf, teils zum Mieten angeboten werden. Die ersten sind ab Ostern 89 bezugsfertig. Nähere Auskünfte erteilt gern das örtliche Touristenbüro.

Destinasjon Lillehammer Jernbanetorget N-2600 Lillehammer Tel. 062 - 59 299	Dovre Reiselivslag Postboks 153 N-2660 Dombås Tel. 062 - 41 444 Fax 062 - 41 767
Øyer Turistinformasjon N-2636 Øyer Tel. 062 - 78 950 Fax 062 - 78 050	Bjorli Utbyggingsselskap Postboks 193 N-2669 Bjorli Tel. 062 - 43 422
Sel-Rondane Reiselivslag Touristenbüro Nygata 5 N-2670 Otta Tel. 062 - 30 244 Telex 71 954 turo n	Ringebu Reiseliv Touristenbüro Postboks 27 N-2630 Ringebu Tel. 062 - 86 533 Fax 062 - 81 027

- Stavnes Dykkersenter, Averøy,
  N-6550 Bremsnes, Tel. 073 - 11 572
  Kompressor, Kanus, Surfbretter, Taucherausrüstung, Boote, Übernachtung.
- Molde Dykkersenter A/S,
  v/Roar Lervik, Strandgt. 7,
  N-6400 Molde, Tel. 072 - 56 925
  Organisierte Tauchtouren.
- Ulstein Turistservice A/S
  Ulstein Hotell A/S v/Steinar Sivertsen Kulen
  N-6065 Ulsteinvik, Tel. 070 - 10 162
  Viele Wracks, nach denen man tauchen kann, sowie organisierte Aufenthalte speziell für Taucher.
  Kompressor, Boote. Verleih von Taucherflaschen und Blei.

Trøndelag
- Fosen Fjord Hotel,
  N-7170 Åfjord, Tel. 076 - 31 421
- Dolmsundet Marina og Camping
  N-7250 Melandsjø, Hitra, Tel. 074 - 45 979
  Sporttauchen, organisierte Touren.
- Havsport A/S, Kjøpmannsgt. 41,
  N-7011 Trondheim, Tel. 07 - 51 19 16

Nordland
- Lofoten Reiselivslag, Postboks 210,
  N-8301 Svolvær, Tel. 088 - 71 053
- Polarsirkelen Reiselivslag, Postboks 225,
  N-8601 Mo i Rana, Tel. 087 - 50 421
- Narvik Reiselivslag, Postboks 318,
  N-8501 Narvik, Tel. 082 - 43 309
- Sør-Helgeland Reiselivslag, Postboks 315,
  N-8901 Brønnøysund, Tel. 086 - 21 688

Troms
- A/S Teamdykk, Ringvn. 200,
  N-9000 Tromsø, Tel. 083 - 73 511
  Verleih von Ausrüstungen.
- Uvitek A/S, Postboks 5253
  N-9020 Tromsdalen, Tel. 083 - 30 611
- Dykkersenteret, Hansjordnesgt. 12,
  N-9000 Tromsø, Tel. 083 - 57 915
- Harstad Sportsdykkerklubb v/Rikard Mathisen
  N-9400 Harstad, Tel. 082 - 61 374

Finnmark
- Havøysund Hotell
  N-9690 Havøysund, Tel. 084 - 23 103

TENNIS

Zahlreiche Hotels besitzen eigene Tennisplätze, teils überdacht, teils im Freien. Während der Sommersaison arrangieren einige Hotels auch Kurse. Genaueres erfährt man über:
- Norges Tennisforbund, Hauger Skolevei 1,
  N-1351 Rud, Tel. 02 - 51 88 00

TRABSPORT

Der Trabsport in Norwegen hat lange Traditionen. Der Sport wird überwiegend mit zwei Pferderassen bestritten, die gleichwertig vertreten sind. Als »rein norwegisch« gelten die Kaltbluttraber, während die Warmbluttraber meist amerikanischer Abstammung sind.

Der norwegische Trabsport ist nicht zuletzt ein wichtiger »Wirtschaftszweig«, in dem rund 3.500 Personen einen Arbeitsplatz finden. Daneben kommt ihm in der Pferdezucht auch eine kulturfördernde Aufgabe zu. Auf den derzeit zehn norwegischen Trabrennbahnen kann man spannende Rennen verfolgen. Im Laufe der neunziger Jahre wird sogar Nordnorwegen eine Trabrennbahn erhalten.

Die norwegischen Trabrennbahnen:
- Bjerke Travbane. Hauptarena des Norw. Trabsports. Im nördlichen Stadtgebiet von Oslo. Rennen: mittwochs im Sommerhalbjahr. Sonst: Mittwoch und Sonntag
- Biri Travbane. Am Binnensee Mjøsa zwischen Gjøvik und Lillehammer. Rennen: jeden Freitag und vereinzelt sonntags.
- Momarken Travbane. Bei Mysen in Østfold. Rennen: montags und vereinzelt sonntags.
- Drammen Travbane. Stadtteil Åssiden. Rennen: dienstags und vereinzelt sonntags.
- Jarsberg Travbane. Rekordbahn von Tønsberg. Rennen: freitags und sonntags im Juli
- Klosterskogen Travbane. Bei Skien. Rennen: donnerstags.
- Sørlandets Travpark. Gegenüber dem Dyreparken (Zoo) zwischen Grimstad und Kristiansand. Rennen: montags, gelegentlich auch sonntags.
- Forus Travbane. In Rogaland Nähe Stavanger. Rennen: dienstags, gelegentlich am Wochenende.
- Bergen Travpark. Stadtteil Åsane. Rennen: donnerstags, gelegentlich am Wochenende.
- Leangen Travbane. Trondheim. Rennen: montags, gelegentlich am Wochenende.

WASSERSKI

Informationen erhalten Sie über:
- Norges Vannskiforbund, Hauger Skolevei 1,
  N-1351 Rud, Tel. 02 - 51 88 00

Østfold
Adressen über die örtlichen Touristenbüros.
- Halden Turistkontor, Postboks 167
  N-1751 Halden, 09 - 18 24 87
- Moss Turistinformasjon, Chrystiesgt. 3
  N-1500 Moss, Tel. 09 - 25 54 51

Aktivferien in den Lyngsalpen

Aktivurlaub in Nordnorwegen

»Lyngen Adventure« nennt sich das Veranstalterteam, das auf der Lyngenhalbinsel, 70 km östlich von Tromsø, seinen Sitz hat. Von dort aus bieten die Veranstalter erlebnisreiche Aktivtouren in Nordnorwegen von den Lofoten bis zur Finnmarksvidda an. Für 1989 sind folgende Touren geplant:

- »Wintererlebnisse«: Skitour mit einem Hundeschlittengespann in den Lyngsalpen, Januar - April, 5 Tage, DM 1425,-
- Rentierschlitten-Tour in der Finnmarksvidda. Januar - April, 4-5 Tage, DM 1225,- / 1424,-
- Langlauftour mit Schlittenhunden in Indre Troms, April, 8 Tage, DM 1650,-
- Exklusiv: Abenteuerwoche in und um die Lyngsalpen
  Juli - August, 7 Tage, DM 2085,-
- Lofotenerlebnisse: Rorbu (Fischerhütte) Angeln, Walbeobachtung, Juni - Juli - August, 5 Tage, ab DM 1225,-
- Wandertour in Indre Troms
  Juni - Juli - August, 7 Tage, DM 1425,-

Alle Touren führen durch die abwechslungsreiche nordnorwegische Natur. Wilde Fjellgebiete, leicht zugängliche Talzüge, Hochebenen mit fischreichen Gewässern und Fjorden. Ortskundige, erfahrene Führer begleiten jede Tour, auf der alle Teilnehmer die einzigartige, unberührte Natur entdecken können, während der Sommermonate sogar mit taghellem Licht rund um die Uhr.

Nord-Reiser A.S.
Lyngen Adventure A.S.
N-9060 Lyngseidet
Tel. 089 - 10 508
Telefax 089 - 10 690
Buchungen in der Bundesrepublik über:
Natur und Wildnis-Reisen GmbH
Daimlerstraße 3
7254 Hemmingen
Tel. 07150 - 20 29
Telefax 07150 - 81 976
und
Odd H. Andreassen
Wallstraße 10
4220 Dinslaken
Tel. 02134 - 55 396

Vestfold
- Rica Havna Hotell og Skjærgårdspark
  N-3145 Tjøme, Tel. 033 - 90 802
- Kvelde Vannskiklubb, Tom Hvaara, Postboks 77
  N-3272 Kvelde, Tel. 034 - 88 688

Telemark
- Skien Vannskiklubb, Postboks 344,
  N-3701 Skien

Agder
- Kuholmen Marina v/Roligheden Camping
  N-4632 Kristiansand, Tel. 042 - 96 635

Sogn og Fjordane
- Selje Sjøsportsenter v/Trond Sætren,
  N-6740 Selje, Tel. 057 - 56 606
  Verleih von Ausrüstung
- Kviknes Hotell,
  N-5850 Balestrand, Tel. 056 - 91 101
- Måløy Sport, N-6700 Måløy, Tel. 057 - 51 600
- Stongfjorden Surfing og Vannski
  N-6790 Stongfjorden, Tel. 057 - 31 783
- Flora Reiselivslag, Postboks 219, N-6901 Florø,
  Tel. 057 - 42 010/43 166
- Hotel Alexandra, N-6867 Loen, Tel. 057 - 77 660

Trøndelag
- Dolmsundet Marina
  N-7250 Melandsjø, Hitra, Tel. 074 - 45 979

WILDNIS-FERIEN

Oslo
- Kim-Camp Nordic Safari v/K.I. Mork,
  Touristeninformation,
  N-0037 Rådhuset, Oslo 1, Tel. 02 - 42 71 70

Akershus
- Artemis Norw. Wildlife Experience,
  v/P. Morken, Stangeskovene,
  N-1933 Lierfoss, Tel. 06 - 86 58 44

Oppland
- Norsk Fjellferie A/S
  N-2680 Vågåmo, Tel. 062 - 37 880
- Beitostølen Aktiv v/Morten Steinsrud,
  N-2953 Beitostølen, Tel. 063 - 41 360

Buskerud
- Norefjell Aktiv Ferie/Sommerleir v/Olav Golberg,
  N-3516 Noresund, Tel. 067 - 46 269

Agder
- Triangel Villmarkskole
  N-4695 Hovden i Setesdal, Tel. 043 - 39 501
- Hovden Ferie Service A/S N-4695 Hovden i Setesdal, Tel. 043 - 39 630

Hordaland
- Norwild Adventure v/Thor Mørklid/Gro Liland,
  N-5600 Norheimsund, Tel. 05 - 55 56 20
- Smedholmen kyst- og Naturlivsskule
  N-5419 Fitjar, Tel. 054 - 97 432
- Finse 1222, Postboks 12,
  N-3590 Finse, Tel. 05 - 52 67 11

Sogn og Fjordane
- Gloppen Eventyret
  v/Jørn Holst Kristiansen, Postboks 223,
  N-6860 Sandane, Tel. 057 - 66 100

Møre og Romsdal
- AAK Fjellsportsenter, Postboks 238,
  N-6301 Åndalsnes, Tel. 072 - 22 570

Trøndelag
- Stølsvang Turistgård
  N-7340 Oppdal, Tel. 074 - 25 418
- Oppdal Turistkontor
  N-7341 Oppdal, Tel. 074 - 21 760

- Væktarstua Turistsenter
  N-7590 Tydal, Tel. 07 - 81 46 10
- Namsskogan Familiepark, Trones Kro og Motell
  N-7896 Brekkvasselv, Tel. 077 - 34 935

Troms
- Norw. Activities / Tour & Adventure, v/J. Stirner
  N-9454 Ånstad, Tel. 082 - 97 257
- Nord-Reiser A/S, Postboks 6,
  N-9060 Lyngseidet, Tel. 089 - 10 508
- Espne's Reiser A/S, Postboks 57,
  N-9250 Bardu, Tel. 089 - 81 211
- Lyngen Adventure A/S
  N-9060 Lyngseidet, Tel. 083 - 86 390

Finnmark
- Finnmark Feriesenter A/S, Postboks 45,
  N-9730 Karasjok, Tel. 084 - 66 902
- Levajokk Fjellstue
  N-9826 Sirma, Tel. 085 - 28 764
- Robert Pettersen Turbusser, Postboks 2196,
  N-9501 Alta, Tel. 084 - 30 908
- Finnmark Reisebyrå A/S, Postboks 295,
  N-9601 Hammerfest, Tel. 084 - 12 088
- Overlevningsskolen, Schulstad Adventures,
  Stabbursdalen, N-9710 Indre Billefjord
- Finnmark Leirskole & Aktivitetssenter,
  Øksfjordbotn,
  N-9545 Bognelv, Tel. 084 - 32 644

Kaffee kochen am Lagerfeuer. Was man hier nur aus der Zigarettenwerbung kennt, wird in Norwegen zum wirklichen Erlebnis.

Souvenirs, Souvenirs

»Made in Norway« bürgt für Qualität

Natürlich bevölkern sie die Andenkenläden, die Gummielche und Plastiktrolle, die Schlüsselanhänger mit »Welcome to Norway«, aber »Made in Hongkong«. Doch das sind Souvenirs, die es inzwischen überall gibt und die nicht unbedingt typisch norwegisch sind. »Made in Norway« hingegen birgt für Qualität.

Zum Beispiel Glas aus Norwegen. Hier wird seit dem vorigen Jahrhundert ein leicht graugetöntes Glas hergestellt (Magnor, Randsfjord, Hadeland). Diese Färbung existiert bis heute und eignet sich besonders für etwas kräftigere, rustikale Gläser.

Außer verschiedenen Trinkgläsern werden Figuren, Vasen, Schalen usw. gefertigt, Glasgegenstände, die durch ihre schlichte Eleganz bestechen.

Weitere Möglichkeiten, Ihren Tisch zu verschönern, haben Sie mit norwegischem Besteck und Porzellan (Norstaal, Porsgrund). Dem Design der Gegenstände ist Norwegens bäuerliche Tradition anzusehen. Klassische und rustikale Formen überwiegen, sowie ein ausgeprägter Sinn für das Funktionale und Praktische.

Überhaupt praktisch. So kann man auch die Kleidung aus dem hohen Norden bezeichnen. Demjenigen, der sich im Winter warm anziehen will oder das ganze Jahr über Wert auf funktionelle Kleidung legt, empfehlen wir norwegische Textilien. Zum Beispiel Strickjacken, Pullover, Schals, Handschuhe, Socken und andere Wollprodukte in typisch norwegischem Design, auch bekannt als »Norweger-Muster«.

Mode aus Norwegen hat inzwischen auch internationale Anerkennung gewonnen (Per Spook, Norrøna). Vor allem Sport- und Freizeitbekleidung oder auch Ausrüstung für die unterschiedlichsten Freiluftaktivitäten erfreuen sich immer größerer Beliebtheit: Zelte, Schlafsäcke, Gummistiefel oder gar ein ganzer Regenanzug (Ajungilak, Helly Hansen). Alles ist bestens verarbeitet, denn es muß sich im rauhen Klima des hohen Nordens zuverlässig bewehren und wird auch im eigenen Land gute Dienste leisten.

Kommt Ihnen Schmuck in den Sinn, wenn Sie an Norwegen denken? Vielleicht nicht unbedingt, dabei ist zum Beispiel das Silber und der daraus gefertigte Schmuck aus dem Setesdal weltberühmt.

Ein wertvolles Material ist auch Zinn, meist verarbeitet zu Haushaltsgegenständen oder Kunstgewerblichem, zum Beispiel Kerzenleuchter. Norwegisches Zinn ist rein und nicht mit Blei vermischt, deshalb können Sie Zinnteller ohne weiteres als Eßgschirr nutzen.

Unerwähnt blieben bisher die unzähligen kostenlosen Reiseandenken von oft unschätzbarem Wert: Muscheln vom Strand auf den Lofoten, ein besonders schöngeformter Stein als Erinnerung an eine Bergwanderung oder getrocknete Gräser, Blumen, Moose ... auch das, typisch norwegisch.

GÜNSTIG EINKAUFEN

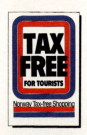

Weitere Informationen:
Norway Tax-free Shopping A/S,
Postboks 176,
Fjordveien 1
N-1322 Høvik,
Tel. 02 - 59 26 50

Die meisten Norwegen-Urlauber bringen von einer Reise in den Norden nicht nur unvergeßliche Landschaftseindrücke mit, sondern auch - Souvenirs: echte norwegische Stricksachen, Silberschmuck, Ziergegenstände aus Zinn oder Holz, Keramikprodukte und Handarbeitswaren. Wir wollen Ihnen hier verraten, wie Sie beim Einkaufen einen beachtlichen Rabatt auf die Ladenpreise erhalten können.

Diesen »Rabatt« gewähren Ihnen die norwegischen Finanzbehörden, wer würde da nicht begeistert mitmachen? Dazu müssen Sie wissen, daß man in Norwegen für alles, was man kauft, Mehrwertsteuer bezahlen muß. Dies ist eigentlich wie bei uns zu Hause - nur daß wir diese Steuern zurückerstattet bekommen können. Die Mehrwertsteuer, norwegisch »moms«, ist in die Preise der Geschäfte bereits eingerechnet. Sie macht 16,67 % des Endpreises aus. Wenn Sie nun die gekauften Waren unbenutzt aus Norwegen ausführen, dann erhalten Sie die entrichtete Steuer zurück. Das geschieht in Form von Bargeld, auch wenn Sie per Kreditkarte gezahlt haben. Die Rückerstattungsprozedur ist dabei denkbar unbürokratisch. Ohne lange Warterei werden Ihnen auf den Flughäfen, an Bord der Fähren und an allen größeren Grenzübergängen nach Abzug einer Bearbeitungsgebühr 10 - 14 % des Ladenpreises rückvergütet. Der genaue Prozentsatz ist abhängig von der Gesamtsumme - je nach Größe Ihres Einkaufs können Sie eine beachtliche Summe sparen.

2.500 Geschäfte in Norwegen sind dem Tax-free-System angeschlossen. Sie sind leicht an dem Schild zu erkennen, das neben dem Eingang (und auch auf dieser Seite) angebracht ist. Wenn Sie dort Waren für mehr als 300 Kronen kaufen, stellt man Ihnen einen Tax-free-Shopping-Scheck über den Mehrwertsteuerbetrag aus. Da nur Personen, die außerhalb Skandinaviens ansässig sind, in den Genuß der »moms«-Rückvergütung gelangen können, müssen Sie stets Ihren Paß oder Personalausweis vorlegen. Bitte beachten Sie unbedingt, daß Waren, für die Mehrwertsteuer vergütet wird, nicht vor der Ausreise in Gebrauch genommen werden dürfen. Außerdem müssen diese Waren spätestens 4 Wochen nach dem Kauf das Land verlassen haben. Diese Frist kann nur dann ausnahmsweise verlängert werden, wenn besondere Umstände vorliegen. Alle gekauften Dinge müssen zusammen mit dem jeweiligen Scheck (Rückseite ausfüllen!) an dem Tax-free-Schalter vorgelegt werden - der Zoll ist hierfür nicht zuständig.

Alles in allem ist das Tax-free-System eine äußerst touristenfreundliche Einrichtung: schließlich trägt es dazu bei, die Reisekosten zu senken. Denn - ohne Mehrwertsteuer kauft man einfach billiger ein.

Karl Johans gate, Oslo Aker Brygge

Langsam werden die Einkaufstaschen doch ganz schön schwer, der Bummel von Schaufenster zu Schaufenster immer anstrengender. Da steigt Gebäckduft in die Nase und mischt sich mit dem Geruch frischen Kaffees. Stühle und Tische laden ein zum Ausruhen. Erst mal die schweren Taschen abstellen und verweilen. Aber wo? Locken die frischen Croissants aus dem französischen Bistro oder die norwegischen Gebäckspezialitäten des Cafés ein paar Meter weiter. Zunächst noch ein Blick in die Auslage des Schmuckgeschäftes. Die Arbeiten norwegischer und internationaler Schmuckdesigner werden hier verkauft. Aber jetzt erst mal hinsetzen, Leute beobachten, zur Ruhe kommen.

Modell »Aker Brygge«

Wir befinden uns im Einkaufszentrum Aker Brygge, das unweit des Osloer Rathauses auf dem Gelände und in den Gebäuden einer ehemaligen Werft direkt am Fjord Mitte der 80er Jahre entstanden ist. Dieses Einkaufszentrum - gebaut nach dem Vorbild großer Markthallen in anderen europäischen Großstädten und mit großzügigen Passagen, unzähligen kleinen Läden und Verkaufsständen, sowie Cafés und Restaurants mit Spezialitäten aus aller Welt ausgestattet - ist Teil einer Trendwende im norwegischen Einzelhandel. Seit Beginn der 80er Jahre wurde festgestellt, daß die riesigen, unübersichtlichen und oft nur über ein Stockwerk sich erstreckenden Supermärkte immer weniger von den Kunden akzeptiert werden, die stattdessen lieber auf dem Markt oder in kleinen Spezialgeschäften einkaufen. So kam man auf die Idee, Marktstän-

WO PROVINZIALISMUS EIN FREMDWORT IST - EINKAUFEN IN NORWEGEN

de und kleine Läden (schon allein aus Witterungsgründen) unter einem Dach oder einer überdachten Passage zu vereinen. Ähnliche, zum Teil erheblich größere Zentren entstanden auch in anderen norwegischen Städten, z.B. »Arkaden« in Stavanger und »Galleriet« in Bergen. Neben attraktiven Einkaufsmöglichkeiten bieten sie zahlreiche andere Erlebnisse: Ruhepausen in gemütlichen Restaurants und Cafés, Straßenmusik und Theater.

Der »Tante Emma Laden« auf dem Land

Auch das ist einkaufen in Norwegen: Wir sind mit unserem Auto unterwegs auf einer Rundreise und müssen dringend unseren Vorrat ergänzen. Ein Blick auf die Karte zeigt, der nächste größere Ort ist mindestens 50 Kilometer entfernt. Doch aus Erfahrung wissen wir, an der nächsten größeren Straßenkreuzung kann sich durchaus ein Landhandel befinden. Tatsächlich haben wir Glück. Schon von weitem sehen wir die Tankstelle, einen Kiosk und das Schild: Landhandel 500 Meter. Der kleine Ladenraum ist total vollgepackt: es gibt alles von der Nähnadel bis zur Frischmilch. Sogar einen neuen Film für unsere Kamera bekommen wir hier. Der Laden versorgt alle Höfe der Umgebung. Wenn die Bauern keine Zeit haben, selbst einzukaufen, wird an einem Nachmittag in der Woche der Laden geschlossen und Ware ausgefahren. Auch bei Krank-

Weitere Informationen:
Norges Detaljistforbund
Drammensveien 30
Postboks 2483 Solli
N - 0202 Oslo 2
Tel. 02/55 60 10

heit kommt der Landhandel in's Haus. Um's Überleben braucht er nicht zu kämpfen, besonders seit in nächster Umgebung zwei große Ferienhausanlagen entstanden sind und verstärkt auch Sommergäste als Kunden hinzukommen.

Typisch norwegisch sind auch die Einkaufsstraßen in historischen Städten wie die Bergbaustadt Røros oder Lillehammer, wo die ursprüngliche Holzhausbebauung noch vollständig erhalten ist und man ständig erwartet, Bauer und Bäuerin in Tracht gekleidet beim Einkaufen zu begegnen.

Der Kunde ist König

Doch zurück in die Moderne: Der norwegische Einzelhandel ist sehr kundenfreundlich und von Kopf bis Fuß auf Besucher aus dem Ausland eingestellt. So wurden zum Beispiel die Öffnungszeiten den Bedürfnissen der Touristen angepaßt. Viele Geschäfte sind bis 20.00 Uhr geöffnet. Das Personal wird in besonderen Kursen auf die Betreuung ausländischer Kunden vorbereitet, so daß Englischkenntnisse sozusagen eine Selbstverständlichkeit sind. Norwegen ist führend in der Welt, was die Verbreitung von Kreditkarten (die gebräuchlichsten sind Visa, Eurocard, American Express und Diners) und hochmoderne Computerkassen betrifft. Auch was die Entwicklung von neuen Bezahlungssystemen angeht (Kontokarten, Abbuchung von Bankkarten), ist Norwegen weiter als die meisten anderen Länder.

Kampf dem Vorurteil: Die Preise

Norwegen sei ein teures Land, diesem gängigen Dauerthema können selbst die geschicktesten Werbeexperten nur mit Mühe beikommen, auch wenn immer neues Material herbeigeschafft wird, um das Vorurteil zu entkräften. So zum Beispiel die jüngste Preisuntersuchung der Gesellschaft »Norway Tax-free Shopping A/S«. Die Analyse umfaßte die Länder Norwegen, Schweden, Dänemark, Finnland, Bundesrepublik Deutschland, Holland, Frankreich und England. Ausgewählt wurden 21 Produkte, die hinsichtlich ihrer Qualität und sonstigen Merkmalen vergleichbar erschienen, wie u.a. Kleidung, Schuhe, Schmuck, Kameras, Uhren und Elektrogeräte.

Auch wenn diese Untersuchung keineswegs als repräsentativ bezeichnet werden kann, wie die Auftraggeber selbst einräumen, so zeigt sie doch eine deutliche Tendenz: Norwegen ist keinesfalls das teuerste Land. So kostet zum Beispiel das T-Shirt einer Markenfirma in Norwegen NOK 202,-, in anderen Ländern hingegen NOK 230,- bis 255,-. Überhaupt kann man Kleidung, Schuhe und Sportartikel in Norwegen zu günstigen Preisen einkaufen. Ebenfalls billiger als in anderen Ländern sind hier hochwertiger Gold- und Silberschmuck und Uhren. Vergleichsweise teuer sind hingegen Elektrogeräte und Kameras. Als Faustregel gilt: In Norwegen erhält man beim Kauf von Qualitätsprodukten die meisten Preisvorteile. Billige italienische Schuhe zum Beispiel kauft man am besten im Erzeugerland, italienische Qualitätsschuhe aber sind in Norwegen billiger.

Beim Kauf von Qualitätsprodukten sollten die Vorteile des Tax-Free-Systems, d.i. Einkaufen ohne Mehrwertssteuer, genutzt werden. In Norwegen ist dieses System besonders gut ausgebaut und 2.500 Geschäfte haben ihre Schaufenster mit dem rot-weiß-blauen Taxfree-Schild dekoriert. Mindestens 300 Kronen müssen die gekauften Waren wert sein, damit man in den Genuß des Mehrwertssteuerabzuges kommt, der bei der Ausreise gewährt wird. Vorher dürfen die Produkte allerdings nicht in Gebrauch genommen werden.

Ein Bummel über die Karl Johans gate bei strahlendem Sonnenschein. Dort befinden sich Warenhäuser mit langer Tradition, die bekannte Qualitätsprodukte und erstklassigen Service bieten. Ein Eis schleckend die Schaufenster studieren, in einem Straßencafé ausruhen und all die skandinavischen Sommermenschen beobachten... Und nach dieser kräftigen Prise Stadtluft Rückzug in unberührte Natur. Was mehr kann ein Urlaubsland bieten?

Landhandel in Tvedestrand

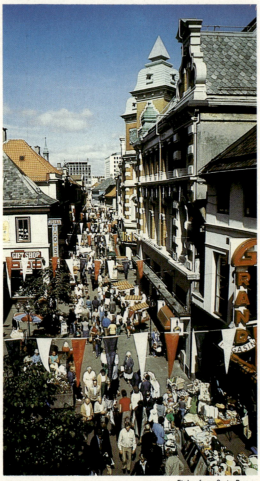

Einkaufsstraße in Bergen

Hotel-Übersicht

Ort	Hotels
Alta	NC
Arendal	MÜ, IN
Asker	BW
Balestrand	BW
Bergen	IN, KI, BW
Bjorli	CO
Bodø	IN
Bolkesjø	KI
Bryne	RI
Brønnøysund	BW
Byglandsfjord	BW
Bø	IN
Dombås	IN, BW
Drammen	MÜ, RI
Edland	CO
Fagernes	IN
Førde	IN
Geilo	IN, KI, BW, CO
Geiranger	KI, BW
Gjøvik	BW, RI
Gol	BW
Grimstad	BW
Grotli	BW
Hafslo	CO
Hamar	IN, RI
Hammerfest	RI
Harpefoss	KI
Harstad	IN
Haugesund	RI
Honningsvåg	NC
Hornindal	BW
Hovden	BW
Jevnaker	BW
Karasjok	NC
Karmøy	IN
Kinsarvik	BW
Kirkenes	RI
Kongsberg	IN
Kristiansand	IN, BW, RI
Kristiansund	IN, RI
Krokkleiva	KI
Kvikne	MÜ
Lakselv	BW
Larvik	IN
Lillehammer	IN, BW, RI
Loen	KI
Lofthus	KI
Lærdal	BW
Mandal	IN
Mo i Rana	IN
Molde	IN
Morgedal	KI
Moss	KI
Måløy	CO
Nesbyen	BW
Nordfjordeid	CO
Noresund	KI
Olden	BW
Oppdal	BW, KI
Orkanger	MÜ
Oslo	IN, KI, BW, MÜ, RI, CO, AH
Otta	MÜ
Ringebu	CO
Rjukan	BW
Røros	IN, BW
Sandefjord	IN, MÜ
Sandnessjøen	RI
Sarpsborg	IN, BW
Selje	KI
Sjusjøen	BW
Skei	BW
Skien	RI
Skånevik	BW
Sogndal	KI
Sortland	IN
Stavanger	IN, KI, BW
Steinkjer	IN
Stord	IN
Sunndalsøra	MÜ
Surnadal	BW
Svolvær	IN
Tjøme	RI
Tromsø	IN
Trondheim	IN, BW, MÜ, RI
Tynset	MÜ
Tønsberg	IN, BW
Ulvik	IN, CO
Vadsø	NC
Venabygd	BW
Vestby	CO
Vik i Sogn	CO
Voss	IN, BW
Vågåmo	CO
Ytre Vinje	BW
Ørsta	IN

IN = Inter Nor Hotels und angeschlossene Betriebe
KI = Kilde Hotels
MÜ = müllerhotels
RI = Rica-Hotels
BW = Best Western Norwegen
CO = CarOtel
NC = SAS North Cape Hotels
AH = Anker Hotell

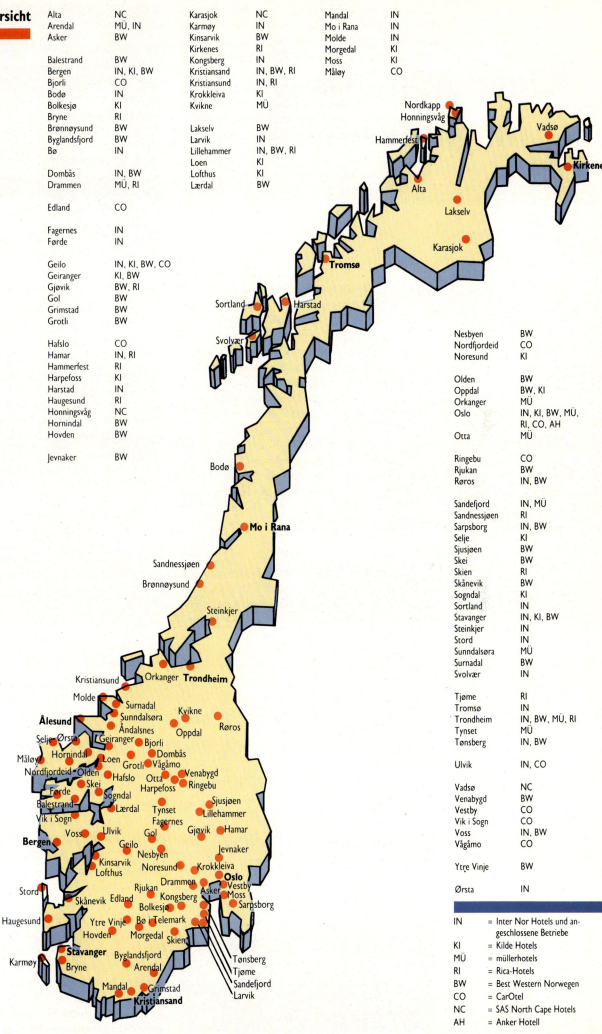

191

Übernachtungsmöglichkeiten

»Rorbuer« in Reine, Lofoten

Ölberg Camping, Stavanger

So vielfältig wie das Land sind auch die Übernachtungsmöglichkeiten in Norwegen. Vom erstklassigen Hotel mit buntem Unterhaltungsprogramm bis spät in die Nacht zur einsamen Berghütte weit ab von allem, was sonst den Alltag bestimmt – das Passende ist sicher dabei. Selbst sogenannte einfache Übernachtungsformen wie Blockhäuser oder Campinghütten verfügen über einen hohen Standard, was aber bedeutet, daß das Übernachten in Norwegen nicht ganz billig ist. Allerdings bekommt man für sein Geld auch etwas geboten. Außerdem unterbieten sich in der Hauptsaison die Hotels, die sonst hauptsächlich von Geschäftsreisenden und Tagungen leben, mit ihren Sonderangeboten. Es gibt mehrere Paß-, Rabatt- oder Schecksysteme, die wir Ihnen auf den folgenden Seiten näher vorstellen, dabei werden Familien mit Kindern besonders begünstigt.

Hotels, Pensionen, Hochgebirgshotels

Von der einfachen Familienpension bis zum luxuriösen Stadthotel reicht hier das Spektrum. Im Übernachtungspreis ist übrigens in der Regel ein sehr reichhaltiges Frühstück am Morgenbuffet enthalten. Vollpension zu ermäßigten Preisen erhält man bei einem Aufenthalt von mehreren Tagen an einem Ort. In den meisten Hotels erhalten Kinder unter drei Jahren 75 %, Kinder zwischen drei und zwölf bzw. 15 Jahren 50 % Rabatt auf den Übernachtungspreis, wenn sie im Zimmer ihrer Eltern schlafen. Achten Sie auf die Hotelscheck- und Hotelpaß-Angebote, die Ihnen teilweise erhebliche Ermäßigungen gewähren. Hochgebirgshotels sind eine norwegische Spezialität und komfortable Ausgangspunkte für Wanderungen und andere Aktivitäten im Fjell. Die meisten verfügen über Sauna, Schwimmbad, Fitneßraum usw. - und eine gute Küche. Einem erholsamen Aktivurlaub steht hier also nichts im Wege. Außerdem gibt es in Norwegen zahlreiche Privatunterkünfte - eine preiswerte Übernachtungsform, die zudem auch noch Kontakt mit der einheimischen Bevölkerung ermöglicht. Die örtlichen Touristenbüros helfen Ihnen gerne weiter!

Familien- und Jugendherbergen

In Norwegen gibt es 80 Familien- und Jugendherbergen (Norske Vandrerhjem) in drei verschiedenen Kategorien. Sie liegen am Meer oder im Gebirge, in den großen Städten, aber auch in abgeschiedenen kleinen Orten von der Sørlandküste bis zum Nordkap. Die modernen, freundlichen »Herbergen« bieten Doppel- oder Familienzimmer, sowie gemütliche Aufenthaltsräume. Die Übernachtungspreise von NOK 55,- bis 90,- pro Bett, bzw. NOK 110,- bis 200,- für ein Doppelzimmer schonen die Reisekasse.

Ferienhäuser, »Rorbuer«, Gebirgshütten

Eine für Norwegen typische Ferienform sind »Hüttenferien«, wobei man sich unter solch einem Ferienhaus keine windschiefe Holzkate, sondern gut ausgestattete, oft komfortable und urgemütliche Feriendomizile in schöner Umgebung (ein See oder Fjord direkt vor der Haustür ist keine Seltenheit!) vorstellen sollte. Die Preise richten sich nach Größe, Lage und Ausstattung der Ferienhütte.

Ulstein Hotel

Viele Möglichkeiten für Aktivurlauber bietet das Venabu Fjellhotel

Eine norwegische Spezialität sind »Rorbuer« auf den Lofoten, die zur großen Zeit des Lofotfischfangs als Übernachtungsplatz genutzt wurden. Sie sind jetzt entsprechend heutigen Komfortansprüchen renoviert oder sogar - in traditionellem Stil - neu erbaut worden. Mittlerweile sind sie an der gesamten Küste zu finden, und stets liegen sie direkt am Wasser. Die ideale Übernachtungsform für Angelenthusiasten.

Speziell auf die Bedürfnisse von Gebirgswanderern zugeschnitten sind Übernachtungshütten und Gebirgsgasthöfe, die der Norwegische Touristenverein (DNT), einige lokale Wandervereine und private Gastwirte unterhalten. Sie sind oft nur zu Fuß zu erreichen und lediglich zum Teil bewirtschaftet.

Camping

Mit über 1.000 Campingplätzen in oft idyllischer Lage ist Norwegen beinahe ein Paradies für Zelturlauber. Doch auch ohne Textilhaus können Sie auf einem Campingplatz preisgünstig übernachten und zwar in sogenannten Campinghütten, die auf vielen Plätzen zur Verfügung stehen. Dies sind einfache und zweckmäßig eingerichtete Unterkünfte, falls nicht mit eigenem Bad/WC ausgestattet, können die entsprechenden Einrichtungen des Zeltplatzes genutzt werden.

Nähere Informationen zu allen hier aufgeführten Übernachtungsformen (Preise, Rabatte, Reservierung usw.) finden Sie auf den folgenden Seiten.

Stavanger

Preiswert durch Norwegen mit dem Best Western Hotelcheque Scandinavia 1989

Best Western Hotels Norwegen
Storgaten 117, Postboks 25
N-2601 Lillehammer
Tel. 0047 - (0)62 - 57 266
Telex 72 149
Telefax 0047 - (0)62 - 52 159

Ob Sie allein, zu zweit oder mit Ihrer Familie reisen, die Best Western Hotelcheques Scandinavia sind immer richtig für Sie. Nicht nur in Norwegen, sondern auch in Dänemark, Finnland und Schweden können Sie 1989 mit den Schecks Ihre Übernachtungskosten senken. Insgesamt haben Sie die Möglichkeit, zwischen 131 Hotels zu wählen (Norwegen 57, Dänemark 25, Finnland 10, Schweden 39).

Scheckinhaber zahlen pro Person und pro Tag im Doppelzimmer mit Dusche oder Bad/WC einschließlich Frühstück ab NOK 200,-. Ein Kind unter 15 Jahren übernachtet gratis im Bett der Eltern, für ein Extrabett wird der halbe Preis berechnet. Die Best Western Hotelcheques Scandinavia gelten in Norwegen und Dänemark zwischen dem 15.5. und 15.9., in den beiden anderen Ländern vom 1.6. bis zum 1.9. Sie sind bei den meisten Skandinavien-Reiseveranstaltern (NSA, Reisebüro Norden, Skandinavische Reisebüros, Stena Line, Wolters, sowie Finlandia Reisen, Glur in der Schweiz und ÖAMTC in Österreich) erhältlich. Alle genannten Reiseveranstalter werden durch viele Reisebüros in Ihrer Nähe vertreten. Vorausreservierungen, die über die Zentralbüros der Best Western Hotels vorgenommen werden, sind nur für die erste Übernachtung möglich. Bei allen weiteren Reservierungen, max. 3 Tage vor Ankunft, helfen die Hotels, ein Telefongespräch zur Buchung ist dabei gratis.

In Norwegen sind alle Best Western Hotels dem vorteilhaften Schecksystem angeschlossen. Die Mitgliedhotels eignen sich sowohl im Sommer als auch im Winter hervorragend für einen längeren Aufenthalt. Weitere Angaben finden Sie im ausführlichen Prospekt und dem übrigen Informationsmaterial, das Sie beim Reiseveranstalter, Ihrem Reisebüro oder direkt vom Hauptbüro in Norwegen erhalten.

Best Western Hotels finden Sie in folgenden Städten und Orten: Asker (Oslo), Balestrand, Bergen, Brønnøysund, Byglandsfjord, Dombås, Geilo, Geiranger, Gjøvik, Golsgebirge, Grimstad, Grotli, Hornindal, Hovden, Jevnaker, Kinsarvik, Kristiansand, Lakselv, Lillehammer, Lærdal, Nesbyen, Olden, Oppdal, Oslo, Rjukan, Røros, Sarpsborg, Sjusjøen, Skei (Jølster), Skånevik, Stavanger, Surnadal, Tønsberg, Trondheim, Trysil, Ulvik, Venabygd, Voss und Ytre Vinje (Åmot).

15 Jahre Service rundum

Informationen über Rundreisemöglichkeiten und Übernachtungsangebote erhalten Sie über die zentrale Buchungstelle:
CarOtel A.S.
Strandgaten 201
N-5004 Bergen
Tel. 0047 - 5 - 23 35 88
Telex: 42 047 cbcar n
Telefax: 0047 - 5 - 23 35 80

Vågslid Høyfjellshotel, Edland

CarOtel nennt sich eine Gruppe von 13 südnorwegischen Hotelbetrieben, die sich seit 1974 auf die besonderen Wünsche von Autoreisenden spezialisiert haben. Sie bieten Übernachtungsmöglichkeiten in erstklassigen Touristenhotels, die jeweils die persönliche Atmosphäre eines Familienbetriebs bewahrt haben. Dazu ist die mittlere Größe der Hotels mit durchschnittlich 60 Zimmern eine gute Voraussetzung.

Der Service, den diese Qualitätshotels anbieten, umfaßt mehr als nur die komfortable Übernachtung. CarOtel organisiert auf Wunsch komplette Rundreisen mit genauer Routenbeschreibung, Entfernungstabellen, Sehenswürdigkeiten und vieles mehr. Natürlich ist dabei auch ein mehrtägiger Aufenthalt an einem Ort zum Ausruhen eingeplant.

Die Strecken zwischen den einzelnen Mitgliedhotels sind jeweils in bequemen Tagesetappen zu bewältigen. Mit den Angeboten der CarOtel-Gruppe kann man sowohl individuell als auch mit einer Reisegruppe die abwechslungsreiche Natur entlang der Fjorde und im Gebirge erleben, wobei ein Abstecher in die Hauptstadt Oslo nicht fehlt.

Die Hotels haben komfortable Zimmer mit Dusche/Bad/WC, alle Schanklizenzen und bieten in der Regel fast die ganze Woche über Musik und Tanz. Kinder bis zu drei Jahren wohnen gratis im Zimmer der Eltern, drei- bis 15jährige erhalten 50 % Rabatt. In und außerhalb der Hotels werden zahlreiche Aktivitätsmöglichkeiten angeboten.

Hotels der CarOtelgruppe

Bjorli Hotel, N-2669 Bjorli
Zwischen Åndalsnes und Dombås an der E 69.
48 2-Zimmer-Appartments/Du/WC/TV. Sehenswürdigkeiten: »Trollveggen«, Geiranger, »Trollstigen«.

Eikum Hotel, N-5810 Hafslo
Im Inneren der westnorwegischen Küstenlandschaft am Fuße des Jostedalgletschers. Seeblick, ruhige Lage. 37 Zimmer/Du/WC. Aktiv: Gletscherwanderungen, Fahrrad- und Bootsvermietung.

Geilo Apartment, N-3580 Geilo
liegt zentral im Ortszentrum Geilo. Appartements (41 m²) für 2 - 4 Pers.: Schlafzimmer, Aufenthaltsraum, komplett ausgest. Küche, Du/WC, Balkon. Swimmingpool und Sauna. Kinderspielplatz.

Hopstock Hotell & Motell, N-5860 Vik i Sogn
Am Südufer des Sognefjords. 30 Zimmer/Du/Bad/ Radio. Swimmingpool, Sauna, Fitneßraum. Aktiv: Tauchen, Wanderungen, Angeln.

Kaptein Linge Hotel, N-6700 Måløy
An der westnorwegischen Küste im Nordfjordgebiet. 50 Zimmer mit Du/Bad/WC. Aktiv: Meeresangeln mit dem Kutter »Havlys II«, Ausflüge zum Westkap, Kloster Selje, Felszeichnungen.

Nordfjord Turisthotell, N-6770 Nordfjordeid
Zentrale Lage im Ort Nordfjord (Bezirk Sogn og Fjordane). 55 Zimmer/Du/WC/Radio/TV/Video. Aktiv: Ausflüge nach Geiranger und Stryn (Sommerskizentrum) und an die Küste (Hochseeangeln).

Norum Hotell, N-0265 Oslo 2
Zehn Minuten vom Stadtzentrum entfernt in ruhigem Viertel (Bygdøy Allé). Traditionsreiches Hotel ausgestattet mit zahlreichen Antiquitäten. 60 Einzel-/Doppelzimmer/Bad/ WC/TV.

Ringebu Hotell, N-2630 Ringebu
Zentrale Lage im Ort Ringebu/Gudbrandsdalen. 25 Zimmer mit Bad/WC. Ausflüge: Peer-Gynt-Weg, Rondane Gebirge, Ringebu Stabkirche.

Ulvik Hotel, N-5730 Ulvik
Direkt am Hardangerfjord. 64 Zimmer, alle mit Dusche und Bad/WC, Sauna, Solarium, Kulturveranstaltungen.

Ustedalen Høyfjellshotell, N-3580 Geilo
Berghotel im Bezirk Buskerud, umgeben von Gipfeln bis zu einer Höhe von 1.857 m.ü.M. 88 Zimmer/Bad/Du/WC/Radio/TV. Blick über das Ustedal. Sauna, Swimmingpool, Ruderbootvermietung, Wintersportmöglichkeiten.

Vestby Hotell, N-1540 Vestby
37 km südlich von Oslo, 10 km vom Oslofjord entfernt. 80 Zimmer/Du/WC/Radio/TV/Video. In der Nähe Vergnügungspark »Tusenfryd«. Ausflüge nach Oslo und in die Umgebung des südlichen Oslofjordgebiets.

Hotell Villa, 2680 Vågåmo
Zentrale Lage im Ort Vågå/Gudbrandsdal. 63 Zimmer mit Du/ Bad und WC. Swimmingpool, Sauna, Solarium, Fitneßraum, Fernsehraum. 2 Gemeinschaftsräume mit offenem Kamin. Vermietung von Campinghütten möglich.

Vågslid Høyfjellshotel, N-3895 Edland
Hochgebirgshotel in der Telemark (nahe E 76), herrlicher Ausblick über Berge und Wälder. Ausstattung kombiniert modernen Komfort mit typisch norwegischer Gemütlichkeit.

Tyholmen Hotel, Arendal

SCANDINAVIAN BONUSPASS - der Lichtblick des Sommers

Inter Nor Hotels
Dronningens gt. 40
N-0154 Oslo 1
Tel. 0047-(0)2 - 33 42 00
Telex 77 682
Telefax 0047-(0)2 - 33 69 06

Der Sommer ist für die Norweger eine ganz besondere Jahreszeit. Sie leben auf und feiern die kostbaren, oft tag- und nachthellen Wochen. Sogar die Hotels lassen dann ihre Preise purzeln und ermöglichen so auch Familien mit Kindern Übernachtungen in erstklassigen Hotels.

»Scandinavian BonusPass« heißt das Schlüsselwort, wenn Sie für eine Nacht oder gleich mehrere Nächte in 43 norwegische, bzw. insgesamt 110 skandinavische First-class-Hotels hineinschnuppern wollen. Denn mit diesem Pass gewähren Ihnen die norwegischen Inter Nor Hotels Preisnachlässe zwischen 15 und 40 Prozent pro Übernachtung mit Frühstück.

Reisen nach Lust und Laune

Sämtliche Hotels, bei denen der Scandinavian BonusPass gültig ist, sind leicht erreichbar, d.h. sie liegen zentral und in der Nähe von großen und interessanten Orten. Deshalb ist dieses Angebot wie geschaffen für Auto-Touristen, die ohne genau vorher festgelegten Reiseplan auf eigene Faust umherfahren wollen.

Ein schöner Zug der skandinavischen Eisenbahnen ist ihre Zusammenarbeit mit den Inter Nor Hotels: Wenn Sie dort einen »Nordtourist«-Fahrausweis kaufen, gilt dieser gleichzeitig auch als Scandinavian BonusPass.

Familien die Tore öffnen

Der Scandinavian BonusPass ist sowohl auf Familien als auch auf Einzelreisende zugeschnitten. Zwischen DM 65,- und DM 100,- kostet eine Übernachtung im Doppelzimmer zusammen mit einem reichhaltigen skandinavischen Frühstück. Aber nicht nur Erwachsene können zu stark herabgesetzten Preisen wohnen - Kinder bis 16 Jahre übernachten kostenlos im Zimmer der Eltern und erhalten gegen einen kleinen Aufpreis ein eigenes Frühstück. Für Jugendliche über 16 Jahren ist ein geringfügiger Zuschlag für ein zusätzliches Bett zu zahlen.

Das erste und letzte Hotel Ihrer Reise können Sie im voraus reservieren. Die weiteren Buchungen unterwegs nimmt man dann kostenlos für Sie vor.

Eine kleine Einschränkung für »Dauergäste«: Ohne vorherige Rücksprache mit dem Hotel darf man den Bonus-Pass nicht für mehr als drei Übernachtungen hintereinander im selben Hotel benutzen. Aber Inter Nor Hotels finden Sie überall in Norwegen, besonders dort, wo es etwas Interessantes zu sehen gibt.
Und zwar in folgenden Orten:

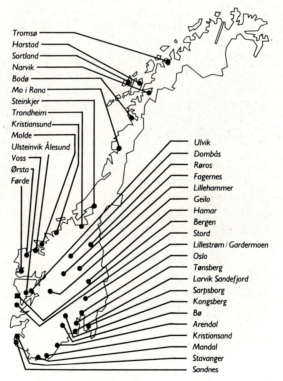

Der Scandinavian BonusPass gilt vom 1. Juni bis 1. September 1989. Zum Preis von DM 40,- können Sie ihn bereits vor Reiseantritt bei folgenden Vertretungen in der Bundesrepublik erwerben:

Airtours International, Deutsch-Finnische Gesellschaft Hof, Finnland-Reiseagentur, Finnland-Reisen, NORTRA Marketing GmbH, NSA, Reisebüro Norden, Scan-Service, Wolters Reisen; in der Schweiz: Finlandia Reisen, Kuoni Travel, Lamprecht Travel, Reisebüro Glur, TCS-Travel (Sfr 35,-) (Adressen S. 204 - 210).

... und die fünfte Nacht ist gratis !

Rica Hotell- og
Restaurantkjede A/S
Løkketangen 10
Postboks 453
N-1301 Sandvika
Tel. 0047 - 2 - 54 62 40
Telefax 0047 - 2 - 51 82 44

Eines der Neuesten: das RICA Hell Hotel

RICA Maritim Hotel in Haugesund

Die norwegische Hotel- und Restaurantkette Rica A/S bietet internationalen erstklassigen Hotelservice. Und das in 23 Rica-Hotels, die zusammen ein landesweites Netz von Kristiansand im Süden bis hinauf ins nördliche Hammerfest und sogar Kirkenes bilden.

Zu dem Hotelverband zählen sowohl hochmoderne Konferenzhotels in den Großstädten als auch kleinere Tagungshotels in eher ländlicher Umgebung. Alle bieten mehrere Sitzungs- und Konferenzräume, wobei Sommertouristen natürlich in den Genuß der dazugehörigen Fitneßcenter kommen: Trimmraum, Sauna oder Schwimmhalle findet man in fast allen Rica Hotels.

17 Restaurants dürfen sich »Rica-Restaurant« nennen, ein Prädikat, das für erlesene Speisekarten aus der norwegischen und internationalen Küche bürgt. Jedes Restaurant hat seinen eigenen Stil und Charme, so daß sich Rundreisende gern an jedem Ort nach dem nächsten Rica-Restaurant erkundigen.

Immer bestes Hotel am Platz zu sein, ist einer der Ansprüche dieser größten privaten Hotelkette Norwegens. Viele Rica-Hotels sind darüber hinaus bekannt als zentral gelegene City-Hotels.

Zusammen mit Reso Hotels in Schweden, Sokos in Finnland und Grand in Dänemark bieten die Rica Hotels in der Zeit vom 24. Juni bis 14. August für Sommerurlauber besonders günstige Preise. 40 bis 60 % Rabatt erhält man auf die regulären Hotelpreise, wenn man eine »Rica Hotelferienkarte« zum Preis von NOK 50,- erwirbt - noch dazu ist jede fünfte Nacht gratis. Beim jeweiligen Hotel oder der Buchungszentrale in Sandvika können Sie Ihr Zimmer auch im voraus buchen, zum Beispiel in:

Kirkenes, Hammerfest, Sandnessjøen, Trondheim/Værnes, Kristiansund, Ålesund, Haugesund, Bryne, Kristiansand, Skien, Tjøme, Drammen, Oslo, Gjøvik, Hamar, Lillehammer

Zwischen Arendal an der Sørlandsküste und Stjørdal in Mittelnorwegen findet man die 13 erstklassigen Hotels der »müllerhotell«-Kette. Gemeinsam ist ihnen ein hoher Komfort und vorzüglicher Service, dennoch pflegt jedes »müllerhotell« seine persönliche Note in Architektur und Ausstattung.

Eingangshalle des müllerhotels in Drammen

Mit der NORDIC PASSEPARTOUT-Karte kommt man in den Genuß der Sommerspartarife: In der Zeit vom 16.6. bis 13.8.1989 bieten die »müllerhotells« zusammen mit anderen skandinavischen Hotelketten ihren vollen Hotelkomfort zu erheblich gesenkten Preisen an. Für eine Übernachtung im Doppelzimmer mit Bad sowie ein üppiges Frühstück bezahlt man lediglich 225,- bis 330.- NOK. Zwei Kinder unter 15 Jahren übernachten im Zimmer der Eltern kostenlos. Zusatzbetten gibt es gegen Aufpreis. Nach vier Übernachtungen erhält man die fünfte sogar gratis! Dieses Angebot gilt nicht nur für ein Hotel, sondern kann in allen »müllerhotells« und anderen skandinavischen Hotels in Anspruch genommen werden.

Wer Zimmer im voraus bestellen möchte, kann dies bei allen Hotels oder den Zentralbuchungsstellen bequem erledigen.

Die ideale Kombination für Einzelreisende und ganze Familien, die eine Autorundreise mit komfortablem Hotelservice genießen wollen. Und wer nach einer empfehlenswerten Route durch das abenteuerliche Norwegen sucht, dem bieten die »müllerhotells« einen sechstägigen Rundreisevorschlag an. Mit »Experience Norway« lernt man viele bekannte Sehenswürdigkeiten kennen. Die Tour führt von Oslo aus durch das Fjordland nach Trondheim und zurück; Buchungen für Busgruppen, aber auch für Einzelreisende sind direkt über die »müllerhotells« möglich.

»müllerhotells« finden Sie in Trondheim, Orkanger, Sunndalsøra, Kvikne, Otta, Oslo, Drammen, Sandefjord und Arendal.

NORDIC PASSEPARTOUT - Voller Hotelkomfort zu Sommerspartarifen!

müllerhotell A/S
Fridtjof Nansens pl.4
N-0160 Oslo 1
Tel. 0047-(0)2 - 41 61 51
Telefax 0047-(0)2 - 41 38 95

Solstrand Fjordhotel

Was fällt Ihnen ein, wenn Sie an Norwegen denken? Klare Luft, schöne Natur, weite, friedliche Landschaften mit genügend Platz für jeden Norweger und alle Feriengäste? Oder vielleicht denken Sie auch an Fjorde und Mitternachtssonne? Oder bevorzugen Sie einen Aktivurlaub mit Angeln, Jagen, Skilaufen und Wandern?

Wollten Sie schon immer einmal in dieses Land kommen, um all das zu entdecken und zu erleben? Mit Ihrer Familie, Freunden; mit dem Auto oder Boot, auf einer Rundreise oder einfach, um an einem idyllischen Ort einmal richtig auszuspannen?

Die Kilde Hotels ermöglichen es Ihnen, all diese Dinge, die Sie mit Norwegen verbinden zu erleben. Die Kilde Hotels zählen zu den besten des Landes: Sie alle liegen einzigartig. Mit Recht heißt der bekannte Slogan: »Zuerst kamen die Sehenswürdigkeiten, dann kamen die Kilde Hotels.«

Fjordhotels wie das »Union« in Geiranger, das »Alexandra« in Loen, das Sogndal Hotel und Hotel Ullensvang in Hardanger - sie alle liegen genau da, wo Sie gerne ein erstklassiges Hotel finden möchten. Wenn Sie den nördlichen Atlantik mit seiner schäumenden Gischt auf abenteuerlichen Angeltouren entdecken wollen, sollten Sie nach Selje fahren - dem westlichsten Punkt, den Sie mit dem Auto erreichen können.

Ausgedehnte Bergregionen - unberührt und wildromantisch - auf dem Dach Norwegens. Das Wadahl Hotel (903 m.ü.M.) heißt Sie in dieser Bergwelt willkommen, in der der norwegische »Antiheld« Peer Gynt zu Hause war.

Und das ist nur ein Bruchteil von dem, was die Kilde Hotels anbieten können. 16 erstklassige Hotels in Norwegen garantieren Ihnen einen Erlebnisurlaub, den Sie so schnell nicht vergessen werden.

Ohne die Kilde Hotels kennen Sie Norwegen nicht richtig!

Buchungen und Information über:
KILDE HOTELS A/L
Welhavensgate 5
N-0166 Oslo 1
Tel. (0)2 - 42 11 77
Telex 71 841
Telefax (0)2 - 36 21 47

Folgende Hotels sind der Kilde-Kette angeschlossen:

Bergen/Os	Solstrand Fjord Hotel
Bolkesjø	Bolkesjø Hotel
Bolkesjø	Gran Hotel
Geilo	Bardøla Høyfjellshotel
Geiranger	Union Hotel
Harpefoss	Wadahl Høgfjellshotel
Krokkleiva	Sundvolden Hotel
Loen	Hotel Alexandra
Lofthus	Hotel Ullensvang
Morgedal	Morgedal Turisthotell
Moss/Jeløy	Hotel Refsnes Gods
Noresund	Sole Hotel
Oppdal	Hotel Nor Alpin
Oslo	Hotel Continental
Selje	Selje Hotel
Sogndal	Sogndal Hotel
Hamburg	Hotel Norge

Nordkaperlebnisse damals und heute

SAS North Cape Hotels

Am höchsten Punkt des Nordkaps direkt über dem Café Kompaß befindet sich das Telekommunikationszentrum. Von hier aus können Sie Anrufe in alle Welt tätigen.

Willkommen am Nordkap: nördlichster Punkt Europas und eines der großen Wunderwerke der Natur. Auch wenn die Küste der Finnmark schon vor 10.000 Jahren besiedelt war, beginnt die »Moderne« am Nordkap doch erst 1553. Drei englische Segler stachen in See, um den östlichen Seeweg nach China zu erforschen. Ein Sturm riß die kleine Flotte auseinander, aber die »Edward Bonaventure« mit Kapitän Richard Chancellor an Bord, setzte ihre Reise fort. Der Seeweg wurde nicht gefunden, dafür aber ein sehr nördlich gelegener Felsen, den die Entdecker »Nordkap« nannten.

Der erste »Tourist«, der diesen entlegenen Ort im Jahr 1664 aufsuchte, war ein italienischer Priester namens Francesco Negri. Im Laufe der Jahrhunderte folgten etliche Prominente seinen Spuren, darunter Prinz Louis Philippe von Frankreich (1795), der schwedisch-norwegische König Oscar II, der deutsche Kaiser Wilhelm II und König Chulalongkorn aus Siam.

Bereits 1845 legte das erste Touristenboot vom Hafen in Hammerfest zu einem Ausflug zum Nordkap ab, wobei

Das nördlichste Postamt Europas. Eine Postkarte mit dem Stempel »Nordkapp« wird Ihre Angehörigen daheim sicher sehr erfreuen.

allerdings eine anstrengende Klettertour auf den Nordkapfelsen vom Wasser aus in Kauf genommen werden mußte. Dreißig Jahre später entdeckte der erste Reiseveranstalter, Cooks aus London, diese exklusive Sehenswürdigkeit und seit 1896 strömen die Besucher, um die Mitternachtssonne im Spiegel des Nordmeers zu bewundern. Noch leichter ist der Zugang zum nördlichen Felsen, seit 1956 eine Straßenverbindung von Honningsvåg aus gebaut wurde.

Das Nordkap 1990

Dennoch waren es bis vor gar nicht allzu langer Zeit nur ausgesprochene Nordland-Enthusiasten, die den Weg zu dieser Stätte fanden. Heute jedoch schätzt man die jährliche, ständig ansteigende Besucherzahl auf 100.000. Diesen vielen Touristen, die oft von weither angereist sind, wird nun mehr geboten, als nur ein karger Felsen. Sie sollen den nördlichsten Punkt Europas in vollen Zügen genießen und zwar bei jeder Wetterlage. Zu diesem Zweck wurde gebaut: Zunächst einmal die Nordkap-Halle mit dem Café Kompaß, dessen Fenster und Sitzplätze nach der Kompaßrose ausgerichtet sind, dem größten Souvenirshop Skandinaviens und einem Telekommunikationszentrum, das auch das nördlichste Postamt Europas beherbergt. Im Untergeschoß befindet sich der »Supervideograph«. Dort kann man auf einer Panorama-Leinwand von 225 Grad einen Film über die Schönheiten der arktischen Natur betrachten.

Eine besondere Attraktion ist der unterirdische Felsentunnel, der zur nördlichsten Bar Europas, der »Nordkap Champagner Bar« führt. Auf dem Weg dorthin kann man in großen Schaukästen die bewegte Geschichte der Finnmark studieren. Außerdem wurde eine Ausstellungshalle in den Felsen gesprengt, deren Großfenster einen überwältigenden Blick auf den Nordatlantik freigeben. Umsonst sind all diese Neuerungen zwar nicht, aber mit nur NOK 80,- für Erwachsene und NOK 20,- für Kinder haben Sie Zugang zu allen Nordkaperlebnissen.

Übernachtung rund um's Kap
SAS Alta Hotell, Postboks 98, N-9501 Alta
liegt im Zentrum von Alta, 155 Zi/Bad/Tel/TV. Café, Restaurant, Lobbybar, Tanzbar und Diskothek. Das Hotel wurde erst vor kurzem komplett umgebaut und renoviert.

SAS Nordkapp Hotell,
Postboks 117, N-9751 Honningsvåg
liegt dem Nordkap am nächsten und zentral in Honningsvåg. 170 Zi/meist m. Bad/Tel/TV. Größtes Hotel der Finnmark. Café, zwei Restaurants. Bar und Nachtklub. Das SAS Nordkapp Hotell betreibt auch die Anlage am Nordkapplateau.

SAS Karasjok Turisthotell, Postboks 38,
N-9731 Karasjok
liegt im Herzen der Finnmark. 38 Zi/Bad/Tel/TV. Restaurant, Bar, »Fun Club«, Diskothek, Gesellschaftsräume, gemütliche Kaminzimmer, Sauna, alle Schanklizenzen.

SAS Vadsø Hotell, Postboks 70, N-9801 Vadsø
liegt im Zentrum von Vadsø, 67 Zi/Bad/Tel/TV. Restaurant, Diskothek, Tanzbar, Pizzeria, Fitneßcenter mit Sauna, Solarium, Whirlpool.

Die in den Felsen gesprengte Nordkaphalle ist ein bemerkenswertes Stück Ingenieurskunst. Die nach Norden gerichteten Panoramafenster mit Blick auf das Nordmeer hinterlassen einen unvergeßlichen Eindruck dieses Besuches »am Ende der Welt«.

Der größte Souvenirshop Skandinaviens. Hier können Sie norwegisches Kunsthandwerk erwerben.

Schon lange kein Geheimtip mehr: Der FJORD PASS

Weitere Informationen erhalten Sie bei:
Fjord Tours a/s
Postboks 1752 Nordnes
N-5024 Bergen
Tel. 05 - 32 65 50
Telefax 0047 - 5 - 31 86 56

FJORD PASS - Verkaufsstellen
Reisebüro Norden
Ost-West Straße 70
2000 Hamburg 11

Reisebüro Norden
Immermannstraße 54
4000 Düsseldorf 1

Skandinavisches Reisebüro
Kurfürstendamm 206
1000 Berlin 15

Skandinavisches Reisebüro
Amtliches Reisebüro
der Dänischen Staatsbahnen
Friedensstraße 1
6000 Frankfurt / Main 1

Amtliches Bayrisches Reisebüro
Im Hauptbahnhof
8000 München 2

NORTRA Marketing GmbH
Alfredstr. 53, 4300 Essen 1

Skandinavisches Reisebüro
Calwerstr. 17, 7000 Stuttgart 1

Norwegen sei teuer, meinen viele. Dabei kann ein Urlaub in diesem Land weitaus preiswerter ausfallen als ursprünglich erwartetet. Einen wichtigen Beitrag zur Kostensenkung leistet zum Beispiel der FJORD PASS, der preisgünstige Übernachtungen in 200 Hotels, Pensionen und Gebirgsgasthöfen im ganzen Land ermöglicht. Eine Übernachtung mit Frühstück kostet mit dem FJORD PASS zwischen NOK 140,- und NOK 320,-. Kinder unter vier Jahren schlafen gratis im Zimmer der Eltern, für junge Gäste zwischen vier und 14 Jahren wird nur der halbe Preis berechnet. Auch wer allein reist, spart mit dem FJORD PASS, denn damit beträgt der Einzelzimmerzuschlag nur NOK 100,-.

Seit neuestem können auch traditionelle Fischerhütten (Rorbuer) auf den Lofoten mit dem FJORD PASS zu ermäßigten Preisen angemietet werden. Ein Rorbu kostet mit Bad/WC NOK 400,- und ohne Bad/WC NOK 280,- pro Übernachtung.

Der FJORD PASS ist flexibler als manche anderen Rabattsysteme. Man kann mehrere Tage am selben Ort bleiben oder jede Nacht woanders verbringen. Die Mitgliedsbetriebe bieten durchweg einen hohen Standard. Bei Ihrer Rundreise brauchen Sie sich nicht im voraus festzulegen, sondern übernachten dort, wo es Ihnen gefällt. Wenn Sie allerdings ganz sicher sein wollen, können Sie alle Übernachtungen vorbestellen. Falls sich Ihre Pläne unterwegs ändern sollten, kein Problem - mit dem FJORD PASS stehen Ihnen alle Möglichkeiten offen.

Eine gewisse Ausnahme bilden allerdings die Fischerhütten auf den Lofoten. Hier empfiehlt sich eine Reservierung im voraus, da sonst keine Garantie für ein freies »Rorbu« übernommen werden kann. Übrigens - die Fischerhütten werden in der Regel nur wochenweise vermietet. Sonstige Absprachen müssen vor Ort getroffen werden.

Der FJORD PASS kostet DM 17,- und gilt für zwei Erwachsene und deren Kinder unter 15 Jahren im Zeitraum vom 1.5.-30.9. bzw. 1.6.-31.8.89.

Camping: das »mobile« Naturerlebnis

Das offizielle Zeichen von
NORSK CAMPINGRÅD

Informationen bei folgenden Campingverbänden:
KNA (Kongelig Norsk Automobilklubb),
Parkveien 68
N - 0166 Oslo 2

MA (Motorførernes Avholdsforbund), St. Olavsgt. 26
N - 0166 Oslo 1

NAF (Norges Automobilforbund)
Storgt. 2, N - 0155 Oslo 1

NCC (Norsk Caravan Clubs landsforbund)
Boks 6680 Rodeløkka
N - 0502 Oslo 5

Campingplatz in Elverum (Hedmark)

Mit mehr als 1.000 Campingplätzen ist Norwegen das skandinavische Campingland Nr. 1. Recht unterschiedlich ist der Standard der einzelnen Plätze. Ganz egal, ob Sie am liebsten mitten in der Natur zelten wollen und dabei mit einer erfrischenden Dusche zufrieden sind oder einen komfortablen Standort für den Wohnwagen oder das Wohnmobil bevorzugen, haben Sie in Norwegen eine reichhaltige Auswahl.

NORTRA gibt in Zusammenarbeit mit den Campingorganisationen jährlich ein aktuelles Campingplatz-Verzeichnis heraus, das kostenlos über das Norwegische Fremdenverkehrsamt bezogen werden kann. Es enthält die Adressen der den Verbänden angeschlossenen Plätze und informiert anhand von Symbolen ausführlich über deren Serviceeinrichtungen.

Einfache Plätze der *-Kategorie bieten Waschgelegenheiten, Toiletten, tägliche Aufsicht und Wartung.

Campingplätze der **-Kategorie besitzen zudem Duschanlagen, Möglichkeiten zum Wäschewaschen (evtl. Maschinen und Trockner), Kochräume mit Elektrizität oder Gas, einen Postservice, Kiosk oder Lebensmittelladen auf dem Platz oder in unmittelbarer Umgebung, Telefon, Stromanschluß für Wohnwagen, Spielplätze.

Dazu können einige weitere Serviceangebote auf den ***-Plätzen kommen, z.B. Spiel- und Freizeiteinrichtungen (Tischtennis, Minigolf), Laden oder großer Kiosk, Restaurant/Cafeteria, Fernsehräume, Umzäunung des Platzes, behindertengerechte Sanitäranlagen, u.v.m.

Da die norwegischen Campingplatzgebühren keiner Preisbindung unterliegen, sind die Preise sehr unterschiedlich; jedoch meistens der Klassifizierung entsprechend. Wo ein passender Campingplatz auf Ihrer Rundreise liegt, erfahren Sie zum Beispiel auf den regionalen Kartenseiten dieses Buches.

Neben der genannten Broschüre gibt der größte Verband NAF ein eigenes Verzeichnis heraus, das über den Buchhandel erhältlich ist. »NAF Plus Camp« nennt sich der Zusammenschluß von 32 besonders attraktiven Campinganlagen - oft mit Hütten -, die in Süd- und Mittelnorwegen liegen.

Campingplätze sind auf den regionalen Kartenausschnitten im vorderen Teil dieses Buches mit einem roten Dreieck markiert.

Zum Schluß noch ein Hinweis für die Camping-Köche:
Die Adressen der norwegischen Camping-Gas-Verkaufsstellen finden Sie im Autofahrer-Info im Serviceteil dieses Buches.

Nicht nur für die Jugend: Familienherbergen in Norwegen

NORSKE VANDRERHJEM

Weitere Informationen:
Norske Vandrerhjem
Dronningens gate 26
N-0154 Oslo 1
Tel. 02 - 42 14 10

Jugendherberge in Sunndalsøra

Wenn Sie in Norwegen ein Dach über dem Kopf suchen, aber Ihr Urlaubsgeld nicht nur für Übernachtungen ausgeben wollen, dann sind die norwegischen Familien- und Jugendherbergen genau das Richtige für Sie. Und, wie der Name schon sagt: hier sind Sie mit Ihrer ganzen Familie willkommen. Die modernen freundlichen »Herbergen« bieten Doppelzimmer sowie Zimmer für vier oder sechs Personen - je nach Bedarf. Dusche und WC findet man auf dem Zimmer oder gleich nebenan. Gemütliche Aufenthaltsräume, oft mit einem offenen Kamin ausgestattet, stehen zur Verfügung, man kann es sich aber ebenfalls auf dem Sofa im eigenen Raum bequem machen, wenn man lieber für sich bleiben will.

Im Speisesaal wird gutes Essen serviert - man darf aber auch in der Gästeküche sein eigener Koch sein. Wenn hier nicht eine besonders persönliche und unkonventionelle Atmosphäre herrschen würde, könnte man meinen, man sei im Hotel. Ingesamt gibt es übrigens 79 Familien- und Jugendherbergen im Land - »vandrerhjem«, wie sie auf norwegisch genannt werden. Die frühere Bezeichnung »ungdomsherberger« wurde für alle skandinavischen Länder vereinheitlicht. Die Herbergen liegen am Meer und im Gebirge, in den großen Städten, aber auch in abgeschiedenen kleinen Orten, von der Sørlandsküste bis zum Nordkap, kurz: in allen Landesteilen. Fast immer wird ein beachtliches Aktivitätsangebot für die Gäste bereitgehalten: Reiten, Paddeln, Angeln, Wandern - um nur einige Stichworte zu nennen. Und wie gesagt: Die günstigen Übernachtungspreise schonen Ihre Reisekasse, so daß Sie tagsüber nicht sparen müssen. Eine komplette Liste mit Adressen, Öffnungszeiten, Preisen usw. können Sie beim Norwegischen Fremdenverkehrsamt anfordern.

Jugendherberge in Stamsund

Damit Sie sich über Ausstattung und Angebot der norwegischen Familien- und Jugendherbergen besser orientieren können, ist ihr Standard mit zwei oder drei Sternen gekennzeichnet. Die Übernachtung in einer Dreisterne-Herberge kostet dennoch nur NOK 90,-. Selbstverständlich erhalten Familien Ermäßigung und noch billiger wird das Dach über dem Kopf, wenn Sie Mitglied in einem Jugendherbergsverband sind. So wird der Urlaub in Norwegen erschwinglich, ohne daß man auf Bequemlichkeit verzichten muß.

Ferienhäuser mitten in der Natur

Informationen und Katalog bei:
Norsk Hytteferie
Den norske Hytteformidling A.S.
Postboks 3207 Sagene
N-0405 Oslo 4
Tel. 0047 / 2 / 35 67 10

Wer sich in unmittelbarer Nähe der unberührten Natur Norwegens so richtig erholen und nicht nur von Ort zu Ort jagen möchte, der wählt eines der mehr als 1.000 Ferienhäuser aus dem Katalog »Norsk Hytteferie«. Unter den verschiedensten Landschaftstypen von der südlichsten Spitze Norwegens bis hinauf zum Nordkap kann jeder sein Traumhaus finden: An vielfältiger Küste mit Fels- und Sandstränden, in idyllischen Wald- und Seengebieten mit guten Angelflüssen oder im Gebirge mit seinen zu herrlichen Wanderungen einladenden Hochebenen. Mit einer Hütte als Ausgangspunkt kann der Feriengast zum Beispiel seltene Tiere, wie Seeadler, Elch oder Rentier beobachten. Vor dem Frühstück ein Bad im See oder eine Bootstour zum gegenüberliegenden Ufer, um frische Brötchen zu holen, auch das ist ein Hüttenerlebnis.

Ob man sich in einer zünftigen, einsam gelegenen Blockhütte im Gebirge oder an einem stillen Waldsee am wohlsten fühlt oder ein komfortables Ferienhaus in einer gut organisierten Anlage mit Schwimmbad und Aktivitätsangeboten für die ganze Familie vorzieht, im Katalog »Norsk Hytteferie« finden Sie Objekte für jeden Geschmack und Geldbeutel. Alle Häuser sind komplett für Selbstversorger ausgestattet und gemütlich eingerichtet. Die meisten haben einen offenen Kamin und bieten für 4-6 Personen bequem Platz. Es gibt aber auch Häuser für Gruppen bis zu 32 Personen.

Norwegische Ferienhäuser sind noch immer eine preiswerte Unterkunft. Eine durchschnittlich ausgestattete Hütte für 4-6 Personen ist in der Nebensaison bereits ab DM 270,- und in der Hochsaison für DM 370,- zu haben. Die Mietpreise für komfortablere Häuser liegen zwischen DM 400,- und DM 800,- pro Woche. Norwegens größter Ferienhausspezialist »Den norske Hytteformidling« kann auf eine 40jährige Erfahrung zurückblicken und kontrolliert selbst jedes einzelne Haus, bevor es zur Vermietung angeboten wird.

Urlaub zwischen Fjord und Fjell »Fjordhytter«

Informationen und Katalog erhalten Sie bei:
FJORDHYTTER
Kaigaten 10
N-5016 Bergen
Tel. 0047/5/31 66 30

Urlaub in Westnorwegen, das sind tiefblaue Fjorde und graue, schroffe Klippen, die sich direkt aus dem Wasser erheben. Das sind saftiggrüne Wiesen auf schmalen Uferstreifen und Obstbäume in üppiger Blüte. Das ist das nicht enden wollende Rauschen eines Wasserfalls, der sich aus schwindelnden Höhen in die Tiefe stürzt. Können Sie sich vorstellen, in so einer Umgebung einmal »Hausbesitzer auf Zeit« zu sein?

Kein Problem, sich diesen Wunsch zu erfüllen. Die norwegische Hüttenvermittlung mit Sitz in Bergen »Fjordhytter« hat sich mit ihrem Angebot ganz auf das Land der Fjorde spezialisiert. Im Katalog von »Fjordhytter« finden Sie nicht weniger als 600 Ferienhäuser, Hütten und Wohnungen, die den unterschiedlichsten Ansprüchen genügen. Das Richtige für Sie ist sicher dabei.

Die angebotenen Objekte haben durchweg hohen Komfort: Dusche und WC sind beinahe eine Selbstverständlichkeit und fast überall gehört ein Ruderboot (oft mit Außenbordmotor) zur Grundausstattung. Ganz gleich, ob Sie ein Ferienhaus für zwei Personen suchen oder noch 40 Gäste mitbringen: »Fjordhytter« hilft Ihnen sicher weiter. Wer's nostalgisch liebt, kommt auch auf seine Kosten: Hütten ohne Strom und mit der Wasserversorgung aus einem rauschenden Bach werden ebenfalls angeboten.

Daß den Aktivitätsmöglichkeiten in der vielfältigen westnorwegischen Natur kaum Grenzen gesetzt sind, braucht wohl kaum extra erwähnt werden: baden in Fjord oder Meer, Hochsee- oder Süßwasserangeln, Ski fahren auf Wasser oder Gletschereis... Mit einer Hütte von »Fjordhytter« als Ausgangspunkt ist Ihr Urlaub schon so gut wie gelungen. Besorgen Sie sich doch einfach den Katalog!

Reiseveranstalter und Reisebüros

NORWEGEN-SPEZIALISTEN (REISEVERANSTALTER)

Schwedisches Reisebüro
Joachimstalerstr. 10
1000 Berlin 15
Tel. 030-88 21 51 6

Skandinavisches Reisebüro GmbH
Kurfürstendamm 206
1000 Berlin 15
Tel. 030-88 12 124 + 88 32 066

Fast-Reisen
Alstertor 21
2000 Hamburg 1
Tel. 040-30 90 30

Norwegische Schiffahrts-Agentur GmbH
Kleine Johannisstr. 10
2000 Hamburg 11
Tel. 040-37 69 30

Reisebüro Norden
Ost-West-Str. 70
2000 Hamburg 11
Tel. 040-36 32 11

Spitzbergen Tours
A. Umbreit
Dammstr. 36
2300 Kiel 1
Tel. 0431-91 678

Reisebüro Norwegen
Am alten Markt 12
2351 Bornhöved
Tel. 04323-76 54

Wolters Reisen
Postfach 10 01 47
2800 Bremen 1
Tel. 0421-89 99-1

CVJM-Reisen GbmH
Im Druseltal 8
3500 Kassel-Wilhelmshöhe
Tel. 0561-30 870

Polarkreis Reisebüro
Wallstr. 10
4220 Dinslaken
Tel. 02134-55 39 6

Nordland-Aktiv-Reisen
Königsallee 10
4630 Bochum 1
Tel. 0234-33 62 62

Wikinger-Reisen GmbH
Büddinghardt 9
5800 Hagen 7
Tel. 02331-40 88 83

Freizeit-Ferienwerk Beersheba
Deutz-Mülheimer Str. 205
5000 Köln 80
Tel. 0221-62 40 92

Skandinavisches Reisebüro
Friedensstr. 1
6000 Frankfurt
Tel. 069-23 07 38

Hemming-Reisen
Biebererer Str. 60
6050 Offenbach
Tel. 069-81 11 18

Skandinavisches Reisebüro
Calwerstr. 17
7000 Stuttgart
Tel. 0711-22 30 61

Skandireisen
Bahnhofstr. 55
7253 Renningen
Tel. 07159-70 29

Finnland-Reisen GmbH
Sedanstr. 10
7800 Freiburg
Tel. 0761-22 70 0

ADAC Reise GmbH
Am Westpark 8
8000 München 70
Tel. 089-76 76-0

Polar-Reisen GmbH
Postfach 100
8345 Birnbach
Tel. 08563-52 1

Tour & Adventure
Sichelstr. 19
8900 Augsburg 21
Tel. 0821-34 01 76

Scanatour
Grafenauer Str. 26
8393 Freyung v.W.
Tel. 08551-50 58

AUF NORWEGEN UND SKANDINAVIEN SPEZIALISIERTE REISE-BÜROS

Skandinavisches Reisebüro GmbH
Kurfürstendamm 206
1000 Berlin 15
Tel. 030-88 12 124 + 88 32 066

Fast-Reisen
Alstertor 21
2000 Hamburg 1
Tel. 040-30 90 30

Reisebüro Norden
Ost-West-Str. 70
2000 Hamburg 11
Tel. 040-36 32 11

Norwegische Schiffahrts-Agentur GmbH
Kleine Johannisstr. 10
2000 Hamburg 11
Tel. 040-37 69 30

Reisebüro Norwegen
Am Alten Markt 12
2351 Bornhöved
Tel. 04323-76 54

Wolters Reisen
Bremer Str. 48
2805 Stuhr
Tel. 0421-89 99-1

Reisebüro Norden
Immermannstr. 54
4000 Düsseldorf 1
Tel. 0211-36 09 66

Skandinavisches Reisebüro
Friedensstr. 1
6000 Frankfurt
Tel. 069-23 07 38

Reisebüro Schumacher
Hauptstraße 27
6940 Weinheim/Bergstr.
Tel. 06201-12 06 1

Skandireisen
Bahnhofstr. 55
7253 Renningen
Tel. 07159-70 29

Finnland-Reisen GmbH
Sedanstr. 10
7800 Freiburg
Tel. 0761-22 70 0

ANDERE DEUTSCHE VERANSTALTER MIT GROSSER NORWEGEN-AUSWAHL IM PROGRAMM

Berolina Reisen
Bielefelderstr. 4
1000 Berlin
Tel. 030-71 21 01 8

ACE Reisedienst GmbH
Besenbinderhof 62
2000 Hamburg 1
Tel. 040-28 02 164

Hapag-Lloyd Reisebüro
Jungfernstieg/Verkehrspavillion
2000 Hamburg 36
Tel. 040-32 84 430

HS Reisebüro Setzer GmbH
Langener Landstr. 275
2850 Bremerhaven
Tel. 0471-80 20 33

TUI Scharnow
Karl-Wiechert-Allee 23
3000 Hannover 61
Tel. 0511-567-0

Dr. Tigges-Fahrten (TUI)
Karl-Wiechert-Allee 23
3000 Hannover 61
Tel. 0511-5670

Fintouring GmbH
Lönseck 7
3006 Burgwedel 2
Tel. 05135-44 4

Ev. Ferienwerk Kurhessen
Brauhausstr. 11
3417 Wahlsburg
Tel. 05572-12 88

NORD-REISEN RENDSBURG

Die im Norden der Bundesrepublik ansässige Firma NORD-REISEN vermittelt bereits seit 28 Jahren Ferienhäuser in Norwegen. Zur Zeit besteht die Auswahl aus ca. 600 norwegischen Häusern - insgesamt werden in ganz Skandinavien rund 2.500 Häuser angeboten. Je nach Größe bieten diese Feriendomizile Raum für 2 bis 12 Personen, die Ausstattung ist unterschiedlich - einfach bis luxuriös. Zusammen mit den Ferienhäusern können die Kunden auch alle Fährverbindungen nach Norwegen zu Originalpreisen buchen. Ein informativer Farb-Katalog ist in Ihrem Reisebüro oder direkt von: NORD-REISEN, Bahnhofstr. 8, 2370 Rendsburg, Tel. 04331 - 51 31, erhältlich.

Aktiv-Ferien in Norwegen

- **Skiwandern in Hornsjø**/Lillehammer-Gebiet ab **DM 1.445,-**, inkl. Fähre/Bus, HP, Reiseleitung.
- **Skiwandern in Synnseter**/Synnfjell ab **DM 1.485,-**, inkl. Fähre/Bus, HP, Reiseleitung.
- **Bergwandern in Trollheimen** ab **DM 1.465,-** inkl. Flug, HP, Reiseleitung.
- Aktiv am Fjord in **Surnadal** ab **DM 1.098,-** inkl. Flug, HP, Reiseleitung.
  Eigene Charterkette Köln – Oslo – Köln.

Weitere Informationen und Prospekt kostenlos!

Wikinger Reisen GmbH seit 1969
5800 Hagen 7 · Büddinghardt 9 · Abt. 5
Telefon: (02331) 40881 · Telex 823187

COUPON

Name _____
Straße _____
PLZ, Ort _____
Tel. _____

Reise und Touristik Service
Steinstr. 4
3522 Bad Karlshafen 2
Tel. 05672 - 10 01

Touristik Service
Klosterstr. 13
4400 Münster
Tel. 0251 - 50 06-1

Reisebüro Janning
Coesfelder Str. 6
4408 Dülmen
Tel. 02594 - 59 88

ITS International
Postfach 980220
5000 Köln 90
Tel. 02203 - 420

Globus Reisen GmbH
Hohenzollernring 86
5000 Köln 1
Tel. 0221 - 16 02 60

Conti-Reisen GmbH
Olpener Str. 851
5000 Köln 91
Tel. 0221 - 84 30 16

Post Sportverein Abteil. Touristik
Postfach 600920
5000 Köln 60
Tel. 0221 - 72 25 11

FINNTRAVEL GmbH
Am Pfaffendorfer Tor 4
5400 Koblenz
Tel. 0261 - 70 15 00 + 72 04 2

airtours international
Adalbertstr. 44-48
6000 Frankfurt 90
Tel. 069 - 79 28 - 0

Ameropa Reisen GmbH
Mannheimer Str. 81-95
6000 Frankfurt 1
Tel. 069 - 71 461

Deutsches Reisebüro GmbH
Eschersheimer Landstr. 25
6000 Frankfurt 1
Tel. 069 - 15 66-0

Finnland Reiseagentur
Emanuel-Geibel-Str. 11
6200 Wiesbaden 1
Tel. 06121 - 37 63 08

ACE Reisedienst GmbH
Schmidener Str. 233
7000 Stuttgart 50
Tel. 0711 - 50 67 214

Hetzel-Reisen GmbH
Kranstr. 8
7000 Stuttgart 31
Tel. 0711 - 83 5-1

Kaiser-Ferien
Hauptstr. 62
7000 Stuttgart 80
Tel. 0711 - 73 30 11

Reisebüro Binder
Wilhelm-Geiger-Platz 1
7000 Stuttgart 30
Tel. 0711 - 81 50 04

Reisebüro Heideker
Dottinger Str. 43
7420 Munsingen
Tel. 07381 - 731
und
Münsterplatz 38
7900 Ulm
Tel. 0731 - 68 066 / 67

Amtl. Bayr. Reisebüro
Promenadenplatz 12/1
8000 München 2
Tel. 089 - 59 04-0

Shangrila Reisen
Neuhauserstr. 1/6
8000 München 2
Tel. 089 - 26 09 509

Bayrisches Pilgerbüro
Dachauerstr. 9
8000 München 2
Tel. 089 - 55 49 71

INS-Reisen GmbH & Co. KG
Landshuter Allee 38
8000 München 19
Tel. 089 - 12 696 - 0

Scanatur
Grafenauerstr. 26
8393 Freyung

AKTIVITÄTEN-SPEZIALISTEN

Pferd & Reiter
Schulstr. 5
2000 Braak
Tel. 040 - 67 74 413

SUN-TEAM Erlebnisurlaub
Fährhausstr. 20
2000 Hamburg 76
Tel. 040 - 22 78 666

Individuelle Angel- und Jagdreisen
Reinbeker Weg 55
2057 Reinbek
Tel. 040 - 72 03 124

Poseidon Nemrod Club
Achternfelde 19
2000 Norderstedt
Tel. 040 - 52 37 471

S&L aktiv reisen GmbH
Postfach 120408
4000 Düsseldorf 12
Tel. 0211 - 28 20 46

Nordland-Aktiv-Reisen
Königsallee 10
4630 Bochum
Tel. 0234 - 33 62 62

Air Aqua Reisen
Ahstr. 8
4650 Gelsenkirchen
Tel. 0209 - 22 00 7

Norrland Travel Service
Weststr. 12
4795 Delbrück-Steinhorst
Tel. 05294 - 3 12

Ingo's Busfahrten
Bokeler Str. 6
4802 Halle
Tel. 05201 - 27 22

ITTH Wander-Reisen
Bruchhausenstr. 16 a
5500 Trier
Tel. 0651 - 72 326

Wikinger Reisen
Büddinghardt 9
5800 Hagen 7
Tel. 02331 - 408 81 - 83

terranova
Hirschsprung 8
6078 Zeppelinheim
Tel. 069 - 69 30 54

Balzer Angelreisen
Spessartstr. 13
6420 Lauterbach/Hessen
Tel. 06641 - 88 12

Tauchreisen Th. Schönemann
Bahnhofstr. 30
6903 Neckargemünd
Tel. 06223 - 72 14 2

Tramp Tours
Postfach 1124
Breitgasse 43
6945 Hirschberg
Tel. 06201 - 58 263

Walz-Wanderferien
Mörikestr. 10
7449 Neckartenzlingen
Tel. 07127 - 32 04 4

Baumeler Wanderreisen
Thomas-Wimmer-Ring 9
8000 München 22
Tel. 089 - 23 50 81 81

Hauser Exkursionen
Marienstr. 17
8000 München 2
Tel. 089 - 23 50 06 - 0

Nautilus Tours
Leopoldstr. 9
8000 München 40
Tel. 089 - 33 30 91

FERIENHAUS-SPEZIALISTEN IN DER BUNDESREPUBLIK DEUTSCHLAND

Nordisk Ferie - Novasol
Steintorweg 8
2000 Hamburg 1
Tel. 040 - 24 63 43

Reisebüro Norwegen
Am alten Markt 12
2351 Bornhöved
Tel. 04323 - 76 54

Nord-Reisen
Bahnhofstr. 8
2370 Rendsburg
Tel. 04331 - 51 31

Ferienhausvermittlung Wagner
Fehrenwinkel 20
3000 Hannover 51
Tel. 0511 - 64 78 635

Dr. Wulf's Ferienhausdienst
Hoeschplatz 5
5160 Düren
Tel. 02421 - 12 21

Der Spezialist für Fernreise-Service

Schirra-reisen wurde 1948 von Michael Schirra gegründet und entwickelte sich im Laufe der Jahre zu einem Spezialisten für Busrundreisen.
Seit 1972 hat der Reiseveranstalter Skandinavien in seinem Programm. Sie können z. B. eine 16-tägige kombinierte Schiffs-Busreise ans Nordkap oder eine 9-tägige Fahrt durch die norwegische Fjord- und Fjellandschaft buchen.
Bei allen Rundreisen werden immer Hotels der gehobenen Mittelklasse angeboten, und es kommen ausschließlich Busse der 4-Sterne-Klassifizierung zum Einsatz. Entsprechend der Unternehmensphilosophie »Klasse statt Masse« werden alle Rundreisen nur mit begrenzten Teilnehmerzahlen durchgeführt, so daß eine individuelle Betreuung der Reiseteilnehmer durch erfahrene Reiseleiter gewährleistet ist.
Machen Sie Ihre eigenen Erfahrungen und erleben Sie Vielfalt und Gegensätze des hohen Nordens.
Schirra-reisen hilft Ihnen gerne dabei und sendet auf Anfrage den Reisekatalog kostenlos zu.

Schirra-reisen der Spezialist für Fernreise-Service:
Mittelbachweg 2, D-6648 Wadern, Tel. 06871 / 30 11 o. 30 80, Telex 44 54 32 shira d

Magnet Ferienwohnungen
Hochstr. 47
6000 Frankfurt 1
Tel. 069-290429

Polar-Reisen GmbH
Postfach 100
8345 Birnbach
Tel. 08563-521

FERIENHAUS-SPEZIALISTEN IN NORWEGEN

Norsk Hytteferie
Boks 3207 Sagene
N-0405 Oslo 4
Tel. 00472-356710

Fjordhytter
Kaigaten 10
N-5000 Bergen
Tel. 00475-316630

Sørlandets Hybel Hytteservice
Henrik Wergelandsgt. 41
N-4600 Kristiansand
Tel. 0047-42-24515/23800

Nordisk Hytteferie
Storgaten 8
N-2600 Lillehammer
Tel. 004762-54900

STUDIENREISEN

Athena Weltweit
Adenauerallee 10
2000 Hamburg 1
Tel. 040-245243 + 249462

Hamburger Studienfahrten
Mönckebergstr. 18
2000 Hamburg 1

ATHENA-Reisen GmbH
Neuer Wall 19
2000 Hamburg 36
Tel. 040-351257

Natur-Studienreisen GmbH
Untere Dorfstr. 12
3410 Northeim 1
Tel. 05551-5069

Asmus Studienreisen GmbH
Geiststr. 81
4400 Münster
Tel. 0251-793434

Cheap Tours Studienreisen
Rampendal 10
4920 Lemgo
Tel. 05261-14305

Young Tours GmbH
Ostmerheimer Str. 397
5000 Köln 91
Tel. 0221-693787

Studien-Kontakt-Reisen
Kurfürstenallee 5
5300 Bonn 2
Tel. 0228-357015-17

Gehlert-Studienreisen
Bahnhofstr. 29
5620 Velbert 1
Tel. 02051-56126

Tempelmann Studienreisen
Am Butenberg 6
5810 Witten
Tel. 02302-51170

Hemming-Reisen
Bieberer Straße 60
6050 Offenbach
Tel. 069-811118

Frankfurter Studienreisen
Nebenhainerweg 4
6238 Hofheim/Ts.
Tel. 06192-8394

Legner Reisen
Im Strütgen
6295 Merenberg
Tel. 06471-52061

Akademische Studienreisen
Wielandtstr. 20
6900 Heidelberg 1
Tel. 06221-45093-6

Studien-Kreuzfahrten
Friedrichstr. 167
7140 Ludwigsburg
Tel. 07141-874334-35

Karawane Studien-Reisen
Friedrichstr. 167
7140 Ludwigsburg
Tel. 07141-87430

Gesellschaft z. Förderung kultureller Studienreisen
Adalbertstr. 23
8000 München 80
Tel. 089-284470

Internationale Studienreisen
Thomas-Wimmer-Ring 9
8000 München 22
Tel. 089-2350810

Studiosus Reisen München
Trappentreustr. 1
8000 München 2
Tel. 089-523000

Studien- und Wanderreisen
Fahrtenring GmbH
Unterer Seeweg 3
8130 Starnberg
Tel. 08151-3057

Studienfahrten Prof. Kutscher
Tassiloweg 2
8130 Starnberg 3
Tel. 08151-7686-7

S.O.T. Reisen
Tizianstr. 3
8200 Rosenheim
Tel. 089-263051

Reisezentrum Dr. Krugmann
Goethestr. 27
8520 Erlangen
Tel. 09131-25077

G. Meiners Studienreisen
Lindeweg
8867 Oettingen
Tel. 09082-2091

BUSREISEN NACH NORWEGEN

Bodammer Touristik
Klausenerplatz 22
1000 Berlin 19
Tel. 030-3223096

Omnibusbetrieb U. Schulze
Osnabrücker Str. 17
1000 Berlin 10
Tel. 030-3441560

Weichert-Reisen GmbH & Co
Müllerstr. 32
1000 Berlin 65
Tel. 030-4556091

Elite Reisen
Mühlendamm 88
2000 Hamburg 76
Tel. 040-2201281

Friedrich Jasper
Mühlendamm 86
2000 Hamburg 76
Tel. 040-2201201

Reisering Hamburg
Adenauerallee 78
2000 Hamburg 1
Tel. 040-2803911 (o. ZOB)
und
Busanlage Bergedorf
2050 Hamburg 80
Tel. 040-7213200

Siggelkow-Reisen
August-Krogmann-Str. 1b
2000 Hamburg 72
Tel. 040-6430043

PVG-Reisen
Dingstätte 16
2080 Pinneberg
Tel. 04101-24045

Hörmann-Reisen
Großmoordamm 122
2100 Hamburg 90
Tel. 040-776077/770838

Thies-Reisen
Kirchdorferstr. 114
2102 Hamburg 93
Tel. 040-7540066

Bella Tourist Reisen
Finkenwerder Norderdeich 93
2103 Hamburg 95
Tel. 040-7427001

Globetrotter-Reisen
Neue Str. 1
2100 Hamburg 90
Tel. 040-773545
und:

Harburger Str. 20
2107 Rosengarten 5
Tel. 040-7962255

Kvg. Hanseat Reisen
Harburgerstr. 96
2160 Stade

Numssen-Reisen
Breite Str. 4
2210 Itzehoe
Tel. 04821-2025-26

Autokraft-Reisen
Von-der-Tann-Str. 27
2300 Kiel 1
Tel. 0431-666-1

GeBeCo-Reisen
Eckernförder Str. 93
2300 Kiel 1
Tel. 0431-15456

Glückskäferreisen
Fleethörn 1-7
2300 Kiel
Tel. 0431-95080

Möller's Reisedienst KG
Stoverweg 1b
2350 Neumünster
Tel. 04321-32222

Reisebüro Norwegen
Am alten Markt 12
2351 Bornhöved
Tel. 04323-7654

Neubauer Reisen GmbH
Große Str. 4
2390 Flensburg
Tel. 0461-17175

Förde Reederei
Bus-Reisen
Am Lautrupsbach 4
2390 Flensburg
Tel. 0461-811263

LVG-Rb Lübecker Verkehrsg.
An der Untertrave 104
2400 Lübeck 1
Tel. 0451-71871

BVG-Reisen
Langenstr. 12
2800 Bremen
Tel. 0421-55961

Wolters Reisen
Postfach 100147
2800 Bremen 1
Tel. 0421-8999-1

Wrede-Reisen GmbH
Große Str. 8
Postfach 1825
2810 Verden/Aller
Tel. 04231-81023

Verkehrsg. Bremerhaven
Postfach 210545
2850 Bremerhaven
Tel. 0471-477514

Auto-Fischer Reisen
Mühlenstr. 122-124
2950 Leer/Ostfr.
Tel. 0491-580010

Beckmann Reisen
Im Reihpiepenfelde 10
3000 Hannover 91
Tel. 0511-816860

Cebu Reise-Center
Döhrbruch 24
3000 Hannover 71
Tel. 0511-5100750

Ruhe Reisen
Bahnhofstr. 8
3060 Stadthagen
Tel. 05721-75034

Autobusreisedienst W. Spannuth
Lange Str. 7a
3062 Bückeburg
Tel. 05722-1006

Winkelmann-Reisen
Stechbahn 5
3100 Celle
Tel. 05121-7055

Kahn Tours
Steinweg 40
3300 Braunschweig
Tel. 0531-479500

Mundstock Reisen
Schleusenstr. 1-3
3303 Vechelde
Tel. 05302-2066

Reisebüro Uhlendorff GmbH
Paulinerstr. 13
3400 Göttingen
Tel. 0551-49667

HDC Reisen
Römerstr. 271-289
D-4100 Duisburg 8
Tel. 0203-470051

Keller Reisen
Bülowstr. 87-89
4354 Datteln
Tel. 02363-4033-35

Reisedienst Josef Bils KG
Haberkamp 2-6
4401 Albersloh
Tel. 02535-791

TRD-Reisen Fischer
Im Spähenfelde 51
4600 Dortmund 1
Tel. 0231-575820

VIATOR-REISEN Dr. Hegener
Betenstr. 3-5, Stadehaus
4600 Dortmund 1
Tel. 0231-527209

Kläs Reisen
Langestr. 37
4670 Lünen
Tel. 02306-1586

HEIDEKER-REISEN

- Ihr Spezialist für Skandinavienreisen -

Busreisen nach Skandinavien, und speziell nach Norwegen, werden immer beliebter. Wir haben seit über 10 Jahren unser Angebot an hochwertigen Rund- und Aufenthaltsreisen ständig erweitert. Die eingesetzten Luxusbusse und vor allem die guten Hotels lassen für Sie die Naturwunder Norwegens zu einem einmaligen Erlebnis werden. Hier eine Auswahl unserer schönsten Busrundreisen: **Nordkap - Lofoten - Helgeland**
Südnorwegen - Stavanger - Bergen   **Nordkap - Kirkenes - Lofoten**
Zu den schönsten Fjorden Norwegens   **Nordkap - Schweden - Finnland**
In das Gletschergebiet nach Loen   **Kreuzfahrt mit »MS-Berlin« Abenteuer Nordland**
Wir arbeiten Ihnen auch gerne individuelle PKW-Reisen oder Gruppenreisen aus. Bitte fordern Sie unser ausführliches Skandinavien-Programm an.

REISEBÜRO HEIDEKER Dottinger Str. 43 | **REISEBÜRO HEIDEKER**, Münsterplatz 38
7420 Münsingen, Tel. 07381 - 731 | 7900 Ulm, Tel. 0731 - 68066

Erleben Sie die weiten ursprünglichen Landschaften des Nordens mit Wolters Reisen!

Skandinavien ist unsere Domäne als Reiseveranstalter. Drei Hauptkataloge enthalten alle Urlaubsarten, die der Norden bietet: Im 80 Seiten starken **Nordland-Katalog** werden hochwertige Reisen – von der Studien-, Rund- und Aufenthaltsreise bis zur Postdampferreise zum Nordkap angeboten. Weit über 4000 Ferienhäuser stehen zur Auswahl, betrachtet man den **Ferienhaus-Katalog** von Wolters Reisen und den Katalog von Nord Reisen, unserer Tochterfirma aus Rendsburg.

"Urlaub im Norden soll familienfreundlich sein". Diesem Wunsch entspricht besonders das Ferienhausprogramm. 1987 wurde erstmals ein "Familienpaß" eingeführt, der die Urlaubskasse für Familien mit Kindern wesentlich entlastet.

Interessante Rundreisen für Autotouristen finden Sie in unserem Spezialprospekt "Autowandern in Norwegen".

Ausführliche Beratung und Buchung in allen guten Reisebüros.

Prospekte erhalten Sie auch direkt von unserem Prospektservice
Postfach 10 01 47
2800 Bremen 1
Telefon 04 21 / 89 99 289

Den Katalog Nord Reisen erhalten Sie im Reisebüro oder von Nord Reisen
Bahnhofstraße 8
2370 Rendsburg
Telefon 0 43 31 / 51 31

Nordland
Norwegen · Schweden · Finnland · UdSSR
Dänemark · Island · Grönland · Polen

WOLTERS REISEN
Das sichere Urlaubsgefühl

Autowandern in Norwegen
Sonderprospekt

Reisebüro Anton Graf GmbH
Edmund-Weber-Str. 146-158
4690 Herne 2
Tel. 02325-39 31

Karl Niebäumer
Alte Landstr. 1
4902 Bad Salzuflen 1
Tel. 05222-210 91

UNIVERS-Reisen / Autobus KG
Am Rinkenpfuhl 57
5000 Köln 1
Tel. 0221-23 57 71-76

Kirschner Reisen
Apostelnstr. 11
5000 Köln 1

Trident Tours GmbH
Hansaring 15-17
5000 Köln 1
Tel. 0221-51 70 25

Freizeit-Ferienwerk Beersheba
Deutz-Mülheimer-Str. 205
5000 Köln 80
Tel. 0221-62 40 92

ASEAG-Reisen
Peterstr. 23
5100 Aachen
Tel. 0241-35 44 1

Schornstein-Reisen
Theaterplatz 1
5100 Aachen
Tel. 0241-36 000

Dahm & Erl
Saarstr. 12
5500 Trier
Tel. 0651-75 007

Elba-Reisebüro GmbH
Morianstr. 10
5600 Wuppertal 1
Tel. 0202-49 30 20

Reisebüro Willy Bender
Am Stadtbahnhof 18
5600 Wuppertal 21
Tel. 0202-46 44 19

Gebr. Wiedenhoff
Bismarckstr. 45
3650 Solingen 1
Tel. 0212-81 30 81

Mildner Reisen
Unterschmitte 30
5653 Leichlingen 1
Tel. 02175-50 48

Knipschild-Reisen
Briloner Straße 46
5778 Meschede
Tel. 0291-50 00 7

Hafermann-Reisen
Brüderstr. 7-9
5810 Witten / Ruhr
Tel. 02302-52 05 7

Ideal-Reisen
Hagener Str. 226
5910 Kreuztal
Tel. 02732-80 05 3

Scholz Reisen Touristik
Bahnhofstr. 13
5980 Werdohl
Tel. 02392-15 80

Alpina-Reisen
Zeil 111
6000 Frankfurt
Tel. 069-41 02 42

Kosmos-Reisen
Rathenauplatz 2-8
6000 Frankfurt
Tel. 069-28 87 78

Dt. Touring Gesellschaft
Am Römerhof 17
6000 Frankfurt 90
Tel. 069-79 03-2 24

Frankf. Nachrichten Reisen
Eichwaldstr. 26
6000 Frankfurt 1
Tel. 069-43 99 11-13

Gauf-Reisen
Münchener Str. 10
6000 Frankfurt 1
Tel. 069-23 08 61-5

Himmelreich-Reisen
Kaiserstr. 18/20
6000 Frankfurt 1
Tel. 069-28 14 74

Hemming-Reisen
Bieberer Str. 60
6050 Offenbach
Tel. 069-81 11 18

Rothluebbers Reisen GmbH
Schepp Allee 78
6100 Darmstadt
Tel. 06151-31 61 11

Hübbe-Reisen
Aschaffenburger Str. 34
6128 Höchst im Odenwald
Tel. 06163-30 36

Jensen & Damm (Top-Reisen)
Marktplatz 7
6300 Giessen
Tel. 0641-81 01 1

Peter-Reisen
Dippelstr. 5
6430 Bad Hersfeld
Tel. 06621-6 10 61 + 23 16

Göbel Reisen
Johannestor 4
6430 Bad Hersfeld

MAIN-KINZIG-REISEN
Burgstr. 9
6466 Gründau-Haingründau
Tel. 06058-10 11-14

Götten-Reisen
Faktoreistr. 2
6600 Saarbrücken
Tel. 0681-30 68 1

Schirra Reisen GmbH
Mittelbachweg 1
6648 Wadern-Lockweiler
Tel 06871-30 11

Blum-Holiday-Tours GmbH
Maxstr. 48
6700 Ludwigshafen 1
Tel. 0621-51 905 1-56

LUNDI TOURS GmbH
Hauptstr. 81
6718 Grünstadt
Tel. 0631-803-0

Beth Reisen
Wormser Str. 84
6840 Lampertheim
Tel. 06206-40 13

Reisebüro Schumacher KG
Hauptstr. 27
6940 Weinheim / Bergstr.
Tel. 06201-1 20 61

Bernhard T.T.S.
Postfach 1146
6969 Hardheim

OVA REISEBÜRO
Bahnhofstr. 24
7080 Aalen
Tel. 07361-65 34-35

Wöhrs Tours GmbH
Grabenstr. 5-7
7251 Weissach
Tel. 07044-30 41

Reisebüro Georg Volz
Liebenzeller Str. 32
7260 Calw-Hirsau
Tel. 07051-56 01

Schlienz Reisebüro
Berliner Str. 10
7300 Esslingen
Tel. 0711-37 20 04

Reisebüro Heideker
Dottingerstr. 43
7420 Münsingen
Tel. 07381-73 1

AVG-Reisen
Lammstr. 7
7500 Karlsruhe
Tel. 0721-25 55 4

Omnibusverk. u. Reisebüro
Im Hagenfeld 6
7519 Oberderdingen
Tel. 07045-30 63

Eberhardt Reisen
Bahnhofstr. 2
7530 Pforzheim
Tel. 07231-31 03 1

Autoreisen Bregenzer GmbH
Rengoldshauser Str. 11
7770 Überlingen
Tel. 07551-40 44

Reisebüro Stählin
Engelbergerstr. 10
7800 Freiburg
Tel. 0761-27 40 46

Klemens Diesch
Postfach 60
7952 Bad Buchau
Tel. 07582-27 2

Litz-Touristik
Hauptstr. 52
7993 Kressbronn
Tel. 07543-68 44

Thürmer-Reisen
Zeisigweg 9
8000 München 82
Tel. 089-43 01 779

Die Fortsetzung der Reiseveranstalterliste finden Sie auf Seite 226.

Wir machen Urlaub für Autofahrer

Kataloge, Beratung und Buchung in allen ADAC-Geschäftsstellen und in allen Reisebüros mit dem ADAC Reise-Zeichen.

ADAC Reise GmbH

Wir haben die Erfahrung und den Service für individuellen Urlaub mit dem Auto:

Bei uns bekommen Sie nicht nur das richtige Urlaubsquartier in Norwegen, sondern bereits bei der Buchung umfangreiches Informationsmaterial für die Reiseplanung. Und unsere verbraucherfreundlichen Endpreise schonen Ihre Urlaubskasse – wir haben keine Bearbeitungsgebühren, und die Reiserücktrittskosten-Versicherung ist im Preis eingeschlossen.

Wir haben Norwegen-Urlaub in zwei Katalogen:

● Im Programm **Packagetouren** finden Sie sieben Rundreisen durch Norwegen, so frei wie möglich, so vororganisiert wie nötig. Wir haben die interessantesten Routen für Sie ausgewählt. Hotels und Fähre sind vorgebucht.

● Im Programm **Skandinavien** finden Sie ausgewählte Ferienhäuser, Ferienwohnungen und Hotels in den schönsten Urlaubsgebieten Norwegens.

REISEBÜRO
›NORWEGEN‹
INDIVIDUELLE REISEBERATUNG
UND -PLANUNG

Am Alten Markt 12 - D-2351 Bornhöved
Tel. 0 43 23 - 76 54, Telex 299 616 norge d
BTX-Nr. 40 20 00 12, Telefax 0 43 23 - 60 20
Fordern Sie meine Kataloge für variable PKW -
Rundreise - Vorschläge und für meine eigenen Busreisen an.

Margot Briesemann

Ihr Spezialist
für *jede* Art von
Reisen nach und
innerhalb *ganz*
Norwegens; zu *allen*
Jahreszeiten, zu
günstigen Preisen!

So wie dieser Troll über sein Alter nachgrübelt, ...

... denke ich über die PLANUNG IHRER REISE nach!

Spezialveranstalter
für Nordeuropa-Reisen

In Skandinavien sind wir zu Hause.

- In dem vielfältigen Programm werden PKW-Rundreisen mit Hotelaufenthalt in schönen Hotels am Fjord und im Gebirge oder zu den Lofoten angeboten.
- Mit dem Best Western Hotelscheck bieten sich günstige Übernachtungsmöglichkeiten an.
- Für Selbstversorger steht eine Auswahl verschiedener Ferienhäuser zur Verfügung.
- Hurtigruten - die schönste Schiffsreise der Welt im Sommer wie auch im Winter.
- Generalagent der LARVIK LINE - Fährüberfahrt Frederikshavn - Larvik und zurück.
- Wintersport - Aufenthalt im Hotel oder einer Hütte.

Welche Art von Norwegen-Urlaub Sie auch wünschen, bei Reisebüro Norden GmbH sind Sie stets gut beraten - zu jeder Jahreszeit.

NORDEN

Reisebüro Norden GmbH	Reisebüro Norden GmbH
2000 Hamburg 11	4000 Düsseldorf 1
Ost-West-Str. 70	Immermannstr. 54
Tel. 040 - 36 00 15 - 0	Tel. 0211 - 36 09 66

Ferienhäuser in Beitostølen

An der Pforte zu Jotunheimen, einem der bekanntesten Gebiete Norwegens, liegt Beitostølen - 900 m.ü.d.M. Nur 220 km trennen diesen beliebten norwegischen Ferienort von Oslo. Beitostølen hat das ganze Jahr über Ferienangebote für die unterschiedlichsten Interessengruppen. Hier kann die ganze Familie die phantastische, norwegische Natur hautnah erleben - im Sommer wie im Winter. Abends können Sie die norwegische oder internationale Küche genießen.

Im Winter bietet Beitostølen ein modernes Alpincenter mit Abfahrtspisten - alle mit Skiliften. Das Skiloipengebiet wechselt zwischen hügeligem Birkenwald bis hin zu weitflächigem Hochgebirge. Hier finden Sie über 100 km markierte Skilanglaufloipen, 70 km davon sind gut präpariert. Das Gebiet ist von November bis April schneesicher.

Imm Sommer ist Beitostølen Ausgangspunkt für interessante Fußwanderungen auf vielen markierten Wanderwegen. In den weitläufigen Wäldern können Sie Beeren pflücken oder eine Fahrradtour unternehmen. Angelmöglichkeiten bestehen in unzähligen Gebirgsseen.

Zu Verkaufen!

Mitten in dieser herrlichen Gebirgslandschaft hat die Baugesellschaft **Moelven Bygg** Ferienhäuser errichtet, die auch ausländischen Interessenten zum Kauf angeboten werden.

Die Häuser haben eine Grundfläche zwischen 66 m² und 77 m² mit einer großen und überdachten Terrasse, einen Kamin und einem Vorratsraum. Küche und Bad sind voll eingerichtet. In zwei Häusertypen befindet sich auch eine Sauna. Alle Haustypen haben Grasdächer. Gleich neben den Ferienhäusern wird zur Zeit ein See aufgestaut, in dem man baden angeln und Boot fahren kann. In dem angeschlosse-

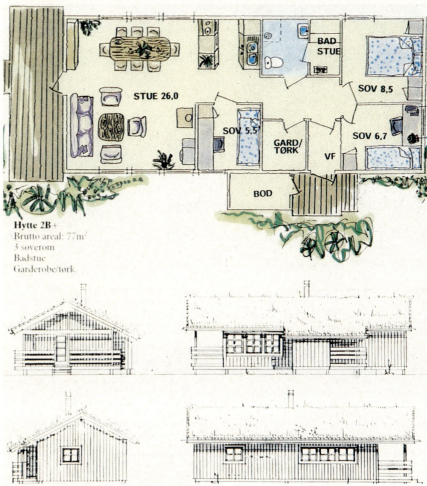

nen Servicecenter gibt es eine Wäscherei, Restaurant, Cafeteria und ein Verleih von Videos, Skiern, Booten und Surfbrettern. Es besteht die Möglichkeit, einen Hausmeistervertrag abzuschließen. Außerdem kann das Haus während Ihrer Abwesenheit auf Ihren Wunsch vermietet werden.

Beitostølen ist ein Gebiet mit allen Vorteilen, die Norwegens Hochgebirge zu bieten hat. Ruhe, klare Luft, ein Freiheitsgefühl, das Sie heute selten in unserer dichtbevölkerten Welt erleben können.

Übrigens: 1994 werden die Olympischen Spiele in Lillehammer ausgetragen - Beitostølen liegt nur 153 km entfernt.

Vertreter in der Bundesrepublik:
Odd H. Andreassen, Wallstraße 10
4220 Dinslaken, Tel. 02134 - 55 396

Fährverbindungen
Fahrpläne und Tarife

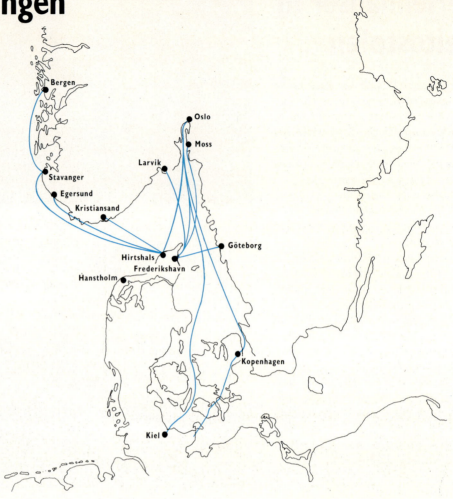

SCANDINAVIAN SEAWAYS

FAHRPREISE KOPENHAGEN - OSLO

Tarife für Passagiere

Preise in DM pro Person. Kinder von 4-15 Jahren: 50 % Rabatt.	11.03.-30.10.89 einfache Fahrt	11.03.-30.10.89 Hin- & Rückfahrt
4-Bett-Kabine mit Dusche/WC innen	166,-	294,-
3-Bett-Kabine mit Dusche/WC innen	181,-	322,-
2-Bett-Kabine mit Dusche/WC innen	215,-	361,-
Einzelkabine mit Dusche/WC innen	294,-	494,-
4-Bett-Kabine Commodore Class außen**	242,-	416,-
3-Bett-Kabine Commodore Class außen**	268,-	455,-
2-Bett-Kabine Commodore Class außen**	335,-	562,-
Einzelkabine Commodore Class außen**	429,-	723,-
Zuschlag Commodore Class de Luxe	81,-	162,-

*) Holiday Tarif (Bedingungen: Gleichzeitige Buchung von Hin- und Rückfahrt. Nach Reiseantritt ist keine Umbuchung mehr möglich).
**) Beinhaltet Frühstück, Kabinenservice und Minibar.

KOPENHAGEN - OSLO

Fahrplan 11.03. - 30.10.1989

täglich:	Abfahrt	folgender Tag:	Ankunft
Ab Kopenhagen	17:00	An Oslo	09:00
Ab Oslo	17:00	An Kopenhagen	09:15

aronda tours

Seit 10 Jahren: Gruppenreisen, die ankommen.

1989

Bei uns sind Ihre Skandinavien-Reisen in den besten Händen. Wir sind der Spezialist für alle Gruppenreisen, die seit Jahren gut ankommen.

aronda tours ag
Birmannsgasse 12b
Postfach
CH-4009 Basel

Telefon: 061/25 35 35
Telex: 964 180 aro ch
Telefax: 061/25 35 30

POLAR-REISEN GMBH

Wohnen - mitten in der Natur
Urlaub - im Herzen der Natur

Urlaub in Skandinavien - ein einzigartiges Naturerlebnis. Erleben Sie gewaltige Fjorde und majestätische Gebirgsketten; riesige Wälder, donnernde Wasserfälle und klare Flüsse und Seen.
So abwechslungsreich wie Skandinavien selber ist auch die Riesenauswahl an Hütten, Villen oder Blockhäusern von POLAR-REISEN. Bei uns finden Sie Ihr Ferienhaus meist in Wassernähe gelegen.
Herzlich willkommen in Skandinavien.

Gutschein

Name
Straße
PLZ/Ort
Telefon

Fordern Sie kostenlos und unverbindlich den 224 Seiten starken, farbenprächtigen Ferienhauskatalog von POLAR-REISEN an.

Polar-Reisen GmbH
Postfach 100
D-8563 Bad Birnbach
Telefon 0 85 63 / 15 30

POLAR-Reisen 1989:
Riesenauswahl der schönsten Ferienhäuser in ganz **Norwegen!**

FRED. OLSEN LINES

HIRTSHALS - OSLO 1989
M/S BRAEMAR

2.1.-21.6. + 3.9.-21.12.89	Montag	Dienstag	Mittwoch	Donnerstag	Freitag	Samstag	Sonntag
Ab Hirtshals		9:30	10:30[1]	11:00	Kein	Kein	22:30
An Oslo	07:30	18:00	19:00	20:00	Verkehr	Verkehr	
Ab Oslo	18:00	19:00	20:00[1]	22:30[2]		Kein	Kein
An Hirtshals		07:00	08:00	07:30	08:15	Verkehr	Verkehr

1) Kein Verkehr am 21.06.   Kein Verkehr in der Zeit vom 16.01. - 12.02.89
2) Kein Verkehr am 21.12.   Sonderabfahrt: Hirtshals - Oslo am 12.02., 24:00, Ankunft: 13.02., 09:00

HIRTSHALS - KRISTIANSAND
M/S BORGEN

03.01. - 16.03.1989	Montag		Dienstag		Mittwoch		Donnerstag		Freitag		Samstag		Sonntag	
Ab Hirtshals	01:00	23:00		17:30	14:00	24:00		16:30	08:00	18:15	11:30	23:00		13:30
An Kristiansand	06:45		06:45	21:30	18:00		06:45	21:00	12:00	22:30	15:30		06:45	17:30
Ab Kristiansand	16:30		09:00	23:00		19:00	09:00	23:00	13:00	23:45	17:00		08:00	19:00
An Hirtshals	21:00		13:30		07:00	23:00	13:30		06:30	17:00	07:00	21:30	12:15	23:00

(Vom 23.01. - 16:00 bis 13.02. - 01:00 M/S BRÆMAR)   am 13.02.89 um 01:00 Uhr keine Abfahrt: Hirtshals - Kristiansand

17.03. - 27.03.89 (Ostern)	Freitag, 17.3.		Samstag, 18.3.		Sonntag, 19.3.		Montag, 20.3.		Dienstag, 21.3.		Mittwoch, 22.3.		Donnerstag, 23.3.	
Ab Hirtshals	08:00	18:15	08:00	18:15	08:00	18:15	08:00	23:00		17:30	14:00	24:00		16:30
An Kristiansand	12:00	22:30	12:00	22:30	12:00	22:30	12:30		06:45	21:30	18:00		06:45	21:00
Ab Kristiansand	13:00	23:45	13:00	23:45	13:00	23:45	16:30		09:00	23:00		19:00	09:00	
An Hirtshals	06:30	17:00	07:00	17:00	07:00	17:00	07:00	21:00	13:30		07:00	23:00		13:30

	Freitag, 24.3.		Samstag, 25.3.		Sonntag, 26.3.		Montag, 27.3.	
Ab Hirtshals	16:30		11:30	23:00	13:00	23:45	13:30	23:45
An Kristiansand	21:00		15:30		06:45	17:00	06:45	17:00
Ab Kristiansand	09:00	23:00	17:00		08:00	18:15	08:00	18:15
An Hirtshals	13:00		07:00	21:30	12:00	22:30	12:00	22:30

22.06. - 03.09.1989	Montag			Dienstag				Mittwoch			Donnerstag			
Ab Hirtshals	01:00	08:00	13:30	01:00	08:00	13:30	19:00	01:00	08:00	13:30	01:00	08:00	13:30	19:00
An Kristiansand	06:30	12:15	17:45	06:30	12:15	17:45	23:00	06:30	12:15	17:45	06:30	12:15	17:45	23:00
Ab Kristiansand	01:00	08:00	19:00	08:00	13:30	19:00		01:00	08:00	13:30	19:00	01:00	08:00	13:30	19:00
An Hirtshals	06:30	12:15	23:00	12:15	17:45	23:15		06:30	12:15	17:45	23:00	06:30	12:15	17:45	23:00

22.06. - 03.09.1989	Freitag				Samstag				Sonntag			
Ab Hirtshals	01:00	08:00	13:30	19:00	01:00	08:00	13:30	19:00	01:00	08:00	13:30	19:00*
An Kristiansand	06:30	12:15	17:45	23:00	06:30	12:15	17:45	23:00	06:30	12:15	17:45	23:00
Ab Kristiansand	01:00	08:00	13:30	19:00	01:00	08:00	13:30	19:00	01:00	08:00	13:30	19:00
An Hirtshals	06:30	12:15	17:45	23:00	06:30	12:15	17:45	23:00	06:30	12:15	17:45	23:00

* = Kein Verkehr von Hirtshals am 03.09. um 19:00 Uhr.

Im Jahr 1988 feierte Hemming-Reisen ein bemerkenswertes Jubiläum: seit 25 Jahren führt der Norwegen-Spezialist aus Offenbach Nordkap-Reisen durch. Hemming-Reisen war eines der ersten Reisebüros in der Bundesrepublik, das in Pionierarbeit persönlich und sorgfältig die Reiserouten zum Nordkap erschlossen hat. Aus bescheidenen Anfängen entstand dabei im Laufe von 25 Jahren das wohl reichhaltigste und umfangreichste Nordkap-Programm, das bei uns angeboten wird. Nicht ohne Grund nennt man Hemming-Reisen heute den »Nordkap-Spezialisten«. Hemming-Reisen arbeitet ohne Zwischenhändler: durch Direktverträge mit den Reedereien und Hotels werden so erstaunlich günstige Preise erzielt, die an die Kunden weitergegeben werden. Obwohl man auf allen Reisen - bis in den hohen Norden - nur in erstklassigen Hotels übernachtet, sind die Preise angenehm niedrig. Außerdem werden immer Gesamtpreise angegeben, bei denen praktisch alles inklusiv ist. Neu im Hemming-Angebot: die Anreise im Intercity der DB 2.Klasse von Ihrem Heimatbahnhof nach Offenbach/Frankfurt oder direkt zum Einschiffungshafen nach Kiel, Puttgarden oder Cuxhaven.

Seit 10 Jahren veranstaltet Hemming-Reisen Kreuzfahrten zum Nordkap. Zwei davon sind die 13-tägige Lofoten-Nordkap-Kreuzfahrt mit der »MS Istra« oder der »MS Dalmacija« entlang der Traumküste Norwegens, an der Sie vom 24.06. - 06.07.1989 oder vom 29.07. - 10.08.1989 teilnehmen können.

Ein besonderer Leckerbissen in dem vielfäligen Hemming-Programm sind die Nordkap-Kombinations-Reisen per Bus, Kreuzfahrtschiff und Linienflugzeug (SAS), die ein wohl einmaliges Angebot darstellen. Zu den besonderen Vorzügen von Hemming-Reisen gehört auch der Einsatz von vorwiegend norwegischen und anderen skandinavischen Reiseleitern, die ihr Land in- und auswendig kennen und es den Reisegästen gekonnt näherbringen.

Ebenso neu bei allen Rundreisen:
Alle Eintrittsgelder sind im Endpreis enthalten, egal ob Stadtrundfahrt oder Museumsbesuch. Eine Spitzenleistung!

Die zum Nordkapjubiläum von Edgar Hemming komponierte Schallplatte »Nordkapträume/Nordlandmelodie« ist in deutscher und norwegischer Sprache im nördlichsten Souvenirgeschäft der Welt am Nordkap erhältlich...

HEMMING - REISEN
Der Nordkap-Spezialist mit über 25-jähriger Erfahrung

Wir nehmen die besten Hotels
Wir fahren die besonderen Touren
Jahr für Jahr tolle Busreisen
Der große Katalog mit »Traumreisen zum Nordkap und zur Mitternachtssonne« wird Ihnen von Hemming-Reisen gerne kostenlos zugeschickt. Informationen über die Reiseprogramme erhalten Sie auch auf den Informationsveranstaltungen des Norwegischen Fremdenverkehrsamtes, sowie am Norwegen-Stand auf zahlreichen Touristik-Messen.

Hemming-Reisen
Biebererstr. 60
6050 Offenbach
Tel. 069 - 81 11 18 / 80 01 139
Telex: 41 85 496

FRED. OLSEN LINES

HIRTSHALS - STAVANGER / BERGEN   HIRTHALS - EGERSUND
M/S BOLERO

2.1.-21.6.89	Montag	Dienstag	Mittwoch	Donnerstag	Freitag	Samstag	Sonntag
Ab Hirtshals		18:30		18:30		10:30	10:30²
An Stavanger			06:00		06:00		21:30³
Ab Stavanger			07:00		07:00		22:45⁴
An Bergen	07:00*		12:45		12:45		
An Egersund						20:30	
Ab Bergen		16:00	16:00⁵		14:00		
An Stavanger		21:45	21:45		19:45		
Ab Stavanger		23:00	23:00⁵		20:30		
Ab Egersund						21:30	
An Hirtshals		10:30		11:30		08:00	08:00

1) Keine Ankunft am 02.01.
2) am 26.03. Abfahrt um 18:30 (nicht 10:30, wie im Fahrplan angegeben!)
3) am 27.03. Ankunft um 06:00
4) am 27.03. Abfahrt um 07:00, Ankuft Bergen: 12:45
5) Kein Verkehr am 21.06.

22.06. - 03.09.1989	Montag	Dienstag	Mittwoch	Donnerstag	Freitag	Samstag	Sonntag
Ab Hirtshals			19:00		12:00		11:30
An Stavanger				07:00*	23:00		22:30
Ab Stavanger				08:00*	23:45		23:15
An Bergen	08:00			13:45*		08:00	
Ab Bergen		12:00		16:00		14:00	
An Stavanger		17:45		21:45		19:45	
Ab Stavanger		18:30		22:30		20:30	
An Hirtshals		06:45			09:30		08:15

Kein Verkehr am 22.06.

FRED. OLSEN LINES

FAHRPREISE PASSAGIERE 1989

(alle Preise in DM pro Person/einfache Fahrt)	Nebensaison-Fahrplan		
	(1.6.-21.6.)* (7.8.-03.9.)* Mo-Do/Fr-So	(21.3.-11.05.) (05.9.-31.12.)	(7.8.-03.09.) Mo-Do/Fr-So
Von **Hirtshals** nach:	Kristiansand /Egersund	Oslo	Stavanger /Bergen
Erwachsene	38,-/65,-	41,-	78/99 85/107
Kinder (unter 16 Jahren) und Senioren	19,-/33,-	21,-	39/50 43/54
Kinder (unter 4 Jahren)	frei	frei	frei
Tageskabine		27,-	

Egersund: ganze Woche 52,-/26,-

(alle Preise in DM pro Person/einfache Fahrt)	Hauptsaison-Fahrplan		
	(22.6.-6.8.) Mo-Do/Fr-So	(16.5.-20.6.) Mo-Do/Fr-So	(22.6.-6.8.) Mo-Do/Fr-So
Von **Hirtshals** nach:	Kristiansand /Egersund	Oslo	Stavanger /Bergen
Erwachsene	49,-/76,-	49,-	85/107 99/121
Kinder (unter 15 Jahren)	24,-/38,-	25,-	43/54 50/60
Kinder (unter 4 Jahren)	frei	frei	frei
Tageskabine		27,-	

Gruppenreisen nur mit Anmeldung.
* = Für Abfahrten am Donnerstag, um 23:00 Uhr, gilt der Tarif »Fr-So«.

FAHRPREISE FAHRZEUGE 1989

(alle Preise in DM für einfache Fahrt)	Nebensaison-Fahrplan		
	(17.3.-31.5.) (16.5.-20.6.)	(21.3.-11.05.)	(7.8.-3.9.)
Von **Hirtshals** nach:	Kristiansand /Egersund Mo-Do/Fr-So	Oslo Di-Do	Stavanger /Bergen Mo-Do/Fr-So
PKW + Dachgepäckträger			
- unter 1,85 m hoch	55,-	56,-/ 68,-	68/82 82/96
- über 1,85 m hoch	82,-	82,-/103,-	96/116 110/130
Wohnwagen/Wohnmobil		110,-/137,-	137/164 164/192
- unter 8 m Länge	82,-/110,-		
- über 8 m Länge	96,-/137,-		
Autobus (über 8 m lang) (1-9 bez. Passagiere)	219,-	164,-/205,-	326/381 381/436
Motorrad, Moped	26,-/38,-	27,-/34,-	38/52 38/52
Fahrrad	3,-	3,-/ 3,-	3/3,- 3/3,-

(alle Preise in DM für einfache Fahrt)	Hauptsaison-Fahrplan		
	(22.6.-6.8.)	(16.5.-20.6.)	(22.6.-6.8.)
Von **Hirtshals** nach:	Kristiansand /Egersund (Mo-Do/Fr-So)	Oslo (Di-Do)	Stavanger /Bergen (Mo-Do/Fr-So)
PKW + Dachgepäckträger			
- unter 1,85 m hoch	66,-/ 93,-	55,-	82/96 96/110
- über 1,85 m hoch	93,-/134,-	82,-	123/144 137/158
Wohnwagen/Wohnmobil		110,-	164/192 192/205
- unter 8 m lang	164,-/247,-		
- W.wagen über 8 m lang	192,-/288,-		
- W.mobil über 8 m lang	164,-/247,-		
Autobus (über 8 m lang) (1-9 bez. Passagiere)	216,-/326,-	329,-	326/381 381/436
Motorrad, Moped	38,-/ 52,-	27,-	38/52 38/52
Fahrrad	3,-/3,-	3,-	3/3,- 3/3,-

Für Lastkraftwagen, Anhänger, führerlose Fahrzeuge und Fracht erfolgt eigene Frachtberechnung. Auskunft bei den Frachtabteilungen der Reederei.

Fahrzeuge müssen spätestens 45 Minuten vor Abfahrt im Büro der Fähre am Abfahrtskai abgefertigt werden.

KABINENZUSCHLÄGE 1989

15.05. - 20.06.89

Von **Hirtshals** nach:	Oslo[1] »Braemar« Mo-Do/Fr-So	Kristiansand/Egersund		Stavanger /Bergen
		»Bolero«	»Borgen«	»Bolero«
Luxuskabinen (2-Bett) mit Dusche/WC	96,-/107,-	63,-		96,-
zusätzl. mit Sofa		29,-		41,-
Komfortkabinen (2-Bett) mit Dusche/WC	88,-/ 99,-			
2-Bett-Kabinen außen mit Dusche/WC	82,-/ 93,-	47,-	47,-	68,-
2-Bett-Kabinen innen mit Dusche/WC	77,-/ 88,-		41,-	
2-Bett-Kabinen außen			33,-	
2-Bett-Kabinen innen			33,-	
2-Bett-Kabinen, Deck 1 mit Dusche/WC	71,-/ 82,-			
3-Bett-Kabinen mit Dusche/WC		38,-		55,-
4-Bett-Kabinen, innen mit Dusche/WC	71,-/ 82,-	33,-	33,-	47,-
4-Bett-Kabinen, außen mit Dusche/WC	74,-/ 88,-			
4-Bett-Kabinen, Deck 1 mit Dusche/WC	63,-/ 74,-			
4-Bett-Kabinen ohne Dusche/WC			27,-	
Couchette		19,-	19,-	34,-
Schlafsessel (1.1.-16.6. und 23.8.-31.12)		frei*	frei*	14,-
Schlafsessel (17.6.-22.8.)		11,-	11,-	27,-

1) = gilt nur für die Zeit vom 15.5.-20.6.1989, Überfahrt inkl.

Bettplatz auf Tagesüberfahrten Hirtshals - Kristiansand (ganzjährig), Hanstholm - Egersund oder Kristiansand und zurück (17.6.-22.8.) 50 % Ermäßigung.
Keine Ermäßigung: Hirtshals - Oslo/Egersund/Stavanger/Bergen.
Keine zusätzliche Ermäßigung für Kinder von 4-15 Jahren.

Für die Einschiffung sollten Sie sich nicht später als 1 Stunde vor Abfahrt auf dem Autoplatz bzw. im Hafenbüro melden. Die Einschiffung für die Nachtfahrten beginnt ca. 45 Minuten vor der Abfahrtszeit.

JAHRE LINE

KIEL - OSLO
Fahrplan Januar 1989 - Januar 1990

MS KRONPRINS HARALD (KH), MS PRINSESSE RAGNHILD (PR)

Abfahrt Kiel:	13:30 Uhr - Einschiffung ab 12:30 Uhr
Ankunft Oslo:	09:00 Uhr am nächsten Tag
Abfahrt Oslo:	13:30 Uhr - Einschiffung ab 12:30 Uhr
Ankunft Kiel:	09:00 Uhr am nächsten Tag

01.01. - 16.02.1989 (3 x wöchentlich in beide Richtungen)

Ab Kiel Januar: 01. PR 02. KH 03. PR 05. PR 08. PR 10. PR
12. PR 15. KH 17. KH 19. KH 22. KH 24. KH
26. KH 29. KH 31. KH

Februar: ab 02.02. - 16.02.89, Di. Do. So. KH

Ab Oslo Januar: 01. KH 02. PR 03. KH 04. PR 06. PR 09. PR
11. PR 13. PR 16. KH 18. KH 20. KH 23. KH
25. KH 27. KH 30. KH

Februar: ab 01.02. - 17.02.89, Mo. Mi. Fr. KH

19.02. - 09.06.1989 (täglich außer Sa. in beide Richtungen)

	Mo.	Di.	Mi.	Do.	Fr.	Sa.	So.
Ab Kiel	PR	KH	PR	KH	PR	—	KH
Ab Oslo	KH	PR	KH	PR	KH	—	PR

Keine Abfahrt von Kiel und Oslo am 20.03.1989.
Extra-Abfahrt von Kiel und Oslo am 18.03.1989.

11.06. - 22.09.1989 (tägliche Abfahrten in beide Richtungen)

ungerade Daten:	Jun.	Jul.	Aug.	Sept.	Gerade Daten:	Jun.	Jul.	Aug.	Sept.
Ab Kiel	KH	KH	PR	KH	**Ab Kiel**	PR	PR	KH	PR
Ab Oslo	PR	PR	KH	PR	**Ab Oslo**	KH	KH	PR	KH

24.09. - 22.12.1989 (täglich außer Sa. in beide Richtungen)

	Mo.	Di.	Mi.	Do.	Fr.	Sa.	So.
Ab Kiel	PR	KH	PR	KH	PR	—	KH
Ab Oslo	KH	PR	KH	PR	KH	—	PR

23.12.1989 - 05.01.1990

Ab Kiel Dez. 23. KH 27. KH 28. PR 29. KH 30. PR
Jan. 01. KH 02. PR 04. PR

Ab Oslo Dez. 22. KH 26. KH 27. PR 28. KH 29. PR
30. KH
Jan. 01. PR 02. KH 03. PR 05. PR

FAHRPREISE FAHRZEUGE 1989

(Preise in DM pro Fahrzeug/Strecke) ab 1.1.1989

PKW:
- max. Höhe 2 m einschl. Gepäckhalterung, Länge bis 5 m — 140,-
- jeder angefangene weitere Meter — 35,-

(Für PKWs mit einer Höhe von 2,01-2,60 m müssen Wohnwagen-Preise berechnet werden.)

PKW-/Boots-Anhänger, Wohnwagen/-mobile:
- Höhe bis 2,00 m; Länge bis 5,00 m — 140,-
- Höhe 2,01 bis 2,60 m; Länge bis 5,00 m — 280,-
- jeder angefange weitere Meter — 35,-
- Höhe ab 2,61 m; Länge bis 5,00 m — 420,-
- jeder angefangene weitere Meter — 70,-

(Anhänger und Wohnwagen werden nach der totalen Länge des Fahrzeuges einschließlich Zugstange berechnet.)

Autobusse (mit mindestens 10 zahlenden Passagieren):
- Länge bis 6,00 m — 200,-
- jeder angefangene weitere Meter — 35,-

(Autobusse mit weniger als 10 Passagieren: Besondere Frachtvereinbarung bei der Reederei.)

Motorräder / Motorroller — 60,-
Mopeds / Fahrräder — 20,-
Motorrad mit Beiwagen — 85,-

FAHRPREISE KIEL - OSLO 1989

(Preise in DM ab 1.1.89 pro Person/Strecke)

Typ	Klasse	16.6.-13.8.	1.1.-15.6. + 14.8.-31.12.
	TOURISTENKLASSE unterhalb des Autodecks		
B 2	2-Bett-Innenkabine mit fl. Wasser (nur »PR«)	228,-	208,-
B 3-4	3- u. 4-Bett-Innenkabine mit fl. Wasser (nur »PR«)	210,-	190,-
	TOURISTENKLASSE oberhalb des Autodecks		
T 3-4	3- u. 4-Bett-Innenkabine mit Du/WC[1]	228,-	208,-
T 2	2-Bett-Innenkabine mit Du/WC	270,-	250,-
A 3-4	3- u. 4-Bett-Außenkabine mit Du/WC[1]	244,-	224,-
A 2	2-Bett-Außenkabine mit Du/WC	286,-	266,-
	I. KLASSE: (meist 2-Bettkabinen, aber auch 3- und 4-Bettkabinen verfügbar)		
I 2	2-Bett-Innenkabine mit Du/WC	340,-	320,-
I 3-4	3- u. 4-Bett-Innenkabine mit Du/WC	298,-	278,-
F 2	2-Bett-Außenkabine mit Du/WC	360,-	340,-
	Zuschlag für Alleinnutzung e. 2-Bettkabine (nur in der I. Klasse möglich)	95,-	95,-
F 3-4	3- u. 4-Bett-Außenkabine mit Du/WC	318,-	298,-
	Zuschlag für Alleinnutzung e. 2-Bettkabine (nur in der I. Klasse möglich)	95,-	95,-
L	Luxuskabine (Preis pro Kabine / max. 2 Personen)	890,-	850,-
	Zusatzbett in Luxuskabinen	360,-	340,-
	»RETOUR SPAR-PAKET« (gültig für bis zu 4 Personen, unabh. vom Alter, für Hin- und Rückfahrt)		
	TOURISTENKLASSE		
B 4	4-Bett-Innenkabine m. fl. Wasser (nur »PR«)	1.050,-	950,-
T 4	4-Bett-Innenkabine mit Du/WC[1]	1.140,-	1.040,-
A 4	4-Bett-Außenkabine mit Du/WC[1]	1.220,-	1.120,-
	I. KLASSE		
I 4	4-Bett-Innenkabine mit Du/WC	1.490,-	1.390,-
F 4	4-Bett-Außenkabine mit Du/WC	1.590,-	1.490,-

[1]) = nur KH

Kinder unter 4 Jahren ohne eigenes Bett gratis.
Kinder vom vollendeten 4. Jahr und unter 16 Jahren halber Preis (50 % Rabatt).
FAMILIEN-ERMÄSSIGUNG: durch das neue »Retour-Spar-Paket«, bzw. die Mehrbettkabinen
SENIOREN-ERMÄSSIGUNG: für Senioren ab 60 Jahren und Behinderte (mit entsprechendem Ausweis) sowie einer Begleitperson Hin- und Rückfahrt für den Fahrpreis der einfachen Strecke. Zeitraum: 1.1.-31.5. und 1.9.-31.12., gilt nicht Fr, Sa, So. (Keine Ermäßigung bei einfacher Fahrt).
STUDENTEN-ERMÄSSIGUNG: 25 % in der Touristenklasse für Inhaber internationaler Studentenausweise (ANSA, IASTE), die zudem einen gültigen Ermäßigungsschein besitzen. Dies gilt auch für Inhaber von Interrail-Karten.
GRUPPEN-ERMÄSSIGUNG: Für Gruppen von 10-24 vollzahlenden Passagieren wird eine Freifahrt für den Reiseleiter gewährt. Bei Gruppen von mehr als 25 vollzahlenden Passagieren gewährt die Reederei 10 % Ermäßigung sowie 2 Freifahrten für Reiseleiter.
Die Gruppen-Ermäßigung gilt nur bei Hin- und Rückfahrten. In der Zeit vom 16.06.-13.08. gilt sie nicht für Freitags- und Samstagsabfahrten. Sie gilt ebenfalls nicht für Kinder. Mitreisende Kinder können auch nicht zur Personenanzahl der Gruppe gerechnet werden.
ERMÄSSIGUNGEN können nicht kombiniert werden!

ENTDECKUNGSLAND NOREGEN
NORWEGEN

Individuell per Linie.

Jetzt können Sie mit Continentbus fahrplanmäßig nach Norwegen reisen. Ab 30 Städten in Deutschland.

Oslo

z. B. Hamburg ab DM 91,–
z. B. Köln ab DM 117,–
z. B. München ab DM 127,–

CONTINENTBUS
Die neue Linie der Europabusse.

Günstige Tarife
Nutzen Sie dabei unsere neuen Stand-by-Tarife (1 Tag vor Abfahrt buchbar) oder die äußerst preiswerten „Roten Abfahrten" bei Buchung von Hin- und Rückfahrt.

50% Kinderermäßigung
Kinder und Jugendliche bis zu 16 Jahren fahren bei Continentbus zum halben Preis. (Bei Normaltarif)

Freies Gepäck
Wir befördern Gepäck soviel Sie tragen können – ohne Aufpreis.

Royal Class
Buchen Sie Royal Class und Sie reisen nur tagsüber. Die Nacht verbringen Sie in einem First-Class-Hotel. Eine Doppelkabine auf der Fähre ist ebenfalls in diesem Reisepreis enthalten.

Viele Buchungsmöglichkeiten
Ihr Continentbus-Ticket buchen Sie in unseren CDS-Büros oder in Ihrem Reisebüro.

Pauschal per Fernreisebus.

Nordkap
12 Tage ab DM **995,–**

Nordkap
18 Tage ab DM **2900.–**

WUNDERWELT DER Fjorde
9 Tage ab DM **1450,–**

Neben dem oben erwähnten Linienverkehr nach Norwegen, gibt's aber auch noch die Möglichkeit, Norwegen im kompletten Arrangement zu entdecken. Globus Reisen bietet dabei einige interessante Rundreisen in die norwegische Fjordwelt und sogar bis hinaus zum Nordkap. Inklusive Fahrt im rauchfreien 4-Sterne-Continentbus mit Bordservice, Klimaanlage und WC, First-Class-Hotels, Reiseleitung, Verpflegung und allem was so dazu gehört.

100% Kinderermäßigung
Kinder bis zu 5 Jahren erhalten eine 100%ige Ermäßigung, während Kinder und Jugendliche bis zu 16 Jahren nur 25% des Reisepreises zahlen.

GLOBUS REISEN

Ja, ich möchte gern mehr über die Entdeckungsreisen nach Norwegen wissen, und zwar ...

☐ individuell per Linie
☐ pauschal im Continentbus

Name, Vorname

Wohnort, Straße

**Den Coupon bitte schicken an:
Globus Reisen · Salierring 47-53 · 5000 Köln 1
Telefon (0221) 16 02 60**

LARVIK LINE

FREDERIKSHAVN - LARVIK
Fahrplan 1989

M/F PETER WESSEL
Spätester Verladetermin 30 Minuten vor Abfahrt.
Fahrplanänderung vorbehalten.

Sonderfahrplan 27. März

Ab Frederikshavn	08:00	22:00
An Larvik	14:00	07:00[1]
Ab Larvik	15:00	
An Frederikshavn	21:00	

1) = Ankunft am darauffolgenden Tag.

02.01. - 12.03.1989

	Montag	Dienstag	Mittwoch	Donnerstag	Freitag	Samstag	Sonntag
Ab Frederikshavn	20:00		14:00	20:00	15:30*	08:30 22:30	15:00
An Larvik	07:00[1]		20:00	07:00[1]	21:30	14:30 07:00[1]	21:00
Ab Larvik		20:00		21:00	08:00* 22:30	15:30	08:00 22:00
An Frederikshavn		07:50[1]		07:50[1]	14:00 07:00[1]	21:30	14:00 07:50[1]

*) = Keine Abfahrt am 6. Januar 1989. 1) = Ankunft am darauffolgenden Tag.

13.03. - 15.06.1988

	Montag	Dienstag	Mittwoch	Donnerstag	Freitag	Samstag	Sonntag
Ab Frederikshavn	13:30[2]	13:30[4]	13:30	20:30	15:30	13:30	13:30
An Larvik	19:30	19:30	19:30	07:00[1]	21:30	19:30	19:00
Ab Larvik	20:30[2]	20:30	20:30		08:00 22:30	20:30	20:30
An Frederikshavn	08:00[1]	08:00[1]	08:00[1]		14:00 08:00[1]	08:00[1]	08:00[3]

1) = Ankunft am darauffolgenden Tag. 2) = Sonderfahrplan 27. März. 3) = 4. April: Ankunft 07:00 Uhr. 4) = Keine Abfahrt am 28. März.

16.06. - 20.08.1989

	Montag	Dienstag	Mittwoch	Donnerstag	Freitg	Samstag	Sonntag
Ab Frederikshavn	08:00 22:00	22:00	16:00	08:00 22:00	16:00	08:00 22:00	15:00
An Larvik	14:00 07:00[1]	07:00[1]	22:00	14:00 07:00[1]	22:00	14:00 07:00[1]	21:00
Ab Larvik	15:00	15:00	08:00 23:00	15:00	08:00 23:00	15:00	08:00 22:00
An Frederikshavn	21:00	21:00	14:00 07:00[1]	21:00	14:00 07:00[1]	21:00	14:00 07:00[1]

1) = Ankunft am darauffolgenden Tag.

21.08. - 23.12.1989

	Montag	Dienstag	Mittwoch	Donnerstag	Freitag	Samstag	Sonntag
Ab Frederikshavn	13:30	13:30	13:30	20:30	15:30	13:30	13:30
An Larvik	19:30	19:30	19:30	07:00[1]	21:30	19:30	19:30
Ab Larvik	20:30	20:30	20:30		08:00 22:30[5]	20:00	20:30
An Frederikshavn	08:00[1]	08:00[1]	08:00[1]		14:00 08:00[1]	08:00[1]	08:00[1]

1) = Ankunft am darauffolgenden Tag. 5) = Keine Abfahrt am 23. Dezember 1989.

24.12.89 - 02.01.90

	Sa, 24. Dez.	So, 25. Dez.	Mo, 26. Dez.	Di, 27. Dez.	Mi, 28. Dez.	Do, 29. Dez.	Fr, 30. Dez.	Sa, 31. Dez.	So, 1. Jan.	Mo, 2. Jan.
Ab Frederikshavn			10:00	20:00	15:30	11:00	10:00	10:30	13:00	
An Larvik	keine	keine	16:00	08:00	21:30[1]	17:00	16:00	16:30	19:00[1]	
Ab Larvik	Abfahrt	Abfahrt	19:00	19:00	08:00 22:30	19:00	19:00	20:00		20:00
An Frederikshavn			08:00[1]	08:00[1]	14:00 08:00[1]	08:00[1]	09:00[1]	08:00[1]		08:00[1]

1) = Ankunft am darauffolgenden Tag.

FAHRPREISE FREDERIKSHAVN - LARVIK 1989
Gültig vom 2. Januar 1989 bis 2. Januar 1990.
(Preise in DM / einfache Fahrt)

PASSAGIERE	Vor-/Nachsaison 2.1.-12.3. 13.3.-15.6. 21.8.-18.3. Alle Abfahrten	Nebensaison[2] Mo-Fr Tagesfahrt	Nebensaison[2] Übrige Abfahrt	Hauptsaison[3] Mo-Fr Tagesfahrt	Hauptsaison[3] Übrige Abfahrt
Erwachsene	46,-	48,-	48,-	60,-	60,-	70,-
Kinder, Rentner, Behinderte	23,-	24,-	24,-	30,-	30,-	35,-
Gruppenermäßigung:					
- Erwachsene	34,-	38,-	38,-	46,-	46,-	46,-
- Jugendliche	23,-	24,-	24,-	30,-	30,-	35,-
- Kinder	19,-	19,-	19,-	23,-	23,-	27,-

FAHRZEUGE	Vor-/Nachsaison 2.1.-12.3. 13.3.-15.6. 21.8.-18.3. Alle Abfahrten	Nebensaison[2] Mo-Fr Tagesfahrt	Nebensaison[2] Übrige Abfahrt	Hauptsaison[3] Mo-Fr Tagesfahrt	Hauptsaison[3] Übrige Abfahrt
PKW *	60,-	64,-	64,-	80,-	80,-	105,-
PKW **					
- über 2 m Höhe	94,-	100,-	100,-	126,-	126,-	195,-
Wohnwagen/Wohnmobil:					
- unter 6 m	117,-	158,-	158,-	195,-	195,-	285,-
- über 6 m	176,-	215,-	215,-	265,-	265,-	370,-
Busse:					
- 10-20 Passag.	124,-	130,-	130,-	160,-	160,-	215,-
- 20+ Passagiere	frei	frei	frei	frei	frei	frei
Motorräder/-roller	31,-	35,-	35,-	45,-	45,-	50,-
Fahrräder	6,-	6,-	6,-	10,-	10,-	10,-

»Autopaket«	Tag/Nacht	Tag/Nacht			
(PKW + max. 6 Pers.)	130/180	132/190	170,-	230,-	205,-	285,-

Zuschläge zum »Autopaket«:
- PKW über 2 m Höhe	36,-	36,-	36,-	46,-	46,-	88,-
- Wohnwagen unter ...	94,-	94,-	94,-	114,-	114,-	179,-
- Wohnwagen über ... 6 m Länge	151,-	151,-	151,-	185,-	185,-	264,-

*) Gepäck-/Bootsanhänger unter 5 m.
**) Gepäck-/Bootsanhänger über 5 m.
2) = 16.6. - 29.6. + 7.8. - 20.8.
3) = 30.6. - 6.8.

KABINENZUSCHLÄGE

	Innenkabine (Neben-/Hauptsaison)	Außenkabine (Neben-/Hauptsaison)
De Luxe-Kabinen (pro Kabine):		230,-
Luxus-Kabinen mit Dusche/WC (pro Kabine):		
- 4-Bett-Kabinen		148,- / 176,-
- 3-Bett-Kabinen		141,- / 171,-
- 2-Bett-Kabinen		138,- / 164,-
Standardkabinen mit Dusche/WC (pro Bett):		
- 4-Bett-Kabinen	20,- / 29,-	24,- / 34,-
- 3-Bett-Kabinen	25,- / 37,-	31,- / 44,-
- 2-Bett-Kabinen	37,- / 54,-	45,- / 66,-
Standardkabinen Deck 2 mit Dusche/WC (pro Bett):		
- 4-Bett-Kabinen	14,- / 23,-	
- 3-Bett-Kabinen	19,- / 30,-	
- 2-Bett-Kabinen	27,- / 44,-	

STENA LINE

FREDERIKSHAVN - GÖTEBORG

1.1. - 28.6. und 14.8. - 21.12.89 *(täglich)*

Ab Frederikshavn	03:45[1]	09:00[2]	12:30[3]	14:30	20:15	22:15
An Göteborg	07:10	12:15	15:45	17:45	23:30	01:30
Ab Göteborg	07:45[3]	09:30	13:00[2]	16:30	18:30	23:55[4]
An Frederikshavn	11:00	13:00	16:15	19:45	21:45	03:25

1) = täglich, aber nicht am Sonntag und Montag, aber auch Montag am 14.8.89
2) = täglich, aber nicht am Dienstag bis 10.6., sowie 27.8. - 12.12.89
3) = täglich, aber nicht am Montag bis 24.4., sowie 2.10. - 11.12.89
4) = täglich, aber nicht am Samstag und Sonntag

29.6. - 13.8.89 *(täglich)*

Ab Frederikshavn	03:30	07:30	09:00	11:30	13:30	15:30	19:30	23:30
An Göteborg	06:45	10:45	12:15	14:45	16:45	18:45	22:45	02:45
Ab Göteborg	03:30	07:30	09:30	11:30	13:00	15:30	19:30	23:30
An Frederikshavn	06:45	10:45	12:45	14:45	16:15	18:45	22:45	02:45

FREDERIKSHAVN - OSLO

19.3. - 30.6.89 und 2.8. - 15.12.89

Ab Frederikshavn	Mo 08:00[1]	Di 09:00	Mi 10:00	Do 18:30	Sa 10:00	So 10:00
An Oslo	Mo 17:00[1]	Di 18:00	Mi 19:00	Fr 08:30	Sa 19:00	So 20:00
Ab Oslo	Mo 18:00	Di 19:00	Mi 20:00	Fr 19:00	Sa 20:00	So 21:00[1]
An Frederikshavn	Di 07:00	Mi 08:00	Do 09:00	Sa 08:00	So 08:00	Mo 06:30[1]

1) = nur 4.6. - 26.6.89 sowie 6.8. - 28.8.89

1.7. - 1.8.89 *(täglich)*

Ab Frederikshavn	09:30
An Oslo	18:30
Ab Oslo	19:30
An Frederikshavn	07:30

FREDERIKSHAVN - MOSS

21.1. - 15.12.89 *(täglich)*

Ab Frederikshavn	17:00
An Moss	23:55
Ab Moss	00:45
An Frederikshavn	08:15 *

*) = 10.6. - 27.8.89 Ankunft 08:00 Uhr.

KIEL - GÖTEBORG

ganzjährig *(täglich)*

Ab Kiel	19:00
An Göteborg	09:00 *
Ab Göteborg	19:00
An Kiel	09:00

*) = 29.6. - 13.8.89 Ankunft 08:15 Uhr.

FAHRPREISE FREDERIKSHAVN - OSLO 1989

Einzeltarife in DM	Nebensaison (1.3.89 - 28.6.89) (7.8.89 - 28.2.90)		Hochsaison (29.6.89 - 6.8.89)	
FREDERIKSHAVN - OSLO	hin	hin/rück	hin	hin/rück
Erwachsene	60,-	100,-	90,-	140,-
Kinder 6-15 Jahre (unter 6 Jahren frei)	30,-	50,-	45,-	70,-
PKW oder Anhänger (max. 2,20 m hoch und 6 m lang)	60,-	100,-	90,-	140,-
PKW, Minibusse bis 9 Sitze und sonstige Fahrzeuge (über 2,20 m hoch und / oder länger als 6 m)	120,-	200,-	180,-	280,-
Motorräder / -roller (Fahrräder und Mopeds frei)	30,-	50,-	40,-	70,-
Auto + max. 6 Insassen [1]	180,-	290,-	270,-	420,-
[2]	240,-	390,-	360,-	560,-

1) = max. 2,20 m hoch und 6 m lang   2) = unbegrenzte Länge und Höhe

Norwegen ganz nach Wunsch

Ein Erlebnisurlaub der Extraklasse

Wenn Sie einen Urlaub wünschen, der ganz auf Ihre Bedürfnisse abgestimmt ist, sind Sie bei mir richtig. Erleben Sie Norwegen aktiv - Ich berate Sie individuell. Schließlich soll Ihr Urlaub optimal vorbereitet sein. Meine Spezialität sind **kombinierte Auto-Schiffsreisen** mit den Postschiffen der Hurtigrute. Fragen Sie mich, bevor Sie nach Norwegen fahren.

Ihr Odd H. Andreassen

Polarkreis Reisebüro
Odd H. Andreassen
Wallstraße 10
4220 Dinslaken
Tel. 02134/55396

Wir haben die besten Verbindungen nach Norwegen

Sechs gute Gründe sprechen für die schnellen, modernen Fährschiffe der Fred. Olsen Lines:

- Bis zu 6 Abfahrten täglich in der Hochsaison
- Kurze Überfahrten (nur 4 Stunden von Hirtshals nach Kristiansand)
- Urlaub im Ferienhaus oder Hotel und Pkw-Rundreisen inklusive Fährüberfahrten Rundreisen inklusive Fährüberfahrten
- Fjordtickets – 2 Fähren zu einem Preis: Fred. Olsen Lines und Vogelfluglinie
- Hotelschecks für den preiswerten Familienurlaub.

Fahrpläne bei Reisebüros, Automobilclubs oder beim General-Agenten:

NSA Norwegische Schiffahrts-Agentur GmbH, Kleine Johannisstraße 10, 2000 Hamburg 11, Telefon (040) 37 69 30

Fred. Olsen Lines
Keiner fährt schneller nach Norwegen

STENA LINE

FAHRPREISE FREDERIKSHAVN - MOSS 1989

Einzeltarife in DM	Nebensaison (1.3. - 28.6.89) (7.8.89 - 28.2.90)		Hochsaison (29.6. - 6.8.89)	
FREDERIKSHAVN - MOSS	hin	hin/rück	hin	hin/rück
Erwachsene	40,-	60,-	70,-	110,-
Kinder 6-15 Jahre (unter 6 Jahren frei)	20,-	30,-	35,-	54,-
PKW oder Anhänger (max. 2,20 m hoch und 6 m lang)	50,-	80,-	80,-	110,-
PKW, Minibusse bis 9 Sitze und sonstige Fahrzeuge (über 2,20 m hoch und/oder länger als 6 m)	100,-	160,-	160,-	220,-
Motorräder/-roller (Fahrräder und Mopeds frei)	30,-	50,-	40,-	70,-
Auto + max. 6 Insassen [1]	130,-	190,-	220,-	330,-
[2]	180,-	270,-	300,-	440,-

1) = max. 2,20 m hoch und 6 m lang 2) = unbegrenzte Länge und Höhe

FAHRPREISE FREDERIKSHAVN - GÖTEBORG 1989

Einzeltarife in DM	Nebensaison (1.3. - 28.6.89) (7.8. - 28.2.90)		Hochsaison (29.6. - 6.8.89)	
FREDERIKSHAVN - GÖTEBORG	hin	hin/rück	hin	hin/rück
Erwachsene	20,-	40,-	40,-	60,-
Kinder 6-15 Jahre (unter 6 Jahren frei)	10,-	20,-	20,-	30,-
PKW oder Anhänger (max. 2,20 m hoch und 6 m lang)	40,-	60,-	60,-	80,-
PKW, Minibusse bis 9 Sitze und sonstige Fahrzeuge (über 2,20 m hoch und/oder länger als 6 m)	80,-	120,-	120,-	160,-
Motorräder/-roller (Fahrräder und Mopeds frei)	20,-	30,-	30,-	50,-
Auto + max. 6 Insassen [1]	80,-	140,-	130,-	190,-
[2]	120,-	200,-	190,-	270,-

1) = max. 2,20 m hoch und 6 m lang 2) = unbegrenzte Länge und Höhe

FAHRPREISE KIEL - GÖTEBORG 1989

alle Preise in DM/Person (01.03.-14.06.89) (15.06.-13.08.89) (30.10.89-28.3.90) (14.08.-29.10.89)

KIEL - GÖTEBORG	hin	hin/rück	hin	hin/rück	hin	hin/rück
Erwachsene	90,-	160,-	140,-	230,-	80,-	140,-
Kinder 6-15 Jahre (unter 6 Jahren frei)	45,-	80,-	70,-	114,-	40,-	70,-
PKW oder Anhänger (max. 2,20 m hoch und/oder länger als 6 m)	90,-	160,-	140,-	230,-	80,-	140,-
PKW, Minibusse bis 9 Sitze und sonstige Fahrzeuge (über 2,20 m hoch und/oder länger als 6 m)	180,-	320,-	280,-	460,-	160,-	280,-
Motorräder/-roller Fahrräder und Mopeds frei	40,-	70,-	60,-	100,-	30,-	50,-
Auto + max. 6 Ins. [1]	270,-	480,-	420,-	660,-	240,-	420,-
[2]	360,-	640,-	560,-	890,-	320,-	560,-

1) = max. 2,20 m hoch und 6 m lang 2) = unbegrenzte Länge und Höhe

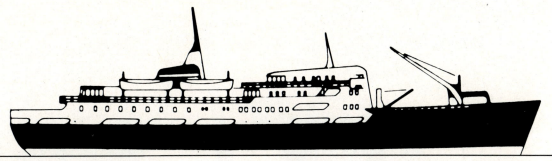

Norwegen von der Seeseite... das unvergeßliche Hurtigruten-Erlebnis!

* Täglich Rundreise Bergen–Kirkenes–Bergen
* In 11 Tagen zu 37 Häfen
* 11 Schiffe im Einsatz
* Auch halbe Rundreisen: Bergen–Kirkenes Kirkenes–Bergen
* Teilstreckenfahrten möglich
* Preisermäßigungen für Senioren ab 67 Jahren
* Winter-Fahrpreise bis zu 50 % ermäßigt

General-Agent:
NSA Norwegische Schiffahrts-Agentur GmbH
Kleine Johannisstraße 10 · 2000 Hamburg 11
Tel. 040/37 69 30 · Telex 213 907

Nach Norwegen – in einem Rutsch

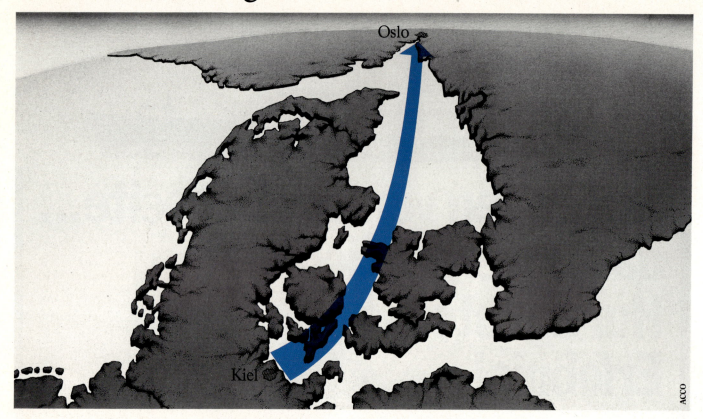

Sicher, es gibt viele Wege nach Norwegen. Doch wer ausgeruht – und nicht wie gerädert – im Land der atemberaubenden Fjorde und glasklaren Seen ankommen möchte, wählt die einzige Fährverbindung von Deutschland.

Täglich legen unser M/S PRINSESSE RAGNHILD oder M/S KRONPRINS HARALD mittags in Kiel ab. Dann genießen Sie erstmal jede Menge Seeluft und Unterhaltung, eine hervorragende Küche und einen außergewöhnlichen Service und Komfort. Den Abend lassen Sie vielleicht beim Tanz in einem der Salons ausklingen, bevor Sie sich in Ihre gemütliche Kabine zurückziehen. So kommen Sie am Morgen bester Dinge in Oslo an und haben doch keinen Urlaubstag verloren.

Fragen Sie Ihren Automobilclub oder Ihr Reisebüro nach uns. Am besten auch gleich nach den Kurzreisen nach Norwegen. Und wie wäre es mit einer Tagung an Bord zwischen Kiel und Oslo?

Oslo-Kai · 2300 Kiel 1
Telefon 04 31 / 9 12 81

Die Norwegen-Linie

Skandinavien-urlauber: Gönnen Sie sich Kreuzfahrt-Erlebnis bei Ihrer Überfahrt

und das zu Preisen, die sich jeder leisten kann. Am besten beginnen Sie Ihre Reise bereits abends in Kiel und lassen sich auf einer rund 500 km langen Seereise nach Göteborg (Ankunft am nächsten Morgen) wie auf einem Kreuzfahrtschiff verwöhnen. Auf den größten und neuesten Kreuzfähr-Linern in Deutschland, den zweitgrößten weltweit, wird Ihnen viel geboten:

4 verschiedene Restaurants, diverse Salons, Disco, Spielkasino, Whirlpools/Sauna, Kinderparadies u.v.m. sowie ungewöhnlich große Kabinen (fast alle 10 qm) mit Du/WC.

Technische Daten der beiden Kreuzfähr-Riesen STENA GERMANICA und STENA SCANDINAVICA: 35.000 BRZ, Länge 175 m, Breite 28,5 m, Höhe (ü. Wasser) 41,5 m, 10 Decks, 800 Kabinen, 625 Pkw-Plätze, Stabilisatoren, 4 Turbodiesel mit 40.000 PS, Bauj. 87/88, Flagge/Besatzung: schwedisch.

		Kiel – Göteborg				Frederikshavn – Göteborg				Frederikshavn – Oslo				Frederikshavn – Moss			
Auszug aus den Tarifen/Fahrplänen 1989 Alle Kabinen mit Du/WC		1.3.-14.6.89 14.8.-29.10.89		15.6.-13.8.89		1.3.-29.6.89 8.8.89-28.2.90		30.6.-7.8.89		1.3.-29.6.89 8.8.89-28.2.90		30.6.-7.8.89		1.3.-29.6.89 8.8.-28.2.90		30.6.-7.8.89	
		→	↔	→	↔	→	↔	→	↔	→	↔	→	↔	→	↔	→	↔
Tarife	Überfahrt für 1 Auto inkl. max. 6 Pers.	270	480	420	660	80	140	130	190	180	290	270	420	130	190	220	330
	4-Bett-Innenkabine, pro Bett	33	66	39	78	–	–	–	–	28	68	28	68	30	72	30	72
	2-Bett-Innenkabine, pro Bett	48	96	56	112	–	–	–	–	31	75	31	75	33	85	33	85
	2-Bett-Außenkabine, pro Bett	66	132	78	156	–	–	–	–	38	92	38	92	38	93	38	93
Fahrpläne	ab Kiel an Göteborg ab Göteborg an Kiel	19.00 Uhr 9.00 Uhr 19.00 Uhr 9.00 Uhr } täglich				Frederikshavn Göteborg Göteborg Frederikshavn		Abfahrten 6-8 x täglich Ankunft 3 Std. später		Frederikshavn 9.30 Uhr Oslo 18.30 Uhr Oslo 19.30 Uhr Frederikshavn 7.30 Uhr		im Sommer tägl. (übr. Zeit 5x p. Wo.)		Frederikshavn 9.30 Uhr Moss 18.30 Uhr Moss 19.30 Uhr Frederikshavn 7.30 Uhr		im Sommer täglich (übr. Zeit 5x p. Wo.)	

Wollen Sie Hin- und Rückfahrt auf verschiedenen Routen vornehmen, halbieren Sie einfach die Hin- und Rückfahrpreise (↔) der jeweiligen Strecke. So läßt sich viel Geld sparen. Und auch die Kreuzfähr-Liner auf den anderen Routen sind hochmodern und bieten weit mehr als übliche Fähren.

Übrigens: Die Größe der Schiffe hat den Vorteil, daß auch bei einer steifen Brise die Fahrt ruhig bleibt. Nähere Information und Buchung in Ihrem Reisebüro (s. Katalogrückseite).

STENA LINE · Schwedenkai 1, D-2300 Kiel · 0431-90 90
STENA LINE · Immermannstr. 65A · D-4000 Düsseldorf 1 · 0211-35 70 04

Isaria-Reisen GmbH
Neuhauser Str. 47
8000 München 2
Tel. 089-23723-0

Kraftverkehr Bayern GmbH
Postfach 500360
8000 München 50
Tel. 089-14810

Busreisen Ettenhuber
Münchener Str. 8
8019 Glonn
Tel. 08093-2022

Kreisboten-Reisedienst
Pütrichstr. 2
8120 Weilheim i.Ob.

Astl-Busreisen
Innstr. 1
8203 Oberaudorf
Tel. 08033-1024

Kastner-Reisen
Heideweg 9
8217 Grassau/Chiemgau,
Tel. 08641-1300/3033

Kiermeier-Sauer Reisen
Theaterstr. 61
8300 Landshut
Tel. 0871-27040

Verkehrsuntern. Jakobs
Törringstr. 24
8346 Simbach a. Inn
Tel. 08571-1450

Reba-Eno Reisen
Hallplatz 2
8500 Nürnberg
Tel. 0911-204444

Viol-Reisen
Hohenzollernring 71
8580 Bayreuth
Tel. 0921-64900

Bus-Reisen
Heubischer Str. 61
8632 Neustadt b. Coburg

Klingerreisen
Marienplatz 5
8700 Würzburg
Tel. 0931-50851-3

Markgräfler Reisen
Eisenbahnstr. 10
7840 Müllheim
Tel. 07631-5002

C. DOMBERGER-REISEN
Heinrich-von-Buz-Str. 2
8900 Augsburg 1
Tel. 0821-38011

Hörmann-Reisen
Bergstr. 4
8901 Rehling

Amos Reisen
Steinbogenstr. 13
8940 Memmingen
Tel. 08331-3039

REISEVERANSTALTER IN ÖSTERREICH

ÖAMTC Reisebüro
Schubertring 1-3
A-1010 Wien
Tel. 0222-7289/0

Reisebüro Meridian
Kärntnerring 17
A-1010 Wien
Tel. 0222-532521

Kuoni Tempo Reisen
Nibelungengasse
A-1010 Wien
Tel. 0222-5415230

Kneissl Touristik
Traunstr. 44
A-4650 Lambach
Tel. 07245-4936

Vorderegger Reisen
Auerspergstr. 14
A-5020 Salzburg

Reisebüro H. Eder
Salzatal Reisen OHG
A-8632 Gusswerk bei Mariazell 53 b
Tel. 03882-2679

REISEVERANSTALTER IN DER SCHWEIZ

Five Stars of Scandinavia
Chemin de la Brume 9
CH-1110 Morges
Tel. 021-8014597

Touring Club Suisse
Rue Pierre-Fatio 9 / Case postale
CH-1211 Genève 3
Tel. 022-366000

Popularis Tours
Waisenhausplatz 10 / Postfach
CH-3001 Bern
Tel. 031-223113

Airtour Suisse SA (Glur, Basel)
Tavelweg 2
CH-3074 Muri
Tel. 031-525911

Aronda Tours AG
Birmannsgasse 12b
CH-4009 Basel
Tel. 061-253535

Glur Reisebüro
Spalenring 111
CH-4009 Basel
Tel. 061-226733

Haman-Reisen AG
Burgunderstr. 27
CH-4051 Basel
Tel. 061-221070

Kontiki-Reisen AG
Mattenstr. 27
CH-5430 Wettingen
Tel. 056-265151

J. Baumeler AG (Wandern)
Grendel 11 / Postfach
CH-6000 Luzern 6
Tel. 041-509900

Imbach-Reisen AG
Grendel 19
CH-6000 Luzern 5
Tel. 041-501144

Globus Travel Services SA
Piazza Luini
CH-6901 Lugano
Tel. 091-210330

Eurotrek / Unitours AG
Abenteuerreisen
Badenerstr. 16/18
CH-8004 Zürich
Tel. 01-2414144

SSR Reisen
Bäckerstr. 40 / Postfach 8026
CH-8004 Zürich
Tel. 01-2423000

Finlandia Reisen
Birmensdorferstr. 51
CH-8036 Zürich
Tel. 01-2422288

Kuoni Reisebüro AG
Neugasse 231 / Neue Hard
CH-8037 Zürich
Tel. 01-442511

Mittelthurgau Reisebüro AG
Bankplatz 1 / Postfach 131
CH-8570 Weinfelden
Tel. 072-223331

CARREISEN NACH NORWEGEN

Berner & Wanzenried AG
Falkenplatz 3
CH-3012 Bern
Tel. 031-233312

Auf direktem Weg nach Norwegen

Unser Auto-Paket:
1 Pkw + max. 6 Pers.
Nebensaison ab DM **190,-**
Tagesfahrten Mo-Fr besonders günstig ab DM **132,-**
(Einfache Fahrt)

LARVIK LINE
Frederikshavn-Larvik

Schnell und bequem nach Norwegen mit der »neuen« Autofähre »Peter Wessel« der Larvik Line. Nach Verlängerung, Umbau und Modernisierung bieten wir unseren Fahrgästen noch mehr Komfort und Unterhaltung als bisher. Ab Frederikshavn in Nord-Jütland/Dänemark erreichen Sie in einer 8-9stündigen Nachtfahrt oder tagsüber noch schneller und preiswerter (6 Stunden) Larvik, den idealen Ausgangspunkt für Ihre Norwegen-Reise. An Bord erwarten Sie: mehrere Restaurants, Bars, Discothek, Kino, Kinderspielraum, Taxfree-Shop. Platz für 2.200 Passagiere, 650 Pkw und 523 Kabinen, **alle** mit Dusche/WC.

Information und Buchung im Reisebüro, beim Autoclub oder Reisebüro Norden, Ost-West-Straße 70, 2000 Hamburg 11, Telefon 040/36 00 15 78

H. Gast Reiseunternehmung
Rüttistr. 2
CH-3427 Utzenstorf
Tel. 065 - 45 32 33

R. Gurtner AG
Bernstr. 26
CH-3076 Worb
Tel. 031 - 83 02 22

Marti Ernst AG
Brünnenstr. / Bümplizstr. 104
CH-3283 Kallnach
Tel. 032 - 82 28 22

Scheidegger AG
Grenzweg 1101
CH-5040 Schöftland
Tel. 064 - 81 43 43

Knecht Gebr. AG
Hauserstr. 65
CH-5200 Windisch
Tel. 056 - 41 66 66

Twerenbold AG
Ehrendingerstr. 8
CH-5400 Baden
Tel. 056 - 22 66 66

Winterhalder G. AG
Werdstr. 128
CH-8003 Zürich
Tel. 01 - 462 77 77

Froehlich-Reisen AG
Fabrikstr. 50 / Postfach
CH-8031 Zürich
Tel. 01 - 42 22 22 + 271 22 22

Bohnet-Reisen
Laubbergstr. 22
CH-8192 Glattfelden
Tel. 01 - 867 11 15

Hermann-Car-Reisen AG
Tellstr. 2
CH-8400 Winterthur
Tel. 052 - 22 00 80

Ebneter Car Reisen
St. Georgenstr. 190a
CH-9011 St. Gallen
Tel. 071 - 22 88 31

WEITERE KONTAKTADRESSEN (NORWEGISCHE TOURISTENBÜROS)

Benelux:
Noors Nationaal Verkeersbureau
Postbus 50669
NL-1007 DD Amsterdam

Frankreich:
Office Nationale du Tourisme de Norvège
88, Avenue Charles-de-Gaulle
F-92200 Neuilly-sur-Seine

Großbritanien:
Norwegian Tourist Board
20, Pall Mall
GB London, SW1Y 5NE

Dänemark:
Norges Turistkontor
Trondhjems Plads 4
DK-2100 København

Schweden:
Norska Turistbyrån
Brunnsgatan 21 B
S-11138 Stockholm

Schweiz:
Norwegisches Fremdenverkehrsamt
c/c Ambassade Royale de Norvège
Dufourstraße 29
CH-3005 Bern

Österreich:
Norwegisches Fremdenverkehrsamt
Hermannstr. 32
D-2000 Hamburg 1

norbo ferie a.s.

Erlebnisreiche Ferien im Bezirk Møre og Romsdal
Wir verleihen Hütten, Häuser, Wohnungen, Pensionszimmer und andere Räumlichkeiten zu einem Preis, der Ihre Urlaubskasse schont. Alle Übernachtungsmöglichkeiten sind von uns getestet und zeichnen sich durch zeitgemäßen Standard und Komfort aus.

Von Europas spannendster Küste zu den schönsten Fjorden der Welt.
Zehntausende Inseln, Schären und Holme. Fast im Meer liegen die Küstenorte und Fischerdörfer. Ein Dorado für Taucher, Angler, Kulturinteressierte und für die, die das Besondere an Norwegen schätzen. Hier liegen weltbekannte Fjorde wie der Geirangerfjord, Hjørund-, Romsdal- und Sunndalsfjord neben Fjellgipfeln von 2.000 Meter Höhe mit ewigem Schnee und Eis.
Sie erhalten den Norbo-Ferien-Katalog mit allen Angeboten sowie weitere ausführliche Informationen über die einzelnen Kommunen kostenlos über das Polarkreis-Reisebüro.

Polarkreis-Reisebüro
Odd H. Andreassen, Wallstraße 10,
4220 Dinslaken, Tel. 02134 - 55 396

NORWEGEN

Zehn Jahre NORDIS-Reiseführer über Skandinavien - zehn Jahre, die beweisen, wie überzeugend unser Konzept ist!

Ein erfolgreiches Konzept

Zu beziehen über Ihre Buchhandlung.

AUTOREISEFÜHRER
Skandinavien
ISBN: 3-88839-037-0
Preis: DM 32.00, 424 Seiten

Norwegen
ISBN: 3-88839-072-9
Preis: DM 22.80, 160 Seiten

REISEHANDBÜCHER
Westnorwegen
ISBN: 3-88839-019-2
Preis: DM 24.00, 192 Seiten

Ostnorwegen
ISBN: 3-88839-018-3
Preis: DM 24.00, 200 Seiten

Mittel- und Nordnorwegen
ISBN: 3-88839-022-2
Preis: DM 24.00. 160 Seiten

AKTIVFÜHRER
Gebirgswandern in Südnorwegen
ISBN: 3-88839-039-7
Preis: DM 22.00, 112 Seiten

Kanuwandern in Norwegen
ISBN: 3-88839-020-6
Preis: DM 22.00, 96 Seiten

Wintersport in Norwegen
ISBN: 3-88839-021-4
Preis: DM 22.00, 128 Seiten

EDITION SCANDICA
Oslo
Preis: DM 14.80, 60 Seiten

Ein Jahr im Norden
Eine Bilddokumentation
Preis: DM 14.80, 68 Seiten

Unsere Autoreiseführer beschreiben die skandinavischen Länder nach dem Prinzip der Reisehandbücher in komprimierter Form.

und mehr ...

Unsere Reisehandbücher stellen einzelne Regionen der skandinavischen Länder vor. Die Orte werden mit ihren Sehenswürdigkeiten und den Ausflugszielen der Umgebung präsentiert. Verschiedene Reiserouten durch den jeweiligen Landesteil werden detailliert beschrieben, wobei auch auf Abstecher und Alternativwege verwiesen wird.

Unsere Aktivführer befriedigen Spezialinteressen: Wildwasserfahren auf lappländischen Flüssen? Trekking in Südnorwegen? Radlerurlaub mit der ganzen Familie in Dänemark? Solche Urlaubswünsche werden durch unsere Planungshilfen zu einem wertvollen Erlebnis.

Sämtliche Bücher und Karten über Norwegen - natürlich auch alle auf diesen Seiten aufgeführten Titel - liefert Ihnen der NORDIS Versandbuchhandel. Dort sind darüberhinaus mehrere 1000 Bücher und Karten für die anderen skandinavischen Länder erhältlich.

Fordern Sie das umfangreiche Gesamtverzeichnis an - oder benutzen Sie einfach diese Seiten als Bestellgrundlage. Die Lieferung erfolgt mit Rückgaberecht und gegen Rechnung (keine Vorauszahlung, keine Nachnahme). Die Nordeuropaspezialisten bei NORDIS beraten Sie gerne telefonisch: 02173/56665. Bestellungen werden Tag und Nacht entgegengenommen (Anrufbeantworter).

NORDIS Buch- und Landkartenhandel
Postfach 343, D-4019 Monheim, Tel. 02173/56665

Norwegen in Wort und Bild

Auswahlliste zum Thema »Norwegen«

Reise- und Aktivführer

- Angeln in Norwegen. Erling Welle Strand. NORTRABOOKS. Oslo
- Autoreiseführer Norwegen. Kreuzenbeck/Groba. NORDIS
- Autoreisen in Norwegen. E.W.Strand. NORTRABOOKS. Oslo
- Bergwandern in Norwegen. E.W.Strand. NORTRABOOKS. Oslo
- Gästehäfen in Norwegen. NORTRABOOKS. Oslo
- Gebirgswandern in Südnorwegen. Reuter. NORDIS
- Kanuwandern. Sognefjord I/II. Hartmann. Syro
- Nach Norwegen reisen. Lothar Schneider. Fischer Boot
- Norwegen. H.Barüske. Kohlhammer
- Norwegen. E. Gläßer. Wiss. Buchgesellschaft Darmstadt

neu:
- **Norwegen. Grieben**
  Der bewährte Grieben-Führer im handlichen Taschenformat. 10. Auflage.
- Norwegen. A.Kamphausen. Prestel
- Norwegen. Beschreibung eines Landes. A.Schroth-Jakobsen. NORDIS

neu:
- **Norwegen - ein politisches Reisebuch. Herg. I. Ambjørnsen und G. Haefs. VSA Verlag**
  Die 28 Autoren, Norweger und Deutsche, Frauen und Männer, Ein- und Ausgewanderte wollen allen Interessierten andere Facetten des Landes näherbringen. Informationen über Kultur und Alltag, den politischen Aufbau und die sozialen Bewegungen Norwegens sowie Reiseanregungen und Tips.
- Norwegen. Ein Reisebuch. A.Schroth-Jakobsen. Ellert & Richter
- Norwegische Stabkirchen. E. Burger. DuMont
- Norwegischer Abenteuer-Almanach. J.Trobitzsch. Umschau/Knaur
- Norwegens Fjorde. E.Kolnberger. Touropa
- Norwegens Fjordland. Merian. Hoffmann & Campe
- Norwegens Norden. Merian. Hoffmann & Campe
- Oslo und Bergen. Berlitz. Falk
- Oslo. scandica-Magazin. Hrg. U.Marschel. NORDIS
- Oslo und Südnorwegen. Merian. Hoffmann & Campe
- Preiswert reisen. Norwegen. A.Schroth-Jakobsen. Hayit
- **Radwandern in Norwegen. Jenseth, Rutsker**
  Die deutsche Übersetzung des offiziellen Radwanderführers des Norw. Radfahrverbandes mit 22 Tourenvorschlägen.
- Reisehandbuch Mittel- und Nordnorwegen. Kreuzenbeck/Groba. NORDIS
- Reisehandbuch Nordkalotte. Kreuzenbeck/Groba. NORDIS
- Reisehandbuch Ostnorwegen und Sørlandet. Kreuzenbeck NORDIS
- Reisehandbuch Westnorwegen. Kreuzenbeck. NORDIS
- Richtig Reisen - Norwegen. R.Dey. DuMont
- Spitzbergen. A. Umbreit. Das erste spezielle Reisehandbuch dieser fast unberührten und touristisch wenig erschlossenen Inseln im Atlantik.
- Stabkirchen in Norwegen. G.Bugge. Dreyer
- Wildwasserfahren. Vademecum für Kanuten. Motorbuch Verlag
- Wintersport in Norwegen. Ch.Nowak. NORDIS

Reisebeschreibungen

- Gallei / Hemsdorf: Im Banne der Arktis. Mit dem Kajak an der Westküste Spitzbergens. Motorbuch Verlag
- Klauer, Bjørn: Norwegen zu Fuß und auf Ski. 3500 km von Oslo nach Kirkenes. Motorbuch Verlag
- Linné, Carl von: Lappländische Reise. Insel
- Eine Reise durch die nordischen Länder im Jahre 1592. Ein Reisebericht besonderer Art, aufgezeichnet von Augustin Freiherr zu Mörs und Beffort im Jahre 1603. K. Wachholtz Verlag

Bildbände

- Ein Jahr im Norden. scandica-Magazin. U.Marschel. NORDIS

neu:
- **Fjordland. Klaus Bossemeyer, Texte von Karl-Heinz Farni. Collection Merian.**
  Für Liebhaber exzellenter Fotografie, für passionierte Norwegen-Reisende ein ausgefallen schönes Fotobuch.
- Lappland. Vadrot/Imber. Silva
- Lappland. H.Madej. Ellert & Richter
- Licht hinter dem Dunkel. Frömel. Bildimpressionen aus dem Land der Mitternachtssonne mit assoziativer Lyrik.
- Naturerlebnis Norwegen. Breskow/Larsen. terra magica. Reich
- Naturparadies Süd-Norwegen. K.Gallei. Badenia
  In über 100 Farbaufnahmen vermittelt der Autor und Fotograf einen Eindruck von der einmaligen subarktischen Flora und Fauna.

Ein Begriff für solides Reisen

Reisebüro Binder bietet seit 29 Jahren Reisen nach Skandinavien und speziell nach Norwegen an, die von eigenen landeskundigen Reiseleitern durchgeführt werden. Im Programm enthalten sind Nordkap-Reisen, Studienreisen in alle Gebiete Norwegens und eine kombinierte Bahn-Bus-Schiffsreise mit der Hurtigrute. Viel Sorgfalt wird auf die Zusammenstellung der Reiseroute und die Auswahl der Busse gelegt. Die Hotels gehören generell der ersten Klasse an.

Auf Anforderung wird Ihnen gerne der Reisekatalog kostenlos zugesandt.
Reisebüro Binder GmbH
Wilh.-Geiger-Platz 1
7000 Stuttgart 30
Tel. 0711-815004, Telex 722351

REISEBÜRO Binder

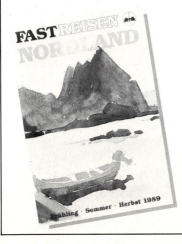

God tur!

Sie möchten sich bei Ihrem Nordland-Urlaub auf alles verlassen können: sorgfältige Planung, sichere und bequeme Anreise, ausgewählte Unterkünfte? Dann sind Sie bei FAST REISEN gut aufgehoben. Als Nordland-Spezialisten kennen wir die Länder und die richtigen Partner dort.

Wählen Sie aus der Vielfalt:
- Reisen mit dem eigenen PKW, Bus, Bahn oder Flugzeug nach Norwegen, Schweden, Dänemark, Finnland und UdSSR.
- Safari- und Entdeckerreisen auf Grönland, Island und Spitzbergen.
- Badeurlaub auf Bornholm.
- Urlaub à la carte in guten Hotels, Hütten, Ferienhäusern und Landgasthöfen.
- Städte- und Kurzreisen nach Oslo, Stockholm, Reykjavik, Helsinki, Leningrad, Moskau und Tallinn.
- Mit den Postschiffen der Hurtigruten vorbei an Küsten und durch die Fjorde; mit alten Dampfern auf dem Göta-Kanal.

Den neuen Katalog NORDLAND Frühjahr–Sommer–Herbst 1989 erhalten Sie jetzt im Reisebüro.

FAST REISEN
Hamburg
Die Nordland-Spezialisten

- Norwegen. Begegnung mit Knut Hamsun. List
- Norwegen. W. Ligges. DuMont
- Norwegen. Imber/Tietze. Kümmerly & Frey
- Norwegen. Schilde/Schmid. Reich
  Großer Farbbildband mit phantastischen Naturstilleben.

neu:
- **Norwegen. Paradies im Norden. Peter Mertz. Die bibliophilen Taschenbücher. Hardenberg.**
  Der Fotograf und Biologe Merz hat das Land der Gegensätze in 80 Farbaufnahmen eingefangen und ihnen literarische Texte u.a. von Andersch, Enzensberger und Hamsun unterlegt.
- Norwegens Küste. Holm / Nissen-Lie.
  Brilliante Luftaufnahmen der Häfen und Ankerplätze vom Svinesund bis »Verdens Ende«. (über NORDIS Buch- und Landkartenhandel)
- Skandinavien. Aubert/Müller, Bruckmann.

neu:
- **Skandinavien. Dey / Trobitzsch. Umschau**
- Skandinavien. Salzer/Imber. Buri/Mondo
- Stille des Nordens. Rombach
  Impressionen skandinavischer Landschaften von Erich Spiegelhalter (Foto) und Oli-Matti Huovi (Text).
- Sommer der Arktis. Fritz Mader. Rombach
  Bildband über den kurzen, aber farbenfrohen Sommer auf Spitzbergen.
- Traumstraßen Skandinaviens. Neuwirth. Süddeutscher Verlag
- Wanderwege in Skandinavien. K. Betz. Bruckmann
- Weiße Nacht. M. Oesterreicher-Mollwo u. Galli. Herder
- Wildnisse der Welt/Lappland. W. Marsden. Time life

Romane, Erzählungen, Märchen in deutscher Übersetzung

- Ambjørnsen, Ingvar: Weiße Nigger. Nautilus Verlag
  Roman mit autobiographischen Zügen.
- Andersch, A.: Wanderungen im Norden. Diogenes
- Asbjørnsen/Moe: Norwegische Märchen. Greno
- Bjørnstad, Ketil: Grieg. Ballade in g-moll. Casimir Katz Verlag.
- Brantenberg, Gerd: Ohne Rauch geht's auch. Verlag Kleine Schritte
- Bringsværd, Tor Åge: Die Stadt der Metallvögel. Phantastische Bibliothek. Suhrkamp
- **Christensen, Lars, Saaby: Yesterday. Die Jahre mit den Beatles. Popa**
  Ein norwegischer Bestseller ist dieser Schelmenroman über vier Osloer Jungen in den sechziger Jahren.
- Das Drachenei. Autorinnen in Norwegen. Hrg. Hildebrandt/Haefs. Frauenliteraturverlag

neu:
- **Faldbakken, Knut: Adams Tagebuch. Kabel Verlag.**
  ders.: Jungferntanz. Schneekluth Verlag
- **ders.: Pan in Oslo, Der Schneeprinz, Unjahre.**
  alle bei Schneekluth
- **Fløgstad, Kjartan: Dalen Portland. Butt Verlag**
  Der bekannte norwegische Gegenwartsautor erzählt lebendig und spannend die Lebensgeschichte der Høysands. Ein Stück Norwegen wie es leibt und lebt.
- Hauger, T. Th.: Das Mädchen Namenlos. Benziger/dtv
- Hauger, T. Th.: Sigurd der Drachentöter. Benziger/dtv
- Hoem, E.: Fährfahrten der Liebe. W. Butt
- **Kjendsli, Veslemøy: Kinder der Schande, Nishen Verlag**
  Die »Deutschen-Kinder«. Ein lange vergessenes Thema der deutsch-norw. Beziehungen.
- Køltzow, L.: Die Geschichte des Mädchens Eli. Rowohlt
- Løveid, Cecile: Dame mit Hermelin. Popa
- Lønn, Ø.: Projekt Lindesnes. W. Butt

neu:
- **Michelet, Jon: Der Gürtel des Orion. Kabel**
  Erfolgreich verfilmter Action-Thriller

neu:
- Nilsen, Tove: Der Auslöser. Kabel.
- Staalesen, G.: Im Dunkeln sind alle Wölfe grau. Krimi. W. Butt
- Stroebe / Christ: Norwegische Volksmärchen. Diederichs
- Wassmo, H.: Das Haus mit der blinden Glasveranda. Droemer/Knaur
- dies.: Der stumme Raum. Droemer/Knaur
- dies.: Gefühlloser Himmel. Droemer/Knaur

Gedichte:

neu:
- Haugen, Paal-Helge: Das überwinterte Licht / Det overvintra lyset. Zweisprachig. Zeichnungen von Jan Groth.
  Verlag Kleinheinrich. Münster

neu:
- **Vold, Jan Erik: Cirkel, Cirkel. Das Buch von Prinz Adrians Reise. Verlag Im Waldgut. Frauenfeld.**
  Vold ist der populärste und bedeutendste zeitgenössische Lyriker Norwegens. Mit diesem Band werden seine Gedichte nun auch deutschen Lesern zugänglich.
- Ich bin des windigen Berges Kind. Lieder und Texte aus Lappland von Nils Aslak Valkeapää. Verlag Im Waldgut

Mehr erleben mit Grieben Reiseführern

Fjorde, Gletscher, Berge, Hochplateaus – Norwegen, das Land der Kontraste. Von Oslo bis Spitzbergen – 264 Seiten Information mit farbigem Bildteil u. Karten sowie zahlreichen s/w Fotos und Abbildungen.
Norwegen Bd. 278
ISBN 3-7744-0278-7
DM 22.80
Erhältlich überall wo's Bücher gibt!
GRIEBEN

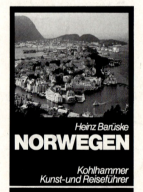

Kohlhammer

Kunst- und Reiseführer

Heinz Barüske
Norwegen
403 Seiten, 20 Fotos, davon 8 in Farbe, 48 Abbildungen und Pläne
Balacron DM 64,–
ISBN 3-17-008347-3

537-1087-422
Verlag W. Kohlhammer
Postfach 80 04 30
7000 Stuttgart 80

NORWEGEN LITERARISCH ENTDECKEN

Edvard Hoem
Fährfahrten der Liebe
Roman, 228 S. DM 21,80
ISBN 3-926099-02-X

Kjartan Fløgstad
Dalen Portland
Roman, 240 S. DM 29,--
ISBN 3-926099-10-0

Øystein Lønn
Projekt Lindesnes
Roman, 167 S. DM 18.60
ISBN 3-926099-01-1

Gunnar Staalesen
Im Dunkeln sind alle Wölfe grau
Kriminalroman, 224 S. DM 14,80
ISBN 3-926099-03-8

WOLFGANG BUTT VERLAG
An den Eichen 76
D - 2312 Mönkeberg

NORWEGEN LITERARISCH ENTDECKEN

Mit diesem Reisehandbuch, dem eigenen Wagen und ein wenig Abenteuerlust wird der Skandinavien-Urlaub zum unvergeßlichen Erlebnis.
Reisen und Erleben: Skandinavien
Norwegen, Schweden und Finnland. Von Axel Patitz, 192 Seiten. Mit zahlreichen Abbildungen und Kartenskizzen. Struktureinband. DM 39,–
Überall im Buchhandel
LN-VERLAG LÜBECK

neu:
- Økland, Einar: Blaue Rosen / Blå roser. Zweisprachig. Zeichnungen von W. Troschke. Verlag Kleinheinrich. Münster

Kinder- und Jugendbücher

- Ambjørnsen, Ingvar: Die Riesen fallen. Sauerländer
- Holmås, Stig: Donnersohn. Thienemann
- ders.: Donnersohn und die Bleichgesichter. Thienemann
- Michelet, Jon: Attentat in Afrika. Thienemann
- Økland, Einar: Ein schöner Tag. Verlag Urachhaus. Bilderbuch.
- Øyen, Wenche / Kaldhol, Marit: Abschied von Rune. Ellermann. Bilderbuch. Deutscher Jugendliteraturpreis '88

Zum Schlemmen

- Lachs aus Norwegen. Rezepte internationaler Meisterköche. Ausgezeichnet mit der Silbermedaille der Gastronomischen Akademie Deutschlands. Mosaik Verlag

Sprachführer

- Norwegisch. Langenscheid und Polyglott
- Norwegisch für Globetrotter. P. Rump. »Kauderwelsch-Reihe«.

Der fünfte Band der Anderen Bibliothek
Peter Christian Asbjørnsen und Jørgen Moe
NORWEGISCHE MÄRCHEN
Aus dem Norwegischen von Friedrich Bresemann. 292 Seiten, gesetzt aus der Borgis Garamond, schön gebunden, 33 DM (ISBN 3-921568-29-3), lim. Vorzugsausgabe 98 DM (3-921568-28-5). Mit historischen Photographien von Anders Beer Wilse.

Jacob Grimm: »Die besten Märchen, die es gibt.«

Dezember 1988 – der achtundvierzigste Band der Anderen Bibliothek:
Søren Kierkegaard
DER AUGENBLICK
Eine Zeitschrift
Mit einem Essay von Jørgen Bonde Jensen. Aus dem Dänischen von Hanns Grössel. Etwa 340 Seiten, schön gebunden. 33 DM / ISBN 3-89190-248-4.
Leder-VA 98 DM im Abo, einzeln 128 DM / ISBN 3-89190-348-0.

Am 24. Mai 1855 erschien in Kopenhagen, damals noch einer recht beschaulichen, biedermeierlichen Stadt, die erste Nummer einer Zeitschrift, die von einem einzigen Mann erdacht, herausgegeben und verfaßt wurde: von Søren Kierkegaard.

Der Augenblick ist eine Abrechnung mit dem organisierten Christentum, die sich bis zu einer unerhörten Schärfe steigert. (In der vorletzten Nummer steht ein Essay zum Beweis dessen, »daß die Priester Menschenfresser sind«.)

Der Augenblick, ein unerreichbares Beispiel nadelfeiner und vernichtender Polemik, wurde zum Vorbild der *Fackel*, die Karl Kraus ein Menschenalter später gegründet hat.

Greno Verlagsgesellschaft m.b.H., Postfach 1145, D-8860 Nördlingen.

- *Ordbok Norsk-Tysk / Tysk-Norsk.* 2 Bände. Gyldendal. Oslo
- *Pons Reisewörterbuch.* Pons
- *Sprachführer Skandinavien.* K. Opfermann. NORDIS
- *Tysk-Norsk / Norwegisch-Deutsch.* Berlitz
- *Universalwörterbuch Norwegisch.* Langenscheid

Karten

- **Norwegen-Karte in fünf Blättern.**
Kümmerly & Frey. Lizenzausgabe der norwegischen Cappelen-Autokarte.
Blatt 1: Norwegen südlich der Linie Oslo-Bergen
Blatt 2: Fjordland, zentrales Gebirge, Ostnorwegen
Blatt 3: Møre og Romsdal, Trøndelag
Blatt 4: Nordland, West-Troms (mit Lofoten)
Blatt 5: Troms und Finnmark
Blätter 1-3 im Maßstab 1:325.000
Nordblätter im Maßstab 1:400.000

- **Norwegen-Karte in sieben Blättern.**
RV Verlag. Terrac Originalausgabe. Neue, aktuelle Norwegen-Straßenkarten-Serie
Maßstab 1:300.000, bzw. 1:400.000
Blatt 1: Oslo-Gebiet, Süd-Ostnorwegen
Blatt 2: westliches Sørland, südl. Westnorwegen
Blatt 3: Ostnorwegen, Süd-Trøndelag
Blatt 4: Westnorwegen, Süd-Trøndelag
Blatt 5: Nord-Trøndelag, südl. Nordland
Blatt 6: Nordland, Troms
Blatt 7: Finnmark

- **Norwegen Autoreisekarte.**
Übersichtskarte Hrg. Norw. Fremdenverkehrsamt. Maßstab 1:1.200.000

- **Wanderkarten Norwegen.**
Hrg. vom Norw. Landesvermessungsamt auf der Grundlage der topogr. Kartenblätter. Von allen bekannten Wandergebieten (Hardangervidda, Jotunheimen, Sunnmøre-Alpen, u.v.a.) erhältlich. Maßstab i.d.R. 1:50.000.

- *Topographische Karten der Serie 1:50.000.*

- *Spitzbergen Übersichtskarte.* Maßstab 1:100.000

- *Spitzbergen Gebietskarten.* Maßstab 1:500.000 (4 Blätter)

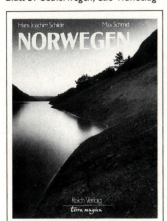

Max Schmid / H.-J. Schilde
NORWEGEN
200 Seiten mit 140 Farbfotos auf 110 Farbbildseiten. Linson.

DM 49.80 Großformat

Solch phantastische Natur-Stilleben gibt es nirgendwo auf der Welt, nicht in der Südsee, nicht in den Alpen, nicht in den Anden, nur in Norwegen. Auch wer schon viele Norwegen-Bildbände besitzt, muß diesen Groß-Farbbildband haben – sonst hat er/sie Norwegen nur halb gesehen.

Reich Verlag
terra magica

In jeder Buchhandlung!

Vier Freunde in Oslo nehmen teil...

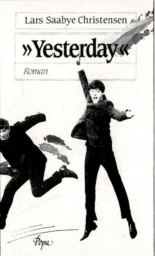

Lars Saabye Christensen
»Yesterday«
Roman

560 Seiten. DM 39,80

...am weltweiten Aufbruch der Jugend zwischen 1965 und 1972. Der Roman einer Generation, deren Ansprüche bis heute nicht eingelöst sind.

»Yesterday« ist seit Jahren der Bestseller in Norwegen.

Popa Verlag
Ungererstr. 58
8000 München 40
In jeder Buchhandlung

Schön, daß es diese Bücher gibt

Friedrich Mader: SOMMER DER ARKTIS – Spitzbergen. Reihe »Sehnsucht Natur«. Rombach, 1986, 42 Farbfotos, 72 Seiten, DM 29,80.
Kurze Texte und exzellente Bilddokumente führen in die Stimmungen dieser kaum bekannten, schwer durchschaubaren Eiswelt ein.

Erich Spiegelhalter, Oli-Matti Huovio: STILLE DES NORDENS – Skandinavien. Rombach, 1987, 38 Farbfotos, 72 Seiten, DM 29,80.
»Impressionen von finnischen Seen, von schwedischen Wäldern, von norwegischen Fjorden, Wasserfällen und Gletschern ... fotografisch perfekte Aufnahmen« (FAZ).

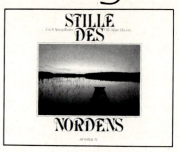

Erhältlich in allen guten Buchhandlungen

ROMBACH VERLAG

Postfach 1349
D-7800 Freiburg im Breisgau

NORGE 1990

Kalenderurlaub für Entdecker!

Wer hat schon die Zeit, das ganze Jahr in Norwegen Urlaub zu machen. Jede Jahreszeit hat dort ihre ganz eigenen Reize. Und eine verpassen Sie immer.

Mit dem Kalender NORGE 1990 begleiten Sie Norwegen durch die Jahreszeiten. Hervorragende Aufnahmen renommierter Fotografen eröffnen ungeahnte Perspektiven. Sooft Sie möchten.

NORGE 1990: 48 x 68 cm; 39,80 DM incl. Versand und Verpackung, Subskriptionspreis bei Bestellung bis 30.6.1989: 32,80 DM. Auslieferung: Sept. 1989. Die Lieferung erfolgt nach Einzahlung des jeweiligen Betrages auf das Konto 29191-430 beim Postgiroamt Essen (BLZ 360 100 43) oder gegen Scheck.
Kontoinhaber: NORTRA Marketing GmbH.

NORDIS Reiseführerverlag

Norwegische Literatur der Moderne

I: Paal-Helge Haugen   Det overvintra lyset / Das überwinterte Licht
Jan Groth   Teikningar / Zeichnungen   /   (Vorzugsausgabe nm. + sign.)

II: Einar Økland   Blaue Rosen / Blå roser
Wolfgang Troschke   Zeichnungen / Teikningar (Vorzugsausg. nm. + sign.)

Verlag Kleinheinrich · Martinistr. 2 · D-4400 Münster · Tel. 0251/4 22 25

Im Land der Fjorde

Wildwasserfahren
In dieser »Hohen Schule des Kajak-Sports« vermitteln die Autoren grundlegendes Wissen für Kanuten.
128 S., 45 Farbfotos, Großformat, DM 39,-

Bjorn Klauer
Norwegen zu Fuß und auf Ski
Während seiner 3500 Kilometer langen Fußwanderung endeckte der Autor Bjorn Klauer Norwegen für sich neu.
176 Seiten, 105 Abbildungen, DM 32,-

Gallei / Hermsdorf
Im Banne der Arktis
Ein ungewöhnliches Abenteuer im hohen Norden: mit dem Kajak erkundeten die Autoren die Westküste Spitzbergens.
200 S., 100 Abb., Großformat, DM 48,-

Der Verlag für Abenteuer

Bestellcoupon
Bestellschein einsenden an
Motorbuch · Postfach 10 37 43
7000 Stuttgart 10 · ☎ 0711/648 78-0
Bitte liefern Sie mir folgende Titel:

☐ Bitte senden Sie mir die kostenl. Neuheiten-Informationen

Name
Vorname
Straße
PLZ/Ort   Nordis

Topographische Karten

Die Serie 1: 50.000 ist die neueste topographische Kartenreihe Norwegens, die Ihnen aktuelle Informationen bietet. Die Blätter liegen zum größten Teil in Vierfarbdruck vor, die noch fehlenden sind als Zweifarbausgaben erhältlich.

Bestellen sollten Sie wie folgt:
Ein Kartenblatt wird mit dem kleinsten Rechteck (= 1/4 des dickumrandeten Hauptquadrates) aus dem nebenstehenden Kartenausschnitt angegeben. Nennen Sie bitte das von Ihnen gewünschte Hauptquadrat und den entsprechenden Ausschnitt, z.B. 1313 IV

Alle Karten und auch kostenlose, detaillierte Indexkarten erhalten Sie beim:
NORDIS Buch- und Landkartenhandel
Postfach 343, 4019 Monheim
Tel. 02173/56 665

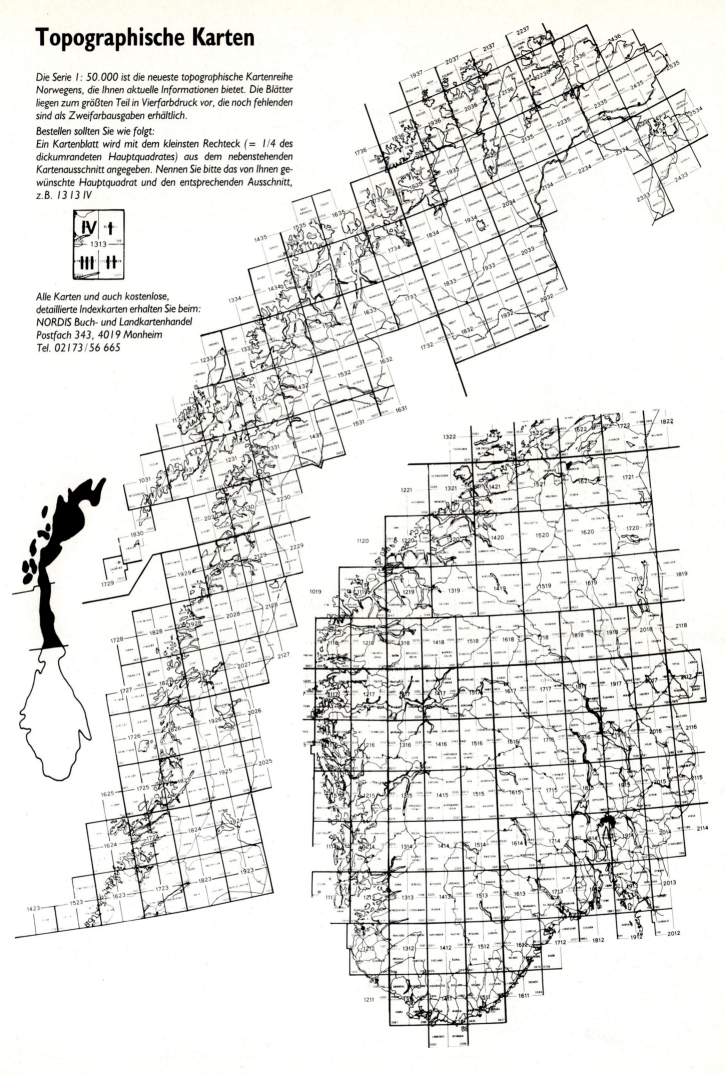

Aktuelle NORWEGEN - Informationen

1. Das Norwegische Fremdenverkehrsamt

in Hamburg ist **die** Anlaufstelle für alle touristischen Informationen über Norwegen. Dort werden Sie ausführlich beraten, falls Sie gerade in Hamburg sind, können Sie auch vorbeischauen. Das Fremdenverkehrsamt ist von 11.00 bis 15.00 Uhr für Publikum geöffnet, Telefonzeit ist von 9.00 - 16.30 Uhr.
- *Norwegisches Fremdenverkehrsamt Hermannstr. 32 2000 Hamburg 1 Tel. 040/32 76 51*

Allgemeine Informationen erhalten Sie auch bei der
- *Kgl. Norwegischen Botschaft Mittelstraße 43 5300 Bonn 2 Tel. 0228/81 99 70*

2. Die NORTRA Marketing GmbH

übernimmt in Essen teilweise Aufgaben des Norwegischen Fremdenverkehrsamtes, zum Beispiel das Erstellen von Publikationen, Versand von Prospektmaterial, Infopaketen, Norwegen-Büchern etc. Alle auf diesen Seiten aufgeführten Artikel können Sie bei NORTRA Marketing bestellen! Auslieferung jedoch nur gegen Vorkasse!
- *NORTRA Marketing GmbH Alfredstr. 53 4300 Essen 1 Tel. 0201/79 26 94 Postgirokonto 291 91-430 BLZ 360 100 43 Postgiroamt Essen*

3. Norwegen - Informationen

- **Norwegen - Das offizielle Reisehandbuch 1989** DM 10,- (zzgl. DM 3,- Versandkostenanteil)

Für Sammler:
Es liegt noch eine begrenzte Anzahl NORWEGEN-Reisehandbücher von 1987 und 1988 vor, die Ihre Norwegen-Sammlung komplett machen. Erhältlich zum Sonderpreis von DM 5,-.

- **NORWEGEN - MAGAZIN** (6 Hefte jährlich) DM 12,- Die im Abonnement erhältlichen NORWEGEN-MAGAZINE sind die ideale Ergänzung zum Offiziellen Reisehandbuch. Hier informieren wir Sie über aktuelle Veranstaltungen der DNF, Nachrichten der Reedereien und Fluggesellschaften, sowie über kulturelle Ereignisse. Falls Sie mit anderen Norwegen-Fans in Kontakt kommen wollen, können Sie zum Preis von DM 7,- eine Leserkleinanzeige (7 Zeilen und Adresse) aufgeben.

- **Norwegen-Kalender 1990**
Auf zwölf hervorragend gedruckten, großformatigen Farbtafeln erleben Sie das ganze Jahr über das Land für Entdecker.
Größe: 48 x 68 cm. DM 39,80 inkl. Versand und Verpackung.
Subskriptionspreis bis 30.6.89: DM 32,80 inkl. DM 3,- Verpackung und Versandkosten.
Auslieferung: September 89

- **Norwegen - Übersichtskarte** Maßstab 1:1.200.000 Schutzgebühr DM 3,-
- **Wassersport in Norwegen** Tips für Wassersportler (Hg. Kreuzer Abteilung DSV) DM 3,-
- **Bonus Pass *** Rabattkarte für 110 erstklassige skandivavische Hotels (Inter Nor), DM 40,-
- **Fjord Pass *** Hotelrabattkarte für 200 Hotels, Gasthöfe und Pensionen in ganz Norwegen, DM 17,-
- **Oslo Karte *** Der Spartarif für Norwegens Hauptstadt. Freier Eintritt zu allen Museen und Sehenswürdigkeiten, unentgeltliche Benutzung öffentlicher Verkehrsmittel, Ermäßigung in vielen Hotels und Restaurants.
Gültigkeitsdauer/Preis:
24 Std.: DM 20,-/10,- (Kinder)
48 Std.: DM 30,-/15,-
72 Std.: DM 35,-/17,50
- **Telemark Karte *** Rabattkarte für den Bezirk Telemark. Preisermäßigungen in Museen, für verschiedene Ausflüge, Hotels, Restaurants. DM 17,-

(Preise inkl. Versand, wenn nicht anders angegeben).
Alle mit * gekennzeichneten Karten und Pässe erscheinen ab Frühjahr 89.

Bestellcoupon Infopakete

- ☐ 1 Nordnorwegen (mit Spitzbergen)/Trøndelag
- ☐ 2 Westnorwegen
- ☐ 3 Sørland/Telemark
- ☐ 4 Oslo/Oslofjordgebiet
- ☐ 5 Ostnorwegen
- ☐ 6 Anreise
- ☐ 7 Reisen in Norwegen
- ☐ 8 Hotelangebote
- ☐ 9 Camping/Sonstige einfache Übernachtungsmöglichkeiten
- ☐ 10 Ferienhäuser
- ☐ 11 Aktivurlaub
- ☐ 12 Reiseveranstalter
- ☐ 13 Winterreisen

Gewünschte(s) Paket(e) bitte ankreuzen.
Wir fügen folgende Schutzgebühr in Briefmarken bei:
für 1 Paket DM 1,- DM; bis zu 3 Pakete 1,50 DM; bis zu 5 Pakete DM 2,-; bis zu 7 Pakete 2,50 DM; bis zu 11 Pakete 3,50 DM und für alle zusammen 4,- DM.
Bitte füllen Sie diesen Coupon gut lesbar in Blockschrift oder mit Schreibmaschine aus und senden Sie ihn an:
NORTRA Marketing GmbH
Alfredstraße 53
4300 Essen 1

Name **Vorname**

Straße

PLZ **Ort**

Unterschrift

Datum

4. Besonders fix: BTX

Mit der Nummer »23 999« können Sie das Norwegische Fremdenverkehrsamt anwählen und erhalten somit Zugang zu mehr als 500 Seiten mit Norwegen-Informationen, die ständig aktualisiert werden. Das von jedermann abrufbare Datenmaterial umfaßt vor allem Informationen über Verkehrsmittel, Veranstaltungen, Übernachtungsmöglichkeiten, Sonderangebote und -aktionen, sowie touristische Nachrichten.

5. Messetermine

Auf folgenden Touristik-Messen können Sie sich direkt an unseren Ständen über NORWEGEN informieren.
CMT, Stuttgart . 21.1. - 29.1.89
Boot' 89, Düsseldorf . . . .
. . . . 21.1. - 29.1.89
CBR, München . 4.2. - 12.2.89
ITB, Berlin . . . . . . 4.3. - 9.3.89
Camping + Touristik, Essen . .
. . . . 11.3. - 19.3.89
Intern. Touristika, Frankfurt . . .
. . . . 4.11. - 12.11.89
Intern. Reisemarkt, Köln . . . . .
. . . . 1.12. - 3.12.89

6. Info - Pakete

Um Sie schneller und effektiver informieren zu können, hat das Fremdenverkehrsamt zusammen mit NORTRA Marketing 13 Informationspakete zusammengestellt, die Ihre speziellen Fragen über das Reiseland Norwegen berücksichtigen. Dieser Informationsservice wurde im letzten Jahr erstmalig angeboten und führte zu einer Flut von Anfragen. So sehr wir uns über Ihr Interesse an Norwegen freuen, aber derart viele Anfragen führen unweigerlich zu Versandproblemen. Bestellen Sie Ihr Informationspaket deshalb rechtzeitig vor dem Urlaub. Die Bearbeitungszeit beträgt ca. 3 Wochen. Welche Pakete Sie bestellen können, entnehmen Sie bitte dem Bestellcoupon auf der nebenstehenden Seite. Bitte haben Sie Verständnis dafür, daß nur solche Coupons bearbeitet werden, denen die Schutzgebühr in Briefmarken beiliegt.

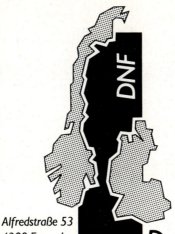

Alfredstraße 53
4300 Essen 1
Tel. 0201 - 78 97 98
Mo. - Fr. 10.00 - 12.00
14.00 - 16.00

Deutsch - Norwegische Freundschaftsgesellschaft

Norwegen ist kein Urlaubsland wie jedes andere. Wer erst einmal den Sprung ins kalte Wasser gewagt hat und dabei entdecken konnte, wie erfrischend anders als die übrigen Reiseziele Norwegen ist, kann sich der Faszination dieses Landes kaum entziehen. Wer einmal da war, wird schnell zum Fan. Kein anderes Land hat so treue Feriengäste wie Norwegen, über 90 % kommen wieder, oft Jahr für Jahr. Norwegen-Urlauber interessieren sich weit über das übliche Maß hinaus für ihr Lieblingsland. Viele verschlingen alle neuen Norwegen-Bücher und lassen keine Informations- und Kulturveranstaltung aus, bei der es um Norwegen geht und bedauern, daß es nicht mehr gibt.

Dem ist nun abgeholfen worden. Im März letzten Jahres wurde in Essen die **»Deutsch-Norwegische Freundschaftsgesellschaft«** (DNF) gegründet mit dem Ziel, die kulturellen, touristischen und gesellschaftlichen Beziehungen zwischen der Bundesrepublik Deutschland und Norwegen zu fördern. Geplant sind u.a. Veranstaltungen und Ausstellungen mit norwegischen Künstlern aus allen Bereichen, Informationsabende und Seminare für die Mitglieder, sowie eine intensive Öffentlichkeitsarbeit. 1989 fördert ein **Kulturausschuß** der DNF zum Beispiel drei Projekte. Ideen dazu werden gerne entgegengenommen.

Außer Kulturaustausch gehört aber auch die ständige Weitergabe **aktueller Information** an ihre Mitglieder zu den Aufgaben der DNF. Denn gute Informationen sind die beste Versicherung für einen gelungenen Urlaub. Als Mitglied der DNF haben Sie Anspruch auf folgende Leistungen: Jeweils die aktuelle Ausgabe des offiziellen Reisehandbuchs, das neue Norwegen-Magazin (erscheint jetzt 6-mal jährlich, ist viel umfangreicher als die alten Norwegen-Infos und teilweise farbig), außerdem können Sie kostenlos eine Kleinanzeige darin aufgeben. Sie erhalten Ermäßigungen bei allen Veranstaltungen der DNF und des Norwegischen Fremdenverkehrsamtes, eine Auto-Reisekarte, einen Mitgliedsausweis, einen Autoaufkleber, sowie auf Wunsch (bitte auf Antrag vermerken) einen Fjord-Pass, die Rabattkarte, die den Urlaub preiswert macht.

Weitere Informationen über Aktionen der Deutsch-Norwegischen Freundschaftsgesellschaft finden Sie auf den Seiten 96 und 97.

Ja, ich interessiere mich für eine Mitgliedschaft in der Deutsch-Norwegische Freundschaftsgesellschaft. Bitte senden Sie mir Informationsmaterial.

Name, Vorname: ....

PLZ ....

Ort: ....

Straße: ....

Datum: ....

Sie brauchen diese Seite nicht zu zerschneiden, ein formloser Brief mit Ihrem Absender genügt.

Den gut lesbar in Blockschrift oder mit Schreibmaschine ausgefüllten Antrag senden Sie bitte an:
- DNF, Alfredstraße 53
  4300 Essen 1 (zu Hd. Frau Schmid)

A-Z Info

A

ABENTEUERPARKS

Kristiansand: 400.000 Quadratmeter großer Freizeit- und Tierpark. Goldgräberland, Spielland, Theater. Der Affe Julius heißt kleine und große Besucher willkommen! Ganzjährig geöffnet! Eintritt: Erw. NOK 95,-/Kinder NOK 80,-

Hardanger/Ullensvang: Hardanger Ferienpark, in der Nähe vom Zentrum Kinsarviks mit folgenden Angeboten: Wasserrutschbahn, 5 Spielplätze, Teich mit Ruderbooten, Trampoline, Hängebahn, Auto- und Fahrradbahn, Minizoo, Boot- und Wassersportanlage mit Surfbrettern, Wassermopeds, Wasserski, Ruder- und Motorboote, Aussichtsturm. Freilichtbühne mit Galerie. Geöffnet: 1.6.-1.9.1989. Eintritt: NOK 35,-/Familien NOK 200,-

Skien: Lekeland. Westernstadt mit Reit- und Rudermöglichkeit und Westernsaloon. Spielstadt mit Raumfahrtlabyrinth und vielen Spielangeboten für kleine und große Kinder. Reitkurse. Täglich vom 13.6.-3.8.1989 geöffnet. Eintritt: NOK 45,-.

Kongeparken, Stavanger: an der E 18, kurz vor Stavanger. Kinder-Bauernhof, Westernstadt, Bobbahn, Burg, großer Vogelpark, Verkehrsschule, Fahrradcross, Reitcenter. Außerdem ein Dorf mit Kunsthandwerk-Ateliers und Kunsthandwerksgeschäften. Freilichtbühne. Geöffnet: Anfang Mai - Ende Sept. 1989. Eintritt: Erw. NOK 80,-/Kinder NOK 60,-.

Hunderfossen Spielparadies: 15 km nördlich von Lillehammer. Spielmöglichkeiten aller Art für Kinder und Erwachsene. Der Welt größter »Troll«, Kletterlandschaften, Möglichkeit nach Gold zu graben, Autos für Kinder usw. Ein eigener Bauernhof steht den Kleinen zur Verfügung. Geöffnet: Ende Mai - Mitte August 1989.

»Lilleputthammer Spielstadt«: Bei Øyer Gjestegaard, 20 km nördlich von Lillehammer. Ein Erlebnis für Kinder. Modellwerkstätten aller Art, Autos, Zug, Trampolin usw. Für Erwachsene ist es eine Art Museum, denn es wurde hier Alt-Lillehammer's Haupt- und Geschäftsstraße im Maßstab 1:4, 150 m lang, nachgebaut. Geöffnet: Ende Mai - Mitte August 1989. Eintritt: NOK 30,-.

Skarnes Lekeland: Westlich von Kongsvinger an der Reichsstraße 2, fünf Kilometer vor Skarnes. Spielland für Kinder zwischen 5-15 Jahren, zwei Wasserrutschen, Trampoline, Wasserspiele, Mini-Golf, Bau- und Spielplatz. Geöffnet: 1.6.-31.8.1989. Eintritt: NOK 35,- (Gruppenermäßigung).

Telemark Sommerland, Bø: Abenteuerspielplatz mit Wasserrutsche, Indianer- und Cowboystadt, Märchenhaus, Schloß, Trampoline, Urzeit- und Tarzanpark. Minibahn, Minigolf und Fahrradcross.
Geöffnet: Mitte Juni - Mitte August 1989. Erw. NOK 80,-/Kinder NOK 60,-.

Panorama Spielpark, Bodø: Tier- und Spielpark, kürzlich erweitert und mit vielen Spielangeboten für Kinder. Großes Restaurant.
Geöffnet: Anfang Juni - Ende August 1989. Eintritt: Erw. NOK 30,-/Kinder NOK 20,- (Gruppenermäßigung).

TusenFryd: liegt ca. 20 Min. vom Zentrum Oslos entfernt am Mossevei (E6/E18). Großer Vergnügungspark nach amerikanischem Vorbild. Attraktionen: Norwegens größte Berg- und Talbahn, Wildwasserbahn mit zwölf Meter freiem Fall, Kino mit Panoramaleinwand (180°), Minigolf, Spielplatz für die Kleinsten, Restaurants, Cafés, Botanischer Garten uvm.
Geöffnet: 11.06. - 31.08.1989
Preise: NOK 90,- (Erw.) / NOK 70,- (Kinder).

ALKOHOL

Wein und alles Hochprozentige werden Sie in Norwegen vergeblich im Supermarkt suchen. Alkohol erhalten Sie in den staatlichen Alkoholläden (»Vinmonopolet«), die es nur in größeren Orten gibt. Die Preise für Spirituosen liegen erheblich über unserem Niveau. Bier (»øl«) gibt es in verschiedenen Stärken: lettøl, brigg, pils, eksport; es wird in einigen Kommunen sogar in Lebensmittelgeschäften angeboten.
Alle Restaurantbetriebe haben Schanklizenzen für Wein und Bier, die größeren Hotels bieten zudem Spirituosen (»brennevin«) im Ausschank an. Allerdings müssen Sie an allen Sonn- und Feiertagen auf Ihren Whisky oder Cognak verzichten, denn an diesen Tagen herrscht absolutes »brennevin«-Verbot. Auf den Getränkekarten finden Sie internationale Weine von durchweg guter bis sehr guter Qualität, deren Preise nicht wesentlich höher sind als bei uns. So kostet eine 0,75 l Flasche franz. Rotwein ca. DM 20-25,-. Auch das norwegische Bier ist nicht zu verachten. Für das berühmte »mackøl« aus der nördlichsten Brauerei der Welt in Tromsø bezahlt man im Alkoholladen ca. DM 3,- (0,5 l Pils).

Öffnungszeiten Vinmonopolet:
Montag - Donnerstag ...... 10.00-17.00 Uhr
Freitag .... 9.00-17.00 Uhr
Samstag .... 9.00-13.00 Uhr

APOTHEKEN

Medikamente erhält man in Norwegen nur in Apotheken meist nur gegen Rezept eines norwegischen Arztes. Das Land hat eines der strengsten Arzneimittelgesetze der Welt. Es wird deshalb empfohlen, täglich benötigte Medizin mitzubringen, um das gewohnte Präparat zur Verfügung zu haben.

Wo ist hier eine Apotheke?	Hvor er det et apotek?
Ich habe ein Rezept.	Jeg har en resept.
Ich möchte ...	Jeg vil gjerne ha ...
- ein Beruhigungsmittel	- et beroligende middel
- ein Hustenmittel	- et middel mot hoste
- ein Schlafmittel	- et sovemiddel
- ein Mittel gegen ...	- et middel mot ...
Kann ich warten?	Kan jeg vente?
Können Sie mir etwas geben gegen ...?	Kan De gi meg noe for ...?
- Durchfall	- diaré
- Erkältung	- forkjølelse
- Halsschmerzen	- halssmerter
- Hühneraugen	- liktorn
- Insektenstiche	- insektstikk
- Kopfschmerzen	- hodepine
- Zahnschmerzen	- tannverk
Abführmittel	avføringsmiddel
Alkohol	alkohol
Ampulle	ampulle
Antibabypille	p-pille
Antibiotikum	antibioticum
Augentropfen	øyedråper
Binde	bind
Hustensaft	hostesaft
Kamille	kamille
Magentropfen	magedråper
Mittel	middel
Pfefferminze	peppermynte
Pflaster	plaster
Puder	pudder

ÄRZTLICHE VERSORGUNG

Die meisten Hotels und andere Übernachtungsbetriebe stehen mit einem Arzt in Verbindung. Das Hotelpersonal oder die örtlichen Touristenbüros sind mit der Anmeldung bei einem Zahnarzt behilflich. Ärzte und Zahnärzte werden bar bezahlt. Bei jeder Konsultation sind zwischen NOK 50,- und NOK 70,- zu zahlen. Deutsche Krankenscheine werden nicht anerkannt. Zusätzliche Reiseversicherungen sind sehr zu empfehlen, wenden Sie sich in dieser Frage an Ihre Krankenkasse.

ARBEITS- UND AUFENTHALTSERLAUBNIS

Staatsbürger aus EG-Ländern, sowie u.a. Österreicher und Schweizer mit gültigem Personalausweis dürfen sich bis zu drei Monaten in Norwegen aufhalten. Ist beabsichtigt in Norwegen zu arbeiten, muß im Heimatland eine Arbeits- und Aufenthaltserlaubnis beantragt werden. (Weitere Informationen erteilen die jeweiligen Botschaften und Konsulate, s.u. **Diplomatische Vertretungen**).
Weitere Informationen bei der zentralen Arbeitsvermittlung:
Arbeidsdirektoratet, Holbergs Plass 7
N-1000 Oslo 1
Ausländische Jugendliche im Alter von 18 bis 30 Jahren können in den Sommer- bzw. Semesterferien auf norwegischen Bauernhöfen arbeiten. Sie bekommen dafür freie Kost und Logis, sowie ein kleines Taschengeld. Interessenten wenden sich bis spätestens 15.4. an:
Norwegian Youth Council (LNU)
Rolf Hofmosgt. 18, Oslo 6.

B

BAHNVERKEHR

Das Schienennetz der Norwegischen Staatsbahnen (NSB) ist gut ausgebaut und besteht aus folgenden Hauptstrecken:
Oslo - Bergen (Bergensbanen), Oslo - Trondheim (Dovrebanen), Trondheim - Bodø (Nordlandsbanen), Oslo - Kristiansand - Stavanger (Sørlandsbanen).

Expreßzüge, gut ausgestattet und sehr schnell, verkehren ohne viele Haltestationen auf der Dovrebahn, Bergensbahn und Sørlandsbahn.
Schnellzüge verkehren Tag und Nacht auf den Hauptstrecken, halten öfter als die Expreßzüge.
Inter-City-Züge verkehren auf den Strecken Halden - Oslo, Skien - Oslo und Lillehammer - Oslo.
Lokalzüge sind Nahverkehrsverbindungen. Halten an allen Bahnhöfen.
Preise für eine einfache Fahrt auf folgenden Strecken (in NOK):

Strecke	1. Kl.	2. Kl.
Oslo - Bergen	590,-	394,-
Oslo - Trondheim	674,-	450,-
Trondheim - Bodø	810,-	520,-
Oslo - Kristiansand	481,-	321,-
Oslo - Stavanger	712,-	475,-
Hamburg - Oslo	1.190,-	774,-

Die NSB bietet folgende Rabattmöglichkeiten

Nordtourist-Karte:
Es gibt eine Reihe von Vergünstigungen, u.a. die Nordtourist-Karte (Nordturist med tog). Unbegrenzte Fahrt mit der Bahn in Dänemark, Finnland, Norwegen und Schweden. 21 Tage für NOK 1.410,- (2. Klasse) und NOK 2.120,- (1. Klasse). Kinder zwischen 4-12 Jahren bekommen 50 % Ermäßigung. Jugendliche zwischen 12 und 26 bezahlen NOK 1.060,- (2. Klasse) und NOK 1590,- (1. Klasse).

Andere Ermäßigungen:
NSB Midtukebillett (Fahrkarte von Montag-Donnerstag und Samtag) ist eine Spezialfahrkarte für Erwachsene und Kinder, die weite Strecken zu fahren haben. Für ca. NOK 295,- für Erwachsene und NOK 148,- für Kinder (unter 16 Jahren) kann man so weit wie man möchte in eine Richtung fahren. Diese Fahrkarten erhält man nur in Norwegen.
Das Angebot gilt sieben Tage für Reisen in der 2. Klasse. Es können alle Züge benutzt werden, ausgenommen in der Zeit vom Donnerstag vor Palmsonntag bis zum 3. Ostertag und vom 16.12. bis zum 6.1.

NSB-Minigruppe
(Für 2-9 Personen/Erwachsene und / oder Kinder). 25 % Ermäßigung gibt es täglich für alle Züge. Mindestentfernung: 100 km in eine Richtung. Ganzjährig gültig.

Senioren:
Normale Senioren-Ermäßigung ab 67 Jahren, 50 % Rabatt in der 1. und 2. Klasse. Das gleiche gilt für Ehepartner jeglichen Alters, die mit einem Pensionär zusammen fahren (kann nur in Norwegen gekauft werden). Frauen über 60 Jahre und Männer über 65 Jahre mit Senioren-Paß der Eisenbahn ihres eigenen Landes und mit Rail-Europ-S-(RES)-Karte erhalten auf Eisenbahn-Fahrkarten in Norwegen 50 % Ermäßigung. Diese Fahrkarten können in der Bundesrepublik gekauft werden.

Platzkarten:
Alle Expreßzüge sind in der 1. und 2. Klasse platzkartenpflichtig (NOK 13,-), für Gruppenreisen ermäßigt NOK 5,- pro Platz.

Schlafwagen:
In der 1. Klasse fährt man im Einbett-Abteil, in der 2. Klasse in Doppelbett-Abteilen (wenn gewünscht, kann man auch 3-Bett-Abteile bekommen). In der 2. Klasse kann jeweils Platz im Damen-, Herren- oder Familienabteil bestellt werden. Es gibt auch »Allergie-Abteile« mit spezieller Bettwäsche. Preisbeispiel: Oslo - Hamburg NOK 236,- (3-Bett), NOK 824,- (Einzelbett). NOK 824,-, Liegewagen NOK 79,-/Bett.

Abteile für Körperbehinderte:
Alle Reisenden sollen bequem ans Ziel kommen. NSB verfügt über speziell ausgerüstete Wagen für Körperbehinderte, die in den Tages-Schnellzügen und Expreßzügen eingesetzt werden; ebenso auf einem Teil der Nachtzug-Verbindungen (Hauptstrecken). Ein hydraulischer Lift für Rollstühle, geräumige Abteile, sechs normale Plätze und zwei Plätze für Rollstuhlfahrer, sowie eine eigens eingerichtete Toilette gehören zur Ausstattung dieses Spezialwagens.

Mutter-und-Kind-Abteile:
Für Kinder unter 2 Jahren und Begleitung. Eigenes WC und Wickeltisch. Solche Abteile gibt es in den Schnellzügen, Expreß- und einigen Nachtzügen (Hauptstrecken).

Fahrradtransport mit der Bahn:
Die Beförderung eines Fahrrades kostet - ungeachtet der Entfernung - NOK 25,- (Tandem: NOK 50,-). Wichtig: Expreßzüge nehmen keine Fahrräder mit!
Preise: Stand Juli 1988

Deutsch	Norwegisch
Welches ist die beste Verbindung nach ...?	Hva er den beste forbindelsen til ...?
Wann fährt der nächste Zug nach ...?	Når går neste tog til ...?
Wo muß ich aussteigen?	Hvor må jeg gå av?
Ist das der Zug nach ...?	Går det toget til ...?
Wie lange haben wir Aufenthalt?	Hvor lenge blir vi stående?
Wann fahren wir ab?	Når går toget?
Einmal 2. Klasse nach ..., bitte!	En enkeltbillet annen klasse til ..., takk!
Von welchem Gleis fährt der Zug nach ...?	Fra hvilket spor går toget til ...?
Verzeihung, ist dieser Platz noch frei?	Unnskyld, er denne plassen ledig?
Die Fahrkarten, bitte!	Billettene, takk!
Wann kommen wir in ... an?	Når er vi i ...?
Kommen wir pünktlich an?	Er vi i rute?

BANKEN

Banken findet man in allen Städten und Ortschaften, Bankfilialen auf dem Lande haben oft verkürzte Öffnungszeiten.
Bei einer Reihe von Banken (z.B. Den norske Creditkassen, ABC Bank) können Sie auch mit einer Kreditkarte Bargeld abheben. (Siehe auch »Kreditkarten«).

Öffnungszeiten:
Montag - Freitag . . . . 8:15-15:30 Uhr
im Sommer (15.5.-1.9.): Mo-Fr 8:15-15:00 Uhr
Donnerstag . . . . 8:15-17:00 Uhr

Auf vielen norwegischen Flughäfen und großen Bahnhöfen gibt es Wechselstuben, die abends und an Wochenenden geöffnet sind. Auch viele Hotels wechseln ausländische Währung oder lösen Euroschecks ein.

Deutsch	Norwegisch
Wo ist hier eine Bank?	Er det en bank i nærheten?
Gibt es hier ein Wechselbüro?	Er det et vekslekontor her?
Wann ist die Bank geöffnet?	Når er banken åpen?
Ich möchte Geld wechseln.	Jeg skulle gjerne ha vekslet noen penger.
Wie ist der Wechselkurs?	Hva er vekslekursen?
Ich möchte diesen Scheck einlösen.	Jeg vil gjerne løse inn denne sjekken.
Ich möchte Geld abheben.	Jeg vil gjerne heve noen penger.
Ich möchte Geld einzahlen.	Jeg vil gjerne innbetale noen penger.
abheben	heve (løse inn)
auszahlen	utbetale
Bank	bank
Betrag	beløp
bezahlen	betale
Devisen	fremmed valuta
Formular	blankett
Geld	penger
Kasse	kasse
Konto	konto
Kurs	kurs
Münze	mynt
Papiergeld	pengeseddel
Provision	provisjon
Quittung	kvittering
Reisescheck	reisesjekk
Schalter	luke
Scheck	sjekk
Scheckkarte	kontobevis
Sparkasse	sparebank
Überweisung	overføring
Unterschrift	underskrift
unterschreiben	underskrive
Währung	valuta
Wechsel	veksel
Wechselbüro	vekslekontor
Wechselkurs	kurs
Zahlung	betaling
Zinsen	renter

BUSVERKEHR

In einem Land mit einem nur weitmaschigen Eisenbahn-Netz haben Überland-Busverbindungen eine große Bedeutung. Praktisch alle norwegischen Reichsstraßen werden von Buslinien befahren. Die wichtigsten Buslinien sind in der Broschüre »Verkehrsverbindungen für Touristen« aufgeführt, die beim Norwegischen Fremdenverkehrsamt erhältlich ist.
Kinder bis 4 Jahre reisen gratis, Kinder von 4-16 Jahren erhalten 50 % Rabatt.

Einige der wichtigsten innernorwegischen Busverbindungen (Preise: Stand Juli 1988):
- Kristiansand-Hovden (2 x tägl. ca. 5,5 Std., NOK 170.-)
- Arendal-Hovden (2 x tägl. ca. 6 Std., NOK 185,-)
- Flåm-Aurland-Lærdal/Revsnes (1 x tägl. ca. 3 Std., NOK 52,-)
- Bø-Haukeligrend-Seljestad-Haugesund-Oslo (1 x tägl. ca. 7 Std., NOK 336,-)
- Bergen-Kvanndal (3 x tägl., ca. 3 Std., NOK 106,-)
- Bergen-Kvanndal-Voss-Ulvik (1 x tägl. ca. 4 Std., NOK 139,-)
- Geilo-Kinsarvik (1 x tägl. ca. 3 Std., NOK 106,-)
- Seljestad-Kinsarvik (1 x tägl. ca. 1,5 Std., NOK 61,-)
- Voss-Gudvangen (5 x tägl. ca. 1 Std., NOK 44,-)
- Balestrand-Sogndal-Kaupanger (3 x tägl. ca. 2 Std., NOK 63,-)
- Balestrand-Loen-Stryn (1 x tägl. ca. 4,5 Std., NOK 170,-)
- Olden-Ålesund (2 x werktags, ca. 5 Std., NOK 134,-)
- Otta-Lom-Sogndal (1 x tägl. ca. 5,5 Std., NOK 143,-)
- Voss-Sogndal (4 x tägl., ca. 3,5 Std., NOK 111,-)
- Otta-Stryn-Måløy (1 x tägl. ca. 6,5 Std., NOK 215,-)
- Otta-Grotli-Geiranger (1 x tägl. ca. 4 Std., NOK 135,-)
- Ålesund-Åndalsnes (3 x tägl. ca. 2,5 Std., NOK 103,-)
- Åndalsnes-Geiranger (2 x tägl. ca. 4 Std., NOK 79,-)
- Åndalsnes-Molde (2 x tägl. ca. 1,5 Std., NOK 49,-)
- Oppdal-Sunndalsøra-Kristiansund (2 x tägl. ca. 5 Std., NOK 150,-)
- Trondheim-Molde-Ålesund (2 x werkt., ca. 7,5 Std., NOK 291,-)
- Trondheim-Kristiansund (1 x tägl. ca. 4,5 Std., NOK 188,-)
- Fauske-Harstad (1 x tägl., ca. 6 Std., NOK 210,-)
- Narvik-Tromsø (4 x wöchentl., ca. 6 Std., NOK 157,-)
- Honningsvåg-Nordkap (4 x tägl., ca. 1 Std., NOK 60,-)

Expressbusverbindungen:
NOR-WAY Busekspress, ein Zusammenschluß mehrerer norwegischer Busgesellschaften, betreibt 200 Busse, die auf 50 Strecken die meisten größeren norwegischen Städte und Orte miteinander verbinden. Folgender Service wird unterwegs geboten: Klimaanlage, WC, Imbiß, verstellbare Sitze, Mobiltelefon uvm. Im folgenden finden Sie eine Übersicht über die Strecken, auf denen Busse der Gesellschaft NOR-WAY Bussekspress verkehren.

»E6-Express«
- Oslo-Göteborg. 3 x tgl., ca. 5 Std.30 Min., ca. NOK 190,-

»Trysilexpress«
- Oslo-Trysil. 1 x tgl. u. Sa., ca. 3 Std.30 Min., ca. NOK 115,-

»Nordfjordexpress«
- Oslo-Otta-Stryn-Måløy. 1 x tgl., ca. 1 Std., ca. NOK 475,-

»Totenexpress«
- Oslo - Minnesund - Gjøvik. 1 x Fr. u. So., ca. 2 Std.30 Min., ca. NOK 85,-

»Valdresexpress«
- Oslo - Fagernes / Beitostølen - Årdalstangen. 3 x tgl. 6 Std.30 Min., ca. NOK 200,-

»express Førde - Gol - Oslo«
- Førde - Sunndal - Gol - Oslo. 1 x tgl., ca. 10 Std.30 Min., ca. NOK 395,-

»Geiteryggexpress«
- Bergen - Aurland - Oslo. 1 x tgl. 1 Std., ca. NOK 440,-

»Haukeliexpress«
- Oslo - Bø - Haukeli - Haugesund. 1 x tgl. 5 Std.30 Min., ca. NOK 375,-

»Rjukanexpress«
- Oslo - Kongsberg - Rjukan. 1 x Fr. u. 1 x So. 3 Std.40 Min., ca. NOK 159,-

»Telemark-Oslo-Express«
- Oslo - Notodden - Seljord. 1 x tgl. außer Sa. u. So., ca. 4 Std., ca. NOK 138,-

»Sør-Vestexpress«
- Stavanger - Kristiansand. 2 x tgl., ca. 4 Std.40 Min., ca. NOK 240,-

»Fjordexpress«
- Bergen - Nordfjord - Ålesund. 1 x tgl. a/Sa. u. So., ca. 10 Std.50 Min., ca. NOK 380,-

»Bergen - Trondheim Express«
- Bergen - Førde - Trondheim. 1 x tgl., ca. 15 Std.30 Min., ca. NOK 598,-

»Trondheim - Stockholm Express«
- Trondheim - Idre - Stockholm. Ab Trondheim Do. u. ab Stockh. Mi., ca. 14 Std.30 Min., ca. NOK 220,-

»Gauldalexpress«
- Trondheim - Støren - Røros. 1 x tgl. a/So., ca. 3 Std., ca. NOK 110,-

»Møreexpress«
- Trondheim - Molde - Ålesund. 1 x tgl., ca. 7 Std.45 Min., ca. NOK 291,-

»Tosenexpress«
- Mosjøen - Brønnøysund. 2 x tgl. 3 Std.30 Min., ca. NOK 127,-

»Setesdalsexpress«
- Voss - Kristiansand. 1 x tgl., ca. 9 Std.30 Min., ca. NOK 420,-

»Nord - Norwegen Bus«
- Bodø - Fauske - Narvik. 2 x tgl., ca. 7 Std., ca. NOK 231,-
- Narvik - Tromsø. 1 x tgl. + 1 x tgl. a/So. u. 1 x tgl. a/Sa. u. So. 5 Std.30 Min., ca. NOK 206,-
- Narvik - Nordkjosbotn - Alta. Ab Narvik 1 x tgl., ab Alta 1 x tgl. a/So., ca. 11 Std.30 Min.,
- Tromsø - Lyngseide Std. - Alta. 1 x tgl., ca. 7 Std.15 Min., ca. NOK 228,-
- Alta - Karasjok - Kirkenes. 1 x tgl. 10 Std.30 Min., ca. NOK 462,-

»Ekspress 2000«
- Oslo - Uppsala - Alta - Hammerfest Abfahrt von Oslo 1 x tgl. Montag, Mittwoch und Freitag. Von Hammerfest 1 x tgl. Montag, Mittwoch und Samstag, Fahrzeit ca. 5,5 Std., Preis ca. NOK 1.100,- Platzreservierung erforderlich

Weitere Informationen und Reservierungen:
NOR-WAY Bussekspress A/S,
Jernbanetorget 2, N-0154 Oslo 1,
Tel.: 02-33 08 62

GDG Continentbus
1. ab Hamburg, Bremen, Leer, Oldenburg, Travemünde nach Oslo.
Preise (einf. Fahrt): DM 153,-/DM 91,- (stand by).
2. ab Frankfurt, Bochum, Bonn, Dortmund, Duisburg, Düsseldorf, Essen, Göttingen, Hannover, Hildesheim, Kassel, Kirchheim, Osnabrück, Köln, Leverkusen, Mülheim, Oberhausen, Osnabrück, Wattenscheid, Witten nach Oslo, Moss oder Sarpsborg.
Preise (einf. Fahrt): DM 194, DM/117,- (stand by).
3. ab München, Stuttgart, Karlsruhe, Nürnberg, Heidelberg nach Oslo
Preise (einf. Fahrt): DM 211/DM 127,- (stand by)
Buchungen über
GDG Continentbus, Postfach 19 04 69, 5000 Köln 1, Tel. 0221 - 160 260

D

DIPLOMATISCHE VERTRETUNGEN

Norwegische Vertretungen in der Bundesrepublik Deutschland und West-Berlin

- Kgl. Norwegische Botschaft, Mittelstraße 43 5300 Bonn 2, Tel. 0228 - 81 99 70
- Kgl. Norwegisches Konsulat, Faulenstraße 2-12 2800 Bremen 1, Tel. 0421 - 12 015
- Kgl. Norwegisches Generalkonsulat, Karl-Arnold-Platz 3, 4000 Düsseldorf 30, Tel. 0211 - 45 79 449
- Kgl. Norwegisches Konsulat, Am Borkumkai 2970 Emden, Tel. 04921 - 20 118/9
- Kgl. Norwegisches Konsulat, Hanauer Landstr. 330 6000 Frankfurt/Main, Tel. 069 - 41 10 40
- Kgl. Norwegisches Generalkonsulat, Neuer Jungfernstieg 7, 2000 Hamburg 36, Tel. 040 - 34 34 55
- Kgl. Norwegisches Konsulat, Herrenhäuserstr. 83 3000 Hannover, Tel. 0511 - 79 070
- Kgl. Norwegisches Konsulat, Lorentzendamm 28 2300 Kiel, Tel. 0431 - 59 21 050
- Kgl. Norwegisches Konsulat, Geniner Str. 249 2400 Lübeck, Tel. 0451 - 53 02 211
- Kgl. Norwegisches Konsulat, Promenadeplatz 7 8000 München 2, Tel. 089 - 22 41 70
- Kgl. Norwegisches Generalkonsulat, Nordbahnhofstraße 41, 7000 Stuttgart 1 Tel. 0711 - 25 49 49
- Norwegische Militärmission, Pfalzburger Straße 74 1000 Berlin 15, Tel. 030 - 88 21 224

Norwegische Vertretung in Österreich
- Kgl. Norwegische Botschaft, Bayerngasse 3 A-1037 Wien, Tel. 0222 - 75 66 92

Norwegische Vertretung in der Schweiz
- Kgl. Norwegische Botschaft, Dufourstraße 29 CH-3005 Bern, Tel. 031 - 44 16 49
- Norwegisches Generalkonsulat, Utoquai 43 CH-8000 Zürich, Tel. 01 - 25 16 939
- Norwegisches Konsulat, Peter Merianstraße 45 CH-4002 Basel, Tel. 061 - 22 28 30
- Consulat Général de Norvège, 92, Rue du Rhône, CH-1204 Genève, Tel. 022 - 28 56 11
- Consulat de Norvège, Chemin des Alouettes CH-1027 Lonay/VD, Tel. 021 - 71 52 94

Deutsche Vertretungen in Norwegen
- Forbundsrepublikken Tysklands Ambassade Oscars gate 45, N-0258 Oslo 2, Tel. 02 - 55 20 10
- Konsulat der Bundesrepublik Deutschland Sundtsgate 60, N-5024 Bergen-Nordnes Tel. 05 - 32 38 43
- Konsulat der Bundesrepublik Deutschland Sjøgaten 19, N-8000 Bodø, Tel. 081 - 20 031
- Konsulat der Bundesrepublik Deutschland Tollbugaten 105, N-3000 Drammen, Tel. 03 - 81 97 80
- Konsulat der Bundesrepublik Deutschland Salhusveien 216, N-5500 Haugesund, Tel. 047 - 23 588
- Konsulat der Bundesrepublik Deutschland Dr. Wessels gate 8, N-9900 Kirkenes Tel. 085 - 91 644, 91 244 - 45
- Konsulat der Bundesrepublik Deutschland Ægirsvei 3, N-4632 Kristiansand S., Tel. 042 - 92 340
- Konsulat der Bundesrepublik Deutschland Strandgaten 78, N-6500 Kristiansund N, Tel. 073 - 71 111
- Konsulat der Bundesrepublik Deutschland Fagernesveien 6, N-8500 Narvik, Tel. 082 - 45 630
- Konsulat der Bundesrepublik Deutschland Soebergtorget 4, N-3200 Sandefjord, Tel. 034 - 62 390
- Konsulat der Bundesrepublik Deutschland Hagebyveien 26, N-3700 Skien, Tel. 035 - 95 466
- Konsulat der Bundesrepublik Deutschland Kongsgaten 10, N-4000 Stavanger, Tel. 04 - 52 25 94
- Konsulat der Bundesrepublik Deutschland Stakkevollveien 65, N-9000 Tromsø, Tel. 083 - 87 575
- Konsulat der Bundesrepublik Deutschland Leksvikensgate 3, N-7041 Trondheim Tel. 07 - 52 11 20
- Konsulat der Bundesrepublik Deutschland Tollbugaten 6, N-6000 Ålesund, Tel. 071 - 24 078

Österreichische Vertretungen in Norwegen
- Botschaft der Republik Österreich Sophus Lies gt. 2, N-0264 Oslo 2 Tel. 02 - 55 23 48-49
- Österreichisches Generalkonsulat Ullern Allé 10, N-0381 Oslo 3 Tel. 02 - 52 33 01
- Konsulat der Republik Österreich Kong Oscarsgate 56, N-5000 Bergen, Tel. 05 - 31 05 05, 31 21 60

Schweizer Vertretungen in Norwegen
- Botschaft der Schweiz Bygdøy Allé 78, N-0268 Oslo 2, Tel. 02 - 43 05 90
- Konsulat der Schweiz Lars Hillesgt. 20, N-5020 Bergen Tel. 05 - 32 51 15

E

EINREISE- UND ZOLLBESTIMMUNGEN

Für die Einreise in Norwegen ist ein gültiger Personalausweis ausreichend.

Zollfreie Einfuhr (ab 20 Jahren):
Alkoholische Getränke:
Spirituosen .... 1 L
+ Wein .... 1 L
+ Bier .... 2 L
oder:
Wein .... 2 L
+ Bier .... 2 L

Zigaretten:
200 Stück, 50 Zigarren oder 250 g Tabak dürfen vom 16. Lebensjahr an zollfrei eingeführt werden.

Zusätzlich kann gegen Verzollung mitgenommen werden (ab 20 Jahren):
Spirituosen/Wein .... 4 L
Bier .... 10 L

Verzollungspreise (pro Liter):
Schwacher Wein bis zu 14%: .. NOK 29,00
Starker Wein bis zu 21%: ..... NOK 80,00
Spirituosen (Wodka, Whisky etc.):NOK 200,00
Cognac: .... NOK 280,00
Sekt: .... NOK 90,00
Bier pro Fl/Do bis 0,35cl Inhalt: NOK 5,00

Für folgende Waren ist die Einfuhr verboten:
Frischfleisch (ausgenommen Fleisch- und Wurstkonserven bis zu 5 kg pro Person) und Pflanzen, Eier und Kartoffeln, Säugetiere, Rauschgifte, Medikamente (ausgenommen für den Eigenbedarf) und Giftstoffe. Waffen, Munition und Sprengstoffe (nur für die Jagd dürfen Gewehre und Munition eingeführt werden), Ausrüstung für Krebsfang, Netze zum Angeln, Köder.

Ihren Paß bitte! .... Får jeg se Deres pass!
Haben Sie etwas zu .... Har De noe å
verzollen? .... fortolle?
Ich habe nichts zu .... Nei, jeg har ikke noe å
verzollen! .... fortolle!
Aufenthaltserlaubnis .... oppholdstillatelse
Ausland .... utland
Ausweis .... identitetskort
Ausreise .... utreise

Beruf	yrke
Einreise	innreise
Familienname	etternavn
Führerschein	førerkort
Geburtsdatum	fødselsdato
Grenze	grense
Inland	innland
Name	navn
Paß	pass
Paßkontrolle	passkontroll
Personalausweis	legitimasjonskort
Schmuggel	smugling
Staatsangehörigkeit	statsborgerskap
Versicherungskarte	forsikringskort
verzollen	fortolle
Visum	visum
Vorname	fornavn
Wohnort	bopel
Zoll	toll
zollfrei	tollfri
Zollinhaltserklärung	tolldeklarasjon
Zollkontrolle	tollkontroll
zollpflichtig	tollpliktig

ELEKTRIZITÄT

Das norwegische Stromnetz ist für 220 Volt/Wechselstrom ausgelegt.

F

FEIERTAGE 1989

01.01.	Neujahrstag
23.03.	Gründonnerstag
24.03.	Karfreitag
26.03.	Ostersonntag
27.03.	Ostermontag
01.05.	Tag der Arbeit
04.05.	Himmelfahrtstag
17.05.	Verfassungs-/Unabhängigkeitstag
14.05.	Pfingsonntag
15.05.	Pfingstmontag
23.06.	St.Hans/Mittsommertag
24.12.	Heiligabend
25.12.	1. Weihnachtstag
26.12.	2. Weihnachtstag
31.12.	Silvester

FERIENTERMINE 1989

Sommerferien:
Industrieferien 03.07. - 23.07.
 bzw. 10.07. - 30.07.
Schulferien 23.06. - 21.08.
 bzw. 20.06. - 25.08.

Winterferien:
- Østfold, Oslo/Akershus, Vest-Agder, Buskerud, Hedmark, Oppland, Sogn og Fjordane, Møre og Romsdal, Sør-Trøndelag, Nord-Trøndelag, Nordland: 20.02. - 24.02.
- Aust-Agder, Rogaland: 27.02. - 03.03.
- Vest-Agder: 13.02. - 17.02.

Osterferien: 23.03. - 27.03.

FLAGGEN

An folgenden Tagen wird 1989 die norwegische Flagge gehißt (die Tage sind nicht immer offizielle Feiertage):

1.Januar	Neujahrstag
21.Februar	Kronprinz Haralds Geburtstag
26.März	Ostern
1.Mai	Tag der Arbeit
8.Mai	Tag der Befreiung (1945)
14.Mai	Pfingsten
17.Mai	Verfassungs- Unabhängigkeitstag
7.Juni	Auflösung der Union (1905)
2.Juli	König Olavs Geburtstag
4.Juli	Kronprinzessin Sonjas Geburtstag
20.Juli	Prinz Haakon Magnus' Geburtstag
29.Juli	Gedenktag Olavs des Heiligen
22.September	Prinzessin Märtha Louises Geburtstag
25.Dezember	1.Weihnachtstag

FLUGVERBINDUNGEN

Hauptflughäfen mit direkten Auslandsverbindungen sind in Norwegen Oslo, Bergen, Stavanger, Kristiansand, Trondheim, Sandefjord, Tromsø und Fagernes (International Airport Leirin; Norwegens neuester Charterflugplatz). Im Land selbst gibt es ein gut ausgebautes Netz an Flugverbindungen. Die Flugpläne entnehmen Sie bitte der Broschüre »Verkehrsverbindungen für Touristen« (erhältlich beim Norwegischen Fremdenverkehrsamt) oder wenden Sie sich direkt an die Fluggesellschaften:

- SAS Hauptbüro, Am Hauptbahnhof 2,
 6000 Frankfurt/Main, Tel. 069-2646 - 0
- Braathens S.A.F.E. Hauptbüro, Snarøyveien 30
 P.O.Box 55, N-1330 Oslo Flughafen,
 Tel. 0047 - 2 - 59 00 90
- Widerøe, Postboks 82 Lilleaker,
 N-0216 Oslo 2,
 Tel. 0047 - 2 - 50 91 30
- A/S Norving, N-9901 Kirkenes,
 Tel. 0047 - 85 - 91 694/91 764

Buchungen können über alle autorisierten Reisebüros vorgenommen werden.

Günstige Verbindungen zwischen der Schweiz und Norwegen bestehen mehrmals täglich durch SAS und swissair. Sie fliegen sowohl die Strecken Zürich-Oslo als auch Genf-Oslo mit Zwischenlandung in Kopenhagen.
Finnair fliegt einmal täglich Zürich-Oslo.

	Normalpreis (einf.) in NOK	Minipreis (retour)
- Oslo-Bergen:	ca. 790,-	870,-
- Oslo-Kristiansand:	ca. 580,-	860,-
- Oslo-Stavanger:	ca. 790,-	870,-
- Oslo-Haugesund:	ca. 790,-	870,-
- Oslo-Trondheim:	ca. 830,-	930,-
- Oslo-Kristiansund:	ca. 800,-	900,-
- Oslo-Bodø:	ca. 1.490,-	1.560,-
- Oslo-Tromsø:	ca. 1.560,-	1.850,-
- Oslo-Evenes:	ca. 1.540,-	1.730,-
- Bergen-Hammerfest:	ca. 1.860,-	2.230,-
- Bergen-Trondheim:	ca. 980,-	1.090,-
- Bergen-Stavanger:	ca. 440,-	480,-
- Bergen-Florø:	ca. 570,-	690,-
- Trondheim-Vadsø:	ca. 1.690,-	2.030,-
- Trondheim-Ålesund:	ca. 630,-	900,-
- Trondheim-Bodø:	ca. 950,-	1.010,-

Rabattmöglichkeiten

1. Familienermäßigung: Wenn ein Erwachsener den vollen Flugpreis entrichtet hat, erhalten folgende mitreisenden Familienmitglieder 50 % Rabatt: Partner/-in (auch unverheiratet) und deren Kinder im Alter von 12 bis 25 Jahren.
2. Ermäßigung für Kinder und Jugendliche: Kinder unter zwei Jahren, die keinen eigenen Platz beanspruchen, fliegen kostenlos (gilt nur für ein Kind/Erwachsener). Kinder im Alter von zwei bis elf Jahren erhalten 50 % Rabatt. Dieselbe Ermäßigung bekommen Jugendliche zwischen 12 und 25. Hier ist allerdings keine Platzreservierung möglich (stand by).
Weitere Rabattmöglichkeiten sind: Minigruppe, Ermäßigung bei Flügen innerhalb Südnorwegens (lavpris) uvm. Weitere Informationen bei den oben genannten Fluggesellschaften.
(Flüge nach Norwegen s. Kap. Anreise in diesem Reisehandbuch).
Weitere Informationen über Rabattmöglichkeiten bei den Fluggesellschaften (Adr. s. o.).

G

GESCHÄFTSZEITEN

Ein einheitliches Ladenschlußgesetz gibt es in Norwegen nicht. Hier die Öffnungszeiten der Geschäfte in größeren Städten und Orten:
Montag - Mittwoch ... 9:00-16:00/17:00 Uhr
Donnerstag - Freitag .. 9:00-19:00/20:00 Uhr
Samstag .... 9:00-13:00/15:00 Uhr
Narvesen-Kioske sind oft sonntags und abends geöffnet (bis 22/23.00Uhr).

Wo kann ich... kaufen?	Hvor kan jeg kjøpe ...?
Können Sie mir ein Geschäft für ... empfehlen?	Kan De anbefale meg en forretning for ...?
Wo ist es?	Hvor fins det?
Ich möchte	Jeg ville gjerne ha ...
Haben Sie ...?	Har De ...?
Zeigen/Geben Sie mir bitte ...!	Kunne De vise meg/ gi meg ...!
Das gefällt mir (nicht).	Det liker jeg (ikke).
Kann ich es anprobieren?	Får jeg lov å prøve det?
Das ist zu ...	Det er for ...
- eng	- trangt
- groß	- stort
- kurz	- kort
- lang	- langt
- alt	- gammelt
Können Sie mir ... reparieren?	Kan De reparere ... meg ...?
Können Sie mir diesen Film entwickeln?	Kunne De fremkalle denne filmen for meg?
Wieviel kostet das?	Hvor mye koster det?
Das ist zu teuer.	Det er for dyrt.
Antiquariat	antikvariat
Apotheke	apotek
Bäckerei	bakeri
Blumengeschäft	blomsterforretning
Buchhandlung	bokhandel
Fischgeschäft	fiskeforretning
Fotogeschäft	fotoforretning
Friseur	frisør
Kaufhaus	varehus
Kunsthändler	kunsthandler
Lebensmittelgeschäft	dagligvareforretning
Optiker	optiker
Reisebüro	reisebyrå
Schuhgeschäft	skotøyforretning
Tabakladen	tobakbutikk/kiosk
Wäscherei	vaskeri
Zeitungshändler	aviskiosk

GELD UND DEVISEN

NOK 100,00 .... DM 26,00
DM 100,00 .... NOK 400,00
(Stand: Oktober 1988)

Die Einfuhr ausländischer Devisen ist unbegrenzt erlaubt, dagegen ist die Ausfuhr von Norwegischen Kronen auf NOK 5.000,- begrenzt. Die Währungseinheit in Norwegen ist die Krone = 100 Øre. Mit bundesdeutschen Postsparbüchern können Sie in Norwegen Geld abheben. Reise- und Euroschecks sowie Kreditkarten sind in Norwegen üblich und werden fast überall akzeptiert.

H

HAUSTIERE

Norwegen ist heute eines der wenigen Länder Europas, in dem es keine Tollwut gibt und man wünscht, daß es auch weiterhin so bleibt. Alle Tiere, die illegal nach Norwegen geschmuggelt werden, müssen bei Entdeckung das Land sofort verlassen, ansonsten werden sie eingeschläfert. Besitzer haben mit hohen Geldstrafen zu rechnen. Auch Tiere, die in ihrem Heimatland gegen Tollwut geimpft worden sind, können nicht einreisen. Wenn das Tier auch geschützt ist, so kann es doch Träger der Krankheit sein und sie verbreiten. Wenn Sie daher ein Tier nach Norwegen mitnehmen wollen, muß eine Erlaubnis des norwegischen Landwirtschaftsministeriums vorliegen. Das Tier muß dabei mindestens 4 Monate vor Reiseantritt in Quarantäne (in Norwegen). Die Kosten betragen ca. NOK 7.500,- bis NOK 12.000,-.

HÜTTEN - WOHNUNGSTAUSCH

Seine Wohnung bzw. Hütte während der Ferien mit einer anderen Familie zu tauschen, diese Idee hat auch in Norwegen eine Reihe von Anhängern gefunden. Unter dem Namen »Norsk Bolig Bytte« sind sie der Directory Group Association angeschlossen, die als nichtkommerzielle Organisation in rund 50 Ländern Wohnungstauschaktionen organisiert. Wer also gern mit Norwegern zwecks sommerlichem Wohnungstausch in Kontakt kommen will, kann im dreimal jährlich erscheinenden Katalog annoncieren.
Weitere Informationen:
Norsk Bolig Bytte
Postboks 4526 Torshov
N-0401 Oslo 4
Tel. 0047 - 2 -15 80 19
oder in der Bundesrepublik:
Holiday Service Wohnungstausch
Sigrid u. Manfred Lypold
Ringstr. 26
D-8608 Memelsdorf 1
Tel. 0951 - 43 055-56

I

INFORMATION

Das Norwegische Fremdenverkehrsamt in Hamburg ist die Anlaufstelle in Sachen Information über Norwegen. Dort werden Sie ausführlich beraten, falls Sie gerade in Hamburg sind, können Sie auch vorbeischauen. Das Fremdenverkehrsamt ist von 11.00 bis 15.00 Uhr für Publikum geöffnet. Telefonzeit ist von 9.00 - 16.30 Uhr.

**Norwegisches Fremdenverkehrsamt
Hermannstr. 32
2000 Hamburg 1
Tel. 040-32 76 51
Telefax: 040-33 16 44
Telex 21 50 31 exnor d
Btx-Leitseite *23 999 #**

Schweiz:
**Norwegisches Fremdenverkehrsamt
c/o Ambassade Royale de Norvège
Dufourstr. 29
Ch-3005 Bern
Tel. 031 - 44 16 49**

Eine Liste der regionalen Fremdenverkehrsämter und örtlichen Touristenbüros finden Sie auf den Informationsseiten der einzelnen Bezirke weiter hinten in diesem Buch.

J

JEDERMANNSRECHT

Dieses an keiner Stelle schriftlich festgehaltene Gesetz regelt den Aufenthalt und die Fortbewegung in freier Natur. Es stammt aus einer Zeit, in der man im allgemeinen nicht zum Vergnügen reiste und an Massentourismus überhaupt nicht zu denken war. Das Jedermannsrecht erlaubte, über Privatgrundstücke zu gehen, wenn es keine anderen Wege gab, auf fremdem Grundbesitz zu übernachten und sich von der Natur zu ernähren. Obwohl sich die Bedingungen inzwischen grundlegend geändert haben, wird das Jedermannsrecht noch immer großzügig gehandhabt. Man darf sich also überall auf nicht bewirtschaftetem Gebiet frei bewegen, ohne dabei allerdings andere Menschen, Tiere und die gesamte übrige Natur zu beeinträchtigen oder gar zu beschädigen.

K

KLIMA

Über die klimatischen Bedingungen in Norwegen existieren bei uns meist völlig falsche Vorstellungen. In Norwegen kann es weitaus wärmer sein, als es die nördliche Lage vermuten läßt. Hierfür ist vor allem der Golfstrom verantwortlich, der das im Karibischen Meer aufgewärmte Wasser an Norwegens Küste transportiert. Selbst im Winter bleiben so die Häfen eisfrei. Hohe Niederschlagsmengen werden besonders im äußeren Küstengebiet verzeichnet, im Landesinneren lassen die recht trockenen Sommer sogar Bewässerungsmaßnahmen nötig werden. Auch in Nordnorwegen kann man durchaus Sommertage mit 25 Grad erleben. Ansonsten bewegen sich die Julitemperaturen im Durchschnitt zwischen 14 Grad und 22 Grad, das Jahresmittel beträgt 3-6 Grad.

Wie wird das Wetter heute?	Hvordan blir været i dag?
Es gibt schönes/schlechtes Wetter.	Det blir pent/dårligt vær.
Es ist kalt/warm.	Det er kaldt/varmt.
Es regnet.	Det regner.
Die Sonne scheint.	Sola skinner.
Es ist windig.	Det blåser.
bewölkt	skyet
Eis	is
Frost	frost
Gewitter	uvær
Hagel	hagl
Hitze	hete
Klima	klima
Luft	luft
Nebel	tåke
Regen	regn
Schnee	snø
Sonne	sol
Sonnenaufgang	soloppgang
Sturm	storm
Temperatur	temperatur
Wetterbericht	værmelding
Wind	vind
Wolke	sky

Durchschnittstemperaturen Mai bis Oktober:

	Mai	Juni	Juli	Aug.	Sept.	Okt.
Oslo	13,7	18,7	22,3	19,9	14,3	7,9
Stavanger	13,0	16,4	19,9	19,8	15,2	10,4
Bergen	13,2	16,6	20,0	19,7	15,0	10,3
Lillehammer	12,0	17,3	20,6	18,2	12,7	6,4
Trondheim	11,4	15,9	20,0	18,3	13,2	7,7
Bodø	9,2	13,9	18,6	16,7	12,4	7,1
Tromsø	7,1	12,8	17,4	15,0	10,2	5,0
Karasjok	6,8	14,1	18,9	15,5	8,9	1,2
Vardø	5,6	10,2	14,1	13,0	9,8	4,5

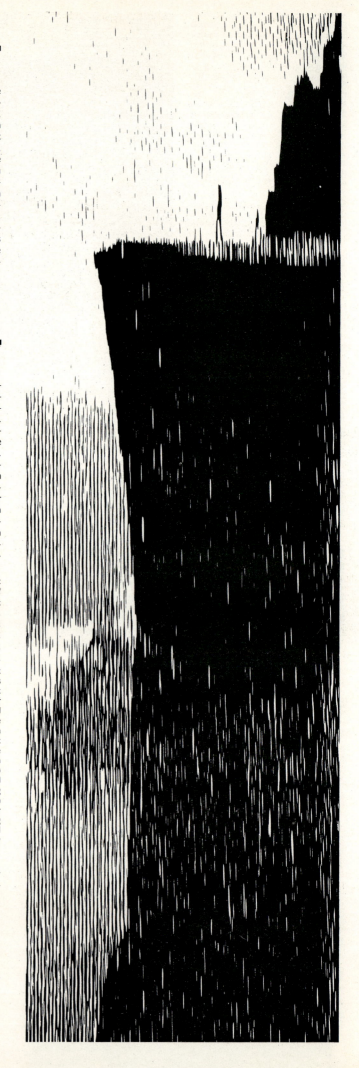

KÖRPERBEHINDERTE

Der »Travel Guide for the disabled« (in englischer Sprache) bietet eine Übersicht der Transporteinrichtungen, öffentlichen Toiletten und Unterkünfte in Norwegen, die Zugang für Körperbehinderte bieten. Die Norwegischen Staatsbahnen verfügen über speziell ausgerüstete Wagen für Körperbehinderte, die in den Tages-Schnellzügen und Expreßzügen eingesetzt werden, ebenso auf einem Teil der Nachtzug-Verbindungen. In Norwegen müssen laut Gesetz alle öffentlichen Einrichtungen für Behinderte zugänglich sein, in fast allen Hotels gibt es inzwischen spezielle Vorrichtungen für Behinderte. Die Broschüre und weitere detaillierte Informationen erhält man bei:
- Norwegian Handicap Association (Norges Handikappforbund), Nils Hansens vei 2, N-0667 Oslo 6, Tel. 02-648610 (s. auch Bahnverkehr)

KREDITKARTEN

Kreditkarten sind in Norwegen weitaus mehr verbreitet als in der Bundesrepublik und werden weitgehend akzeptiert (Eurocard, Visa, American Express und Diner's Club). Siehe auch BANKEN.

M

MITTERNACHTSSONNE

Die Mitternachtssonne kann man überall nördlich des Polarkreises zu folgenden Zeiten sehen:

Alta	18.05. - 27.07.
Andenes	22.05. - 18.07.
Bodø	04.06. - 08.07.
Hammerfest	16.05. - 27.07.
Harstad	25.05. - 18.07.
Longyearbyen (Spitzbergen)	20.04. - 21.08.
Nordkap	13.05. - 29.07.
Skibotn	22.05. - 17.07.
Svolvær	28.05. - 14.07.
Tromsø	20.05. - 20.07.
Vardø	19.05. - 26.07.

Die Daten können sich um 24 Stunden von Jahr zu Jahr verschieben.

N

NACHRICHTEN

Den Wetterbericht in englischer Sprache kann man im »Reiseradio/Nitimen« (1. Programm) täglich Mo-Fr von 9.15 bis 9.30 Uhr (15.06.-30.08.) hören. Den Deutschlandfunk kann man in Norwegen auf der Mittel- und Langwelle empfangen.

NATIONALPARKS

Erst im letzten Sommer wurde der 16. Nationalpark Norwegens im Reisagebiet hoch im Norden eingeweiht. - Die Zahl der staatlich geschützten Naturgebiete wächst ständig weiter an. Mit der Einrichtung von Nationalparks will die norwegische Umweltbehörde zur Erhaltung der ursprünglichen Landschaft mit ihrer vielfältigen Tier- und Pflanzenwelt beitragen. Die Nationalparks bieten häufig Wandermöglichkeiten, teilweise auch Übernachtungsmöglichkeiten in Hütten. Klar, daß Sie dabei besonders rücksichtsvoll mit »der Natur« umgehen müssen und möglichst den markierten Wegen folgen sollten! Hier die einzelnen Parks:

Hardangervidda (3.430 km²): Buskerud / Telemark / Hordaland-Gebiet. Fjell- und Hochfjellgebiete bis in 1.700 m Höhe, 21 verschiedene Säugetierarten, über 100 Vogelarten.

Jotunheimen (1.140 km²): Oppland / Sogn og Fjordane, im Kerngebiet der Kaledonischen Bergkette. 3 große Binnenseen, mehrere Gletscherflüsse, Norwegens höchste Berge und größte Gletscher liegen in Jotunheimen (Galdhøpiggen, Glittertinden).

Ormtjernkampen (9 km²): Oppland. Ein Waldgebiet, das bis heute in seinem natürlichen Gleichgewicht erhalten und nie von Menschen gerodet oder wirtschaftlich genutzt wurde.

Rondane (572 km²): Oppland / Hedmark. Wurde als Erholungsgebiet für die Süd-Norweger gegründet, seit 1970 Nationalpark. Hier leben Rentiere, Vielfraße, Füchse, Hermeline, sogar Moschusochsen. Typische Vogelarten des Hochfjells sind z.B. Schneehuhn und Schneesperling (heipiplerke / steinskvett).

Gutulia (19 km²): Hedmark, schwedisches Grenzgebiet, im Süden der Femundsmarka. Tiefe Kiefern- und Fichtenwälder, Kontinentalklima mit großen Temperaturschwankungen.

Femundsmarka (385 km²): Hedmark, schwedisches Grenzgebiet. Kiefernwälder wechseln mit Heidelandschaft ab; große, fischreiche Gewässer (Angelkarte kaufen!).

Dovrefjell (265 km²): Oppland / Sør-Trøndelag. Erstreckt sich zu beiden Seiten der Driva, einer der großen Lachsflüsse Norwegens. Hier verlaufen die ältesten Straßen / Wege-Verbindungen zwischen den östlichen Landesteilen und Trøndelag, z.B. der »Gamtstigen«.

Gressåmoen (180 km²): Nord-Trøndelag. Wald- und Moorgebiete, gute Angelmöglichkeiten.

Børgefjell (1.087 km²): Nord-Trøndelag / Nordland. Im Westen alpine Hochfjellformationen mit tiefen Talschluchten und felsigen Gipfeln.

Rago (170 km²): Nordland / Grenze zu Schweden. Gletscher, Seen- und Flußnetz im östlichen Teil (10 km² der Parkfläche sind von Wasser bedeckt). Der größte Gletscher befindet sich am Lappfjellet (1.149 m) im Süden.

Ånderdalen (68 km²): Troms, auf der Insel Senja. Kiefern- und Birkenwald, reichhaltige Flora, Küstenklima.

Reisa (803 km²): an der Grenze zwischen der Finnmark und Finnland. Wurde im August '87 neu eröffnet.

Øvre Dividalen (741 km²)

Øvre Anarjåkka (1.290 km²): südliche Finnmark, an der Grenze zum finnischen Lemmenjoki Nationalpark. Raubvögel, darunter noch der Königsadler, auch Bären sind hier zu Hause.

Stabbursdalen (96 km²): Finnmark. Hier liegt auf 70°10' der nördlichste Kiefernwald der Welt. Fischadler und Zwergfalken, Elche und Füchse. Die Samen, die hier ihre Rentiere weiden, sind Nachkommen der Finnen und vor ca. 150 Jahren eingewandert.

Øvre Pasvik (63 km²): im Osten der Finnmark, an der sowjetischen Grenze. Für die Flora und Fauna ist es das Grenzgebiet zwischen Europa und Asien. Die Sommertage sind zwar gezählt, können aber trotzdem recht warm sein. Die höchste hier gemessene Temperatur war 29,7° C.

P

POST

Portokosten:
Brief bis 20 g (von N nach BRD) .. NOK 3,80
Postkarte gleiches Porto.

Postöffnungszeiten:
Mo-Fr .... 8.00/8.30-16/17.00 Uhr
Sa .... 8.00-13.00 Uhr

Das Hauptpostamt in Oslo, Dronningensgate 15 ist Mo-Fr von 8.00 -17.30 Uhr und Sa von 8.00 - 13.00 Uhr geöffnet. Bei ca. 260 Postämtern können bundesdeutsche Postsparer Geld abheben.

Wo ist das nächste Postamt?	Hvor er nærmeste postkontor?
Wo ist ein Briefkasten?	Hvor er det en postkasse?
Was kostet ein Brief / eine Karte nach ...?	Hva er portoen for et brev/ et postkort til ...?
Ich möchte ein Telegramm aufgeben.	Jeg vil gjerne sende et telegram.
Wo ist die nächste Telefonzelle?	Hvor er nærmeste telefonkiosk?
Die Leitung ist besetzt!	Linjen er opptatt.
Hallo, mit wem spreche ich?	Hvem snakker jeg med?
Kann ich mit Frau/Herrn ... sprechen?	Kan jeg få snakke med fru/herr ...?
absenden	sende
Absender	avsender
Adresse	adresse
Anruf	oppringing
Ansichtskarte	prospektkort
Auslandsgespräch	utenriks samtale
Brief	brev
Briefkasten	postkasse
Briefmarke	frimerke
Briefumschlag	konvolutt
Drucksache	trykksak
Einschreiben	rekommandert brev
Empfänger	mottaker
Ferngespräch	rikstelefonsamtale
Formular	blankett
Gebühr	gebyr
Gewicht	vekt
Luftpost	luftpost
Ortsgespräch	lokalsamtale
Paket	pakke
Porto	porto
Postamt	postkontor
Postkarte	postkort
postlagernd	poste restante
Telefon	telefon
Telefonbuch	telefonkatalog
Telefonzelle	telefonkiosk
Telegramm	telegram
Verbindung	forbindelse
Vermittlung	sentral
Vorwahlnummer	retningsnummer
wählen	slå et nummer

R

RAUCHVERBOT

Nach den Vereinigten Staaten hat jetzt auch Norwegen drastische Maßnahmen ergriffen, um die Rechte der Nichtraucher in der Öffentlichkeit zu schützen. Das entsprechende Gesetz trat am 1. Juli 1988 in Kraft. Alle öffentlichen Raucherzonen, wie z.B. im Osloer Hauptbahnhof wurden abgeschafft. Restaurants, Cafés, Bars usw. sind verpflichtet, separate Räume für Nichtraucher einzurichten. »Raucher an die frische Luft«, lautet die Devise. Auf allen innernorwegischen Flügen der Fluggesellschaften Braathens S.A.F.E, Wiederøe und SAS herrscht generelles Rauchverbot.

REISESCHECKS

Euroschecks müssen in norwegischen Kronen ausgestellt sein, höchste Summe: NOK 1.300,-. Selbstverständlich kann auch mit Reiseschecks überall Bargeld gewechselt werden.

S

SCHIFFVERBINDUNGEN

Im folgenden finden Sie eine Übersicht der wichtigsten Passagierschifflinien in Norwegen.

Østfold:
Fredrikstad Vest - Fredrikstad Øst

Oslo und Akershus:
Oslo - Nesoddtangen, Oslo - Nesoddens vestside, Oslo - Fjordvangen, Oslo - Arendal, Oslo - Bygdøy, Nesoddtangen - Fornebu - Lysaker.

Vestfold:
Tenvik - Veierland, Tønsberg - Skjærgård.

Aust-Agder:
Arendal - Skilsøy, Arendal - Merdø.

Vest-Agder:
Andabeløy - Flekkefjord

Rogaland:
Stavanger - Haugesund - Bergen, Stavanger - Sand - Sauda, Stavanger - Sandeid, Stavanger - Fister - Hjelmeland - Stjernarøy - Jelsa, Stavanger - Lysebotn, Stavanger - Jørpeland, Stavanger - Finnøy - Tau, Stavanger - Stjernarøy, Sandnes - Stavanger - Haugesund - Bergen, Haugesund - Utsira, Haugesund - Røvær, Stavanger - Vikevåg.

Hordaland:
Bergen - Haugesund - Stavanger, Bergen - Sunde - Skånevik - Haugesund, Norheimsund - Odda, Norheimsund - Porsmyr - Skår - Botnen, Os - Haugesund, Øystese - Fyksesund, Bergen - Frekhaug - Knarvik, Bergen - Mangerfjorden - Toska, Holsnøy - Radøy - Toska, Hanøy - Ramsøy.

Sogn og Fjordane:
Bergen - Indre Sogn, Bergen - Florø - Måløy, Bergen - Nordfjord, Bergen - Solund, Vik - Ortnevik, Florø - Askvoll - Bulandet, Måløy - Berle - Ånneland - Dingja, Florø - Svanøy, Florø - Fanøy, Florø - Rognaldsvåg, Florø - Tansøy, Selje - Seljeøya, Flåm - Gudvangen.

Møre og Romsdal:
Kristiansund - Grip, Harøysund - Bjørnsund, Ålesund - Hareid, Ålesund - Nordøyane, Molde - Helland - Vikebukt, Ålesund - Vikebukt.

Sør-Trøndelag:
Trondheim - Vanvikan, Trondheim - Hitra - Frøya, Trondheim - Agdenes - Ørland, Frøya - Sula - Øyrekken.

Nord-Trøndelag:
Trondheim - Namsos - Rørvik - Leka, Namsos - Rørvik.

Nordland:
Brønnøysund - Rørøy, Terråk - Bindalseidet, Sandnessjøen - Kirkøy, Sandnessjøen - Ytre Dønna, Sandnessjøen - Træna, Bodø - Helgeland, Sandnessjøen - Bodø - Svolvær - Narvik, Bodø - Ytre Gildeskål, Bodø - Væran, Stokmarknes - Raftsundet - Strandlandet, Stokkvågen - Onøy, Tjøtta - Vistensteder, Kjelling - Tvervik, Sandset - Myre, Stokmarknes - Straumsnes - Guvåg.

Troms:
Tromsø - Harstad, Harstad - Rolla, Harstad - Senja, Tromsø - Lysnes, Tromsø - Skjervøy, Tromsø - Nordreisa, Skjervøy - Kvenangen, Harstad - Krøttøy, Tromsø - Harstad, Sommarøy - Tussøy, Sandneshamn, Belvik - Skarsfjord.

Finnmark:
Hammerfest - Hasvik - Øksfjord, Øksfjord - Loppastedene, Hammerfest - Altafjord - Øksfjord, Hammerfest - Havøysund - Honningsvåg, Hammerfest - Kårhamn, Hammerfest - Måsøy - Havøysund, Skjånes - Smalfjord, Kvitevik - Kongshus, Lille Survik - Sennabukt, Hammerfest - Revsneshamn - Kvalsund.

Binnenschiffahrt:
- Eidsvoll - Hamar - Gjøvik - Lillehammer (Mjøsa i Oppland/Hedmark/Akershus) med D/S »Skibladner«, ältester Raddampfer der Welt.
- Tovika - Iungsdalshytta (Ål i Hallingdal)
- Bygdin - Eidsbugarden (Jotunheimen, Oppland)
- Gjendesheim - Memurubu - Gjendebu (Jotunheimen, Oppland)
- Rondvassbu - Nordvika (Rondane, Oppland)
- Notodden - Lunde (Telemarkskanalen)
- Skien - Dalen (Telemarkskanalen)
- Vråvatn - Nisser (Telemark)
- Stegaros - Mårbu (Mårvatn, Telemark)
- Skinnarland landhandel - Mogen (Møsvatn, Telemark)
- Søndervika - Femundsenden (Femundsjøen, Hedmark/Sør-Trøndelag)
- Tistedal - Strømfoss - Ørje (Haldenkanal, Østfold)

HURTIGRUTE:
Elf Schiffe der Hurtigrute verkehren täglich auf der Strecke Bergen - Trondheim - Kirkenes - Trondheim - Bergen. Jedes Schiff kann mindestens vier bis sechs PKW's aufnehmen, die Schiffe »Midnatsol«, »Narvik« und »Vesterålen« sogar bis zu 40 Autos.
Einige Fahrpreise von Bergen aus in die verschiedenen Städte (einf. Fahrt).
- Ab Bergen: 22.00 Uhr
- An Ålesund: 12.00 Uhr am darauffolgenden Tag, NOK 500,-
- Ab Ålesund: 14.30 Uhr
- An Trondheim: 06.00 Uhr am nächsten Tag, NOK 830,-
- Ab Trondheim: 12.00 Uhr
- An Bodø: 12.45 Uhr am nächsten Tag, NOK 1.315,-
- Ab Bodø: 15.00 Uhr am nächsten Tag
- An Harstad: 06.15 Uhr am nächsten Tag, NOK 1.540,-
- Ab Harstad: 07.45 Uhr
- An Tromsø: 14.15 Uhr, NOK 1.700,-
- Ab Tromsø: 17.00 Uhr
- An Hammerfest: 06.45 Uhr am nächsten Tag, NOK 1.990,-
- Ab Hammerfest: 08.00 Uhr
- An Kirkenes: 11.35 Uhr am nächsten Tag, NOK 2.635,-
- Ab Kirkenes: 13.00 oder 10.30 Uhr
- An Hammerfest: 11.50 Uhr am nächsten Tag
- Ab Hammerfest: 13.30 Uhr
- An Tromsø: 04.15 Uhr am nächsten Tag
- Ab Tromsø: 06.30 Uhr
- An Harstad: 12.45 Uhr
- Ab Harstad: 13.45 Uhr
- An Bodø: 05.15 Uhr am nächsten Tag
- Ab Bodø: 07.00 Uhr
- An Trondheim: 06.45 am nächsten Tag
- Ab Trondheim: 10.30 Uhr
- An Ålesund: 23.30 Uhr
- Ab Ålesund: 00.30 Uhr am nächsten Tag
- An Bergen: 13.15 Uhr

Platzreservierungen und weitere Informationen bei:
Norwegische Schiffahrtsagentur GmbH
Kleine Johannisstraße 10
2000 Hamburg 11
Tel. 040 - 37 693 - 0
Telex 2 - 13907 nsa-d
Telefax 040 - 36 49 15

Weitere Schiffverbindungen finden Sie im Auto-Info S. 158.

SOMMERZEIT

In Norwegen gilt die Sommerzeit vom 26. März bis zum 24. September 1989.

SOMMERKURSE

Die Universitäten in Oslo und Bergen bieten in den Sommermonaten verschiedene Kurse für ausländische Studenten an.

Internationale Sommerschule Oslo

Der Sommerkurs besteht seit 40 Jahren. Bisher haben 13.000 Teilnehmer aus 124 Ländern daran teilgenommen. Bei allen Kursen stehen Themen des Landes Norwegen oder ganz Skandinaviens im Mittelpunkt des Interesses. Behandelt werden die Bereiche Literatur, Geschichte, Politik und Gesellschaft, Gesundheit, Sport. Die Unterrichtssprache ist Englisch oder Norwegisch. Selbstverständlich gehören auch Norwegisch-Sprachkurse für Anfänger und Fortgeschrittene zum Angebot der Internationalen Sommerschule.

Die Kurse sind kostenlos, nur für Unterkunft und Verpflegung müssen die Teilnehmer selbst aufkommen. 1988 betrugen die Kosten dafür DM 2.500,- für einen sechswöchigen Aufenthalt. Untergebracht werden die ausländischen Gäste im Studentenwohnheim Blindern im Norden Oslos in unmittelbarer Nähe der Universität.

Mit zum Sommerschulprogramm gehören landeskundliche Exkursionen. Es besteht die Möglichkeit, entweder bei der Universität Oslo oder bei der Norwegischen Botschaft Stipendien für die Teilnahme an der Internationalen Sommerschule zu beantragen. Anmeldeschluß ist der 1. März.

Weitere Informationen und Anmeldung bei: International Summer School, University of Oslo, Postbox 3, Blindern, N-0313 Oslo 3

Norwegisch lernen in Bergen

Die Universität bietet jedes Jahr einen dreiwöchigen Norwegisch-Sprachkurs an. Erste Sprachkenntnisse werden allerdings vorausgesetzt, denn die Unterrichtssprache ist ausschließlich Norwegisch. Die Kursgebühr betrug 1988 NOK 850,-. Hinzu kommen NOK 1080,- für die Unterbringung in einem Studentenwohnheim. Der Norwegische Staat stellt 18 Stipendien für den Sommerkurs zur Verfügung. Anmeldeschluß ist der 10. April.

Weitere Informationen und Anmeldung bei: Sommerkurs for utenlandske norskstuderende, Nordisk institutt, HF-bygget, Sydnessplass 9 N-5007 Bergen.

T

TAX-FREE

Einkaufen ohne Mehrwertsteuer, das ist die Devise des Tax-Free-Systems, das alle nutzen können, die ihren Wohnsitz außerhalb Skandinaviens haben. 2.500 Geschäfte in Norwegen haben das rot-weiß-blaue Tax-Free-Schild im Schaufenster. Und so funktioniert das System: Wenn Sie Waren für mehr als 300 Kronen kaufen, stellt man Ihnen einen Tax-Free-Shopping-Scheck über den Mehrwertsteuerbetrag aus, dabei müssen Paß oder Personalausweis vorgelegt werden. Diese Waren dürfen nicht vor der Ausreise in Gebrauch genommen werden und müssen spätestens nach vier Wochen außer Landes sein. Bei der Ausreise gehen Sie mit dem Scheck und den gekauften Gegenständen zum Tax-Free-Schalter. Dort erhalten Sie die Mehrwertsteuer zurück.

TAXI

Taxis werden oftmals - auch in Großstädten - vorbestellt. Taxi .... drosje

TELEFONIEREN

Öffentliche Telefone befinden sich in den Telegrafenämtern, auf dem Land auch in besonders gekennzeichneten Privathäusern und in Telefonzellen.

Vorwahl Bundesrep. Deutschland 095 49
Vorwahl Österreich 095 43
Vorwahl Schweiz 095 41
Vorwahl Norwegen (von der BRD) 0047

Nach der Vorwahl wählt man die Ortsnetzkennzahl ohne die erste 0 (für Hamburg also nicht 040, sonder 40), dann die Anschlußnummer des Teilnehmers. Werfen Sie bei Münzfernsprechern mindestens 2 x 1 Krone ein. 5-Kronen-Stücke, (manchmal auch 10-Kronen-Stücke) können auch verwendet werden. Für Gespräche, die Sie vom Hotelzimmer aus führen, müssen Sie mit erheblichen Zuschlägen auf die eigentlichen Telefongebühren rechnen. In Norwegen sind übrigens rückrufbare Telefonzellen sehr verbreitet, die Nummer der jeweiligen Telefonzelle steht auf dem Telefonapparat.

Z

ZEITUNGEN

Bei fast allen NARVESEN-Kiosken sind im Sommer Bild, Welt, Frankfurter Allgemeine, Süddeutsche Zeitung und viele Zeitschriften (Stern, Spiegel usw.) erhältlich. In einigen norwegischen Tageszeitungen finden Sie auf der letzten Seite Kurznachrichten und Wetterbericht in englischer Sprache.

Fremdenverkehrsämter in Norwegen und Veranstaltungskalender

Unter jedem Bezirk finden Sie eine Übersicht über regionale und örtliche Fremdenverkehrsämter.

Die **Regionalen Fremdenverkehrsämter** sind das ganze Jahr über besetzt. Wenn Sie Informationen über den Bezirk oder unterschiedliche Gebiete innerhalb des Bezirks wünschen, wenden Sie sich an das regionale Fremdenverkehrsamt. Fast jeder Bezirk hat ein regionales Fremdenverkehrsamt.

Örtliche Fremdenverkehrsämter

Wünschen Sie Informationen über ein spezielles Gebiet, wenden Sie sich bitte an das örtliche Fremdenverkehrsamt. Diese sind normalerweise auch das ganze Jahr über besetzt. Fast jede Gemeinde hat ein örtliches Fremdenverkehrsamt. Zusätzlich gibt es viele Touristenbüros, die auf verschiedene Orte verteilt sind. Diese sind während der Hauptsaison geöffnet.
Andere örtliche Fremdenverkehrsämter haben erweiterte Öffnungszeiten im Sommer. Diese Fremdenverkehrsämter werden mit einem * gekennzeichnet.
Weitere Veranstaltungen für den Sommer 1989, finden Sie auf den Kartenseiten der einzelnen Bezirke ab Seite 13.

DAS OSLOFJORD-GEBIET

OSLO

Das regionale Fremdenverkehrsamt:
- Oslo Promotion, Rådhusgt. 23
  N-0158 Oslo I, Tel.: 02-33 43 86

Die örtlichen Fremdenverkehrsämter und Touristenbüros:
- Oslo Pro. Kongresskontor, Rådhusgt. 23
  N-0158 Oslo I, Tel.: 02-42 29 82/33 43 86
- Touristeninformationen im Rathaus
  N-0037 Oslo Rådhus, Tel.: 02-42 71 70
- Oslo Guide Service,
  N-0037 Oslo Rådhus, Tel.: 02-41 48 63
- Touristeninformationen im Hauptbahnhof,
  Oslo Hauptbahnhof
  N-0154 Oslo, Tel.: 02-41 62 21

Veranstaltungen, Sommer 1989:
- Fußball, Norwegen - Österreich, Ullevål Stadion, 31. Mai
- Filme, Konzerte, Führungen im Vigelands Museum, Juni-Aug.
- »Sommerkollen«, Holmenkollen, Juni
- Fußball, Norwegen - Jugoslawien, Ullevål Stadion, 14. Juni
- Segelboot-Regatta (»Salmon Route«), Oslo, 25. Juni
- »Fahrrad-Marathon« (560 km), Trondheim - Oslo, Ende Juni
- Tanzvorführungen der Tanzgruppen des norwegischen Freilichtmuseums, Oslo/Norsk Folkemuseum, Ende Juni - Ende Aug.
- Tanzvorführungen (norwegische Volkstänze), Oslo Konzerthaus, Mo. und Do., Anfang Juni - Ende Aug.
- Oslo Festival, Oslo, 9. Aug. und an 3 weiteren Wochenenden
- »Maridalspillet« (historisches Freilufttheater), Maridalen/Oslo, Mitte Aug.
- Fußball, Norwegen - Griechenland, Ullevål stadion, 23. Aug.
- Fußball, Norwegen - Frankreich, Ullevål Stadion, 5. Sept.
- Oslo Marathon, Oslo, Mitte Sept.
- Textilausstellung von Synnøve Anker Aurdal, Oslo, Herbst 1989

AKERSHUS

Das regionale Fremdenverkehrsamt:
- Akershus Reiselivsråd,
  Tullinsgt. 6, Postboks 6888,
  N-0130 Oslo I, Tel.: 02-20 80 55

Die örtlichen Touristenbüros:
- TusenFryd Vergnügungspark,
  Turistinformasjonskontoret,
  N-1430 Ås, Tel.: 09-94 63 63
- Trafikanten, Salgs- og Servicesenter, Jernbanetorget I,
  N-0154 Oslo I, Tel.: 02-41 78 10/41 70 30
- Schulzt Tours,
  N-2151 Årnes, Tel.: 06-90 19 40

Veranstaltungen, Sommer 1989:
- »Spillet om 1814« - ein historisches Spiel aus der norwegischen Geschichte im Eidsvollgebäude an allen Wochenenden im Mai-Juni
- 175-jähriges Jubiläum des Norwegischen Grundgesetzes, Eidsvollgebäude, 17. Mai
- Landwirtschaftswoche 89, Hellerudsletta, 10.-16. Juni
- Historische Hvamstage, Gamle Hvam Museum, Aug.

ØSTFOLD

Das regionale Fremdenverkehrsamt (nur schriftliche Anfragen):
- Østfold Reiselivsråd, Fylkeshuset
  N-1700 Sarpsborg, Tel.: 09-11 70 00

(mündliche Anfragen):
- Turistinformasjonen SveNo E6, Svinesund
  N-1760 Berg i Østfold, Tel.: 09-19 51 52

Die örtlichen Fremdenverkehrsämter / Touristenbüros:
- Halden Reiselivslag, Boks 167
  N-1751 Halden, Tel.: 09-18 24 87
  (Touristenbüro)
- Reisetrafikkforeningen for Fredrikstad og Omegn, Turistsenteret,
  N-1600 Fredrikstad, Tel.: 09-32 03 30
  (Touristenbüro)
- Guidekontoret i Gamlebyen, Tel.: 09-32 05 65
- Marker Reiselivsnemnd, N-1870 Ørje
  Turistinformasjonen, Tel.: 09-81 13 17
- Touristinformation an der schwed./norw. Grenze Tel. 09-81 15 16,
  N-1870 Ørje, Tel. 09-81 15 16
- Sarpsborg Turistinformasjon, Jernbanegt. 10
  N-1700 Sarpsborg, Tel.: 09-15 36 29
- Moss Turistinformasjon, Chrystiesgt. 3
  N-1500 Moss, Tel.: 09-25 54 51

Veranstaltungen, Sommer 1989:
- Fredrikstad Cup (das größte Handballturnier der Welt für Jugendliche), Fredrikstad, 13.-15. Mai
- »Den gamle marsjen« (10, 20 oder 30 km Touren entlang historischer und archäologischer Funde), Fredrikstad, 27.-28. Mai
- »Nordia 1989« (Nordische Briefmarkenausstellung), Fredrikstad, 7.-11. Juni
- Fredrikstentage, Fredriksten Festning/ Halden, Mitte Juni
- Fredrikstadmarkt 1989 (Handelsmarkt mit internationaler Unterhaltung), Fredrikstad, 12.-20. Aug.
- »Norw. internationale Grafik-triennale«, Fredrikstad, 17. Aug. - 8. Okt.

VESTFOLD

Das regionale Fremdenverkehrsamt:
- Vestfold Reiselivsråd, Storgt. 55
  N-3100 Tønsberg, Tel.: 033-14 819

Die örtlichen Fremdenverkehrsämter:
- Horten og Borre Reiselivslag, Torget 6A
  N-3190 Horten, Tel.: 033-43 390
- Tønsberg og Omland Reiselivslag, Storgt. 55
  N-3100 Tønsberg, Tel.: 033-14 819
- Sandefjord Turistkontor, Boks 2025
  N-3201 Sandefjord, Tel.: 034-68 100

Touristenbüros/ Informationen:
- Kulturkontoret, Åsgt. 24
  N-3060 Svelvik, Tel.: 02-77 20 76
- Kulturkontoret, Tordenskjoldsgt. 5
  N-3080 Holmestrand,
  Tel.: 033-51 590/52 159
- Sommerinformationen in Horten, Bibliotek, Apotekergt. 10,
  N-3190 Horten, Tel.: 033-43 390
- Sommerinformationen in Tønsberg, Honnørbryggen,
  N-3100 Tønsberg, Tel.: 033-10 211
- Turistinformationskiosk in Sandefjord
  N-3201 Sandefjord, Tel.: 034-65 300
- Sommerinformationen in Larvik, Storgt. 20
  N-3251 Larvik, Tel.: 034-82 623

Veranstaltungen, Sommer 1989:
- Internationales Radrennen der Damen, Tønsberg, Anfang Juni (jährlich)
- Jubiläumsveranstaltung (120 Jahre), Turnverein Tønsberg, 10.-11. Juni
- Stokke Grand Prix (Ola Autorennen), Tønsberg, Mitte Juni (jährlich)
- »Das Mittelalter kommt«, Umzüge, Darstellung des Mittelalters, Dauer eine Woche Tønsberg, Mitte Juni (jährlich)
- Vestfolds Künstler (Ausstellung in Vestfold Fylkesmuseum), Tønsberg, Mitte Juni
- Schärenfestival (5.000 Musiker), Nøtterøy, 16.-18. Juni
- Mittsommerlauf (Trabrennen auf der Jarlsberg Trabrennbahn), Tønsberg, 24. Juni (jährlich)
- »Tundagen«, Bytunet/Sandefjord, Ende Juni
- Kajakwettbewerb (32 km) um Nøtterøy, Nordbyen / Tønsberg, Ende Juni (jährlich)
- WM in Yngling (Segeln), Fjærholmen / Nøtterøy, Anfang Juli, eine Woche
- Ynglingmarsch (Fußmarsch, benannt nach den Vorfahren der norw. Königsgeschlechts H. Hårfagres), Horten, jährlich Anfang August.
- »Baglermarsch« (Fußmarsch um das Slottsfjell, Länge 10 km und 20 km), Tønsberg, Mitte Aug.
- »Kveldetage« (Tanz, Kirmes, Unterhaltung, Kvelde, Ende Aug.
- Skagerrak Festival (Meeresangeln), Tønsberg, Anfang Sept.
- Wolle- und Leinentage (Husfliden, Schafschur etc.), Bygdetunet/Tønsberg, Anfang Sept.

OSTNORWEGEN

BUSKERUD

Das regionale Fremdenverkehrsamt:
- Buskerud Reiselivsråd, Storgt. 4
  N-3500 Hønefoss, Tel: 067-23 655

Die örtlichen Fremdenverkehrsämter und Touristenbüros
- Nesbyen Turistkontor, Postboks 29
  N-3541 Nesbyen, Tel: 067-71 249
- Geilo Turistservice A/L
  N-3580 Geilo, Tel: 067-86 300
- Drammen Kommunale Turistinformasjon, Rådhuset, N-3000 Drammen,
  Tel: 03-83 40 94/83 79 80
- Hemsedal Turistkontor
  N-3560 Hemsedal, Tel: 067-78 156
- Ål Turistkontor,
  N-3570 Ål, Tel: 067-81 060
- Krødsherad, Modum og Sigdal Turistkontor
  N-3515 Krøderen, Tel: 067-47 960
- Gol Turistkontor
  N-3550 Gol, Tel: 067-74 840/74 241
- Kongsberg og Numedal Turistkontor, Schwabes gt. I, N-3600 Kongsberg,
  Tel: 03-73 15 26
- Ringerike Reiselivsforening, Postboks 289, N-3501 Hønefoss
- Nore og Uvdal Reiselivsforening Turistinformasjonen Rødberg,
  Tel: 03-74 15 80

Veranstaltungen, Sommer 1989:
- Norw. Maler (Ausstellung), Modum, Mai - Sept.
- Themaausstellung (Märchen) Krøderen, Mai - Sept.
- Postgiro Norwegen (Internationales Radrennen für Frauen) Kongsberg, Anfang Juni
- Kongsberg Internationales Jazzfestival, Kongsberg, Anfang Juli
- Volksmusik-Tage, Ål, 1.-4. Juli
- Holstage (Folklorearrangement), Hol, Juli - Aug.
- »Sølvcup« (Nordisches Handballturnier), Kongsberg, Mitte Aug.
- »Donald Duck Spiele« (versch. Wettbewerbe), Kongsberg, Anfang Sept.

HEDMARK

Das regionale Fremdenverkehrsamt:
- Hedmark Reiselivsråd, St. Olavs gt 61
  N-2300 Hamar, Tel: 065-27 000

Die örtlichen Fremdenverkehrsämter:
- Alvdal Reiselivslag,
  N-2560 Alvdal, Tel: 064-87 133
- Elverum Reiselivslag, Postboks 327
  N-2401 Elverum, Tel: 064-14 963
- Engerdal Reiselivslag, Boks 64
  N-2440 Engerdal, Tel: 064-58 107
- Folldal Reiselivslag
  N-2580 Folldal, Tel: 064-90 268
- Os Reiselivslag, Os Kommune
  N-2550 Os i Østerdalen, Tel: 064-97 000
- Reiselivskontoret for Hamar-regionen, Boks 318,
  N-2301 Hamar, Tel: 065-21 217
- Rendalen Reiselivslag, Rendalen Kommune
  N-2530 Øvre Rendal, Tel: 064-68 000
- Solør-Odal Reiselivslag, Boks 124
  N-2201 Kongsvinger, Tel: 066-15 333
- Stor-Elvdal Reiselivslag,
  N-2480 Koppang, Tel: 064-60 000
- Tolga Reiselivslag
  N-2540 Tolga, Tel: 064-94 505
- Trysil Ferie og Fritid, Turistkontoret
  N-2420 Trysil, Tel: 064-50 056

OPPLAND

Das regionale Fremdenverkehrsamt:
- A/L Oppland Reiseliv, Kirkegt. 74
  N-2600 Lillehammer, Tel: 062-55 700

Die örtlichen Fremdenverkehrsämter:
- Destinasjon Lillehammer, Boks 181
  N-2601 Lillehammer, Tel: 062-59 299
- Nordseter Turist,
  N-2614 Nordseter, Tel: 062-64 037
- Sjusjøen Turist A/S
  N-2612 Sjusjøen, Tel: 065-63 565
- Øyer Turist, Boks 48
  N-2636 Øyer, Tel: 062-78 950
- Gausdal Reiselivslag, Boks 62
  N-2621 Østre Gausdal, Tel: 062-20 066
- Ringebu Reiseliv A/S,
  N-2630 Ringebu, Tel: 062-80 533
- Sør-Fron Reiselivslag
  N-2647 Hundorp, Tel: 062-96 000
- Nord-Fron Reiselivslag, N. Nedregt. 2
  N-2640 Vinstra, Tel: 062-90 166
- Sel-Rondane Reiselivslag, Boks 94
  N-2671 Otta, Tel: 062-30 365
- Dovre Reiselivslag/Info-Nor
  N-2660 Dombås, Tel: 062-41 444
- Lesja-Bjorli Reiselivslag
  N-2669 Bjorli, Tel: 062-43 420
  N-2660 Dombås
- Skjåk Reiselivslag
  N-2692 Bismo, Tel: 062-14 000
- Lom-Jotunheimen Reiselivslag
  N-2686 Lom, Tel: 062-11 286
- Vågå Reiselivslag,
  N-2680 Vågåmo, Tel: 062-37 880
- Reisetrafiklaget for Valdres og Jotunheimen
  Rådhuset,
  N-2900 Fagernes, Tel: 063-60 400
- Beitostølen Reiselivslag
  N-2953 Beitostølen, Tel: 063-41 006
- Vestoppland Reiselivslag, Kauffeldtgården
  N-2800 Gjøvik, Tel: 061-71 688

Veranstaltungen, Sommer 1989:
- Der norw. Gebirgsmarathon, Besstrand/
  Beitostølen, Anfang Juni
- »TIA-festival« (Internationales
  Truckingfestival), Gjøvik, Anfang Juli
- »Landesfestival der Volkstanzmusik«, Valdres
  Folkemuseum/Fagernes, 20.-23. Juli
- Auswanderjubiläum (150-jähriges Jubiläum der
  norw. Auswanderung), Valdres Folkemuseum
  Fagernes, 20. Juli - 10. Aug.
- EBU-Festival« (Internationales Volksmusik-
  Festival), Valdres Folkemuseum/Fagernes,
  25.-30. Juli
- Radrennen (Oslo - Fagernes - Lærdal),
  Fagernes, Anfang Aug.
- »Ridderrittet« (Radrennen für Behinderte),
  Beitostølen, Ende Aug.
- Markttag (Kunsthandwerkverkaufsstelle,
  Unterhaltung u.a.), Vang in Valdres, 10. Sept.

SØRLANDET/TELEMARK

SØRLANDET

Die regionalen Fremdenverkehrsämter:
- Aust-Agder Fylkeskommune, Fylkeshuset
  N-4800 Arendal, Tel: 041-25 860
- Vest-Agder Reiselivsråd,
  Vestre Strandgt. 23, Postboks 770
  N-4601 Kristiansand S, Tel: 042-22 600

Die örtlichen Fremdemverkehrsämter und Touristenbüros:

Aust-Agder:
- Sørlands INFO, Torvgaten 6
  N-4800 Arendal, Tel: 041-22 193
- Hovden Ferieservice A/S
  N-4695 Hovden, Tel: 043-39 630
- Nedre Setesdal Reisetrafiklag, Postboks 146
  N-4660 Evje, Tel: 043-31 056
- Risør Reiselivslag, Postboks 191
  N-4951 Risør, Tel: 041-50 700 (Risør Hotel)
- Valle og Rysstad Reiselivslag, v/H.O. Kjellberg
  N-4695 Valle, Tel: 043-37 312
- Tvedestrand Turistkontor, Fritz Smithsgt. 1
  N-4900 Tvedestrand, Tel: 041-61 101

Vest-Agder:
- Mandal Service- og Turistkontor, Mandal-
  regionens Reiselivslag, Bryggegt. 4, Boks 278
  N-4500 Mandal, Tel: 043-62 063/63 824
- Kristiansand Turistkontor,
  Reiselivslaget for Kristiansand Distrikt
  Henrik Wergelands gt. 17, Postboks 592
  N-4601 Kristiansand,
  Tel: 042-26 065/26 406
- Vestre Vest-Agder Reiselivslag
  N-4480 Kvinesdal, Tel: 043-50 042
- Flekkefjords Turistinformasjonskiosk, Brogt.
  N-4400 Flekkefjord, Tel: 043-24 254
- Farsund Turistinformasjon, Torvet
  N-4550 Farsund, Tel: 043-90 839
- Lyngdal Turistinformasjon, Alleen
  N-4580 Lyngdal, Tel: 043-43 143
- Eiken Turistinformasjon (Hægebostad)
  N-4596 Eiken, Tel: 043-48 343
- (Sirdal) Rutebilstasjonen v/Sirdal og Gyland
  Rutebiler, N-4440 Tonstad, Tel: 043-70 168

Veranstaltungen, Sommer 1989:
- Tyholmen Galerie (Puppentheaterausstellung
  von Lisbeth Narud, Puppentheaterwoche),
  Arendal, 25. April - 25. Mai
- »Hovden Bikini-Wochenende« (Saisonende) -
  ein Spiel mit gebastelten Fahrzeugen im
  Schnee. Hovden, 1. Mai
- Sørlandets Bootsmesse, Arendal, 4.-7. Mai
- Kirchl. Festspiele, Kristiansand, 8.-17. Mai
- Eröffnung des Setesdal Mineralcenters, Evje,
  Sommer 89
- »Skjærgårdsløpet«,(28 km, Marathonlauf)
  Lillesand, Juni
- Kapertage, Farsund, 6.-8. Juli
- »Hovdenmarsjen« (Gebirgsmarsch, 10, 18 und
  30 km in 830 m - 1.200 m. ü. M.),
  Hovden, Mitte Juli
- Risør Grand Prix (nationale Segelregatta in der
  Jolle- und Ynglingsklasse), Risør, 19.-23. Juli
- Skaw Race. Marathonsegelregatta, Risør - Mar-
  strand (Schweden) - Skagen (Dänemark) - Ri-
  sør. Start in Risør 19. Juli, Ankunft Marstrand
  21. und 22. Juli
- Nordische Meisterschaften im Segeln (Flipper-
  klasse), Risør, 24.-30. Juli
- »Sommerausstellung« (Künstler vom Bezirk
  Agder), Christianholm Festning/Kristiansand,
  Juli - Aug.
- Schießwettbewerb, Evje, 5.-12. Aug.
- Ausstellung: Gitte und Lisbet Dæhlin (Skulptu-
  ren/Zeichnungen und Keramik),
  Tyholmen Galerie/Arendal, Juli und Aug.
- »Bispevegmarsch«, Valle, 12. Aug.

TELEMARK

Das regionale Fremdenverkehrsamt:
- Telemark Reiser, Postboks 743 - Hjellen
  N-3701 Skien, Tel: 03-52 92 05

Die örtlichen Fremdenverkehrsämter:
- Kragerø Reiselivslag*, Postboks 176
  N-3771 Kragerø, Tel: 03-98 23 30
- Kviteseid Reiselivslag,
  N-3848 Morgedal, Tel: 036-54 144
- Rjukan og Tinn Reiselivslag*
  N-3660 Rjukan, Tel: 036-91 290
- Skien Reiselivslag*, Postboks 493
  N-3701 Skien, Tel: 03-52 82 27
- Øst-Telemark Reiselivslag*, Storgt. 39
  N-3670 Notodden, Tel: 036-12 633

Die örtlichen Touristenbüros:
- Brevik Næringsutvalg, Torvbakken 2
  N-3950 Brevik, Tel: 03-57 02 00
- Porsgrunn Turistkontor, Østre Brygge
  N-3900 Porsgrunn, Tel: 03-55 43 27
- Siljan Turistheim, 3748 Siljan, Tel: 03-94 11 58
- Turistinformasjonen v/Ulefoss Sluse
  N-3745 Ulefoss, Tel: 03-94 41 00
- Turistinformasjonen v/Heddal Stavkirke
- Bø Turistkontor, Bø sentrum
  N-3800 Bø, Tel: 03-95 18 80
- Turistinformasjonen v/Telemark Sommarland
  Tel: 03-95 16 99
- Turistinformasjonen i Seljord
  N-3840 Seljord, Tel: 036-50 868
- Turistinformasjonen på Haukeligrend,
  v/Rangvald Christenson
  N-3895 Edland, Tel: 036-70 305
- Kviteseid Turistinformasjon
  Tel: 036-54 230, Morgedal
  Tel: 036-56 302, Vrådal
- Turistinformasjonen i Rauland,
  v/Flatland-Kroa,
  N-3864 Rauland, Tel: 036-73 315
- Vinje Turisthotell,
  N-3340 Åmot, Tel: 036-71 300
- Turistinformasjonen i Nissedal,
  v/ Ragnhild Kåsa,
  N-3854 Nissedal, Tel: 036-47 114
- Bandak Hotell, Dalen,
  N-3880 Dalen, Tel: 036-77 118
- Fyresdal Turisthotell,
  N-3870 Fyresdal, Tel: 036-41 255

Veranstaltungen, Sommer 1989:
- Verkaufsausstellung von Bauernkunst in Tinn,
  Austbygd, Rjukan, 2.-30.Juni
- Raulandausstellung (Verkaufsausstellung von
  Kunst und Kunstgewerbe), Raulandshuset in
  Krossen/Rauland, 2.-30. Juni
- Ausstellung von Kunst und Kunstgewerbe,
  Akkerhaugen/Sauherad, 10.-11. Juni
- Sommer in Brevik (Während der Sommersai-
  son Ausstellungen, Konzerte, Regatten und
  Unterhaltung, Brevik, Mitte Juni - Mitte Aug.
- Vinjeausstellung (Verkaufsausstellung von
  Kunst und Kunstgewerbe), Mjonøy Handverk-
  sentral an der E 76 in Vinje, 1.-31. Juli
- Handelsmesse für den Bezirk Telemark (große
  Verkaufsmesse mit Ausstellungen von Volks-
  kunst. Jeden Abend Unterhaltung, Kirmes,
  Skien, 25. Aug. - 3. Sept.
- »Dyrsku'n« (großes Volksfest mit versch. Aus-
  stellungen, Haustierausstellung, Unterhaltung
  u. Tanz) Seljord, 8.-10. Sept.

WESTNORWEGEN

ROGALAND

Das regionale Fremdenverkehrsamt:
- Rogaland Reiselivsråd, Øvre Holmegt. 24
  N-4006 Stavanger, Tel: 04-53 48 34

Die örtlichen Fremdenverkehrsämter/Touristenbüros:
- Dalane & Sirdal Reiselivslag, Jernbaneveien
  N-4370 Egersund, Tel: 04-49 08 19
- Karmøy Reiselivslag, Rådhuset
  N-4250 Kopervik, Tel: 04-85 22 00
- Stavanger Reiselivslag, Postboks 11
  N-4001 Stavanger, Tel: 04-53 51 00
- Sola Reiselivslag
  v/Sola Strand Hotell, Axel Lundsv. 27
  N-4050 Sola, Tel: 04-65 02 22
- Reisetrafikkforeningen
  for Haugesund og Distriktene,
  N-5500 Haugesund, Tel: 04-72 52 55
- Sauda Reiselivslag,
  N-4200 Sauda, Tel: 04-78 30 11
- Strand Reiselivslag,
  N-4100 Jørpeland, Tel: 04-44 74 00
- Suldal Reiselivslag,
  N-4230 Sand, Tel: 04-79 72 84
  Info während der Sommermonate,
  Tel: 04-79 74 11

Veranstaltungen, Sommer 1989:
- WM im Tanzen, Haugesund, 28.-30. April
- Motorbootausstellung, Kopervik, April-Mai
- Eröffnung der Sommerstadt Stavanger
  (die ganze Stadt feiert), Stavanger, 6.Mai
- Maispiele (großer Leichtathletikwettkampf für
  Jugendliche, Haugesund, 27.-28. Mai
- Großer Markttag in Kopervik,
  13. Mai und 19. Aug.
- Internationales Kinderfilm-Festival Stavanger,
  Juni
- Gospel Wochenende Gjesdal/Kongeparken,
  1.-4. Juni
- Karmøytage, Kopervik, 7.-11. Juni
- Spontanfestival (Festival für alle Kunstarten),
  Haugesund, 9.-11. Juni
- »Prikkedagen« (großer Markttag mit
  Traditionen aus dem letzten Jahrhundert),
  Haugesund, 16. Juni
- Gospel '89, Gjesdal/Kongeparken,
  17.-18. Juni
- Titanofestival (Volkstänze),
  Gjesdal/Kongeparken, 15.-22.Juli
- »Sildajazz« (Jazzfestival, der längste Herings
  tisch der Welt), Haugesund, 16.-19. Aug.
- Haugesund Wettkampfwochenende (Segel-
  regatta), Haugesund, 19.-20. Aug.
- WM im Treckerpflügen im 35. Jahr,
  Klepp, 29.-30. Sept.

HORDALAND

Das regionale Fremdenverkehrsamt:
- Hordaland og Bergen Reiselivsråd, Slottsgt. 1
  N-5003 Bergen, Tel: 05-31 66 00

Die örtlichen Fremdenverkehrsämter und Touristenbüros:
- Bergen Reiselivslag, Slottsgt. 1
  N-5000 Bergen, Tel: 05-31 38 60
- Eidfjord Reiselivslag*, Postboks 132
  N-5783 Eidfjord, Tel: 054-65 177
- Etne Kommunikasjons- og Reiselivsnemnd
  N-5590 Etne, Tel: 054-66 125
- Kvam Reiselivslag
  N-5600 Norheimsund, Tel: 05-55 17 67
- Kvinnherad Reiselivslag
  N-5100 Rosendal, Tel: 054-81 311
- Nordhordland Reiselivslag*
  N-5100 Isdalstø, Tel: 05-35 16 01
- Odda
  v/Odda Reisebyrå*, Postboks 147
  N-5751 Odda, Tel: 054-42 622

- Osterøy Reiselivsnemnd
  N-5250 Lonevåg, Tel: 05-39 21 00
- Stord/Fitjar Reiselivslag*, Boks 443
  N-5400 Stord, Tel: 054-11 211
- Sund Reiselivslag
  N-5382 Skogsvåg, Tel: 05-33 75 00
- Ullensvang Reiselivslag*, Boks 73
  N-5780 Kinsarvik, Tel: 054-63 112
- Ulvik Reiselivslag*
  N-5730 Ulvik, Tel: 05-52 63 60
- Voss Reiselivslag*, Postboks 57
  N-5701 Voss, Tel: 05-51 17 16
- Turistinformasjonen, Torgalmenningen
  N-5000 Bergen, Tel: 05-32 14 80
- Etne Turistinformasjon, Sæbøtunet
  N-5590 Etne, Tel: 04-75 68 40
- Kinsarvik Turistinformasjon
  N-5780 Kinsarvik, Tel: 054-65 112
- Norheimsund Turistinformasjon
  N-5600 Norheimsund, Tel: 05-55 17 67
- Husnes Turistinformasjon, N-5460 Husnes
- Rosendal Turistinformasjon
  N-5479 Rosendal, Tel: 054-81 328/81 311
- Øystese Turistinformasjon,
  N-5610 Øystese
- NAF Turistinformasjon, Kvamskogen
  N-5600 Norheimsund, Tel: 05-55 89 54
- Hardanger Feriesenter Turistinformasjon
  N-5600 Norheimsund, Tel: 05-55 13 84
- Strandebarm Fjordhotell Turistinformasjon
  N-5630 Strandebarm, Tel: 05-55 91 50
- Ålvik Gjestgiveri Turistinformasjon
  N-5614 Ålvik, Tel: 05-55 74 50

Veranstaltungen, Sommer 1989:
- EM im Unterwasserrugby, Bergen, 21.-23. April
- EM der Brass bands, Bergen, 28.-30. April
- Musikfestival Race (Straßenlauf), Bergen, Mitte Mai
- Øystese Markttage, Øystese, Mitte Mai
- Markttag, Bergen, 27. Mai
- Angelfestival (Angelwettbewerb, Tanz etc.), Kvinnherad, Ende Mai
- »Blomstringsmilen« (10 km Lauf zwischen Lofthus und Kinsarvik), Ende Mai
- Segelregatta um Askøy (2-tägige Regatta mit Übernachtung in Herdla), Ende Mai
- Fußmarsch über die 7 Berge, Bergen, Ende Mai
- Blømingsmesse (Ausstellung, Kunsthandwerkausstellungen, Markt, Unterhaltung), Lofthus, Ende Mai
- Angelfestival, Masfjordnes / Nordhordland, Anfang Juni
- Angelfestival, Fedje/Nordhordland, Anfang Juni
- Tag der Kinder, Omvikedalen/Kvinnherad, Anfang Juni
- Tysnesstevnet (Musikwettkampf), Tysnes, Anfang Juni
- Das Mostraspiel (Historisches Schauspiel im Amphitheater), Mosterhamn/Bømlo, 2.-4. Juni
- Austevolltage, Austevoll, 4.-5. Juni
- Edvard Grieg Festival (Geburtstagsfeier von Edv. Grieg), Lofthus, Mitte Juni
- Høylandsund Angelfestival (Angelwettbewerb, Tanz), Kvinnherad, Mitte Juni
- Husnes Veranstaltung (Unterhaltung), Kvinnherad, Mitte Juni
- Hatlestrand Markt (Messe, Unterhaltung, Tanz), Kvinnherad, Mitte Juni
- Daletage (Markt- und Kulturmesse), Dale, Mitte Juni
- Uskedalstage (Verkaufsmesse, Unterhaltung, Tanz), Kvinnherad, Ende Juni
- Fjordmarkt, Eikelandsosen, Ende Juni
- Mundheimstage, Mundheim, Anfang Juli
- Bootstreffen Romsainseln, Ølen, Anfang Juli
- Kunst- und Handwerkstage (Kunstausstellungen, Vorführungen), Voss, Anfang Juli
- Rekkjetunet (Kunstgewerbeausstellung) Tysnes in Sunnhordland, Juni-Aug.
- Sommerkonzerte (Lysøen, Ole Bulls Haus), Os bei Bergen, Juni-Aug.
- Sommerkonzerte (Troldhaugen, Edv. Griegs Haus), Bergen, Juni-Aug.
- Veteranbootsfestival, Bergen, 15.-17. Juli
- Hardangerausstellung (Kunstausstellung), Lofthus in Hardanger, Juli
- Kunstausstellung (Kvam Kunstverein), Øystese, Juli
- Baroniekonzerte (mit bekannten norw. Künstlern), Baroniet in Rosendal, Juli
- Angelfestival, Risnes / Masfjorden Nordhordland, Ende Juli
- Ausstellung von norw. Handwerk im Hardanger Ferienpark, Kinsarvik, Juli-Aug.
- Etnemarkt (Kunsthandwerksausstellung, Freilichtspiel, Tierausstellungen, Wettbewerbe im Sensen, Vorführungen von alten Traditionen, Etne in Sunnhordland, Mitte Aug.
- Das große Amerikaspiel (Historisches Spiel auf der Freilichtbühne), Etne in Sunnhordland, Mitte Aug.
- Internationales Theaterfestival, Bergen, 23. Aug. - 7. Sept.

SOGN OG FJORDANE

Das regionale Fremdenverkehrsamt:
- Sogn og Fjordane Reiselivsråd
  Parkvegen 2, Postboks 299 N-5801 Sogndal, Tel: 056-72 300

Die örtlichen Fremdenverkehrsämter und Touristenbüros:
- Aurland Reiselivslag
  N-5745 Aurland, Tel: 056-33 313
- Turistinformasjonen i Aurland
  N-5745 Aurland, Tel: 056-33 323
- Turistinformasjonen i Flåm
  N-5743 Flåm, Tel: 056-32 106
- Turistinformasjonen i Gudvangen
  N-5717 Gudvangen, Tel: 05-53 19 16
- Balestrand og Fjærland Reiselivslag*
  Postboks 57,
  N-5850 Balestrand, Tel: 056-91 255
- Eid Reiselivslag*, Boks 92
  N-6770 Nordfjordeid, Tel: 057-61 375
- Flora Reiselivslag, Postboks 219
  N-6901 Florø, Tel: 057-43 166
- Turistinformasjonen i Florø
  N-6900 Florø, Tel: 057-42 010
- Førde Reiselivslag,
  N-6800 Førde, Tel: 057-21 622
- Turistinformasjonen i Førde
  N-6800 Førde, Tel: 057-22 250
- Gaular Reiselivslag*
  N-6830 Sande i Sunnfjord, Tel: 057-16 131
- Gloppen Reiselivslag*, Postboks 223
  N-6860 Sandane, Tel: 057-66 100
- HAFS Næringsråd*
  N-5942 Hyllestad, Tel: 057-88 513
- Hornindal Reiselivslag v/Raftevolds Hotell*
  N-6790 Hornindal, Tel: 057-79 605
- Jølster Reiselivslag, v/Joar Dvergsdal
  N-6850 Skei i Jølster, Tel: 057-28 126
- Leikanger Reiselivslag*
  N-5842 Leikanger, Tel: 056-54 055
- Luster Reiselivslag, Rådhuset
  N-5820 Gaupne, Tel: 056-81 211
- Turistinformasjonen i Gaupne
  N-5820 Gaupne, Tel: 056-81 211
- Turistinformasjonen i Skjolden
  N-5833 Skjolden, Tel: 056-86 750
- Lærdal og Borgund Reiselivslag*
  N-5890 Lærdal, Tel: 056-66 509
- Selje Reiselivslag, Selje kommune
  N-6740 Selje, Tel: 057-56 200
- Turistinformasjonen i Selje
  N-6740 Selje, Tel: 057-56 606
- Sogndal Reiselivslag*, Postboks 222
  N-5801 Sogndal, Tel: 056-71 161
- Stryn Reiselivslag, Postboks 18
  N-6881 Stryn, 057-71 526/71 533
- Turistinformasjonen i Loen
  N-6878 Loen, Tel: 057-77 677
- Turistinformasjonen i Olden
  N-6870 Olden, Tel: 057-73 126
- Turistinformasjonen i Stryn
  N-6880 Stryn, Tel: 057-71 526
- Vik og Vangsnes Reiselivslag*, Postboks 148
  N-5860 Vik i Sogn, Tel: 056-95 686
- Vågsøy Reiselivslag, Kaptein Linge Hotel
  N-6700 Måløy, Tel: 057-51 800
- Turistinformasjonen i Måløy
  N-6700 Måløy, Tel: 057-50 850
- Årdal Reiselivslag v/Årdal Prosjektutvikling*
  N-5875 Årdalstangen, Tel: 056-61 177

Veranstaltungen, Sommer 1989:
- Sogn Volkshochschule (Eine Woche Aktivitätskurse, Reiten, Fotosafari, Kanufahren, Gletscherwandern, Bergsteigen), Sogndal, 2.-8. Juni
- Sogn Folkemuseum (Themaausstellung: alkoholische Getränketradition vom Mittelalter bis heute), Kaupanger, 1. Juni - 30. Sept.
- Eröffnung des Bootsmuseums, Kaupanger, Juni
- Auswandererjubiläum (Amerikaner mit norw. Wurzeln), Vik, 18.-25. Juni
- Strynefjellsrennen (kleines Sommerskirennen), Stryn, 25. Juni
- Windjammerregatta (Touren in allen Kategorien), Florø, Juli
- Vestkap-Festival (Kultur, Sport und Angeln), Selje, 5.-9. Juli
- Fahrradrennen (Oslo - Fagernes - Lærdal), Lærdal, Anfang Aug.

MØRE OG ROMSDAL

Das regionale Fremdenverkehrsamt:
- Møre og Romsdal Reiselivsråd, Postboks 467
  N-6501 Kristiansund, Tel: 073-73 977

Die örtlichen Fremdenverkehrsämter:
- Aure Reiselivslag, Eidestranda
  N-6690 Aure, Tel: 073-46 257
- Averøy Reiselivslag, Averøy Kommune
  N-6530 Bruhagen, Tel: 073-13 111
- Eide Reiselivslag, Strømsholmen Sjøsportsenter,
  N-6494 Vevang, Tel: 072-98 174
- Geiranger og Stranda Reiselivslag
  N-6200 Stranda, Tel: 071-60 044
- Gjemnes Reiselivslag
  N-6631 Batnfjordsøra, Tel: 072-90 116
- Herøy og Runde Reiselivslag
  N-6096 Runde, Tel: 070-85 905
- Kristiansund Reiselivslag*, Postboks 401
  N-6501 Kristiansund N, Tel: 073-77 211
- Nesset Reiselivslag
  N-6460 Eidsvåg, Tel: 072-32 211
- Norddal Reiselivslag, Norddal Kommune
  N-6210 Valldal, Tel: 071-57 570
- Reiselivsforeningen i Molde*, Postboks 484
  N-6401 Molde, Tel: 072-57 133
- Rindal og Surnadal Reiselivslag,
  Surnadal Hotell A/S,
  N-6650 Surnadal, Tel: 073-61 544
- Sunndal Reiselivslag*, Postboks 62
  N-6601 Sunndalsøra, Tel: 073-92 552
- Vestnes Reiselivslag
  N-6390 Vestnes, Tel: 072-80 960
- Volda Reiselivslag* v/Volda Turisthotell
  N-6100 Volda, Tel: 070-77 050
- Ørsta Reiselivslag, Holmegt. 3
  N-6150 Ørsta, Tel: 070-66 598/68 157
- Ålesund Reiselivslag*, Rådhuset
  N-6025 Ålesund, Tel: 071-21 202
- Åndalsnes og Romsdal Reiselivslag*, Boks 133
  N-6301 Åndalsnes, Tel: 072-21 622

Touristenbüros und Informationen:
- Ny Design A/S,
  N-6190 Bjørke, Tel: 070-41 065
- Eidsdal Turistinformasjon
  N-6215 Eidsdal, Tel: 071-59 220
- Geiranger Turistinformasjon
  N-6216 Geiranger, Tel: 071-63 099
- Hellesylt Turistinformasjon
  N-6218 Hellesylt, Tel: 071-65 052
- Goksøyr Camping,
  N-6096 Runde, Tel: 070-85 905
- Stranda Turistinformasjon
  N-6200 Stranda, Tel: 071-61 170
- Surnadal Hotell,
  N-6650 Surnadal, Tel: 073-61 544
- Laksestova Camping,
  N-6180 Sæbø, Tel: 070-40 028
- Ulsteinvik Turistinformasjon
  N-6065 Ulsteinvik, Tel: 070-10 624
- Valldal Turistinformasjon,
  N-6210 Valldal, Tel: 071-57 767
- Ørsta Camping,
  N-6150 Ørsta, Tel: 070-66 477
- Horgheimseidet Turistinformasjon, Boks 133
  N-6301 Åndalsnes, Tel: 072-23 772

Veranstaltungen, Sommer 1989:
- Konzert (Borgund Kirchenchor und Borgund Jugendchor mit Orchester und Solisten), Borgund Kirche, Ålesund, 1. Mai
- Norwegens drittgrößtes Fußballturnier mit ca. 3.300 Jungen und Mädchen aus dem ganzen Land, Ålesund, 22.-25. Juni
- Kulturwoche (Ålesund und die 3 Freundschaftsstädte im Norden veranstalten eine gemeinsame Kulturwoche), Ålesund, 26.-30. Juni
- Nordisches Ziehharmonikatreffen, Kristiansund, Anfang Juli
- Kreuzfahrtfestival (Kreuzfahrtschiff / Markttage), Kristiansund, Anfang Juli
- Eröffnung der Atlantikstraße (viele Aktivtäten), Eide, 7.-8. Juli
- Nordenfjeldske Segelwoche (Regatta / Kultur), Kristiansund, Mitte Juli
- 100-jähriges Jubiläum der Geirangerstraße (Ausstellungen), Geiranger, 13.-14. Aug.

TRØNDELAG

Das regionale Fremdenverkehrsamt:
- Sør-Trøndelag Reiselivsråd, St. Olavsgt. 2
  N-7012 Trondheim, Tel: 07-52 15 31
- Nord-Trøndelag Reiselivsråd,
  Selfint, Seilmakergt. 3,
  N-7700 Steinkjer, Tel: 077-63 233

Die örtlichen Fremdenverkehrsämter und Touristenbüros:

Sør-Trøndelag:
- Turistinformasjon for Frøya-Hitra og Snillfjord
  c/o Atlanten Reisebyrå,
  N-7240 Fillan, Hitra, Tel: 074-41 470
- Oppdal Turistkontor
  v/Oppdal Næringsforening, Postboks 50
  N-7341 Oppdal, Tel: 074-21 760
- Røros Reiselivslag, Bergmannspl., Boks 61
  N-7460 Røros, Tel: 074-11 165
- Selbu og Tydal Reiselivslag
  N-7590 Tydal, Tel: 07-81 54 52
- Trondheim Reiselivslag / Turistinformasjon
  Boks 2102,
  N-7001 Trondheim, Tel: 07-51 14 66
- Beråk Turistinformasjon,
  N-7391 Beråk, Tel: 074-27 705
- Osen Turistinformasjon, Kommunehuset
  N-7740 Steinsdalen, Tel: 077-77 180

Nord-Trøndelag:
- Flatanger Nærings- og Reiselivslag,
  N-7844 Lauvsnes
- Frosta Reiselivsnemd, N-7633 Frosta
- Grong Reiselivslag, N-7870 Grong
- Høylandet Næringsforening,
  N-7977 Høylandet
- Leka Reiselivslag, N-7994 Leka
- Levanger Reiselivslag, N-7600 Levanger
- Meråker Reiseliv, N-7530 Meråker
- Namdalseid Næringsforening,
  N-7733 Namdalseid
- Namsos Reiselivslag, N-7864 Skogmo
- Namsskogan Næringsforening,
  N-7890 Namsskogan
- Nærøy Reiselivslag, N-7980 Måneset
- Overhalla Reiselivslag, N-7863 Overhalla
- Røyrvik Reiselivslag, N-7894 Limingen
- Snåsa Næringsforening, N-7760 Snåsa
- Steinkjer Reiselivslag, N-7700 Steinkjer
- Stjørdal Reiselivslag, N-7500 Stjørdal
- Verdal Reiselivslag, N-7650 Verdal
- Vikna Reiselivslag, N-7900 Rørvik

Veranstaltungen, Sommer 1989:
- »Tordenskioldløpet« (10 km-Lauf von Lade nach Ringve), Trondheim, Mai
- Musikfesttage, Trondheim, Mitte Juni
- Jahrmarkt, Trondheim, Mitte Juni
- Mittsommerfest (in Verbindung mit dem Marathonradrennen Trondheim - Oslo), Oppdal, Juni
- »Sommermarsch« (10 km Fußmarsch), Trondheim, Juni
- Mitternachts-Golf-Turnier, Trondheim, Juni
- Internationales Angelfestival, Storjord, 24. Juni
- »Den store styrkeprøven« (Radrennen von Trondheim nach Oslo), Trondheim, Ende Juni
- Kulturveranstaltungen in der Olavsgruve, Røros, den ganzen Juli über
- »Grubenmarsch« (14 bis 35 km Fußmarsch im Gebiet um die alten Gruben), Røros, Mitte Juli
- »Bergmannsrittet« (internationales Radrennen, ca. 320 km), Røros, Aug.
- »Karoliner race« (internationaler Fußmarsch, 24 km zwischen Norwegen und Schweden), Tydal, Aug.
- »Küstenkulturtage« (Kultur, historische und Segelregatten mit alten Booten), Lysøysund, Ende Aug.
- »Cicignon-Tage« (Familienveranstaltung), Trondheim, Ende Aug.
- Marathonlauf, Trondheim, Sept.

NORD-NORWEGEN

NORDLAND

Das regionale Fremdenverkehrsamt:
- Nordland Reiselivsråd
  Boks 434, Storgaten 28
  N-8001 Bodø, Tel: 081-24 406 / 21 414

Die örtlichen Fremdenverkehrsämter und Touristenbüros:
- Sør-Helgeland Reiselivslag, Boks 315
  N-0901 Brønnøysund, Tel: 086-21 688
  Besondere Touristeninformationen während der Saison.
- Polarsirkelen Reiselivslag, Boks 225
  N-8601 Mo i Rana, Tel: 087-50 421
- Salten Reiselivslag, Boks 224
  N-8201 Fauske, Tel: 081-43 303
- Bodø Reiselivslag, Boks 514
  N-8001 Bodø, Tel: 081-21 240
- Lofoten Reiselivslag, Boks 210
  N-8301 Svolvær, Tel: 088-71 053
- Vesterålen Reiselivslag, Boks 243
  N-8401 Sortland, Tel: 088-21 555
  Besondere Touristeninformationen während der Saison.
- Narvik Reiselivslag, Boks 318
  N-8501 Narvik, Tel: 082-43 309
- Meløy Reiselivslag, Boks 172,
  N-8150 Ørnes
  Besondere Touristeninformationen während der Saison.

(Diese Fremdenverkehrsämter dienen auch als Touristeninformation das ganze Jahr über, falls nicht anders angegeben.)

Veranstaltungen, Sommer 1989:
- Alstadhaug Marathon, Sandnessjøen, Anfang Juni
- Petter Dass Tage (300-jähriges Jubiläum des Dichterpfarrers), Sandnessjøen, Anfang Juni
- Narvik-Spiele (Leichtathletikwettkampf für Kinder), Narvik, 17.-18. Juni
- Nordlandsbootsregatta, Terråk/Sør-Helgeland, 23.-25. Juni
- Internationales Angelfestival, Storjord in Tysfjord, 24. Juni
- Angelfestival, Bolga in Meløy, 1. Juli
- Freiluftkonzert auf der Moan Freiluftszene, Setså in Saltdal, Anfang Juli
- Norwegische Kirchentage, Bodø, 5.-9. Juli
- Internationales Meeresangelfestival, Andenes, 8.-9. Juli
- Nordklang-7 (Skandinavisches Chorfestival), Mo i Rana, 16.-22. Juli
- Angelfestival, Vik in Helgeland, 22. Juli
- Angelwettbewerb, Hovden in Vesterålen, Ende Juli
- Sjøbergmarsch (Visten - Eiterådal), Süd-Helgeland, 12. Aug.
- Dorffesttage, Beiarn, Mitte Aug.
- Øksnes-Tage (Angelwettbewerb, Kulturaktivitäten), Myre in Vesterålen, Mitte Aug.
- Schießwettbewerb von Beiarn mit Teilnehmern aus ganz Norwegen, Beiarn, Aug.-Sept.
- Lachsfestival, Beiarn, Aug.-Sept.

Einige wichtige Verkehrsgesellschaften:

Boot/Fähre:
- Salten Dampskibsselskap, Postboks 14
  N-8001 Bodø, Tel: 081-21 020
- A/S Torghatten Trafikkselskap (Fähre/Bus), Postboks 85
  N-8901 Brønnøysund, Tel: 086-20 311
- Ofotens og Vesteraalens Dampskibsselskap a/s, Postboks 57
  N-8501 Narvik, Tel: 082-44 090
- A/S Lofoten Trafikklag, Postboks 190
  N-8371 Leknes, Tel: 088-80 344
- Nord-Ferjer A/S, Kongensgt. 52/54
  N-8500 Narvik, Tel: 082-46 060
- Helgeland Trafikkselskap A/S, Postboks 603
  N-8801 Sandnessjøen,
  Tel: 086-45 345 / 42 255
- Nordtrafikk A/S (Fähre/Bus), Postboks 314
  N-8401 Sortland, Tel: 088-21 611

Bus:
- Helgeland Bilruter A/S, C.M. Havigsgt. 45
  N-8650 Mosjøen, Tel: 087-70 277
- Ofotens Bilruter A/S, Postboks 79
  N-8501 Narvik, Tel: 082-46 480
- Saltens Bilruter A/S, Postboks 104
  N-8001 Bodø, Tel: 081-25 025
- Boldevins Bilruter A/S, Tore Føynsv. 5
  N-8160 Glomfjord, Tel: 081-52 115
- Andøy Trafikklag A/S, Tore Hundsgt. 7
  N-8480 Andenes, Tel: 088-41 333

TROMS

Die örtlichen Fremdenverkehrsämter:
- Harstad og Omegn Reiselivslag, Boks 447
  N-9401 Harstad, Tel: 082-63 235
- Troms Adventure A/S
  N-9200 Bardufoss, Tel: 089-34 225
- Senja Tour A/S, Boks 326
  N-9301 Finnsnes, Tel: 089-41 828
- Tromsø Arrangement A/S, P.B. 312
  N-9001 Tromsø, Tel: 083-84 776

Die örtlichen Touristenbüros:
- Andselv Turistkontor N-9200 Bardufoss,
  Tel: 089-34 225
- Bardu Turistkontor, Salangsdalen
  N-9250 Bardu, Tel: 089-85 150
- Bardu Turistkontor, Setermoen
  N-9250 Bardu, Tel: 089-82 188
- Finnsnes Turistkontor, Postboks 326
  N-9301 Finnsnes, Tel: 089-41 828
- Gratangen Turistkontor, Øse
  N-9470 Gratangsbotn, Tel: 082-20 300
- Harstad Turistkontor
  (siehe Harstad og Omegn Reiselivslag)
- Tromsø Turistkontor
  (siehe Tromsø Arrangement A/S)

Veranstaltungen, Sommer 1989:
- Nordlichtplanetarium (Norwegens erstes Planetarium), 4 km vom Zentrum in Tromsø, Eröffnung Mai 1989
- Nord-Norwegen-Festival (historisches Schauspiel auf der Freilichtbühne in der Nähe der Trondenes Kirche. Folkloreprogramm und Ausstellungen), Harstad, Ende Juni

FINNMARK

Das regionale Fremdenverkehrsamt:
- Finnmark Reiselivsråd, Postboks 1223
  N-9501 Alta, Tel: 084-35 444

Die örtlichen Fremdenverkehrsämter:
- Kautokeino Reiselivslag
  N-9950 Kautokeino, Tel: 084-56 203
- Alta Reiselivslag*
  N-9500 Alta, Tel: 084-35 041
- Hammerfest og Omegns Reiselivsforening*
  Postboks 226
  N-9601 Hammerfest, Tel: 084-12 185
- Nordkapp Reiselivslag*, Postboks 34
  N-9750 Honningsvåg, Tel: 084-72 894
- Lakselv Reiselivslag*
  N-9700 Lakselv, Tel: 084-61 644
- Finnmark Feriesenter*, Postboks 45
  N-9730 Karasjok, Tel: 084-66 902
- Vadsø Byutvikling
  N-9800 Vadsø, Tel: 085-53 880
- Vardø Turistforening,
  N-9950 Vardø
- Sør-Varanger Reiselivslag*
  N-9900 Kirkenes, Tel: 085-92 544

Touristenbüros:
- Kautokeino Turistinformasjon
  N-9950 Kautokeino, Tel: 084-56 203 / 56 500
- Kåfjord Turistinformasjon,
  N-5750 Honningsvåg
- Nesseby Turistinformasjon
  N-9820 Varangerbotn, Tel: 085-58 066
- Vadsø Turistinformasjon N-9800 Vadsø,
  Tel: 085-51 171
- Vardø Turistinformasjon
  N-9950 Vardø, Tel: 085-88 270
- Bugøynes Turistinformasjon
  N-9935 Bugøynes, Tel: 085-92 929

Veranstaltungen, Sommer 1989:
- Mitternachtssonnenfestival (eines der größten Rockfestivals des Nordens), Lakselv, Anfang Juli
- Walfischfestival (Landesmeisterschaft 1989), Sørvær, Ende Juli
- »Russlandmarsch« (Fußmarsch, 29 oder 36 km), Kirkenes, Ende Juli
- »Der Weg zum Eismeer« (Fußmarsch, 10 oder 20 km), Kirkenes, Ende Juli
- Varangerfestival (Jazzfestival von Nord-Skandinavien), Vadsø, Mitte Aug.

Norwegen in Zahlen

Die wichtigsten Zahlen und Statistiken

DAS PARLAMENT

(letzte Wahl 1985, nächste im Herbst 1989)

Norwegische Arbeiterpartei	40,8 %
Sozialistische Linke	5,5 %
Kommunistische Partei	0,2 %
Konservative Partei	30,4 %
Partei des Fortschritts (rechts)	3,7 %
Christliche Volkspartei	8,3 %
Zentrumspartei	6,6 %
Linke Partei (bürg.-liberal)	3,1 %

und andere

LEBENSMITTELPREISE (Sept. 88)

		(NOK)
Vollkornbrot		13,40
Vollmich	1 l	6,40
Sahne	0,25 l	8,90
Yoghurt	75 g	4,15
Margarine	500 g	6,90
Butter	500 g	15,70
NORVEGIA Käse	500 g	25,45
»brauner« Käse	500 g	26.25
Salami	100 g	18,30
Leberpastete	200 g	18,90
Kaffee	250 g	14,20
Zucker	1 kg	10,40
Eier	12 Stück	22,70
Pils	0,7 l	16,40
Orangesaft	1 l	13,20
Limonade	kl. Flasche	5,20
Teebeutel	20 Stück	14,70
Reis	380 g	12,20
Nudeln	500 g	8,00
Dorschfilet	600 g	41,40
Wiener Würstchen	1 kg	98,00
Bacon	100 g	13,50
Schweinekotlett	1 kg	88,00
Hackfleisch	1 kg	102,-
frischer Lachs	1 kg	120,-
geräucherter Lachs	1 kg ca.	290,-
Äpfel	1 kg	17,50
Apfelsinen	1 kg	12,80
Kartoffeln	1 kg	3,80
Karotten	1 kg	10,00
Tomaten	1 kg	29,80
Spülmittel	1 Flasche	14,80
Seife	1 Stück	12,50

NORWEGENS GEOGRAPHISCHE LAGE (inkl. Inseln):

Nördl. Punkt:	Knivskjellodden auf Magerøy	71° 11' 8"N
Südl. Punkt:	Insel Kråka vor Mandal	57° 57'31"N
Westl. Punkt:	Insel Steinsøy bei Utværet (im Sognemeer)	4° 30'13"O
Östl. Punkt:	Insel Hornøy vor Vardø	31° 10' 4"O

Küstenlänge d. Festlands (ohne Fjorde/Buchten):	2.650 km
Küstenlänge d. Festlands (mit Fjorden/Buchten):	21.347 km
Küstenlänge der Inseln:	35.662 km
Die größte Breite des Landes beträgt:	430,0 km
Die schmalste Breite des Landes beträgt:	6,3 km
Länge der Landesgrenzen zu Schweden:	1.619 km
zu Finnland:	727 km
zur Sowjetunion:	196 km

0 - 229 m über dem Meeresspiegel:	31,8 %
300 - 599 m über dem Meeresspiegel:	28,7 %
600 - 899 m über dem Meeresspiegel:	19,5 %
900 - 2.469 m über dem Meeresspiegel:	20,0 %

FLÄCHE:

Gesamtfläche:	386.958,0 km²
Svalbard:	62.700,0 km²
Jan Mayen:	380,0 km²
Bouvetøya:	58,5 km²
Peter I. øy:	249,2 km²
Dronning Maud land:	—
Landfläche, gesamt:	323.878,0 km²

Festland: 301.585 km² = 93,1 %, davon 5,3 % Seen.
Inseln: 22.293 km² = 6,9 %.

Norwegen hat
16 Nationalparks mit einer Gesamtfläche von 1.045.480 ha.
675 Naturreservate mit einer Gesamtfläche von 91.603 ha.
57 Landschaftsschutzgebiete, Gesamtfläche: 203.034 ha.
29 andere geschützte Gebiete, Gesamtfläche: 5.109 ha.

DIE GRÖSSTEN GLETSCHER:

Jostedalsbreen	486 km²
Svartisen	369 km²
Folgefonni	212 km²
Blåmannsisen	87 km²
Hardangerjøkulen	78 km²

DIE GRÖSSTEN INSELN:

Hinnøy	2.198 km²
Senja	1.590 km²
Langøy	860 km²
Sørøy	816 km²
Kvaløy (Troms)	737 km²
Ringvassøy	656 km²
Seiland	585 km²
Hitra	571 km²
Austvågøy	526 km²
Andøy	489 km²
Magerø	437 km²
Vestvågøy	411 km²

DIE GRÖSSTEN SEEN:

Mjøsa	368 km²
Røssvatn	210 km²
Femund	201 km²
Randsfjorden	145 km²
Tyrifjorden	136 km²
Snåsavatn	118 km²
Tunnsjø	99 km²
Limingen	96 km²
Øyeren	87 km²
Nisser	77 km²

DIE LÄNGSTEN FJORDE:

Sognefjorden (Solund - Skjolden)	204 km
Hardangerfjorden (Bømlo - Odda)	179 km
Trondheimsfjorden (Agdenes - Steinkjer)	126 km
Porsangen (Brennelv - Sværholtklubben)	123 km
Nordfjord (Husevågøy - Loen)	106 km
Oslofjorden (Oslo - Færder)	100 km

DIE LÄNGSTEN FLÜSSE:

Glomma	598 km
Tana mit Anarjokka	360 km
Numedalslågen	337 km
Dramsvassdraget	309 km
Skiensvassdraget	244 km
Otra	242 km
Namsen	210 km
Arendalsvassdraget	209 km
Altaelva	200 km
Gudbrandsdalslågen	199 km
Orkla	179 km
Vefsna	160 km
Trysilelva	132 km

DIE HÖCHSTEN BERGE (m ü.d.M.):

Galdhøpiggen	2.469 m
Glittertinden	2.465 m
Skagastølstind	2.405 m
Styggdalstind	2.387 m
Skardstind	2.373 m
Surtningssui	2.368 m
Store Memurutind	2.364 m
Hellstugutind	2.346 m
Knutsholstind	2.340 m
Tjørnholdstind	2.329 m
Snøhetta	2.286 m

Einige der HÖCHSTEN WASSERFÄLLE:

Skykkjedalsfossen (Eidfjord)	300 m
Vettisfossen (Årdal)	275 m
Søre Mardalsfoss (Nesset)	250 m
Feigefossen (Luster)	200 m
Vøringen	145 m

BEVÖLKERUNG am 1.1.1986

gesamt:	männlich:	weiblich:
4.159.187	2.056.399	2.102.788
- unter 20 Jahre:	583.525	565.316
- über 60 Jahre:	384.751	499.618

Der Bevölkerungszuwachs betrug 0,38 %.

In Norwegen (323.878 km²) lebten 13 Einwohner pro km², in der BRD (249.000 km²) dagegen 246 Einwohner pro km², in Holland (41.000 km²) 353 und in Belgien (31.000 km²) 324 Einwohner pro km².

DIE NORWEGISCHE KÖNIGSFAMILIE

König Olav V., geboren am 2. Juli 1903, übernahm am 21. September 1957 die Thronfolge seines Vaters König Haakon VI., verheiratet seit dem 21. März 1929 mit der Prinzessin Märtha Sofia Lovisa Dagmar Thyra von Schweden, Kronprinzessin von Norwegen, geboren am 20. März 1901 und gestorben am 5. April 1954.

Kronprinz Harald, geboren am 21. Februar 1937, Sohn König Olavs des V. und der Kronprinzessin Märtha, verheiratet seit dem 29. August 1968 mit Sonja, Kronprinzessin von Norwegen, geboren am 4. Juli 1934.

Prinzessin Märtha Louise, geboren am 22. September 1971, Tochter Kronprinz Haralds und seiner Ehefrau.

Prinz Haakon Magnus, geboren am 20. Juli 1973, Sohn Kronprinz Haralds und seiner Gattin.

ARBEITSMARKT

Jahr	Beschäftige	Arbeitslose	Wochenarbeitszeit
1984:	1.970.000	63.040 = 3,2 %	36 Stdn.
1985:	2.014.000	50.350 = 2,5 %	36 Stdn.
1986:	2.086.000	37.548 = 1,8 %	37 Stdn.

EHEN / GEBURTEN

Durchschnittsalter bei 1. Eheschließung 1985:
- Männer: 27,5 Jahre; - Frauen: 24,8 Jahre.

1984 wurden in Norwegen 20.221 Ehen geschlossen und 8.090 geschieden.

ZEITUNGSWESEN

Tageszeitungen, 6 mal pro Woche . . . 2.008.000 Auflage
Tageszeitungen, 2-5 mal pro Woche . . . . 570.000 Auflage
Wochenzeitungen, 1 mal pro Woche . . . . . 23.000 Auflage

BIBLIOTHEKEN

- Fachbibliotheken: 392, - Volksbibliotheken: 1.375,
- Schulbibliotheken (Grundschulen): 3.658.

FERIENHÄUSER

50 % der Bevölkerung besitzen oder verfügen über ein Ferienhaus.

ALKOHOLVERBRAUCH (1.000 l)

Jahr	Spirituosen	Wein	Bier
1980:	18.736	17.979	196.097
1985:	14.229	21.212	197.001
1986:	13.021	21.541	211.593
Verbrauch pro Person über 15 Jahre:			
1980:	5,8 l	5,68 l	61,93 l
1985:	4,3 l	6,41 l	59,54 l
1986:	3,9 l	6,46 l	63,45 l

ENERGIEPRODUKTION und -VERBRAUCH

Land	Wasser- (GWh)	Wärme- (GWh)	Atomkraft	Verbrauch pro Ew. (KWh)
Norwegen	105.745	327	—	23.625
Schweden	68.076	4.432	50.999	14.956
Frankreich	64.300	60.700	181.800	5.177
BRD	17.400	292.000	67.200	6.218
UdSSR	202.800	1.148.200	142.000	5.325
NL	—	59.000	3.780	4.584
Belgien	361	25.595	27.743	5.468

THEATER UND OPER

Anzahl Theater in Norwegen: 13
Anzahl Vorstellungen: 5.098 (1984)
. . . . 5.024 (1985)
Besucher (in 1.000): 1.073 (1984)
. . . . 1.149 (1985)

Impressum

Herausgeber:
Norwegisches Fremdenverkehrsamt
Hermannstraße 32, 2000 Hamburg 1
und
NORTRA (Nortravel Marketing)
Havnelageret, Langkaia 1, N-0105 Oslo 1

Verlag:
NORTRA Marketing GmbH
Hermannstraße 32, 2000 Hamburg 1

Redaktion: Ulrich Kreuzenbeck (verantwortlich)
Mirjam van der Burgt (Koordination), Renate Gorkow, Marie-Luise Paul, Ines Arndt, Bjørg Klatt, Marianne Molenaar, Anne Brit Lee, Marit Stadheim, Trine Lundahl Jakobsen, Janne Wilhelmsen

Bildredaktion: Peter Bünte (NORDIS picture pool)

Übersetzungen: Katja Douvier-von Verschuer: S.124 f.
Renate Gorkow: S.99 f., S.104 f., S.109 f., S.122 f., S.129 f.
Marianne Molenaar: S.114 f.
Marie-Luise Paul: S. 102 f., S.112 f.

Anzeigen: Odd H. Andreassen

Produktionsleitung: Uwe Marschel (verantwortlich), Ralf Schröder

Grafische Gestaltung: Ralf Fröhlich, Hans-Josef Knust, Christiane Böning, Olaf Knafla, Martin Krimmelbein

Satz/Umbruch: Peter Borgmann, Martin Stark-Habla

Karten: S. 15 - 76 Terrac, Karthograph. Verlag, Essen, S. 13 und 83 U.Helmbold, S. 181 und 191 A. Birschel-Ammann

Litho: B + F Offset Team, Essen

Druck: Busche, Dortmund

Copyright:
NORDIS Verlag GmbH u. NORTRA Marketing GmbH 1989
Jede Form der Wiedergabe, auch auszugsweise, bedarf der schriftlichen Genehmigung der Herausgeber. Die Artikel (S.99 - 130) geben die Meinung der Autoren wieder. Der Herausgeber übernimmt dafür keine Verantwortung. Die Redaktion dankt Herrn Peter Kemm für die Adressenlisten der Diplomatischen Vertretungen.

Diese Publikation präsentiert im Auftrag des Norwegischen Fremdenverkehrsamtes sowie der regionalen und lokalen norwegischen Fremdenverkehrsorganisationen das touristische Angebot Norwegens. Folgende Firmen und Organisationen haben zusammen mit dem Fremdenverkehrsamt dieses Handbuch finanziert und stellen hier ihre Produkte vor: Anker Hotell, Best Western Hotels, Braathens S.A.F.E., CarOtel, Den Norske Turistforening, Den Norske Hytteformidling A.S., G. Dethleffsen, Fiskeoppdretternes Salgslag A/L, Flora Næringsråd, Fjord Tours, Fjordhytter, Fred. Olsen Lines, Fylkesbaatane i Sogn og Fjordane, Inter Nor Hotels, Jahre Line, Kilde Hotels A/S, Klingenberg Fjordhotel, Larvik Line, Lyngen Adventure, müllerhotel A/S, Nord-Reiser, Norges Detaljistforbund, Norske Vandrerhjem, Norway Tax-free Shopping A/S, Nor-Way Bussekspress, Peer Gynts Rike, Postens Filatelitjeneste, Rica Hotell- og Restaurantkjede A/S, Samarbeidsgruppa i Nordfjord, SAS, SAS North Cape Hotels, Stena Line, Stryn Sommarskisenter, Sunnfjord Hotell, Telemarkreiser A/L, Winge Reisebureau A.S. sowie zahlreiche regionale und lokale Fremdenverkehrsämter.

Alle Angaben nach bestem Wissen, aber ohne Gewähr!

Fotonachweis

NORDIS picture pool
P. Bünte: 3, 6/7, 9 u.re, 11 re, 16 o, 22 o.li, 25 u, 41 o.li, 55 o, 59 o.re, 61 li, 64 li, 69 alle, 71 o.li. und o.re, 72 re, 74 li, 75, 77 alle, 78 alle, 79 u.li, 79 u.re, 80 alle, 81 u, 93 m.re, 94 u, 94/95, 95 alle, 102, 103 alle, 109 u, 110 alle, 111 alle, 129 m. und u.re, 135 o.li, 138 o.li, 141 o, 142/143, 147 o, 148 o.li, 149 alle, 152 alle, 155, 156 u, 157 alle, 179, 185 m.re, 187 u, 189 li, 193 o, 200
U. Marschel: 14 o, 22 m.li, 35 m, 44, 47 o.re, 50 o. und m.re, 52 re, 64 re, 74 re, 104, 104/105, 105, 107 m.re, 112/113, 113 o.re, 117 o, 120 alle, 132, 133, 135 u. und o.re, 135 m.re, 136, 138 o.re, 140 u.re, 145, 147 u, 150 alle, 151 o. re, 153, 154 alle, 184, 186, 187 o, 190 o, 192 o.re und m.re. U. Kreuzenbeck: 33 o, 79 o.li, 134, 137, 139 u. J. Schüring: 19 o.re, 19 u, 22 m.re, 55 u, 113 m.re,

Aurland Reiselivslag: 54 o.re, 79 o.re, Aust-Agder FK: 38, 38/39, 39, Aust-Agder Reiselivslag: 42 u.li, Bergen Reiselivslag: 50 u, 190 u, R. Blindheim: 14 u, 24 alle, E. Bratlie: 7 re, 16 u, 16/17, 17, 19 m. li, 33 o, 41 o.re, 58 li, 59 u.li, 61 m.re, 66, 114 alle, 115, 130 o.li, 189 re, Buskerud Reiselivsråd: 27 o.li und o.re, DFDS: 90/91, 92 li, 92/93, 93 o.re, C. Eggers: 117 u, B. Ferchland: 96/97, 97, Fjordhytter: 203 alle, Fröhlich & Fröhlich: 174, 12 u.li, 116 o, E. Furuhatt: 72 li, Gloppen Eventyret: 56 re, 171, R. Goese: 52 li, 146, Gol Turistkontor: 28 alle, P. Hansen: 61 u.re, W. Haraldsen: 10 m.re, 25 u, 49 u, 50 o.li, 51 re, 56 li, K. Hart: 4/5, 5 u, 8/9 u, 119, 129 u.li. und o, 130 m.li und re, P. Hermansen: 10/11 o, m. und u, 11 u, 12 o. und m. li, 12 u.m, H. Hillenbrand: 183, Hordaland Reiselivsråd: 48 u, 48/49, Hovden FS: 42 .o.re, 43 alle, Husmo foto: 57 o, Jahre Line: 88 alle, 89, Kilde Hotels: 197 u, F. Klokkernes: 30/31, H. Koss: 163 Larvik Line: 86 E. Maartmann: 31 u, Marketing Council Norwegian Salmon: 12 o. und u.re, W. Müller: 193 u, Müllerhotell A/S: 197 o, Møre og Romsdal Reiselivsråd: 58/59, 59 m.re, Norske Vandrerhjem: 201 alle, Norsk Hytteferie: 202 alle, NORTRA: 32 o.re, 67 o.li, 167, 169, 175, 185 m.li, C. Nowak: 108 o.m, NSA: 84, 84/85 und 85 alle, Oppland Turistkontor: 32 u, I. Pfetzing: 27 u, RICA Hotels: 196 alle, Ringebu Reiselivsråd: 144 Rogaland Reiselivslag: 46, 46/47 J.K. Rolseth: 30, 31 b, SAS: 82 alle, 198 alle, 199 alle, S. Simonsen: 8/9 o, Sogn og Fjordane Reiselivsråd: 51 li, K.O. Storvik: 71 u, Sunnfjord Hotell Førde: 54 m.li, 54 u. und m.re, Sør Trøndelag Reiselivsråd: 67 u. und o. re, 68 alle, Telemarkreiser: 36, TOBIS: 125 li, A. Torvanger: 99 alle, 100 alle, 101 alle, J. Trobitzsch: 53 o, Ulstein Hotel: 192 u.li, W. Wisniewski: 106, 107 o.re, 108 o. und m.li, Vest-Agder Turistkontor: 40 alle, 41 alle, Vinstra Turistkontor: 32 o.li, Ålesund Reiselivslag: 60 alle, 139 o.

ORTSREGISTER

A
Alta 77-78, 154, 155
Andenes 151
Arendal 38, 40, 41, 133
Asker 19
Askvoll 55
Aurland 28, **54**, 136

B
Balestrand 51
Beito 28
Bergen 31, 49, **50**, 52,
 54-57, 62, 78, 135, 137
Berlevåg 78, 157
Bodø 72, 149
Breim 56
Bremanger 55
Brønnøysund 71
Bygøynes 77
Bykle 134
Byrkjelo 56
Bærum 19
Bø 36, 140
Båtsfjord 78

D
Dale 53, 138
Dalen 35
Dombås 146
Dovrefjell 66
Drammen 27, 133
Drøbak 19

E
Egersund 46, 132
Eidfjord 134
Eidsdal 61
Eidsvoll 14, 19, 143
Espedalen 32
Evje 40, 42, 134

F
Fagernes 25, 31, 144
Farsund 38, 40
Fauske 72, 149
Femundsmarka 66
Fjærland 57
Flekkefjord 38, 40, 132
Flora **55**
Florø 54-55, 136, 138
Flåm 52, 54, 57
Fredrikstad 22, 142
Førde 54-55, 136, 138

G
Gaular 55
Gaupne 53
Geilo 28, 134
Geiranger 61, 145
Gjøvik 14, 30, 142
Gol 27, 28, 144
Grense Jakobselv ... 77-78, 157
Grimstad 39-41
Grotli 61
Gudbrandsdalen 30, 32
Gudvangen 54, 57

H
Hadeland 30
Halden 22
Hallingdal 27, 31
Hamar 14, 51
Hammerfest 78, 155
Hammingberg 78
Hardanger 71
Harstad 74, 151
Haugesund 47, 62, 137
Haukeligrend 134
Heddal 35
Helgeland 71
Hella 57
Hellesylt 61
Hitra 66, 68
Hjemmeluft 77
Hemsedal 27-28

Hol 27
Holmestrand 24, 133
Horten 24
Hovden 40, 134
Hønefoss 27

I
Innvik 56
Iveland 40, 42

J
Jølster 55

K
Kabelvåg 150
Karasjok 77, 78, 156
Karmøy 137
Kaupanger 144
Kautokeino 77, 78, 156
Kinsarvik 134
Kirkenes 77, 78, 157
Kiruna 72
Kjerringøy 149
Kongsberg 27, 144
Korshavn 38
Kragerø 35, 133, 140
Kristiansand ... 38-41, 132-133
Kristiansund .. 58, **61**, 145-146
Krøderen 27
Krødsherad 27
Kvinnherad 134
Kåfjord 154

L
Lakselv 156
Larvik 24, 133
Levajok 78
Levanger 68
Lillehammer 14, 25, **30**, 32, 142
Lillesand 38-41
Lindesnes 38
Loen 56
Lofoten 71-72
Lom 143, 145
Lunde 35
Lyngdal 38
Lyngen 75
Lyngseidet 75
Lyngør 38
Lysebotn 39
Luster 136
Lærdal 28, **54**, 136
Lærdalsøyri 54
Lødingen 150

M
Mandal 38, 40, 132
Mazi 78
Meråker 67-68
Modum 27
Mo i Rana 149
Molde 58
Morgedal 36, 140
Mosjøen 147
Moss 22, 142
Myrdal 52, 54
Målselv 152
Måløy 55-56, 138

N
Namdal 66-67
Namsos 68
Narvik 72, 151
Nedre Eiker 27
Neiden 77
Nesbyen 27
Nesseby 78
Nomeland 134
Norddal 61
Norderhov 27
Nordfjord **55**, 138
Nordfjordeid 56
Nordkap 69, 72, 155
Nordkjosbotn 75
Nordreisa 154
Nore 27
Norheimsund 134
Notodden 35, 140-144
Numedal 27

O
Odda 134
Olden 56
Olderdalen 75
Onsøy 22
Oppdal 67-68, 146
Oslo . 14, **15-17**, 18-20, 31, 38,
 50, 51, 53, 55, 78, 141, 143
Otta 145, 146
Otterøy 66

P
Porsgrunn 35, 133, 140

R
Randsfjord 30
Rauland 36
Rauma 61
Revsnes 57
Ringebu 142, 143
Ringerike 27
Risør 38, 40, 41, 133, 140
Rjukan 36
Rollag 27
Røldal 134
Røros 68, 142
Rørvik 68

S
Sandane 56
Sandefjord 24, 133
Sandnes 46, 132
Sarpsborg 22
Selje 55, 56
Seljord 36
Senja 152
Setesdal 134
Sigdal 27
Silda 56
Sirdal 40
Sjoa 31
Skien 35, 140
Skjeberg 22
Skjolden 144
Skudeneshavn 47
Sogndal **54**, 136, 144
Sognefjord 138
Solund 55
Son 19
Sortland 150
Stamsund 150
Stavanger . **46, 47**, 61, 132, 137
Steinkjer 68, 147
Stiklestad 64, 68
Stjørdal 68
Stranda 61
Stryn 56
Stokke 24
Sunndal **61**
Sunndalsøra 146
Svinesund 78
Svolvær 72, 150
Sylene 66, 67
Sørumsand 19

T
Tafjord 61
Torpo 27
Toten 30
Trollheimen 66, 67
Troms 75
Tromsø 69, 74, 75, 152
Trondheim . 30, 51, 56, **64-68**,
 143, 148
Tvedestrand 38, 40, 41
Tyin 53
Tystigen 57
Tønsberg 14, 24, 133

U
Undredal 54
Urnes 53, 144
Utvik 56
Uvdal 27

V
Vadsø 77, 78
Valdres 31
Valle 42, 134

Vardø 77, 78
Vassfaret 31
Veidholmen 58
Verdal 68
Verdalsøra 147
Vesterålen 150
Vestre Slidre 31
Vinje 36
Vinstra 32
Voss 48, 49, 51
Vågsøy 56
Vågåmo 143

W
Westkap 139

Y
Ytre Salten 72

Ø
Ørje 22
Øvre Årdal 53
Øyer 31, 32
Øystese 134

Å
Å 71
Ålesund ... 54, 58, **60**, 61, 139
Åndalsnes 59, 61, 145
Årdal 53, 136
Årdalstangen 53, 57
Åsgårdstrand 24

SACHREGISTER

A
Abenteuerparks 236
Ärztliche Versorgung 236
Alkohol 236
Angeln **163-166**
Angelfestivals 244-247
Anreise 83-93
Apotheke 236
Arbeits- und
 Aufenthaltserlaubnis ... 236
Autofähren 160-162
Auto-Info 158-162
Autovermietung 158

B
Bahnverkehr 237
Banken 237
Benzinpreise 158
Bergenser Festspiele 49
Bergwandern 167-171
Busverkehr 2, 3, 7

C
Camping 200
Camping-Gaz 161

D
Devisen 239
Diplomatische Vertretungen 238
DNT 168
Drachenfliegen 171

E
Einkaufen 188, 189
Einreisebestimmungen ... 238

F
Fahrradfahren 172
Fähren 83-95, **160-162**
Feiertage, Ferientermine . 239
Ferienhäuser 202, 203
Flug 81, 82, 239
Fremdenverkehrsämter 244-247

G
Gästehäfen 181
Gebirgshütten 167-170
Geschäftszeiten 239
Gletscherwandern 173
Goldwaschen 173
Golf 173

H
Haustiere 240
Hochgebirgshotels 192
Hochgebirgsstraßen ... 153
Hotels **191-203**
Hotelschecks 193-203
Hütten 202, 203, 240
Hurtigrute 94, 95, 242

J
Jagd 174
»Jedermannsrecht« 240
Jugend-/Familienherbergen . 201

K
Kanuwandern 175-177
Karten 158, 233
Klima 240
Kilometertabelle 162
Körperbehinderte 241
Konsulate 241
Kreuzfahrt 92-95

L
Lachsangeln 238, 239
Literaturliste 229-231

M
Mineralogie 176
Mitternachtssonne 241

N
Nationalparks 177, 241
**Norwegisches
 Fremdenverkehrsamt 240**

O
Ornithologie 177
Orientierungssport 177
Örtl. Touristenbüros .. 244-247

P
Post 241
Postschiffe .... s.Hurtigrute

R
Rafting 179
Reedereien 83-95
Regionale
 Fremdenverkehrsämter 244-247
Reisebüros 204-211
Reiseveranstalter ... 204-211
Reiten 178, 179
Rentier-Safari 179
»Rorbu« 192

S
Schiffsverbindungen
 (Inland) 160-162, 242
Segeln 180-183
Sommerkurse 243
Sommerski 183
Souvenirs 188
Surfen 184

T
Tauchen 185
Tax-free 188, 243
Taxi 243
Telefon 243
Tennis 186
Tourenvorschläge .. 167-177
Trabsport 186

U
Übernachtung 191-203

V
Veranstaltungen ... 244-247

W
Wasserski 186
Wegegeld 159
Wildnis-Ferien 187
Wohnwagen-Tips ... 159, 160

Z
Zollbestimmungen 238